Heinrich Heine

Werke in fünf Bänden

Band 4

Könemann

© 1995 für diese Ausgabe
Könemann Verlagsgesellschaft mbH
Bonner Straße 126, D-50968 Köln

Herausgegeben von Rolf Toman
Lektorat: Ursula Buchheister
Herstellungsleiter: Detlev Schaper
Covergestaltung: Peter Feierabend
Satz: HEVO GmbH, Dortmund
Printed in Hungary
ISBN 3-89508-068-3

Inhalt

Französische Zustände
5

Lutezia (Auswahl)
223

Editorisches Nachwort
454

Französische Zustände

Vorrede zur Vorrede

Wie ich vernehme, ist die Vorrede zu den »Französischen Zuständen« in einer so verstümmelten Gestalt erschienen, daß mir wohl die Pflicht obliegt, sie in ihrer ursprünglichen Ganzheit herauszugeben. Indem ich nun hier einen besonderen Abdruck davon liefere, bitte ich mir keineswegs die Absicht beizumessen, als wollte ich die jetzigen Machthaber in Deutschland ganz besonders reizen oder gar beleidigen. Ich habe vielmehr meine Ausdrücke, soviel es die Wahrheit erlaubte, zu mäßigen gesucht. Ich war deshalb nicht wenig verwundert, als ich merkte, daß man jene Vorrede in Deutschland noch immer für zu herbe gehalten. Lieber Gott! was soll das erst geben, wenn ich mal dem freien Herzen erlaube, in entfesselter Rede sich ganz frei auszusprechen! Und es kann dazu kommen! Die widerwärtigen Nachrichten, die täglich über den Rhein zu uns herüberseufzen, dürften mich wohl dazu bewegen. Vergebens sucht ihr die Freunde des Vaterlands und ihre Grundsätze in der öffentlichen Meinung herabzuwürdigen, indem ihr diese als »französische Revolutionslehren« und jene als »französische Partei in Deutschland« verschreit; denn ihr spekuliert immer auf alles, was schlecht im deutschen Volke ist, auf Nationalhaß, religiösen und politischen Aberglauben und Dummheit überhaupt. Aber ihr wißt nicht, daß auch Deutschland nicht mehr durch die alten Kniffe getäuscht werden kann, daß sogar die Deutschen gemerkt, wie der Nationalhaß nur ein Mittel ist, eine Nation durch die andere zu knechten, und wie es überhaupt in Europa keine Nationen mehr gibt, sondern nur zwei Parteien, wovon die eine, Aristokratie genannt, sich durch Geburt bevorrechtet dünkt und alle Herrlichkeiten der bürgerlichen Gesellschaft usurpiert, während die andere, Demokratie genannt, ihre unveräußerlichen Menschenrechte vindiziert und jedes Geburtsprivilegium abgeschafft haben will, im Namen der Vernunft. Wahrlich, ihr solltet uns die himmlische Partei nennen, nicht die französische; denn jene Erklärung der Menschenrechte, worauf unsere ganze Staatswissenschaft basiert ist, stammt nicht aus Frankreich, wo sie freilich am glorreichsten proklamiert worden, nicht einmal aus Amerika, woher sie Lafayette geholt hat, sondern sie stammt aus dem Himmel, dem ewigen Vaterland der Vernunft.

Wie muß euch doch das Wort »Vernunft« fatal sein! Gewiß ebenso fatal wie den Erbfeinden derselben, den Pfaffen, deren Reich sie ebenfalls ein Ende macht, und die in der gemeinschaftlichen Not sich mit euch verbündet.

Der Ausdruck »französische Partei in Deutschland« schwebt mir heute vorherrschend im Sinn, weil er mir diesen Morgen in dem neuesten Hefte des *Edinburgh Review* besonders auffiel. Es war bei Gelegenheit einer Charakteristik der Geschichte des Herrn Uhland, des guten Kindes, und der meinigen, des bösen Kindes, das als ein Häuptling »der französischen Partei in Deutschland« dargestellt wird. Wie ich merke, ist dergleichen nur ein Echo deutscher Zeitschriften, die ich leider hier nicht sehe. Kann ich sie aber jetzt nicht besonders würdigen, geschieht es ein andermal zum allgemeinen Besten. Seit zehn Jahren ein beständiger Gegenstand der Tageskritik, die entweder pro oder contra, aber immer mit Leidenschaft, meine Schriften besprochen, darf man mir wohl eine hinlängliche Indifferenz in betreff gedruckter Urteile über mich zutrauen; wenn ich daher, was ich bisher nie getan habe, solche Besprechungen jetzt manchmal erwähnen werde, so wird man hoffentlich wohl einsehen, daß nicht die persönlichen Empfindlichkeiten des Schriftstellers, sondern die allgemeinen Interessen des Bürgers das Wort hervorrufen. Leider sind jetzt, wie gesagt, außer den politischen Blättern sehr wenig deutsche Tageserzeugnisse in Paris sichtbar. Ich vermisse sie ungern, in jeder Hinsicht. Wahrlich, in dieser grandiosen Stadt, wo alle Tage ein Stück Weltgeschichte tragiert wird, wäre es pikant, sich manchmal gegensätzlich mit unserer heimischen Misere zu beschäftigen. Ein junger Mann hat mir jüngst geschrieben, daß er voriges Jahr einige Schmähungen gegen mich drucken lassen, welches ich ihm nicht übel nehmen möchte, da ihn meine antinationale Gesinnung in Leidenschaft gesetzt, und er im patriotischen Zorne seiner Worte nicht mächtig war; dieser junge Mann hätte auch so artig sein sollen, mir ein Exemplärchen seines Opus mitzuschicken. Er scheint zu der böotischen Partei in Deutschland zu gehören, deren Unmut gegen »die französische Partei« sehr verzeihlich ist; ich verzeihe ihm von Herzen. Es wäre mir aber wirklich lieb gewesen, wenn er mir das Opus selbst geschickt hätte. Da lob' ich mir die sodomitische Partei in Deutschland, die mir ihre Schmähartikel immer selbst zuschickt, und manchmal sogar hübsch abgeschrieben, und, was am löblichsten ist, immer postfrei. Diese Leute hätten aber nicht nötig, so viele Vorsichtsmaßregeln zu nehmen, damit ihre Anonymität bewahrt bleibe. Trotz der verstellten Schreibweise erkenne ich doch immer die namenlosen Verfasser dieser namenlosen Niederträchtigkeiten, ich kenne diese Leute am Stil – »*Cognosco stilum curiae romanae!*« rief der edle Geschichtschreiber des tridentinischen Konziliums, als der feige Dolch des Meuchelmörders ihn von hinten traf.

Außer der sodomitischen und böotischen ist aber auch die abderitische Partei in Deutschland gegen mich aufgebracht. Es sind da nicht bloß meine französischen Prinzipien, was die meisten derselben gegen mich anreizt. Da gibt's zuweilen noch edlere Gründe. Z. B. ein Häuptling der abderitischen Partei, der seit vielen Jahren unaufhörlich in Schimpf und Ernst gegen mich loszieht, ist nur ein Champion seiner Gattin, die sich von mir beleidigt glaubt und mir den Untergang geschworen hat. Solcher Todeshaß schmerzt mich sehr, denn die Dame ist sehr liebenswürdig. Sie hat sehr viele Ähnlichkeit mit der mediceischen Venus, sie ist nämlich ebenfalls sehr alt, hat ebenfalls keine Zähne; ihr Kinn, wenn sie sich rasiert hat, ist ebenso glatt wie das Kinn jener marmornen Göttin; auch geht sie fast ebenso nackt wie diese, und zwar um zu zeigen, daß ihre Haut nicht ganz gelb sei, sondern hie und da auch einige weiße Flecken habe. Vergebens habe ich dieser liebenswürdigen Dame die versöhnlichsten Artigkeiten gesagt, z. B. daß ich sie beneide, weil sie sich nur zweimal die Woche zu rasieren braucht, während ich diese Operation alle Tage erdulden muß, daß ich sie für die tugendhafteste von allen Frauen halte, die keine Zähne haben, daß ich ihr Herz zu besitzen wünsche, und zwar in einer goldenen Kapsel – vergebens, hier half keine Begütigung! Die Unversöhnliche haßt mich zu sehr, und wie einst Isabella von Kastilien das Gelübde tat, nicht eher ihr Hemd zu wechseln, als bis Granada gefallen sei, so hat jene Dame ebenfalls geschworen, nicht eher ein reines Hemd anzuziehen, als bis ich, ihr Feind, zu Boden liege. Nun setzt sie alle Skribler gegen mich in Bewegung, namentlich ihren armen Gatten, den wahrlich das isabellenfarbige Hemd seiner Ehehälfte nicht wenig inkommodiert, besonders im Sommer, wo die Holde dadurch noch anmutiger als gewöhnlich duftet – so daß er manchmal, wie wahnsinnig, aus dem Bette springt, und nach dem Schreibtische stürzt, und mich schnell zugrunde schreiben will.

Das Brockhausische Konversationsblatt enthält im Sommer weit mehr Schmähartikel gegen mich als im Winter.

Verzeih, lieber Leser, daß diese Zeilen dem Ernste der Zeit nicht ganz angemessen sind. Aber meine Feinde sind gar zu lächerlich! Ich sage Feinde, ich gebe ihnen aus Courtoisie diesen Titel, obgleich sie meistens nur meine Verleumder sind. Es sind kleine Leute, deren Haß nicht einmal bis an meine Waden reicht. Mit stumpfen Zähnen nagen sie an meinen Stiefeln. Das bellt sich müd da unten.

Mißlicher ist es, wenn die Freunde mich verkennen. Das dürfte mich verstimmen, und wirklich, es verstimmt mich. Ich will es aber nicht verhehlen, ich will es selber zur öffentlichen

Kunde bringen, daß auch schon von seiten der himmlischen Partei mein guter Leumund angegriffen worden. Diese hat jedoch Phantasie, und ihre Insinuationen sind nicht so platt prosaisch wie die der böotischen, sodomitischen und abderitischen Partei. Oder gehörte nicht eine große Phantasie dazu, daß man mich in jüngster Zeit der antiliberalsten Tendenzen bezichtigte und der Sache der Freiheit abtrünnig glaubte? Eine gedruckte Äußerung über diese angeschuldete Abtrünnigkeit fand ich dieser Tage in einem Buche, betitelt: »Briefe eines Narren an eine Närrin.« Ob des vielen Guten und Geistreichen, das darin enthalten ist, ob der edlen Gesinnung des Verfassers überhaupt, verzeih' ich diesem gern die mich betreffenden bösen Äußerungen; ich weiß, von welcher Himmelsgegend ihm dergleich zugeblasen worden, ich weiß, woher der Wind pfiff. Da gibt es nämlich unter unseren jakobinischen Enragés, die seit den Juliustagen so laut geworden, einige Nachahmer jener Polemik, die ich während der Restaurationsperiode mit fester Rücksichtslosigkeit und zugleich mit besonnener Selbstsicherung geführt habe. Jene aber haben ihre Sache sehr schlecht gemacht, und statt die persönlichen Bedrängnisse, die ihnen daraus entstanden, nur ihrer eigenen Ungeschicklichkeit beizumessen, fiel ihr Unmut auf den Schreiber dieser Blätter, den sie unbeschädigt sahen. Es ging ihnen wie dem Affen, der zugesehen hatte, wie sich ein Mensch rasierte. Als dieser nun das Zimmer verließ, kam der Affe und nahm das Barbierzeug wieder aus der Schublade hervor, und seifte sich ein und schnitt sich dann die Kehle ab. Ich weiß nicht, inwieweit jene deutschen Jakobiner sich die Kehle abgeschnitten; aber ich sehe, daß sie stark bluten. Auf mich schelten sie jetzt. Seht, rufen sie, wir haben uns ehrlich eingeseift und bluten für die gute Sache, der Heine meint es aber nicht ehrlich mit dem Barbieren, ihm fehlt der wahre Ernst beim Gebrauche des Messers, er schneidet sich nie, er wischt sich ruhig die Seife ab, und pfeift sorglos dabei, und lacht über die blutigen Wunden der Kehlabschneider, die es ehrlich meinen.

Gebt euch zufrieden; ich habe mich diesmal geschnitten.

Paris, Ende November 1832.

Heinrich Heine.

Vorrede

»Diejenigen, welche lesen können, werden in diesem Buche von selbst merken, daß die größten Gebrechen desselben nicht meiner Schuld beigemessen werden dürfen, und diejenigen, welche nicht lesen können, werden gar nichts merken.« Mit diesen einfachen Vernunftschlüssen, die der alte Scarron seinem »Komischen Romane« voransetzt, kann ich auch diese ernsteren Blätter bevorworten.

Ich gebe hier eine Reihe Artikel und Tagesberichte, die ich, nach dem Begehr des Augenblicks, in stürmischen Verhältnissen allerart, zu leicht erratbaren Zwecken, unter noch leichter erratbaren Beschränkungen, für die Augsburger »Allgemeine Zeitung« geschrieben habe. Diese anonymen, flüchtigen Blätter soll ich nun unter meinem Namen als festes Buch herausgeben, damit kein anderer, wie ich bedroht worden bin, sie nach eigener Laune zusammenstellt, und nach Willkür umgestaltet, oder gar jene fremden Erzeugnisse hineinmischt, die man mir irrtümlich zuschreibt.

Ich benutze diese Gelegenheit, um aufs bestimmteste zu erklären, daß ich, seit zwei Jahren, in keinem politischen Journal Deutschlands, außer der »Allgemeinen Zeitung«, eine Zeile drucken lassen. Letztere, die ihre weltberühmte Autorität so sehr verdient und die man wohl die »Allgemeine Zeitung« von Europa nennen dürfte, schien mir eben wegen ihres Ansehens und ihres unerhört großen Absatzes, das geeignete Blatt für Berichterstattungen, die nur das Verständnis der Gegenwart beabsichtigen. Wenn wir es dahin bringen, daß die große Menge die Gegenwart versteht, so lassen die Völker sich nicht mehr von den Lohnschreibern der Aristokratie zu Haß und Krieg verhetzen, das große Völkerbündnis, die heilige Allianz der Nationen, kommt zustande, wir brauchen aus wechselseitigem Mißtrauen keine stehenden Heere von vielen hunderttausend Mördern mehr zu füttern, wir benutzen zum Pflug ihre Schwerter und Rosse, und wir erlangen Friede und Wohlstand und Freiheit. Dieser Wirksamkeit bleibt mein Leben gewidmet; es ist mein Amt. Der Haß meiner Feinde darf als Bürgschaft gelten, daß ich dieses Amt bisher recht treu und ehrlich verwaltet. Ich werde mich jenes Hasses immer würdig zeigen. Meine Feinde werden mich nie verleugnen, wenn auch die Freunde, im Taumel der aufgeregten Leidenschaften, meine besonnene Ruhe für Lauheit halten möchten. Jetzt freilich, in dieser Zeit, werden sie mich weniger verkennen, als damals, wo sie am Ziel ihrer Wünsche zu stehen glaubten und Siegeshoffnung alle Segel ihrer Gedanken schwellte; an ihrer Torheit nahm ich keinen Teil, aber ich werde immer teilnehmen an ihrem Unglück. Ich werde nicht in die Heimat zurückkehren, solange noch ein einziger jener edlen Flüchtlinge, die vor allzu großer Begeisterung keiner Vernunft Gehör geben konnten, in der Fremde, im Elend weilen muß. Ich würde lieber bei dem ärmsten Franzosen um eine Kruste Brot betteln, als daß ich Dienst nehmen möchte bei jenen vornehmen Gönnern im deutschen Vaterlande, die jede Mäßigung der Kraft für Feigheit halten oder gar für präludierenden Übergang zum Servilismus, und die unsere beste Tugend, den Glauben an die ehrliche Gesinnung des Gegners, für plebejische Erbdummheit ansehen. Ich werde mich nie schämen betrogen worden zu sein von jenen, die uns so schöne Hoffnungen ins Herz lächelten: »Wie alles aufs friedlichste zugestanden werden sollte, wie wir hübsch gemäßigt bleiben müßten, damit die Zugeständnisse nicht erzwungen und dadurch ungedeihlich würden, wie sie wohl selbst einsähen, daß man die Freiheit uns nicht ohne Gefahr länger vorenthalten könne – – –«. Ja, wir sind wieder Düpes geworden, und wir müssen eingestehen, daß die Lüge wieder einen großen Triumph erfochten und neue Lorbeeren eingeerntet. In der Tat, wir sind die Besiegten, und seit die heroische Überlistung auch offiziell beurkundet worden, seit der Promulgation der deplorabelen Bundestagsbeschlüsse vom 28. Junius, erkrankt uns das Herz in der Brust vor Kummer und Zorn.

Armes, unglückliches Vaterland! welche Schande steht dir bevor wenn du sie erträgst, diese Schmach! welche Schmerzen, wenn du sie nicht erträgst!

Nie ist ein Volk von seinen Machthabern grausamer verhöhnt worden. Nicht bloß, daß jene Bundestagsordonnanzen voraussetzen, wir ließen uns alles gefallen: man möchte uns dabei noch einreden, es geschehe uns ja eigentlich gar kein Leid oder Unrecht. Wenn ihr aber auch mit Zuversicht auf knechtische Unterwürfigkeit rechnen durftet: so hattet ihr doch kein Recht uns für Dummköpfe zu halten. Eine Handvoll Junker, die nichts gelernt haben als ein bißchen Roßtäuscherei, Volteschlagen, Becherspiel oder sonstig plumpe Schelmenkünste, womit man höchstens nur Bauern auf Jahrmärkten übertölpeln kann: diese wähnen damit ein ganzes Volk betören zu können, und zwar ein Volk, welches das Pulver erfunden hat und die Buchdruckerei und die »Kritik der reinen Vernunft«. Diese unverdiente Beleidigung, daß ihr uns für noch dümmer gehalten als ihr selber seid, und euch einbildet uns täuschen zu können, das ist die schlimmere Beleidigung, die ihr uns zugefügt in Gegenwart der umstehenden Völker.

Ich will nicht die konstitutionellen deutschen Fürsten anklagen; ich kenne ihre Nöten, ich weiß, sie schmachten in den Ketten ihrer kleinen Kamarillen und sind nicht zurechnungsfähig. Dann sind sie auch, durch Zwang allerart, von Österreich und Preußen embauchiert worden. Wir wollen sie nicht schmähen, wir wollen sie bedauern. Früh oder spät ernten sie die bittern Früchte der bösen Saat. Die Toren, sie sind noch eifersüchtig aufeinander, und während jedes klare Auge einsieht, daß sie am Ende von Österreich und Preußen mediatisiert werden, ist all ihr Sinnen und Trachten nur darauf gerichtet, wie man dem Nachbar ein Stück seines Ländchens abgewinnt. Wahrlich, sie gleichen jenen Dieben, die, während man sie nach der Hängstätte führt, sich noch untereinander die Taschen bestehlen.

Wir können, ob der Großtaten des Bundestags, nur die beiden absoluten Mächte, Österreich und Preußen, unbedingt anklagen. Wie weit sie gemeinschaftlich unsere Erkenntlichkeit in Anspruch nehmen, kann ich nicht bestimmen. Nur will es mich bedünken, als habe Österreich wieder das Gehässige jener Großtaten auf die Schulter seines weisen Bundesgenossen zu wälzen gewußt.

In der Tat, wir können gegen Österreich kämpfen, und todeskühn kämpfen, mit dem Schwert in der Hand; aber wir fühlen in tiefster Brust, daß wir nicht berechtigt sind, mit Scheltworten diese Macht zu schmähen. Österreich war immer ein offner, ehrlicher Feind, der nie seinen Ankampf gegen den Liberalismus geleugnet oder auf eine kurze Zeit eingestellt hätte. Metternich hat nie mit der Göttin der Freiheit geliebäugelt, er hat nie in der Angst des Herzens den Demagogen gespielt, er hat nie Arndts Lieder gesungen und dabei Weißbier getrunken, er hat nie auf der Hasenheide geturnt, er hat nie pietistisch gefrömmelt, er hat nie mit den Festungsarrestanten geweint, geweint, während er sie an der Kette festhielt; – man wußte immer, wie man mit ihm dran war, man wußte, daß man sich vor ihm zu hüten hatte, und man hütete sich vor ihm. Er war immer ein sicherer Mann, der uns weder durch gnädige Blicke täuschte, noch durch Privatmalicen empörte. Man wußte, daß er weder aus Liebe noch aus kleinlichem Hasse, sondern großartig im Geiste eines Systems handelte, welchem Österreich seit drei Jahrhunderten treu geblieben. Es ist dasselbe System, für welches Österreich gegen die Reformation gestritten; es ist dasselbe System, wofür es mit der Revolution in den Kampf getreten. Für dieses System fochten nicht bloß die Männer, sondern auch die Töchter vom Hause Habsburg. Für die Erhaltung dieses Systems hatte Marie Antoinette in den Tuilerien zum kühnsten Kampfe die Waffen ergriffen; für die Erhaltung dieses Systems hatte Maria Luisa, die als erklärte Regentin für Mann und Kind streiten sollte, in denselben Tuilerien den Kampf unterlassen und die Waffen niedergelegt. Kaiser Franz hat für die Erhaltung dieses Systems den teuersten Gefühlen entsagt und unsägliches Herzleid erduldet, eben jetzt trägt er Trauer um den geliebten blühenden Enkel, den er jenem Systeme geopfert, dieser neue Kummer hat tief gebeugt das greise Haupt, welches einst die deutsche Kaiserkrone getragen – dieser arme Kaiser ist noch immer der wahre Repräsentant des unglücklichen Deutschlands!

Von Preußen dürfen wir in einem anderen Tone sprechen. Hier hemmt uns wenigstens keine Pietät ob der Heiligkeit eines deutschen Kaiserhaupts. Mögen immerhin die gelehrten Knechte an der Spree von einem großen Imperator des Borussenreichs träumen und die Hegemonie und Schirmherrlichkeit Preußens proklamieren. Aber bis jetzt ist es den langen Fingern von Hohenzollern noch nicht gelungen, die Krone Karls des Großen zu erfassen und zu dem Raub so vieler polnischer und sächsischer Kleinodien in den Sack zu stecken. Noch hängt die Krone Karls des Großen viel zu hoch, und ich zweifle sehr ob sie je herabsinkt auf das witzige Haupt jenes goldgespornten Prinzen, dem seine Barone schon jetzt, als dem künftigen Restaurator des Rittertums, ihre Huldigungen darbringen. Ich glaube vielmehr Se. Königl. Hoheit wird, statt eines Nachfolgers Karls des Großen nur ein Nachfolger Karl X. und Karls von Braunschweig.

Es ist wahr, noch vor kurzem haben viele Freunde des Vaterlandes die Vergrößerung Preußens gewünscht, und in seinen Königen die Oberherren eines vereinigten Deutschlands zu sehen gehofft, und man hat die Vaterlandsliebe zu ködern gewußt, und es gab einen preußischen Liberalismus und die Freunde der Freiheit blickten schon vertrauungsvoll nach den Linden von Berlin. Was mich betrifft, ich habe mich nie zu solchem Vertrauen verstehen wollen. Ich betrachtete vielmehr mit

Besorgnis diesen preußischen Adler, und während andere rühmten wie kühn er in die Sonne schaue, war ich desto aufmerksamer auf seine Krallen. Ich traute nicht diesem Preußen, diesem langen frömmelnden Kamaschenheld mit dem weiten Magen, und mit dem großen Maule, und mit dem Korporalstock, den er erst in Weihwasser taucht, ehe er damit zuschlägt. Mir mißfiel dieses philosophisch christliche Soldatentum, dieses Gemengsel von Weißbier, Lüge und Sand. Widerwärtig, tief widerwärtig war mir dieses Preußen, dieses steife, heuchlerische, scheinheilige Preußen, dieser Tartüff unter den Staaten.

Endlich, als Warschau fiel, fiel auch der weiche fromme Mantel, worin sich Preußen so schön zu drapieren gewußt, und selbst der Blödsinnigste erblickte die eiserne Rüstung des Despotismus, die darunter verborgen war. Diese heilsame Enttäuschung verdankt Deutschland dem Unglück der Polen.

Die Polen! Das Blut zittert mir in den Adern, wenn ich das Wort niederschreibe, wenn ich daran denke, wie Preußen gegen diese edelsten Kinder des Unglücks gehandelt hat, wie feige, wie gemein, wie meuchlerisch. Der Geschichtschreiber wird, vor innerem Abscheu, keine Worte finden können, wenn er etwas erzählen soll, was sich zu Fischau begeben hat; jene unehrlichen Heldentaten wird vielmehr der Scharfrichter beschreiben müssen – – – ich höre das rote Eisen schon zischen auf Preußens magerem Rücken.

Unlängst las ich in der »Allg. Zeitung«, daß der Geh. Regierungsrat, Friedrich von Raumer, welcher sich unlängst die Renommee eines königl. preuß. Revolutionärs erworben, indem er als Mitglied der Zensurkommission gegen deren allzuunterdrückungssüchtige Strenge sich aufgelehnt jetzt den Auftrag erhalten hat, das Verfahren der preußischen Regierung gegen Polen zu rechtfertigen. Die Schrift ist vollendet und der Verfasser hat bereits seine 200 Taler Preußisch Kurant dafür in Empfang genommen. Indessen, wie ich höre, ist sie nach der Meinung der ukermärkischen Kamarilla noch immer nicht servil genug geschrieben. – So geringfügig auch dieses kleine Begebnis aussieht, so ist es eben groß genug, den Geist der Gewalthaber und ihrer Untergebenen zu charakterisieren. Ich kenne zufällig den armen Friedrich von Raumer, ich habe ihn zuweilen, in seinem blaugrauen Röckchen und graublauen Militärmützchen, unter den Linden spazieren sehen; ich sah ihn mal auf dem Katheder, als er den Tod Ludwigs XVI. vortrug und dabei einige königl. preußische Amtstränen vergoß; dann habe ich, in einem Damenalmanach, seine »Geschichte der Hohenstaufen« gelesen; ich kenne ebenfalls seine »Briefe aus Paris«, worin er der Madame Crelinger und ihrem Gatten über die hiesige Politik und das hiesige Theater seine Ansichten mitteilt. Es ist durchaus ein friedlebiger Mann, der ruhig Queue macht. Von allen mittelmäßigen Schriftstellern ist er noch der beste, und dabei ist er nicht ganz ohne Salz, und er hat eine gewisse äußere Gelehrsamkeit und gleicht daher einem alten trockenen Hering, der mit gelehrter Makulatur umwickelt ist. Ich wiederhole, es ist das friedlebigste Geschöpf, das sich immer ruhig von seinen Vorgesetzten die Säcke aufladen ließ und gehorsam damit zur Amtsmühle trabte, und nur hie und da still stand, wo Musik gemacht wurde. Wie schnöde muß sich nun eine Regierung in ihrer Unterdrückungslust gezeigt haben, wenn sogar ein Friedrich von Raumer die Geduld verlor, und rappelköpfisch wurde, und nicht weiter traben wollte, und sogar in menschlicher Sprache zu sprechen begann! Hat er vielleicht den Engel mit dem Schwerte gesehen, der im Wege steht, und den die Bileame von Berlin, die Verblendeten, noch nicht sehen? Ach! sie gaben dem armen Geschöpfe die wohlgemeintesten Tritte und stacheln es mit ihren goldenen Sporen und haben es schon zum dritten Male geschlagen. Das Volk der Borussen aber – und daraus kann man seinen Zustand ermessen – pries seinen Friedrich von Raumer als einen Ajax der Freiheit.

Dieser königlich preußische Revolutionär wird nun dazu benutzt, eine Apologie des Verfahrens gegen Polen zu schreiben und das Berliner Kabinett in der öffentlichen Meinung wieder ehrlich zu machen.

Dieses Preußen! wie es versteht, seine Leute zu gebrauchen! Es weiß sogar von seinen Revolutionären Vorteil zu ziehen. Zu seinen Staatskomödien bedarf es Komparsen von jeder Farbe. Es weiß sogar trikolor gestreifte Zebras zu benützen. So hat es in den letzten Jahren seine wütendsten Demagogen dazu gebraucht, überall herum zu predigen: daß ganz Deutschland preußisch werden müsse. Hegel mußte die Knechtschaft, das Bestehende, als vernünftig rechtfertigen. Schleiermacher mußte gegen die Freiheit protestieren und christliche Ergebung in den Willen der Obrigkeit empfehlen. Empörend und verrucht ist diese Benutzung von Philosophen und Theologen, durch deren Einfluß man auf das gemeine Volk wirken will, und die man zwingt, durch Verrat an Vernunft und Gott, sich öffentlich zu entehren. Wie manch schöner Name, wie manch hübsches Talent wird da zugrunde gerichtet, für die nichtswürdigsten Zwecke. Wie schön war der Name Arndts, ehe er, auf höheren Geheiß, jenes schäbige Büchlein geschrieben, worin er wie ein Hund wedelt und hündisch, wie ein wendischer Hund, die Sonne des Julius anbellt. Stägemann, ein Name besten Klanges, wie tief ist er gesunken, seit er Russenlieder gedichtet! Mag es ihm die Muse verzeihen, die einst, mit heiligem Kuß, zu besseren Liedern seine Lippen geweiht hat. Was soll ich von Schleiermacher sagen, dem Ritter des roten Adlerordens dritter Klasse! Er war einst ein besserer Ritter und war selbst ein Adler und gehörte zur ersten Klasse. Aber nicht bloß die Großen, sondern auch die Kleinen werden ruiniert. Da ist der arme Ranke, den die preußische Regierung einige Zeit auf ihre Kosten reisen lassen, ein hübsches Talent kleine historische Figürchen auszuschnitzeln und pittoresk nebeneinander zu kleben, eine gute Seele, gemütlich wie Hammelfleisch mit Teltower Rübchen, ein unschuldiger Mensch, den ich, wenn ich mal heurate, zu meinem Hausfreunde wähle, und der gewiß auch liberal – dieser mußte jüngst in der Staatszeitung eine Apologie der Bundestagsbeschlüsse drucken lassen. Andere Stipendiaten, die ich nicht nennen will, haben Ähnliches tun müssen und sind doch ganz liberale Leute.

O, ich kenne sie, diese Jesuiten des Nordens! Wer nur jemals aus Not oder Leichtsinn das Mindeste von ihnen angenommen hat, ist ihnen auf immer verfallen. Wie die Hölle Proserpinen nicht losgibt, weil sie den Kern eines Grenatsapfels dort genossen: so geben jene Jesuiten keinen Menschen los, der nur das Mindeste von ihnen genossen hat, und sei es auch nur einen einzigen Kern des goldenen Apfels, oder, um prosaisch zu sprechen, einen einzigen Louisdor; – kaum erlauben sie ihm, wie die Hölle der Proserpine, die eine Hälfte des Jahrs in oberweltlichem Lichte zuzubringen; – in solcher Periode erscheinen diese Leute wie Lichtmenschen, und sie nehmen Platz unter uns andern Olympiern und sprechen und schreiben ambrosisch liberal; doch zur gehörigen Zeit findet man sie wieder im höllischen Dunkel, im Reiche des Obskurantismus, und sie schreiben preußische Apologien, Erklärungen gegen den »Messager«, Zensurgesetzentwürfe oder gar eine Rechtfertigung der Bundestagsbeschlüsse.

Letztere, die Bundestagsbeschlüsse, kann ich nicht unbesprochen lassen. Ich werde ihre amtlichen Verteidiger nicht zu widerlegen, noch viel weniger, wie vielfach geschehen, ihre Illegalität zu erweisen suchen. Da ich wohl weiß, von welchen Leuten die Urkunde, worauf sich jene Beschlüsse berufen, verfertigt worden ist, so zweifle ich keineswegs, daß diese Urkunde, nämlich die Wiener Bundesakte, zu jedem despotischen Gelüste die legalsten Befugnisse enthält. Bis jetzt hat man von jenem Meisterwerk der edlen Junkerschaft wenig Gebrauch gemacht, und sein Inhalt konnte dem Volke gleichgültig sein. Nun es aber ins rechte Tageslicht gestellt wird, dieses Meisterstück, nun die eigentlichen Schönheiten des Werks, die geheimen Springfedern, die verborgenen Ringe, woran jede Kette befestigt werden kann, die Fußangeln, die versteckten Halseisen, Daumschrauben, kurz nun die ganze künstliche, durchtriebene Arbeit allgemein sichtbar wird: jetzt sieht jeder, daß das deutsche Volk, als es für seine Fürsten Gut und Blut geopfert und den versprochenen Lohn der Dankbarkeit empfangen sollte, aufs heilloseste getäuscht worden, daß man ein freches Gaukelspiel mit uns getrieben, daß man, statt der zugelobten Magna Charta der Freiheit, uns nur eine verbriefte Knechtschaft ausgefertigt hat.

Kraft meiner akademischen Befugnis als Doktor beider Rechte erkläre ich feierlichst, daß eine solche, von ungetreuen Mandatarien ausgefertigte Urkunde null und nichtig ist; kraft meiner Pflicht als Bürger protestiere ich gegen alle Folgerungen, welche die Bundestagsbeschlüsse vom 28. Juni aus dieser nichtigen Urkunde geschöpft haben; kraft meiner Machtvollkommenheit als öffentlicher Sprecher, erhebe ich gegen die Verfertiger dieser Urkunde meine Anklage und klage sie an des gemißbrauchten Volksvertrauens, ich klage sie an der beleidigten Volksmajestät, ich klage sie an des Hochverrats am deutschen Volke, ich klage sie an!

Armes Volk der Deutschen! Damals, während Ihr Euch ausruhtet von dem Kampfe für Eure Fürsten und die Brüder begrubet, die in diesem Kampfe gefallen, und Euch einander die treuen Wunden verbandet, und lächelnd Euer Blut noch rinnen saht aus der vollen Brust, die so voll Freude und Vertrauen war, so voll Freude wegen der Rettung der geliebten Fürsten, so voll Vertrauen auf die menschlich heiligsten Gefühle der Dankbarkeit: damals, dort unten zu Wien, in den alten Werkstätten der Aristokratie, schmiedete man die Bundesakte!

Sonderbar! Eben der Fürst, der seinem Volke am meisten Dank schuldig war, der deshalb seinem Volke eine repräsentative Verfassung, eine volkstümliche Konstitution, wie andere freie Völker sie besitzen, in jener Zeit der Not versprochen hat, schwarz auf weiß versprochen und mit den bestimmtesten

Worten versprochen hat: dieser Fürst hat jetzt jene anderen deutschen Fürsten, die sich verpflichtet gehalten, ihren Untertanen eine freie Verfassung zu erteilen, ebenfalls zu Wortbruch und Treulosigkeit zu verführen gewußt, und er stützt sich jetzt auf die Wiener Bundesakte, um die kaum emporgeblühten deutschen Konstitutionen zu vernichten, er, welcher, ohne zu erröten, das Wort »Konstitution« nicht einmal aussprechen dürfte!

Ich rede von Sr. Majestät Friedrich Wilhelm, dritten des Namens, König von Preußen.

Monarchisch gesinnt, wie ich es immer war und wohl auch immer bleibe, widerstrebt es meinen Grundsätzen und Gefühlen, daß ich die Person der Fürsten selber einer allzu herben Rüge unterwürfe. Es liegt vielmehr in meinen Neigungen, sie ob ihrer guten Eigenschaften zu rühmen. Ich rühme daher gern die persönlichen Tugenden des Monarchen, dessen Regierungssystem, oder vielmehr dessen Kabinett ich ebenso unumwunden besprochen. Ich bestätige mit Vergnügen, daß Friedrich Wilhelm III. als Mensch die hohe Verehrung und Liebe verdient, die ihm der größte Teil des preußischen Volkes so reichlich spendet. Er ist gut und tapfer. Er hat sich standhaft im Unglück, und, was viel seltener ist, milde im Glücke gezeigt. Er ist von keuschem Herzen, rührend bescheidenem Wesen, bürgerlicher Prunklosigkeit, häuslich, guten Sitten, ein zärtlicher Vater, besonders zärtlich für die schöne Zarowa, welcher Zärtlichkeit wir vielleicht die Cholera und ein noch größeres Übel, womit erst unsere Nachkommen kämpfen werden, schönstens verdanken. Außerdem ist der König von Preußen ein sehr religiöser Mann, er hält streng auf Religion, er ist ein guter Christ, er hängt fest am evangelischen Bekenntnisse, er hat selbst eine Liturgie geschrieben, er glaubt an die Symbole – ach! ich wollte, er glaubte an den Jupiter, den Vater der Götter, der den Meineid rächt, und er gäbe uns endlich die versprochene Konstitution.

Oder ist das Wort eines Königs nicht so heilig wie ein Eid? Von allen Tugenden Friedrich Wilhelms rühmt man jedoch am meisten seine Gerechtigkeitsliebe. Man erzählt davon die rührendsten Geschichten. Noch jüngst hat er 11227 Taler 13 gute Groschen aus seiner Privatkasse geopfert, um den Rechtsansprüchen eines Kyritzer Bürgers zu genügen. Man erzählt, der Sohn des Müllers von Sanssouci habe, aus Geldnot, die berühmte Windmühle verkaufen wollen, worüber sein Vater mit Friedrich dem Großen prozessiert hat. Der jetzige König ließ aber dem benötigten Mann eine große Geldsumme vorstrecken, damit die berühmte Windmühle in dem alten Zustande stehen bleibe, als ein Denkmal preußischer Gerechtigkeitsliebe. Das ist alles sehr hübsch und löblich – aber wo bleibt die versprochene Konstitution, worauf das preußische Volk, nach göttlichem und weltlichem Rechte, die eigentümlichsten Ansprüche machen kann? Solange der König von Preußen diese heiligste »Obligatio« nicht erfüllt, solange er die wohlverdiente, freie Verfassung seinem Volke vorenthält, kann ich ihn nicht gerecht nennen, und sehe ich die Windmühle von Sanssouci, so denke ich nicht an preußische Gerechtigkeitsliebe, sondern an preußischen Wind.

Ich weiß sehr gut, die literarischen Lohnlakaien behaupten, der König von Preußen habe jene Konstitution nur der eigenen Laune halber versprochen, ein Versprechen, welches ganz unabhängig von den Zeitumständen gewesen sei. Die Toren! ohne Gemüt, wie sie sind, fühlen sie nicht, daß die Menschen, wenn man ihnen vorenthält, was man ihnen von Rechts wegen schuldig ist, weit weniger beleidigt werden, als wenn man ihnen das versagt, was man ihnen aus bloßer Liebe versprochen hat; denn in solchem Falle wird auch unsere Eitelkeit gekränkt, indem wir sehen, daß wir demjenigen, der uns aus freiem Willen etwas versprach, nicht mehr so viel wert sind.

Oder war es wirklich nur eigne Laune, ganz unabhängig von den Zeitumständen, was den König von Preußen einst bewogen hätte, seinem Volke eine freie Konstitution zu versprechen? Er hatte also auch nicht einmal damals die Absicht dankbar zu sein? Und er hatte doch so viel Grund dazu, denn nie befand sich ein Fürst in einer kläglicheren Lage, als die worin der König von Preußen nach der Schlacht bei Jena geraten war, und woraus ihn sein Volk gerettet. Standen ihm damals nicht die Tröstungen der Religion zu Gebote, er mußte verzweifeln ob der Insolenz womit der Kaiser Napoleon ihn behandelte. Aber, wie gesagt, er fand Trost im Christentum, welches wahrlich die beste Religion ist nach einer verlorenen Schlacht. Ihn stärkte das Beispiel seines Heilandes; auch er konnte damals sagen: »mein Reich ist nicht von dieser Welt!« und er vergab seinen Feinden, welche mit viermalhunderttausend Mann ganz Preußen besetzt hielten. Wäre Napoleon damals nicht mit weit wichtigeren Dingen beschäftigt gewesen, als daß er an Se. Majestät Friedrich Wilhelm III. allzuviel denken konnte, er hätte diesen gewiß gänzlich in Ruhestand gesetzt. Späterhin, als alle Könige von Europa sich gegen den Napoleon zusammenrotteten, und der Mann des Volkes in dieser Fürstenemeute unterlag und der preußische Esel dem sterbenden Löwen die letzten Fußtritte gab: da bereute er zu spät die Unterlassungssünde. Wenn er in seinem hölzernen Käfig zu St. Helena auf und ab ging und es ihm in den Sinn kam, daß er den Papst kajoliert und vergessen hatte, Preußen zu zertreten: dann knirschte er mit den Zähnen, und wenn ihm dann eine Ratte in den Weg lief, dann zertrat er die arme Ratte.

Napoleon ist jetzt tot, und liegt, wohlverschlossen in seinem bleiernen Sarg, unter dem Sand von Longwood, auf der Insel Sankt Helena. Rund herum ist Meer. Den braucht ihr also nicht mehr zu fürchten. Auch die letzten drei Götter, die noch im Himmel übriggeblieben, den Vater, den Sohn und den Heiligen Geist, braucht ihr nicht zu fürchten, denn ihr steht gut mit ihrer heiligen Dienerschaft. Ihr braucht euch nicht zu fürchten, denn ihr seid mächtig und weise. Ihr habt Gold und

Flinten, und was feil ist könnt ihr kaufen, und was sterblich ist könnt ihr töten. Eurer Weisheit kann man ebensowenig widerstehen. Jeder von euch ist ein Salomo, und es ist schade, daß die Königin von Saba, die schöne Frau, nicht mehr lebt; ihr hättet sie bis aufs Hemd enträtselt. Dann habt ihr auch eiserne Töpfe, worin ihr diejenigen einsperren könnt, die euch etwas zu raten aufgeben, wovon ihr nichts wissen wollt, und ihr könnt sie versiegeln und ins Meer der Vergessenheit versenken; alles wie König Salomo. Gleich diesem versteht ihr auch die Sprache der Vögel. Ihr wißt alles was im Lande gezwitschert und gepfiffen wird, und mißfällt euch der Gesang eines Vogels, so habt ihr eine große Schere, womit ihr ihm den Schnabel zurecht schneidet, und, wie ich höre, wollt ihr euch eine noch größere Schere anschaffen für die, welche über zwanzig Bogen singen. Dabei habt ihr die klügsten Vögel in eurem Dienste, alle Edelfalken, alle Raben, nämlich die schwarzen, alle Pfauen, alle Eulen. Auch lebt noch der alte Simurgh, und er ist euer Großvesier, und er ist der gescheuteste Vogel der Welt. Er will das Reich wieder ganz so herstellen, wie es unter den präadamitischen Sultanen bestanden, und er legt deshalb unermüdlich Eier, Tag und Nacht, und in Frankfurt werden sie ausgebrütet. Hudhud, der akkreditierte Wiedehopf, läuft unterdessen über den märkischen Sand mit den pfiffigsten Depeschen im Schnabel. Ihr braucht euch nicht zu fürchten.

Nur vor einem möchte ich euch warnen, nämlich vor dem »Moniteur« von 1793. Das ist ein Höllenzwang, den ihr nicht an die Kette legen könnt, und es sind Beschwörungsworte darin, die viel mächtiger sind als Gold und Flinten, Worte womit man die Toten aus den Gräbern ruft und die Lebenden in den Tod schickt, Worte womit man die Zwerge zu Riesen macht und die Riesen zerschmettert, Worte die eure ganze Macht zerschneiden, wie das Fallbeil einen Königshals.

Ich will euch die Wahrheit gestehen. Es gibt Leute, die Mut genug besitzen jene Worte auszusprechen, und die sich nicht gefürchtet hätten vor den grauenhaftesten Geistererscheinungen; aber sie wußten eben nicht das rechte Wort im Buche zu finden, und hätten es auch mit ihren dicken Lippen nicht aussprechen können; sie sind keine Hexenmeister. Andere, die, vertraut mit der geheimnisvollen Wünschelrute, das rechte Wort wohl aufzufinden wüßten und auch mit zauberkundiger Zunge es auszusprechen vermöchten: diese waren zagen Herzens und fürchteten sich vor den Geistern, die sie beschwören sollten; – denn ach! wir wissen nicht das Sprüchlein, womit man die Geister wieder zähmt, wenn der Spuk allzu toll wird; wir wissen nicht, wie man die begeisterten Besenstiele wieder in ihre hölzerne Ruhe zurückbannt, wenn sie mit allzuviel rotem Wasser das Haus überschwemmen; wir wissen nicht, wie man das Feuer wieder bespricht, wenn es allzu rasend umherleckt; wir fürchteten uns.

Verlaßt euch aber nicht auf Ohnmacht und Furcht von unserer Seite. Der verhüllte Mann der Zeit, der ebenso kühnen Herzens wie kundiger Zunge ist, und der das große Beschwörungswort weiß und es auch auszusprechen vermag, er steht vielleicht schon in eurer Nähe. Vielleicht ist er in knechtischer Livree oder gar in Harlekinstracht vermummt, und ihr ahnet nicht, daß es euer Verderber ist, welcher euch untertänig die Stiefel auszieht oder durch seine Schnurren euer Zwerchfell erschüttert. Graut euch nicht manchmal, wenn euch die servilen Gestalten mit fast ironischer Demut umwedeln, und euch plötzlich in den Sinn kommt: das ist vielleicht eine List, dieser Elende, der sich so blödsinnig absolutistisch, so viehisch gehorsam gebärdet, der ist vielleicht ein geheimer Brutus? Habt ihr nicht nachts zuweilen Träume, die euch vor den kleinsten, windigsten Würmern warnen, die ihr des Tags zufällig kriechen gesehen? Ängstigt euch nicht! Ich scherze nur, ihr seid ganz sicher. Unsere dummen Teufel von Servilen verstellen sich durchaus nicht. Sogar der Jarcke ist nicht gefährlich. Seid auch außer Sorge in betreff der kleinen Narren, die euch zuweilen mit bedenklichen Späßen umgaukeln. Der große Narr schützt euch vor den kleinen. Der große Narr ist ein sehr großer Narr, riesengroß, und er nennt sich deutsches Volk.

O, das ist ein sehr großer Narr! Seine buntscheckige Jacke besteht aus sechsunddreißig Flicken. An seiner Kappe hängen, statt der Schellen, lauter zentnerschwere Kirchenglocken, und in der Hand trägt er eine ungeheure Pritsche von Eisen. Seine Brust aber ist voll Schmerzen. Nur will er an diese Schmerzen nicht denken, und er reißt deshalb um so lustigere Possen, und er lacht manchmal um nicht zu weinen. Treten ihm seine Schmerzen allzu brennend in den Sinn, dann schüttelt er wie toll den Kopf, und betäubt sich selber mit dem christlichfrommen Glockengeläute seiner Kappe. Kommt ein guter Freund zu ihm, der teilnehmend über seine Schmerzen mit ihm reden will, oder gar ihm ein Hausmittelchen dagegen anrät, dann wird er rein wütend und schlägt nach ihm mit der eisernen Pritsche. Er ist überhaupt wütend gegen jeden, der es gut mit ihm meint. Er ist der schlimmste Feind seiner Freunde und der beste Freund seiner Feinde. O! der große Narr wird euch immer treu und unterwürfig bleiben, mit seinen Riesenspäßchen wird er immer eure Junkerlein ergötzen, er wird täglich zu ihrem Vergnügen seine alten Kunststücke machen, und unzählige Lasten auf der Nase balancieren, und viele hunderttausend Soldaten auf seinem Bauche herumtrampeln lassen. Aber habt ihr gar keine Furcht, daß dem Narren mal all die Lasten zu schwer werden, und daß er eure Soldaten von sich abschüttelt und euch selber, aus Überspaß, mit dem kleinen Finger den Kopf eindrückt, so daß euer Hirn bis an die Sterne spritzt?

Fürchtet euch nicht, ich scherze nur. Der große Narr bleibt euch untertänigst gehorsam, und wollen euch die kleinen Narren ein Leid zufügen, der große schlägt sie tot.

Geschrieben zu Paris, den 18. Oktober 1832.

Heinrich Heine.

Vive la France! quand même –

Artikel I

Paris, 28. Dezember 1831.
Die erblichen Pairs haben jetzt ihre *last speeches* gehalten, und waren gescheit genug, sich selber für tot zu erklären, um nicht vom Volke umgebracht zu werden. Dieser Bewegungsgrund ist ihnen von Casimir Périer ganz besonders ans Herz gelegt worden. Von solcher Seite ist also kein Vorwand zu Emeuten mehr vorhanden. Der Zustand des niedern Volks von Paris ist indessen, wie man sagt, so trostlos, daß bei dem geringsten Anlasse, der von außen her gegeben würde, eine mehr als sonst bedrohliche Emeute stattfinden kann. Ich glaube aber dennoch nicht, daß wir solchen Ausbrüchen so nahe sind, wie man in diesem Augenblicke behauptet. Nicht als ob ich die Regierung für gar zu mächtig hielte, oder die Gegenparteien für gar zu kraftlos, im Gegenteil, die Regierung bekundet ihre Schwäche bei jeder Gelegenheit, namentlich geschah dies zur Zeit der Lyoner Unruhen, und was die Gegenparteien betrifft, so sind sie hinreichend erbittert, und dürften obendrein bei Tausenden, die vor Elend sterben, die tollkühnste Unterstützung finden; – aber es ist jetzt kaltes, neblichtes Winterwetter.

»Sie werden heute abend nicht kommen, denn es regnet,« sagte Pétion, nachdem er das Fenster geöffnet und wieder ruhig geschlossen, während seine Freunde, die Girondisten, von dem Volke, welches die Bergpartei verhetzte, einen Überfall erwarteten. Man erzählt diese Anekdote in den Revolutionsgeschichten, um Pétions Phlegma zu zeigen. Aber seit ich mit eigenen Augen die Natur der Pariser Volksaufstände studiert, sehe ich ein, wie sehr man jene Worte mißverstand. Zu guten Emeuten gehört wirklich gutes Wetter, behaglicher Sonnenschein, ein angenehm warmer Tag, und daher gerieten sie im

Junius, Juli und August immer am besten. Es darf dann auch nicht regnen, denn die Pariser fürchten nichts mehr als den Regen, und dieser verscheucht die Hunderttausende von Männern, Weibern und Kindern, die meistens geputzt und lachend nach den Walstätten ziehen und durch ihre Anzahl den Mut der Agitatoren heben. Auch darf die Luft nicht neblicht sein, sonst kann man ja die großen Plakate, die das Gouvernement an die Straßenecken anschlägt, nicht lesen; und doch muß diese Lektüre dazu dienen, die Menschenmassen nach bestimmten Orten zusammenzuziehen, wo sie sich am besten drängen, stoßen und tumultuarisch aufregen können. Guizot, ein fast deutscher Pedant, hat, als er Konrektor von Frankreich war, auf solchen Plakaten auch all sein philosophisch-historisches Wissen auskramen wollen, und man versichert, daß eben weil die Volkshaufen mit dieser Lektüre nicht so leicht fertig werden konnten, und sich daher an den Straßenecken um so drängender vermehrten, sei die Emeute so bedenklich geworden, daß der arme Doktrinär, ein Opfer seiner eigenen Gelehrsamkeit, sein Amt niederlegen mußte. Was aber vielleicht die Hauptsache ist, bei kaltem Wetter können im Palais Royal keine Zeitungen gelesen werden, und doch ist es hier, wo unter den hübschen Bäumen sich die eifrigsten Politiker versammeln, die Blätter vorlesen, in wütenden Gruppen debattieren und ihre Inspirationen nach allen Richtungen verbreiten.

Es hat sich jetzt gezeigt, wie sehr man dem vorigen Orléans, dem Philipp Egalité, unrecht tat, als man ihn der Oberleitung der meisten Volksaufstände beschuldigte, weil man damals entdeckt hatte, daß das Palais Royal, wo er wohnte, der Mittelpunkt derselben sei. In diesem Jahre zeigte sich das Palais Royal noch immer als ein solcher Mittelpunkt; es war noch immer der Versammlungsort aller unruhigen Köpfe; es war noch immer das Hauptquartier der Unzufriedenen, und doch hatte sein jetziger Eigentümer dergleichen Volk gewiß nicht berufen und besoldet. Der Geist der Revolution wollte das Palais Royal nicht verlassen, obgleich sein Eigentümer König geworden, und dieser war deshalb gezwungen seine alte Wohnung aufzugeben. Man sprach von besonderen Besorgnissen, die jene Wohnungsveränderung veranlaßt hätten, namentlich sprach man von der Furcht vor einer französischen Pulververschwörung. Freilich, da von einem Teile des Palastes, den oben der König bewohnte, das Rez-de-Chaussée für Butiken vermietet wird, so wäre es leicht gewesen, die Pulverfässer dorthin zu bringen und Se. Majestät mit aller Bequemlichkeit in die Luft zu sprengen. Andere meinten, es sei nicht anständig gewesen, daß Ludwig Philipp oben regierte, während unten Hr. Chevet seine Würste verkaufe. Letzteres ist aber doch ein ebenso honettes Geschäft, und ein Bürgerkönig hätte darum just nicht auszuziehen gebraucht, zumal Ludwig Philipp, der sich noch voriges Jahr über alles feudalistische und cäsartümliche Herkommen und Kostümwesen mokiert und gegen einige junge Republikaner geäußert hatte: die goldene Krone sei zu kalt im Winter und zu heiß im Sommer, ein Zepter sei zu stumpf, um es als Waffe, und zu kurz, um es als Stütze zu gebrauchen, und ein runder Filzhut und ein guter Regenschirm sei in jetziger Zeit viel nützlicher.

Ich weiß nicht, ob Ludwig Philipp sich dieser Äußerungen noch zu besinnen weiß, denn es ist schon lange her, seit er das letztemal mit rundem Hut und Regenschirm durch die Straßen von Paris wanderte, und mit raffinierter Treuherzigkeit die Rolle eines biedern, schlichten Hausvaters spielte. Er drückte damals jedem Spezereihändler und Handwerker die Hand, und trug dazu, wie man sagt, einen besondern schmutzigen Handschuh, den er jedesmal wieder auszog und mit einem reineren Glacéhandschuh vertauschte, wenn er in seine höhere Region, zu seinen alten Edelleuten, Bankierministern, Intriganten und amarantroten Lakaien wieder hinaufstieg. Als ich ihn das letzte Mal sah, wandelte er auf und nieder zwischen den goldenen Türmchen, Marmorvasen und Blumen auf dem

Dache der Galerie Orléans. Er trug einen schwarzen Rock, und auf seinem breiten Gesichte spazierte eine Sorglosigkeit, worüber wir fast ein Grauen empfinden, wenn wir die schwindelnde Stellung des Mannes bedenken. Man sagt jedoch, sein Gemüt sei gar nicht so sorglos wie sein Gesicht.

Es ist gewiß tadelnswert, daß man das Gesicht des Königs zum Gegenstande der meisten Witzeleien erwählt, und daß er in allen Karikaturläden als Zielscheibe des Spottes ausgehängt ist. Wollen die Gerichte diesem Frevel Einhalt tun, dann wird gewöhnlich das Übel noch vermehrt. So sahen wir jüngst, wie aus einem Prozesse der Art sich ein anderer entspann, wobei der König nur noch desto mehr kompromittiert wurde. Nämlich Philippon, der Herausgeber eines Karikaturjournals, verteidigte sich folgendermaßen: wolle man in irgendeiner Karikaturfratze eine Ähnlichkeit mit dem Gesichte des Königs finden, so fände man diese auch, sobald man nur wolle, in jedem beliebigen, noch so heterogenen Bildnisse, so daß am Ende niemand vor einer Anklage beleidigter Majestät sichergestellt sei. Um den Vordersatz zu beweisen, zeichnete er auf ein Stück Papier mehrere Karikaturengesichter, wovon das erste dem Könige frappant glich, das zweite aber dem ersten glich, ohne daß jene königliche Ähnlichkeit allzu bemerkbar blieb, in solcher Weise glich wieder das dritte dem zweiten, und das vierte dem dritten Gesicht, dergestalt aber, daß jenes vierte Gesicht ganz wie eine Birne aussah, und dennoch eine leise, jedoch desto spaßhaftere Ähnlichkeit mit den Zügen des geliebten Monarchen darbot. Da nun Philippon trotzdem von der Jury verurteilt wurde, druckte er in seinem Journale seine Verteidigungsrede, und zu den Beweisstücken gab er lithographiert das Blatt mit den vier Karikaturgesichtern. Wegen dieser Lithographie, die unter dem Namen »die Birne« bekannt ist, wurde der geistreiche Künstler nun wieder verklagt, und die ergötzlichsten Verwicklungen erwartet man von diesem Prozesse. Ich glaube, Ludwig Philipp ist kein unedler Mann, der auch gewiß nicht das Schlechte will, und der nun den Fehler hat, sein eigenstes Lebensprinzip zu verkennen. Dadurch kann er zugrunde gehen. »Denn«, wie Sallust tiefsinnig ausspricht, »die Regierungen können sich nur durch dasjenige erhalten, wodurch sie entstanden sind«, so z. B. daß eine Regierung, die durch Gewalt gestiftet worden, sich auch nur durch Gewalt erhält, nicht durch List, und so umgekehrt. Ludwig Philipp hat vergessen, daß seine Regierung durch das Prinzip der Volkssouveränität entstanden ist, und, in trübseligster Verblendung, möchte er sie jetzt durch eine Quasilegitimität, durch Verbindung mit absoluten Fürsten, und durch Fortsetzung der Restaurationsperiode zu erhalten suchen. Dadurch geschieht es, daß jetzt die Geister der Revolution ihm grollen und unter allen Gestalten ihn befehden. Diese Fehde ist jedenfalls noch gerechter als die Fehde gegen die vorige Regierung, welche dem Volke nichts verdankte, und sich ihm gleich anfangs offen feindlich entgegensetzte. Ludwig Philipp, der dem Volke und den Pflastersteinen des Julius seine Krone verdankte, ist ein Undankbarer, dessen Abfall um so verdrießlicher, da man täglich mehr und mehr die Einsicht gewinnt, daß man sich gröblich täuschen lassen. Ja, täglich geschehen offenbare Rückschritte, und wie man die Pflastersteine, die man in den Juliustagen als Waffe gebrauchte, und die an einigen Orten und seitdem aufgehäuft lagen, jetzt wieder ruhig einsetzt, damit keine äußere Spur der Revolution übrigbleibe: so wird auch jetzt das Volk wieder an seine vorige Stelle, wie Pflastersteine, in die Erde zurückgestampft, und, nach wie vor, mit Füßen getreten.

Ich habe vergessen, oben zu erwähnen: unter den Beweggründen, die dem Könige zugeschrieben worden, als er das Palais Royal verließ und die Tuilerien bezog, gehörte das Gerücht, daß er die Krone nur zum Scheine angenommen, daß er im Herzen seinem legitimen Herrn, Karl X., ergeben geblieben, daß er dessen Rückkehr vorbereite und deshalb auch nicht die Tuilerien beziehe. Die Karlisten hatten dieses Gerücht ausgeheckt, und es war absurd genug, um beim Volke Eingang zu finden. Nun, diesem Gerüchte ist durch die Tat widersprochen, der Sohn Egalités ist endlich als Sieger eingezogen durch die Triumphpforte des Karussells, und spaziert jetzt mit seinem sorglosen Gesichte und mit Hut und Regenschirm durch die weltgeschichtlichen Gemächer der Tuilerien. Man sagt, die Königin habe sich sehr gesträubt, dieses »Haus des Unglücks« zu bewohnen. Vom Könige will man wissen, er habe dort in der ersten Nacht nicht so gut wie gewöhnlich schlafen können, und sei von allerlei Visionen heimgesucht worden; z. B. Marie Antoinette habe er mit zornsprühenden Nüstern, wie einst am 10. August, umherrennen sehen; dann habe er das hämische Gelächter jenes roten Männleins gehört, das sogar manchmal hinter Napoleons Rücken vernehmlich lachte, wenn dieser eben seine stolzesten Befehle im Audienzsaale erteilte; endlich aber sei St.-Denis zu ihm gekommen und habe ihn im Namen Ludwigs XVI. auf Guillotinen herausgefordert. St.-Denis ist, wie männiglich weiß, der Schutzpatron der Könige von Frankreich, bekanntlich ein Heiliger, der mit seinem eigenen Kopfe in der Hand dargestellt wird.

Bedenklicher als alle Gespenster, die im Innern des Schlosses lauern mögen, sind die Torheiten, die sich bei seinen Außenwerken offenbaren. Ich rede von den famösen *fossés des Tuileries*. Diese waren lange Zeit ein Hauptgegenstand der Unterhaltung sowohl in Salons als in Carrefours, und noch immer liegen sie im Bereiche der bittersten und feindseligsten Besprechung. Als noch vor der Gartenfassade der Tuilerien die hohen Bretterwände standen, die den Augen des Publikums jene Arbeiten verhüllten, hörte man darüber die absurdesten Hypothesen. Die meisten meinten, der König wolle das Schloß befestigen und zwar von der Gartenseite, wo einst am 10. August das Volk so leicht eindringen konnte. Es hieß sogar, der Pont Royal würde deshalb abgebrochen. Andere meinten, der König wolle nur eine lange Mauer aufrichten, um sich selbst die

Aussicht nach der Place de la Concorde zu verdecken; dieses jedoch geschehe nicht aus kindischer Furcht, sondern aus Zartgefühl; denn sein Vater starb auf der Place de Grève, die Place de la Concorde aber war der Hinrichtungsplatz für die ältere Linie. Indessen wie dem armen Ludwig Philipp so oft unrecht geschieht, so auch hier. Als man jene mystischen Bretterwände vor dem Schlosse wieder niederriß, sah man weder Befestigungswerke noch Schutzmauern, weder Schanzgräben noch Bastionen, sondern eitel Dummheit und Blumen. Der König hatte nämlich, bausüchtig wie er ist, den Einfall gehabt, vor dem Schlosse einen kleinen Garten für sich und seine Familie von dem größern öffentlichen Garten abzuschneiden, diese Abscheidung war nur durch einen gewöhnlichen Graben und ein Drahtgitterwerk von einigen Fuß Höhe ausgeführt worden, und in den ausgestochenen Beeten standen schon Blumen, ebenso unschuldig wie jene Gartenidee des Königs selbst.

Casimir Périer soll aber über diese unschuldige Idee, die ohne sein Vorwissen ausgeführt worden, sehr ärgerlich gewesen sein. Denn jedenfalls veranlaßt sie den gerechten Unmut des Publikums über die Verunstaltung des ganzen Gartens, eines Meisterstücks von Le Nôtre, das eben durch sein großartiges Ensemble so sehr imponiert. Es ist gerade, als wollte man einige Szenen aus einer Racineschen Tragödie ausscheiden. Englische Gärten und romantische Dramen mag man immerhin ohne Schaden, oft sogar mit Vorteil verkürzen; Racines poetische Gärten aber mit ihren sublim langweiligen Einheiten, pathetischen Marmorgestalten, gemessenen Abgängen und sonstig strengem Zuschnitt, ebensowenig wie Le Nôtres grüne Tragödie, die mit der breiten Tuilerien-Exposition so großartig beginnt, und mit der erhabenen Terrasse, wo man die Katastrophe des Concordeplatzes schaut, so großartig endigt, kann man nicht im mindesten verändern, ohne ihre Symmetrie, und also ihre eigentliche Schönheit zu zerstören. Außerdem ist jener unzeitige Gartenbau noch wegen anderer Gründe dem König schädlich. Erstens kommt er dadurch um so öfter ins Gerede, was ihm doch jetzt nicht sonderlich nützlich ist; zweitens versammelt sich dadurch in seiner persönlichen Nähe beständig viel Gaffervolk, das allerlei bedenkliche Glossen macht, das vielleicht seinen Hunger durch Schaulust zu vergessen sucht, für jeden Fall aber lange müßige Hände hat. Da hört man bitterscharfe Bemerkungen und rote Witzeleien, die an die neunziger Jahre erinnern. An der einen Eingangsseite des neuen Gartens steht ein metallener Abguß des Messerschleifers, dessen Original in der Tribune zu Florenz zu sehen ist, und über dessen Bedeutung verschiedene Meinungen herrschen. Hier aber, im Tuileriengarten, hörte ich über den Sinn dieses Bildes einige moderne Auslegungen, worüber manche Antiquare mitleidig lächeln und manche Aristokraten heimlich erzittern würden.

Gewiß, dieser Gartenbau ist eine kolossale Torheit, und gibt den König den gehässigsten Anschuldigungen preis. Man kann ihn sogar als eine symbolische Handlung interpretieren. Ludwig Philipp zieht einen Graben zwischen sich und dem Volke, er trennt sich von demselben auch sichtbar. Oder hat er das Wesen des konstitutionellen Königtums so kleinmütig aufgefaßt und so kurzsinnig begriffen, daß er meint, wenn er dem Volke den größern Teil des Gartens überlasse, so dürfe er den kleinern Teil desto ausschließlicher als Privatgärtchen besitzen? Nein, das absolute Königtum mit seinem großartig egoistischen Ludwig XIV., der statt des *L'état c'est moi*, auch sagen konnte *Les tuileries c'est moi*, erschiene alsdann viel herrlicher als die konstitutionelle Volkssouveränität mit ihrem Ludwig Philipp I., der angstvoll sein Privatgärtchen abgrenzt und ein kümmerliches *chacun chez soi* in Anspruch nimmt. Man sagt, daß der ganze Bau im Frühjahre vollendet werde. Alsdann wird auch das neue Königtum, das jetzt noch so wenig ausgebaut und noch so kalkfrisch ist, etwas fertiger aussehen. Seine gegenwärtige Erscheinung ist im höchsten Grade ungewöhnlich. In der Tat, wenn man jetzt die Tuilerien von der Gartenseite betrachtet, und all jenes Graben und Umgraben, das Versetzen der Statuen, das Pflanzen der laublosen Bäume, den alten Steinschutt, die neuen Baumaterialien, und all die Reparaturen sieht, wobei so viel gehämmert, geschrien, gelacht und getobt wird: dann glaubt man ein Sinnbild des neuen unvollendeten Königtums selbst vor Augen zu haben.

Artikel II

Paris, 19. Januar 1832.
Der »Temps« bemerkt heute, daß die »Allgemeine Zeitung« jetzt Artikel liefere, die feindselig gegen die königliche Familie gerichtet seien, und daß die deutsche Zensur, die nicht die geringste Äußerung gegen absolute Könige erlaube, gegen einen Bürgerkönig nicht die mindeste Schonung ausübe. Der »Temps« ist doch die gescheiteste Zeitschrift der Welt! Mit wenigen milden Worten erreicht er seine Zwecke viel schneller als andere mit ihrer lautesten Polemik. Sein schlauer Wink ist hinreichend verstanden worden, und ich weiß wenigstens einen liberalen Schriftsteller, der es jetzt seiner Ehre nicht angemessen hält, unter Zensurerlaubnis gegen einen Bürgerkönig die feindliche Sprache zu führen, die man ihm gegen einen absoluten König nicht gestatten würde. Aber dafür tue uns Ludwig Philipp auch den einzigen Gefallen, ein Bürgerkönig zu bleiben. Eben weil er den absoluten Königen täglich ähnlicher wird, müssen wir ihm grollen. Er ist gewiß als Mensch ganz ehrenfest, und ein achtungswerter Familienvater, zärtlicher Gatte und guter Ökonom; aber es ist verdrießlich, daß er alle Freiheitsbäume abschlagen läßt und sie ihres hübschen Laubwerks entkleidet, um daraus Stützbalken zu zimmern für das wackelnde Haus Orléans. Deshalb, nur deshalb zürnt ihm die

liberale Presse, und die Geister der Wahrheit verschmähen sogar die Lüge nicht, um ihn damit zu befehden. Es ist traurig, bejammernswert, daß durch diese Taktik sogar die Familie des Königs leiden muß, die ebenso schuldlos wie liebenswürdig ist. Von dieser Seite wird die deutsche liberale Presse, minder geistreich, aber gemütvoller als ihre französische ältere Schwester, sich keine Grausamkeiten zu schulden kommen lassen. »Ihr solltet wenigstens mit dem Könige Mitleid haben!« rief jüngst das sanftlebende »Journal des Débats«. »Mitleid mit Ludwig Philipp!« entgegnete die »Tribüne«, »dieser Mann verlangt fünfzehn Millionen und unser Mitleid! Hat er Mitleid gehabt mit Italien, mit Polen usw.?« – Ich sah diese Tage die unmündige Waise des Menotti, der in Modena gehenkt worden. Auch sah ich unlängst Sennora Luisa de Torrijos, eine arme todblasse Dame, die schnell wieder nach Paris zurückgekehrt ist, als sie an der spanischen Grenze die Nachricht von der Hinrichtung ihres Gatten und seiner zweiundfünfzig Unglücksgefährten erfuhr. Ach, ich habe wirklich Mitleid mit Ludwig Philipp!

Die »Tribüne«, das Organ der offen republikanischen Partei, ist unerbittlich gegen ihren königlichen Feind und predigt täglich die Republik. Der »National«, das rücksichtsloseste und unabhängigste Journal Frankreichs, hat unlängst auf eine befremdende Art in diesen Ton eingestimmt. Furchtbar, wie ein Echo aus den blutigsten Tagen der Konvention, klangen die Reden jener Häuptlinge der *Société des amis du peuple*, die vorige Woche vor den Assisen standen, angeklagt »gegen die bestehende Regierung konspiriert zu haben, um dieselbe zu stürzen und eine Republik zu errichten«. Sie wurden von der Jury freigesprochen, weil sie bewiesen, daß sie keineswegs konspiriert, sondern ihre Gesinnungen im Angesichte des ganzen Publikums ausgesprochen hätten. »Ja, wir wünschen den Umsturz dieser schwachen Regierung, wir wollen eine Republik«, war der Refrain aller ihrer Reden vor Gericht.

Während auf der einen Seite die ernsthaften Republikaner

das Schwert ziehen und mit Donnerworten grollen, blitzt und lacht »Figaro« und schwingt am wirksamsten seine leichte Geißel. Er ist unerschöpflich in Witzen über »die beste Republik«, ein Ausdruck, wodurch zugleich der arme Lafayette geneckt wird, weil er bekanntlich einst vor dem Hôtel de Ville den Ludwig Philipp umarmt und ausgerufen: »*Vous êtes la meilleure république!*« Dieser Tage bemerkte »Figaro«, man verlange keine Republik, seit man die beste gesehen. Ebenso sanglant sagt er, bei Gelegenheit der Debatten über die Zivilliste: »*La meilleure république coute quinze millions*«.

Die Partei der Republikaner will dem Lafayette seinen Mißgriff in betreff des empfohlenen Königs nimmermehr verzeihen. Sie wirft ihm vor, daß er den Ludwig Philipp lange genug gekannt habe, um voraus wissen zu können, was von ihm zu erwarten sei. Lafayette ist jetzt krank, kummerkrank. Ach! das größte Herz beider Welten, wie schmerzlich muß es jene königliche Täuschung empfinden! Vergebens, in der ersten Zeit, mahnte Lafayette beständig an das *Programme de l'hôtel de ville*, an die republikanischen Institutionen, womit das Königtum umgeben werden sollte, und an ähnliche Versprechungen. Aber ihn überschrien jene doktrinären Schwätzer, die aus der englischen Geschichte von 1688 beweisen, daß man sich im Julius 1830 nur für die Aufrechterhaltung der Charte in Paris geschlagen, und alle Aufopferungen und Kämpfe nur die Einsetzung der jüngern Linie der Bourbone an die Stelle der ältern bezweckt habe, ebenso, wie einst in England mit der Einsetzung des Hauses Oranien an die Stelle der Stuarts alles abgetan war. Thiers, welcher zwar nicht wie die Doktrinäre denkt, aber jetzt im Sinne dieser Partei spricht, hat ihr in der letzten Zeit nicht geringen Vorschub geleistet. Dieser Indifferentist von der tiefsten Art, der so wunderbar Maß zu halten weiß in der Klarheit, Verständigkeit und Veranschaulichung seiner Schreibweise, dieser Goethe der Politik, ist gewiß in diesem Augenblicke der mächtigste Verfechter des Périerschen Systems, und wahrlich, mit seiner Broschüre gegen Chateaubriand vernichtete er fast jenen Don Quichotte der Legitimität, der auf seiner geflügelten Rosinante so pathetisch saß, dessen Schwert mehr glänzend als scharf war, und der nur mit kostbaren Perlen schoß, statt mit guten, eindringlichen Bleikugeln.

In ihrem Unmute über die klägliche Wendung der Ereignisse lassen sich viele Freiheitsenthusiasten sogar zur Verlästerung des Lafayette verleiten. Wie weit man in dieser Hinsicht sich vergehen kann, ergibt sich aus der Schrift des Belmontet, die ebenfalls gegen die bekannte Broschüre des Chateaubriand gerichtet ist, und worin mit ehrenwerter Offenheit die Republik gepredigt wird. Ich würde die bitteren Urteile, die in dieser Schrift über Lafayette vorkommen, hier ganz hersetzen, wären sie nicht einesteils gar zu gehässig, und ständen sie nicht anderenteils in Verbindung mit einer für diese Blätter unstatthaften Apologie der Republik. Ich verweise aber in dieser Hinsicht auf die Schrift selbst und namentlich auf einen Abschnitt derselben, der »die Republik« überschrieben ist. Man sieht da, wie Menschen, die edelsten sogar, ungerecht werden durch das Unglück.

Den glänzenden Wahn von der Möglichkeit einer Republik in Frankreich will ich hier nicht bekämpfen. Royalist aus angeborner Neigung, werde ich es in Frankreich auch aus Überzeugung. Ich bin überzeugt, daß die Franzosen keine Republik, weder die Verfassung von Athen, noch die von Sparta, und am allerwenigsten die von Nordamerika ertragen können. Die Athener waren die studierende Jugend der Menschheit, die Verfassung von Athen war eine Art akademischer Freiheit, und es wäre töricht, diese in unserer erwachsenen Zeit, in unserem greisen Europa, wieder einführen zu wollen. Und gar wie ertrügen wir die Verfassung von Sparta, dieser großen, langweiligen Patriotismusfabrik, dieser Kaserne der republikanischen Tugend, dieser erhaben schlechten Gleichheitsküche, worin die schwarzen Suppen so schlecht gekocht wurden, daß attische

Witzlinge behaupteten, diese Lakedämonier seien deshalb Verächter des Lebens und todesmutige Helden in der Schlacht. Wie könnte solche Verfassung gedeihen im Foyer der Gourmands, im Vaterlande des Véry, der Véfour, des Carrème! Dieser letztere würde sich gewiß, wie Vatel, in sein Schwert stürzen, als ein Brutus der Kochkunst, als der letzte Gastronome! Wahrlich, hätte Robespierre nur die spartanische Küche eingeführt, so wäre die Guillotine ganz überflüssig gewesen; denn die letzten Aristokraten wären alsdann vor Schrecken gestorben oder schleunigst emigriert. Armer Robespierre! du wolltest republikanische Strenge einführen in Paris, in einer Stadt, worin 150 000 Putzmacherinnen, und 150 000 Peruquiers und Parfümeurs ihr lächelndes, frisierendes und duftendes Gewerbe treiben!

Die amerikanische Lebensmonotonie, Farblosigkeit und Spießbürgerei wäre noch unerträglicher in der Heimat der Schaulust, der Eitelkeit, der Moden und Novitäten. Wahrlich, nirgends grassiert die Krankheit der Auszeichnungssucht so sehr wie in Frankreich. Vielleicht mit Ausnahme von August Wilhelm Schlegel, gibt es keine Frau in Deutschland, die sich so gern durch ein buntes Bändchen auszeichnete, wie die Franzosen; sogar die Juliushelden, die doch für Freiheit und Gleichheit gefochten, ließen sich hernach dafür mit einem blauen Bändchen dekorieren, um sich dadurch von dem übrigen Volke zu unterscheiden. Wenn ich aber deshalb das Gedeihen einer Republik in Frankreich bezweifele, so läßt sich darum doch nicht leugnen, daß alles zu einer Republik aboutiert, daß die republikanische Ehrfurcht für das Gesetz an die Stelle der royalistischen Personenverehrung getreten ist bei den Besseren, und daß die Opposition ebenso, wie sie einst fünfzehn Jahre lang mit einem Könige Komödie gespielt, jetzt dieselbe Komödie mit dem Königtume selber fortsetzt, und daß also die Republik wenigstens für kurze Zeit das Ende des Liedes sein könnte. Die Karlisten befördern solches, da sie es als eine notwendige Phase betrachten, um wieder zum absoluten Königtume der älteren Linie zu gelangen. Deshalb gebärden sie sich jetzt als die eifrigsten Republikaner, selbst Chateaubriand preist die Republik, nennt sich Republikaner aus Neigung, fraternisiert mit Marrast, und läßt sich die Akkolade erteilen von Béranger. Die Gazette, die heuchlerische »Gazette de France«, schmachtet jetzt nach republikanischen Staatsformen, allgemeinem Votum, Primärversammlungen usw. Es ist spaßhaft, wie die verkappten Pfäffchen jetzt in der Sprache des Sansculottismus bramarbasieren, wie farousch sie mit der roten Jakobinermütze kokettieren, wie sie dennoch manchmal in Angst geraten, sie hätten etwa statt dessen aus Zerstreuung das rote Prälatenkäppchen aufgesetzt, wie sie dann die erborgte Bedeckung einen Augenblick vom Haupte nehmen, und alle Welt die Tonsur bemerkt. Solche Leute glauben jetzt ebenfalls den Lafayette schmähen zu dürfen, und dieses dient ihnen dann als süße Erholung für den sauren Republikanismus, den Freiheitszwang, den sie sich auferlegen müssen.

Aber was auch die verblendeten Freunde und die heuchlerischen Feinde sagen mögen, Lafayette ist, nächst Robespierre, der reinste Charakter der französischen Revolution, und nächst Napoleon ist er ihr populärster Held. Napoleon und Lafayette sind die beiden Namen, die jetzt in Frankreich am schönsten blühen. Freilich ihr Ruhm ist verschiedener Art; dieser kämpfte mehr für den Frieden als für den Sieg, und jener kämpfte mehr um den Lorbeer als um den Eichenkranz. Freilich, es wäre lächerlich, wenn man die Größe beider Helden messen wollte mit demselben Maßstabe, und den einen hinstellen wollte auf das Postament des andern. Es wäre lächerlich, wenn man das Standbild des Lafayette auf die Vendômesäule setzen wollte, auf jene Säule, die aus den erbeuteten Kanonen so vieler Schlachten gegossen worden, und deren Anblick, wie Barbier singt, keine französische Mutter ertragen kann. Auf diese eiserne Säule stellt den Napoleon, den eisernen Mann, hier wie im Leben fußend auf seinen Kanonenruhm, und schauerlich isoliert emporragend in den Wolken, so daß jedem ehrgeizigen Soldaten, wenn er ihn dort oben, den Unerreichbaren, erblickt, das gedemütigte Herz geheilt wird von der eiteln Ruhmsucht, und solchermaßen diese kolossale Metallsäule als ein Gewitterableiter des Heldentums, den friedlichsten Nutzen stifte in Europa.

Lafayette gründete sich eine bessere Säule als die des Vendômeplatzes, und ein besseres Standbild als von Metall oder Marmor. Wo gibt es Marmor, so rein wie das Herz, wo gibt es Metall so fest wie die Treue des alten Lafayette? Freilich, er war immer einseitig, aber einseitig wie die Magnetnadel, die immer nach Norden zeigt, niemals zur Abwechslung einmal nach Süden oder Osten. So sagt Lafayette seit vierzig Jahren täglich dasselbe, und zeigt beständig nach Nordamerika; er ist es, der die Revolution eröffnete mit der Erklärung der Menschenrechte; noch zu dieser Stunde beharrt er auf dieser Erklärung, ohne welche kein Heil zu erwarten sei – der einseitige Mann mit seiner einseitigen Himmelsgegend der Freiheit! Freilich! er ist kein Genie, wie Napoleon war, in dessen Haupte die Adler der Begeisterung horsteten, während in seinem Herzen die Schlangen des Kalkuls sich ringelten; aber er hat sich doch nie von Adlern einschüchtern oder von Schlangen verführen lassen. Als Jüngling weise wie ein Greis, als Greis feurig wie ein Jüngling, ein Schützer des Volks gegen die List der Großen, ein Schützer der Großen gegen die Wut des Volkes, mitleidend und mitkämpfend, nie übermütig und nie verzagend, ebenmäßig streng und milde, so blieb Lafayette sich immer gleich; und so in seiner Einseitigkeit und Gleichmäßigkeit blieb er auch immer stehen auf demselben Platze, seit den Tagen Marie Antoinettens bis auf heutige Stunde; ein getreuer Eckart der Freiheit, steht er noch immer auf seinem Schwerte gestützt und warnend, vor dem Eingange der Tuilerien, dem verführerischen Venusberge, dessen Zaubertöne so verlockend klingen, und aus dessen süßen Netzen die armen Verstrickten sich niemals wieder losreißen können.

Es ist freilich wahr, daß dennoch der tote Napoleon noch mehr von den Franzosen geliebt wird, als der lebende Lafayette. Vielleicht eben weil er tot ist, was wenigstens mir das Liebste an Napoleon ist; denn lebte er noch, so müßte ich ihn ja bekämpfen helfen. Man hat außer Frankreich keinen Begriff davon, wie sehr noch das französische Volk an Napoleon hängt. Deshalb werden auch die Mißvergnügten, wenn sie einmal etwas Entscheidendes wagen, damit anfangen, daß sie den jungen Napoleon proklamieren, um sich der Sympathie der Massen zu versichern. »Napoleon« ist für die Franzosen ein Zauberwort, das sie elektrisiert und betäubt. Es schlafen tausend Kanonen in diesem Namen, ebenso wie in der Säule des Vendômeplatzes, und die Tuilerien werden zittern, wenn einmal diese Kanonen erwachen. Wie die Juden den Namen ihres Gottes nicht eitel aussprachen, so wird hier Napoleon selten bei seinem Namen genannt, und er heißt immer »der Mann, *l'homme*«. Aber sein Bild sieht man überall, in Kupferstich und Gips, in Metall und Holz, und in allen Situationen. Auf allen Boulevards und Carrefours stehen Redner, die ihn preisen, den Mann, Volkssänger, die seine Taten besingen. Als ich gestern abend beim Nachhausegehen in ein einsam dunkles Gäßchen geriet, stand dort ein Kind von höchstens drei Jahren vor einem Talglichtchen, das in die Erde gesteckt war, und lallte ein Lied zum Ruhme des großen Kaisers. Als ich ihm einen Sou auf das ausgebreitete Taschentuch hinwarf, rutschte etwas neben mir, welches ebenfalls um einen Sou bat. Es war ein alter Soldat, der ebenfalls von dem Ruhme des großen Kaisers ein Liedchen singen konnte, denn dieser Ruhm hatte ihm beide Beine gekostet. Der arme Krüppel bat mich nicht im Namen Gottes, sondern mit gläubigster Innigkeit flehte er: »*Au nom de Napoléon, donnez-moi un sou*«. So dient dieser Name auch als das höchste Beschwörungswort des Volkes, Napoleon ist ein

Gott, sein Kultus, seine Religion; und diese Religion wird am Ende langweilig, wie jede andere. Dagegen wird Lafayette mehr als Mensch verehrt, oder als Schutzengel. Auch er lebt in Bildern und Liedern, aber minder heroisch, und ehrlich gestanden, es hat sogar einen komischen Effekt auf mich gemacht, als ich voriges Jahr den 28. Julius, im Gesange der Parisienne die Worte hörte: »*Lafayette aux cheveux blancs*«, während ich ihn selbst mit seiner braunen Perücke neben mir stehen sah. Es war auf dem Bastillenplatz, der Mann war auf seinem rechten Platze, und dennoch mußte ich heimlich lachen. Vielleicht ebensolche komische Beimischung bringt ihn unseren Herzen menschlich näher. Seine Bonhommie wirkt sogar auf Kinder, und diese verstehen seine Größe vielleicht noch besser als die Großen. Hierüber weiß ich wieder eine kleine Bettelgeschichte zu erzählen, die aber den Charakter des Lafayetteschen Ruhms, in seiner Unterscheidung von dem Napoleonschen, bezeichnet. Als ich nämlich jüngst an einer Straßenecke vor dem Pantheon stillstand, und, wie gewöhnlich, dieses schöne Gebäude betrachtend, in Nachdenken versank, bat mich ein kleiner Auvergniate um einen Sou, und ich gab ihm ein Zehnsoustück, um seiner nur gleich los zu werden. Aber da näherte er sich mir desto zutraulicher mit den Worten: »*Est-ce que vous connaissez le général Lafayette?*« und als ich diese wunderliche Frage bejahte, malte sich das stolzeste Vergnügen auf dem naiv-schmutzigen Gesichte des hübschen Buben, und mit drolligem Ernste sagte er: »*Il est de mon pays.*« Er glaubte gewiß, ein Mann, der ihm zehn Sous gegeben, müsse auch ein Verehrer von Lafayette sein, und da hielt er mich zugleich für würdig, sich mir als Landsmann desselben zu präsentieren.

So hegt auch das Landvolk die liebevollste Ehrfurcht gegen Lafayette, um so mehr, da er selbst die Landwirtschaft zu seiner Hauptbeschäftigung macht. Diese erhält ihm die Einfalt und Frische, die in beständigem Stadttreiben verloren gehen könnten. Hierin gleicht er auch jenen großen Republikanern der Vorzeit, die ebenfalls ihren eigenen Kohl bauten, in Zeiten der Not vom Pfluge zur Schlacht oder zur Tribüne eilten, und nach erfochtenen Siegen wieder zu ihren ländlichen Arbeiten zurückkehrten. Auf dem Landsitze, wo Lafayette die mildere Jahreszeit zubringt, ist er gewöhnlich umringt von strebenden Jünglingen und schönen Mädchen, da herrscht Gastlichkeit der Tafel und des Herzens, da wird viel gelacht und getanzt, da ist der Hof des souveränen Volkes, da ist jeder hoffähig, der ein Sohn seiner Taten ist und keine Mesalliance geschlossen hat mit der Lüge, und da ist Lafayette der Zeremonienmeister.

Mehr aber noch als unter jeder anderen Volksklasse herrscht die Verehrung Lafayettes unter dem eigentlichen Mittelstande, unter Gewerbsleuten und Kleinhändlern. Diese vergötterten ihn. Lafayette, der ordnungstiftende, ist der Abgott dieser Leute. Sie verehren ihn als eine Art Vorsehung zu Pferde, als einen bewaffneten Schutzpatron der öffentlichen Sicherheit, als einen Genius der Freiheit, der zugleich sorgt, daß beim Freiheitskampfe nicht gestohlen wird, und jeder das liebe Seinige behält! Die große Armee der öffentlichen Ordnung, wie Casimir-Périer die Nationalgarde genannt hat, die wohlgenährten Helden mit großen Bärenmützen, worin Krämerköpfe stecken, sind außer sich vor Entzücken, wenn sie von Lafayette sprechen, ihrem alten General, ihrem Friedens-Napoleon. Ja, er ist der Napoleon der *petite bourgeoisie*, jener braven, zahlungsfähigen Leute, jener Gevatter Schneider und Handschuhmacher, die zwar des Tages über zu sehr beschäftigt sind, um an Lafayette denken zu können, die ihn aber nachher, des Abends, mit verdoppeltem Enthusiasmus preisen, so daß man wohl behaupten kann, daß um elf Uhr, wenn die meisten Butiken geschlossen sind, der Ruhm des Lafayette seine höchste Blüte erreicht.

Ich habe oben das Wort »Zeremonienmeister« gebraucht. Es fällt mir ein, daß Wolfgang Menzel, in seiner geistreichen Frivolität, den Lafayette einen Zeremonienmeister der Freiheit genannt hat, als er einst dessen Triumphzug durch die Vereinigten Staaten, und die Deputationen, Adressen und feierlichen Reden, die dabei zum Vorscheine kamen, im »Literaturblatte« besprach. Auch andere, minder witzige Leute hegen den Irrtum, der Lafayette sei nur ein alter Mann, der zur Schau hingestellt oder als Maschine gebraucht werde. Indessen, wenn diese Leute ihn nur ein einziges Mal auf der Rednerbühne sähen, so würden sie leicht erkennen, daß er nicht eine bloße Fahne ist, der man folgt, oder wobei man schwört, sondern daß er selbst noch immer der Gonfaloniere ist, in dessen Händen das gute Banner, die Oriflamme der Völker. Lafayette ist vielleicht der bedeutendste Sprecher in der jetzigen Deputiertenkammer. Wenn er spricht, trifft er immer den Nagel auf den Kopf und seine vernagelten Feinde auf die Köpfe. Wenn es gilt, wenn eine der großen Fragen der Menschheit zur Sprache kommt, dann erhebt sich jedesmal der Lafayette, kampflustig wie ein Jüngling. Nur der Leib ist schwach und schlotternd, von Zeit und Zeitkämpfen zusammengebrochen, wie eine zerhackte und zerschlagene alte Eisenrüstung, und es ist rührend, wie er sich damit zur Tribüne schleppt, und wenn er diese, den alten Posten erreicht hat, tief Atem schöpft und lächelt. Dieses Lächeln, der Vortrag, und das ganze Wesen des Mannes, während er auf der Tribüne spricht, ist unbeschreibbar. Es liegt darin so viel Holdseligkeit, und zugleich so viel feine Ironie, daß man wie von einer wunderbaren Neugier gefesselt wird, wie von einem süßen Rätsel. Man weiß nicht, sind das die feinen Manieren eines französischen Marquis, oder ist das die offene Gradheit eines amerikanischen Bürgers? Das Beste des alten Regimes, das Chevalereske, die Höflichkeit, der Takt, ist hier wunderbar verschmolzen mit dem Besten des neuen Bürgertums, der Gleichheitsliebe, der Prunklosigkeit und der Ehrlichkeit. Nichts ist interessanter, als wenn in einer Kammer von den ersten Zeiten der Revolution gesprochen wird und irgend jemand, in doktrinärer Weise, eine historische Tatsache aus ihrem wahren Zusammenhange reißt und zu seinem Räsonnement benutzt. Dann zerstört Lafayette mit wenigen Worten die irrtümlichen Folgerungen, indem er den wahren Sinn einer solchen Tatsache durch Anführung der dazu gehörigen Umstände illustriert oder berichtet. Selbst Thiers muß in einem solchen Falle die Segel streichen, und der große Historiograph der Revolution, beugt sich vor dem Ausspruch ihres großen, lebenden Denkmals, ihres Generals Lafayette.

In der Kammer sitzt, der Rednerbühne gegenüber, ein steinalter Mann mit glänzenden Silberhaaren, die über seine schwarze Kleidung lang herabhängen, sein Leib ist von einer sehr breiten dreifarbigen Schärpe umwickelt, und das ist jener alte Messager, der schon im Anfang der Revolution ein solches Amt in der Kammer verwaltet und seitdem, in dieser Stellung, der ganzen Weltgeschichte beigewohnt hat, von der Zeit der ersten Nationalversammlung bis zum Justemilieu. Man sagt mir, er spreche noch oft von Robespierre, den er *le bon Monsieur de Robespierre* nenne. Während der Restaurationsperiode litt der alte Mann an der Kolik; aber seit er wieder die dreifarbige Schärpe um den Leib hat, befindet er sich wieder wohl. Nur an Schläfrigkeit leidet er in dieser langweiligen Justemilieu-Zeit. Sogar einmal, während Mauguin sprach, sah ich ihn einschlafen. Der Mann hat gewiß schon Bessere gehört als Mauguin, der doch einer der besten Redner der Opposition, und er findet ihn vielleicht gar nicht heftig, er, *qui a beaucoup connu ce bon Monsieur de Robespierre*. Aber wenn Lafayette spricht, dann erwacht der alte Messager aus seiner dämmernden Schläfrigkeit, er wird aufgemuntert wie ein alter Husarenschimmel, der eine Trompete hört, und es kommt über ihn wie süße Jugenderinnerung, und er nickt dann vergnügt mit dem silberweißen Kopfe.

Artikel III

Paris, 10. Februar.

Den Verfasser des vorigen Artikels leitete ein richtiger Takt, als er, die Auszeichnungssucht rügend, die bei den Franzosen mehr als bei deutschen Frauen grassiert, unter den letztern einen deutschen Schriftsteller, der als Kunstkritiker und Übersetzer berühmt ist, ausnahmsweise erwähnte. Dieser Ausgenommene, welcher, der deutschen Unruhen halber, die er selbst durch einige Almanachxenien veranlaßt, voriges Jahr hierher emigriert, und seitdem von Sr. Majestät dem König Ludwig Philipp I. den Orden der Ehrenlegion erhielt, ist, wegen seines rührigen Eifers nach Dekorationen, von vielen Franzosen leider gar zu sehr bemerkt worden, als daß sie nicht durch Hindeutung auf ihn jeden überrheinischen Vorwurf der Eitelkeit entkräften könnten. Perfide, wie sie sind, haben sie diese Ordensverleihung nicht einmal in den französischen Journalen angezeigt; und da die Deutschen in ihrem Landsmanne sich selbst geehrt fühlen mußten, und aus Bescheidenheit nicht gern davon sprachen, so ist dieses für beide Länder gleich wichtige Ereignis bis jetzt wenig bekannt worden. Solche Unterlassung und Verschweigung war für den neuen Ritter um so verdrießlicher, da man in seiner Gegenwart laut flüsterte, der neue Orden, wenn er ihn auch aus den Händen der Königin erhalten habe, sei durchaus ohne Geltung, solange solche Verleihung nicht im »Moniteur« stehe. Der neue Ritter wünschte diesem Mißstande abgeholfen zu sehen, aber leider ergab sich jetzt ein noch bedenklicherer Einspruch, nämlich daß das Patent eines Ordens, den der König verleiht, ganz ohne Gültigkeit sei, solange solches nicht von einem Minister kontrasigniert worden. Unser Ritter hatte durch die Vermittlung der doktrinären Verwandten einer berühmten Dame, bei welcher er einst Kapaun im Korbe war, seinen Orden vom Könige erhalten, und man sagt, dieser habe in seinem ganzen Wesen eine frappante Ähnlichkeit mit seiner verstorbenen Erzieherin, der Frau v. Genlis, erkannt, und letztere, noch nach ihrem Tode, in ihrem Ebenbilde ehren wollen. Die Minister aber, die beim Anblick des Ritters keine solche gemütliche Regungen verspüren und ihn irrtümlich für einen deutschen Liberalen halten, fürchten durch Kontrasignierung des Patents die absoluten Regierungen zu beleidigen. Indessen wird bald eine verständigende Ausgleichung erwartet, und um der Billigung der Kontinentalmächte ganz versichert zu sein, sind Unterhandlungen angeknüpft, die das Kabinett von St. James zu einer ähnlichen Ordensverleihung bewegen müssen, und Supplikant wird sich deshalb, mit einem Sr. Majestät, dem König Wilhelm IV., dedizierten altindischen Epos, persönlich nach England begeben. Für die hiesigen Deutschen ist es jedoch ein betrübendes Schauspiel, ihren hochverehrten schwächlichen Landsmann, derlei Verzögernisse halber, von Pontius zu Pilatus rennen zu sehen, in Kot und Kälte und in bestürmender Ungeduld, die um so unbegreiflicher, da ihm doch alle Beispiele indischer Gelassenheit, der ganze »Râmâyana« und der ganze »Mahâbhârata« allertröstlichst zu Gebote stehen.

Die Art, wie die Franzosen die wichtigsten Gegenstände mit spöttelndem Leichtsinne behandeln, zeigt sich auch bei den Gesprächen über die letzten Konspirationen. Die, welche auf den Türmen von Notre Dame tragiert wurde, scheint sich ganz als Polizeiintrige auszuweisen. Man äußerte scherzend, es seien Klassiker gewesen, die aus Haß gegen Victor Hugos romantischen Roman »Notre Dame de Paris« die Kirche selbst in Brand stecken wollten. Rabelais' Witze über die Glocken derselben kamen wieder zum Vorschein. Auch das bekannte Wort: *»Si on m'accuserait d'avoir volé les cloches de Notre Dame, je commencerais par prendre la fuite«* wurde scherzend variiert, als einige Karlisten, infolge dieser Begebenheit, die Flucht ergriffen. Die letzte Konspiration von der Nacht des zweiten Februars will man ebenfalls zum größten Teile den Machinationen der Polizei zuschreiben. Man sagt, sie habe sich in einer Restauration der Rue des Prouvaires eine splendide Verschwörung zu zweihundert Kuverts bestellt, und einige blödsinnige Karlisten zu Gaste geladen, die natürlich die Zeche bezahlen mußten. Letztere hatten kein Geld dabei gespart, und in den Stiefeln eines arretierten Verschworenen fand man 27 000 Franks. Mit dieser Summe hätte man schon etwas ausrichten können. In den »Memoiren« von Marmontel las ich einmal eine Äußerung von Chamfort, daß man mit tausend Louisdor schon einen ordentlichen Lärm in Paris anzetteln könne; und bei den letzten Emeuten ist mir diese Äußerung immer wieder ins Gedächtnis gekommen. Ich darf, aus wichtigen Gründen, nicht verschweigen, daß zu einer Revolution immer Geld notwendig ist. Selbst die herrliche Juliusrevolution ist nicht so ganz gratis aufgeführt worden, wie man wohl glaubt. Dieses Schauspiel für Götter hat dennoch einige Millionen gekostet, obgleich die eigentlichen Akteure, das Volk von Paris, in Heroismus und Uneigennützigkeit gewetteifert. Die Sachen geschehen nicht des Geldes wegen, aber es gehört Geld dazu, um sie in Gang zu bringen. Die törichten Karlisten meinen aber, sie gingen von selbst, wenn sie nur Geld in den Stiefeln haben. Die Republikaner sind gewiß bei den Vorgängen der Nacht vom zweiten Februar ganz unschuldig; denn wie mir jüngst einer derselben sagte: »Wenn du hörst, daß bei einer Verschwörung Geld verteilt worden, so kannst du darauf rechnen, daß kein Republikaner dabei gewesen«. In der Tat, diese Partei hat wenig Geld, da sie meistens aus ehrlichen und uneigennützigen Menschen besteht. Sie werden, wenn sie zur Macht gelangen, ihre Hände mit Blut beflecken, aber nicht mit Geld. Man weiß das, und hegt daher weniger Scheu vor den Intriganten, denen mehr nach Geld als nach Blut gelüstet.

Jene Guillotinomanie, die wir bei den Republikanern finden, ist vielleicht durch die Schriftsteller und Redner veranlaßt worden, die zuerst das Wort »Schreckenssystem« gebraucht haben, um die Regierung, welche 1793 zur Rettung Frankreichs die äußersten Mittel aufbot, zu bezeichnen. Der Terrorismus, der sich damals entfaltete, war aber mehr eine Erscheinung als ein System, und der Schrecken war ebensosehr in den Gemütern der Gewalthaber als des Volkes. Es ist töricht, wenn man jetzt, zur Nacheiferung aufreizend, den Gesichtsabguß des Robespierre herumträgt. Töricht ist es, wenn man die Sprache von 1793 wieder heraufbeschwört, wie die *Amis du peuple* es tut, die dadurch, ohne es zu ahnen, ebenso retrograde handeln, wie die eifrigsten Kämpen des alten Regimes. Wer die roten Blüten, die im Frühlinge von den Bäumen fallen, nachher mit Wachs wieder anklebt, handelt ebenso töricht, wie derjenige, welcher abgeschnittene welke Lilien in den Sand pflanzt. Republikaner und Karlisten sind Plagiarien der Vergangenheit, und wenn sie sich vereinigen, so mahnt das an die lächerlichsten Tollhausbündnisse, wo der gemeinsame Zwang oft die heterogensten Narren in ein freundschaftliches Verhältnis bringt, obgleich der eine, der sich selbst für den Jehovah hält, den andern, der sich für den Jupiter ausgibt, im tiefsten Herzen verachtet. So sahen wir diese Woche Genoude und Thouret, den Redakteur der »Gazette« und den Redakteur der »Revolution«, als Verbündete vor den Assisen stehen, und als Chorus standen hinter ihnen Fitz-James mit seinen Karlisten und Cavaignac mit seinen Republikanern. Gibt es widerwärtigere Kontraste! Trotzdem, daß ich dem Republikwesen sehr abhold bin, so schmerzt es mich doch in der Seele, wenn ich die Republikaner in einer so unwürdigen Gemeinschaft sehe. Nur auf demselben Schafotte dürften sie zusammentreffen mit jenen Freunden des Absolutismus und des Jesuitismus, aber nimmermehr vor denselben Assisen. Und wie lächerlich werden sie durch solche Bündnisse! Es gibt nichts Lächerlicheres, als daß die Journale unter den Verschwornen des zweiten Februars vier ehemalige Köche von Karl X. und vier Republikaner von der Gesellschaft der *Amis du peuple* zusammen erwähnten.

Ich glaube wirklich nicht, daß letztere in dieser dummen Geschichte verwickelt sind. Ich selbst befand mich denselben Abend zufällig in der Versammlung der *Amis du peuple*, und glaube aus vielen Umständen schließen zu können, daß man eher an Gegenwehr als an Angriff dachte. Es waren dort über fünfzehnhundert Menschen in einem engen Saale, der wie ein Theater aussah, gehörig zusammengedrängt. Der Citoyen Blanqui, Sohn eines Conventionels, hielt eine lange Rede, voll von Spott gegen die Bourgeoisie, die Boutiquiers, die einen Louis Philipp, *la boutique incarnée*, zum Könige gewählt, und zwar in ihrem eigenen Interesse, nicht im Interesse des Volks, *du peuple qui n'était pas complice d'une si indigne usurpation*. Es war eine Rede voll Geist, Redlichkeit und Grimm; doch der vorgetragenen Freiheit fehlte der freie Vortrag. Trotz aller republikanischen Strenge verleugnete sich doch nicht die alte Galanterie, und den Damen, den Citoyennes, wurden, mit echt französischer Aufmerksamkeit, die besten Plätze, neben der Rednerbühne, angewiesen. Die Versammlung roch ganz wie ein zerlesenes, klebrichtes Exemplar des »Moniteurs« von 1793. Sie bestand meistens aus sehr jungen und ganz alten Leuten. In der ersten Revolution war der Freiheitsenthusiasmus mehr bei den Männern von mittlerem Alter, in welchen der noch jugendliche Unwille über Pfaffentrug und Adelsinsolenz mit einer männlich klaren Einsicht zusammentraf; die jüngern Leute und die ganz alten waren Anhänger des verjährten Regimes, letztere, die silberhaarigen Greise, aus Gewohnheit, erstere, die *Jeunesse dorée*, aus Mißmut über die bürgerliche Prunklosigkeit der republikanischen Sitten. Jetzt ist es umgekehrt, die eigentlichen Freiheitsenthusiasten bestehen aus ganz jungen und ganz alten Leuten. Diese kennen noch aus eigener Erfahrung die Abscheulichkeiten des alten Regimes, und sie denken mit Entzücken zurück an die Zeiten der ersten Revolution, wo sie selber so kräftig gewesen und so groß. Jene, die Jugend, liebt diese Zeiten, weil sie überhaupt aufopferungssüchtig und heroisch gestimmt ist, und nach großen Taten lechzt, und den knickerigen Kleinmut und die krämerhafte Selbstsucht der jetzigen Gewalthaber verachtet. Die Männer mittlern Alters sind meistens ermüdet von dem harcelierenden Oppositionsgeschäfte während der Restauration, oder verdorben durch die Kaiserzeit, deren rauschende Ruhmsucht und glänzendes Soldatentum alle bürgerliche Einfalt und Freiheitsliebe ertötete. Außerdem hat diese imperiale Heldenperiode gar vielen das Leben gekostet, die jetzt Männer wären, so daß überhaupt unter diesen letztern von manchen Jahrgängen nur wenige komplette Exemplare vorhanden sind.

Bei jung und alt aber im Saale der *Amis du peuple* herrschte der würdige Ernst, den man immer bei Menschen findet, die sich stark fühlen. Nur ihre Augen blitzten, und nur manchmal riefen sie: »*c'est vrai! c'est vrai!*« wenn der Redner eine Tatsache erwähnte. Als der Citoyen Cavaignac in einer Rede, die ich nicht genau verstehen konnte, weil er in kurzen, nachlässig hervorgestoßenen Sätzen spricht, die Gerichtsverfolgungen erwähnte, denen die Schriftsteller noch immer ausgesetzt sind, da sah ich, daß mein Nachbar sich an mir festhielt vor innerer Bewegung, und daß er sich die Lippen wund biß, um nicht mitzusprechen. Es war ein junger Brausekopf, mit Augen wie zornige Sterne, und er trug den niedrigen breitrandigen Hut von schwarzem Wachsleinen, der die Republikaner auszeichnet. »Aber nicht wahr«, sagte er endlich zu mir, »diese Schriftstellerverfolgung ist ja eine mittelbare Zensur? Man darf drucken, was man sagen darf, und man darf alles sagen. Marat behauptete, daß es eine Ungerechtigkeit sei, wenn ein Bürger wegen einer Meinung vor Gericht geladen wird, und daß man wegen einer Meinung nur dem Publikum Rechenschaft schuldig sei. (*Toute citation devant un tribunal pour une opinion est une injustice; on ne peut citer, en ce cas, un citoyen que devant le public.*) Alles, was man sagt, ist nur eine Meinung. Camille Desmoulins bemerkt ebenfalls mit Recht: sobald die Dezemvirn in die Gesetzsammlung, die sie aus Griechenland mitgebracht, auch ein Gesetz gegen die Verleumdung eingeschwärzt hatten, so entdeckte man gleich, daß sie die Absicht hegten, die Freiheit zu vernichten und ihr Dezemvirat permanent zu machen. Ebenfalls, sobald Oktavius, vierhundert Jahr nachher, jenes Gesetz der Dezemvirn gegen Schriften und Reden wieder ins Leben rief und der *Lex Julia Laesae Majestatis* noch einen Artikel hinzufügte, konnte man sagen, daß die römische Freiheit ihren letzten Seufzer verhauchte.«

Ich habe diese Zitate hierher gesetzt, um anzudeuten, welche Autoren bei den *Amis du peuple* zitiert werden. Robespierres letzte Rede vom achten Thermidor ist ihr Evangelium. Komisch war es jedoch, daß diese Leute über Unterdrückung klagten, während man ihnen erlaubt, sich so offen gegen die Regierung zu verbinden, und Dinge zu sagen, deren zehnter Teil hinlänglich wäre, um in Norddeutschland zu lebenslänglicher Untersuchung verurteilt zu werden. Denselben Abend hieß es jedoch, man würde dieser Ungebühr ein Ende machen, und den Saal der *Amis du peuple* schließen. »Ich glaube, die Nationalgarde und die Linie werden uns heute zernieren«, bemerkte mein Nachbar, »haben Sie auch für diesen Fall Ihre Pistolen bei sich?« – »Ich will sie holen«, gab ich zur Antwort, verließ den Saal, und fuhr nach einer Soiree im Fauxbourg St.-Germain. Nichts als Lichter, Spiegel, Blumen, nackte Schultern, Zuckerwasser, gelbe Glaceehandschuh und Fadaisen. Außerdem lag eine so triumphierende Freude auf allen Gesichtern, als sei der Sieg des alten Regimes ganz entschieden, und während mir noch das *Vive la République* der Rue Grenelle in den Ohren nachdröhnte, mußte ich die bestimmte Versicherung anhören, daß die Rückkehr des Mirakelkindes mit der ganzen Mirakelsippschaft so gut wie gewiß sei. Ich kann nicht umhin, zu verraten, daß ich dort zwei Doktrinäre eine Anglaise tanzen sehen; sie tanzen nur Anglaisen. Eine Dame mit einem weißen Kleide, worin grüne Bienen, die wie Lilien aussahen, fragte mich: ob man des Beistandes der Deutschen und der Kosaken gewiß sei? »Wir werden es uns wieder zur höchsten Ehre anrechnen«, beteuerte ich, »für die Wiedereinsetzung der ältern Bourbone unser Gut und Blut zu opfern.« – »Wissen Sie auch«, fügte die Dame hinzu, »daß heute der Tag ist, wo Heinrich V. als Herzog von Bordeaux zuerst kommunizierte?« – »Welch ein wichtiger Tag für die Freunde des Throns und Altars«, erwiderte ich, »ein heiliger Tag, wert von de la Martine besungen zu werden!«

Die Nacht dieses schönen Tages sollte rot angestrichen werden im Kalender von Frankreich, und die Gerüchte darüber waren des folgenden Morgens das Gespräch von ganz Paris. Widersprüche der tollsten Art liefen herum, und noch jetzt liegt, wie schon oben angedeutet, ein geheimnisvoller Schleier über jener Verschwörungsgeschichte. Es hieß, man habe die ganze königliche Familie, mitsamt der großen Gesellschaft, die in den Tuilerien versammelt gewesen, ermorden wollen, man habe den Concierge des Louvres gewonnen, um durch die große Galerie desselben unmittelbar in den Tanzsaal der Tuilerien hineindringen zu können, ein Schuß sei dort gefallen, der dem König gegolten, ihn aber nicht getroffen, mehrere hundert Individuen seien arretiert worden usw. Den Nachmittag fand ich vor der Gartenseite der Tuilerien noch eine große Menge Menschen, die nach den Fenstern hinaufschauten, als wollten sie den Schuß sehen, der dort gefallen. Einer erzählte, Périer sei die vorige Nacht zu Pferde gestiegen und gleich nach der Rue des Prouvaires geritten, als dort die Verschwornen verhaftet und ein Polizeiagent getötet worden. Man habe den Pavillon Flore in Brand stecken, und von außen den Pavillon Marsan angreifen wollen. Der König, hieß es, sei sehr betrübt. Die Weiber bedauerten ihn, die Männer schüttelten unwillig den Kopf. Die Franzosen verabscheuen allen nächtlichen Mord. In den stürmischen Revolutionszeiten wurden die schrecklichsten Taten offenkundig und bei Tageslicht ausgeführt. Was die Greuel der Bartholomäusnacht betrifft, so waren sie vielmehr von römisch-katholischen Priestern angestiftet.

Wie weit der Concierge des Louvres in der Verschwörung vom zweiten Februar verwickelt ist, habe ich noch nicht bestimmt erfahren können. Die einen sagen, er habe der Polizei gleich Anzeige gemacht, als man ihm Geld anbot, damit er die Schlüssel des Louvres ausliefere. Andere meinen, er habe sie wirklich ausgeliefert und sei jetzt eingezogen. Auf jeden Fall zeigt sich bei solchen Begebenheiten, wie die wichtigsten Posten in Paris ohne sonderliche Sicherheitsmaßregeln den unzulänglichsten Personen anvertraut sind. So war der Schatz selbst lange Zeit in den Händen eines Papierspekulanten, des Herrn Keßner, den der Staat mit einer Eichenkrone dafür belohnen sollte, daß er nur sechs Millionen und nicht hundert Millionen auf der Börse verspielt hat. So hätte die Gemäldegalerie des Louvres, die mehr ein Eigentum der Menschheit als der Franzosen ist, der Schauplatz nächtlicher Frevel und dabei zugrunde gerichtet werden können. So ist das Medaillenkabinett eine Beute von Dieben geworden, die dessen Schätze gewiß nicht aus numismatischer Liebhaberei gestohlen haben, sondern um sie direkt in den Schmelztiegel wandern zu lassen. Welch ein Verlust für die Wissenschaften, da unter den gestohlenen Antiquitäten nicht bloß die seltensten Stücke, sondern vielleicht auch die einzigen Exemplare waren, die davon übriggeblieben! Der Untergang dieser alten Münzen ist unersetzbar; denn die Alten können sich doch nicht noch einmal niedersetzen und neue fabrizieren. Aber es ist nicht bloß ein Verlust für die Wissenschaften, sondern durch den Untergang solcher kleinen Denkmäler von Gold und Silber verliert das Leben selbst den Ausdruck seiner Realität. Die alte Geschichte klänge wie ein Märchen, wären nicht die damaligen Geldstücke, das Realste jener Zeiten, übriggeblieben, um uns zu überzeugen, daß die alten Völker und Könige, wovon wir so Wunderbares lesen, wirklich existiert haben, daß sie keine müßigen Phantasiegebilde, keine Erfindungen der Dichter sind, wie manche Schriftsteller behaupten, die uns überreden möchten, die ganze Geschichte des Altertums, alle geschriebenen Urkunden desselben, seien im Mittelalter von den Mönchen geschmiedet worden. Gegen solche Behauptungen enthielt das hiesige Medaillenkabinett die klingendsten Gegenbeweise. Aber diese sind jetzt unwiederbringlich verloren, ein Teil der alten Weltgeschichte wurde eingesteckt und eingeschmolzen, und die mächtigsten Völker und Könige des Altertums sind jetzt nur Fabeln, an die man nicht zu glauben braucht.

Es ist ergötzlich, daß man die Fenster des Medaillenkabinetts jetzt mit eisernen Gitterstangen versieht, obgleich es gar nicht zu erwarten steht, daß die Diebe das Gestohlene wieder nächtlicherweile zurückbringen werden. Besagte eiserne Stangen werden rot angestrichen, welches sehr gut aussieht. Jeder Vorübergehende schaut hinauf und lacht. Monsieur Raoul Rochette, der Aufseher der gestohlenen Medaillen, *le conservateur des exmédailles,* soll sich wundern, daß die Diebe nicht ihn gestohlen, da er sich selbst immer für wichtiger als die Medaillen gehalten hat, und letztere jedenfalls für unbenutzbar hielt, wenn man seiner mündlichen Erklärungen dabei entbehren würde. Er geht jetzt müßig herum, und lächelt wie unsere Köchin, als die Katze ein Stück rohes Fleisch aus der Küche gestohlen; »sie weiß ja doch nicht, wie das Fleisch gekocht wird«, sagte unsere Köchin, und lächelte.

Indessen, wie sehr auch jener Medaillendiebstahl ein Verlust für die alte Geschichte ist, so scheint der Keßnersche Kassendefekt die Geister doch noch mehr zu irritieren. Dieser ist wichtiger für die Tagesgeschichte. Während ich dieses schreibe, vernimmt man, daß er nicht sechs, sondern zehn Millionen betrage. Man glaubt, er werde sich am Ende sogar als eine Summe von zwölf Millionen ausweisen. Das schmälert freilich das Verdienst des Mannes, und ich kann ihm keine Eichenkrone mehr zuerkennen. Durch diesen Kassendefekt, wobei es an Ifflandschen Rührungsszenen nicht fehlte, gerät zunächst der Baron Louis in große Verlegenheit. Er wird wohl am Ende das Kautionnement, das von Keßner nicht gefordert worden, selbst bezahlen müssen. Er kann diesen Schaden leicht tragen; denn er ist enorm reich, zieht jährlich über 200 000 Franken bare Revenuen und ist ein alter Abbé, der keine Familie hat. Périer ärgert sich mehr, als man glaubt, über diese Geschichte, da sie Geld, welches seine Force und seine Schwäche, betrifft; wie wenig Schonung ihm die Opposition bei dieser Gelegenheit angedeihen lassen, ist aus den Blättern bekannt. Diese referieren hinlänglich die Unwürdigkeiten, die in der Kammer vorfallen, und es bedarf ihrer hier keiner besonderen Erwähnung. Wahrlich, die Opposition beträgt sich ebenso kläglich wie das Ministerium, und gewährt einen ebenso widerwärtigen Anblick.

Während aber Bedrängnisse und Nöten allerart das Innere des Staates durchwühlen, und die äußern Angelegenheiten, seit den Ereignissen in Italien und Don Pedros Expedition bedenklich verwickelter werden; während alle Institutionen, selbst die königlich höchste, gefährdet sind; während der politische Wirrwarr alle Existenzen bedroht: ist Paris diesen Winter noch immer das alte Paris, die schöne Zauberstadt, die dem Jüngling so holdselig lächelt, den Mann so gewaltig begeistert, und den Greis so sanft tröstet. »Hier kann man das Glück entbehren«, sagte einst Frau von Staël, ein treffendes Wort, das aber in ihrem Munde seine Wirkung verlor, da sie sich lange Zeit nur deshalb unglücklich fühlte, weil sie nicht in Paris leben durfte, und da also Paris ihr Glück war. So liegt in dem Patriotismus der Franzosen größtenteils die Vorliebe für Paris, und wenn Danton nicht floh, »weil man das Vaterland nicht an den Schuhsohlen mitschleppen kann«, so hieß das wohl auch, daß man im Auslande die Herrlichkeiten des schönen Paris entbehren würde. Aber Paris ist eigentlich Frankreich; dieses ist nur die umliegende Gegend von Paris. Abgerechnet die schönen Landschaften und den liebenswürdigen Sinn des Volks im allgemeinen, so ist Frankreich ganz öde, auf jeden Fall ist es geistig öde, was sich in der Provinz auszeichnet, wandert früh nach der Hauptstadt, dem Foyer alles Lichts und alles Glanzes. Frankreich sieht aus wie ein Garten, wo man alle schönsten Blumen gepflückt, um sie zu einem Strauße zu verbinden, und dieser Strauß heißt Paris. Es ist wahr, es duftet jetzt nicht mehr so gewaltig, wie nach jenen Blütetagen des Julius, als die Völker von diesem Dufte betäubt wurden. Er ist jedoch noch immer schön genug, um bräutlich zu prangen an dem Busen Europas. Paris ist nicht bloß die Hauptstadt von Frankreich, sondern der ganzen zivilisierten Welt, und ist ein Sammelplatz ihrer geistigen Notabilitäten. Versammelt ist hier alles, was groß ist durch Liebe oder Haß, durch Fühlen oder Denken, durch Wissen oder Können, durch Glück oder Unglück, durch Zukunft oder Vergangenheit. Betrachtet man den Verein von berühmten oder ausgezeichneten Männern, die hier zusammentreffen, so hält man Paris für ein Pantheon der Lebenden. Eine neue Kunst, eine neue Religion, ein neues Leben wird hier geschaffen, und lustig tummeln sich hier die Schöpfer einer neuen Welt. Die Gewalthaber gebärden sich kleinlich, aber das Volk ist groß und fühlt seine schauerlich erhabene Bestimmung. Die Söhne wollen wetteifern mit den Vätern, die so ruhmvoll und heilig ins Grab gestiegen. Es dämmern gewaltige Taten, und unbekannte Götter wollen sich offenbaren. Und dabei lacht und tanzt man überall, überall blüht der leichte Scherz, die heiterste Mokerie, und da jetzt Karneval ist, so maskieren sich viele als Doktrinäre und schneiden possierlich-pedantische Gesichter, und behaupten, sie hätten Furcht vor den Preußen.

Artikel IV

Paris, 1. März.

Die Vorgänge in England nehmen seit einiger Zeit mehr als jemals unsere Aufmerksamkeit in Anspruch. Wir müssen es uns endlich gestehen, daß die offene Feindschaft der absoluten Könige uns minder gefährlich ist, als des konstitutionellen John Bulls zweideutige Freundschaft. Die völkermeuchelnden Umtriebe der englischen Aristokratie treten bedrohlich genug ans offizielle Tageslicht, und der Nebel von London verhüllt nur noch spärlich die feinen Schlingen und Knoten, die das konferenzliche Protokollgespinst mit den parlamentarischen Fangfäden verknüpfen. Die Diplomatie hat dort, tätiger als jemals, ihre geburtstümlichen Interessen wahrgenommen und emsiger als jemals das verderblichste Gewebe gesponnen, und Herr v. Talleyrand scheint zugleich Spinne und Fliege zu sein. Ist der alte Diplomat nicht mehr so schlau wie weiland, als er, ein zweiter Hephaistos, den gewaltigen Kriegsgott selbst in seinem feingeschmiedeten Netzwerk gefangen? Oder erging's ihm diesmal wie dem überklugen Meister Merlin, der sich in dem eigenen Zauber verstrickt, und wortgefesselt und selbstgebannt im Grabe liegt? Aber warum hat man eben Herrn v. Talleyrand auf einen Posten gestellt, der für die Interessen der Juliusrevolution der wichtigste, und wo vielmehr die unbeugsame Gradheit eines unbescholtenen Bürgers nötig war? Ich will damit nicht ausdrücklich sagen, der alte, glatte ehemalige Bischof von Autun sei nicht ehrlich. Im Gegenteil, den Eid, den er jetzt geschworen hat, den hält er gewiß, denn er ist der dreizehnte. Wir haben freilich keine andere Garantie seiner Ehrlichkeit, aber sie ist hinreichend; denn noch nie hat ein ehrlicher Mann zum dreizehntenmal seinen Eid gebrochen. Außerdem versichert man, daß Ludwig Philipp in der Abschiedsaudienz noch aus Vorsorge zu ihm gesagt habe: »Herr v. Talleyrand, was man Ihnen auch bieten mag, ich gebe Ihnen immer das Doppelte«. Indessen, bei treulosen Menschen gäbe das dennoch keine Sicherheit; denn im Charakter der Treulosigkeit liegt es, daß sie sich selbst nicht treu bleibt, und daß man auch nicht einmal durch Befriedigung des Eigennutzes auf sie rechnen kann.

Das Schlimmste ist, daß die Franzosen sich London als ein andres Paris, das Westend als ein andres St.-Germainviertel denken, daß sie britische Reformers für verbrüderte Liberale, und die Parlamente für eine Pairs- und Deputiertenkammer ansehen, kurz daß sie alle englischen Vorhandenheiten nach französischem Maßstabe messen und beurteilen. Dadurch entstehen Irrtümer, wofür sie vielleicht in der Folge schwer büßen müssen. Beide Völker haben einen allzuschroff entgegengesetzten Charakter, als daß sie sich einander verstehen könnten, und die Verhältnisse in beiden Ländern sind zu ursprünglich verschieden, als daß sie sich miteinander vergleichen ließen. Und vollends in politischer Beziehung! Die »Nachträge zu den Reisebildern« enthalten hierüber manche Belehrungen, die aus der unmittelbaren Anschauung geschöpft sind, und auf diese muß ich hier verweisen, um Wiederholungen zu vermeiden. Auch auf die trefflichen »Briefe eines Verstorbenen« will ich hier nochmals hindeuten, obgleich das poetische Gemüt des Verfassers in das starre Britentum mehr geistige Bewegung hineingeschaut, als wohl grundwirklich darin zu finden sein möchte. England müßte man eigentlich im Stile eines Handbuchs der höhern Mechanik beschreiben, ungefähr wie eine ungeheuer komplizierte Fabrik, wie ein sausendes, brausendes, stockendes, stampfendes und verdrießlich schnurrendes Maschinenwesen, wo die blankgescheuerten Utilitätsräder sich um alt verrostete historische Jahrzahlen drehen. Mit Recht sagen die Saint-Simonisten, England sei die Hand, und Frankreich das Herz der Welt. Ach! dieses große Weltherz müßte verbluten, wenn es, auf britische Generosität rechnend, einmal Hilfe verlangte von der kalten, hölzernen Nachbarhand. Ich denke mir das egoistische England nicht als einen fetten, wohlhabenden

Bierwanst, wie man ihn auf Karikaturen sieht, sondern, nach der Beschreibung eines Satirikers, in der Gestalt eines langen, magern, knöchernen Hagestolzes, der sich einen abgerissenen Knopf an die Hosen wieder annäht, und zwar mit einem Zwirnfaden, an dessen Ende, als Knäul, die Weltkugel hängt – er schneidet aber ruhig den Faden ab, wo er ihn nicht mehr braucht, und läßt ruhig die ganze Welt in den Abgrund fallen.

Die Franzosen meinen, das englische Volk hege Freiheitswünsche gleich den ihrigen, es ringe, ebenso wie sie, gegen die Usurpationen einer Aristokratie, und daher gäben nicht bloß viele äußern, sondern auch viele innern Interessen die Bürgschaft einer engen Allianz. Aber sie wissen nicht, daß das englische Volk selbst durchaus aristokratisch ist, daß es nur in engsinniger Korporationsweise seine Freiheit, oder vielmehr seine verbrieften vorrechtlichen Freiheiten, verlangt, und daß die französische, allgemein menschentümliche Freiheit, deren die ganze Welt nach den Urkunden der Vernunft teilhaftig werden soll, ihrem tiefsten Wesen nach den Engländern verhaßt ist. Sie kennen nur eine englische Freiheit, eine historisch-englische Freiheit, die entweder den königlichen großbritannischen Untertanen patentiert wird, oder auf ein altes Gesetz, etwa aus der Zeit der Königin Anna, basiert ist. Burke, der die Geister zu burken suchte und das Leben selbst an die Anatomie der Geschichte verhandelte, dieser machte der französischen Revolution zum hauptsächlichsten Vorwurfe, daß sie sich nicht wie die englische aus alten Institutionen herausgebildet, und er kann nicht begreifen, daß ein Staat ohne Nobility bestehen könne. Englands Nobility ist aber auch etwas ganz anderes als die französische Noblesse, und sie verdient, daß ich ihr unterscheidendes Lob ausspreche. Der englische Adel stellte sich dem Absolutismus der Könige immer entgegen, in Gemeinschaft mit dem Volke, um dessen Rechte nebst den seinigen zu behaupten; der französische Adel hingegen ergab sich den Königen auf Gnade und Ungnade; seit Mazarin widerstrebte er nicht mehr ihrer Gewalt, er suchte nur daran Teil zu gewinnen, durch geschmeidigen Hofdienst, und, in untertänigster Handlangergemeinschaft mit den Königen, drückte und verriet er das Volk. Unbewußt hat sich der französische Adel für die frühere Unterdrückung an den Königen gerächt, indem er sie zu entnervender Sittenlosigkeit verführte und sie fast blödsinnig schmeichelte. Freilich er selber, geschwächt und entgeistet, mußte dadurch zugleich mit dem ältern Königtume zugrunde gehen, der 10. August fand in den Tuilerien nur ein greisenhaft abgelebtes Volk mit gebrechlichen Galanteriedegen, und nicht einmal ein Mann, nur eine Frau war es, die mit Mut und Kraft zur Gegenwehr aufforderte; – aber auch diese letzte Dame des französischen Rittertums, die letzte Repräsentantin des hinsterbenden alten Regimes, auch sie sollte nicht in so holder Jugendgestalt ins Grab sinken, und eine einzige Nacht hat schneeweiß gefärbt die blonden Locken der schönen Antoinette.

Anders erging es dem englischen Adel. Dieser hat seine Kraft erhalten, er wurzelt im Volke, dem gesunden Boden, der die jüngern Söhne der Nobility als edle Schößlinge aufnimmt, und durch diese, die eigentliche Gentry, mit dem Adel selbst, der Nobility, verbunden bleibt. Dabei ist der englische Adel voll Patriotismus, er hat bisher, mit unerlogenem Eifer, das alte England wahrhaft repräsentiert, und jene Lords, die so viel kosten, haben auch, wenn es not tat, dem Vaterlande Opfer gebracht. Es ist wahr, sie sind hochmütig, mehr noch als der Adel auf dem Kontinente, der seinen Hochmut zur Schau trägt und sich äußerlich vom Volke auszeichnet durch Kostüme, Bänder, schlechtes Französisch, Wappen, Sterne und sonstige Spielereien; der englische Adel verachtet den Bürgerstand zu sehr, als daß er es für nötig hielte, ihm durch äußere Mittel zu imponieren, die bunten Zeichen der Macht öffentlich zur Schau zu tragen; im Gegenteil, wie Götter inkognito sieht man den englischen Adel, schlicht bürgerlich gekleidet, und daher unbemerkt, in den Straßen, Routs und Theatern Londons; mit seinen feudalistischen Dekorationen und sonstigem Prachtflitterstaate bekleidet er sich nur bei Hoffesten und altherkömmlichen Hofzeremonien. Daher bewahrt er auch bei dem Volke mehr Ehrfurcht als unsere Kontinentalgötter, die so wohlbekannt mit allen ihren Attributen umherlaufen. Auf der Waterloobrücke zu London hörte ich einst, wie ein Knabe zu dem andern sagte: »*Have you ever seen a nobleman?*« (»Hast du je einen Edelmann gesehen?«) worauf der andere antwortete: »*No, but I have seen the coach of the Lord Mayor*«. (»Nein, aber ich habe die Kutsche des Lord Mayors gesehen«). Diese Kutsche ist nämlich ein abenteuerlich großer Kasten, überreich vergoldet, fabelhaft bunt bemalt, mit einem rotsammetnen, steifgoldenen Haarbeutelkutscher auf dem Bock und drei dito Haarbeutellakaien hinten auf dem Schlage. Wenn das englische Volk jetzt mit seinem Adel hadert, so geschieht das nicht der bürgerlichen Gleichheit wegen, woran es nicht denkt, am wenigsten der bürgerlichen Freiheit wegen, deren es vollauf genießt, sondern wegen barer Geldinteressen; indem der Adel, im Besitze aller Sinekuren, geistlichen Pfründen und übereinträglicher Ämter, frech und üppig schwelgt, während der größte Teil des Volks, überlastet mit Abgaben, im tiefsten Elende schmachtet und verhungert. Daher verlangt es eine Parlamentsreform, und die adeligen Beförderer derselben haben wahrlich nicht im Sinne, sie zu etwas anderem zu benutzen, als zu materiellen Verbesserungen.

Ja, der Adel von England ist noch immer mit dem Volke verbundener als mit den Königen, von denen er sich immer unabhängig zu erhalten gewußt, im Gegensatze zu dem französischen Adel. Er lieh den Königen nur sein Schwert und sein Wort, jedoch an dem Privatleben derselben, in Lust und Lüsten, nahm er nur gleichgültig vertraulichen Anteil. Dies gilt sogar von den verdorbensten Zeiten. Hamilton in seinen Memoiren des Duc de Grammont gibt ein anschauliches Bild dieses Verhältnisses. Solcherweise, bis auf die letzte Zeit, blieb der englische Adel, zwar der Etikette nach handküssend und kniend, jedoch faktisch auf gleichheitlichem Fuße mit den Königen, denen er sich ernsthaft genug widersetzte, sobald sie seine Vorrechte antasten oder sich seinem Einflusse entziehen wollten. Dieses letztere geschah vor einigen Jahren am offenkundigsten, als Canning Minister wurde; zur Zeit des Mittelalters wären die englischen Barone in einem solchen Falle behelmt und gepanzert, mit dem Schwerte in der Faust und im Geleite ihrer Lehnsmannen, aufs Schloß des Königs gestiegen, und hätten mit ironischer Demut, mit bewaffneter Courtoisie ihren Willen ertrotzt. In unserm Jahrhunderte mußten sie zu minder rittertümlichen Mitteln ihre Zuflucht nehmen, und, wie männiglich bekannt, suchten die Edelleute, die damals das Ministerium bildeten, dem Könige dadurch zu imponieren, daß sie unvermutet und in perfid abgekarteter Weise sämtlich ihre Dimissionen gaben. Die Folgen sind ebenfalls hinlänglich bekannt, Georg IV. stützte sich alsdann auf Georg Canning, den heiligen Georg von England, der nahe daran war, den mächtigsten Lindwurm der Erde niederzuschlagen. Nach ihm kam Lord Goderich mit seinem rotbäckig behaglichen Gesichte und affektiert heftigem Advokatentone, und ließ bald die überlieferte Lanze aus den schwachen Händen fallen, so daß der arme König sich wieder, auf Gnade und Ungnade, seinen alten Baronen übergeben mußte, und der Feldherr der Heiligen Allianz wieder den Kommandostab erhielt. Ich habe an einem andern Orte nachgewiesen, warum kein liberaler Minister in England etwas besonders Gutes bewirken kann, und deshalb abtreten muß, um jenen Hochtories Platz zu machen, die eine große Verbesserungsbill natürlicherweise um so leichter durchsetzen, da sie den parlamentarischen Widerstand ihrer eigenen Halsstarrigkeit nicht zu besiegen brauchen. Der Teufel hat von jeher die besten Kirchen gebaut. Wellington erfocht jene Emanzipation, wofür Canning vergebens kämpfte, und vielleicht ist er auch der Mann, der dazu bestimmt ist, jene Reformbill durchzusetzen, woran Lord Grey wahrscheinlich scheitert. Ich glaube an dessen baldigen Sturz, und dann gelangen wieder ans Regiment jene unversöhnlichen Aristokraten, die seit vierzig Jahren das französische Volk, als den Repräsentanten der demokratischen Ideen, auf Tod und Leben befehden. Diesmal wird freilich der alte Groll den materiellen Interessen nachgestellt werden, und den gefährlichern Feind im Osten und seine Anhängsel wird man gern von französischen Waffen bekämpft sehen. Um so mehr, da sich die Feinde alsdann wechselseitig schwächen. Ja, die Engländer werden den gallischen Hahn noch besonders anspornen zum Kampfe mit den absoluten Adlern, und sie werden schaubegierig, mit ihren langen Hälsen, über den Kanal herüberschauen und applaudieren, wie im *cock-pit*, und ob des Ausgangs des Kampfes viele tausend Guineen verwetten.

Werden die Götter dort oben im blauen Zelte ebenso gleichgültig dieses Schauspiel betrachten; werden sie, Engländer des Himmels, unbekümmert ob unseres Hülferufs und unseres Verblutens, herzlos und mit bleiernem Blick auf den Todeskampf der Völker herabschauen? Oder hat der Dichter recht, welcher behauptet hat, so wie wir die Affen hassen, weil sie von allen Säugetieren uns selber am ähnlichsten schauen und dadurch unsern Stolz kränken: so seien den Göttern auch die Menschen verhaßt, die, nach ihrem eigenen Bildnisse erschaffen, mit ihnen selber so viel beleidigende Ähnlichkeit haben; so daß die Götter, je größer, schöner, gottgleicher die Menschen sind, sie desto grimmiger durch Mißgeschick verfolgen und zugrunde richten, während sie die kleinen, häßlichen, säugetierlicheren Menschen gnädigst verschonen und im Glücke gedeihen lassen. Wenn diese letzte traurige Ansicht wahr ist, so sind freilich die Franzosen ihrem Untergange näher als andere! Ach, möge das Ende ihres Kaisers noch frühzeitig die Franzosen belehren, was von dem Großsinn Englands zu erwarten ist!

Hat der Bellerophon diese Schimäre nicht längst entführt? Möge Frankreich sich niemals auf England verlassen, wie Polen auf Frankreich!

Sollte sich jedoch das Entsetzliche begeben, und Frankreich, das Mutterland der Zivilisation und der Freiheit, ginge verloren durch Leichtsinn und Verrat, und die potsdämische Junkersprache schnarrte wieder durch die Straßen von Paris, und schmutzige Teutonenstiefel befleckten wieder den heiligen Boden der Boulevards, und der Palais Royal röche wieder nach Juchten – – – dann gäbe es einen Mann in der Welt, der elender wäre, als jemals ein Mensch gewesen, einen Mann, der durch seinen kläglichen, krämerhaften Kleinsinn das Verderben des Vaterlandes verschuldet hätte, und alle Schlangen der Reue im Herzen und alle Flüche der Menschheit auf dem Haupte trüge. Die Verdammten in der Hölle würden sich alsdann, um sich einander zu trösten, die Qualen dieses Mannes erzählen, die Qualen des Casimir Périer.

Welch eine schauerliche Verantwortlichkeit lastet auf diesem einzigen Manne! Ein Grauen erfaßt mich jedesmal, wenn ich in seine Nähe trete. Wie gebannt von einem unheimlichen Zauber stand ich jüngst eine Stunde lang neben ihm, und betrachtete diese trübe Gestalt, die sich zwischen den Völkern und der Sonne des Julius so kühn gestellt hat. Wenn dieser Mann fällt, dachte ich, hat die große Sonnenfinsternis ein Ende, und die dreifarbige Fahne auf dem Pantheon erglänzt wieder begeistert, und die Freiheitsbäume erblühen wieder! Dieser Mann ist der Atlas, der die Börse und das Haus Orleans und das ganze europäische Staatengebäude auf seinen Schultern trägt, und wenn er fällt, so fällt die ganze Bude, worin man die edelsten Hoffnungen der Menschheit verschachert, und es fallen die Wechseltische, und die Kurse, und die Eigensucht und die Gemeinheit!

Es ist nicht so ganz uneigentlich, wenn man ihn einen Atlas nennt, Périer ist ein ungewöhnlich großer, breitschultriger Mann von starkem Knochenbau und gewaltig stämmigem Ansehen. Man hat gewöhnlich irrige Begriffe von seinem Äußern, teils weil die Journale beständig von seiner Kränklichkeit reden, um ihn, der durchaus gesund und Präsident des Konseils bleiben will, zu irritieren, teils auch weil man von seiner Irritation selbst die übertriebensten Anekdoten erzählt und die Leidenschaftlichkeit, womit man ihn auf der Rednerbühne agieren sieht, als seinen gewöhnlichen Zustand betrachtet. Aber der Mann ist ein ganz anderer, sobald man ihn in seiner Häuslichkeit, in Gesellschaft, überhaupt in einem befriedeten Zustande erblickt. Dann gewinnt sein Gesicht, statt des begeistert erhöhten oder erniedrigten Ausdrucks, den ihm die Tribune verleiht, eine wahrhaft imposante Würde, seine Gestalt erhebt sich noch männlich schöner und edler, und man betrachtet ihn mit Wohlgefallen, besonders solange er nicht spricht. In dieser Hinsicht ist er ganz das Gegenteil der Femme du Bureau im Café Colbert, die fast unschön erscheint, solange sie schweigt, deren Gesicht aber von Holdseligkeit überstrahlt wird, sobald sie zum Sprechen den Mund öffnet. Nur daß Périer, wenn er lange schweigt und andere mit Bedächtigkeit anhört, die dünnen Lippen tief einwärts zieht, und der Mund dadurch wie eine Grube im Gesichte anzuschauen ist. Dann pflegt er auch mit dem horchend gebeugten Haupte leise auf und nieder zu nikken, wie einer, der zu sagen scheint: das wird sich schon geben. Seine Stirne ist hoch, und scheint es um so mehr, da das Vorderhaupt nur mit wenigen Haaren bedeckt ist. Diese sind grau, beinahe weiß, glatt anliegend, und bedecken nur spärlich den übrigen Teil des Kopfes, dessen Wölbung schön und ebenmäßig, und woran die kleinen Ohren fast anmutig genannt werden können. Das Kinn ist aber kurz und ordinär. Wild und wüst hängt das schwarze Buschwerk seiner Braunen herab bis zu den tiefen Augenhöhlen, worin die kleinen dunkeln Augen tief versteckt auf der Lauer liegen; nur zuweilen blitzt es da hervor, wie ein Stilett. Die Farbe des Gesichts ist graugelblich, das gewöhnliche Kolorit der Sorge und Verdrossenheit, und es irren allerlei wunderliche Falten darüber hin, die zwar nicht gemein sind, aber auch nicht edel, vielleicht Justemilieu, anständig grämliche Justemilieu-Falten. Man will dem Manne das Bankierhafte anmerken, sogar in seiner Haltung das Kaufmännische herausfinden, und einer meiner Freunde gibt vor, daß er immer in Versuchung gerate, ihn über den jetzigen Preis des Kaffees oder den Stand des Diskontos zu befragen. »Wenn man aber von jemandem weiß, daß er blind ist«, sagt Lichtenberg, »so glaubt man es ihm von hinten ansehen zu können«. Ich finde in der ganzen Erscheinung Casimir Périers freilich nichts, was an Adel der Geburt erinnert, aber in seinem Wesen liegt viel von schöner Ausbildung der Bürgerlichkeit, wie man sie bei Männern findet, die mit den tatsächlichen Staatssorgen belastet sind, und sich mit chevaleresken Manieren und sonstigem Toilettengeschäfte nicht viel befassen können.

Nach seinen Reden kann man Périer noch am besten beurteilen, es ist das auch seine beste Seite, wenigstens während der Restaurationsperiode, wo er, einer der besten Sprecher der Opposition, gegen windiges Pfaffen- und Schranzentum den edelsten Krieg führte. Ich weiß nicht, ob er damals schon so körperlich ungestüm war wie jetzt; ich las damals nur seine Reden, die, ein Muster von Haltung und Würde, auch zugleich so ruhig und besonnen waren, daß ich ihn für einen ganz alten Mann hielt. In diesen Reden herrschte die strengste Logik, es war darin etwas Starres, starre Vernunftgründe nebeneinander grad aufgerichtet, gleich unzerbrechbar eisernen Stangen, und dahinter lauschte manchmal eine leise Wehmut, wie eine blasse Nonne hinter klösterlichem Sprachgitter. Die starren Vernunftgründe, die eisernen Stangen sind in seinen Reden geblieben, aber jetzt schaut man dahinter nur einen unmächtigen Zorn, der wie ein wildes Tier hin- und herspringt.

Viele der neuesten Reden Périers, welche Gesetzentwürfe besprechen, wie z. B. über die Pairie, sind nicht von ihm selbst abgefaßt; zu solchen großen Ausarbeitungen fehlt es dem Minister an Zeit. Er muß jetzt täglich reizbarer, kleinlicher und leidenschaftlicher in seinen eigenen Reden werden, je bedenklicher, würdeloser und unedler das System ist, das er zu verteidigen hat. Was ihm in der öffentlichen Meinung am förderlichsten, das ist seine Stellung neben Herrn Sebastiani, dem alten koketten Menschen mit dem aschgrauen Herzen und dem gelben Gesichte, worauf noch manchmal ein Stückchen Röte zu schauen, wie bei herbstlichen Bäumen, aus deren gelbem Laubwerk einige grellrote Blätter hervorgrinsen. Wahrlich, es gibt nichts Widerwärtigeres als diese aufgeblasene Nichtigkeit, die, obgleich für krank erklärt, noch oft in die Kammer kommt und sich auf die Ministerbank setzt, ein fades Lächeln um die Lippen, und eine Dummheit auf der Zunge. Ich kann kaum begreifen, daß dieses wohl gantierte, niedlich chauffierte, schwächliche Männlein mit verschwimmenden Vapeuräuglein jemals große Dinge verrichten konnte, im Felde und im Rate, wie uns die Berichterstatter des russischen Rückzuges und der türkischen Gesandtschaft erzählen. Seine ganze Wissenschaft besteht jetzt nur noch aus einigen altabgenutzten Diplomatenstückchen, die in seinem blechernen Gehirne beständig klappern. Seine eigentlich politischen Ideen gleichen dem großen Riemen, welchen Karthagos Königin aus einer Kuhhaut schnitt, und womit sie ein ganzes Land umspannte; der Ideenkreis des guten Mannes ist groß, umfaßt viel Land, aber er ist dennoch von Leder. Périer sagte einst von ihm: »Er hat eine große Idee von sich selbst, und das ist die einzige Idee, die er hat.«

Ich habe den Kupido der Kaiserperiode, wie man Sebastiani genannt, neben dem Herkules der Justemilieu-Zeit, wie man Périer bezeichnet, nur deshalb hingestellt, damit dieser in völliger Größe erscheine. Wahrlich, ich möchte ihn lieber vergrößern als verkleinern, und dennoch kann ich nicht umhin, zu gestehen, daß bei seinem Anblicke mir eine Gestalt ins Gedächtnis heraufsteigt, woneben er ebenso klein erscheint, wie

Sebastiani neben ihm. Ist es der Geist der Satire, der an die Gegensätze erinnert? Oder hat Casimir Périer wirklich eine Ähnlichkeit mit dem größten Minister, der jemals in England regierte, mit Georg Canning? Aber auch andere Leute gestehen, daß er sonderbarerweise an diesen erinnere, und irgend eine verborgene Verwandtschaft zwischen beiden vorhanden sei.

Vielleicht in der Bürgerlichkeit der Geburt und der Erscheinung, in der Schwierigkeit der Lage, in der unerschütterlichen Tatkraft, und im Widerstande gegen feudalaristokratischen Ankampf zeigt sich jene Ähnlichkeit zwischen Périer und Canning. Nimmermehr in ihrer Laufbahn und entfalteten Gesinnung. Ersterer, geboren und erzogen auf den weichen Polstern des Reichtums, konnte ruhig seine besten Neigungen entwickeln, und ruhig teilnehmen an jener wohlhabenden Opposition, die der Bürgerstand während der Restaurationszeit gegen Aristokratie und Jesuitenschaft führte. Der andere hingegen, Georg Canning, geboren von unglücklichen Eltern, war das arme Kind einer armen Mutter, die ihn des Tags über traurig und weinend pflegte, und des Abends, um Brot für ihn zu verdienen, aufs Theater steigen und Komödie spielen und lachen mußte; späterhin, aus dem kleinen Elend der Armut in das größere Elend einer glänzenden Abhängigkeit übergehend, erduldete er die Unterstützung eines Oheims und die Gönnerschaft eines hohen Adels.

Unterscheiden sich aber beide Männer durch die Lage, worein das Glück sie versetzt und lange Zeit erhalten hatte, so unterschieden sie sich noch mehr durch die Gesinnung, die sie offenbarten, als sie den Gipfel der Macht erreicht, wo endlich, frei von allem Zwange, das große Wort des Lebens ausgesprochen werden konnte. Casimir Périer, der nie abhängig gewesen, der immer die goldenen Mittel besaß, die Gefühle der Freiheit in sich zu erhalten, auszubilden, zu erhöhen: dieser wurde plötzlich kleinsinnig und krämerhaft; er beugte sich, seine Kräfte mißkennend, vor jenen Mächtigen, die er vernichten konnte, und bettelte um den Frieden, den er nur als Gnade gewähren durfte: er verletzt jetzt die Gastfreundschaft und beleidigt das heiligste Unglück, und, ein verkehrter Prometheus, stiehlt er den Menschen das Licht, um es den Göttern wiederzugeben. Georg Canning hingegen, weiland Gladiator im Dienste der Tories, als er endlich die Ketten der Geistessklaverei abschütteln konnte, erhob er sich in aller Majestät seines angebornen Bürgertums, und zum Entsetzen seiner ehemaligen Gönner, ein Spartakus von Downing-Street, proklamierte er die bürgerliche und kirchliche Freiheit für alle Völker, und gewann für England alle liberalen Herzen und hierdurch die Obermacht in Europa.

Es war damals eine dunkle Zeit in Deutschland, nichts als Eulen, Zensuredikte, Kerkerduft, Entsagungsromane, Machtparaden, Frömmelei und Blödsinn; als nun der Lichtschein der Canningschen Worte zu uns herüberleuchtete, jauchzten die wenigen Herzen, die noch Hoffnung fühlten, und was den Schreiber dieser Blätter betrifft, er küßte Abschied von seinen Lieben und Liebsten, und stieg zu Schiff, und fuhr gen London, um den Canning zu sehen und zu hören. Da saß ich nun ganze Tage auf der Galerie der St. Stephanskapelle, und lebte in seinem Anblicke, und trank die Worte seines Mundes, und mein Herz war berauscht. Er war mittlerer Gestalt, ein schöner Mann, edel geformtes, klares Gesicht, sehr hohe Stirne, etwas Glatze, wohlwollend gewölbte Lippen, sanfte, überzeugende Augen, heftig genug in seinen Bewegungen, wenn er zuweilen auf den blechernen Kasten schlug, der vor ihm auf dem Aktentische lag, aber in der Leidenschaft immer anstandsvoll, würdig, *gentleman-like*. Worin glich also seine äußere Erscheinung dem Casimir Périer? Ich weiß nicht, aber es will mich bedünken, als sei dessen Kopfbildung, obgleich derber und größer, der Canningschen auffallend ähnlich. Eine gewisse Krankhaftigkeit, Überreizung und Abspannung, die wir bei Canning sahen, ist auch bei Périer auffallend, und mahnte eben an jenen.

Was Talent betrifft, so konnten sich wohl beide die Waage halten. Nur daß Canning das Schwerste mit einer gewissen Leichtigkeit vollbrachte, gleich dem Odysseus, der den gewaltigen Bogen so leicht spannte, als habe er die Saiten einer Leier aufgezogen; Périer hingegen zeigt bei der geringfügigsten Handlung eine gewisse Schwerfälligkeit, er entfaltet bei der unbedeutendsten Maßregel alle seine Kräfte, alle seine geistige und weltliche Kavallerie und Infanterie, und wenn er die gelindesten Saiten aufziehen will, gebärdet er sich dabei so anstrengungsvoll, als spannte er den Bogen des Odysseus. Seine Reden habe ich oben charakterisiert. Canning war ebenfalls einer der größten Redner seiner Zeit. Nur warf man ihm vor, daß er zu geblümt, zu geschmückt spreche. Aber diesen Vorwurf verdiente er gewiß nur in seiner frühern Periode, als er noch, in abhängiger Stellung, keine eigne Meinung aussprechen durfte, und er daher, statt dessen, nur oratorische Blumen, geistige Arabesken und brillante Witze geben konnte. Seine Rede war damals kein Schwert sondern nur die Scheide desselben, und zwar eine sehr kostbare Scheide, woran das getriebene Goldblumenwerk und die eingelegten Edelsteine aufs reichste blitzten. Aus dieser Scheide zog er späterhin die gerade, schmucklose Stahlklinge hervor, und das funkelte noch herrlicher, und war doch scharf und schneidend genug. Noch sehe ich die greinenden Gesichter, die ihm gegenübersaßen, besonders den lächerlichen Sir Thomas Lethbridge, der ihn mit großem Pathos fragte, ob er auch schon die Mitglieder seines Ministeriums gewählt habe? – worauf Georg Canning sich ruhig erhob, als wolle er eine lange Rede halten, und mit parodiertem Pathos *Yes* sagend, sich gleich wieder niedersetzte, so daß das ganze Haus vom Gelächter erdröhnte. Es war damals ein wunderlicher Anblick, fast die ganze frühere Opposition saß hinter dem Minister, namentlich der wackere Russell, der unermüdliche Brougham, der gelehrte Macintosh, Cam Hobhouse mit seinem verstürmt wüsten Gesichte, der edle spitznäsige Robert Wilson, und gar

Francis Burdett, die begeistert lange donquichottliche Gestalt, dessen liebes Herz ein unverwelklicher Baumgarten liberaler Gedanken ist, und dessen magere Knie damals, wie Cobbet sagte, den Rücken Cannings berührten. Diese Zeit wird mir ewig im Gedächtnisse blühen, und nimmermehr vergesse ich die Stunde, als ich Georg Canning über die Rechte der Völker sprechen hörte, und jene Befreiungsworte vernahm, die wie heilige Donner über die ganze Erde rollten, und in der Hütte des Mexikaners wie des Hindu ein tröstendes Echo zurückließen. »*That is my thunder!*« konnte Canning damals sagen. Seine schöne, volle, tiefsinnige Stimme drang wehmütig kraftvoll aus der kranken Brust, und es waren klare, entschleierte, todbekräftigte Scheideworte eines Sterbenden. Einige Tage vorher war seine Mutter gestorben, und die Trauerkleidung, die er deshalb trug, erhöhte die Feierlichkeit seiner Erscheinung. Ich sehe ihn noch in einem schwarzen Oberrocke und mit seinen schwarzen Handschuhen. Diese betrachtete er manchmal, während er sprach, und wenn er dabei besonders nachsinnend aussah, dann dachte ich: jetzt denkt er vielleicht an seine tote Mutter und an ihr langes Elend, und an das Elend des übrigen armen Volkes, das im reichen England verhungert, und diese Handschuhe sind dessen Garantien, daß Canning weiß, wie ihm zu Mute ist, und ihm helfen will. In der Heftigkeit der Rede riß er einmal einen jener Handschuhe von der Hand, und ich glaubte schon, er wollte ihn der ganzen hohen Aristokratie von England vor die Füße werfen, als den schwarzen Fehdehandschuh der beleidigten Menschheit.

Wenn ihn jene Aristokratie gerade nicht ermordet hat, ebensowenig wie jenen von St. Helena, der an einem Magenkrebse gestorben, so hat sie ihm doch genug kleine vergiftete Nadeln ins Herz gestochen. Man erzählte mir z. B., Canning erhielt in jener Zeit, als er eben ins Parlament ging, einen mit wohlbekanntem Wappen versiegelten Brief, den er erst im Sitzungssaale öffnete, und worin er einen alten Komödienzettel fand, auf welchem der Name seiner verstorbenen Mutter unter dem Personale der Schauspieler gedruckt war. Bald darauf starb Canning, und jetzt, seit fünf Jahren, schläft er in Westminster neben Fox und Sheridan, und über den Mund, der so Großes und Gewaltiges gesprochen, zieht vielleicht eine Spinne ihr blödsinnig schweigendes Gewebe. Auch Georg IV. schläft jetzt dort in der Reihe seiner Väter und Vorfahren, die in steinernen Abbildungen auf den Grabmälern ausgestreckt liegen, das steinerne Haupt auf steinernen Kissen, Weltkugel und Zepter in der Hand; und rings um sie her, in hohen Särgen, liegt Englands Aristokratie, die vornehmen Herzöge und Bischöfe, Lords und Barone, die sich im Tode wie im Leben um die Könige drängen; und wer sie dort schauen will in Westminster, zahlt einen Schilling und sechs Pence. Dieses Geld empfängt ein armer, kleiner Aufseher, dessen Erwerbszweig es ist, die toten, hohen Herrschaften sehen zu lassen, und der dabei ihre Namen und Taten hinschnattert, als wenn er ein Wachsfigurenkabinett zeigte. Ich sehe gern dergleichen, indem ich mich dann überzeuge, daß die Großen der Erde nicht unsterblich sind, mein Schilling und sechs Pence hat mich nicht gereut, und als ich Westminster verließ, sagte ich zu dem Aufseher: »Ich bin mit Deiner Exhibition zufrieden, ich wollte Dir aber gern das Doppelte zahlen, wenn die Sammlung vollständig wäre.«

Das ist es. Solange Englands Aristokraten nicht sämtlich zu ihren Vätern versammelt sind, solange die Sammlung in Westminster nicht vollständig ist, bleibt der Kampf der Völker gegen Bevorrechtung der Geburt noch immer unentschieden, und Frankreichs Bürgerallianz mit England bleibt zweifelhaft.

Artikel V

Paris, 25. März 1832.

Der Feldzug nach Belgien, die Blockade von Lissabon und die Einnahme von Ancona sind die drei charakteristischen Heldentaten, womit das Justemilieu nach außen seine Kraft, seine Weisheit und seine Herrlichkeit geltend gemacht; im Innern pflückte es ebenso rühmliche Lorbeeren unter den Pfeilern des Palais Royal, zu Lyon und zu Grenoble. Nie stand Frankreich so tief in den Augen des Auslandes, nicht einmal zur Zeit der Pompadour und der Dubarry. Man merkt jetzt, daß es noch etwas Kläglicheres gibt als eine Mätressenherrschaft. In dem Boudoir einer galanten Dame ist noch immer mehr Ehre zu finden, als in dem Comptoir eines Bankiers. Sogar in der Betstube Karls X. hat man nicht so ganz und gar der Nationalwürde vergessen, und von dort aus eroberte man Algier. Diese Eroberung soll, damit die Demütigung vollständig sei, jetzt aufgegeben werden. Diesen letzten Fetzen von Frankreichs Ehre opfert man dem Trugbilde einer Allianz mit England. Als ob die imaginäre Hoffnung derselben nicht schon genug gekostet habe! Dieser Allianz halber werden sich die Franzosen auch auf der Zitadelle von Ancona blamieren müssen, wie auf den Ebenen von Belgien und unter den Mauern von Lissabon.

Im Innern sind die Beengnisse und Zerrissenheiten nachgerade so unleidlich geworden, daß sogar ein Deutscher die Geduld verlieren könnte. Die Franzosen gleichen jetzt jenen Verdammten in Dantes Hölle, denen ihr dermaliger Zustand so unerträglich geworden, daß sie nur diesem entzogen zu werden wünschen, und sollten sie auch dadurch in einen noch schlechtern Zustand geraten. So erklärt es sich, daß den Republikanern das legitime Regime und den Legitimisten die Republik viel wünschenswerter geworden, als der Sumpf der in der Mitte liegt und worin sie eben jetzt stecken. Die gemeinsame Qual verbindet sie. Sie haben nicht denselben Himmel, aber dieselbe Hölle, und da ist Heulen und Zähneklappern – *Vive la République! Vive Henri V!*

Die Anhänger des Ministeriums, das heißt Angestellte, Bankiers, Gutsbesitzer und Boutiquiers, erhöhen das allgemeine Mißbehagen noch durch die lächelnden Versicherungen, daß wir ja alle im ruhigsten Zustande leben, daß das Thermometer des Volksglücks, der Staatspapierkurs, gestiegen, und daß wir diesen Winter in Paris mehr Bälle als jemals, und die Oper in ihrer höchsten Blüte gesehen haben. Dieses war wirklich der Fall; denn jene Leute haben ja die Mittel, Bälle zu geben, und da tanzten sie nun, um zu zeigen, daß Frankreich glücklich sei; sie tanzten für ihr System, für den Frieden, für die Ruhe Europas; sie wollten die Kurse in die Höhe tanzen, sie tanzten *à la hausse*. Freilich manchmal, während den erfreulichsten Entrechats, brachte das diplomatische Korps allerlei Hiobsdepeschen aus Belgien, Spanien, England und Italien; aber man ließ keine Bestürzung merken, und tanzte verzweiflungsvoll lustig weiter; ungefähr wie Aline, Königin von Golkonda, ihre scheinbar fröhlichen Tänze fortsetzt, wenn auch das Chor der Eunuchen mit einer Schreckensnachricht nach der andern heranquäkt. Wie gesagt, die Leute tanzten für ihre Renten, je gemäßigter sie gesinnt waren, desto leidenschaftlicher tanzten sie, und die dicksten moralischsten Bankiers tanzten den verruchten Nonnenwalzer aus *»Robert le Diable«*, der berühmten Oper. – Meyerbeer hat das Unerhörte erreicht, indem er die flatterhaften Pariser einen ganzen Winter lang zu fesseln gewußt; noch immer strömt alles nach der *»Academie de Musique«*, um *»Robert le Diable«*, zu sehen; aber die enthusiastischen Meyerbeerianer mögen mir verzeihen, wenn ich glaube, daß mancher nicht bloß von der Musik angezogen wird, sondern auch von der politischen Bedeutung der Oper! Robert le Diable, der Sohn eines Teufels, der so verrucht war, wie Philipp Egalité, und einer Fürstin, die so fromm war, wie die Tochter Penthièvres, wird von dem Geiste seines Vaters zum Bösen, zur Revolution, und von dem Geiste seiner Mutter zum Guten, zum alten Regime, hingezogen, in seinem Gemüte kämpfen die beiden angeborenen Naturen, er schwebt in der Mitte zwischen den beiden Prinzipien, er ist Justemilieu; – vergebens wollen ihn die Wolfschluchtstimmen der Hölle ins Mouvement ziehen, vergebens verlocken ihn – die Geister der Konvention, die, als revolutionäre Nonnen, aus dem Grabe steigen, vergebens gibt Robespierre in der Gestalt der Mademoiselle Taglioni ihm die Akkolade: er widersteht allen Anfechtungen, allen Verführungen, ihn leitet die Liebe zu einer Prinzessin beider Sizilien, die sehr fromm ist, und auch er wird fromm, und wir erblicken ihn am Ende im Schoße der Kirche, umsummt von Pfaffen und umnebelt von Weihrauch. Ich kann nicht umhin zu bemerken, daß bei der ersten Vorstellung dieser Oper, durch ein Versehen des Maschinisten, das Brett der Versenkung, worin der alte Vater Teufel zur Hölle fuhr, ungeschlossen geblieben, und daß der Teufel Sohn, als er zufällig darauf trat, ebenfalls hinabsank. – Da in der Deputiertenkammer von dieser Oper so viel gesprochen worden, so war die Erwähnung derselben keineswegs diesen Blättern unangemessen. Die gesellschaftlichen Erscheinungen sind hier durchaus nicht politisch unwichtig, und ich begreife jetzt sehr gut, wie Napoleon in Moskau sich damit beschäftigen konnte, das Reglement für die Pariser Theater auszuarbeiten. – Auf letztere hatte die Regierung während des verflossenen Faschings ihr besonderes Augenmerk, wie denn überhaupt diese Zeit um so mehr ihre Aufmerksamkeit in Anspruch nahm, da man sogar die Maskenfreiheit fürchtete, und besonders am Mardi-gras eine Emeute erwartete. Wie leicht ein Mummenschanz dazu Gelegenheit geben kann, hat sich in Grenoble erwiesen. Voriges Jahr ward der Mardi-gras durch Demolierung des erzbischöflichen Palastes gefeiert.

Da dieser Winter der erste war, den ich in Paris zubrachte, so kann ich nicht entscheiden, ob der Karneval dieses Jahr so brillant gewesen, wie die Regierung prahlt, oder ob er so trist aussah, wie die Opposition klagt. Sogar bei solchen Außendingen kann man der Wahrheit hier nicht auf die Spur kommen. Alle Parteien suchen zu täuschen, und selbst den eigenen Augen darf man nicht trauen. Einer meiner Freunde, ein Justemillionär, hatte die Güte, letzten Mardi-gras mich in Paris herumzuführen, und mir durch den Augenschein zu zeigen, wie glücklich und heiter das Volk sei. Er ließ an jenem Tage auch alle seine Bedienten ausgehen, und befahl ihnen ausdrücklich, sich recht viel Vergnügen zu machen. Vergnügt faßte er meinen Arm und rannte vergnügt mit mir durch die Straßen, und lachte zuweilen recht laut. An der Porte St.-Martin, auf dem feuchten Pflaster, lag ein todblasser, röchelnder Mensch, von welchem die umstehenden Gaffer behaupteten, er sterbe vor Hunger. Mein Begleiter aber versichert mir, daß dieser Mensch alle Tage auf einer andern Straße vor Hunger sterbe, und daß er davon lebe, indem ihn nämlich die Karlisten dafür bezahlten, durch solches Schauspiel das Volk gegen die Regierung zu verhetzen. Dieses Handwerk muß jedoch schlecht bezahlt werden, da viele dabei wirklich vor Hunger sterben. Es ist eine eigene Sache mit dem Verhungern; man würde hier täglich viele tausend Menschen in diesem Zustand sehen, wenn sie es nur längere Zeit darin aushalten könnten. So aber, gewöhnlich nach drei Tagen, welche ohne Nahrung verbracht worden, sterben die armen Hungerleider, einer nach dem andern, und sie werden still eingescharrt, und man bemerkt sie kaum.

»Sehen Sie, wie glücklich das Volk ist«, bemerkte mein Begleiter, indem er mir die vielen Wagen voll Masken zeigte, die laut jubelten, und die lustigsten Narreteien trieben. Die Boulevards gewährten wirklich einen überaus ergötzlich bunten Anblick, und ich dachte an das alte Sprüchwort: »Wenn der liebe Gott sich im Himmel langweilt, dann öffnet er das Fenster und betrachtet die Boulevards von Paris«. Nur wollte es mich bedünken, als sei dabei mehr Gendarmerie aufgestellt, als zu einem harmlosen Vergnügen eben notwendig gewesen. Ein Republikaner, der mir begegnete, verdarb mir den Spaß, indem er mir versicherte, die meisten Masken, die sich am lustigsten gebärdeten, habe die Polizei eigens dafür bezahlt, damit man nicht klage, das Volk sei nicht mehr vergnügt. Inwieweit dieses wahr sein mag, will ich nicht bestimmen; die maskierten Männer und Weiber schienen sich ganz von innen heraus zu belustigen, und wenn die Polizei sie noch besonders dafür bezahlte, so war das sehr artig von der Polizei. Was ihre Einwirkung besonders verraten konnte, waren die Gespräche der maskierten gemeinen Kerle und öffentlichen Dirnen, die in ertrödelten Hoftrachten, mit Schönpflästerchen auf den geschminkten Gesichtern, die Vornehmheit der vorigen Regierung parodistisch nachäfften, sich mit karlistischen Namen titulierten und sich dabei so hoffärtig fächerten und spreizten, daß ich mich unwillkürlich der hohen Festivitäten erinnerte, die ich als Knabe die Ehre hatte von der Galerie herab zu betrachten; nur daß die Pariser Poissarden ein besseres Französisch sprachen als die Kavaliere und gnädigen Fräulein meines Vaterlandes.

Um diesem letztern Gerechtigkeit widerfahren zu lassen, gestehe ich, daß der diesjährige Boeuf-gras gar kein Aufsehen in Deutschland gemacht haben würde. Ein Deutscher mußte über diesen unbedeutenden Ochsen lächeln, ob dessen Größe man sich hier besonders wunderte. Mit Anspielungen auf diesen armen Ochsen waren eine Woche lang die kleinen Blätter gefüllt; daß er *gros, gras et bête* gewesen, war ein stehender Witz, und in Karikaturen parodierte man auf die gehässigste Weise den Zug dieses quasi-fetten Ochsen. Schon hieß es, man würde dieses Jahr den Zug verbieten; aber man besann sich eines besseren. Von so vielen überlieferten Volksspäßen ist fast allein der Zug des Boeufgras in Frankreich übriggeblieben. Den absoluten Thron, den *Parc des cerfs*, das Christentum, die Bastille und andere ähnliche Institute aus der guten alten Zeit hat die Revolution niedergerissen; der Ochs allein ist geblieben. Darum wird er auch im Triumphe durch die Stadt geführt, bekränzt mit Blumen und umgeben von Metzgerknechten, die meistens mit Helm und Harnischen bekleidet sind, und die diesen eisernen Plunder von den verstorbenen Rittern, als nächste Wahlverwandte, geerbt haben. Es ist sehr leicht, die Bedeutung der öffentlichen Mummereien einzusehen. Schwerer ist es, die geheime Maskerade zu durchschauen, die hier in allen Verhältnissen zu finden ist. Dieser größere Karneval beginnt mit dem ersten Januar und endigt mit dem einunddreißigsten Dezember. Die glänzendsten Redouten desselben sieht man im Palais Bourbon, im Luxemburg und in den Tuilerien. Nicht bloß in der Deputiertenkammer, sondern auch in der Pairskammer und im königlichen Kabinette, spielt man jetzt eine heillose Komödie, die vielleicht tragisch enden wird. Die Oppositionsmänner, welche nur die Komödie der Restaurationszeit fortsetzen, sind vermummte Republikaner, die mit sichtbarer Ironie oder mit auffallendem Widerwillen als Komparsen des Königtums agieren. Die Pairs spielen jetzt die Rolle von unerblichen, durch Verdienst berufenen Amtsleuten; wenn man ihnen aber hinter die Maske schaut, so sieht man meistens die wohlbekannten noblen Gesichter; und wie modern sie sich auch kostümieren, so sind sie doch immer die Erben der alten Aristokratie, und sie tragen sogar die Namen, die an die alte Misere erinnern, so daß man darunter sogar einen Dreux-Brézé findet, von dem der »*National*« sagt, er sei nur dadurch ausgezeichnet, daß einmal einem seiner Vorfahren eine gute Antwort gegeben worden. Was Ludwig Philipp betrifft, so spielt er noch immer seinen *Roi citoyen*, und trägt noch immer das dazu gehörige Bürgerkostüm; unter seinem bescheidenen Filzhute trägt er jedoch, wie männiglich weiß, eine ganz unmaßgebliche Krone von gewöhnlichem Zuschnitte, und in seinem Regenschirme verbirgt er das absoluteste Zepter. Nur wenn die liebsten Interessen zur Sprache kommen, oder wenn einer mit dem gehörigen Stichworte die Leidenschaften aufreizt, dann vergessen die Leute ihre einstudierte Rolle und offenbaren ihre Persönlichkeit. Jene Interessen sind zunächst die des Geldes, und diese müssen allen andern weichen, wie man bei den Diskussionen über das Budget wahrnehmen konnte. ... Die Stichworte, bei denen in der Deputiertenkammer die republikanische Gesinnung sich verriet, sind bekannt. Nicht so unbedeutend und zufällig, wie man etwa in Deutschland glaubt, waren die Diskussionen über das Wort *sujet*. Letzteres hat schon im Beginne der französischen Revolution Veranlassung zu Expektorationen gegeben, wobei sich die republikanische Tendenz der Zeit aussprach. Wie leidenschaftlich tobte man, als einst dem armen Ludwig XVI. in einer Rede dieses Wort entschlüpfte. Ich habe zur Vergleichung mit der Gegenwart die damaligen Journale in dieser Beziehung nachgelesen; der Ton von 1790 ist nicht verhallt, sondern nur veredelt. Die Philippisten sind nicht so ganz arglos, wenn sie durch Stichworte obenerwähnter Art die Opposition in Leidenschaft bringen. Voriges Jahr hütete man sich wohl, die Tuilerien mit dem Namen Chateau zu benennen, und der »*Moniteur*« erhielt ausdrücklich die Weisung, sich des Wortes Palais zu bedienen. Später nahm man es nicht mehr so genau. Jetzt wagt man schon mehr, und die »*Debats*« sprechen von dem Hofe, *la cour!* »Wir gehen mit großen Schritten zur Restauration zurück!«, klagte mir ein allzu ängstlicher Freund, als er las, daß die Schwester des Königs »Madame« tituliert worden. Dieser Argwohn grenzt fast ans Lächerliche. »Wir gehen noch weiter zurück, als zur Restauration!«, rief jüngst derselbe Freund, vor Schrecken erbleichend. Er hatte in einer gewissen Soiree etwas Entsetzliches gesehen, nämlich eine schöne junge Dame mit Puder in den Haaren. Ehrlich gestanden, es sah gut aus; die blonden Locken waren wie von leisem Frosthauch angereift, und die warmen frischen Blumen schauten um so rührend lieblicher daraus hervor.

»Der 21. Januar« war, in ähnlicher Weise, das Stichwort, wobei sich in der Pairskammer die vermummten Erbleidenschaften und der krasseste Aristokratismus enthüllten. Was ich längst vorausgesehen, geschah; auch parlamentarisch gebärdete sich die Aristokratie, als sei sie besonders bevorrechtet, den Tod Ludwigs XVI. zu bejammern, und sie verhöhnte das französische Volk durch die Beschönigung jenes Bußtagsgesetzes, wodurch der eingesetzte Statthalter der heiligen Allianz, Ludwig XVIII., dem ganzen französischen Volke, wie einem Verbrecher, eine Pönitenz auferlegt hatte. Der 21. Januar war der Tag, wo das regicide Volk, zum Abschrecken der umstehenden Nachbarvölker, in Sack und Asche und mit der Kerze in der Hand, vor Notre-Dame stehen sollte. Mit Recht stimmten die Deputierten für die Aufhebung eines Gesetzes, welches mehr dazu diente, die Franzosen zu demütigen, als sie zu trösten ob des Nationalunglücks, das sie am 21. Januar 1793 betroffen hat. Indem die Pairskammer die Aufhebung jenes Gesetzes verwarf, verriet sie ihren unversöhnlichen Groll gegen das neue Frankreich, und entlarvte sie alle ihre adelige Vendetta gegen die Kinder der Revolution und gegen die Revolution selbst. Minder für die nächsten Interessen des Tages als vielmehr gegen die Grundsätze der Revolution, kämpfen jetzt die lebenslänglichen Herren des Luxemburg. Daher verwarfen sie nicht den Briquevilleschen Gesetzesvorschlag; sie verleugneten ihre Ehre und unterdrückten ihre grimmigste Abneigung. Jener Gesetzesvorschlag betraf ja nicht im geringsten die Grundsätze der Revolution. Aber das Gesetz wegen Ehescheidung, das darf nicht angenommen werden, denn es ist durchaus revolutionärer Natur, wie jeder christkatholische Edelmann begreifen wird.

Das Schisma, das bei solcher Gelegenheit zwischen der Deputiertenkammer und der Pairie entsteht, wird die unerquicklichsten Erscheinungen hervorbringen. Man sagt, der König beginne schon die Bedeutung dieses Schismas in seiner ganzen Trostlosigkeit einzusehen. Das ist nun die Folge jener Halbheit, jenes Schwankens zwischen Himmel und Hölle, jenes Robert le Diableschen Justemilieuwesens. Ludwig Philipp sollte sich vorsehen, daß er nicht einmal unversehens auf das versinkende Brett gerät. Er steht auf einem sehr unsichern Boden. Er hat, durch eigene Schuld, seine beste Stütze verloren. Er beging den gewöhnlichen Mißgriff zagender Menschen, die mit ihren Feinden gut stehen wollen und es daher mit ihren Freunden verderben. Er kajolierte die Aristokratie, die ihn haßt, und beleidigte das Volk, das seine beste Stütze war. Seine Sympathie für die Erblichkeit der Pairschaft hat ihm die gleichheitssüchtigen Herzen vieler Franzosen entfremdet, und seine Nöten mit den Lebenslänglichen werden ihnen ein schadenfrohes Ergötzen gewähren. Nur wenn die Frage aufs Tapet kommt, »was die Juliusrevolution bedeutet habe?« verfliegt der scherzende Mißmut, und der düstere Groll bricht hervor in bedrohlichen Reden. Das ist das gewaltigste jener Stichworte, wobei die verborgene Leidenschaft ans Tageslicht tritt, und die Parteien ihre Masken gänzlich fallen lassen. Ich glaube, man könnte die Toten der großen Woche, die unter den Mauern des Louvres begraben liegen, aus ihrem Schlafe wecken, wenn man sie früge: ob die Männer der Juliusrevolution wirklich nichts anderes gewollt haben, als was die Opposition in der Kammer während der Restaurationszeit ausgesprochen hat? Dieses nämlich war die Definition, welche die Ministeriellen bei den jüngsten Debatten von der Juliusrevolution gegeben haben. Wie kläglich diese Erklärung in sich selbst zerfällt, ergibt sich schon daraus, daß die Opposition seitdem eingestanden, daß sie während der ganzen Restaurationszeit Komödie gespielt hat. Wie kann also hier von bestimmten Manifestationen die Rede sein? Auch was das Volk in den drei Tagen, während des Kanonendonners, gerufen, war nicht der bestimmte Ausdruck seines Willens, wie nachträglich die Philippisten behauptet haben. Der Ruf »*Vive la Charte!*« den man nachher als den allgemeinen Wunsch, die Charte beizubehalten, interpretierte, war damals nichts anderes, als ein Losungswort, als eine Tagesparole, deren man sich nur als *signe de ralliement* bediente. Man darf den Ausdrücken, die das Volk in solchen Fällen gebraucht, keine allzu bestimmte Bedeutung verleihen. Dies gilt von allen Revolutionen, die das Volk gemacht. Die »Männer des andern Morgens« kommen immer hinterdrein und klauben Worte. Sie finden nur das tötende Wort, nicht den lebendig machenden Geist. Diesem, nicht jenem muß man nachforschen. Denn das Volk versteht sich ebensowenig auf Worte, wie es sich durch Worte verständlich machen kann. Es versteht nur Tatsachen, nur Fakta, und spricht durch solche. Ein solches Faktum war die Juliusrevolution, und dieses besteht nicht einzig darin, daß Karl X. aus den Tuilerien nach Holyrood gejagt worden, und Ludwig Philipp sich dort einquartiert hat; solch bloße Personalveränderung wäre nur wichtig für den Portier jenes Palastes. Das Volk, indem es Karl X. verjagte, sah in ihm nur den Repräsentanten der Aristokratie, wie er sich sein ganzes Leben hindurch gezeigt hat, seit 1788, wo er, als Fürst vom Geblüte, in einer Vorstellung an Ludwig XVI., förmlich ausgesprochen, daß ein Fürst vor allem Edelmann sei, als solcher naturgemäß dem Korps des Adels angehöre, und daher dessen Rechte vor allen andern Interessen verteidigen müsse; in Ludwig Philipp sah aber das Volk einen Mann, dessen Vater schon, sogar in seinem Namen, die bürgerliche Gleichheit der Menschen anerkannt hat, einen Mann, der selbst bei Valmy und Jemappes für die Freiheit gefochten, der von seiner frühesten Jugend an bis jetzt die Worte Freiheit und Gleichheit im Munde geführt, und sich in Opposition gegen die eigene Sippschaft, als einen Repräsentanten der Demokratie dargegeben hat.

Wie herrlich leuchtete dieser Mann im Glanze der Juliussonne, die sein Haupt wie mit einer Glorie umstrahlte, und selbst auf seine Fehler so viel heiteres Licht streute, daß sie noch mehr als seine Tugenden blendeten. Valmy und Jemappes! war damals der patriotische Refrain aller seiner Reden; er streichelte die dreifarbige Fahne wie eine wiedergefundene Geliebte; er stand auf dem Balkone des Palais Royal und schlug mit der Hand den Takt zur der Marseillaise, die unten das Volk jubelte; und er war ganz der Sohn der Gleichheit, *fils d'Égalité*, der *soldat tricolore* der Freiheit, wie er sich von Delavigne in der »*Parisienne*« besingen lassen, und wie er sich von Horaz Vernet malen lassen auf jenen Gemälden, die in den Gemächern des Palais Royal immer besonders bedeutungsvoll zur Schau gestanden. In diesen Gemächern hatte das Volk während der Restauration immer freien Zutritt; und da wandelte es herum des Sonntags und bewunderte, wie bürgerlich alles dort aussah, im Gegensatze zu den Tuilerien, wo kein armer Bürgersmann so leicht hinkommen durfte; und mit besonderer Vorliebe betrachtete man das Gemälde, worauf Ludwig Philipp abgebildet ist, wie er in der Schweiz als Schullehrer vor der Weltkugel steht und den Knaben in der Geographie Unterricht erteilt. Die guten Leute dachten Wunder, wieviel er selbst dabei gelernt haben müsse! Jetzt sagt man, Ludwig Philipp habe damals nichts anderes gelernt, als *faire bonne mine à mauvais jeu* und allzu große Schätzung des Geldes. Die Glorie seines Hauptes ist verschwunden, und der Unmut erblickt darin nur eine Birne.

Die Birne ist noch immer stehender Volkswitz in Spottblättern und Karikaturen. Jene, namentlich »*Le Revenant*«, »*Les Cancans*«, »*Le Brid-Oison*«, »*La Mode*« und wie das karlistische Ungeziefer sonst heißen mag, mißhandeln den König mit einer Unverschämtheit, die um so widerwärtiger ist, da man wohl weiß, daß das edle Fauxbourg solche Blätter bezahlt. Man sagt, die Königin lese sie oft und weine darüber; die arme Frau erhält diese Blätter durch den unermüdlichen Diensteifer jener schlimmsten Feinde, die unter dem Namen »die guten Freunde« in jedem großen Hause zu finden sind. Die Birne ist, wie gesagt, ein stehender Witz geworden, und Hunderte von Karikaturen, worauf man sie erblickt, sind überall ausgehängt. Hier sieht man Périer auf der Rednerbühne, in der Hand die Birne, die er den Umsitzenden anpreist und an den Meistbietenden für achtzehn Millionen losschlägt. Dort wieder liegt eine ungeheuer große Birne, gleich einem Alp, auf der Brust des schlafenden Lafayette, der, wie an der Zimmerwand angedeutet steht, von der besten Republik träumt. Dann sieht man auch Périer und Sebastiani, jener als Pierrot, dieser als dreifarbige Harlekin gekleidet, durch den tiefsten Kot waten und auf den Schultern eine Querstange tragen, woran eine ungeheure Birne hängt. Den jungen Heinrich sieht man als frommen Wallfahrter, in Pilgertracht, mit Muschelhut und Stab, woran oben eine Birne hängt, gleich einem abgeschnittenen Kopfe.

Ich will wahrlich den Unfug dieser Fratzenbilder nicht vertreten, am allerwenigsten wenn sie die Person des Fürsten selbst betreffen. Ihre unaufhörliche Menge ist aber eine Volksstimme und bedeutet etwas. Einigermaßen verzeihlich werden solche Karikaturen, wenn sie keine bloße Beleidigung der Persönlichkeit beabsichtigend, nur die Täuschung rügen, die man gegen das Volk verübt. Dann ist auch ihre Wirkung grenzenlos. Seit eine Karikatur erschienen ist, worauf ein dreifarbiger Papagei dargestellt ist, der auf jede Frage, die man an ihn richtete, abwechselnd »Valmy« oder »Jemappes« antwortet, seitdem hütet sich Ludwig Philipp, diese Worte so wiederholentlich wie sonst vorzubringen. Er fühlt wohl, in diesen Worten lag immer ein Versprechen, und wer sie im Munde führte, durfte keine Quasi-Legitimität nachsuchen, durfte keine aristokratischen Institutionen beibehalten, durfte nicht auf diese Weise den Frieden erflehen, durfte nicht Frankreich ungestraft beleidigen lassen, durfte nicht die Freiheit der übrigen Welt ihren Henkern preisgeben. Ludwig Philipp mußte vielmehr auf das Vertrauen des Volkes den Thron stützen, den er dem Vertrauen des Volkes verdankte. Er mußte ihn mit republikanischen Institutionen umgeben, wie er gelobt, nach dem Zeugnis des unbescholtensten Bürgers beider Welten. Die Lügen der Charte mußten vernichtet, Valmy und Jemappes aber mußten eine Wahrheit werden. Ludwig Philipp mußte erfüllen, was sein ganzes Leben symbolisch versprochen hatte. Wie einst in der Schweiz, mußte er wieder als Schulmeister vor die Weltkugel treten, und öffentlich erklären: »Seht diese hübschen Länder, die Menschen darin sind alle frei, sind alle gleich, und wenn ihr Kleinen das nicht im Gedächtnisse behaltet, bekommt ihr die Rute«. Ja, Ludwig Philipp mußte an die Spitze der europäischen Freiheit treten, die Interessen derselben mit seinen eigenen verschmelzen, sich selbst und die Freiheit identifizieren, und wie einer seiner Vorgänger ein kühnes *l'État c'est moi!* aussprach, so mußte er mit noch größerem Selbstbewußtsein ausrufen: »*La liberté c'est moi!*«

Er hat es nicht getan. Wir wollen nun die Folgen abwarten. Sie sind unausbleiblich, und nur über die Länge der Zeit läßt sich nichts Bestimmtes voraussagen. Vor den schönen Frühlingstagen wird gewarnt. Die Karlisten meinen, erst im Herbst werde der neue Thron zusammenbrechen; geschehe es nicht, so werde er sich alsdann noch vier bis fünf Jahre halten. Die Republikaner wollen sich auf bestimmte Prophezeiungen nicht mehr einlassen; »genug«, sagen sie, »die Zukunft gehört uns.« Und darin haben sie vielleicht recht. Obgleich sie bis jetzt immer die Düpes der Karlisten und Bonapartisten gewesen, so mag doch die Zeit kommen, wo die Tätigkeit dieser beiden Parteien nur den Interessen der Republikaner gefrommt haben wird. Sie rechnen auch auf diese Tätigkeit der Karlisten und Bonapartisten um so mehr, da sie selbst weder durch Geld noch durch Sympathie die Massen in Bewegung setzen können. Das Geld aber fließt jetzt in goldenen Strömen aus dem Fauxbourg St.-Germain, und was feil ist, wird gekauft. Leider ist dessen zu Paris immer viel am Markte, und man glaubt, daß die Karlisten in diesem Monate große Fortschritte gemacht. Viele Männer, die immer großen Einfluß auf das Volk ausgeübt, sollen gewonnen sein. Die frommen Umtriebe der Schwarzröckchen in den Provinzen sind bekannt; das schleicht und zischt überall herum und lügt im Namen Gottes. Überall wird das Bild des Mirakeljungen aufgestellt, und man sieht ihn in den sentimentalsten Posituren. Hier liegt er auf den Knien und betet für das Heil Frankreichs und seiner unglücklichen Untertanen sehr rührend; dort klettert er auf den Bergen Schottlands, gekleidet in hochländischer Tracht, ohne Beinkleider. »*Matin!*« sagte ein Ouvrier, der mit mir dieses Bild an einem Kupferstichladen betrachtete, »*on le représente sans culotte, mais nous savons bien qu'il est jésuite.*« Auf einem ähnlichen Bild ist er weinend mit seinem Schwesterchen dargestellt, und darunter stehen gefühlvolle Verse: »*O! que j'ai douce souvenance – Du beau pays de mon enfance*«, usw. Lieder und Gedichte, die den jungen Heinrich feiern, zirkulieren in großer Anzahl, und sie werden gut bezahlt. Wie es einst in England eine jakobitische Poesie gab, so gibt es jetzt hier eine karlistische.

Indessen die bonapartistische Poesie ist weit bedeutender und wichtiger und bedrohlicher für die Regierung. Es gibt keine Grisette in Paris, die nicht Bérangers Lieder singt und fühlt. Das Volk versteht am besten diese bonapartistische Poesie, und darauf spekulieren die Dichter, und auf die Dichter spekulieren wieder andere Leute. Victor Hugo schreibt jetzt ein großes Heldengedicht auf den alten Napoleon, und die väterlichen Verwandten des jungen Napoleons stehen in Briefwechsel mit ebensolchen Volksdichtern, die als Tyrtäen des Bonapartismus bekannt sind und deren begeisternde Leier man zur rechten Zeit zu benutzen hofft. Man ist nämlich der Meinung, daß der Sohn des Mannes nur zu erscheinen brauche, um der jetzigen Regierung ein Ende zu machen. Man weiß, daß der Name Napoleon das Volk hinreißt und die Armee entwaffnet. Die besonnenen, echten Demokraten sind jedoch keineswegs geneigt, in die allgemeine Huldigung einzustimmen. Der Name Napoleon ist ihnen freilich lieb und wert, weil er fast synonym geworden mit dem Ruhme Frankreichs und dem Siege der dreifarbigen Fahne. In Napoleon sehen sie den Sohn der Revolution; in dem jungen Reichstadt sehen sie nur den Sohn eines

Kaisers, durch dessen Anerkennung sie dem Prinzip der Legitimität huldigen würden. Dieses wäre jedenfalls eine lächerliche Inkonsequenz. Ebenso lächerlich ist die Meinung, daß der Sohn, wenn er auch nicht die Größe seines Vaters erreiche, doch gewiß nicht ganz aus der Art geschlagen, und immer ein kleiner Napoleon sei. Ein kleiner Napoleon! Als ob die Vendômesäule nicht eben durch ihre Größe unsere Bewunderung erregte. Eben weil sie so groß ist und stark, will sich das Volk an sie lehnen in dieser vagen, schwankenden Zeit, wo die Vendômesäule das Einzige in Frankreich ist, was fest steht.

Um diese Säule drehen sich alle Gedanken des Volkes. Sie ist sein unverwüstliches eisernes Geschichtsbuch, und es liest darauf seine eigenen Heldentaten. Besonders aber lebt in seiner Erinnerung die schmähliche Art, wie von den Deutschen das Standbild dieser Säule mißhandelt worden, wie man dem armen Kaiser die Füße abgesägt, wie man ihm, gleich einem Diebe, einen Strick um den Hals gebunden, und ihn herabgerissen von seiner Höhe. Die guten Deutschen haben ihre Schuldigkeit getan. Jeder hat seine Sendung auf dieser Erde, unbewußt erfüllt er sie und hinterläßt ein Symbol dieser Erfüllung. So sollte Napoleon in allen Ländern den Sieg der Revolution erfechten; aber uneingedenk dieser Sendung, wollte er durch den Sieg sich selbst verherrlichen, und egoistisch erhaben stellte er sein eigenes Bild auf die erbeuteten Trophäen der Revolution, auf die zusammengegossenen Kanonen der Vendômesäule. Da hatten die Deutschen nun die Sendung, die Revolution zu rächen, und den Imperator wieder herabzureißen von der usurpierten Höhe, von der Höhe der Vendômesäule. Nur der dreifarbigen Fahne gebührt dieser Platz, und seit den Juliustagen flattert sie dort siegreich und verheißend. Wenn man in der Folge den Napoleon wieder hinaufsetzt auf die Vendômesäule, so steht er dort nicht mehr als Imperator, als Cäsar, sondern als ein durch Unglück gesühnter und durch Tod gereinigter Repräsentant der Revolution, als ein Sinnbild der siegenden Volksgewalt.

Da ich eben von dem jungen Napoleon und dem jungen Heinrich gesprochen, so muß ich auch des jungen Herzogs von Orléans Erwähnung tun. In den Bilderladen sieht man sie hier gewöhnlich nebeneinander hängen, und unsere Pamphletisten diskutieren beständig diese drei sonderbaren Legitimitäten. Daß letztere auch außerdem ein Hauptthema des öffentlichen Geschwätzes sind, versteht sich von selbst. Es ist zu weitläuftig und unfruchtbar, als daß ich es auch hier erörtern möchte. Jede Auskunft über die persönlichen Eigenschaften des Herzogs von Orléans scheint mir wichtiger zu sein, da sich an die Persönlichkeit des jungen Fürsten so viele Interessen der nächsten Wirklichkeit knüpfen. Die praktischere Frage ist nicht, ob er das Recht hat, den Thron zu besteigen, sondern ob er die Kraft dazu hat, ob seine Partei dieser Kraft vertrauen darf, und was, da er in jedem Falle eine wichtige Rolle spielen muß, von seinem Charakter zu erwarten steht. Über letztern sind aber die Meinungen verschieden, ja entgegengesetzt. Die einen sagen, der Herzog von Orléans sei gänzlich borniert, geistesblöde, stumpfsinnig, sogar in seiner Familie heiße er *grand poulot*, dabei sei er dennoch mit absolutistischen Neigungen behaftet, manchmal bekomme er sogar Anfälle von Herrschwut, so habe er z. B. halsstarrig darauf bestanden, daß ihn sein Vater zur Zeit der Ouvrier-Emeuten nach Lyon gehen lasse, denn sonst käme ihm der Herzog von Reichstadt zuvor usw. Andere hingegen sagen: Se. königliche Hoheit der Kronprinz sei lauter Herzensgüte, Wohlgesinnung und Bescheidenheit; er sei ein sehr vernünftiger junger Mensch, der die angemessenste Erziehung und den besten Unterricht genossen; er sei voll Mut, Ehrgefühl und Freiheitsliebe, wie er denn oft seinem Vater ein liberaleres System dringend anrate; er sei ganz ohne Falsch und Groll; er sei die Liebenswürdigkeit selbst, und räche sich an seinen Feinden am liebsten dadurch, daß er ihnen beim Tanze die hübschen Mädchen wegkapere. Ich brauche wohl nicht zu sagen, daß solch wohlwollendes Urteil von den

Anhängern der Dynastie, das böswillige aber von dessen Gegnern herrührt. Diesen ist ebensowenig wie jenen zu trauen.

Ich kann also über den jungen Fürsten nichts Bestimmtes mitteilen, als was ich selbst gesehen habe, nämlich wie sein Äußeres beschaffen ist. Hier muß ich, der Wahrheit gemäß, eingestehen, er sieht gut aus. Eine etwas längliche, nicht eigentlich magere, sondern vielmehr stakige Gestalt; ein länglicher, schmaler Kopf an einem langen Halse; ebenfalls längliche, aber ganz regelmäßige, edle Gesichtszüge; brave, freie Stirne; gerade gutgemessene Nase; ein schöner, frischer Mund mit sanftgewölbten, bittenden Lippen; kleine, bläuliche, sonderbar unbedeutende, gedankenlose Augen, die wie kleine Dreiecke geformt sind; braunes Haar und ein lichtblonder Backenbart, der unter dem Kinne fortlaufend, fast wie ein goldner Rahmen das rosig gesunde, blühende Jünglingsgesicht umschließt. Ich glaube in den Lineamenten dieser Gestalt viel Zukunft lesen zu können, jedoch nicht allzu heitere Zukunft. Glücklichenfalls geht dieser junge Mensch einem sehr großen Martyrtume entgegen; er soll König werden. Wenn er auch mit dem Geiste die Dinge nicht durchschaut, so scheint er sie doch instinktartig zu ahnen; die tierische Natur, sozusagen der Leib, scheint von trüber Vorahnung befangen zu sein, und daher offenbart sich eine gewisse Melancholie in seinem äußeren Wesen. Trübsam träumerisch läßt er zuweilen das schmale längliche Haupt von dem langen Halse herabhängen. Der Gang ist schläfrig und hinzögernd, wie der eines Menschen, der immer noch zu früh zu kommen glaubt. Seine Sprache ist schleppend oder in kurzen Lauten abgebrochen, wie im Halbschlummer. Hierin liegt jene angedeutete Melancholie, oder vielmehr die melancholische Signatur der Zukunft. Übrigens hat sein Äußeres etwas schlicht Bürgerliches. Diese Eigenschaft tritt vielleicht um so bedeutender hervor, da man bei seinem Bruder, dem Herzog von Remours, das Gegenteil zu bemerken glaubt. Dieser ist ein hübscher, sehr gescheiter Junge; schlank, aber nicht groß; äußerst zart gebaut; weißes nettes Gesichtchen; geistreich leicht hingeworfener Blick; etwas bourbonisch gebogene Nase; ein feiner Blondin von einem altadeligen Ansehen. Es sind nicht die anmaßenden Züge eines hannöverischen Krautjunkers, sondern eine gewisse Vornehmheit des Erscheinens und des Gehabens, wie sie nur unter dem gebildetsten hohen Adel gefunden wird. Da diese Sorte täglich an Zahl abnimmt oder durch Mesallianzen ausartet, so ist das aristokratische Aussehen des Herzogs von Remours sehr bemerkbar. Bei seinem Anblicke hörte ich mal jemand sagen: »Dieses Gesicht wird in einigen Jahren großes Aufsehen in Amerika machen.«

Artikel VI

Paris, 19. April 1832.
Nicht den Werkstätten der Parteien will ich ihren banalen Maßstab entborgen, um Menschen und Dinge damit zu messen, noch viel weniger will ich Wert und Größe derselben nach träumenden Privatgefühlen bestimmen, sondern ich will so viel als möglich parteilos das Verständnis der Gegenwart befördern, und den Schlüssel der lärmenden Tagesrätsel zunächst in der Vergangenheit suchen. Die Salons lügen, die Gräber sind wahr. Aber ach! die Toten, die kalten Sprecher der Geschichte, reden vergebens zur tobenden Menge, die nur die Sprache der Leidenschaft versteht.

Freilich, nicht vorsätzlich lügen die Salons. Die Gesellschaft der Gewalthaber glaubt wirklich an die ewige Dauer ihrer Macht, wenn auch die Annalen der Welthistorie und das feurige Mene-Tekel der Tagesblätter und sogar die laute Volksstimme auf der Straße ihre Warnungen aussprechen. Auch die Oppositionskoterien lügen eigentlich nicht mit Absicht; sie glauben ganz bestimmt zu siegen, wie überhaupt die Menschen immer das glauben, was sie wünschen; sie berauschen sich im Champagner ihrer Hoffnungen; jedes Mißgeschick deuten sie als ein notwendiges Ereignis, das sie dem Ziele desto näher bringe; am Vorabende ihres Untergangs strahlt ihre Zuversicht am brillantesten, und der Gerichtsbote, der ihnen ihre Niederlage gesetzlich ankündigt, findet sie gewöhnlich im Streite über die Verteilung der Bärenhaut. Daher die einseitigen Irrtümer, denen man nicht entgehen kann, wenn man der einen oder der andern Partei nahesteht; jede täuscht uns, ohne es zu wollen, und wir vertrauen am liebsten unsern gleichgesinnten Freunden. Sind wir selber vielleicht so indifferenter Natur, daß wir, ohne sonderliche Vorneigung, mit allen Parteien beständig verkehren, so verwirrt uns die süffisante Sicherheit, die wir bei jeder Partei erblicken, und unser Urteil wird aufs unerquicklichste neutralisiert. Indifferentisten solcher Art, die selbst ohne eigene Meinung sind, ohne Teilnahme an den Interessen der Zeit, und die nur erlauschen wollen, was eigentlich vorgehe, und daher das Geschwätze aller Salons erhorchen, und die Chronique scandaleuse jeder Partei bei der andern aufgabeln, solchen Indifferentisten begegnet's wohl, daß sie überall nur Personen und keine Dinge, oder vielmehr in den Dingen nur die Personen sehen, daß sie den Untergang der erstern prophezeien, weil sie die Schwäche der letztern erkannt haben, und daß sie dadurch ihre respektiven Kommittenten zu den bedenklichsten Irrnissen und Fehlgriffen verleiten.

Ich kann nicht umhin, auf das Mißverhältnis, das jetzt in Frankreich zwischen den Dingen (d. h. den geistigen und materiellen Interessen) und den Personen (d. h. den Repräsentanten dieser Interessen) stattfindet, hier besonders aufmerksam zu machen. Dies war ganz anders zu Ende des vorigen Jahrhunderts, wo die Menschen noch kolossal bis zur Höhe der Dinge hinaufragten, so daß sie in den Revolutionsgeschichten gleichsam das heroische Zeitalter bilden, und als solches jetzt von unsrer republikanischen Jugend gefeiert und geliebt werden. Oder täuscht uns in dieser Hinsicht derselbe Irrtum, den wir bei Madame Roland finden, die in ihren »Memoiren« gar bitter klagt, daß unter den Männern ihrer Zeit kein einziger bedeutend sei? Die arme Frau kannte nicht ihre eigene Größe, und merkte daher nicht, daß ihre Zeitgenossen schon groß genug waren, wenn sie ihr selbst nichts an geistiger Statur nachgaben. Das ganze französische Volk ist jetzt so gewaltig in die Höhe gewachsen, daß wir vielleicht ungerecht sind gegen seine öffentlichen Repräsentanten, die nicht sonderlich aus der Menge hervorragen, aber darum doch nicht klein genannt werden dürfen. Man kann jetzt vor lauter Wald die Bäume nicht sehen. In Deutschland erblicken wir das Gegenteil, eine überreichliche Menge Krüppelholz und Zwergtannen, und dazwischen hie und da eine Rieseneiche, deren Haupt sich bis in die Wolken erhebt – während unten am Stamme die Würmer nagen.

Der heutige Tag ist ein Resultat des gestrigen. Was dieser gewollt hat, müssen wir erforschen, wenn wir zu wissen wünschen, was jener will. Die Revolution ist eine und dieselbe; nicht, wie uns die Doktrinäre einreden möchten, nicht für die Charte schlug man sich in der großen Woche, sondern für dieselben Revolutionsinteressen, denen man seit vierzig Jahren das beste Blut Frankreichs geopfert hatte. Damit man aber den Schreiber dieser Blätter nicht für einen jener Prädikanten ansehe, die unter Revolution nur Umwälzung und wieder Umwälzung verstehen, und die zufälligen Erscheinungen für das Wesentliche der Revolution halten, will ich, so genau als möglich, den Hauptbegriff feststellen.

Wenn die Geistesbildung und die daraus entstandenen Sitten und Bedürfnisse eines Volks nicht mehr im Einklang sind mit den alten Staatsinstitutionen, so tritt es mit diesen in einen Notkampf, der die Umgestaltung derselben zur Folge hat und eine Revolution genannt wird. Solange die Revolution nicht vollendet ist, solange jene Umgestaltung der Institutionen nicht ganz mit der Geistesbildung des Volks übereinstimmt: so lange ist gleichsam das Staatssiechtum nicht völlig geheilt, und das kranke überreizte Volk wird zwar manchmal in die schlaffe Ruhe der Abspannung versinken, wird aber bald wieder in Fieberhitze geraten, die festesten Bandagen und die gutmütigste Scharpie von den alten Wunden abreißen, die edelsten Krankenwärter zum Fenster hinauswerfen, und sich so lange, schmerzhaft und mißbehaglich, hin und her wälzen, bis es sich in die angemessenen Institutionen von selbst hineingefunden haben wird.

Die Fragen, ob Frankreich jetzt zur Ruhe gelangt, oder ob wir neuen Staatsveränderungen entgegensehen, und endlich, welch ein Ende das alles nehmen wird? diese Fragen sollten eigentlicher lauten: Was trieb die Franzosen, eine Revolution zu beginnen, und haben sie das erreicht, was sie bedurften? Die Beantwortung dieser Fragen zu befördern, will ich den Beginn der Revolution in meinen nächsten Artikeln besprechen. Es ist dieses ein doppelt nützliches Geschäft, da, indem man die Gegenwart durch die Vergangenheit zu erklären sucht, zu gleicher Zeit offenbar wird, wie diese, die Vergangenheit, erst durch jene, die Gegenwart, ihr eigentlichstes Verständnis findet, und jeder neue Tag ein neues Licht auf sie wirft, wovon unsere bisherigen Handbuchschreiber keine Ahnung hatten. Diese glaubten, die Akten der Revolutionsgeschichte seien geschlossen, und sie hatten schon über Menschen und Dinge ihr letztes Urteil gefällt: da brüllten plötzlich die Kanonen der großen Woche, und die Göttinger Fakultät merkte, daß von ihrem akademischen Spruchkollegium an eine höhere Instanz appelliert worden, und daß nicht bloß die französische Spezialrevolution noch nicht vollendet sei, sondern daß erst die weitumfassendere Universalrevolution ihren Anfang genommen habe. Wie mußten sie erschrecken, diese friedlichen Leute, als sie eines frühen Morgens die Köpfe zum Fenster hinaussteckten und den Umsturz des Staates und ihrer Kompendien erblickten, und trotz der Schlafmützen die Töne der Marseiller Hymne in ihre Ohren drangen. Wahrlich, daß 1830 die dreifarbige Fahne einige Tage lang auf den Türmen von Göttingen flatterte, das war ein burschikoser Spaß, den sich die Weltgeschichte gegen das hochgelahrte Philistertum der Georgia Augusta erlaubt hat. In dieser allzu ernsten Zeit bedarf es wohl solcher aufheiternden Erscheinungen.

So viel zur Bevorwortung eines Artikels, der sich mit vergangenheitlichen Beleuchtungen beschäftigen mag. Die Gegenwart ist in diesem Augenblicke das Wichtigere, und das Thema, das sie mir zur Besprechung darbietet, ist von der Art, daß überhaupt jedes Weiterschreiben davon abhängt.

(Ich will ein Fragment des Artikels, der hier angekündigt worden, in der Beilage mitteilen. In einem nächsten Buche mag dann die später geschriebene Ergänzung nachfolgen. Ich wurde in dieser Arbeit viel gestört, zumeist durch das grauenhafte Schreien meines Nachbars, welcher an der Cholera starb. Überhaupt muß ich bemerken, daß die damaligen Umstände auch auf die folgenden Blätter mißlich eingewirkt; ich bin mir zwar nicht bewußt, die mindeste Unruhe empfunden zu haben, aber es ist doch sehr störsam, wenn einem beständig das Sichelwetzen des Todes allzuvernehmbar ans Ohr klingt. Ein mehr körperliches als geistiges Unbehagen, dessen man sich doch nicht erwehren konnte, würde mich mit den andern Fremden ebenfalls von hier verscheucht haben; aber mein bester Freund lag hier krank darnieder. Ich bemerke dieses, damit man mein Zurückbleiben in Paris für keine Bravade ansehe. Nur ein Tor konnte sich darin gefallen, der Cholera zu trotzen. Es war eine Schreckenszeit, weit schauerlicher als die frühere, da die Hinrichtungen so rasch und so geheimnisvoll stattfanden. Es war ein verlarvter Henker, der mit einer unsichtbaren *Guillotine ambulante* durch Paris zog. »Wir werden einer nach dem andern in den Sack gesteckt!« sagte seufzend mein Bedienter jeden Morgen, wenn er mir die Zahl der Toten oder das Verscheiden eines Bekannten meldete. Das Wort »in den Sack stecken« war gar keine Redefigur; es fehlte bald an Särgen, und der größte Teil der Toten wurde in Säcken beerdigt. Als ich vorige Woche an einem öffentlichen Gebäude vorbeiging, und in der geräumigen Halle das lustige Volk sah, die springend munteren Französchen, die niedlichen Plaudertaschen von Französinnen, die dort lachend und schäkernd ihre Einkäufe machten, da erinnerte ich mich: daß hier während der Cholerazeit, hoch aufeinandergeschichtet, viele hundert weiße Säcke standen, die lauter Leichname enthielten; und daß man hier sehr wenige, aber desto fatalere Stimmen hörte, nämlich wie die Leichenwächter, mit unheimlicher Gleichgültigkeit, ihre Säcke den Totengräbern zuzählten, und diese wieder, während sie solche auf ihre Karren luden, gedämpfteren Tones die Zahl wiederholten, oder gar sich grell laut beklagten, man habe ihnen einen Sack zu wenig geliefert, wobei nicht selten ein sonderbares Gezänk entstand. Ich erinnere mich, daß zwei kleine Knäbchen mit betrübter Miene neben mir standen, und der eine mich frug: ob ich ihm nicht sagen könne, in welchem Sacke sein Vater sei?

Die folgende Mitteilung hat vielleicht das Verdienst, daß sie gleichsam ein Bulletin ist, welches auf dem Schlachtfelde selbst, und zwar während der Schlacht geschrieben worden, und daher unverfälscht die Farbe des Augenblicks trägt. Thucydides, der Historienschreiber, und Boccacio, der Novellist, haben uns freilich bessere Darstellungen dieser Art hinterlassen; aber ich zweifle, ob sie genug Gemütsruhe besessen hätten, während die Cholera ihrer Zeit am entsetzlichsten um sie her wütete, sie gleich, als schleunigen Artikel für die Allgemeine Zeitung von Korinth oder Pisa, so schön und meisterhaft zu beschreiben.

Ich werde bei den folgenden Blättern einem Grundsatz treu bleiben, den ich auch bei dem ganzen Buche ausübe, nämlich, daß ich nichts an diesen Artikeln ändere, daß ich sie ganz so abdrucken lasse, wie ich sie ursprünglich geschrieben, daß ich nur hie und da irgend ein Wort einschalte oder ausmerze, wenn dergleichen, in meiner Erinnerung, dem ursprünglichen Manuskript entspricht. Solche kleine Reminiszenzen kann ich nicht abweisen, aber sie sind sehr selten, sehr geringfügig, und betreffen nie eigentliche Irrtümer, falsche Prophezeiungen, und schiefe Ansichten, die hier nicht fehlen dürfen, da sie zur Geschichte der Zeit gehören. Die Ereignisse selbst bilden immer die beste Berichtigung.)

Ich rede von der Cholera, die seitdem hier herrscht, und zwar unumschränkt, und die ohne Rücksicht auf Stand und Gesinnung tausendweise ihre Opfer niederwirft.

Man hatte jener Pestilenz um so sorgloser entgegengesehn, da aus London die Nachricht angelangt war, daß sie verhältnismäßig nur wenig hingerafft. Es schien anfänglich sogar darauf abgesehen zu sein, sie zu verhöhnen, und man meinte, die Cholera werde, ebensowenig wie jede andere große Reputation, sich hier in Ansehn erhalten können. Da war es nun der guten Cholera nicht zu verdenken, daß sie, aus Furcht vor dem Ridikül, zu einem Mittel griff, welches schon Robespierre und Napoleon als probat befunden, daß sie nämlich, um sich in Respekt zu setzen, das Volk dezimiert. Bei dem großen Elende, das hier herrscht, bei der kolossalen Unsauberkeit, die nicht bloß bei den ärmeren Klassen zu finden ist, bei der Reizbarkeit des Volks überhaupt, bei seinem grenzenlosen Leichtsinne, bei dem gänzlichen Mangel an Vorkehrungen und Vorsichtsmaßregeln, mußte die Cholera hier rascher und furchtbarer als anderswo um sich greifen. Ihre Ankunft war den 29. März offiziell bekannt gemacht worden, und da dieses der Tag des *Mi-Carême* und das Wetter sonnig und lieblich war, so tummelten sich die Pariser um so lustiger auf den Boulevards, wo man sogar Masken erblickte, die, in karikierter Mißfarbigkeit und Ungestalt, die Furcht vor der Cholera und die Krankheit selbst verspotteten. Desselben Abends waren die Redouten besuchter als jemals; übermütiges Gelächter überjauchzte fast die lauteste Musik, man erhitzte sich beim *Chahût*, einem nicht sehr zweideutigen Tanze, man schluckte dabei allerlei Eis und sonstiges kaltes Getrinke: als plötzlich der lustigste der Arlequine eine allzu große Kühle in den Beinen verspürte, und die Maske abnahm, und zu aller Welt Verwunderung ein veilchenblaues Gesicht zum Vorschein kam. Man merkte bald, daß solches kein Spaß sei, und das Gelächter verstummte, und mehrere Wagen voll Menschen fuhr man von der Redoute gleich nach dem Hotel-Dieu, dem Zentralhospitale, wo sie, in ihren abenteuerlichen Maskenkleidern anlangend, gleich verschieden. Da man in der ersten Bestürzung an Ansteckung glaubte, und die ältern Gäste des Hotel-Dieu ein gräßliches Angstgeschrei erhoben, so sind jene Toten, wie man sagt, so schnell beerdigt worden, daß man ihnen nicht einmal die buntscheckigen Narrenkleider auszog, und lustig, wie sie gelebt haben, liegen sie auch lustig im Grabe.

Nichts gleicht der Verwirrung, womit jetzt plötzlich Sicherungsanstalten getroffen wurden. Es bildete sich eine *Commission sanitaire*, es wurden überall *Bureaux de secours* eingerichtet, und die Verordnung in betreff der *Salubrité publique* sollte schleunigst in Wirksamkeit treten. Da kollidierte man zuerst mit den Interessen einiger tausend Menschen, die den öffentlichen Schmutz als ihre Domaine betrachten. Dieses sind die sogenannten Chiffonniers, die von dem Kehricht, der sich des Tags über vor den Häusern in den Kotwinkeln aufhäuft, ihren Lebensunterhalt ziehen. Mit großen Spitzkörben auf dem Rücken, und einem Hakenstock in der Hand, schlendern diese Menschen, bleiche Schmutzgestalten, durch die Straßen, und wissen mancherlei, was noch brauchbar ist, aus dem Kehricht aufzugabeln und zu verkaufen. Als nun die Polizei, damit der Kot nicht lange auf den Straßen liegen bleibe, die Säuberung derselben in Entreprise gab, und der Kehricht, auf Karren verladen, unmittelbar zur Stadt hinausgebracht ward, aufs freie Feld, wo es den Chiffonniers freistehen sollte, nach Herzenslust darin herumzufischen: da klagten diese Menschen, daß sie, wo nicht ganz brotlos, doch wenigstens in ihrem Erwerbe geschmälert worden, daß dieser Erwerb ein verjährtes Recht sei, gleichsam ein Eigentum, dessen man sie nicht nach Willkür berauben könne. Es ist sonderbar, daß die Beweistümer, die sie in dieser Hinsicht vorbrachten, ganz dieselben sind, die auch unsere Krautjunker, Zunftherren, Gildemeister, Zehntenprediger, Fakultätsgenossen, und sonstige Vorrechtsbeflissene vorzubringen pflegen, wenn die alten Mißbräuche, wovon sie Nutzen ziehen, der Kehricht des Mittelalters, endlich fortgeräumt werden sollen, damit durch den verjährten Moder und Dunst unser jetziges Leben nicht verpestet werde. Als ihre Protestationen nichts halfen, suchten die Chiffonniers gewalttätig die Reinigungsreform zu hintertreiben; sie versuchten eine kleine Konterrevolution, und zwar in Verbindung mit alten Weibern, den Revendeuses, denen man verboten hatte, das übelriechende Zeug, das sie größtenteils von den Chiffonniers erhandeln, längs den Kais zum Wiederverkaufe auszukramen. Da sahen wir nun die widerwärtigste Emeute: die neuen Reinigungskarren wurden zerschlagen und in die Seine geschmissen; die Chiffonniers barrikadierten sich bei der Porte St.-Denis; mit ihren großen Regenschirmen fochten die alten Trödelweiber auf dem Chatelet; der Generalmarsch erscholl; Casimir Périer ließ seine Myrmidonen aus ihren Butiken heraustrommeln; der Bürgerthron zitterte; die Rente fiel; die Karlisten jauchzten. Letztere hatten endlich ihre natürlichsten Alliierten gefunden, Lumpensammler und alte Trödelweiber, die sich jetzt mit denselben Prinzipien geltend machten, als Verfechter des Herkömmlichen, der überlieferten Erbkehrichtsinteressen, der Verfaultheiten aller Art.

Als die Emeute der Chiffonniers durch bewaffnete Macht gedämpft worden, und die Cholera noch immer nicht so wütend um sich griff, wie gewisse Leute es wünschten, die bei jeder Volksnot und Volksaufregung, wenn auch nicht den Sieg ihrer eigenen Sache, doch wenigstens den Untergang der jetzigen Regierung erhoffen, da vernahm man plötzlich das Gerücht: die vielen Menschen, die so rasch zur Erde bestattet würden, stürben nicht durch eine Krankheit, sondern durch Gift. Gift, hieß es, habe man in alle Lebensmittel zu streuen gewußt, auf den Gemüsemärkten, bei den Bäckern, bei den Fleischern, bei den Weinhändlern. Je wunderlicher die Erzählungen lauteten, desto begieriger wurden sie vom Volke aufgegriffen, und selbst die kopfschüttelnden Zweifler mußten ihnen Glauben schenken, als des Polizeipräfekten Bekanntmachung erschien. Die Polizei, welche hier, wie überall, weniger daran gelegen ist, die Verbrechen zu vereiteln, als vielmehr sie gewußt zu haben, wollte entweder mit ihrer allgemeinen Wissenschaft prahlen, oder sie gedachte, bei jenen Vergiftungsgerüchten, sie mögen wahr oder falsch sein, wenigstens von der Regierung jeden Argwohn abzuwenden: genug, durch ihre unglückselige Bekanntmachung, worin sie ausdrücklich sagte, daß sie den Giftmischern auf der Spur sei, ward das böse Gerücht offiziell bestätigt, und ganz Paris geriet in die grauenhafteste Todesbestürzung.

»Das ist unerhört«, schrien die ältesten Leute, die selbst in den grimmigsten Revolutionszeiten keine solche Frevel erfahren hatten. »Franzosen, wir sind entehrt!« riefen die Männer, und schlugen sich vor die Stirne. Die Weiber, mit ihren kleinen Kindern, die sie angstvoll an ihr Herz drückten, weinten bitterlich und jammerten: daß die unschuldigen Würmchen in ihren Armen stürben. Die armen Leute wagten weder zu essen noch zu trinken, und rangen die Hände vor Schmerz und Wut. Es war als ob die Welt unterginge. Besonders an den Straßenecken, wo die rotangestrichenen Weinläden stehen, sammelten und berieten sich die Gruppen, und dort war es meistens, wo man die Menschen, die verdächtig aussahen, durchsuchte, und wehe ihnen, wenn man irgend etwas Verdächtiges in ihren Taschen fand! Wie wilde Tiere, wie Rasende, fiel dann das Volk über sie her. Sehr viele retteten sich durch Geistesgegenwart; viele wurden durch die Entschlossenheit der Kommunalgarden, die an jenem Tage überall herumpatrouillierten, der Gefahr entrissen; andere wurden schwer verwundet und verstümmelt; sechs Menschen wurden aufs unbarmherzigste ermordet. Es gibt keinen gräßlicheren Anblick, als solchen Volkszorn, wenn er nach Blut lechzt und seine wehrlosen Opfer hinwürgt. Dann wälzt sich durch die Straßen ein dunkles Menschenmeer, worin hie und da die Ouvriers in Hemdärmeln, wie weiße Sturzwellen, hervorschäumen, und das heult und braust, gnadenlos, heidnisch, dämonisch. An der Straße St.-Denis hörte ich den altberühmten Ruf *»à la lanterne!«* und mit Wut erzählten mir einige Stimmen, man hänge einen Giftmischer. Die einen sagten, er sei ein Karlist, man habe ein *brevet du lis* in seiner Tasche gefunden; die andern sagten, es sei ein Priester, ein solcher sei alles fähig. Auf der Straße Vaugirard, wo man zwei Menschen, die ein weißes Pulver bei sich gehabt, ermordete, sah ich einen dieser Unglücklichen, als er noch etwas röchelte, und eben die alten Weiber ihre Holzschuhe von den Füßen zogen und ihn damit so lange auf den Kopf schlugen, bis er tot war. Er war ganz nackt und blutrünstig zerschlagen und zerquetscht; nicht bloß die Kleider, sondern auch die Haare, die Scham, die Lippen und die Nase waren ihm abgerissen, und ein wüster Mensch band dem Leichname einen Strick um die Füße, und schleifte ihn damit durch die Straße, während er beständig schrie: *»Voilà le Choléra-morbus!«* Ein wunderschönes, wutblasses Weibsbild mit entblößten Brüsten und blutbedeckten Händen stand dabei, und gab dem Leichname, als er ihr nahe kam, noch einen Tritt mit dem Fuße. Sie lachte und bat mich, ihrem zärtlichen Handwerke einige Franks zu zollen, damit sie sich dafür ein schwarzes Trauerkleid kaufe; denn ihre Mutter sei vor einigen Stunden gestorben, an Gift.

Des andern Tags ergab sich aus den öffentlichen Blättern, daß die unglücklichen Menschen, die man so grausam ermordet hatte, ganz unschuldig gewesen, daß die verdächtigen Pulver, die man bei ihnen gefunden, entweder aus Kampfer, oder

Chlorüre oder sonstigen Schutzmitteln gegen die Cholera bestanden, und daß die vorgeblich Vergifteten ganz natürlich an der herrschenden Seuche gestorben waren. Das hiesige Volk, das, wie das Volk überall, rasch in Leidenschaft geratend, zu Greueln verleitet werden kann, kehrt jedoch ebenso rasch zur Milde zurück, und bereut mit rührendem Kummer seine Untat, wenn es die Stimme der Besonnenheit vernimmt. Mit solcher Stimme haben die Journale gleich des andern Morgens das Volk zu beschwichtigen und zu besänftigen gewußt, und es mag als ein Triumph der Presse signalisiert werden, daß sie imstande war, dem Unheile, welches die Polizei angerichtet, so schnell Einhalt zu tun. Rügen muß ich hier das Benehmen einiger Leute, die eben nicht zur untern Klasse gehören, und sich doch vom Unwillen so weit hinreißen ließen, daß sie die Partei der Karlisten öffentlich der Giftmischerei bezichtigten. So weit darf die Leidenschaft uns nie führen; wahrlich, ich würde mich sehr lange bedenken, ehe ich gegen meine giftigsten Feinde solche gräßliche Beschuldigung aussprache. Mit Recht, in dieser Hinsicht, beklagten sich die Karlisten. Nur daß sie dabei so laut schimpfend sich gebärdeten, könnte mir Argwohn einflößen; das ist sonst nicht die Sprache der Unschuld. Aber es hat, nach der Überzeugung der Bestunterrichteten, gar keine Vergiftung stattgefunden. Man hat vielleicht Scheinvergiftungen angezettelt, man hat vielleicht wirklich einige Elende gedungen, die allerlei unschädliche Pulver auf die Lebensmittel streuen, um das Volk in Unruhe zu setzen und aufzureizen; war dieses letztere der Fall, so muß man dem Volke sein tumultarisches Verfahren nicht zu hoch anrechnen, um so mehr, da es nicht aus Privathaß entstand, sondern, »im Interesse des allgemeinen Wohls, ganz nach den Prinzipien der Abschreckungstheorie«. Ja, die Karlisten waren vielleicht in die Grube gestürzt, die sie der Regierung gegraben; nicht dieser, noch viel weniger den Republikanern, wurden die Vergiftungen allgemein zugeschrieben, sondern jener Partei, »die immer durch die Waffen besiegt, durch feige Mittel sich immer wieder erhob, die immer nur durch das Unglück Frankreichs zu Glück und Macht gelangte, und die jetzt, die Hilfe der Kosaken entbehrend, wohl leichtlich zu gewöhnlichem Gifte ihre Zuflucht nehmen konnte«. So ungefähr äußerte sich der »Constitutionnel«.

Was ich selbst an dem Tage, wo jene Totschläge stattfanden, an besonderer Einsicht gewann, das war die Überzeugung, daß die Macht der ältern Bourbone nie und nimmermehr in Frankreich gedeihen wird. Ich hatte aus den verschiedenen Menschengruppen die merkwürdigsten Worte gehört; ich hatte tief hinabgeschaut in das Herz des Volkes; es kennt seine Leute.

Seitdem ist hier alles ruhig; *l'ordre règne à Paris,* würde Horatius Sebastiani sagen. Eine Totenstille herrscht in ganz Paris. Ein steinerner Ernst liegt auf allen Gesichtern. Mehrere Abende lang sah man sogar auf den Boulevards wenig Menschen, und diese eilten aneinander schnell vorüber, die Hand oder ein Tuch vor dem Munde. Die Theater sind wie ausgestorben. Wenn ich in einen Salon trete, sind die Leute verwundert, mich noch in Paris zu sehen, da ich doch hier keine notwendigen Geschäfte habe. Die meisten Fremden, namentlich meine Landsleute sind gleich abgereist. Gehorsame Eltern hatten von ihren Kindern Befehl erhalten, schleunigst nach Hause zu kommen. Gottesfürchtige Söhne erfüllten unverzüglich die zärtliche Bitte ihrer lieben Eltern, die ihre Rückkehr in die Heimat wünschten; ehre Vater und Mutter, damit du lange lebest auf Erden! Bei andern erwachte plötzlich eine unendliche Sehnsucht nach dem teuern Vaterlande, nach den romantischen Gauen des ehrwürdigen Rheins, nach den geliebten Bergen, nach dem holdseligen Schwaben, dem Lande der frommen Minne, der Frauentreue, der gemütlichen Lieder und der gesündern Luft. Man sagt, auf dem Hotel de Ville seien seitdem über 120 000 Pässe ausgegeben worden. Obgleich die Cholera sichtbar zunächst die ärmere Klasse angriff, so haben doch die Reichen gleich die Flucht ergriffen. Gewissen Parvenüs war es nicht zu verdenken, daß sie flohen; denn sie dachten wohl, die Cholera, die weit her aus Asien komme, weiß nicht daß wir in der letzten Zeit viel Geld an der Börse verdient haben, und sie hält uns vielleicht noch für einen armen Lump, und läßt uns ins Gras beißen. Herr Aguado, einer der reichsten Bankiers und Ritter der Ehrenlegion, war Feldmarschall bei jener großen Retirade. Der Ritter soll beständig mit wahnsinniger Angst zum Kutschenfenster hinausgesehen, und seinen blauen Bedienten, der hinten aufstand, für den leibhaftigen Tod, den *Choléra-morbus* gehalten haben.

Das Volk murrte bitter, als es sah, wie die Reichen flohen, und bepackt mit Ärzten und Apotheken sich nach gesündern Gegenden retteten. Mit Unmut sah der Arme, daß das Geld auch ein Schutzmittel gegen den Tod geworden. Der größte Teil des Justemilieu und der *haute Finance* ist seitdem ebenfalls davongegangen und lebt auf seinen Schlössern. Die eigentlichen Repräsentanten des Reichtums, die Herren von Rothschild, sind jedoch ruhig in Paris geblieben, hierdurch beurkundend, daß sie nicht bloß in Geldgeschäften großartig und kühn sind. Auch Casimir Périer zeigte sich großartig und kühn, indem er nach dem Ausbruche der Cholera das Hotel Dieu besuchte; sogar seine Gegner mußte es betrüben, daß er in der Folge dessen, bei seiner bekannten Reizbarkeit, selbst von der Cholera ergriffen worden. Er ist ihr jedoch nicht unterlegen, denn er selber ist eine schlimmere Krankheit. Auch der junge Kronprinz, der Herzog von Orléans, welcher in Begleitung Périers das Hospital besuchte, verdient die schönste Anerkennung. Die ganze königliche Familie hat sich, in dieser trostlosen Zeit, ebenfalls rühmlich bewiesen. Beim Ausbruche der Cholera versammelte die gute Königin ihre Freunde und Diener, und verteilte unter ihnen Leibbinden von Flanell, die sie meistens selbst verfertigt hat. Die Sitten der alten Chevalerie sind nicht erloschen; sie sind nur ins Bürgerliche umgewandelt; hohe Damen versehen ihre Kämpen jetzt mit minder poetischen, aber gesündern Schärpen. Wir leben ja nicht mehr in den alten Helm- und Harnischzeiten des kriegerischen Rittertums, sondern in der friedlichen Bürgerzeit der warmen Leibbinden und Unterjacken; wir leben nicht mehr im eisernen Zeitalter, sondern im flanellenen. Flanell ist wirklich jetzt der beste Panzer gegen die Angriffe des schlimmsten Feindes, gegen die Cholera. »Venus würde heutzutage«, sagt »Figaro«, »einen Gürtel von Flanell tragen. Ich selbst stecke bis am Halse in Flanell, und dünke mich dadurch cholerafest. Auch der König trägt jetzt eine Leibbinde vom besten Bürgerflanell.«

Ich darf nicht unerwähnt lassen, daß er, der Bürgerkönig, bei dem allgemeinen Unglücke viel Geld für die armen Bürger hergegeben und sich bürgerlich mitfühlend und edel benommen hat. – Da ich mal im Zuge bin, will ich auch den Erzbischof von Paris loben, welcher ebenfalls im Hotel Dieu, nachdem der Kronprinz und Périer dort ihren Besuch abgestattet, die Kranken zu trösten kam. Er hatte längst prophezeit, daß Gott die Cholera als Strafgericht schicken werde um ein Volk zu züchtigen, »welches den allerchristlichsten König fortgejagt und das katholische Religionsprivilegium in der Charte abgeschafft hat«. Jetzt, wo der Zorn Gottes die Sünder heimsucht, will Herr von Quelen sein Gebet zum Himmel schicken und Gnade erflehen, wenigstens für die Unschuldigen; denn es sterben auch viele Karlisten. Außerdem hat Herr von Quelen, der Erzbischof, sein Schloß Conflans angeboten, zur Errichtung eines Hospitals. Die Regierung hat aber dieses Anerbieten abgelehnt, da dieses Schloß in wüstem, zerstörtem Zustande ist, und die Reparaturen zu viel kosten würden. Außerdem hatte der Erzbischof verlangt, daß man ihm in diesem Hospitale freie Hand lassen müsse. Man durfte aber die Seelen der armen Kranken, deren Leiber schon an einem schrecklichen Übel litten, nicht den quälenden Rettungsversuchen aussetzen, die der Erzbischof und seine geistlichen Gehülfen beabsichtigen; man wollte die verstockten Revolutionssünder lieber ohne Mahnung an ewige Verdammnis und Höllenqual, ohne Beicht' und Ölung, an der bloßen Cholera sterben lassen. Obgleich man behauptet, daß der Katholizismus eine passende Religion sei für so unglückliche Zeiten, wie die jetzigen, so wollen doch die Franzosen sich nicht mehr dazu bequemen, aus Furcht, sie würden diese Krankheitsreligion alsdann auch in glücklichen Tagen behalten müssen.

Es gehen jetzt viele verkleidete Priester herum und behaupten, ein geweihter Rosenkranz sei ein Schutzmittel gegen die Cholera. Die Saint-Simonisten rechnen zu den Vorzügen ihrer Religion, daß kein Saint-Simonist an der herrschenden Krankheit sterben könne; denn da der Fortschritt ein Naturgesetz sei, und der soziale Fortschritt im Saint-Simonismus liege, so dürfe, solange die Zahl seiner Apostel noch unzureichend ist, keiner von denselben sterben. Die Bonapartisten behaupten: wenn man die Cholera an sich verspüre, so solle man gleich zur Vendômesäule hinaufschauen: man bleibe alsdann am Leben. So hat jeder seinen Glauben in dieser Zeit der Not. Was mich betrifft, ich glaube an Flanell. Gute Diät kann auch nicht schaden, nur muß man wieder nicht zu wenig essen, wie gewisse Leute, die des Nachts die Leibschmerzen des Hungers für Cholera halten. Es ist spaßhaft, wenn man sieht, mit welcher Poltronerie die Leute jetzt bei Tische sitzen, und die menschenfreundlichsten Gerichte mit Mißtrauen betrachten und tief seufzend die besten Bissen hinunterschlucken. Man soll, haben ihnen die Ärzte gesagt, keine Furcht haben und jeden Ärger vermeiden; nun aber fürchten sie, daß sie sich mal unversehens ärgern möchten, und ärgern sich wieder, daß sie deshalb Furcht hatten. Sie sind jetzt die Liebe selbst, und gebrauchen oft das Wort *mon Dieu*, und ihre Stimme ist hingehaucht milde, wie die einer Wöchnerin. Dabei riechen sie wie ambulante Apotheken, fühlen sich oft nach dem Bauche und mit zitternden Augen fragen sie, jede Stunde, nach der Zahl der Toten. Daß man diese Zahl nie genau wußte, oder vielmehr, daß man von der

Unrichtigkeit der angegebenen Zahl überzeugt war, füllte die Gemüter mit vagem Schrecken und steigerte die Angst ins Unermeßliche. In der Tat, die Journale haben seitdem eingestanden, daß in *einem* Tage, nämlich den zehnten April, an die zweitausend Menschen gestorben sind. Das Volk ließ sich nicht offiziell täuschen, und klagte beständig, daß mehr Menschen stürben, als man angebe. Mein Barbier erzählte mir, daß eine alte Frau auf dem Faubourg Montmartre die ganze Nacht am Fenster sitzen geblieben, um die Leichen zu zählen, die man vorbeitrüge; sie habe dreihundert Leichen gezählt, worauf sie selbst, als der Morgen anbrach, von dem Froste und den Krämpfen der Cholera ergriffen ward und bald verschied. Wo man nur hinsah auf den Straßen, erblickte man Leichenzüge, oder, was noch melancholischer aussieht, Leichenwagen, denen niemand folgte. Da die vorhandenen Leichenwagen nicht zureichten, mußte man allerlei andere Fuhrwerke gebrauchen, die, mit schwarzem Tuch überzogen, abenteuerlich genug aussahen. Auch daran fehlte es zuletzt, und ich sah Särge in Fiakern fortbringen; man legte sie in die Mitte, so daß aus den offenen Seitentüren die beiden Enden herausstanden. Widerwärtig war es anzuschauen, wenn die großen Möbelwagen, die man beim Ausziehen gebraucht, jetzt gleichsam als Totenomnibusse, als *omnibus mortuis*, herumfuhren, und sich in den verschiedenen Straßen die Särge aufladen ließen, und sie dutzendweise zur Ruhestätte brachten.

Die Nähe eines Kirchhofs, wo die Leichenzüge zusammentrafen, gewährte erst recht den trostlosesten Anblick. Als ich einen guten Bekannten besuchen wollte und eben zur rechten Zeit kam, wo man seine Leiche auflud, erfaßte mich die trübe Grille, eine Ehre, die er mir mal erwiesen, zu erwidern, und ich nahm eine Kutsche und begleitete ihn nach Père Lachaise. Hier nun, in der Nähe dieses Kirchhofs, hielt plötzlich mein Kutscher still, und als ich, aus meinen Träumen erwachend, mich umsah, erblickte ich nichts als Himmel und Särge. Ich war unter einige hundert Leichenwagen geraten, die vor dem engen Kirchhofstore gleichsam *Queue* machten, und in dieser schwarzen Umgebung, unfähig mich herauszuziehen, mußte ich einige Stunden ausdauern. Aus Langerweile frug ich den Kutscher nach dem Namen meiner Nachbarleiche, und, wehmütiger Zufall! er nannte mir da eine junge Frau, deren Wagen einige Monate vorher, als ich zu Lointier nach einem Balle fuhr, in ähnlicher Weise einige Zeit neben dem meinigen stille halten mußte. Nur daß die junge Frau damals mit ihrem hastigen Blumenköpfchen und lebhaften Mondscheingesichtchen öfters zum Kutschenfenster hinausblickte und über die Verzögerung ihre holdeste Mißlaune ausdrückte. Jetzt war sie sehr still und vielleicht blau. Manchmal jedoch, wenn die Trauerpferde an den Leichenwagen sich schaudernd unruhig bewegten, wollte es mich bedünken, als regte sich die Ungeduld in den Toten selbst, als seien sie des Wartens müde, als hätten sie Eile ins Grab zu kommen; und wie nun gar an dem Kirchhofstore ein Kutscher dem andern vorauseilen wollte, und der Zug in Unordnung geriet, die Gendarmen mit blanken Säbeln dazwischen fuhren, hie und da ein Schreien und Fluchen entstand, einige Wagen umstürzten, die Särge auseinander fielen, die Leichen hervorkamen: da glaubte ich die entsetzlichste aller Emeuten zu sehen, eine Totenemeute.

Ich will, um die Gemüter zu schonen, hier nicht erzählen, was ich auf dem Père Lachaise gesehen habe. Genug, gefesteter Mann wie ich bin, konnte ich mich doch des tiefsten Grauens nicht erwehren. Man kann an den Sterbebetten das Sterben lernen und nachher mit heiterer Ruhe den Tod erwarten; aber das Begrabenwerden, unter die Choleraleichen, in die Kalkgräber, das kann man nicht lernen. Ich rettete mich so rasch als möglich auf den höchsten Hügel des Kirchhofs, wo man die Stadt so schön vor sich liegen sieht. Eben war die Sonne untergegangen, ihre letzten Strahlen schienen wehmütig Abschied zu nehmen, die Nebel der Dämmerung umhüllten wie weiße Laken das kranke Paris, und ich weinte bitterlich über die unglückliche Stadt, die Stadt der Freiheit, der Begeisterung und des Martyrtums, die Heilandstadt, die für die weltliche Erlösung der Menschheit schon so viel gelitten!

Artikel VII

Paris, 12. Mai 1832.

Die geschichtlichen Rückblicke, die der vorige Artikel angekündigt, müssen vertagt werden. Die Gegenwart hat sich unterdessen so herbe geltend gemacht, daß man sich wenig mit der Vergangenheit beschäftigen konnte. – Das große allgemeine Übel, die Cholera, entweicht zwar allmählich, aber es hinterläßt viel Betrübung und Bekümmernis. Die Sonne scheint zwar lustig genug, die Menschen gehen wieder lustig spazieren und kosen und lächeln; aber die vielen schwarzen Trauerkleider, die man überall sieht, lassen keine rechte Heiterkeit in unserem Gemüte aufkommen. Eine krankhafte Wehmut scheint jetzt im ganzen Volke zu herrschen, wie bei Leuten, die ein schweres Siechtum überstanden. Nicht bloß auf der Regierung, sondern auch auf der Opposition liegt eine fast sentimentale Mattigkeit. Die Begeisterung des Hasses erlischt, die Herzen versumpfen, im Gehirne verblassen die Gedanken, man betrachtet einander gutmütig gähnend, man ist nicht mehr böse aufeinander, man wird sanftlebig, liebsam, vertröstet, christlich; deutsche Pietisten könnten jetzt hier gute Geschäfte machen.

Man hatte früher Wunder geglaubt, wie schnell sich die Dinge ändern würden, wenn Casimir Périer sie nicht mehr leite. Aber es scheint, als sei unterdessen das Übel inkurabel geworden; nicht einmal durch den Tod Périers kann der Staat genesen.

Daß Périer durch die Cholera fällt, durch ein Weltunglück,

dem weder Kraft noch Klugheit widerstehen kann, muß auch seine abgesagtesten Gegner mißstimmen. Der allgemeine Feind hat sich in ihre Bundesgenossenschaft gedrängt, und von solcher Seite kann ihnen auch die wirksamste Hülfeleistung nicht sehr behagen. Périer hingegen gewinnt dadurch die Sympathie der Menge, die plötzlich einsieht, daß er ein großer Mann war. Jetzt wo er durch andere ersetzt werden soll, mußte diese Größe bemerkbar werden. Vermochte er auch nicht mit Leichtigkeit den Bogen des Odysseus zu spannen, so hätte er doch vielleicht, wo es not tat, mit Anstrengung aller seiner Spannkraft das Werk vollbracht. Wenigstens können jetzt seine Freunde prahlen, er hätte, intervenierte nicht die Cholera, alle seine Vorsätze durchgeführt. Was wird aber aus Frankreich werden? Nun ja, Frankreich ist jene harrende Penelope, die täglich weht und täglich ihr Gewebe wieder zerstört, um nur Zeit zu gewinnen bis zur Ankunft des rechten Mannes. Wer ist dieser rechte Mann? Ich weiß es nicht. Aber ich weiß, er wird den großen Bogen spannen können, er wird den frechen Freiern den Schmaus verleiden, er wird sie mit tödlichen Bolzen bewirten, er wird die doktrinären Mägde, die mit ihnen allen gebuhlt haben, aufhängen, er wird das Haus säubern von der großen Unordnung, und mit Hülfe der weisen Göttin eine bessere Wirtschaft einführen. Wie unser jetziger Zustand, wo die Schwäche regiert, ganz der Zeit des Direktoriums ähnelt, so werden wir auch unseren achtzehnten Brumaire erleben, und der rechte Mann wird plötzlich unter die erblassenden Machthaber treten und ihnen die Endschaft ihrer Regierung ankündigen. Man wird alsdann über Verletzung der Konstitution schreien, wie einst im Rate der Alten, als ebenfalls der rechte Mann kam, welcher das Haus säuberte. Aber wie dieser entrüstet ausrief: »Konstitution! Ihr wagt es noch, euch auf die Konstitution zu berufen, ihr, die ihr sie verletzt habt am 18. Fructidor, verletzt am 22. Floreal, verletzt am 30. Prairial!«, so wird der rechte

Mann auch jetzt Tag und Datum anzugeben wissen, wo die Justemilieu-Ministerien die Konstitution verletzt haben.

Wie wenig die Konstitution nicht bloß in die Gesinnung der Regierung, sondern auch des Volks eingedrungen, ergibt sich hier jedesmal, wenn die wichtigsten konstitutionellen Fragen zur Sprache kommen. Beide, Volk und Regierung, wollen die Konstitution nach ihren Privatgefühlen auslegen und ausbeuten. Das Volk wird hierzu mißleitet durch seine Schreiber und Sprecher, die, entweder aus Unwissenheit oder Parteisucht, die Begriffe zu verkehren suchen; die Regierung wird dazu mißleitet, durch jene Fraktion der Aristokratie, die aus Eigennutz ihr zugetan, den jetzigen Hof bildet und noch immer, wie unter der Restauration, das Repräsentativsystem als einen modernen Aberglauben betrachtet, woran das Volk nun einmal hänge, den man ihm auch nicht mit Gewalt rauben dürfe, den man jedoch unschädlich mache, wenn man den neuen Namen und Formen, ohne daß die Menge es merke, die alten Menschen und Wünsche unterschiebt. Nach den Begriffen solcher Leute ist derjenige der größte Minister, der mit den neuen konstitutionellen Formeln ebensoviel auszurichten vermag, wie man sonst mit den alten Formeln des alten Regimes durchzusetzen wußte. Ein solcher Minister war Villèle, an den man jedoch jetzt, als nämlich Périer erkrankte, nicht zu denken gewagt. Indessen man hatte Mut genug, an Decazes zu denken. Er wäre auch Minister geworden, wenn der neue Hof nicht gefürchtet hätte, daß er alsdann durch die Glieder des alten Hofes bald verdrängt würde. Man fürchtete, er möchte die ganze Restauration mit sich ins Ministerium bringen. Nächst Decazes hatte man Herrn Guizot besonders im Auge. Auch diesem wird viel zugetraut, wo es gilt, unter konstitutionellen Namen und Formen die absolutesten Gelüste zu verbergen. Denn dieser Quasi-Vater der neuern Doktrinäre, dieser Verfasser einer englischen Geschichte und einer französischen Synonymik, versteht aufs meisterhafteste, durch parlamentarische Beispiele aus

England, die illegalsten Dinge mit einem *ordre légal* zu bekleiden, und durch das plump gelehrte Wort den hochfliegenden Geist der Franzosen zu unterdrücken. Aber man sagt, während er mit dem Könige, welcher ihm ein Portefeuille antrug, etwas feurig sprach, habe er plötzlich die ignobelsten Wirkungen der Cholera verspürt, und schnell in der Rede abbrechend, sei er geschieden mit der Äußerung, er könne dem Drange der Zeit nicht widerstehen. Guizots Durchfall bei der Wahl eines neuen Ministers wird von andern noch komischer erzählt. Mit Dupin, den man immer als Périers Nachfolger betrachtet hatte und dem man viel Kraft und Mut zutraut, begannen jetzt die Unterhandlungen. Aber diese scheiterten ebenfalls, indem Dupin sich manche Beschränkungen nicht gefallen lassen wollte, die zunächst die Präsidentur des Konseils betrafen. Mit der erwähnten Präsidentur des Konseils hat es eine eigene Bewandtnis. Der König hat nämlich sich selber sehr oft diese Präsidentur zugeteilt, namentlich im Beginne seiner Regierung; dieses war für die Minister immer ein fataler Umstand, und die damaligen Mißhelligkeiten sind meistens daraus hervorgegangen. Périer allein hat sich solchen Eingriffen zu widersetzen gewußt; er entzog dadurch die Geschäfte dem allzu großen Einflusse des Hofes, der unter allen Regierungen die Könige lenke; und man sagt, daß die Nachricht von Périers Krankheit nicht allen Freunden der Tuilerien unangenehm gewesen sei. Der König schien jetzt gerechtfertigt, wenn er selbst die Präsidentur des Konseils übernahm. Als solches offenkundig ward, entstand in Salons und Journalen die leidenschaftliche Polemik über die Frage: ob der König das Recht habe, dem Konseil zu präsidieren?

Hierbei kam nun viel Schikane und noch mehr Unwissenheit zum Vorscheine. Da schwatzten die Leute, was sie nur jemals halb gehört und gar nicht verstanden hatten, und das rauschte und spritzte ihnen aus dem Munde wie ein politischer Wasserfall. Die Einsicht der meisten Journale war ebenfalls nicht von der brillantesten Art. Nur der »National« zeichnete sich aus. Man hörte auch wieder die alte Streitformel, die er in der letzten Zeit der Restauration vorgebracht hatte: *»Le roi règne, mais ne gouverne pas«.* Die drei und ein halb Menschen, die sich damals in Deutschland mit Politik beschäftigten, übersetzten diesen Satz, wenn ich nicht irre, mit den Worten: »Der König herrscht, aber er regiert nicht«. Ich bin jedoch gegen das Wort »herrschen«; es trägt nach meinen Gefühlen eine Färbung von Absolutismus. Und doch sollte eben dieser Satz den Unterschied beider Gewalten, der absoluten und der konstitutionellen bezeichnen.

Worin besteht dieser Unterschied? Wer politisch reinen Herzens ist, darf auch jenseits des Rheins diese Frage aufs bestimmteste erörtern. Durch das absichtliche Umgehen derselben hat man eben auf der einen Seite dem kecksten Jakobinismus, auf der andern Seite dem feigsten Knechtsinn Vorschub geleistet.

Da die Theorie des Absolutismus, von dem verächtlichen, gelehrten Salmasius bis herunter auf den Herrn Jarcke, der nicht gelehrt ist, meistens von verdächtigen Schriftstellern verteidigt worden, so hat die Verrufenheit der Anwälte über alle Maßen der Sache selber geschadet. Wer seinen ehrlichen Namen lieb hat, darf kaum wagen sie öffentlich zu verfechten, und wäre er noch so sehr von ihrer Vortrefflichkeit überzeugt. Und doch ist die Lehre von der absoluten Gewalt ebenso honett und ebenso vertretbar wie jede andere politische Meinung. Nichts ist widersinniger, als wie jetzt so oft geschieht, den Absolutismus mit dem Despotismus zu verwechseln. Der Despot handelt nach der Willkür seiner Laune, der absolute Fürst handelt nach Einsicht und Pflichtgefühl. Das Charakteristische eines absoluten Königs ist hierbei, daß alles im Staate durch seinen Selbstwillen geschieht. Da aber nur wenige Menschen einen Selbstwillen haben, da vielmehr die meisten Menschen, ohne es zu wissen, nur das wollen, was ihre Umgebung will, so herrscht gewöhnlich diese an der Stelle der absoluten Könige. Die Umgebung eines Königs nennen wir Hof, und Höflinge sind es also, die in denjenigen absoluten Monarchien herrschen, wo die Fürsten nicht von allzu störriger Natur und dadurch dem fremden Einflusse unzugänglich sind. Die Kunst der Höfe besteht darin, die sanften Fürsten so zu härten, daß sie eine Keule werden in der Hand des Höflings, und die wilden Fürsten so zu sänftigen, daß sie sich willig zu jedem Spiele, zu allen Posituren und Aktionen hergeben, wie die Löwen des Herrn Martin. Ach! fast auf dieselbe Weise, wie dieser den König der Tiere zu zähmen weiß, indem er nämlich des Nachts seinem Käfige naht, ihn mit dunkler Hand in menschliche Laster einweiht, und nachher, am Tage, den Geschwächten ganz gehorsam findet: so wissen die Höflinge manchen König der Menschen, wenn er allzu sträubsam und wild ist, durch entnervende Lüste zu zähmen, und sie beherrschen ihn durch Mätressen, Köche, Komödianten, üppige Musik, Tanz und sonstigen Sinnenrausch. Nur zu oft sind absolute Fürsten die abhängigsten Sklaven ihrer Umgebung, und könnte man die Stimme derjenigen vernehmen, die man in der öffentlichen Meinung am gehässigsten beurteilt sieht, so würde man vielleicht gerührt werden von den gerechtesten Klagen über unerhörte Verführungskünste und trübselige Verkehrung der menschlich schönsten Gefühle. Außerdem liegt in der unumschränkten Gewalt eine so schauerliche Macht der bösen Versuchung, daß nur die alleredelsten Menschen ihr widerstehen können. Wer keinem Gesetz unterworfen ist, der entbehrt der heilsamsten Schutzwehr; denn die Gesetze sollen uns nicht bloß gegen andere, sondern auch gegen uns selbst schützen. Der Glaube, daß ihre Macht ihnen von Gott verliehen sei, ist daher bei den absoluten Fürsten nicht nur verzeihlich, sondern auch notwendig. Ohne solchen Glauben wären sie die unglücklichsten der Sterblichen, die, ohne mehr als Menschen zu sein, sich der übermenschlichsten Versuchung und übermenschlichsten Verantwortlichkeit ausgesetzt hätten. Eben jener Glaube an ein göttliches Mandat gab den absoluten Königen, die wir in der Geschichte bewundern, eine Herrlichkeit, wozu das neuere Königtum sich nimmermehr erheben wird. Sie waren weltliche Vermittler, sie mußten zuweilen büßen für die Sünden ihrer Völker, sie waren zugleich Opfer und Oberpriester, sie waren heilig, *sacer* in der antiken Bedeutung der Todesweihe. So sehen wir Könige des Altertums, die in Pestzeiten mit ihrem eigenen Blute das Volk sühnten, oder das allgemeine Unglück als eine Strafe für eigene Verschuldung betrachteten. Noch jetzt, wenn eine Sonnenfinsternis in China eintritt, erschrickt der Kaiser, und denkt darüber nach, ob er etwa durch irgend eine Sünde solche allgemeine Verdüsterung verschuldet habe, und er tut Buße, damit sich, für seine Untertanen, der Himmel wieder lichte. Bei den Völkern, wo der Absolutismus noch in so heiliger Strenge herrscht, und das ist auch bei den nordwestlichen Nachbarn der Chinesen, bis an die Elbe, der Fall, würde es zu mißbilligen sein, wenn man ihnen die repräsentative Verfassungsdoktrin predigen wollte; ebenso tadelhaft ist es aber, wenn man im größten Teile des übrigen Europas, wo der Glaube an das göttliche Recht bei Fürsten und Völkern erloschen ist, den Absolutismus doziert. Indem ich das Wesen des Absolutismus dadurch bezeichnete, daß in der absoluten Monarchie der Selbstwille des Königs regiert, bezeichne ich das Wesen der repräsentativen, der konstitutionellen Monarchie um so leichter, wenn ich sage: diese unterscheide sich von jener dadurch, daß an die Stelle des königlichen Selbstwillens die Institution getreten ist. An die Stelle eines Selbstwillens, der leicht mißleitet werden kann, sehen wir hier eine Institution, ein System von Staatsgrundsätzen, die unveränderlich sind. Der König ist hier eine Art moralischer Person, im juristischen Sinne, und er gehorcht jetzt weniger den Leidenschaften seiner physischen Umgebung, als vielmehr, den Bedürfnissen seines Volkes, er handelt nicht mehr nach den losen Wünschen des Hofes, sondern nach festen Gesetzen. Deshalb sind die Höflinge in allen Ländern dem konstitutionellen Wesen heimlich oder gar öffentlich gram. Letzteres brach ihre vieltausendjährige Macht, durch die tieferdachte, ingeniöse Einrichtung: daß der König gleichsam nur die Idee der Gewalt repräsentiert, daß er zwar seine Minister wählen könne, jedoch nicht er, sondern diese regieren, daß diese aber nur solange regieren können, als sie im Sinne der Majorität der Volksvertreter regieren, indem letztere die Regierungsmittel, z. B. die Steuern, verweigern können. Dadurch, daß der König nicht selbst regiert, kann ihn auch, bei schlechter Regierung der Volksunmut nicht unmittelbar treffen; dieser wird, in konstitutionellen Staaten nur die Folge haben, daß der König andere, und zwar populäre Minister erwählt, von denen man ein besseres Regiment erwartet; statt daß in absoluten Staaten, wo der König selbst regiert, ihn unmittelbar selbst der Unmut des Volks trifft, und dieses, um sich zu helfen, genötigt ist, den Staat umzustürzen. Dadurch daß der König nicht selbst regiert, ist das Heil des Staates unabhängig von seiner Persönlichkeit, der Staat wird da nicht mehr durch jeden Zufall, durch jede allerhöchste oder allerniedrigste Leidenschaft gefährdet, und gewinnt eine Sicherung, wovon die frühern Staatsweisen gar keine Ahnung hatten: denn von Xenophon bis Fénelon erschien ihnen die Erziehung eines Fürsten als die Hauptsache; sogar der große Aristoteles muß in seiner Politik darauf hinzielen, und der größere Plato weiß nichts Besseres vorzuschlagen, als die Philosophen auf den Thron zu setzen, oder die Fürsten zu Philosophen zu machen. Dadurch daß der König nicht selbst regiert, ist er auch nicht verantwortlich, ist er unverletzlich, *inviolable*, und nur seine Minister können wegen schlechter Regierung angeklagt, verurteilt und bestraft werden. Der Kommentator der englischen Konstitution Blackstone, begeht einen Mißgriff, wenn er die Unverantwortlichkeit des Königs zu dessen Prärogativen zählt. Diese Ansicht schmeichelt einem Könige mehr, als sie ihm nützt. In den Ländern des politischen Protestantismus, in konstitutionellen Ländern, will man die Rechte der Fürsten vielmehr in der Vernunft begründet wissen, und diese gewährt hinlängliche Gründe für ihre Unverletzlichkeit, wenn man annimmt, daß sie nicht selbst handeln können, und also deshalb nicht zurechnungsfähig, nicht verantwortlich, nicht bestrafbar sind, wie jeder, der nicht selbst handelt. Der Grundsatz »*the king cannot do wrong*« mag also, insofern man die Unverantwortlichkeit darauf gründet, nur dadurch seine Gültigkeit erlangen, daß man hinzusetzt: *because he does nothing*. Aber an der Stelle des konstitutionellen Königs handeln die Minister, und daher sind diese verantwortlich. Sie handeln selbständig, dürfen jedes königliche Ansinnen, womit sie nicht übereinstimmen, geradezu abweisen, und, im Fall dem Könige ihre Regierungsart mißfällt, sich ganz zurückziehen. Ohne solche Freiheit des Willens wäre die Verantwortlichkeit der Minister, die sie durch die Kontrasignatur bei jedem Regierungsakte sich aufbürden, eine heillose Ungerechtigkeit, eine Grausamkeit, ein Widersinn, es wäre gleichsam die Lehre vom Sündenbocke in das Staatsrecht eingeführt. Aus demselben Grund sind die Minister eines absoluten Fürsten ganz unverantwortlich, außer gegen diesen selbst; wie dieser nur Gott, so sind jene nur ihrem unumschränkten Herrn Rechenschaft schuldig. Sie sind nur seine untergebenen Gehülfen, seine getreuen Diener, und müssen ihm unbedingt gehorchen. Ihre Kontrasignatur dient nur, die Echtheit der Ausfertigung und der fürstlichen Unterschrift zu beglaubigen. Man hat freilich nach dem Tode der Fürsten viele solcher Minister angeklagt und verurteilt; aber immer mit Unrecht. Enguerrand de Miragny verteidigte sich in einem solchen Falle mit den rührenden Worten: »Wir als Minister sind nur wie Hände und Füße, wir müssen dem Haupte, dem Könige, gehorchen; dieses ist jetzt tot, und seine Gedanken liegen mit ihm im Grabe; wir können und wir dürfen nicht sprechen.«

Nach diesen wenigen Andeutungen über den Unterschied

der beiden Gewalten, der absoluten und der konstitutionellen, wird es jedem einleuchtend sein, daß der Streit über die Präsidentur, wie er in den hiesigen Verhältnissen zum Vorscheine kam, minder die Frage betreffen sollte: ob der König das Konseil präsidieren darf? als vielmehr: inwiefern er es präsidieren darf? Es kommt nicht darauf an, daß ihm die Charte die Präsidentur nicht verbietet, oder ein Paragraph derselben ihm solche sogar zu erlauben scheint; sondern es kommt darauf an, ob er nur *honoris causa,* zu seiner eigenen Belehrung, ganz passiv, ohne aktive Teilnahme präsidiert, oder ob er als Präsident seinen Selbstwillen geltend macht in der Leitung und Ausführung der Staatsgeschäfte? Im ersten Falle mag es ihm immerhin erlaubt sein, sich täglich einige Stunden lang in der Gesellschaft von Herrn Barthe, Louis, Sebastiani etc. zu ennuyieren, im andern Falle muß ihm jedoch dieses Vergnügen streng verboten bleiben. In diesem letztern Falle würde er, durch seinen Selbstwillen regierend, sich dem absoluten Königtume nähern, wenigstens würde er selbst als ein verantwortlicher Minister betrachtet werden können. Ganz richtig behaupteten einige Journale, daß es unrecht wäre, wenn ein Mann, der auf dem Todbette läge, wie Périer, oder der nicht einmal seine Gesichtsmuskeln regieren könne, wie Sebastiani, für die selbstwilligen Regierungsakte des Königs verantwortlich sein müsse. Das ist jedenfalls eine schlimme Streitfrage, die eine hinlänglich grelle Bedeutung hat; denn mancher erinnert sich dabei an das terroristische Wort: *la responsabilité c'est la mort.* Mit einer Inoffiziosität, die ich nicht billigen darf, wird bei dieser Gelegenheit, namentlich von dem »National«, die Verantwortlichkeit des Königs behauptet, und infolgedessen seine Inviolabilität geleugnet. Dieses ist immer für Ludwig Philipp eine mißbehagliche Mahnung, und dürfte wohl einiges Nachsinnen in seinem Haupte hervorbringen. Seine Freunde meinten, es wäre wünschenswert, daß er gar nichts tue, wobei nur im mindesten das Prinzip von der Inviolabilität zur Diskussion kommen und dadurch in der öffentlichen Meinung erschüttert werden könnte. Aber Ludwig Philipp, wenn wir seine Lage billig ermessen, möchte doch nicht unbedingt zu tadeln sein, daß er beim Regieren ein bißchen nachzuhelfen sucht. Er weiß, seine Minister sind keine Genies; das Fleisch ist willig, aber der Geist ist schwach. Die faktische Erhaltung seiner Macht scheint ihm die Hauptsache. Das Prinzip von der Inviolabilität muß für ihn nur ein sekundäres Interesse haben. Er weiß, daß Ludwig XVI., kopflosen Andenkens, ebenfalls inviolabel gewesen. Es hat überhaupt in Frankreich mit der Inviolabilität eine eigene Bewandtnis. Das Prinzip der Inviolabilität ist durchaus unverletzlich. Es gleicht dem Edelstein in dem Ringe des Don Louis Fernando Perez Akaiba, welcher Stein die wunderbare Eigenschaft hatte: wenn ein Mann, der ihn am Finger trug, vom höchsten Kirchturme herabfiel, so blieb der Stein unverletzt.

Um jedoch dem fatalen Mißstand einigermaßen abzuhelfen, hat Ludwig Philipp eine Interimspräsidentur gestiftet und den Herrn Montalivet damit bekleidet. Dieser wurde jetzt auch Minister des Innern, und an seiner Stelle wurde Herr Girod de L'Ain Minister des Kultus. Man braucht diese beiden Leute nur anzusehen, um mit Sicherheit behaupten zu können, daß sie keiner Selbständigkeit sich erfreuen, und daß sie nur als kontrasignierende Hampelmänner agieren. Der eine, *Monsieur le comte de Montalivet,* ist ein wohlgeformter junger Mann, fast aussehend wie ein hübscher Schuljunge, den man durch ein Vergrößerungsglas sieht. Der andere, Herr Girod de L'Ain, zur Genüge bekannt als Präsident der Deputiertenkammer, wo er jederzeit, durch Verlängerung oder Abkürzung der Sitzungen, die Interessen des Königs zu fördern gewußt, ist das Devouement selbst. Er ist ein untergesetzter Mann von weichem Fleische, gehäbigem Bäuchlein, streitsamen Beinchen, einem Herzen von Papiermaché, und er sieht aus wie ein Braunschweiger, der auf den Märkten mit Pfeifenköpfen handelt, oder auch wie ein Hausfreund, der den Kindern Brezeln mitbringt, und die Hunde streichelt.

Vom Marschall Soult, dem Kriegsminister, will man wissen, oder vielmehr man weiß von ihm ganz genau, daß er unterdessen beständig intrigiert, um zur Präsidentur des Konseils zu gelangen. Letztere ist überhaupt das Ziel vieler Bestrebnisse im Ministerium selbst, und die Ränke, die sich dabei durchkreuzen, vereiteln nicht selten die besten Anordnungen, und es entstehen Gegnerschaft, Zwist und Zerwürfnisse, die scheinbar in der verschiedenen Meinung, eigentlich aber in der übereinstimmenden Eitelkeit ihren Grund haben. Jeder ehrgeizt nach der Präsidentur. Präsident des Konseils ist ein bestimmter Titel, der von den übrigen Ministern etwas allzu scharf scheidet. So z. B. bei der Frage von der Verantwortlichkeit der Minister gilt hier die Ansicht: daß der Präsident für Fehler in der Tendenz des Ministeriums, jeder andere Minister aber nur für die Fehler seines Departements verantwortlich sei. – Diese Unterscheidung und überhaupt die offizielle Ernennung eines Präsidenten des Konseils ist ein hemmendes und verwirrendes Gebrechen. Wir finden dieses nicht bei den Engländern, deren konstitutionelle Formen doch immer als Muster dienen; die Präsidentur, wenn ich nicht irre, existiert bei ihnen keineswegs als offizieller Titel. »Der erste Lord des Schatzes« ist zwar gewöhnlich Präsident, aber nicht als solcher. Der natürliche, wenn auch durch kein Gesetz bestimmte Präsident ist immer derjenige Minister, dem der König den Auftrag gegeben, ein Ministerium zu bilden d. h. unter seinen Freunden und Bekannten diejenigen als Minister zu wählen, die mit ihm in politischer Meinung übereinstimmen und zugleich die Majorität im Parlamente haben würden. – Solchen Auftrag hat jetzt der Herzog von Wellington erhalten; Lord Grey und seine Whigs unterliegen – für den Augenblick.

Artikel VIII

Paris, 27. Mai 1832.

Casimir Périer hat Frankreich erniedrigt, um die Börsenkurse zu heben. Er wollte die Freiheit von Europa verkaufen um den Preis eines kurzen schmählichen Friedens für Frankreich. Er hat den Sbirren der Knechtschaft und dem Schlechtesten in uns selber, dem Eigennutze, Vorschub geleistet, so daß Tausende der edelsten Menschen zugrunde gingen, durch Kummer und Elend und Schimpf und Selbstentwürdigung. Er hat die Toten in den Juliusgräbern lächerlich gemacht und er hat den Lebenden so entsetzlich das Leben verleidet, daß sie selbst diese Toten beneiden mußten. Er hat das heilige Feuer gelöscht, die Tempel geschlossen, die Götter gekränkt, die Herzen gebrochen. Und dennoch würde ich dafür stimmen, daß Casimir Périer beigesetzt werde in das Pantheon, in das große Haus der Ehre, welches die goldne Aufschrift führt: den großen Männern das dankbare Vaterland. Denn Casimir Périer war ein großer Mann; er besaß seltene Talente und seltene Willenskraft, und was er tat, tat er in gutem Glauben, daß es dem Vaterlande nutze, und er tat es mit Aufopferung seiner Ruhe, seines Glücks und seines Lebens. Das ist es eben, nicht für den Nutzen und den Erfolg ihrer Taten muß das Vaterland seinen großen Männern danken, sondern für den Willen und die Aufopferung, die sie dabei bekundet. Selbst wenn sie gar nichts gewollt und getan hätten für das Vaterland, müßte dieses seine großen Männer nach ihrem Tode ehren; denn sie haben es durch ihre Größe verherrlicht. Wie die Sterne eine Zierde des Himmels sind, so zieren große Menschen ihre Heimat, ja die ganze Erde. Die Herzen großer Menschen sind aber die Sterne der Erde, und ich glaube, wenn man von oben herabsähe auf unsern Planeten, würden uns diese Herzen wie klare Lichter, gleich den Sternen des Himmels, entgegenstrahlen. Vielleicht von so hohem Standpunkte würde man erkennen, wie viel herrliche Sterne auf dieser Erde zerstreut sind, wie viele derselben in obskuren Wüsten unbekannt und einsam leuchten, wie schöngestirnt unser deutsches Vaterland, wie glänzend, wie strahlend Frankreich ist, diese Milchstraße großer Menschenherzen!

Frankreich hat in der letzten Zeit viele Sterne erster Größe verloren. Viele Helden aus der Revolutions- und Kaiserzeit hat die Cholera hingerafft. Viele bedeutende Staatsmänner, worunter Martignac der ausgezeichnetste, sind durch andere Krankheiten gestorben. Die Freunde der Wissenschaft betrauerten besonders den Tod Champollions, der so viele ägyptische Könige erfunden hat, und den Tod Cuviers, der so viele andere große Tiere entdeckt, die gar nicht mehr existieren, und unserer alten Mutter Erde aufs ungalanteste nachgewiesen hat, daß sie viele tausend Jahre älter ist, als wofür sie sich bisher ausgegeben. »Läh, tähte sanne won!« *(les têtes s'en vont)* quäkte Herr Sebastiani, als er den Tod Périers erfuhr, und auch er werde bald sterben, quäkte er hinzu.

Der Tod Périers hat hier geringere Sensation erregt, als zu erwarten stand. Nicht einmal auf der Börse. Ich konnte nicht umhin, an dem Tage, wo Périer gestorben, nach der Place de la Bourse zu gehen. Da stand der große Marmortempel, wo Périer wie ein Gott und sein Wort wie ein Orakel verehrt worden, und ich fühlte an die Säulen, die hundert kolossalen Säulen, die draußen ragen, und sie waren alle unbewegt und kalt, wie die Herzen jener Menschen, für welche Périer so viel getan hat. O der trübseligen Zwerge! Nie wird wieder ein Riese sich für sie aufopfern, und um ihre Zwerginteressen zu fördern, seine großen Brüder verlassen. Diese Kleinen mögen immerhin spotten über die Riesen, die, arm und ungeschlacht, auf den Bergen sitzen, während sie, die Kleinen, begünstigt durch ihre Statur, in die engen Gruben der Berge hineinkriechen, und dort die edlen Metalle hervorklopfen, oder den noch kleineren Gnomen, den Metallariis, abgewinnen können. Steigt nur immer hinab in eure Gruben, haltet euch nur fest an die Leiter, und kümmert euch nicht darum, daß die Sprossen immer schmutziger werden, je tiefer ihr hinabsteigt zu den kostbarsten Stollen des Reichtums!

Ich ärgere mich jedesmal, wenn ich die Börse betrete, das schöne Marmorhaus, erbaut im edelsten griechischen Stile, und geweiht dem nichtswürdigsten Geschäfte, dem Staatspapierenschacher. Es ist das schönste Gebäude von Paris; Napoleon hat es bauen lassen. In demselben Stile und Maßstabe ließ er einen Tempel des Ruhms bauen. Ach, der Tempel des Ruhms ist nicht fertig geworden; die Bourbonen verwandelten ihn in eine Kirche, und weihten diese der reuigen Magdalene; aber die Börse steht fertig in ihrem vollendetsten Glanze und ihrem Einflusse ist es wohl zuzuschreiben, daß ihre edlere Nebenbuhlerin, der Tempel des Ruhms, noch immer unvollendet und noch immer, in schmählichster Verhöhnung, der reuigen Magdalene geweiht bleibt. Hier, in dem ungeheuren Raume der hochgewölbten Börsenhalle, hier ist es, wo der Staatspapierenschacher, mit allen seinen grellen Gestalten und Mißtönen, wogend und brausend sich bewegt, wie ein Meer des Eigennutzes, wo aus den wüsten Menschenwellen die großen Bankiers gleich Haifischen hervorschnappen, wo ein Ungetüm das andere verschlingt, und wo oben auf der Galerie, gleich lauernden Raubvögeln auf einer Meerklippe, sogar spekulierende Damen bemerkbar sind. Hier ist es jedoch, wo die Interessen wohnen die in dieser Zeit über Krieg und Frieden entscheiden.

Daher ist die Börse auch für uns Publizisten so wichtig. Es ist aber nicht leicht, die Natur jener Interessen, nach jedem einwirkenden Ereignisse, genau zu begreifen, und die Folgen danach würdigen zu können. Der Kurs der Staatspapiere und des Diskontos ist freilich ein politischer Thermometer, aber man würde sich irren, wenn man glaubte, dieser Thermometer zeige den Siegesgrad der einen oder der anderen großen Fragen, die jetzt die Menschheit bewegen. Das Steigen und Fallen der Kurse beweist nicht das Steigen oder Fallen der liberalen oder servilen Partei, sondern die größere oder geringere Hoffnung, die man hegt für die Pazifikation Europas, für die Erhaltung des Bestehenden, oder vielmehr für die Sicherung der Verhältnisse, wovon die Auszahlung der Staatsschuldzinsen abhängt.

In dieser beschränkten Auffassung, bei allen möglichen Vorkommenheiten, sind die Börsenspekulanten bewunderungswürdig. Ungestört von allen geistigen Aufregungen haben sie ihren Sinn allein auf das Faktische gewendet, und fast mit tierischem Gefühle, wie Wetterfrösche, erkennen sie, ob irgend ein Ereignis, das scheinbar beruhigend aussieht, nicht eine Quelle künftiger Stürme sein wird, oder ob ein großes Mißgeschick nicht am Ende dazu diene, die Ruhe zu konsolidieren. Bei dem Falle Warschaus frug man nicht: Wieviel Unheil wird für die Menschheit dadurch entstehen? sondern: Wird der Sieg des Kantschus die Unruhestifter, d. h. die Freunde der Freiheit, entmutigen? Durch die Bejahung dieser Frage stieg der Kurs. Erhielte man heute an der Börse plötzlich die telegraphische Nachricht, daß Herr Talleyrand an eine Vergeltung nach dem Tode glaube, so würden die französischen Staatspapiere gleich um zehn Prozent fallen; denn man könnte fürchten, er werde sich mit Gott zu versöhnen suchen, und dem Ludwig Philipp und dem ganzen *Juste-milieu* entsagen, und sie sakrifizieren, und die schöne Ruhe, deren wir jetzt genießen, aufs Spiel setzen. Weder Sein noch Nichtsein, sondern Ruhe oder Unruhe, ist die große Frage der Börse. Danach richtet sich auch der Diskonto. In unruhiger Zeit ist das Geld ängstlich, zieht sich in die Kisten der Reichen, wie in eine Festung, zurück, hält sich eingezogen; der Diskonto steigt. In ruhiger Zeit wird das Geld wieder sorglos, bietet sich preis, zeigt sich öffentlich, ist sehr herablassend; der Diskonto ist niedrig. So ein alter Louisdor hat mehr Verstand als ein Mensch, und weiß am besten, ob es Krieg oder Frieden gibt. Vielleicht durch den guten Umgang mit Geld haben die Leute der Börse ebenfalls eine Art von politischen Instinkte bekommen, und während in der letzten Zeit die tiefsten Denker nur Krieg erwarteten, blieben sie ganz ruhig und glaubten an die Erhaltung des Friedens. Frug man einen derselben nach seinen Gründen, so ließ er sich, wie Sir John, keine Gründe abzwingen, sondern behauptete immer: Das ist meine Idee.

In dieser Idee ist die Börse seitdem sehr erstarkt, und nicht einmal der Tod Périers konnte sie auf eine andere Idee bringen. Freilich, sie war längst auf diesen Fall vorbereitet, und zudem bildet man sich ein, sein Friedenssystem überlebe ihn und stehe fest durch den Willen des Königs. Aber diese gänzliche Indifferenz bei der Todesnachricht Périers hat mich widerwärtig berührt. Anstandshalber hätte die Börse doch wenigstens durch eine kleine Baisse ihre Betrübnis an den Tag legen müssen. Aber nein, nicht einmal ein Achtel Prozent, nicht einmal ein Achtel Trauerprozent sind die Staatspapiere gefallen bei dem Tode Casimir Périers, des großen Bankierministers!

Bei Périers Begräbnis zeigte sich wie bei seinem Tode die kühlste Indifferenz. Es war ein Schauspiel wie jedes andere; das Wetter war schön, und Hunderttausende von Menschen waren auf den Beinen, um den Leichenzug zu sehen, der sich lang und gleichgültig, über die Boulevards, nach Père-Lachaise dahinzog. Auf vielen Gesichtern ein Lächeln, auf andern die laueste Werkeltagsstimmung, auf den meisten nur Ennui. Unzählig viel Militär, wie es sich kaum ziemte für den Friedensheld des Entwaffnungssystems. Viel Nationalgarden und Gendarmen. Dabei auch die Kanoniere mit ihren Kanonen, welche letztere mit Recht trauern konnten, denn sie hatten gute Tage unter Périer, gleichsam eine Sinekur. Das Volk betrachtete alles mit einer seltsamen Apathie; es zeigte weder Haß noch Liebe; der Feind der Begeisterung wurde begraben, und Gleichgültigkeit bildete den Leichenzug. Die einzigen wahrhaft Betrübten unter den Leidtragenden waren die beiden Söhne des Verstorbenen, die in langen Trauermänteln und mit blassen Gesichtern hinter dem Leichenwagen gingen. Es sind zwei junge Menschen, etwa in den Zwanzigen, untersetzt, etwas ründlich, von einem Äußern, daß vielmehr Wohlhabenheit als Geist verrät: ich sah sie diesen Winter auf allen Bällen, lustig und frischbäckig. Auf dem Sarge lagen dreifarbige Fahnen, mit schwarzem Krepp umflort. Die dreifarbige Fahne hätte just nicht zu trauern brauchen bei Casimir Périers Tod. Wie ein schweigender Vorwurf lag sie traurig auf seinem Sarg, die Fahne der Freiheit, die durch seine Schuld so viele Beleidigungen erlitten. Wie der Anblick dieser Fahne, so rührte mich auch der Anblick des alten Lafayette bei dem Leichenzuge Périers, des abtrünnigen Mannes, der doch einst so glorreich mit ihm gekämpft unter jener Fahne.

Meine Nachbarn, die dem Zuge zuschauten, sprachen von dem Leichenbegängnisse Benjamin Constants. Da ich erst ein Jahr in Paris bin, so kenne ich die Betrübnis, die damals das Volk an den Tag legte, nur aus der Beschreibung. Ich kann mir jedoch von solchem Volksschmerz eine Vorstellung machen, da ich kurz nachher dem Begräbnisse des ehemaligen Bischofs von Blois, des Conventionnel Grégoire, zugesehen. Da waren keine hohen Beamten, keine Infanterie und Kavallerie, keine leeren Trauerwagen voll Hoflakaien, keine Kanonen, keine Gesandten mit bunten Livreen, kein offizieller Pomp. Aber das Volk weinte, Schmerz lag auf allen Gesichtern, und obgleich ein starker Regen wie mit Eimern vom Himmel herabgoß, waren doch alle Häupter unbedeckt, und das Volk spannte sich vor den Leichenwagen, und zog ihn eigenhändig nach dem Mont Parnaß. Grégoire, ein wahrer Priester, stritt sein ganzes Leben hindurch für die Freiheit und Gleichheit der Menschen jeder Farbe und jedes Bekenntnisses; er ward immer gehaßt und verfolgt von den Feinden des Volks, und das Volk liebte ihn und weinte, als er starb.

Zwischen zwei bis drei Uhr ging der Leichenzug Périers über die Boulevards; als ich um halb acht von Tische kam, begegnete ich den Soldaten und Wagen, die vom Kirchhofe zurückkehrten. Die Wagen rollten jetzt rasch und heiter; die Trauerflöre waren von der dreifarbigen Fahne abgenommen; diese und die Harnische der Kürassiere glänzten im lustigsten Sonnenschein; die roten Trompeter, auf weißen Rossen dahintrabend, bliesen lustig die Marseillaise; das Volk, bunt geputzt und lachend, tänzelte nach den Theatern; der Himmel, der lange umwölkt gewesen, war jetzt so lieblich blau, so sonnenduftig; die Bäume glänzten so grünvergnügt; die Cholera und Casimir Périer waren vergessen, und es war Frühling.

Nun ist der Leib begraben, aber das System lebt noch. Oder ist es wirklich wahr, daß jenes System nicht eine Schöpfung Périers ist, sondern des Königs? Einige Philippisten haben diese Meinung zuerst geäußert, damit man der selbständigen Kraft des Königs vertraue; damit man nicht wähne, er stehe ratlos an dem Grabe seines Beschützers; damit man an der Aufrechterhaltung des bisherigen Systems nicht zweifle. Viele Feinde des Königs bemächtigen sich jetzt dieser Meinung; es kommt ihnen ganz erwünscht, daß man jenes unpopuläre System früher als den 13. März datiert, und ihm einen allerhöchsten Stifter zuschreibt, dem dadurch die allerhöchste Verantwortlichkeit erwächst. Freunde und Feinde vereinigen sich hier manchmal, um die Wahrheit zu verstümmeln. Entweder schneiden sie ihr die Beine ab, oder ziehen sie so in die Länge, daß sie so dünn wird wie eine Lüge. Der Parteigeist ist ein Prokrustes, der die Wahrheit schlecht bettet. Ich glaube nicht, daß Périer bei dem sogenannten Systeme vom 13. März nur seinen ehrlichen Namen hergeopfert, und daß Ludwig Philipp der eigentliche Vater sei. Er leugnet vielleicht die Vaterschaft bei diesem bedenklichen Kinde, ebenso wie jener Bauerbursche, der naiv hinzusetzte: *mais pour dire la vérité, je n'y ai pas nui.* Alle Beleidigungen, die Frankreich bisher erdulden mußte, kommen jetzt auf Rechnung des Königs. Der Fußtritt, den der kranke Löwe noch zuletzt in Rom, von der Eselin des Herrn, erhalten hat, erbittert die Franzosen aufs unleidlichste. Man tut ihm aber unrecht; Ludwig Philipp läßt ungern eine Beleidigung hingehen, und möchte sich gerne schlagen, nur nicht mit jedem; z. B. er würde sich nicht gern mit Rußland schlagen aber sehr gern mit den Preußen, mit denen er sich schon bei Valmy geschlagen, und die er daher nicht sehr zu fürchten scheint. Man will nämlich nie Furcht an ihm bemerkt haben, wenn von Preußen und dessen bedrohlicher Rittertümlichkeit die Rede ist. Ludwig Philipp Orléans, der Enkel des heiligen Ludwig, der Sprößling des ältesten Königstammes, der größte Edelmann der Christenheit, pflegt dann jovial bürgerlich zu scherzen, wie es doch betrübend sei, daß die Uckermärksche Kamarilla so gar vornehm und adelsstolz auf ihn, den armen Bürgerkönig, herabsehe.

Ich kann nicht umhin, hier zu erwähnen, daß man niemals an Ludwig Philipp den Grand Seigneur merkt, und daß in der Tat das französische Volk keinen bürgerlicheren Mann zum Könige wählen konnte. Ebensowenig liegt ihm daran, ein legitimer König zu sein, und, wie man sagt, die Guizotsche Erfindung der Quasilegitimität war gar nicht nach seinem Geschmack. Er beneidet Heinrich V. nicht im mindesten ob des Vorzugs der Legitimität, und ist durchaus nicht geneigt, deshalb mit ihm zu unterhandeln oder gar ihm Geld dafür zu bieten; aber Ludwig Philipp ist nun einmal der Meinung, daß er das Bürgerkönigtum erfunden habe, er hat ein Patent auf diese Erfindung bekommen; er verdient damit jährlich achtzehn Millionen, eine Summe, die das Einkommen der Pariser Spielhäuser fast übertrifft, und er möchte solch einträgliches Geschäft als ein Monopol für sich und seine Nachkommen behalten. Schon im vorigen Artikel habe ich angedeutet, wie die Erhaltung jenes Königmonopols dem Ludwig Philipp über alles am Herzen liegt, und wie, in Berücksichtigung solcher menschlichen Denkweise, seine Usurpation der Präsidentur im Konseil zu entschuldigen ist. Noch immer hat er sich, der Tat nach, nicht in die gebührenden Grenzen seiner konstitutionellen Befugnis zurückgezogen, obgleich er, der Form nach, nicht mehr zu präsidieren wagt. Die eigentliche Streitfrage ist noch immer nicht geschlichtet und wird sich wohl bis zur Bildung eines neuen Ministeriums hinzerren. Was aber die Schwäche der Regierung am meisten offenbart, das ist eben, daß nicht das innere Landesbedürfnis, sondern ausländische Ereignisse die Erhaltung, Erneuerung oder Umgestaltung des französischen Ministeriums bedingen. Solche Abhängigkeit von fremdländischen Interessen zeigte sich betrübsam und offenkundig genug während der letzten Vorfallenheiten in England. Jedes Gerücht, das uns in dieser letzten Zeit von dort zuwehte, brachte hier eine neue Ministerkombination in Vorschlag und Beratung. Man dachte viel an Odilon-Barrot, und man war auf gutem Wege sogar an Mauguin zu denken. Als man das britische Staatssteuer in Wellingtons Händen sah, verlor man ganz den Kopf, und man war schon im Begriff, des militärischen Gleichgewichts halber, den Marschall Soult zum ersten Minister zu machen.

Die Freiheit von England und Frankreich wäre alsdann unter das Kommando zweier alten Soldaten gekommen, die, allem selbständigen Bürgertume fremd oder gar feindlich, nie etwas andres gelernt haben, als sklavisch zu gehorchen oder despotisch zu befehlen. Soult und Wellington sind ihrem Charakter nach bloße Condottieri, nur daß ersterer in einer edlern Schule das Waffenhandwerk gelernt hat und ebensosehr nach Ruhm wie nach Sold dürstet. Nichts Geringeres als eine Krone sollte ihm einst als Beute zufallen, und, wie man mir versichert, Soult war einige Tage lang König von Portugal, unter dem Namen Nicolo I., König der Algarven. Die Laune seines strengen Oberherrn erlaubte ihm nicht, diesen königlichen Spaß länger zu treiben. Aber er kann es gewiß nicht vergessen: er hat einst mit vollen Ohren den süßen Majestätstitel eingesogen, mit berauschten Augen hat er die Menschen, in untertänigster Haltung, vor sich knien sehen, auf seinen gnädigen Händen fühlt er noch die brennenden, portugiesischen Lippen, – und ihm sollte die Freiheit Frankreichs anvertraut werden! Über den andern, über Mylord Wellington, brauche ich wohl nichts zu sagen. Die letzten Begebenheiten haben bewiesen, daß ich in meinen frühern Schriften noch immer zu milde von ihm gesprochen. Man hat, verblendet durch seine täppischen Siege, nie geglaubt, daß er eigentlich einfältig sei; aber auch das haben die jüngsten Ereignisse bewiesen. Er ist dumm wie alle Menschen, die kein Herz haben. Denn die Gedanken kommen nicht aus dem Kopfe, sondern aus dem Herzen. Lobt ihn immerhin, feile Hofpoeten und reimende Schmeichler des toryschen Hochmuts! Besinge ihn immerhin, kaledonischer Barde, bankerottes Gespenst mit der bleiernen Harfe, deren Saiten von Spinnweb! Besingt ihn, fromme Laureaten, bezahlte Heldensänger, und zumal besingt seine letzten Heldentaten! Nie hat ein Sterblicher vor aller Welt Augen sich in so kläglicher Blöße gezeigt. Fast einstimmig hat ganz England, eine Jury von zwanzig Millionen freier Bürger, sein Schuldig ausgesprochen über den armen Sünder, der, wie ein gemeiner Dieb, nächtlicherweile und mit Hülfe listiger Hehlerinnen, die Kronjuwelen des souveränen Volks, seine Freiheit und seine Rechte, einstecken wollte. Leset den *»Morning Chronicle«*, die *»Times«*, und sogar jene Sprecher, die sonst so gemäßigt sind, und staunt ob der scharfrichterlichen Worte, womit sie den Sieger von Waterloo gestäupt und gebrandmarkt. Sein Name ist ein Schimpf geworden. Durch die feigsten Höflingskünste soll es gelungen sein, ihm auf einige Tage die Gewalt in Händen zu spielen, die er doch nicht auszuüben wagte. Leigh Hunt vergleicht ihn deshalb mit einem greisen Lüstling, der ein Mädchen verführen wollte, welches, in solcher Bedrängnis, eine Freundin um Rat frug und zur Antwort erhielt: »Laß ihn nur gewähren, und er wird außer der Sünde seines bösen Willens auch noch die Schande der Ohnmacht auf sich laden.«

Ich habe immer diesen Mann gehaßt, aber ich dachte nie, daß

er so verächtlich sei. Ich habe überhaupt von denen, die ich hasse, immer größer gedacht, als sie es verdienten. Und ich gestehe, daß ich den Tories von England mehr Mut und Kraft und großsinnige Aufopferung zutraute, als sie jetzt, wo es not tat, bewiesen haben. Ja, ich habe mich geirrt in diesem hohen Adel von England, ich glaubte, sie würden, wie stolze Römer, die Äcker, worauf der Feind kampiert, nicht geringeren Preises wie sonst verkaufen; sie würden auf ihren kurulischen Stühlen die Feinde erwarten – nein! ein panischer Schrecken ergriff sie, als sie sahen, daß John Bull etwas ernsthaft sich gebärdete, und die Äcker mitsamt den Rotten-boroughs werden jetzt wohlfeiler ausgeboten, und die Zahl der kurulischen Stühle wird vermehrt, damit auch die Feinde gefälligst Platz nehmen. Die Tories vertrauen nicht mehr ihrer eigenen Kraft; sie glauben nicht mehr an sich selbst – ihre Macht ist gebrochen. Freilich, die Wighs sind ebenfalls Aristokraten, Lord Grey ist ebenso adelsüchtig wie Lord Wellington; aber es wird der englischen Aristokratie wie der französischen ergehen: der eine Arm schneidet den andern ab.

Es ist unbegreiflich, daß die Tories, auf einen nächtlichen Streich ihrer Königin rechnend, so sehr erschraken, als dieser gelang, und das Volk sich überall mit lautem Protest dagegen erhob. Dies war ja vorauszusehen, wenn man den Charakter der Engländer und ihre gesetzlichen Widerstandsmittel in Anschlag brachte. Das Urteil über die Reformbill stand fest bei jedem im Volke. Alles Nachdenken darüber war ein Faktum geworden. Überhaupt haben die Engländer, wo es Handeln gilt, den Vorteil, daß sie, als freie Menschen immer befugt sich frei auszusprechen, über jede Frage ein Urteil in Bereitschaft haben. Sie urteilen gleichsam mehr, als sie denken. Wir Deutsche hingegen, wir denken immer, vor lauter Denken kommen wir zu keinem Urteil; auch ist es nicht immer ratsam, sich auszusprechen; den einen hält die Furcht vor dem Mißfallen des Herrn Polizeidirektors, den andern die Bescheidenheit oder gar die Blödigkeit davon zurück, ein Urteil zu fällen; viele deutsche Denker sind ins Grab gestiegen, ohne über irgend eine große Frage ein eigenes Urteil ausgesprochen zu haben. Die Engländer sind hingegen bestimmt, praktisch, alles Geistige verfestet sich bei ihnen, so daß ihre Gedanken, ihr Leben und sie selbst eine einzige Tatsache werden, deren Rechte unabweisbar. Ja, sie sind »brutal wie eine Tatsache« und widerstehen materiell. Ein Deutscher mit seinen Gedanken, seinen Ideen, die weich wie das Gehirn, woraus sie hervorgegangen, ist gleichsam selbst nur eine Idee, und wenn diese der Regierung mißfällt, so schickt man sie auf die Festung. So saßen sechzig Ideen in Köpenick eingesperrt, und niemand vermißte sie; die Bierbrauer brauten ihr Bier nach wie vor; die Almanachspressen druckten ihre Kunstnovellen nach wie vor. Zu jener tatsächlichen Widerstandsnatur der Engländer, jenem unbeugsamen Eigensinn bei abgeurteilten Fragen, kommt noch die gesetzliche Sicherheit, womit sie handeln können. Wir vermögen uns keinen Begriff davon zu machen, wie weit die englische Opposition, die Gegnerin der Regierung innerhalb und außerhalb des Parlaments, auf legalem Wege vorwärts schreiten darf. Die Tage von Wilkes begreift man erst, wenn man England selbst gesehen hat. Die Reisenden, die uns die englische Freiheit schildern wollen, geben uns in dieser Absicht eine Aufzählung von Gesetzen. Aber die Gesetze sind nicht die Freiheit selbst, sondern nur die Grenzen derselben. Man hat auf dem Kontinente keinen Begriff davon, wieviel intensive Freiheit zuweilen in jenen Grenzen zusammengedrängt ist, und man hat noch viel weniger einen Begriff von der Faulheit und Schläfrigkeit der Grenzwächter. Nur wo sie Schutz geben sollen gegen Willkür der Gewalthaber sind jene Grenzen fest und wachsam gehütet. Wenn sie überschritten werden von den Gewalthabern, dann steht ganz England auf, wie ein einziger Mann, und die Willkür wird zurückgetrieben. Ja, diese Leute warten nicht einmal, bis die Freiheit verletzt worden, sondern wo sie nur im geringsten bedroht ist, erheben sie sich gewaltig, mit Worten und Flinten. Die Franzosen des Julius sind nicht früher aufgestanden, als bis die ersten Keulenschläge der Willkür, die Ordonnanzen, ihnen aufs Haupt niederfielen. Die Engländer dieses Maimonds haben nicht den ersten Schlag abgewartet; es war ihnen schon genug, daß dem berühmten Scharfrichter, der schon in andern Ländern die Freiheit hingerichtet, das Schwert in Händen gegeben worden.

Es sind wunderliche Käuze, diese Engländer. Ich kann sie nicht leiden. Sie sind erstens langweilig, und dann sind sie ungesellig, eigensüchtig, sie quäken wie die Frösche, sie sind geborne Feinde aller guten Musik, sie gehen in die Kirche mit vergoldeten Gebetbüchern, und sie verachten uns Deutsche, weil wir Sauerkraut essen. Aber als es der englischen Aristokratie gelang, »das deutsche Weib« *(the nasty German frow)* durch die Hofbastardschaft in ihr Interesse zu ziehen; als König Wilhelm, der noch des Abends an Lord Grey versprach, so viel neue Pairs zu ernennen, als zum Durchsetzen der Reformbill nötig sei, umgestimmt durch die Königin der Nacht, des andern Morgens sein Wort brach; als Wellington und seine Tories mit ihren liberticiden Händen die Staatsgewalt ergriffen: da waren jene Engländer plötzlich gar nicht mehr langweilig, sondern sehr interessant; sie waren gar nicht mehr ungesellig, sondern sie vereinigten sich hunderttausendweis; sie wurden sehr gemeinsinnig; ihre Worte waren gar nicht mehr so quäkend, sondern voll des kühnsten Wohllauts; sie sprachen Dinge, die hinreißender klangen als die Melodien von Rossini und Meyerbeer, und sie sprachen gar nicht gebetbücherlich fromm von den Priestern der Kirche, sondern sie berieten sich ganz freigeistig, »ob sie nicht die Bischöfe zum Henker jagen, und König Wilhelm, mitsamt seiner Sauerkrautsippschaft nach Hannover zurückschicken sollten?«

Ich habe, als ich früher in England war, über vieles gelacht, aber am herzlichsten über den Lordmayor, den eigentlichen

Bürgermeister des Weichbilds von London, der, als eine Ruine des mittelalterlichen Kommunewesens, sich in all seiner Perückenmajestät und breiten Zunftwürde erhalten hat. Ich sah ihn in der Gesellschaft seiner Aldermänner; das sind die gravitätischen Vorstände der Bürgerschaft, Gevatter Schneider und Handschuhmacher, meistens dicke Krämer, rote Beefsteakgesichter, lebendige Porterkrüge, aber nüchtern, und sehr reich durch Fleiß und Sparsamkeit, so daß viele darunter, wie man mir versichert, über eine Million Pfund Sterling in der Englischen Bank liegen haben. Die Englische Bank ist ein großes Gebäude in Thread-needle-Street; und würde in England eine Revolution ausbrechen, so kann die Bank in die größte Gefahr geraten, und die reichen Bürger von London könnten ihr Vermögen verlieren und in einer Stunde zu Bettlern werden. Nichtsdestoweniger, als König Wilhelm sein Wort brach und die Freiheit von England gefährdet stand, da hat der Lordmayor von London seine große Perücke aufgesetzt, und mit seinen dicken Aldermännern machte er sich auf den Weg, und sie sahen dabei so sichermütig, so amtsruhig aus, als gingen sie zu einem feierlichen Gastmahl in Guildhall; sie gingen aber nach dem Hause der Gemeinen und protestierten dort aufs entschlossenste gegen das neue Regiment, und widersagten dem König, im Fall er es nicht widerriefe, und wollten lieber durch eine Revolution Leib und Gut aufs Spiel setzen, als den Untergang der englischen Freiheit gestatten. Es sind wunderliche Käuze, diese Engländer!

Ich werde eines Mannes, den ich auf der linken Seite des Sprechers im englischen Unterhause sitzen sah, nie vergessen; denn nie hat mir ein Mensch mehr als dieser mißfallen. Er sitzt dort noch immer. Es ist eine untersetzte, stämmige Figur, mit einem großen, viereckigen Kopfe, der mit unangenehm aufgesträubten, rötlichen Haaren bedeckt ist. Das über und über gerötete, breitbäckige Gesicht ist ordinär, regelmäßig, unedel; nüchterne, wohlfeile Augen; kargzugemessene Nase; eine große Strecke von da bis zum Munde, und dieser kann keine drei Worte sprechen, ohne daß eine Zahl dazwischenläuft, oder wenigstens von Geld die Rede ist. Es liegt in seinem ganzen Wesen etwas Knickrichtes, Filziges, Schäbiges; kurz, es ist der echte Sohn Schottlands, Herr Joseph Hume. Man sollte diese Gestalt vor jedem Rechenbuche in Kupfer stechen. Er gehörte immer zur Opposition; die englischen Minister haben immer besondere Angst vor ihm, wenn Geldsummen besprochen werden. Sogar als Canning Minister wurde, blieb er auf der Oppositionsbank sitzen, und wenn Canning in seinen Reden eine Zahl zu nennen hatte, frug er jedesmal in leisem Tone den neben ihm sitzenden Huskisson »*how much?*« und wenn dieser ihm die Zahl souffliert hatte, sprach er sie laut aus, indem er fast lächelnd Joseph Hume dabei ansah; nie hat mir ein Mensch mehr mißfallen als dieser. Als aber König Wilhelm sein Wort brach, da erhob sich Joseph Hume hoch und heldenmütig wie ein Gott der Freiheit, und er sprach Worte, die so gewaltig und so erhaben lauteten, wie die Glocke von Sankt Paul, und es war freilich wieder von Geld die Rede, und er erklärte, »daß man keine Steuern bezahlen solle«, und das Parlament stimmte ein in den Antrag seines großen Bürgers.

Das war es, das entschied; die gesetzliche Verweigerung der Abgaben schreckte die Feinde der Freiheit. Sie wagten nicht den Kampf mit einem einigen Volke, das Leib und Gut aufs Spiel setzte. Sie hatten freilich noch immer ihre Soldaten und ihre Guineen. Aber man traute nicht mehr den roten Knechten, obgleich sie bisher dem Wellingtonschen Stocke so prügeltreu gehorcht. Man vertraute nicht mehr der Ergebenheit erkaufter Wortführer; denn selbst Englands Nobility merkt jetzt, »daß nicht alles in der Welt feil ist, und daß man auch am Ende nicht Geld genug hat, alles zu bezahlen«. Die Tories gaben nach. Es war in der Tat das Feigste, aber auch das Klügste. Wie kam es aber, daß sie das einsahen? Haben sie etwa unter den

Steinen, womit man ihnen die Fenster einwarf, zufällig den Stein der Weisen gefunden?

Artikel IX

Paris, 16. Junius 1832.

John Bull verlangt jetzt eine wohlfeile Regierung und eine wohlfeile Religion, *(cheap government, cheap religion)* und will nicht mehr alle Früchte seiner Arbeit hergeben, damit die ganze Sippschaft jener Herren, die seine Staatsinteressen verwalten oder ihm die christliche Demut predigen, im stolzesten Überfluß schwelgt. Er hat vor ihrer Macht nicht mehr so viel Ehrfurcht wie sonst, und auch John Bull hat gemerkt: *la force des grands n'est que dans la tête des petits.* Der Zauber ist gebrochen, seitdem die englische Nobility ihre eigene Schwäche offenbart hat. Man fürchtet sie nicht mehr, man sieht ein, sie besteht aus schwachen Menschen wie wir andere. Als der erste Spanier fiel, und die Mexikaner merkten, daß die weißen Götter, die sie mit Blitz und Donner bewaffnet sahen, ebenfalls sterblich seien: wäre diesen der Kampf schier schlecht bekommen, hätten die Feuergewehre nicht den Ausschlag gegeben. Unsere Feinde aber haben nicht diesen Vorteil; Barthold Schwarz hat das Pulver für uns alle erfunden. Vergebens scherzt die Klerisei: gebt dem Cäsar, was des Cäsars ist. Unsere Antwort ist: während achtzehn Jahrhunderten haben wir dem Cäsar immer viel zu viel gegeben; was übrig geblieben, das ist jetzt für uns. –

Seit die Reformbill zum Gesetze erhoben ist, sind die Aristokraten plötzlich so großmütig geworden, daß sie behaupten: nicht bloß wer zehn Pfund Sterling Steuer bezahle, sondern jeder Engländer, sogar der ärmste, habe das Recht, bei der Wahl eines Parlamentsdeputierten seine Stimme zu geben. Sie möchten lieber abhängig werden von dem niedrigsten Bettler- und

Lumpengesindel, als von jenem wohlhabenden Mittelstand, der nicht so leicht zu bestechen ist, und der für sie auch keine so tiefe Sympathie fühlt wie der Pöbel. Letzterer ist jenen Hochgeborenen wenigstens wahlverwandt; sie haben beide, der Adel und der Pöbel, den größten Abscheu vor gewerbfleißiger Tätigkeit; sie streben vielmehr nach Eroberung des fremden Eigentums, oder nach Geschenken und Trinkgeldern für gelegentliche Lohndienerei; Schuldenmachen ist durchaus nicht unter ihrer Würde; der Bettler und der Lord verachten die bürgerliche Ehre; sie haben eine gleiche Unverschämtheit, wenn sie hungrig sind, und sie stimmen ganz überein in ihrem Hasse gegen den wohlhabenden Mittelstand. Die Fabel erzählt: die obersten Sprossen einer Leiter sprachen einst hochmütig zu den untersten: »Glaubt nicht, daß Ihr uns gleich seid, Ihr steckt unten im Kote, während wir oben frei emporragen, die Hierarchie der Sprossen ist von der Natur eingeführt, sie ist von der Zeit geheiligt, sie ist legitim«; ein Philosoph aber, welcher vorüberging und diese hochadelige Sprache hörte, lächelte und drehte die Leiter herum. Sehr oft geschieht dieses im Leben, und dann zeigt sich, daß die hohen und die niedrigen Sprossen der gesellschaftlichen Leiter in derselben Lage eine gleiche Gesinnung beurkunden. Die vornehmen Emigranten, die im Auslande in Misere gerieten, wurden ganz gemeine Bettler in Gefühl und Gesinnung. Während das korsikanische Lumpengesindel, das ihren Platz in Frankreich einnahm, sich so frech, so hochnasig, so hoffärtig spreizte, als wären sie die älteste Noblesse.

Wie sehr den Freunden der Freiheit jenes Bündnis der Noblesse und des Pöbels gefährlich ist, zeigt sich am widerwärtigsten auf der Pyrenäischen Halbinsel. Hier, wie auch in einigen Provinzen von Westfrankreich und Süddeutschland, segnet die katholische Priesterschaft diese heilige Allianz. Auch die Priester der protestantischen Kirche sind überall bemüht, das schöne Verhältnis zwischen dem Volk und den Machthabern (d. h.

zwischen dem Pöbel und der Aristokratie) zu befördern, damit die Gottlosen (die Liberalen) nicht die Obergewalt gewinnen. Denn sie urteilen sehr richtig: wer sich frevelhaft seiner Vernunft bedient und die Vorrechte der adeligen Geburt leugnet, der zweifelt am Ende auch an den heiligsten Lehren der Religion und glaubt nicht mehr an die Erbsünde, an den Satan, an die Erlösung, an die Himmelfahrt, er geht nicht mehr nach dem Tisch des Herrn, und gibt dann auch den Dienern des Herrn keine Abendmahlstrinkgelder oder sonstige Gebühr, wovon ihre Subsistenz und also das Heil der Welt abhängt. Die Aristokraten aber haben ihrerseits eingesehen, daß das Christentum eine sehr nützliche Religion ist, daß derjenige, der an die Erbsünde glaubt, auch die Erbprivilegien nicht leugnen wird, daß die Hölle eine sehr gute Anstalt ist, die Menschen in Furcht zu halten, und daß jemand, der seinen Gott frißt, sehr viel vertragen kann. Diese vornehmen Leute waren freilich einst selbst sehr gottlos und haben durch die Auflösung der Sitten den Umsturz des alten Regimes befördert. Aber sie haben sich gebessert, und wenigstens sehen sie ein, daß man dem Volke ein gutes Beispiel geben muß. Nachdem die alte Orgie ein so schlechtes Ende genommen und auf den süßesten Sündenrausch die bitterste Not gefolgt war, haben die edlen Herren ihre schlüpfrigen Romane mit Erbauungsbüchern vertauscht, und sie sind sehr devot geworden, und keusch, und sie wollen dem Volk ein gutes Beispiel geben. Auch die edlen Damen haben sich, mit verwischter Röte auf den Wangen, von dem Boden der Sünde wieder erhoben, und bringen ihre zersausten Frisuren und ihre zerknitterten Röcke wieder in Ordnung, und predigen Tugend und Anständigkeit und Christentum, und wollen dem Volke ein gutes Beispiel geben.

(Ich habe hier einige Stücke ausscheiden müssen, die allzusehr jenem Moderantismus huldigten, der, in dieser Zeit der Reaktion, nicht mehr rühmlich und passend ist. Ich gebe dafür eine nachträglich geschriebene Note, die ich dem Schlusse dieses Artikels anfüge.)

Ich liebe die Erinnerung der früheren Revolutionskämpfe und der Helden, die sie gekämpft, ich verehre diese ebenso hoch, wie es nur immer die Jugend Frankreichs vermag, ja, ich habe noch vor den Juliustagen den Robespierre und den Sanktum Justum und den großen Berg bewundert – aber ich möchte dennoch nicht unter dem Regimente solcher Erhabenen leben, ich würde es nicht aushalten können, alle Tage guillotiniert zu werden, und niemand hat es aushalten können, und die französische Republik konnte nur siegen und siegend verbluten. Es ist keine Inkonsequenz, daß ich diese Republik enthusiastisch liebe, ohne im geringsten die Wiedereinführung dieser Regierungsform in Frankreich und noch weniger eine deutsche Übersetzung derselben zu wünschen. Ja, man könnte sogar, ohne inkonsequent zu sein, zu gleicher Zeit wünschen, daß in Frankreich die Republik wieder eingeführt und daß in Deutschland hingegen der Monarchismus erhalten bleibe. In der Tat, wem die Sicherung der Siege, die für das demokratische Prinzip erfochten worden, mehr als alle andere Interessen am Herzen liegt, dürfte leicht in solchen Fall geraten.

Hier berühre ich die große Streitfrage, worüber jetzt in Frankreich so blutig und bitter gestritten wird, und ich muß die Gründe anführen, weshalb so viele Freunde der Freiheit immer noch der gegenwärtigen Regierung anhängen, und warum andere den Umsturz derselben und die Wiedereinführung der Republik verlangen. Jene, die Philippisten, sagen: Frankreich, welches nur monarchisch regiert werden könne, habe an Ludwig Philipp den geeignetsten König; er sei ein sicherer Schützer der erlangten Freiheit und Gleichheit, da er selber in seinen Gesinnungen und Sitten vernünftig und bürgerlich ist; er könne nicht, wie die vorige Dynastie, einen Groll im Herzen tragen gegen die Revolution, da sein Vater und er selber daran teilgenommen; er könne das Volk nicht an die vorige Dynastie verraten, da er sie, als Verwandter, inniger als andere hassen muß; er könne mit den übrigen Fürsten in Frieden bleiben, da diese seiner hohen Geburt halber, ihm seine Illegitimität zu gute halten, statt daß sie gleich den Krieg erklärt hätten, wenn ein bloßer Rotürier auf den französischen Thron gesetzt oder gar die Republik proklamiert worden wäre; und doch sei der Frieden nötig für das Glück Frankreichs. Dagegen behaupten die Republikaner: das stille Glück des Friedens sei gewiß ein schönes Gut, es habe jedoch keinen Wert ohne die Freiheit; in dieser Gesinnung hätten ihre Väter die Bastille gestürmt und Ludwig Capet das Haupt abgeschlagen, und mit der ganzen Aristokratie Europas Krieg geführt; dieser Krieg sei noch nicht zu Ende, es sei nur Waffenstillstand, die europäische Aristokratie hege noch immer den tiefsten Groll gegen Frankreich, es sei eine Blutfeindschaft, die nur mit der Vernichtung der einen oder der andern Macht aufhöre; Ludwig Philipp aber sei ein König, die Erhaltung seiner Krone sei ihm die Hauptsache, er verständige und verschwägere sich mit Königen, und hin- und hergezerrt durch allerlei Hausverhältnisse und zur leidigsten Halbheit verdammt, sei er ein unzulänglicher Vertreter jener heiligsten Interessen, die einst nur die Republik am kräftigsten vertreten konnte, und derenthalber die Wiedereinführung der Republik eine Notwendigkeit sei.

Wer in Frankreich keine teuren Güter besitzt, die durch den Krieg zugrunde gehen können, mag nun leicht eine Sympathie für jene Kampflustigen empfinden, die dem Siege des demokratischen Prinzips das stille Glück des Lebens aufopfern, Gut und Blut in die Schanze schlagen und so lange fechten wollen, bis die Aristokratie in ganz Europa vernichtet ist. Da zu Europa auch Deutschland gehört, so hegen viele Deutsche jene Sympathie für die französischen Republikaner; aber, wie man oft zu weit geht, so gestaltet sie sich bei manchen zu einer Vorliebe für die republikanische Form selbst, und da sehen wir eine Erscheinung, die kaum begreifbar, nämlich deutsche Republikaner. Daß Polen und Italiener, die, ebenso wie die deutschen Freiheitsfreunde, von den französischen Republikanern mehr Heil erwarten als von dem Justemilieu, und sie daher mehr lieben, jetzt auch für die republikanische Regierungsform, die ihnen nicht ganz fremd ist, eine Vorliebe empfinden, das ist sehr natürlich. Aber deutsche Republikaner! man traut seinen Ohren kaum und seinen Augen, und doch sehen wir deren hier und in Deutschland.

Noch immer, wenn ich meine deutschen Republikaner betrachte, reibe ich mir die Augen und sage zu mir selber: träumst du etwa? Lese ich gar die »Deutsche Tribüne« und ähnliche Blätter, so frage ich mich: wer ist denn der große Dichter, der dies alles erfindet? Existiert der Doktor Wirth mit seinem blanken Ehrenschwert? Oder ist er nur ein Phantasiegebilde von Tieck oder Immermann? Dann aber fühle ich wohl, daß die Poesie sich nicht so hoch versteigt, daß unsere großen Poeten dennoch keine so bedeutende Charaktere darstellen können, und daß der Doktor Wirth wirklich leibt und lebt, ein zwar irrender aber tapferer Ritter der Freiheit, wie Deutschland deren wenige gesehen, seit den Tagen Ulrichs von Hutten.

Ist es wirklich wahr, daß das stille Traumland in lebendige Bewegung geraten? Wer hätte das vor dem Julius 1830 denken können! Goethe mit seinem Eiapopeia, die Pietisten mit ihrem langweiligen Gebetbücherton, die Mystiker mit ihrem Magnetismus, hatten Deutschland völlig eingeschläfert, und weit und breit, regungslos, lag alles und schlief. Aber nur die Leiber waren schlafgebunden; die Seelen, die darin eingekerkert, behielten ein sonderbares Bewußtsein. Der Schreiber dieser Blätter wandelte damals, als junger Mensch, durch die deutschen Lande und betrachtete die schlafenden Menschen; ich sah den Schmerz auf ihren Gesichtern, ich studierte ihre Physiognomien, ich legte ihnen die Hand aufs Herz und sie fingen an nachtwandlerhaft im Schlafe zu sprechen, seltsam abgebrochene Reden, ihre geheimsten Gedanken enthüllend. Die Wächter des Volks, ihre goldenen Nachtmützen tief über die Ohren gezogen, und tief eingehüllt in Schlafröcken von Hermelin, saßen auf roten Polsterstühlen, und schliefen ebenfalls, und schnarchten sogar. Wie ich so dahinwanderte, mit Ränzel und Stock, sprach ich oder sang ich laut vor mich hin, was ich den schlafenden Menschen auf den Gesichtern erspäht oder aus den seufzenden Herzen erlauscht hatte; – es war sehr still um mich her, und ich hörte nichts als das Echo meiner eigenen Worte. Seitdem, geweckt von den Kanonen der großen Woche, ist Deutschland erwacht, und jeder, der bisher geschwiegen, will das Versäumte schnell wieder einholen, und das ist ein redseliger Lärm, und ein Gepolter, und dabei wird Tabak geraucht und aus den dunklen Dampfwolken droht ein schreckliches Gewitter. Das ist ein aufgeregtes Meer, und auf den hervorragenden Klippen stehen die Wortführer; die einen blasen mit vollen Backen in die Wellen hinein, und sie meinen, sie hätten diesen Sturm erregt und je mehr sie bliesen, desto wütender heule die Windesbraut; die anderen sind ängstlich, sie hören die Staatsschiffe krachen, sie betrachten mit Schrecken das wilde Gewoge, und da sie aus ihren Schulbüchern wissen, daß man mit Öl das Meer besänftigen könne, so gießen sie ihre Studierlämpchen in die empörte Menschenflut, oder prosaisch zu sprechen, sie schreiben ein versöhnendes Broschürchen, und wundern sich, wenn das Mittel nicht hilft und seufzen: »*Oleum perdidi!*«

Es ist leicht vorauszusehen, daß die Idee einer Republik, wie sie jetzt viele deutsche Geister erfaßt, keineswegs eine vorübergehende Grille ist. Den Doktor Wirth und den Siebenpfeifer und Herrn Scharpf und Georg Fein aus Braunschweig und Grosse und Schüler und Savoye, man kann sie festsetzen, und man wird sie festsetzen; aber ihre Gedanken bleiben frei und schweben frei, wie Vögel in den Lüften. Wie Vögel nisten sie in den Wipfeln deutscher Eichen, und vielleicht ein halb Jahrhundert lang sieht man und hört man nichts von ihnen, bis sie eines schönen Sommermorgens auf dem öffentlichen Markte zum Vorschein kommen, großgewachsen, gleich dem Adler des obersten Gottes, und mit Blitzen in den Krallen. Was ist denn ein halb oder gar ein ganzes Jahrhundert? Die Völker haben Zeit genug, sie sind ewig; nur die Könige sind sterblich.

Ich glaube nicht so bald an eine deutsche Revolution, und noch viel weniger an eine deutsche Republik; letztere erlebe ich auf keinen Fall; aber ich bin überzeugt, wenn wir längst ruhig in unseren Gräbern vermodert sind, kämpft man in Deutschland mit Wort und Schwert für die Republik. Denn die Republik ist eine Idee, und noch nie haben die Deutschen eine Idee aufgegeben, ohne sie bis in allen ihren Konsequenzen durchgefochten zu haben. Wir Deutschen, die wir in unserer Kunstzeit die kleinste ästhetische Streitfrage, z. B. über das Sonett, gründlichst ausgestritten, wir sollten jetzt, wo unsere politische Periode beginnt, jene wichtigere Frage unerörtert lassen?

Zu solcher Polemik haben uns die Franzosen noch ganz besondere Waffen geliefert; denn wir haben beide, Franzosen und Deutsche, in der jüngsten Zeit viel voneinander gelernt; jene haben viel deutsche Philosophie und Poesie angenommen, wir dagegen die politischen Erfahrungen und den praktischen Sinn der Franzosen; beide Völker gleichen jenen homerischen Heroen, die auf dem Schlachtfelde Waffen und Rüstungen wechseln als Zeichen der Freundschaft. Daher überhaupt diese große Veränderung, die jetzt mit den deutschen Schriftstellern vorgeht. In früheren Zeiten waren sie entweder Fakultätsgelehrte oder Poeten, sie kümmerten sich wenig um das Volk, für dieses schrieb keiner von beiden, und in dem philosophischen poetischen Deutschland blieb das Volk von der plumpsten Denkweise befangen, und wenn es etwa einmal mit seinen Obrigkeiten haderte, so war nur die Rede von rohen Tatsächlichkeiten, materiellen Nöten, Steuerlast, Maut, Wildschaden, Torsperre usw.; – während im praktischen Frankreich das Volk, welches von den Schriftstellern erzogen und geleitet wurde, viel mehr um ideelle Interessen, um philosophische Grundsätze, stritt. Im Freiheitskriege *(lucus a non lucendo)* benutzten die Regierungen eine Koppel Fakultätsgelehrte und Poeten, um für ihre Kroninteressen auf das Volk zu wirken, und dieses zeigte viel Empfänglichkeit, las den »Merkur« von Joseph Görres, sang die Lieder von E. M. Arndt, schmückte sich mit dem Laube seiner vaterländischen Eichen, bewaffnete sich, stellte sich begeistert in Reih und Glied, ließ sich »Sie« titulieren, landstürmte und focht und besiegte den Napoleon; – denn gegen die Dummheit kämpfen die Götter selbst vergebens. Jetzt wollen die deutschen Regierungen jene Koppel wieder benutzen. Aber diese hat unterdessen immer im dunkelen Loch angekettet gelegen und ist sehr räudig geworden, in üblen Geruch gekommen, und hat nichts Neues gelernt, und bellt noch immer in der alten Weise; das Volk hingegen hat unterdessen ganz andere Töne gehört, hohe, herrliche Töne von bürgerlicher Gleichheit, von Menschenrechten, unveräußerlichen Menschenrechten, und mit lächelndem Mitleiden, wo nicht gar mit Verachtung, schaut es hinab auf die bekannten Kläffer, die mittelalterlichen Rüden, die getreuen Pudel, und die frommen Möpse von 1814.

Nun freilich die Töne von 1832 möchte ich nicht samt und sonders vertreten. Ich habe mich schon oben geäußert in betreff der befremdlichsten dieser Töne, nämlich über unsere deutschen Republikaner. Ich habe den zufälligen Umstand gezeigt, woraus ihre ganze Erscheinung hervorgegangen. Ich will hier durchaus nicht ihre Meinungen bekämpfen; das ist nicht meines Amtes, und dafür haben ja die Regierungen ihre besonderen Leute, die sie dafür besonders bezahlen. Aber ich kann nicht umhin, hier die Bemerkung auszusprechen: der Hauptirrtum der deutschen Republikaner entsteht dadurch, daß sie den Unterschied beider Länder nicht genau in Anschlag bringen, wenn sie auch für Deutschland jene republikanische Regierungsart wünschen, die vielleicht für Frankreich ganz passend sein möchte. Nicht wegen seiner geographischen Lage und des bewaffneten Einspruchs der Nachbarfürsten, kann Deutschland keine Republik werden, wie jüngst der Großherzog von Baden behauptet hat. Vielmehr sind es eben jene geographischen Verhältnisse, die den deutschen Republikanern bei ihrer Argumentation zu gute kämen, und was ausländische Gefahr betrifft, so wäre das vereinigte Deutschland die furchtbarste Macht der Welt, und ein Volk, welches sich unter servilsten Verhältnissen immer so vortrefflich schlug, würde, wenn es erst aus lauter Republikanern bestünde, sehr leicht die angedrohten Baschkiren und Kalmücken an Tapferkeit übertreffen. Aber Deutschland kann keine Republik sein, weil es seinem Wesen nach royalistisch ist. Frankreich ist, im Gegenteil, seinem Wesen nach republikanisch. Ich sage hiermit nicht, daß die Franzosen mehr republikanische Tugenden hätten als wir; nein, diese sind auch bei den Franzosen nicht im Überfluß vorhanden. Ich spreche nur von dem Wesen, von dem Charakter, wodurch der Republikanismus und der Royalismus sich nicht bloß voneinander unterscheiden, sondern sich auch als grundverschiedene Erscheinungen kundgeben und geltend machen.

Der Royalismus eines Volks besteht, dem Wesen nach, darin: daß es Autoritäten achtet, daß es an die Personen glaubt, die jene Autoritäten repräsentieren, daß es in dieser Zuversicht auch der Person selbst anhängt. Der Republikanismus eines Volks besteht, dem Wesen nach, darin: daß der Republikaner an keine Autorität glaubt, daß er nur die Gesetze hochachtet, daß er von den Vertretern derselben beständig Rechenschaft verlangt, sie mit Mißtrauen beobachtet, sie kontrolliert, daß er also nie den Personen anhängt, und diese vielmehr, je höher sie aus dem Volke hervorragen, desto emsiger mit Widerspruch, Argwohn, Spott und Verfolgung niederzuhalten sucht.

Der Ostrazismus war in dieser Hinsicht die republikanischste Einrichtung, und jener Athener, welcher für die Verbannung des Aristides stimmte, »weil man ihn immer den Gerechten nenne«, war der echteste Republikaner. Er wollte nicht, daß die Tugend durch eine Person repräsentiert werde, daß die Person am Ende mehr gelte als die Gesetze, er fürchtete die Autorität eines Namens; – dieser Mann war der größte Bürger von Athen, und daß die Geschichte seinen eigenen Namen verschweigt, charakterisiert ihn am meisten. Ja, seitdem ich die französischen Republikaner, sowohl in Schriften als im Leben studiere, erkenne ich überall, als charakteristische Zeichen, jenes Mißtrauen gegen die Person, jenen Haß gegen die Autorität eines Namens. Es ist nicht kleinliche Gleichheitssucht, weshalb jene Menschen die großen Namen hassen, nein, sie fürchten, daß die Träger solcher Namen ihn gegen die Freiheit mißbrauchen möchten, oder vielleicht durch Schwäche und Nachgiebigkeit ihren Namen zum Schaden der Freiheit mißbrauchen lassen. Deshalb werden in der Revolutionszeit so viele große populäre Freiheitsmänner hingerichtet, eben weil man, in gefährlichen Zuständen, einen schädlichen Einfluß ihrer Autorität befürchtete. Deshalb höre ich noch jetzt aus manchem Munde die republikanische Lehre: daß man alle liberalen Reputationen zugrunde richten müsse, denn diese übten, im entscheidenden Augenblick, den schädlichsten Einfluß, wie man es zuletzt bei Lafayette gesehen, dem man »die beste Republik« verdanke.

Vielleicht habe ich hier beiläufig die Ursache angedeutet, weshalb jetzt so wenig große Reputationen in Frankreich hervorragen; sie sind zum größten Teil schon zugrunde gerichtet. Von den allerhöchsten Personen bis zu den allerniedrigsten gibt es hier keine Autoritäten mehr. Von Ludwig Philipp I. bis zu Alexander, *Chef des claqueurs*, vom großen Talleyrand bis zu Vidocq, von Gaspar Debureau, dem berühmten Pierrot des Fünembülen-Theaters, bis hinab auf Hyazinth de Quelen, Erzbischof von Paris, von Monsieur Staub, *maître tailleur*, bis zu de Lamartine, dem frommen Böcklein, von Guizot bis Paul de Kock, von Cherubini bis Biffi, von Rossini bis zum kleinsten

Maulaffi – keiner, von welchem Gewerbe er auch sei, hat hier ein unbestrittenes Ansehen. Aber nicht bloß der Glaube an Personen ist hier vernichtet, sondern auch der Glaube an alles was existiert. Ja, in den meisten Fällen zweifelt man nicht einmal; denn der Zweifel selbst setzt ja einen Glauben voraus. Es gibt hier keine Atheisten; man hat für den lieben Gott nicht einmal so viel Achtung übrig, daß man sich die Mühe gäbe, ihn zu leugnen. Die alte Religion ist gründlich tot, sie ist bereits in Verwesung übergegangen, »die Mehrheit der Franzosen« will von diesem Leichnam nichts mehr wissen und hält das Schnupftuch vor der Nase, wenn vom Katholizismus die Rede ist. Die alte Moral ist ebenfalls tot, oder vielmehr sie ist nur noch ein Gespenst, das nicht einmal des Nachts erscheint. Wahrlich, wenn ich dieses Volk betrachte, wie es zuweilen hervorstürmt und auf dem Tische, den man Altar nennt, die heiligen Puppen zerschlägt, und von dem Stuhl, den man Thron nennt, den roten Sammet abreißt, und neues Brot und neue Spiele verlangt, und seine Lust daran hat, aus den eigenen Herzwunden das freche Lebensblut sprudeln zu sehen: dann will es mich bedünken, dieses Volk glaube nicht einmal an den Tod.

Bei solchen Ungläubigen wurzelt das Königtum nur noch in den kleinen Bedürfnissen der Eitelkeit, eine größere Gewalt aber treibt sie wider ihren Willen zur Republik. Diese Menschen, deren Bedürfnissen von Auszeichnung und Prunk nur die monarchische Regierungsform entspricht, sind dennoch durch die Unvereinbarkeit ihres Wesens mit den Bedingnissen des Royalismus, zur Republik verdammt. Die Deutschen aber sind noch nicht in diesem Falle, der Glaube an Autoritäten ist noch nicht bei ihnen erloschen, und nichts Wesentliches drängt sie zur republikanischen Regierungsform. Sie sind dem Royalismus nicht entwachsen, die Ehrfurcht vor den Fürsten ist bei ihnen nicht gewaltsam gestört, sie haben nicht das Unglück eines 21. Januarii erlebt, sie glauben noch an Personen, sie glauben an Autoritäten, an eine hohe Obrigkeit, an die Polizei, an die heilige Dreifaltigkeit, an die »Hallesche Literaturzeitung«, an Löschpapier und Packpapier, am meisten aber an Pergament. Armer Wirth! du hast die Rechnung ohne die Gäste gemacht!

Der Schriftsteller, welcher eine soziale Revolution befördern will, darf immerhin seiner Zeit um ein Jahrhundert vorauseilen; der Tribun hingegen, welcher eine politische Revolution beabsichtigt, darf sich nicht allzuweit von den Waffen entfernen. Überhaupt, in der Politik, wie im Leben, muß man nur das Erreichbare wünschen.

Wenn ich oben von dem Republikanismus der Franzosen sprach, so hatte ich, wie schon erwähnt, mehr die unwillkürliche Richtung als den ausgesprochenen Willen des Volks im Sinne. Wie wenig, für den Augenblick, der ausgesprochene Wille des Volks den Republikanern günstig ist, hat sich den 5. und 6. Junius kundgegeben. Ich habe über diese denkwürdigen Tage schon hinlänglich kummervolle Berichte mitgeteilt, als daß ich mich einer ausführlichen Besprechung derselben nicht überheben dürfte. Auch sind die Akten darüber noch nicht geschlossen, und vielleicht geben uns die kriegsgerichtlichen Verhöre mehr Aufschluß über jene Tage als wir bisher zu erlangen vermochten. Noch kennt man nicht die eigentlichen Anfänge des Streites, noch viel weniger die Zahl der Kämpfer. Die Philippisten sind dabei interessiert, die Sache als eine lang vorbereitete Verschwörung darzustellen und die Zahl ihrer Feinde zu übertreiben. Dadurch entschuldigen sie die jetzigen Gewaltmaßregeln der Regierung und gewinnen dadurch den Ruhm einer großen Kriegstat. Die Opposition hingegen behauptet, daß bei jenem Aufruhr nicht die mindeste Vorbereitung stattgefunden, daß die Republikaner ganz ohne Führer und ihre Zahl ganz gering gewesen. Dieses scheint die Wahrheit zu sein. Jedenfalls ist es jedoch für die Opposition ein großes Mißgeschick, daß während sie *in corpore* versammelt war und gleichsam in Reih und Glied stand, jener mißlungene Revolutionsversuch stattgefunden. Hat aber die Opposition hierdurch an Ansehen verloren, so hat die Regierung dessen noch mehr eingebüßt durch die unbesonnene Erklärung des *Etat die Siège*. Es ist, als habe sie zeigen wollen, daß sie, wenn es darauf ankomme, sich noch grandioser zu blamieren wisse, als die Opposition. Ich glaube wirklich, daß die Tage vom 5. und 6. Junius als ein bloßes Ereignis zu betrachten sind, das nicht besonders vorbereitet war. Jener Lamarquesche Leichenzug sollte nur eine große Heerschau der Opposition sein. Aber die Versammlung so vieler streitbarer und streitsüchtiger Menschen geriet plötzlich in unwiderstehlichen Enthusiasmus, der heilige Geist kam über sie zur unrechten Zeit, sie fingen an zur unrechten Zeit zu weissagen, und der Anblick der roten Fahne soll, wie ein Zauber, die Sinne verwirrt haben.

Es hat eine mystische Bewandtnis mit dieser roten schwarz umfranzten Fahne, worauf die schwarzen Worte »*la liberté ou la mort!*« geschrieben standen, und die, wie ein Banner der Todesweihe, über alle Köpfe am Pont d'Austerlitz hervorragte. Mehrere Leute, die den geheimnisvollen Fahnenträger selbst gesehen haben, behaupten: es sei ein langer, magerer Mensch gewesen, mit einem langen Leichengesichte, starren Augen, geschlossenem Munde, über welchem ein schwarzer altspanischer Schnurrbart mit seinen Spitzen an jeder Seite weit hervorstach, eine unheimliche Figur, die auf einem großen, schwarzen Klepper gespenstisch unbeweglich saß, während ringsumher der Kampf am leidenschaftlichsten wütete.

Den Gerüchten in betreff Lafayettes, die mit dieser Fahne in Verbindung stehen, wird jetzt von dessen Freunden aufs ängstlichste widersprochen. Er soll weder die rote Fahne noch die rote Mütze bekränzt haben. Der arme General sitzt zu Hause und weint über den schmerzlichen Ausgang jener Feier, wobei er wieder, wie bei den meisten Volksaufständen seit Beginn der Revolution eine Rolle gespielt – immer sonderbarer mit fortgezogen durch die allgemeine Bewegung und in der guten Absicht, durch seine persönliche Gegenwart das Volk vor allzu großen Exzessen zu bewahren. Er gleicht dem Hofmeister, der seinem Zögling in die Frauenhäuser folgte, damit er sich dort nicht betrinke, und mit ihm ins Weinhaus ging, damit er wenigstens dort nicht spiele, und ihn sogar in die Spielhäuser begleitete, damit er ihn dort vor Duellen bewahre; – kam es aber zu einem ordentlichen Duell, dann hat der Alte selber sekundiert.

Wenn man auch voraussehen konnte, daß bei dem Lamarqueschen Begräbnisse, wo ein Heer von Unzufriedenen sich versammelte, einige Unruhen stattfinden würden, so glaubte doch niemand an den Ausbruch einer eigentlichen Insurrektion. Es war vielleicht der Gedanke, daß man jetzt so hübsch beisammen sei, was einige Republikaner veranlaßte, eine Insurrektion zu improvisieren. Der Augenblick war keineswegs ungünstig gewählt, eine allgemeine Begeisterung hervorzubringen und selbst die Zagenden zu entflammen. Es war ein Augenblick, der wenigstens das Gemüt gewaltsam aufregte und die gewöhnliche Werkeltagsstimmung und alle kleinen Besorgnisse und Bedenklichkeiten daraus verscheuchte. Schon auf den ruhigen Zuschauer mußte dieser Leichenzug einen großen Eindruck machen, sowohl durch die Zahl der Leidtragenden, die über hunderttausend betrug, als auch durch den dunkelmutigen Geist, der sich in ihren Mienen und Gebärden aussprach. Erhebend und doch zugleich beängstigend wirkte besonders der Anblick der Jugend aller hohen Schulen von Paris, der *Amis du Peuple*, und so vieler anderer Republikaner aus allen Ständen, die, mit furchtbarem Jubel die Luft erfüllend, gleich Bacchanten der Freiheit, vorüberzogen, in den Händen belaubte Stäbe, die sie als ihre Thyrsen schwangen, grüne Weidenkränze um die kleinen Hüte, die Tracht brüderlich einfach, die Augen wie trunken, von Tatenlust, Hals und Wangen rotflammend – ach! auf manchem dieser Gesichter bemerkte ich auch den melancholischen Schatten eines nahen Todes, wie er jungen Helden sehr leicht geweissagt werden kann. Wer diese Jünglinge sah, in ihrem übermütigen Freiheitsrausch, der fühlte wohl, daß viele derselben nicht lange leben würden. Es war auch ein trübes Vorbedeutnis, daß der Siegeswagen, dem jene bacchantische Jugend nachjubelte, keinen lebenden, sondern einen toten Triumphator trug.

Unglückseliger Lamarque! wie viel Blut hat deine Leichenfeier gekostet! Und es waren nicht gezwungene oder gedungene Gladiatoren, die sich niedermetzelten, um ein eitel Trauergepränge durch Kampfspiel zu erhöhen. Es war die blühend begeisterte Jugend, die ihr Blut hingab für die heiligsten Gefühle, für den großmütigsten Traum ihrer Seele. Es war das beste Blut Frankreichs, welches in der Rue Saint-Martin geflossen, und ich glaube nicht, daß man bei den Thermopylen tapferer gefochten, als am Eingange der Gäßchen Saint-Mery und Aubry des Bouchers, wo sich endlich eine Handvoll von einigen sechzig Republikanern gegen 60 000 Linientruppen und Nationalgarden verteidigten und sie zweimal zurückschlugen. Die alten Soldaten des Napoleon, welche sich auf Waffentaten so gut verstehen wie wir etwa auf christliche Dogmatik, Vermittlung der Extreme, oder Kunstleistungen einer Mimin, behaupten, daß der Kampf auf der Rue Saint-Martin zu den größten Heldentaten der neueren Geschichte gehört. Die Republikaner taten Wunder der Tapferkeit, und die wenigen, die am Leben blieben, baten keineswegs um Schonung. Dieses bestätigen alle meine Nachforschungen, die ich, wie mein Amt es erheischt, gewissenhaft angestellt. Sie wurden größtenteils mit den Bajonetten erstochen von den Nationalgardisten. Einige Republikaner traten, als aller Widerstand vergebens war, mit entblößter Brust ihren Feinden entgegen und ließen sich erschießen. Als das Eckhaus der Rue Saint-Mery eingenommen wurde, stieg ein Schüler der Ecole d'Alfort mit der Fahne aufs Dach, rief sein *Vive la République«* und stürzte nieder von Kugeln durchbohrt. In ein Haus, dessen erste Etage noch von den

Republikanern behauptet wurde, drangen die Soldaten und brachen die Treppe ab; jene aber, die ihren Feinden nicht lebend in die Hände fallen wollten, haben sich selber umgebracht, und man eroberte nur ein Zimmer voll Leichen. In der Kirche Saint-Mery hat man mir diese Geschichte erzählt, und ich mußte mich dort an die Bildsäule des heiligen Sebastian anlehnen, um nicht vor innerer Bewegung umzusinken, und ich weinte wie ein Knabe. Alle Heldengeschichten, worüber ich als Knabe schon so viel geweint, traten mir dabei ins Gedächtnis, fürnehmlich aber dacht' ich an Kleomenes, König von Sparta, und seine zwölf Gefährten, die durch die Straßen von Alexandrien rannten, und das Volk zur Erkämpfung der Freiheit aufriefen, und keine gleichgesinnten Herzen fanden, und um den Tyrannenknechten zu entgehen, sich selber töteten; der schöne Anteos war der letzte, noch einmal beugte er sich über den toten Kleomenes, den geliebten Freund, und küßte die geliebten Lippen, und stürzte sich dann in sein Schwert.

Über die Zahl derer, die auf der Rue Saint-Martin gefochten, ist noch nichts Bestimmtes ermittelt. Ich glaube, daß anfangs gegen zweihundert Republikaner dort versammelt gewesen, die aber endlich, wie oben angedeutet, während des Tages vom 6. Juni auf sechzig zusammengeschmolzen waren. Kein einziger war dabei, der einen bekannten Namen trug, oder den man früher als einen ausgezeichneten Kämpen des Republikanismus gekannt hätte. Es ist das wieder ein Zeichen, daß, wenn jetzt nicht viele Heldennamen in Frankreich besonders laut erklingen, keineswegs der Mangel an Helden daran schuld ist. Überhaupt scheint die Weltperiode vorbei zu sein, wo die Taten der einzelnen hervorragen; die Völker, die Parteien, die Massen selber sind die Helden der neuern Zeit; die moderne Tragödie unterscheidet sich von der antiken dadurch, daß jetzt die Chöre agieren und die eigentlichen Hauptrollen spielen, während die Götter, Heroen, und Tyrannen, die früherhin die handelnden Personen waren, jetzt zu mäßigen Repräsentanten des Parteiwillens und der Volkstat herabsinken und zur schwatzenden Betrachtung hingestellt sind, als Thronredner, als Gastmahlpräsidenten, Landtagsabgeordnete, Minister, Tribune usw. Die Tafelrunde des großen Ludwig Philipp, die ganze Opposition mit ihren *comptes rendus*, mit ihren Deputationen, die Herren Odilon-Barrot, Lafitte und Arago, wie passiv und geringselig erscheinen diese abgedroschenen renommierten Leute, diese scheinbaren Notabilitäten, wenn man sie mit den Helden der Rue Saint-Martin vergleicht, deren Namen niemand kennt, die gleichsam anonym gestorben sind.

Der bescheidene Tod dieser großen Unbekannten vermag nicht bloß uns eine wehmütige Rührung einzuflößen, sondern er ermutigt auch unsere Seele, als Zeugnis, daß viele tausend Menschen, die wir gar nicht kennen, bereit stehen für die heilige Sache der Menschheit ihr Leben zu opfern. Die Despoten aber müssen von heimlichem Grauen erfaßt werden, bei dem Gedanken, daß eine solche unbekannte Schar von Todessüchtigen sie immer umringt gleich den vermummten Dienern einer heiligen Feme. Mit Recht fürchten sie Frankreich, die rote Erde der Freiheit!

Es ist ein Irrtum, wenn man etwa glaubt, daß die Helden der Rue Saint-Martin zu den unteren Volksklassen gehören, oder gar zum Pöbel, wie man sich ausdrückt; nein, es waren meistens Studenten, schöne Jünglinge, von der Ecole d'Alfort, Künstler, Journalisten, überhaupt Strebende, darunter auch einige Ouvriers, die unter der groben Jacke sehr feine Herzen trugen. Bei dem Kloster Saint-Mery scheinen nur junge Menschen gefochten zu haben; an andern Orten kämpften auch alte Leute. Unter den Gefangenen, die ich durch die Stadt führen sehen, befanden sich auch Greise, und besonders auffallend war mir die Miene eines alten Mannes, der, nebst einigen Schülern der Ecole Polytechnique, nach der Conciergerie gebracht wurde. Letztere gingen gebeugten Hauptes, düster und wüst, das Gemüt zerrissen, wie ihre Kleider; der Alte hingegen ging zwar ärmlich und altfränkisch, aber sorgfältig angezogen, mit abgeschabt strohgelbem Frack und dito Weste und Hose, zugeschnitten nach der neuesten Mode von 1793, mit einem großen dreieckigen Hut auf dem alten gepuderten Köpfchen, und das Gesicht so sorglos, so vergnügt fast, als ging's zu einer Hochzeit; eine alte Frau lief hinter ihm drein, in der Hand einen Regenschirm, den sie ihm nachzubringen schien, und in jeder Falte ihres Gesichtes eine Todesangst, wie man sie wohl empfinden kann, wenn es heißt, irgend einer unserer Lieben soll vor ein Kriegsgericht gestellt und binnen 24 Stunden erschossen werden. Ich kann das Gesicht jenes alten Mannes gar nicht vergessen. Auf der Morgue sah ich den 8. Junius ebenfalls einen alten Mann, der mit Wunden bedeckt war, und, wie ein neben mir stehender Nationalgarde mir versichert, ebenfalls als Republikaner sehr kompromittiert sei. Er lag aber auf den Bänken der Morgue. Letztere ist nämlich ein Gebäude, wo man die Leichen, die man auf der Straße oder in der Seine findet, hinbringt und ausstellt, und wo man also die Angehörigen, die man vermißt, aufzusuchen pflegt.

An obenerwähntem Tage, den 8. Juni, begaben sich so viele Menschen nach der Morgue, daß man dort Queue machen mußte, wie vor der Großen Oper, wenn »*Robert le Diable*« gegeben wird. Ich mußte dort fast eine Stunde lang warten, bis ich Einlaß fand, und hatte Zeit genug jenes trübsinnige Haus, das vielmehr einem großen Steinklumpen gleicht, ausführlich zu betrachten. Ich weiß nicht was es bedeutet, daß eine gelbe Holzscheibe mit blauem Hintergrund, wie eine große brasilianische Kokarde, vor dem Eingang hängt. Die Hausnummer ist 21, *vingt-un*. Drinnen war es melancholisch anzusehen, wie ängstlich einige Menschen die ausgestellten Toten betrachteten, immer fürchtend, denjenigen zu finden, den sie suchten. Es gab dort zwei entsetzliche Erkennungsszenen. Ein kleiner Junge erblickte seinen toten Bruder, und blieb schweigend, wie angewurzelt stehen. Ein junges Mädchen fand dort ihren toten Geliebten und fiel schreiend in Ohnmacht. Da ich sie kannte hatte ich das traurige Geschäft, die Trostlose nach Hause zu führen. Sie gehörte zu einem Putzladen in meiner Nachbarschaft, wo acht junge Damen arbeiteten, welche sämtlich Republikanerinnen sind. Ihre Liebhaber sind lauter junge Republikaner. Ich bin in diesem Hause immer der einzige Royalist.

Zwischennote zu Artikel IX

(Geschrieben den 1. Oktober 1832) Die im vorstehenden Artikel unterdrückte Stelle bezog sich zunächst auf den deutschen Adel. Je mehr ich aber die neuesten Tageserscheinungen überdenke, desto wichtiger dünkt mir dies Thema, und ich muß mich nächstens zu einer gründlichen Besprechung desselben entschließen. Wahrlich, es geschieht nicht aus Privatgefühlen; ich glaube es in der jüngsten Zeit bewiesen zu haben, daß meine Befehdung nur die Prinzipien und nicht leiblich unmittelbar die Person des Gegners trifft. Die Enragés des Tages haben mich deshalb in der letzten Zeit als einen geheimen Bundesgenossen der Aristokraten verschrien, und wenn die Insurrektion vom 5. Junius nicht scheiterte, wäre es ihnen leicht gelungen, mir den Tod zu bereiten, den sie mir zugedacht. Ich verzeihe ihnen gern diese Narrheit, und nur in meinem Tagesbericht vom 7. Junius ist mir ein Wort darüber entschlüpft. – Der Parteigeist ist ein ebenso blindes wie rasendes Tier.

Es ist aber mit dem deutschen Adel eine sehr schlimme Sache. Alle Konstitutionen, selbst die beste, können uns nichts helfen, solange nicht das ganze Adeltum bis zur letzten Wurzel zerstört ist. Die armen Fürsten sind selbst in der größten Not, ihr schönster Wille ist fruchtlos, sie müssen ihren heiligsten Eiden zuwiderhandeln, sie sind gezwungen der Sache des Volks entgegenzuwirken, mit einem Worte: sie können den beschworenen Konstitutionen nicht treu bleiben, solange sie nicht von jenen älteren Konstitutionen befreit sind, die ihnen der Adel, als er seine waffenherrliche Unabhängigkeit einbüßte, durch die seidenen Künste der Kurtisanerie abzugewinnen wußte; Konstitutionen, die als ungeschriebene Gewohnheitsrechte tiefer begründet sind als die gedrucktesten Löschpapierverfassungen; Konstitutionen, deren Kodex jeder Krautjunker auswendig weiß, und deren Aufrechterhaltung unter die besondere Obhut jeder alten Hofkatze gestellt ist; Konstitutionen, wovon auch der absoluteste König nicht das geringste Titelchen zu verletzen wagt – ich spreche von der Etikette.

Durch die Etikette liegen die Fürsten ganz in der Gewalt des Adels, sie sind unfrei, sie sind unzurechnungsfähig, und die Treulosigkeit, die einige derselben bei den letzten Ordonnanzen des Bundestags beurkundet, ist, wenn man sie billig beurteilt, nicht ihrem Willen, sondern ihren Verhältnissen beizumessen. Keine Konstitution sichert die Rechte des Volks; solange die Fürsten gefangen liegen in den Etiketten des Adels, der, sobald die Kasteninteressen ins Spiel kommen, alle Privatfeindschaften beiseite setzt und als Korps verbündet ist. Was vermag der einzelne, der Fürst, gegen jenes Korps, das in Intrigen geübt ist, das alle fürstlichen Schwächen kennt, das unter seinen Mitgliedern auch die nächsten Verwandten des Fürsten zählt, das ausschließlich um dessen Person sein darf, dergestalt, daß der Fürst seine Edelleute, selbst wenn er sie haßt, durchaus nicht von sich weisen kann, daß er ihren holden Anblick ertragen muß, daß er sich von ihnen ankleiden, die Hände waschen und lecken lassen muß, daß er mit ihnen essen, trinken und sprechen muß – denn sie sind hoffähig, durch Erbrang zu jenen Hofchargen bevorzugt, und alle Hofdamen würden sich empören und dem armen Fürsten sein eigenes Haus verleiden, wenn er nach seines Herzens Gefühlen handelte und nicht nach den Vorschriften der Etikette. So geschah es, daß König

Wilhelm von England, ein wackerer, guter Fürst, durch die Ränke seiner noblen Umgebung aufs kläglichste gezwungen ward, sein Wort zu brechen und seinen ehrlichen Namen zu opfern und der Achtung und des Vertrauens seines Volkes auf immer verlustig zu werden. So geschah es, daß einer der edelsten und geistreichsten Fürsten, die je einen Thron geziert, Ludwig von Bayern, der noch vor drei Jahren der Sache des Volkes so eifrig zugetan war, und allen Unterjochungsversuchen seiner Noblesse so fest widerstand und ihre frondierende Insolenz und Verleumdungen so heldenmütig ertrug: daß dieser jetzt, müd und entkräftet, in ihre verräterische Arme sinkt und sich selber untreu wird! Armes Herz, das einst so ruhmsüchtig und stolz war, wie sehr muß dein Mut gebrochen sein, daß du, um von einigen störrigen Untertanen nicht mehr durch Widerrede inkommodiert zu werden, deine eigne unabhängige Oberherrschaft aufgabest, und selbst ein untertäniger Vasall wurdest, Vasall deiner natürlichen Feinde, Vasall deiner Schwäger!

Ich wiederhole, alle geschriebene Konstitutionen können uns nichts helfen, solange wir das Adeltum nicht von Grund aus vernichten. Es ist nicht damit abgetan, daß man durch diskutierte, votierte und sanktionierte und promulgierte Gesetze die Privilegien des Adels annulliert; dieses ist an mehreren Orten geschehen, und dennoch herrschen dort noch immer die Adelsinteressen. Wir müssen die herkömmlichen Mißbräuche im fürstlichen Haushalt vertilgen, auch für das Hofgesinde eine neue Gesindeordnung einführen, die Etiketten zerbrechen, und um selbst frei zu werden, mit der Fürstenbefreiung, mit der Emanzipation der Könige, das Werk beginnen. Die alten Drachen müssen verscheucht werden von dem Quell der Macht. Wenn ihr dieses getan habt, seid wachsam, damit sie nicht nächtlicherweile wieder herankriechen und den Quell vergiften. Einst gehörten wir den Königen, jetzt gehören die Könige uns. Daher müssen wir sie auch selbst erziehen, und nicht mehr jenen hochgeborenen Prinzenhofmeistern überlassen, die sie zu den Zwecken ihrer Kaste erziehen und an Leib und Seele verstümmeln. Nichts ist den Völkern gefährlicher, als jene frühe Umjunkerung der Kronprinzen. Der beste Bürger werde Prinzenerzieher, durch die Wahl des Volks, und wer verrufenen Leumunds ist, oder nur im geringsten bescholten, werde gesetzlich entfernt von der Person des jungen Fürsten. Drängt er sich dennoch hinzu, mit jener unverschämten Zudringlichkeit, die dem Adel in solchen Fällen eigen ist, so werde er gestäupt, auf dem Marktplatz, nach den schönsten Rhythmen, und mit rotem Eisen werde ihm das Metrum aufs Schulterblatt gedruckt. Wenn er etwa behauptet, er habe sich an die Person des jungen Fürsten gedrängt, um für geistreich und witzig gehalten zu werden, und wenn er einen dicken Bauch hat wie Sir John, so setze man ihn bloß ins Zuchthaus; aber wo die Weiber sitzen.

Indessen, es gibt auch weiße Raben.

Ich werde, wie ich schon in der Vorrede zu Kahldorfs Briefen an den Grafen Moltke angedeutet, diesen Gegenstand ausführlicher besprechen; eine Statistik des diplomatischen Korps, dem die Interessen der Völker anvertraut sind, wird dabei am interessantesten sein. Es werden Tabellen beigefügt werden, Verzeichnisse der verschiedenen Tugenden desselben, in den verschiedenen Hauptstädten. Man wird z. B. daraus ersehen, wie in einer der letztern, immer der dritte Mann unter der edlen Genossenschaft entweder ein Spieler ist, oder ein heimatloser Lohndiener, oder ein Escroc, oder der Ruffiano seiner eigenen Gattin, oder der Gemahl seines Jockeys, oder ein Allerweltsspion, oder sonst ein adliger Taugenichts. Ich habe behufs dieser Statistik ein sehr gründliches Quellenstudium getrieben, und zwar an den Tischen des Königs Pharo und anderer Könige des Morgenlands, in den Soireen der schönsten Göttinnen des Tanzes und des Gesanges, in den Tempeln der Gourmandise und der Galanterie, kurz in den vornehmsten Häusern Europas.

Ich muß in betreff des Grafen Moltke hier nachträglich erwähnen, daß derselbe Juli vorigen Jahres hier in Paris war und mich in einen Federkrieg über den Adel verwickeln wollte, um dem Publikum zu zeigen, daß ich seine Prinzipien mißverstanden, oder willkürlich entstellt hätte. Es schien mir aber gerade damals bedenklich, in meiner gewöhnlichen Weise ein Thema öffentlich zu erörtern, das die Tagesleidenschaften so furchtbar ansprechen mußte. Ich habe diese Besorgnisse dem Grafen mitgeteilt, und er war verständig genug, nichts gegen mich zu schreiben. Da ich ihn zuerst angegriffen, hätte ich seine Antwort nicht ignorieren dürfen, und eine Replik hätte wieder von meiner Seite erfolgen müssen. Wegen jener Einsicht verdient der Graf das beste Lob, das ich ihm hiermit zolle, und zwar um so bereitwilliger, da ich in ihm persönlich einen geistreichen und, was noch mehr sagen will, einen wohldenkenden Mann gefunden, der es wohl verdient hätte in der Vorrede zu den Kahldorfschen Briefen nicht wie ein gewöhnlicher Adliger behandelt zu werden. Seitdem habe ich seine Schrift über Gewerbefreiheit gelesen, worin er, wie bei vielen anderen Fragen, den liberalsten Grundsätzen huldigt.

Es ist eine sonderbare Sache mit diesen Adligen! Die Besten unter ihnen können sich von ihren Geburtsinteressen nicht lossagen. Sie können in den meisten Fällen liberal denken, vielleicht noch unabhängig liberaler als Rotüriers, sie können vielleicht mehr als diese die Freiheit lieben und Opfer dafür bringen – aber für bürgerliche Gleichheit sind sie sehr unempfänglich. Im Grunde ist kein Mensch ganz liberal, nur die Menschheit ist es ganz, da der eine das Stück Liberalismus besitzt, das dem anderen mangelt, und die Leute sich also in ihrer Gesamtheit aufs beste ergänzen. Der Graf Moltke ist gewiß der festesten Meinung, daß der Sklavenhandel etwas Widerrechtliches und Schändliches ist, und er stimmt gewiß für dessen Abschaffung. Mynheer van der Null hingegen, ein Sklavenhändler, den ich unter den Bohmchen zu Rotterdam kennen gelernt, ist durchaus überzeugt: der Sklavenhandel sei etwas ganz Natürliches und Anständiges, das Vorrecht der Geburt aber, das Erbprivilegium, der Adel, sei etwas Ungerechtes und Widersinniges, welches jeder honette Staat ganz abschaffen müsse.

Daß ich im Julius 1831 mit dem Grafen Moltke, dem Champion des Adels, keinen Federkrieg führen wollte, wird jeder vernünftig fühlende Mensch zu würdigen wissen, wenn er die Natur der Bedrohnisse erwägt, die damals in Deutschland laut geworden.

Die Leidenschaften tobten wilder als je, und es galt damals dem Jakobinismus ebenso kühn die Stirne zu bieten wie einst dem Absolutismus. Unbeweglich in meinen Grundsätzen, haben selbst die Ränke des Jakobinismus nicht vermocht, mich hier, zu Paris, in den dunkelen Strudel hineinzureißen, wo deutscher Unverstand mit französischem Leichtsinn rivalisierte. Ich habe keinen Teil genommen an der hiesigen deutschen Assoziation, außer daß ich ihr, bei einer Kollekte für die Unterstützung der freien Presse, einige Franks zollte; lange vor den Juniustagen habe ich den Vorstehern jener Assoziation aufs bestimmteste notifiziert, daß ich nicht mit derselben in weiterer Verbindung stehe. Ich kann daher nur mitleidig die Achsel zucken, wenn ich höre, daß die jesuitisch aristokratische Partei in Deutschland sich zu jener Zeit die größte Mühe gab, mich als einen der Enragés des Tages darzustellen, um mir bei deren Exzessen eine kompromittierende Solidarität aufzubürden.

Es war eine tolle Zeit, und ich hatte meine große Not mit meinen besten Freunden, und ich war sehr besorgt für meine schlimmsten Feinde. Ja, ihr teuern Feinde, ihr wißt nicht, wieviel Angst ich um euch ausgestanden habe. Es war schon die Rede davon, alle verräterische Junker, verleumderische Pfaffen und sonstige Schurken in Deutschland aufzuknüpfen. Wie durfte ich das leiden! Galt es nur, euch ein bißchen zu züchtigen, euch auf dem Schloßplatz zu Berlin oder auf dem Schrannenmarkt zu München, in einem gelinden Versmaße, mit Ruten zu streichen, oder euch die trikolore Kokarde auf die Tonsur zu nageln, oder sonst ein Späßchen mit euch zu treiben, das hätte ich schon hingehen lassen. Aber daß man euch geradezu umbringen wollte, das litt ich nicht. Euer Tod wäre ja für mich der größte Verlust gewesen. Ich hätte mir neue Feinde erwerben müssen, vielleicht unter honetten Leuten, welches einem Schriftsteller in den Augen des Publikums sehr schädlich ist. Nichts ist uns ersprießlicher, als wenn wir lauter schlechte Kerle zu Feinden haben. Der HERR hat mich unübersehbar reichlich mit dieser Sorte gesegnet und ich bin froh, daß sie jetzt in Sicherheit sind. Ja, laßt uns ein *Te Metternich laudamus* singen, ihr teuern Feinde! Ihr waret in der größten Gefahr, gehenkt zu werden, und ich hätte euch dann auf immer verloren! Jetzt ist wieder alles still, alles wird beigelegt, oder festgesetzt, die Bundesakte wird losgelassen, und die Patrioten werden eingesperrt und wir sehen einer langen, süßen, sicheren Ruhe entgegen. Jetzt können wir uns wieder ungestört des alten schönen Verhältnisses erfreuen: ich geißle euch wieder nach wie vor, und ihr verleumdet mich wieder nach wie vor. Wie froh bin ich, euch noch so ungehenkt zu sehen! Euer Leben ist mir teurer als jemals. Ich kann mich bei eurem Anblick einer gewissen Rührung nicht erwehren. Ich bitte euch, schont eure Gesundheit; verschluckt nicht euer eignes Gift, lügt und verleumdet lieber womöglich noch mehr als ihr zu tun pflegt, das erleichtert das fromme Herz; geht nicht so gebückt und gekrümmt, das schadet der Brust; geht mal ins Theater, wenn eine Raupachsche Tragödie gegeben wird, das heitert auf; versucht eine Abwechselung in euren Privatvergnügungen, besucht auch einmal ein schönes Mädchen; hütet euch aber vor des Seilers Töchterlein!

Ihr flattert jetzt wieder an einem langen Faden; aber wer weiß, eines frühen Morgens hängt ihr an einem kurzen Strick.

Tagesberichte

Vorbemerkung

Über die mißlungene Insurrektion vom 5. und 6. Junius, über diese so bedeutende und erfolgreiche Erscheinung, wird man nie viel Wahres und Richtiges erfahren, sintemalen beide Parteien gleich interessiert waren, die bekannten Tatsachen zu entstellen und die unbekannten zu verhüllen. Die folgenden Tagesberichte, geschrieben angesichts der Begebenheiten, im Geräusch des Parteikampfes, und zwar immer kurz vor Abgang der Post, so schleunig als möglich, damit die Korrespondenten des siegenden Justemilieu nicht den Vorsprung gewönnen – diese flüchtigen Blätter teile ich hier mit, unverändert, insoweit sie auf die Insurrektion vom 5. Junius Bezug haben. Der Geschichtsschreiber mag sie vielleicht einst um so gewissenhafter benutzen können, da er wenigstens sicher ist, daß sie nicht nach späteren Interessen verfertigt worden.

Wenn es auch für manche irrige Suppositionen, wie man sie in diesen Blättern findet, keines besonderen Widerrufs bedarf, so kann ich doch nicht umhin, eine einzige derselben zu berichtigen. Der General Lafayette hat nämlich seitdem öffentlich erklärt, daß er es nicht war, welcher am 5. Junius die rote Fahne und die Jakobinermütze bekränzt hat. Unser alter General hat sich, wie ich erst später erfahren, an jenem Tage ganz seiner würdig gezeigt. Eine leichtbegreifliche Diskretion erlaubt mir nicht, in diesem Augenblick, einige hierauf bezügliche Umstände zu berichten, die selbst den eingefleischtesten Jakobiner mit Rührung und Ehrfurcht vor Lafayette erfüllen mußten.

Man wird in diesen Blättern, wie im ganzen Buche, vielen widersprechenden Äußerungen begegnen, aber sie betreffen nie die Dinge, sondern immer die Personen. Über erstere muß unser Urteil feststehen, über letztere darf es täglich wechseln. So habe ich über das schlechte System, worin Ludwig Philipp wie in einem Sumpfe steckt, immer dieselbe Meinung ausgesprochen, aber über seine Person urteilte ich nicht immer in derselben Tonart. Im Beginn war ich gegen ihn gestimmt, weil ich ihn für einen Aristokraten hielt; später, als ich mich von seiner echten Bürgerlichkeit überzeugte, sprach ich schon von ihm viel besser; als er uns durch den Etat de Siège erschreckte, ward ich wieder sehr aufgebracht gegen ihn; dies legte sich wieder nach den ersten Tagen, als wir sahen, daß der arme Ludwig Philipp nur in der Betäubung der eignen Angst jenen Mißgriff begangen; aber seitdem haben mir die Karlisten, durch ihre Schmähungen, eine wahre Vorliebe für die Person dieses Königs eingeflößt, und ich könnte diese noch in meinem Herzen steigern, wenn ich ihn mit – – – – – vergleichen wollte.

Beilage zu Artikel VI

»Siehe zu, die Grundsuppe des Wuchers, der Dieberei und der Räuberei sind unsere Großen und Herren, nehmen alle Kreaturen zum Eigentum, die Fische im Wasser, die Vögel in der Luft, das Gewächs auf Erden, alles muß ihr sein. (Jes. V.) Darüber lassen sie denn Gottes Gebot ausgehen unter die Armen und sprechen: ›Gott hat geboten, du sollst nicht stehlen‹; es dienet aber ihnen nicht. So sie nun alle Menschen verursachen, den armen Ackermann, Handwerkmann, und alles was da lebet, schinden und schaben (Mich. III.), so hat er sich dann vergriffen an dem Allerheiligsten, so muß er henken. Da sagt dann der Doktor Lügner Amen. Die Herren machen das selber, daß ihnen der arme Mann feind wird. Die Ursach des Aufruhrs wollen sie nicht wegtun, wie kann es in der Länge gut werden. So ich das sage, werde ich aufrührisch sein, wohl hin.«

So sprach vor 300 Jahren Thomas Münzer, einer der heldenmütigsten und unglücklichsten Söhne des deutschen Vaterlandes, ein Prediger des Evangeliums, das, nach seiner Meinung nicht bloß die Seligkeit im Himmel verhieß, sondern auch die Gleichheit und Brüderschaft der Menschen auf Erden befehle. Der Doktor Martinus Luther war anderer Meinung und verdammte solche aufrührerische Lehren, wodurch sein eigenes Werk, die Losreißung von Rom und die Begründung des neuen Bekenntnisses gefährdet wurde; und vielleicht mehr aus Weltklugheit, denn aus bösem Eifer, schrieb er das unrühmliche Buch gegen die unglücklichen Bauern. Pietisten und servile Duckmäuser haben in jüngster Zeit dieses Buch wieder ins Leben gerufen und die neuen Abdrücke ins Land herum verbreitet, einerseits um den hohen Protektoren zu zeigen, wie die reine lutherische Lehre den Absolutismus unterstütze, andererseits um durch Luthers Autorität den Freiheitsenthusiasmus in Deutschland niederzudrücken. Aber ein heiligeres Zeugnis, das aus dem Evangelium hervorblutet, widerspricht der knechtischen Ausdeutung und vernichtet die irrige Autorität; Christus, der für die Gleichheit und Brüderschaft der Menschen gestorben ist, hat sein Wort nicht als Werkzeug des Absolutismus offenbart, und Luther hatte unrecht und Thomas Münzer hatte recht. Er wurde enthauptet zu Mödlin. Seine Gefährten hatten ebenfalls recht, und sie wurden teils mit dem Schwerte hingerichtet, teils mit dem Stricke gehenkt, je nachdem sie adeliger oder bürgerlicher Abkunft waren. Markgraf Casimir von Ansbach hat, noch außer solchen Hinrichtungen, auch fünfundachtzig Bauern die Augen ausstechen lassen, die nachher im Lande herumbettelten und ebenfalls recht hatten. Wie es in Oberöstreich und Schwaben den armen Bauern erging, wie überhaupt in Deutschland viele hunderttausend Bauern, die nichts als Menschenrechte und christliche Milde verlangten, abgeschlachtet und gewürgt wurden von ihren geistlichen und weltlichen Herren, ist männiglich bekannt. Aber auch letztere hatten recht, denn sie waren noch in der Fülle ihrer Kraft, und die Bauern wurden manchmal irre an sich selber, durch die Autoritäten eines Luthers und anderer Geistlichen, die es mit den

Weltlichen hielten, und durch unzeitige Kontroverse über zweideutige Bibelstellen, und weil sie manchmal Psalmen sangen statt zu fechten.

Im Jahr der Gnade 1789 begann in Frankreich derselbe Kampf um Gleichheit und Brüderschaft, aus denselben Gründen, gegen dieselben Gewalthaber, nur daß diese durch die Zeit ihre Kraft verloren und das Volk an Kraft gewonnen und nicht mehr aus dem Evangelium, sondern aus der Philosophie seine Rechtsansprüche geschöpft hatte. Die feudalistischen und hierarchischen Institutionen, die Karl der Große in seinem großen Reiche begründet und die sich in den daraus hervorgegangenen Ländern mannigfaltig entwickelt, diese hatten in Frankreich ihre mächtigen Wurzeln geschlagen, jahrhundertelang kräftig geblüht, und, wie alles in der Welt, endlich ihre Kraft verloren. Die Könige von Frankreich, verdrießlich ob ihrer Abhängigkeit von dem Adel und von der Geistlichkeit, welch ersterer sich ihnen gleich dünkte und welch letztere mehr als sie selbst das Volk beherrschte, hatten allmählich die Selbständigkeit jener beiden Mächte zu vernichten gewußt, und unter Ludwig XIV. war dieses stolze Werk vollendet. Statt eines kriegerischen Feudaladels, der die Könige einst beherrschte und schützte, kroch jetzt, um die Stufen des Thrones, ein schwächlicher Hofadel, dem nur die Zahl seiner Ahnen, nicht seiner Burgen und Mannen, Bedeutung verlieh; statt starrer, ultramontaner Priester, die mit Beicht' und Bann die Könige schreckten, aber auch das Volk im Zaume hielten, gab es jetzt eine gallikanische, sozusagen mediatisierte Kirche, deren Ämter man im *Œil de bœuf* von Versailles, oder im Boudoir der Maitressen erschlich, und deren Oberhäupter zu denselben Adligen gehörten, die als Hofdomestiken paradierten, so daß Abt- und Bischofskostüm, Pallium und Mitra, als eine andre Art von Hoflivree betrachtet werden konnte; – und ohngeachtet dieser Umwandlung, behielt der Adel die Vorrechte, die er einst über das Volk ausgeübt; ja sein Hochmut gegen letzteres stieg, je mehr er gegen seinen königlichen Herren in Demut versank; er usurpierte, nach wie vor, alle Genüsse, drückte und beleidigte, nach wie vor; und dasselbe tat jene Geistlichkeit, die ihre Macht über die Geister längst verloren, aber ihre Zehnten, ihr Dreigöttermonopol, ihre Privilegien der Geistesunterdrückung und der kirchlichen Tücken noch bewahrt hatte. Was einst, im Bauernkrieg, die Lehrer des Evangeliums versucht, das taten die Philosophen jetzt in Frankreich, und mit besserem Erfolg: sie demonstrierten dem Volke die Usurpationen des Adels und der Kirche; sie zeigten ihm, daß beide kraftlos geworden; – und das Volk jubelte auf, und als am 14. Junius 1789 das Wetter sehr günstig war, begann das Volk das Werk seiner Befreiung, und wer am 14. Junius 1790 den Platz besuchte, wo die alte, dumpfe, mürrisch unangenehme Bastille gestanden hatte, fand dort, statt dieser, ein luftig lustiges Gebäude, mit der lachenden Aufschrift: »*Ici on danse*«.

Seit siebzehn Jahren sind viele Schriftsteller in Europa unablässig bemüht, die Gelehrten Frankreichs von dem Vorwurf zu befreien, als hätten sie den Ausbruch der französischen Revolution ganz besonders verursacht. Die jetzigen Gelehrten wollten wieder bei den Großen zu Gnaden aufgenommen werden, sie suchten wieder ihr weiches Plätzchen zu den Füßen der Macht, und gebärdeten sich dabei so servil unschuldig, daß man sie nicht mehr für Schlangen ansah, sondern für gewöhnliches Gewürme. Ich kann aber nicht umhin, der Wahrheit wegen zu gestehen, daß eben die Gelehrten des vorigen Jahrhunderts den Ausbruch der Revolution am meisten befördert und deren Charakter bestimmt haben. Ich rühme sie deshalb, wie man den Arzt rühmt, der eine schnelle Krisis herbeigeführt und die Natur der Krankheit, die tödlich werden konnte, durch seine Kunst gemildert hat. Ohne das Wort der Gelehrten hätte der hinsiechende Zustand Frankreichs noch unerquicklich länger gedauert; und die Revolution, die doch am Ende ausbrechen mußte, hätte sich minder edel gestaltet; sie wäre gemein und grausam geworden, statt daß sie jetzt nur tragisch und blutig ward; ja, was noch schlimmer ist, sie wäre vielleicht ins Lächerliche und Dumme ausgeartet, wenn nicht die materiellen Nöten einen idealen Ausdruck gewonnen hätten; – wie es leider nicht der Fall ist in jenen Ländern, wo nicht die Schriftsteller das Volk verleitet haben, eine Erklärung der Menschenrechte zu verlangen, und wo man eine Revolution macht, um keine Torsperre zu bezahlen, oder um eine fürstliche Maitresse los zu werden usw. Voltaire und Rousseau sind zwei Schriftsteller, die mehr als alle andere der Revolution vorgearbeitet, die späteren Bahnen derselben bestimmt haben, und noch jetzt das französische Volk geistig leiten und beherrschen. Sogar die Feindschaft dieser beiden Schriftsteller hat wunderbar nachgewirkt; vielleicht war der Parteikampf unter den Revolutionsmännern selbst, bis auf diese Stunde, nur eine Fortsetzung eben dieser Feindschaft.

(Vergl. die Note a am Schluß.)

Dem Voltaire geschieht jedoch unrecht, wenn man behauptet, er sei nicht so begeistert gewesen wie Rousseau; er war nur etwas klüger und gewandter. Die Unbeholfenheit flüchtet sich immer in den Stoizismus und grollt lakonisch beim Anblick fremder Geschmeidigkeit. Alfieri macht dem Voltaire den Vorwurf, er habe als Philosoph gegen die Großen geschrieben, während er ihnen als Kammerherr die Fackel vortrug. Der düstere Piemonteser bemerkte nicht, daß Voltaire, indem er dienstbar den Großen die Fackel vortrug, auch damit zugleich ihre Blöße beleuchtete. Ich will aber Voltaire durchaus nicht von dem Vorwurf der Schmeichelei freisprechen, er und die meisten französischen Gelehrten krochen wie kleine Hunde zu den Füßen des Adels, und leckten die goldenen Sporen, und lächelten, wenn sie sich daran die Zunge zerrissen, und ließen sich mit Füßen treten. Wenn man aber die kleinen Hunde mit Füßen tritt, so tut das ihnen ebenso weh wie den großen Hunden. Der heimliche Haß der französischen Gelehrten gegen die

Großen muß um so entsetzlicher gewesen sein, da sie, außer den gelegentlichen Fußtritten, auch viele wirkliche Wohltaten von ihnen genossen hatten. Garat erzählt von Champfort, daß er tausend Taler, die Ersparnisse eines ganzen arbeitsamen Lebens, aus einem alten Lederbeutel hervorzog und freudig hingab, als, im Anfang der Revolution, zu einem revolutionären Zwecke Geld gesammelt wurde. Und Champfort war geizig und war immer von den Großen protegiert worden.

Mehr aber noch als die Männer der Wissenschaft, haben die Männer der Gewerbe den Sturz des alten Regimes befördert. Glaubten jene, die Gelehrten, daß an dessen Stelle das Regime der geistigen Kapazitäten beginne, so glaubten diese, die Industriellen, daß ihnen, dem faktisch mächtigsten und kräftigsten Teil des Volks, auch gesetzlich die Anerkenntnis ihrer hohen Bedeutung, und also gewiß jede bürgerliche Gleichstellung und Mitwirkung bei den Staatsgeschäften gebühre. Und in der Tat, da die bisherigen Institutionen auf das alte Kriegswesen und den Kirchenglauben beruhten, welche beide kein wahres Leben mehr in sich trugen: so mußte die Gesellschaft auf die beiden neuen Gewalten basiert werden, worin eben die meiste Lebenskraft quoll, nämlich auf die Wissenschaft und die Industrie. Die Geistlichkeit, die geistig zurückgeblieben war, seit Erfindung der Buchdruckerei, und der Adel, der durch die Erfindung des Pulvers zugrunde gerichtet worden, hätten jetzt einsehen müssen: daß die Macht, die sie seit einem Jahrtausend ausgeübt, ihren stolzen, aber schwachen Händen entschwinde und in die verachteten, aber starken Hände der Gelehrten und Gewerbfleißigen übergehe; sie hätten einsehen müssen, daß sie die verlorene Macht nur in Gemeinschaft mit eben jenen Gelehrten und Gewerbfleißigen wiedergewinnen könnten; – sie hatten aber nicht diese Einsicht, sie wehrten sich töricht gegen das Unvermeidliche, ein schmerzlicher, widersinniger Kampf begann, die schleichende, windige Lüge und der morsche, kranke Stolz fochten gegen die eiserne Notwendigkeit, gegen Fallbeil und Wahrheit, gegen Leben und Begeisterung, und wir stehen jetzt noch auf der Walstätte.

Da war ein trübseliger Minister, respektabeler Bankier, guter Hausvater, guter Christ, guter Rechner, der Pantalon der Revolution, der glaubte steif und fest, das Defizit des Budgets sei der eigentliche Grund des Übels und des Streites; und er rechnete Tag und Nacht, um das Defizit zu heben, und vor lauter Zahlen sah er weder die Menschen noch ihre drohenden Mienen; doch hatte er in seiner Dummheit einen sehr guten Einfall, nämlich die Zusammenberufung der Notabeln. Ich sage einen sehr guten Einfall, weil er der Freiheit zu gute kam; ohne jenes Defizit hätte Frankreich sich noch länger im Zustande des mißbehaglichen Siechtums hingeschleppt; jenes Defizit war in der Tat nicht mit Geld zu bezahlen, nämlich weil es die Krankheit zum Ausbruch trieb; jene Zusammenberufung der Notabeln beschleunigte die Krisis und also auch die künftige Genesung; und wenn einst die Büste Neckers ins Pantheon der Freiheit aufgestellt wird, wollen wir ihm eine Narrenkappe, bekränzt mit patriotischem Eichenlaub, aufs Haupt setzen. Wahrlich, ist es töricht, wenn man nur die Personen sieht in den Dingen, so ist es noch törichter, wenn man in den Dingen nur die Zahlen sieht. Es gibt aber Kleingeister, die aufs pfiffigste beide Irrtümer zu verschmelzen suchen, die sogar in den Personen die Zahlen suchen, womit sie uns die Dinge erklären wollen. Sie sind nicht damit zufrieden, den Julius Cäsar für die Ursache des Untergangs römischer Freiheit zu halten, sondern sie behaupten, der geniale Julius sei so verschuldet gewesen, daß er, um nicht selber eingesteckt zu werden, genötigt war, die ganze Welt mitsamt seinen Gläubigern einzustecken. Wenn ich nicht irre, so dient eine Stelle Plutarchs, wo dieser von Cäsars Schulden spricht, zur Basis einer solchen Argumentation. Bourienne, der kleine schmuckelnde Bourienne, der bestechliche Croupier beim Glückspiel des Kaiserreichs, die armselige arme Seele, hat irgendwo in seinen Memoiren angedeutet, daß es wohl Geldverlegenheit gewesen sein mag, was den Napoleon Bonaparte, im Anfange seiner Laufbahn, zu großen Unternehmungen angetrieben habe. In dieser Weise sind manche Tiefdenker nicht damit zufrieden, den Grafen Mirabeau für die Ursache des Untergangs der französischen Monarchie zu halten, sondern sie behaupten sogar, jener sei so sehr durch Geldnot und Schulden bedrängt gewesen, daß er sich nur durch den Umsturz des Vorhandenen habe helfen können. Ich will solche Absurdität nicht weiter besprechen; doch mußte ich sie erwähnen, weil sie eben in der letzten Zeit sich am blühendsten entfalten konnte: Mirabeau betrachtet man nämlich jetzt als den eigentlichen Repräsentanten jener ersten Phasis der Revolution, die mit der Nationalversammlung beginnt und schließt. Er ist als solcher ein Volksheld geworden, man bespricht ihn täglich, man erblickt ihn überall, gemalt und gemeißelt, man sieht ihn dargestellt auf allen französischen Theatern, in allen seinen Gestalten: arm und wild; liebend und hassend; lachend und knirschend; ein sorglos verschuldeter Gott, dem Himmel und Erde gehörte und der kapabel war, seinen letzten Fixstern und letzten Louisdor im Pharo zu verspielen; ein Simson, der die Staatssäulen niederreißt, um im stürzenden Gebäude seine mahnenden Philister zu verschütten; ein Herkules, der am Scheidewege sich mit beiden Damen verständigt und in den Armen des Lasters sich von den Anstrengungen der Tugend zu erholen weiß; »ein von Genie und Häßlichkeit strahlender Ariel-Kaliban«, den die Prosa der Liebe ernüchterte, wenn ihn die Poesie der Vernunft berauscht hatte; ein verklärter, anbetungswürdiger Wüstling der Freiheit; ein Zwitterwesen, das nur Jules Janin schildern konnte.

Eben durch die moralischen Widersprüche seines Charakters und Lebens ist Mirabeau der eigentliche Repräsentant seiner Zeit, die ebenfalls so liederlich und erhaben, so verschuldet und reich war, die ebenfalls im Kerker sitzend die schlüpfrigsten Romane, aber auch die edelsten Befreiungsbücher geschrieben, und die nachher, obgleich belastet mit der alten Puderperücke und mit einem Stück von der alten, infamen Kette, als Herold des neuen Weltfrühlings auftrat und dem erblassenden Zeremonienmeister der Vergangenheit die kühnen Worte zurief: *»Allez dire à votre maître que nous sommes ici par la puissance du peuple, et qu'on ne nous en arrachera que par la force de bajonnettes«.* Mit diesen Worten beginnt die französische Revolution; kein Bürgerlicher hätte den Mut gehabt, sie auszusprechen, die Zunge der Rotüriers und Vilains war noch gebunden von dem stummen Zauber des alten Gehorsams, und eben nur im Adel, in jener überfrechen Kaste, die niemals wahre Ehrfurcht vor den Königen fühlte, fand die neue Zeit ihr erstes Organ.

Ich kann nicht umhin zu erwähnen, daß man mir jüngst versichert, jene weltberühmten Worte Mirabeaus gehörten eigentlich dem Grafen Volney, der neben ihm sitzend, sie ihm souffliert habe. Ich glaube nicht, daß diese Sage ganz grundlos erfunden sei, sie widerspricht durchaus nicht dem Charakter Mirabeaus, der die Ideen seiner Freunde ebenso gern wie ihr Geld borgte, und deswegen in vielen Memoiren, namentlich in den Brissoteschen und in den jüngst erschienenen Memoiren von Dumont, entsetzlich verschrien wird. Manche seiner Zeitgenossen haben deshalb an der Größe seines Rednertalentes gezweifelt und ihm nur wirksame Saillies, Theatercoups der Tribüne zugestanden. Es ist jetzt schwer, ihn in dieser Hinsicht zu beurteilen. Nach dem Zeugnis der Mitlebenden, die man noch über ihn befragen kann, lag der Zauber seiner Rede mehr in seiner persönlichen Erscheinung als in seinen Worten. Besonders wenn er leise sprach, ward man durchschauert von dem wunderbaren Laut seiner Stimme; man hörte die Schlangen zischen, die heimlich unter den oratorischen Blumen krochen. Kam er in Leidenschaft, war er unwiderstehlich. Von Frau von Staël erzählt man, daß sie auf der Galerie der Nationalversammlung saß, als Mirabeau die Tribüne bestieg, um gegen

Necker zu sprechen. Es versteht sich, daß eine Tochter wie sie, die ihren Vater anbetete, mit Wut und Grimm gegen Mirabeau erfüllt war; aber diese feindlichen Gefühle schwanden, je länger sie ihn anhörte, und endlich, als das Gewitter seiner Rede mit schrecklichster Herrlichkeit aufstieg, als die vergifteten Blitze aus seinen Augen schossen, als die weltzerschmetternden Donner aus seiner Seele hervorgrollten – da lag Frau von Staël weit hinausgelehnt über der Ballustrade der Galerie und applaudierte wie toll.

Aber bedeutsamer noch als das Rednertalent des Mannes war das, was er sagte. Dieses können wir jetzt am unparteiischsten beurteilen, und da sehen wir, daß Mirabeau seine Zeit am tiefsten begriffen hat, daß er nicht sowohl niederzureißen als auch aufzubauen wußte, und daß er letzteres besser verstand als die großen Meister, die sich bis auf heutigen Tag an dem großen Werke abmühen. In den Schriften Mirabeaus finden wir die Hauptideen einer konstitutionellen Monarchie, wie sie Frankreich bedurfte; wir entdecken den Grundriß, obgleich nur flüchtig und mit blassen Linien entworfen; und wahrlich, allen weisen und bangen Regenten Europas empfehle ich das Studium dieser Linien, dieser Staatshülfslinien, die das größte politische Genie unserer Zeit, mit prophetischer Einsicht und mathematischer Sicherheit, vorgezeichnet hat. Es wäre wichtig genug, wenn man Mirabeaus Schriften in dieser Hinsicht, auch für Deutschland, ganz besonders zu exploitieren suchte. Seine revolutionären, negierenden Gedanken haben leichtes Verständnis und schnelle Wirkung gefunden. Seine ebenso gewaltigen positiven, konstituierenden Gedanken sind weniger verstanden und wirksam geworden.

Am wenigsten verstand man Mirabeaus Vorliebe für das Königtum. Was er diesem an absoluter Gewalt abgewinnen wollte, das gedachte er ihm durch konstitutionelle Sicherung zu vergüten: ja, er gedachte, die königliche Macht noch zu vermehren und zu verstärken, indem er den König aus den Händen der hohen Stände, die ihn, durch Hofintrigen und Beichtstuhl, faktisch beherrschten, gewaltsam riß, und vielmehr in die Arme des dritten Standes hineindrängte. Mirabeau eben war der Verkünder jenes konstitutionellen Königtums, das, nach meinem Bedünken der Wunsch jener Zeit war, und das, mehr oder minder demokratisch formuliert, auch von der Gegenwart, von uns in Deutschland, verlangt wird.

Dieser konstitutionelle Royalismus war es, was dem Leumund des Grafen am meisten geschadet; denn die Revolutionäre, die ihn nicht begriffen, sahen darin einen Abfall und meinten, er habe die Revolution verkauft. Sie schmähten ihn alsdann um die Wette mit den Aristokraten, die ihn haßten, eben weil sie ihn begriffen, weil sie wußten, daß Mirabeau, durch die Vernichtung der Privilegienwirtschaft, das Königtum auf ihre Kosten retten und verjüngen wollte. Wie ihn aber die Misere der Privilegierten anwiderte, so mußte ihm auch die Roheit der meisten Demagogen fatal sein, um so mehr, da sie, in jener wahnwitzig debordierenden Weise, die wir wohl kennen, schon die Republik predigten. Es ist interessant, in den damaligen Blättern zu sehen, zu welchen sonderbaren Mitteln jene Demagogen, die gegen die Popularität des Mirabeau noch nicht öffentlich anzukämpfen wagten, ihre Zuflucht nahmen, um die monarchische Tendenz des großen Tribuns unwirksam zu machen. So z. B. als Mirabeau sich einmal ganz bestimmt royalistisch ausgesprochen hatte, wußten sich diese Leute nicht anders zu helfen, als indem sie aussprengten: da Mirabeau seine Reden öfters nicht selbst mache, sei es ihm passiert, daß er die Rede, die er von einem Freunde erhalten, vorher zu lesen vergessen, und erst auf der Tribüne bemerkt habe, daß dieser ihm perfiderweise eine ganz royalistische Rede untergeschoben.

Ob es Mirabeau gelungen wäre, die Monarchie zu retten und neu zu begründen, darüber wird noch immer gestritten. Die einen sagen, er starb zu früh; die anderen sagen, er starb eben zur rechten Zeit. Er starb nicht an Gift; denn die Aristokratie hatte ihn eben damals nötig. Volksmänner vergiften nicht; der Giftbecher gehört zur alten Tragödie der Paläste. Mirabeau starb, weil er zwei Tänzerinnen, Mesdemoiselles Helisberg und Colomb, und eine Stunde vorher eine Trüffelpastete genossen hatte. – – – –

Note a.

Der Kampf unter den Revolutionsmännern des Konvents war nichts anders als der geheime Groll des Rousseauischen Rigorismus gegen die Voltairesche Légèreté. Die echten Montagnards hegten ganz die Denk- und Gefühlsweise Rousseaus, und als sie die Dantonisten und Hebertisten zu gleicher Zeit guillotinierten, geschah es nicht sowohl weil jene zu sehr den erschlaffenden Moderantismus predigten und diese hingegen im zügellosesten Sansculottismus ausarteten; wie mir jüngst ein alter Bergmann sagte: »*Parcequ'ils étaient tous des hommes pourris, frivoles, sans croyance et sans vertu*«. Beim Umstürzen des Alten waren die wilden Revolutionsmänner ziemlich einig, als aber etwas Neues gebaut werden sollte, als das Positivste zur Sprache kam, da erwachten die natürlichen Antipathien. Der rousseauisch ernste Schwärmer Saint-Just haßte alsdann den heiteren, geistreichen Fanfaron Desmoulin. Der sittenreine, unbestechliche Robespierre haßte den sinnlichen, geldbefleckten Danton. Maximilian Robespierre heiligen Andenkens war die Inkarnation Rousseaus; er war tief religiös, er glaubte an Gott und Unsterblichkeit, er haßte die Voltaireschen Religionsspöttereien, die unwürdigen Possen eines Gobels, die Orgien der Atheisten, und das laxe Treiben der Esprits, und er haßte vielleicht jeden, der witzig war und gern lachte.

Am 19. Thermidor siegte die kurz vorher unterdrückte Voltairesche Partei; unter dem Direktorium übte sie ihre Reaktionen gegen den Berg; späterhin, während dem Heldenspiel der

Kaiserzeit und während der frommen christlichen Komödie der Restauration konnte sie nur in untergeordneten Rollen sich geltend machen; aber wir sahen sie doch, bis auf diese Stunde, mehr oder minder tätig, am Staatsruder stehen, und zwar repräsentiert von dem ehemaligen Bischof von Autun, Charles Maurice Talleyrand. Rousseaus Partei, unterdrückt seit jenem unglückseligen Tage des Thermidor, lebt arm, aber geistig und leidlich gesund in den Fauxbourgs St. Antoine und St.-Marceau, sie lebt in der Gestalt eines Garnier Pagès, eines Cavaignac, und so vieler andern edlen Republikaner die von Zeit zu Zeit als Blutzeugen auftreten, für das Evangelium der Freiheit. Ich bin nicht tugendhaft genug, um jemals dieser Partei mich anschließen zu können; ich hasse aber zu sehr das Laster, als daß ich sie jemals bekämpfen würde.

Paris, 5. Juni.

Der Leichenzug von General Lamarque, *un convoi d'opposition*, wie die Philippisten sagen, ist eben von der Madelaine nach dem Bastillenplatze gezogen; es waren mehr Leidtragende und Zuschauer als bei Casimir Périers Begräbnis. Das Volk zog selbst den Leichenwagen. Besonders auffallend in dem Zuge waren die fremden Patrioten, deren Nationalfahnen in einer Reihe getragen wurden. Ich bemerkte darunter auch eine Fahne, deren Farben aus Schwarz, Karmosinrot und Gold bestanden. Um ein Uhr fiel ein starker Regen, der über eine halbe Stunde dauerte; trotzdem blieb eine unabsehbare Volksmenge auf den Boulevards, die meisten barhaupt. Als der Zug bis gegen das Variétés-Theater gelangt war, und eben die Kolonne der *Amis du peuple* vorüberzog, und mehrere derselben »*Vive la République*« riefen, fiel es einem Polizeisergeanten ein, zu intervenieren; aber man stürzte über ihn her, zerbrach seinen Degen, und ein gräßlicher Tumult entstand; er ist nur mit Not gestillt worden. Der Anblick einer solchen Störnis, die einige hunderttausend Menschen in Bewegung gesetzt, war jedoch merkwürdig und bedenklich genug.

Paris, 6. Junius.

Ich weiß nicht, ob ich in meinem gestrigen Briefe erwähnt habe, daß auf den Abend eine Emeute angesagt war. Als Lamarques Leichenzug über die Boulevards kam und der Auftritt beim Theater des Variétés stattfand, konnte man schon Schlimmes ahnen. Auf wessen Seite die Schuld, daß die Leidenschaft so fürchterlich ausbrach, ist schwer zu ermitteln. Die widersprechendsten Gerüchte herrschen noch immer über den Anfang der Feindseligkeiten, über die Ereignisse dieser Nacht und über die ganze Lage der Dinge. Nur ein Begebnis, welches mir von mehreren Seiten und aufs glaubwürdigste bestätigt wird, will ich hier erwähnen. Als Lafayette, dessen Anwesenheit bei dem Leichenzug überall Enthusiasmus erregt hatte, auf dem Platze, bei dem Pont d'Austerlitz, wo die Totenfeier stattfand, seine Leichenrede geendet hatte, drückte man ihm eine Immortellenkrone aufs Haupt. Zu gleicher Zeit ward auf eine ganz rote Fahne, welche schon vorher viel Aufmerksamkeit erregt, eine rote phrygische Mütze gesteckt, und ein Schüler der Ecole Polytechnique erhob sich auf den Schultern der Nebenstehenden, schwenkte seinen blanken Degen über jene rote Mütze und rief: »*Vive la liberté*«, nach andrer Aussage »*Vive la République*«. Lafayette soll alsdann seinen Immortellenkranz auf die rote Freiheitsmütze gesetzt haben; viele glaubwürdige Leute behaupten, sie hätten es mit eigenen Augen gesehen. Es ist möglich, daß er durch Zwang oder Überraschung diese symbolische Handlung getan; es ist aber auch möglich, daß eine dritte Hand dabei im Spiele war, ohne daß man es in dem großen Menschengedränge bemerken konnte. Nach dieser Manifestation, sagen einige, wollte man die bekränzte Mütze im Triumphe durch die Stadt tragen, und als die Munizipalgarden und Sergeants de Ville bewaffneten Widerstand leisteten, habe der Kampf begonnen. So viel ist gewiß, als Lafayette, ermüdet von dem vierstündigen Wege, sich in einen Fiaker setzte, hat das Volk die Pferde desselben ausgespannt und seinen alten treuesten Freund, mit eigenen Händen, unter ungeheurem Beifallruf, über die Boulevards gezogen. Viele Ouvriers hatten junge Bäume aus der Erde gerissen und liefen damit, wie Wilde, neben dem Wagen, der in jedem Augenblicke bedroht schien, durch das ungefüge Menschengedränge umgestürzt zu werden. Es sollen zwei Schüsse den Wagen getroffen haben; ich kann jedoch über diesen sonderbaren Umstand nichts Bestimmtes angeben.

Viele, die ich ob des Beginns der Feindseligkeiten befragt habe, behaupten, es habe bei dem Pont d'Austerlitz wegen der Leiche des toten Helden der blutige Hader begonnen, indem ein Teil der »Patrioten« den Sarg nach dem Pantheon bringen, ein anderer Teil ihn weiter nach dem nächsten Dorfe begleiten wollte, und die Sergeants de Ville und Munizipalgarden sich dergleichen Vorhaben widersetzten. So schlug man sich nun mit großer Erbitterung, wie einst vor dem Skäischen Tore um die Leiche des Patroklus. Auf der Place de la Bastille ist viel Blut geflossen. Um halb sieben Uhr kämpfte man schon an der Porte St.-Denis, wo das Volk sich barrikadierte. Mehrere bedeutende Posten wurden genommen; die Nationalgarden, die solche besetzt hatten, widerstanden nur schwach, und übergaben ihre Waffen. So bekam das Volk viele Gewehre. Auf der Place Notre Dame des Victoires fand ich großen Kampflärm; die »Patrioten« hatten drei Posten an der Bank besetzt. Als ich mich nach den Boulevards wandte, fand ich dort alle Butiken geschlossen, wenig Volk, darunter gar wenige Weiber, die doch sonst bei Emeuten sehr furchtlos ihre Schaulust befriedigen; es sah alles sehr ernsthaft aus. Linientruppen und Kürassiere zogen hin und her, Ordonnanzen mit besorgten Gesichtern sprengten vorüber, in der Ferne Schüsse und Pulverdampf. Das Wetter war nicht mehr trübe, und gegen Abend sehr günstig.

Die Sache schien für die Regierung sehr gefährlich, als es hieß, die Nationalgarden hätten sich für das Volk erklärt. Der Irrtum entstand dadurch, daß viele der »Patrioten« gestern die Uniform der Nationalgardisten trugen, und die Nationalgarde wirklich einige Zeit unschlüssig war, welche Partei sie unterstützen sollte. Während dieser Nacht haben die Weiber wahrscheinlich ihren Männern demonstriert, daß man nur die Partei unterstützen müsse, die am meisten Sicherheit für Leib und Gut gewährt, und dessen gewähre Ludwig Philipp viel mehr als die Republikaner, die sehr arm und überhaupt für Handel und Gewerbe sehr schädlich seien; die Nationalgarde ist also heute ganz gegen die Republikaner; die Sache ist entschieden. »*C'est un coup manqué*«, sagt das Volk. Von allen Seiten kommen Linientruppen nach Paris. Auf der Place de la Concorde stehen sehr viele geladene Kanonen, ebenfalls auf der andern Seite der Tuilerien, auf dem Karussellplatz. Der Bürgerkönig ist von Bürgerkanonen umringt; *où peut-on être mieux qu'au sein de sa famille?* Es ist jetzt vier Uhr, und es regnet stark. Dieses ist den »Patrioten« sehr ungünstig, die sich großenteils im Quartier St.-Martin barrikadiert haben und wenig Zuhülfe erhalten. Sie sind von allen Seiten zerniert, und ich höre in diesem Augenblick den stärksten Kanonendonner. Ich vernahm, vor zwei Stunden hätte das Volk noch viele Siegeshoffnung gehabt, jetzt aber gelte es nur heroisch zu sterben. Das werden viele. Da ich bei der Porte St.-Denis wohne, habe ich die ganze Nacht schlaflos zugebracht; fast ununterbrochen dauerte das Schießen. Der Kanonendonner findet jetzt in meinem Herzen den kummervollsten Widerhall. Es ist eine unglückselige Begebenheit, die noch unglückseligere Folgen haben wird.

Paris, 7. Jun.

Als ich gestern nach der Börse ging, um meinen Brief in den Postkasten zu werfen, stand das ganze Spekulantenvolk unter den Kolonnen, vor der breiten Börsentreppe. Da eben die

Nachricht anlangte, daß die Niederlage der Patrioten gewiß sei, zog sich die süßeste Zufriedenheit über sämtliche Gesichter; man konnte sagen, die ganze Börse lächelte. Unter Kanonendonner gingen die Fonds um zehn Sous in die Höhe. Man schoß nämlich noch bis fünf Uhr; um sechs Uhr war der ganze Revolutionsversuch unterdrückt. Die Journale konnten also darüber schon heute so viel Belehrung mitteilen, als ihnen ratsam schien. Der »*Constitutionel*« und die »*Débats*« scheinen die Hauptzüge der Ereignisse einigermaßen richtig getroffen zu haben. Nur das Kolorit und der Maßstab ist falsch. Ich komme eben von dem Schauplatze des gestrigen Kampfes, wo ich mich überzeugt habe, wie schwer es wäre, die ganze Wahrheit zu ermitteln. Dieser Schauplatz ist nämlich eine der größten und volkreichsten Straßen von Paris, die Rue St.-Martin, die an der Pforte dieses Namens auf dem Boulevard beginnt und erst an der Seine, an dem Pont de Notre Dame, aufhört. An beiden Enden der Straße hörte ich die Anzahl der »Patrioten«, oder wie sie heute heißen, der »Rebellen«, die sich dort geschlagen, auf fünfhundert bis tausend angeben; jedoch gegen die Mitte der Straße ward diese Angabe immer kleiner, und schmolz endlich bis auf fünfzig. »Was ist Wahrheit!« sagt Pontius Pilatus.

Die Anzahl der Linientruppen ist leichter zu ermitteln; es sollen gestern (selbst dem »*Journal des Débats*« zufolge) 40 000 Mann schlagfertig in Paris gestanden haben. Rechnet man dazu wenigstens 20 000 Nationalgarden, so schlug sich jene Handvoll Menschen gegen 60 000 Mann. Einstimmig wird der Heldenmut dieser Tollkühnen gerühmt; sie sollen Wunder der Tapferkeit vollbracht haben. Sie rufen beständig: »*Vive la République!*« und sie fanden kein Echo in der Brust des Volks. Hätten sie, statt dessen »*Vive Napoléon!*« gerufen, so würde, wie man heute in allen Volksgruppen behauptet, die Linie schwerlich auf sie geschossen haben, und die große Menge der Ouvriers wäre ihnen zu Hülfe gekommen. Aber sie verschmähten die Lüge. Es waren die reinsten, jedoch keineswegs die klügsten Freunde der Freiheit. Und doch ist man heute albern genug, sie des Einverständnisses mit den Karlisten zu beschuldigen! Wahrlich, wer so todesmutig für den heiligen Irrtum seines Herzens stirbt, für den schönen Wahn einer idealischen Zukunft, der verbindet sich nicht mit jenem feigen Kot, den uns die Vergangenheit, unter dem Namen: Karlisten, hinterlassen hat. Ich bin, bei Gott! kein Republikaner, ich weiß, wenn die Republikaner siegen, so schneiden sie mir die Kehle ab, und zwar weil ich nicht auch alles bewundere, was sie bewundern; – aber dennoch, die nackten Tränen traten mir heute in die Augen, als ich die Orte betrat, die noch von ihrem Blute gerötet sind. Es wäre mir lieber gewesen, ich und alle meine Mitgemäßigten wären, statt jener Republikaner, gestorben.

Die Nationalgardisten freuen sich sehr ihres Sieges. In ihrer Siegestrunkenheit hätten sie gestern abend fast mir selber, der ich doch zu ihrer Partei gehöre, eine ganz ungesunde Kugel in den Leib gejagt; sie schossen nämlich heldenmütig auf jeden, der ihren Posten zu nahe kam. – Es war ein regnichter, sternloser, widerwärtiger Abend. Wenig Licht auf den Straßen, da fast alle Läden, ebenso wie den Tag über, geschlossen waren. Heute ist wieder alles in bunter Bewegung, und man sollte glauben, nichts wäre vorgegangen. Sogar auf der Straße St. Martin sind alle Läden geöffnet. Trotzdem, daß man, wegen des aufgerissenen Pflasters und der Reste der Barrikaden, dort schwer passiert, wälzt sich jetzt aus Neugier eine ungeheure Menschenmasse durch die Straße, die sehr lang und ziemlich eng ist, und deren Häuser ungeheuer hoch gebaut. Fast überall hat dort der Kanonendonner die Fensterscheiben zerbrochen und überall sieht man die frischen Spuren der Kugeln; denn von beiden Seiten wurde mit Kanonen in die Straße hineingeschossen, bis die Republikaner sich in die Mitte derselben zusammengedrängt sahen. Gestern sagte man, in der Kirche St. Mery seien sie endlich von allen Seiten eingeschlossen gewesen. Diesem aber hörte ich am Orte selbst widersprechen. Ein etwas hervorragendes Haus, Café Leclerque geheißen und an der Ecke des Gäßchens St.-Mery gelegen, scheint das Hauptquartier der Republikaner gewesen zu sein. Hier hielten sie sich am längsten; hier leisteten sie den letzten Widerstand. Sie verlangten keine Gnade und wurden meistens durch die Bajonette gejagt. Hier fielen die Schüler der Alfortschen Schule. Hier floß das glühendste Blut Frankreichs. – Man irrt jedoch, wenn man glaubt, daß die Republikaner aus lauter jungen Brauseköpfen bestanden. Viele alte Leute kämpften mit ihnen. Eine junge Frau, die ich bei der Kirche St. Mery sprach, klagte über den Tod ihres Großvaters; dieser habe sonst so friedlich gelebt, aber, als er die rote Fahne gesehen und »*Vive la République!*« rufen hörte, sei er, mit einer alten Pike, zu den jungen Leuten gelaufen und mit ihnen gestorben. Armer Greis! er hörte den Kuhreigen »des Berges«, und die Erinnerung seiner ersten Freiheitsliebe erwachte, und er wollte noch einmal mitträumen den Traum der Jugend! Schlaft wohl!

Die Nachfolgen dieser gescheiterten Revolution sind vorauszusehen. Über tausend Menschen sind arretiert, darunter auch, wie man sagt, ein Deputierter, Garnier-Pagès. Die liberalen Journale werden unterdrückt. Das Krämertum frohlockt, der Egoismus gedeiht, und viele der besten Menschen müssen Trauer anlegen. Die Abschreckungstheorie wird noch mehr Opfer verlangen. Schon ist der Nationalgarde angst ob ihrer eignen Force; diese Helden erschrecken, wenn sie sich selbst in einem Spiegel sehen. Der König, der große, starke, mächtige Ludwig Philipp wird viele Ehrenkreuze austeilen. Der bezahlte Witzbold wird die Freunde der Freiheit auch im Grabe schmähen, und letztere heißen jetzt Feinde der öffentlichen Ruhe, Mörder usw.

Ein Schneider, der heute morgen auf dem Vendômeplatze es wagte, die gute Absicht der Republikaner zu erwähnen, bekam Prügel von einer starken Frau, die wahrscheinlich seine eigne war. Das ist die Konterrevolution.

Paris, 8. Jun.

Es scheint keine ganz rote, sondern eine rot-schwarz-goldene Fahne gewesen zu sein, die Lafayette bei Lamarques Totenfeier, mit Immortellen bekränzt hat. Diese fabelhafte Fahne, die niemand kannte, hatten viele für eine republikanische gehalten. Ach, ich kannte sie sehr gut, ich dachte gleich: du lieber Himmel! das sind ja unsre alten Burschenschaftsfarben, heute geschieht ein Unglück oder eine Dummheit. Leider geschah beides. Als die Dragoner, beim Beginn der Feindseligkeiten, auch auf die Deutschen einsprengten, die jener Fahne folgten, barrikadierten sich diese hinter die großen Holzbalken eines Schreinerhofs. Später retirierten sie sich nach dem Jardin des Plantes, und die Fahne, obgleich in sehr beschädigtem Zustand, ist gerettet. Den Franzosen, die mich über die Bedeutung dieser rot-schwarz-goldenen Fahne befragt, habe ich gewissenhaft geantwortet: der Kaiser Rotbart, der seit vielen Jahrhunderten im Kyffhäuser wohnt, habe uns dieses Banner geschickt, als ein Zeichen, daß das alte große Traumreich noch existiert, und daß er selbst kommen werde, mit Zepter und Schwert. Was mich betrifft, so glaube ich nicht, daß letzteres so bald geschieht; es flattern noch gar zu viele schwarze Raben um den Berg.

Hier, in Paris, gestalten sich die Verhältnisse minder traumhaft; auf allen Straßen Bajonette und wachsame Militärgesichter. Ich habe es anfangs nur für einen unbedeutenden Schreckschuß gehalten, daß man Paris in Belagerungszustand erklärt; es hieß, man würde diese Erklärung gleich wieder zurücknehmen. Aber als ich gestern nachmittag immer mehr und mehr Kanonen über die Rue Richelieu fahren sah, merkte ich, daß man die Niederlage der Republikaner benützen möchte, um andern Gegnern der Regierung, namentlich den Journalisten, an den Leib zu kommen. Es ist nun die Frage, ob der »gute Wille« auch mit hinlänglicher Kraft gepaart ist. Man exploitiert jetzt die Siegesbetäubung der Nationalgardisten, die in betreff der Republikaner an gewaltsamen Maßregeln teilgenommen, und denen jetzt Ludwig Philipp wieder kameradlich wie sonst die Hand drückt. Da man die Karlisten haßt und die Republikaner mißbilligt, so unterstützt das Volk den König als den Erhalter der Ordnung, und er ist so populär wie die liebe Notwendigkeit. Ja, ich habe »*Vive le roi!*« rufen hören, als der König über die Boulevards ritt; aber ich habe auch eine hohe Gestalt gesehen, die unfern des Faubourg Montmartre ihm kühn entgegentrat und »*à bas Louis Philippe!*« rief. Mehrere Reiter des königlichen Gefolges stiegen gleich von ihren Pferden, ergriffen jenen Protestanten und schleppten ihn mit sich fort.

Ich habe Paris nie so sonderbar schwül gesehen wie gestern abend. Trotz des schlechten Wetters waren die öffentlichen Orte mit Menschen gefüllt. In dem Garten des Palais Royal drängten sich die Gruppen der Politiker, und sprachen leise, in der Tat sehr leise; denn man kann jetzt auf der Stelle vor ein Kriegsgericht gestellt, und in vierundzwanzig Stunden erschossen werden. Ich fange an, mich nach dem Gerichtsschlendrian meines Deutschlands zurückzusehnen. Der gesetzlose Zustand, worin man sich jetzt hier befindet, ist widerwärtig; das ist ein fataleres Übel als die Cholera. Wie man früher, als letztere grassierte, durch die übertriebenen Angaben der Totenzahl geängstet wurde, so ängstigt man sich jetzt, wenn man von den ungeheuer vielen Arrestationen, wenn man von geheimen Füsilladen hört, wenn tausenderlei schwarze Gerüchte sich, wie gestern abend der Fall war, im Dunkeln bewegen. Heute, bei Tageslicht, ist man beruhigter. Man gesteht, daß man sich gestern geängstigt, und man ist vielmehr verdrießlich als furchtsam. Es herrscht jetzt ein Justemilieu-Terreur!

Die Journale sind gemäßigt in ihren Protestationen, jedoch keineswegs kleinlaut. Der »*National*« und der »*Temps*« sprechen furchtlos, wie freien Männern ziemt. Mehr als heute in den Blättern steht, weiß ich über die neuesten Ereignisse nicht mitzuteilen. Man ist ruhig, und läßt die Dinge ruhig herankommen. Die Regierung ist vielleicht erschrocken über die ungeheure Macht, die sie in ihren eigenen Händen sieht. Sie hat sich über die Gesetze erhoben; eine bedenkliche Stellung. Denn es heißt mit Recht: *Qui est au-dessus de la loi, est hors de la loi.* Das einzige, womit viele wahre Freiheitsfreunde die jetzigen gewaltsamen Maßregeln entschuldigen, ist die Notwendigkeit, daß die *royauté démocratique* im Innern erstarken müsse, um nach außen kräftiger zu handeln.

Paris, 10. Juni.

Gestern war Paris ganz ruhig. Den Gerüchten von den vielen Füsilladen, noch vorgestern abend von den glaubwürdigsten Leuten verbreitet, wurde von denen, die der Regierung am nächsten stehen, aufs beruhigendste widersprochen. Nur eine große Anzahl von Verhaftungen wurde eingestanden. Dessen konnte man sich aber auch mit eigenen Augen überzeugen; gestern, noch mehr aber vorgestern, sah man überall arretierte Personen von Liniensoldaten oder Kommunalgarden vorbeiführen. Das war zuweilen wie eine Prozession; alte und junge Menschen, in den kläglichsten Kostümen, und begleitet von jammernden Angehörigen. Hieß es doch, jeder werde gleich vor ein Kriegsgericht gestellt und binnen 24 Stunden erschossen, zu Vincennes. Überall sah man Volksgruppen vor den Häusern, wo Nachsuchungen geschahen. Dies war hauptsächlich der Fall in den Straßen, die der Schauplatz des Kampfes gewesen, und wo sich so viele Kämpfer, als sie an ihrer Sache verzweifelten, verborgen hielten, bis irgend ein Verräter sie aufspürte. Längs den Kais sah man das meiste Volksgewimmel, gaffend und schwatzend, besonders in der Nähe der Rue St.-Martin, die noch immer mit Schaulustigen gefüllt ist, und um das Palais de Justice, wohin man viele Gefangene führte. Auch an der Morgue drängte man sich, um die dort ausgestellten Toten zu sehen; dort gab es die schmerzlichsten Erkennungsszenen. Die Stadt gewährte wirklich einen kummervollen Anblick; überall Volksgruppen mit Unglück auf den Gesichtern, patrouillierende Soldaten und Leichenzüge gefallener Nationalgardisten.

In der Sozietät ist man jedoch seit vorgestern nicht im mindesten bekümmert; man kennt seine Leute, und man weiß, daß das Justemilieu sich selbst sehr unbehaglich fühlt in der jetzigen Fülle seiner Gewalt. Es besitzt jetzt das große Richtschwert, aber es fehlt ihm die starke Hand, die dazu gehört. Bei dem mindesten Streich fürchtet es, sich selbst zu verletzen. Berauscht von dem Siege, den man zunächst dem Marschall Soult verdankte, ließ man sich zu militärischen Maßregeln verleiten, die jener alte Soldat, der noch voll von den Velleitäten der Kaiserzeit, vorgeschlagen haben soll. Nun steht dieser Mann auch faktisch an der Spitze des Ministerrats, und seine Kollegen und die übrigen Justemilieuleute fürchten, daß ihm jetzt auch die so eifrig ambitionierte Präsidentur anheimfalle. Man sucht daher ganz leise einzulenken und sich wieder aus dem Heroismus herauszuziehen; und dahin zielen die nachträglichen milden Definitionen, die man der Ordonnanz über die Erklärung des Belagerungszustandes jetzt nachschickt. Man kann es dem Justemilieu ansehen, wie es sich vor seiner eigenen Macht jetzt ängstigt und aus Angst sie krampfhaft in Händen hält, und sie vielleicht nicht wieder losgibt, bis man ihm Pardon verspricht. Es wird vielleicht, in der Verzweiflung, einige unbedeutende Opfer fallen lassen; es wird sich vielleicht in den lächerlichsten Grimm hineinlügen, um seine Feinde zu erschrecken; es wird grauenhafte Dummheiten begehen; es wird – es ist unmöglich vorauszusehen, was nicht alles die Furcht vermag, wenn sie sich in den Herzen der Gewalthaber barrikadiert hat und sich rings von Tod und Spott zerniert sieht. Die Handlungen eines Furchtsamen, wie die eines Genies, liegen außerhalb aller Berechnung. Indessen, das höhere Publikum fühlt hier, daß der außergesetzliche Zustand, worein man es versetzt, nur eine Formel ist. Wo die Gesetze im Bewußtsein des Volks leben, kann die Regierung sie nicht durch eine plötzliche Ordonnanz vernichten. Man ist hier *de facto* seines Leibes und seines Eigentums immer noch sicherer als im übrigen Europa, mit Ausnahme Englands und Hollands. Obgleich Kriegsgerichte instituiert sind, herrscht hier noch immer mehr faktische Preßfreiheit, und die Journalisten schreiben hier über die Maßregeln der Regierung noch immer viel freier, als in manchen Staaten des Kontinents, wo die Preßfreiheit durch papierne Gesetze sanktioniert ist.

Da die Post heute, Sonntag, schon diesen Mittag abgeht, kann ich über heute nichts mitteilen. Auf die Journale muß ich bloß verweisen. Ihr Ton ist weit wichtiger als das, was sie sagen. Übrigens sind sie gewiß wieder voll von Lügen. – Seit frühestem Morgen wird unaufhörlich getrommelt. Es ist heute große Revue. Mein Bedienter sagt mir, daß die Boulevards, überhaupt die ganze Strecke von der Barrière du Trône bis an die Barrière de l'Etoile, mit Linientruppen und Nationalgarden bedeckt sind. Ludwig Philipp, der Vater des Vaterlandes, der Besieger der Catilinas vom 5. Juni, Cicero zu Pferde, der Feind der Guillotine und des Papiergeldes, der Erhalter des Lebens und der Butiken, der Bürgerkönig, wird sich in einigen Stunden seinem Volke zeigen; ein lautes Lebehoch wird ihn begrüßen; er wird sehr gerührt sein; er wird vielen die Hand drükken, und die Polizei wird es an besonderen Sicherheitsmaßregeln und an Extra-Enthusiasmus nicht fehlen lassen.

Paris, 11. Juni.
Ein wunderschönes Wetter begünstigte die gestrige Heerschau. Auf den Boulevards, von der Barrière zu Trône bis zur Barrière de l'Etoile, standen vielleicht 50 000 Nationalgarden und Linientruppen, und eine unzählige Menge von Zuschauern war auf den Beinen oder an den Fenstern, neugierig erwartend, wie der König aussehen und das Volk ihn empfangen werde, nach so außerordentlichen Ereignissen. Um ein Uhr gelangten Se. Majestät mit Ihrem Generalstab in die Nähe der Porte Saint-De-

nis, wo ich auf einer umgestürzten Therme stand, um genauer beobachten zu können. Der König ritt nicht in der Mitte, sondern an der rechten Seite, wo Nationalgarden standen, und den ganzen Weg entlang lag er seitwärts vom Pferde herabgebeugt, um überall den Nationalgarden die Hand zu drücken; als er zwei Stunden später desselben Wegs zurückkehrte, ritt er an der linken Seite, wo er dasselbe Manöver fortsetzte, so daß ich mich nicht wundern würde, wenn er, infolge dieser schiefen Haltung, heute die größten Brustschmerzen empfindet, oder sich gar eine Rippe verrenkt hat. Jene außerordentliche Geduld des Königs war wirklich unbegreifbar. Dabei mußte er beständig lächeln. Aber unter der dicken Freundlichkeit jenes Gesichtes, glaube ich, lag viel Kummer und Sorge. Der Anblick des Mannes hat mir tiefes Mitleid eingeflößt. Er hat sich sehr verändert, seit ich ihn diesen Winter auf einem Ball in den Tuilerien gesehen. Das Fleisch seines Gesichtes, damals rot und schwellend, war gestern schlaff und gelb, sein schwarzer Backenbart war jetzt ganz ergraut, so daß es aussieht, als wenn sogar seine Wangen sich seitdem geängstigt ob gegenwärtiger und künftiger Schläge des Schicksals; wenigstens war es ein Zeichen des Kummers, daß er nicht daran gedacht hat, seinen Backenbart schwarz zu färben. Der dreieckige Hut, der, mit ganzer Vorderbreite, ihm tief in die Stirne gedrückt saß, gab ihm außerdem ein sehr unglückliches Ansehen. Er bat gleichsam mit den Augen um Wohlwollen und Verzeihung. Wahrlich, diesem Mann war es nicht anzusehen, daß er uns alle in Belagerungsstand erklärt hat. Es regte sich daher auch nicht der mindeste Unwille gegen ihn und ich muß bezeugen, daß großer Beifallruf ihn überall begrüßte; besonders haben ihm diejenigen, denen er die Hand gedrückt, ein rasendes Lebehoch nachgeschrien, und aus tausend Weibermäulern erscholl ein gellendes: »*Vive le roi!*« Ich sah eine alte Frau, die ihren Mann in die Rippen stieß, weil er nicht laut genug geschrien. Ein bitteres Gefühl ergriff mich, wenn ich dachte, daß das Volk, welches jetzt den armen händedrückenden Ludwig Philipp umjubelt, dieselben Franzosen sind, die so oft den Napoleon Bonaparte vorbeireiten sahen mit seinem marmornen Cäsargesicht und seinen unbewegten Augen und »unnahbaren« Händen.

Nachdem Ludwig Philipp die Heerschau gehalten, oder vielmehr das Heer betastet hatte, um sich zu überzeugen, daß es wirklich existiert, dauert der militärische Lärm noch mehrere Stunden. Die verschiedenen Korps schrien sich beständig Komplimente zu, wenn sie aneinander vorübermarschierten. *»Vive la ligne!«* rief die Nationalgarde, und jene schrie dagegen *»Vive la Garde nationale!«* Sie fraternisierten. Man sah einzelne Liniensoldaten und Nationalgarden in symbolischer Umarmung; ebenso, als symbolische Handlung, teilten sie miteinander ihre Würste, ihr Brot und ihren Wein. Es ereignete sich nicht die geringste Unordnung.

Ich kann nicht umhin, zu erwähnen, daß der Ruf: *»Vive la liberté!«* der häufigste war, und wenn diese Worte von so vielen tausend bewaffneten Leuten aus voller Brust hervorgejauchzt wurden, fühlte man sich ganz heiter beruhigt, trotz des Belagerungsstandes und der instituierten Kriegsgerichte. Aber das ist es eben, Ludwig Philipp wird sich nie selbstwillig der öffentlichen Meinung entgegenstellen, er wird immer ihre dringendsten Gebote zu erlauschen suchen und immer darnach handeln. Das ist die wichtige Bedeutung der gestrigen Revue. Ludwig Philipp fühlte das Bedürfnis, das Volk in Masse zu sehen, um sich zu überzeugen, daß es ihm seine Kanonenschüsse und Ordonnanzen nicht übelgenommen und ihn nicht für einen argen Gewaltkönig hält, und kein sonstiges Mißverständnis stattfindet. Das Volk wollte sich aber auch seinen Ludwig Philipp genau betrachten, um sich zu überzeugen, daß er noch immer der untertänige Höfling seines souveränen Willens ist, und ihm noch immer gehorsam und ergeben geblieben. Man konnte deshalb ebenfalls sagen, das Volk habe den König die Revue passieren lassen, es habe Königschau gehalten, und habe bei dessen Manöver seine allerhöchste Zufriedenheit geäußert.

Paris, 12. Juni.

Die große Revue war gestern das allgemeine Tagesgespräch. Die Gemäßigten sahen darin das beste Einverständnis zwischen dem König und den Bürgern. Viele erfahrne Leute wollen jedoch diesem schönen Bunde nicht trauen, und weissagen ein Zerwürfnis, das leicht stattfinden kann, sobald einmal die Interessen des Thrones mit den Interessen der Butike in Konflikt geraten. Jetzt freilich stützen sie sich wechselseitig, und König und Bürger sind miteinander zufrieden. Wie man mir erzählt, war die Place Vendôme vorgestern nachmittag der Schauplatz, wo man jene schöne Übereinstimmung am besten bemerken konnte; der König war erheitert durch den Jubel, womit er auf den Boulevards empfangen worden; und als die Kolonnen der Nationalgarden ihm vorbeidefilierten, traten einzelne derselben, ohne Umstände, aus der Reihe hervor, reichten auch ihm die Hand, sagten ihm dabei ein freundliches Wort, oder sagten ihm bündigst ihre Meinung über die letzten Ereignisse, oder erklärten ihm unumwunden, daß sie ihn unterstützen werden, solange er seine Macht nicht mißbrauche. Daß dieses nie geschehe, daß er nur die Unruhestifter unterdrücken wolle, daß er die Freiheit und Gleichheit der Franzosen um so kräftiger verfechten werde, beteuerte Ludwig Philipp aufs heiligste, und sein Wort begründete vieles Vertrauen. Ich habe der Unparteilichkeit wegen diese Umstände nachträglich erwähnen müssen. Ja, ich gestehe es, das mißtrauende Herz ward mir dadurch etwas besänftigt.

Die Oppositionsjournale scheinen fast die vorgestrigen Vorgänge ignorieren zu wollen. Überhaupt ist der Ton sehr merkwürdig. Es ist eine Art des Ansichhaltens, wie es furchtbaren Ausbrüchen vorherzugehen pflegt. Sie scheinen nur die Aufhebung der Ordonnanz über den Belagerungszustand abwarten zu wollen. Der Ton jedes Journals bekundet, in welchem Grade es bei den letzten Ereignissen kompromittiert ist. Die »*Tribune*« muß ganz schweigen, denn diese ist am meisten bloßgestellt. Der »*National*« ist es ebenfalls, aber nicht in so hohem Grade, und er darf schon mehr und freier sprechen. Der »*Temps*«, der am stärksten und kühnsten sich gegen die Ordonnanz des Belagerungszustandes erhoben hat, steht gar nicht schlecht mit einigen Rädelsführern des Justemilieu, und ist viel mehr geschützt als Sarrut und Carrel; aber wir wollen uns durch solche Berücksichtigung nicht abhalten lassen, den Herrn Coste als einen der besten Bürger Frankreichs zu loben, ob der männlichen großen Worte, womit er sich in bedrängtester Zeit gegen die Ungesetzlichkeit und die Willkür der Regierung ausgesprochen hat. – Herr Sarrut ist arretiert; Herrn Carrel sucht man überall. Gegen Carrel ist man wohl am meisten aufgebracht. Man glaubte nämlich allgemein, Herr Carrel stände an der Spitze der Volksbewegung vom 5. Juni. Das große Gebäude in der Rue du Croissant, wo die Druckerei und die Bureaux des »*National*«, hielt man für das Hauptquartier, und gegen zweitausend Personen, worunter viele von hoher Bedeutung, sind dorthin gegangen, um sich und ihren Anhang zu jeder Mithilfe anzubieten. Es ist aber ganz gewiß, daß Carrel alle seine Anträge abgelehnt und vorausgesagt, daß die beabsichtigte Revolution mißlinge, weil man sie nicht gehörig vorbereitet; weil man sich der Sympathie des Volks nicht versichert; weil man der nötigsten Hülfsmittel entbehre; weil man nicht einmal die agierenden Personen kenne usw. Und in der Tat, nie gab es eine Empörung, die schlechter eingeleitet worden, und bis auf diese Stunde weiß man noch nicht, wie sie entstanden ist und sich gestaltet hat. Jemand, der in der Rue St. Martin mitgefochten, versichert: als die Republikaner, die sich dort eingeschlossen fanden, einander betrachteten, hat keiner den andern gekannt, und nur Zufall hat alle diese Menschen, die sich ganz fremd waren, zusammengebracht. Sie lernten sich jedoch schnell kennen, als sie sich gemeinschaftlich schlugen, und die meisten starben als herzinnig vertraute Waffenbrüder. So hat man auch bis auf diese Stunde noch nicht ermitteln können, wie es mit der Heimführung Lafayettes eigentlich zugangen ist. Ein Wohlunterrichteter hat mir gestern versichert, die Regierung, die dem Lamarqueschen Leichenbegängnisse mißtraute, und deshalb auch ihre Dragoner in Bereitschaft hielt, habe der Polizei Order gegeben, bei etwanigem Ausbruche von Revolte sich immer gleich des Lafayettes zu bemächtigen, damit dieser nicht in die Hände der Empörer gerate, und durch das Ansehen seines Namens sie unterstützen könne; als nun die ersten Schüsse fielen, haben einige Polizeiagenten, als Ouvriers verkleidet, den armen Lafayette gewaltsam in eine Kutsche geschoben, und andere ebenfalls verkleidete Polizeiagenten haben sich davor gespannt, und ihn unter lautem »*Vive Lafayette*« im Triumphe davongeschleppt.

Wenn man jetzt die Republikaner sprechen hört, so gestehen sie, daß am 6. Juni das Unglück ihrer Freunde ihnen viel geschadet, daß aber tags darauf die Torheit ihrer Feinde, nämlich die Ordonnanz über den Belagerungsstand der Stadt Paris, ihnen desto mehr genutzt hat. Sie behaupten, daß der 5. und 6. Juni nur als Vorpostengefecht zu betrachten sei, daß keiner von den Notabilitäten der republikanischen Partei dabei gewesen, und daß ihnen aus dem vergossenen Blute viele neue Mitkämpfer erwüchsen. Was ich oben erwähnt, scheint diese Behauptung einigermaßen zu unterstützen. Die Partei, die der »*National*« repräsentiert, und die von der perfiden »*Gazette de France*« als doktrinäre Republikaner bezeichnet wird, nahm an jenen Begebenheiten keinen Teil, und die Häuptlinge der Partei der »*Tribune*« die Montagnards, sind ebenfalls nicht dabei zum Vorschein gekommen.

Paris, 17. Juni.

Man macht sich jetzt in der Ferne gewiß die sonderbarsten Vorstellungen von dem hiesigen Zustande, wenn man die letzten Vorfälle, den noch unaufgehobenen *État de Siège* und die schroffe Gegeneinanderstellung der Parteien bedenkt. Und doch sehen wir diesen Augenblick hier so wenig Veränderung, daß wir uns eben über diesen Mangel an ungewöhnlichen Erscheinungen am meisten wundern müssen. Diese Bemerkung ist die Hauptsache, die ich mitzuteilen habe, und dieser negative Inhalt meines Briefes wird gewiß manche irrige Voraussetzungen berichtigen.

Es ist hier ganz still. Die Kriegsgerichte instruieren mit grimmiger Miene. Bis jetzt ist noch keine Katze erschossen. Man lacht, man spöttelt, man witzelt über den Belagerungszustand, über die Tapferkeit der Nationalgarde, über die Weisheit der Regierung. Was ich gleich vorausgesagt habe, ist richtig eingetroffen: das Justemilieu weiß nicht, wie es sich wieder aus dem Heroismus herausziehen soll, und die Belagerten betrachten mit Schadenfreude diesen verzweifelten Zustand der Belagerer. Diese möchten gern so barbarisch als möglich aussehen; sie wühlen im Archiv der barbarischsten Zeiten, und Greuelgesetze wieder ins Leben zu rufen, und es gelingt ihnen nur, sich lächerlich zu machen.

Die geputzten Menschengruppen, die in den Gärten des Palais Royal, der Tuilerien, und des Luxemburg spazieren gehen, und die stille Sommerkühle einatmen oder den idyllischen Spielen der kleinen Kinder zuschauen oder in sonstig umfriedeter Ruhe sich erlustigen, diese bilden, ohne es zu wissen, die heiterste Satire auf jenen Belagerungszustand, welcher gesetzlich existiert. Damit das Publikum nur einigermaßen daran glaube, werden mit dem größten Ernst überall Haussuchungen gehalten, Kranke werden aus ihren Betten aufgestört, und man wühlt nach, ob nicht etwa eine Flinte darin versteckt liegt oder gar eine Tüte mit Pulver. – Am meisten werden die armen Fremden belästigt, die des Belagerungszustandes wegen sich nach der *Préfecture de Police* begeben müssen, um neue Aufenthalts-Erlaubnisse nachzusuchen. Sie müssen dort *pro forma* allerlei Interrogationen ausstehen. Viele Franzosen aus der Provinz, besonders Studenten, müssen auf der Polizei einen Revers unterschreiben, daß sie während ihres Aufenthalts in Paris nichts gegen die Regierung von Ludwig Philipp unternehmen wollten. Viele haben lieber die Stadt verlassen, als daß sie diese Unterschrift gaben. Andere unterschrieben nur, nachdem man ihnen erlaubte hinzuzusetzen, daß sie ihrer Gesinnung nach Republikaner seien. Jene polizeiliche Vorsichtsmaßregel haben gewiß die Doktrinäre nach dem Beispiele deutscher Universitäten eingeführt.

Man arretiert noch immer, zuweilen die heterogensten Leute und unter den heterogensten Vorwänden; die einen wegen Teilnahme an der republikanischen Revolte, andere wegen einer neuentdeckten bonapartistischen Verschwörung; gestern arretierte man sogar drei karlistische Pairs, worunter Don Chateaubriand, der Ritter von der traurigen Gestalt, der beste Schriftsteller und größte Narr von Frankreich. Die Gefängnisse sind überfüllt. In Saint Pelagie allein sitzen politischer Anklagen halber über 600 Gefangene. Von einem meiner Freunde, der wegen Schulden sich dort befindet, und ein großes Werk schreibt, in welchem er beweist, daß Saint Pelagie von den Pelasgern gestiftet worden, erhielt ich gestern einen Brief, worin er sehr klagt über den Lärm, der ihn jetzt umgebe und in seinen gelehrten Untersuchungen gestört habe. Der größte Übermut herrscht unter den Gefangenen von Saint Pelagie. Auf die Mauer des Hofes haben sie eine ungeheure große Birne gezeichnet und darüber ein Beil.

Ich kann bei Erwähnung der Birne nicht umhin, zu bemerken, daß die Bilderläden durchaus keine Notiz genommen von unserem Belagerungszustande. Die Birne und wieder die Birne ist dort auf Karikaturen zu schauen. Die auffallendste ist wohl die Darstellung der Place de la Concorde mit dem Monument, das der Charte gewidmet ist; auf letzterm, welches die Gestalt eines Altars hat, liegt eine ungeheure Birne mit den Gesichtszügen des Königs. – Dem Gemüt eines Deutschen wird dergleichen auf die Länge lästig und widrig. Jene ewigen Spöttereien, gemalt und gedruckt, erregen vielmehr bei mir eine gewisse Sympathie für Ludwig Philipp. Er ist wahrhaft zu bedauern, jetzt mehr als je. Er ist gütig und milde von Natur, und wird jetzt gewiß von den Kriegsgerichten dazu verurteilt, strenge zu sein. Dabei fühlt er, daß Exekutionen weder helfen noch abschrecken, besonders nachdem die Cholera vor einigen Wochen über 35 000 Menschen durch die schrecklichsten Martern hingerichtet. Grausamkeiten werden aber den Gewalthabern eher verziehen, als die Verletzung hergebrachter Rechtsbegriffe, wie sie namentlich in der rückwirkenden Kraft der Belagerungserklärung liegt. Deshalb hat jene Androhung von kriegsgerichtlicher Strenge den Republikanern einen so superieuren Ton eingeflößt, und ihre Gegner erscheinen dadurch jetzt so klein.

Paris, 7. Juli.
Eine Abspannung, wie sie nach großen Aufregungen einzutreten pflegt, ist hier in diesem Augenblicke bemerkbar. Überall graue Mißlaune, Vergrämnis, Müdigkeit, aufgesperrte Mäuler, die teils gähnen, teils ohnmächtig die Zähne weisen. Der Beschluß des Kassationshofes hat unserem sonderbaren Belagerungszustande fast lustspielartig ein Ende gemacht. Es ist über diese unvorhergesehene Katastrophe so viel gelacht worden, daß man der Regierung ihren verfehlten *Coup d'État* fast verzieh. Mit welchem Ergötzen lasen wir an den Straßenecken die Proklamation des Herrn Montalivet, worin er sich gleichsam bei den Parisern bedankte, daß sie von dem *État de Siège* so wenig Notiz genommen und sich unterdessen durchaus nicht in ihren Vergnügungen stören lassen! Ich glaube nicht, daß Beaumarchais dieses Aktenstück besser geschrieben hätte. Wahrlich, die jetzige Regierung tut viel für die Aufheiterung des Volks!

Zu gleicher Zeit amüsierten sich die Franzosen mit einem sonderbaren Puzzlespiel. Letzteres ist bekanntlich ein chinesischer Zeitvertreib, und man hat dabei die Aufgabe zu lösen, daß man mit einigen schiefen und eckigen Stückchen Holz eine bestimmte Figur zusammensetzen könne. Nach den Regeln dieses Spiels beschäftigte man sich nun in den hiesigen Salons, ein neues Ministerium zusammenzusetzen, und man hat keine Idee davon, welche schiefe und eckige Personagen nebeneinander gestellt wurden, und wie alle diese hölzernen Kombinationen dennoch keine honette Gesamtfigur bildeten. –

Über Dupins Mißlichkeiten, in betreff einer Ministerwahl haben die Journale viel Sonderbares geschwatzt, doch nicht immer ohne Grund. Es ist wahr, daß er mit dem König etwas hart zusammengeraten, und sie sich beide, einmal mit wechselseitigem Unmute getrennt. Auch ist es wahr, daß Lord Granville die Veranlassung gewesen. Aber die Sache verhält sich folgendermaßen: Herr Dupin hatte früher dem König Ludwig Philipp sein Wort gegeben, daß er, sobald dieser es verlange, die Präsidentur des Konseils annehmen werde. Lord Granville, dem es nicht genehm ist, einen solchen bürgerlichen Mann an der Spitze der Regierung zu sehen, und der sich, im Geiste seiner Kaste, einen noblern Premierminister wünscht, soll gegen Ludwig Philipp einige ernsthafte Bedenklichkeiten über die Kapazität des Herrn Dupin geäußert haben. Als der König solche Reden dem Herrn Dupin wiedererzählte, wurde dieser so unwirsch, geriet in so unziemliche Äußerungen, daß zwischen ihm und dem König ein Zerwürfnis entstand. Eine Menge kleiner Intrigen durchkreuzt diese Begebenheit. Indessen die Macht der Dinge wird viele Mißhelligkeiten lösen; Dupin ist, sobald die Kammer wieder ihre Debatten beginnt, der einzig mögliche Minister des Justemilieu; nur er vermag der Opposition parlamentarischen Widerstand zu leisten, und wahrlich, die Regierung wird genugsam Rede stehen müssen.

Bis jetzt ist Ludwig Philipp noch immer sein eigener Premierminister. Dieses bekundet sich schon dadurch, daß man alle Regierungsakte ihm selber zuschreibt, und nicht Herrn Montalivet, von welchem kaum die Rede ist, ja, welcher nicht einmal gehaßt wird. Merkwürdig ist die Umwandlung, die sich seit der Revolte vom 5. und 6. Juni in den Ansichten des Königs gebildet zu haben scheint. Er hält sich nämlich jetzt für ganz stark; er glaubt auf die große Masse der Nation bestimmt rechnen zu können; er glaubt der Mann der Notwendigkeit zu sein, dem sich, bei ausländischen Anfeindungen, die Nation unbedingt anschließen werde, und er scheint deshalb den Krieg nicht mehr so ängstlich wie sonst zu fürchten. Die patriotische Partei bildet freilich die Minorität, und diese mißtraut ihm; sie fürchtet mit Recht, daß er gegen die Fremden minder feindlich gestimmt sei, als gegen die Einheimischen. Jene bedrohen nur seine Krone, diese sein Leben. Daß letzteres wirklich geschieht, weiß der König. In der Tat wenn man berücksichtigt, daß Ludwig Philipp von der blutigsten Böswilligkeit seiner Gegner in tiefster Seele überzeugt ist, so muß man über seine Mäßigung erstaunen. Er hat freilich durch die Erklärung des *État de Siège* eine unverantwortliche Illegalität sich zu schulden kommen lassen, aber man kann doch nicht sagen, daß er seine Macht unwürdigerweise mißbraucht habe. Er hat vielmehr alle, die ihn persönlich beleidigt hatten, großmütigst verschont, während er nur diejenigen, die seiner Regierung sich feindlich entgegengesetzt, niederzuhalten oder vielmehr zu entwaffnen suchte. Trotz alles Mißmuts, den man gegen den König Ludwig Philipp hegen mag, will sich mir doch die Überzeugung aufdrängen, als sei der Mensch Ludwig Philipp ungewöhnlich edelmütig und großsinnig. Seine Hauptleidenschaft scheint die Bausucht zu sein. Ich war gestern in den Tuilerien; überall wird dort gebaut, über und unter der Erde; Zimmerwände werden eingerissen, große Keller werden ausgegraben, und das ist ein beständiger Klipp-Klapp. Der König, welcher mit seiner ganzen Familie in St. Cloud wohnt, kommt täglich nach Paris und betrachtet dann zuerst die Fortschritte der Bauten in den Tuilerien. Diese stehen jetzt fast ganz leer; nur das Ministerkonseil wird dort gehalten. O, wenn alle Blutstropfen sprechen könnten, wie es in den Kindermärchen geschieht, so würde man dort manchmal guten Rat vernehmen; denn in jedem Zimmer dieses tragischen Hauses ist belehrendes Blut geflossen.

Paris, 15. Juli.
Der vierzehnte Julius ist ruhig vorüber gegangen, ohne daß die von der Polizei angekündigte Emeute irgendwo zum Vorscheine kam. Es war aber auch ein heißer Tag, es lag eine so drückende Schwüle auf ganz Paris, daß jene Ankündigung nicht einmal die gehörige Anzahl Neugieriger nach den gewöhnlichen Tummelorten der Emeuten locken konnte. Nur auf dem großen Inauguralplatze der Revolution, wo einst an diesem Tage die Bastille zerstört wurde, zeigten sich viele Gruppen von Menschen, die in der grellsten Mittagshitze ruhig ausharrten und sich gleichsam aus Patriotismus von der Juliussonne braten ließen. Es hieß früherhin, daß man am 14. Juli die alten Bastillenstürmer, die noch am Leben sind und die jetzt eine Pension bekommen, auf diesem Platze öffentlich belorbeeren wollte. Dem Lafayette war bei dieser Feier eine Hauptrolle zugedacht. Aber durch die Affairen vom 5. und 6. Juni mag dieses Projekt rückgängig geworden sein; auch scheint Lafayette in diesem Jahre nach keinen neuen Triumphzügen zu verlangen. Vielleicht gab's unter den Gruppen auf dem Bastillenplatze mehr Polizei als Menschen; denn es wurden bitterböse Bemerkungen so laut geäußert, wie nur verkleidete Mouchards sie auszusprechen pflegen. Ludwig Philipp, hieß es, sei ein Verräter, die Nationalgarden seien Verräter, die Deputierten seien Verräter, nur die Juliussonne meine es noch ehrlich. Und in der Tat, sie tat das ihrige, und durchglühte uns mit ihren Strahlen, daß es fast nicht zum Aushalten war. Was mich betrifft, ich machte in der starken Hitze die Bemerkung: daß die

Bastille ein sehr kühles Gebäude gewesen sein muß, und gewiß im Sommer einen sehr angenehmen Schatten gegeben hat. Als sie zerstört wurde, saßen dort fünf Personen gefangen. Jetzt gibt's aber zehn Staatsgefängnisse, und in Saint Pelagie allein sitzen über 600 Staatsgefangene. Saint Pelagie soll sehr ungesund sein und ist sehr eng gebaut. Es geht aber lustig dort zu; die Republikaner und die Karlisten halten sich zwar voneinander getrennt, rufen sich jedoch beständig lustige Witze zu und lachen und jubeln. Jene, die Republikaner, tragen rote Jakobinermützen; diese, die Karlisten, tragen grüne Mützen mit einer weißen Lilienquaste; jene schreien beständig »*Vive la République!*« diese schreien »*Vive Henri V!*« Gemeinschaftlicher Beifallsruf erschallt, wenn jemand mit wilder Wut auf Ludwig Philipp losschimpft. Dieses geschieht um so unumwundener, da in Saint Pelagie kein Gefangener weder arretiert und festgesetzt werden kann. Die meisten Hitzköpfe, die sonst bei jedem Anlasse gleich tumultuieren, sitzen jetzt dort in Gewahrsam, und der Polizei konnte es daher seitdem nicht gelingen, eine etwas ergiebige Emeute hervorzubringen. Die Republikaner werden sich vorderhand sehr hüten, Gewaltsames zu versuchen. Auch haben sie keine Waffen; die Desarmierung ist sehr gründlich betrieben worden. –

Heute ist der Namenstag des jungen Heinrich, und man erwartet einige karlistische Exzesse. Eine Proklamation zu gunsten Heinrichs V. wurde gestern abend durch Chiffonniers und verkleidete Priester verbreitet. Es heißt darin, er werde Frankreich glücklich machen und vor der Fremden Invasion beschützen; nächstes Jahr ist er mündig, indem nämlich die französischen Könige schon mit 13 Jahren mündig werden und ihre höchste Ausbildung erlangt haben. Auf jener Proklamation ist der junge Heinrich zum erstenmal dargestellt mit Zepter und Krone; bisher sah man ihn immer in der Tracht eines Pilgers oder eines Bergschotten, der Felsen erklimmt oder einer armen Bettelfrau seine Börse in die Hand drückt usw. Es ist jedoch von dieser Misere wenig Bedrohliches zu erwarten. Die Karlisten sind auch sehr niedergeschlagenen Mutes. Die Tollkühnheit der Herzogin von Berry hat ihnen viel geschadet. Vergebens hatten die Häupter der Pariser Karlisten den Herrn Berryer an die Herzogin abgeschickt, um sie zur Heimkehr nach Holyrood zu vermögen. Vergebens hat Ludwig Philipp durch seine Agenten dasselbe zu bewirken gesucht. Vergebens wurde sie von fremden Gesandten um Gotteswillen beschworen, ihr Treiben für den Augenblick aufzugeben. Alle Vernunftgründe, Drohungen und Bitten haben diese halsstarrige Frau nicht zur Abreise bewegen können. Sie ist noch immer in der Vendée. Obgleich aller Mittel entblößt und nirgends mehr Unterstützung findend, will sie nicht weichen. Der Schlüssel des Rätsels ist: daß dumme oder kluge Priester sie fanatisiert und ihr eingeredet haben, es werde ihrem Kinde Segen bringen, wenn sie jetzt für dessen Sache stürbe. Und nun sucht sie den Tod mit religiöser Martyrsucht und schwärmerischer Mutterliebe.

Wenn sich hier auf den öffentlichen Plätzen keine Bewegungen zeigen, so bekundet sich desto mehr Unruhe in der Gesellschaft. Zunächst sind es die deutschen Angelegenheiten, die Beschlüsse des Bundestags, welche alle Geister aufgeregt. Da werden nun über Deutschland die unsinnigsten Urteile gefällt. Die Franzosen in ihrem leichtfertigen Irrtume meinen, die Fürsten unterdrückten die Freiheit und sie sehen nicht ein, daß nur der Anarchie unter den deutschen Liberalen ein Ende gemacht werden soll, und daß überhaupt die Einigkeit und das Heil des deutschen Volks befördert wird. Schon den zweiten Junius hat der »*Temps*« von den sechs Artikeln des Bundestagsbeschlusses eine Inhaltsanzeige geliefert. Ein bekannter Pietist hatte hier noch früher Auszüge jenes Beschlusses in der Tasche herumgetragen, und durch die Mitteilung derselben viele Herzen erbaut.

Ludwig Philipp ist noch immer der Meinung, daß er stark sei. Seht wie stark wir sind! ist in den Tuilerien der Refrain jeder Rede. Wie ein Kranker immer von Gesundheit spricht, und nicht genug zu rühmen weiß, daß er gut verdaue, daß er ohne Krämpfe auf den Beinen stehen könne, daß er ganz bequem Atem schöpfe usw., so sprechen jene Leute unaufhörlich von Stärke und von der Kraft, die sie bei den verschiedenen Bedrohnissen schon entwickelt und schon zu entwickeln vermögen. Da kommen nun täglich die Diplomaten aufs Schloß und fühlen ihnen den Puls, und lassen sich die Zunge zeigen, betrachten sorgfältig den Urin und schicken dann ihren Höfen das politische Sanitätsbulletin. Bei den fremden Bevollmächtigten ist es ja ebenfalls eine ewige Frage: »Ist Ludwig Philipp stark oder schwach?« Im erstern Falle können ihre Herren daheim jede Maßregel ruhig beschließen und ausführen; im andern Falle, wo ein Umsturz der französischen Regierung und Krieg zu befürchten stände, dürften sie nichts Unmildes zu Hause unternehmen. – Jene große Frage, ob Ludwig Philipp schwach oder stark ist, mag schwer zu entscheiden sein. Aber leicht ist es einzusehen, daß die Franzosen selbst in diesem Augenblicke durchaus nicht schwach sind. Im Herzen der Völker haben sie neue Alliierte gefunden, während ihre Gegner jetzt eben nicht auf der Höhe der Popularität stehen. Sie haben unsichtbare Geisterheere zu Kampfgenossen, und dabei sind ihre eigenen leiblichen Armeen im blühendsten Zustande. Die französische Jugend ist so kriegslustig und begeistert wie 1792. Mit lustiger Musik ziehen die jungen Konskribierten durch die Stadt und tragen auf den Hüten flatternde Bänder und Blumen, und die Nummer, die sie gezogen, welche gleichsam ihr großes Los. Und dabei werden Freiheitslieder gesungen und Märsche getrommelt vom Jahre 90.

Aus der Normandie

Havre, 1. August.
Ob Ludwig Philipp stark oder schwach ist, scheint wirklich die Hauptfrage zu sein, deren Lösung ebensosehr die Völker wie die Machthaber interessiert. Ich hielt sie daher beständig im Sinne während meiner Exkursion durch die nördlichen Provinzen Frankreichs. Dennoch erfuhr ich, die öffentliche Stimmung betreffend, so viel Widersprechendes, daß ich über jene Frage nicht viel Gründlicheres mitteilen kann, als diejenigen, die in den Tuilerien, oder vielmehr in St. Cloud, ihre Weisheit holen. Die Nordfranzosen, namentlich die schlauen Normannen, sind überhaupt nicht so leicht geneigt, sich unverhohlen auszusprechen, wie die Leute im Lande Oc. Oder ist es schon ein Zeichen von Mißvergnügen, daß jener Teil der Bürger im Lande Oui, die nur für das Landesinteresse besorgt sind, meistens ein ernstes Stillschweigen beobachten, sobald man sie über letzteres befragt? Nur die Jugend, welche für Ideeninteressen begeistert ist, äußert sich unverschleiert über das, wie sie glaubt, unvermeidliche Nahen einer Republik; und die Karlisten, welche einem Personeninteresse zugetan sind, insinuieren auf alle mögliche Weise ihren Haß gegen die jetzigen Gewalthaber, die sie mit den übertriebensten Farben schildern, und deren Sturz sie als ganz gewiß, fast bis auf Tag und Stunde, voraussagen. Die Karlisten sind in hiesiger Gegend ziemlich zahlreich. Dieses erklärt sich dadurch, daß hier noch ein besonderes Interesse vorhanden ist, nämlich eine Vorliebe für einige Glieder der gefallenen Dynastie, die in dieser Gegend den Sommer zuzubringen pflegten und sich hie und da beliebt zu machen wußten. Namentlich tat dieses die Herzogin von Berry. Die Abenteuer derselben sind daher das Tagesgespräch in dieser Provinz, und die Priester der katholischen Kirche erfinden noch obendrein die gottseligsten Legenden zur Verherrlichung der politischen Madonna und der gebenedeiten Frucht

ihres Leibes. In frühern Zeiten waren die Priester keineswegs so besonders mit dem kirchlichen Eifer der Herzogin zufrieden, und eben indem letztere manchmal das priesterliche Mißfallen erregte, erwarb sie sich die Gunst des Volkes. »Die kleine nette Frau ist durchaus nicht so bigott wie die andern« – hieß es damals – »seht wie weltlich kokett sie bei der Prozession einherschlendert, und das Gebetbuch ganz gleichgültig in der Hand trägt, und die Kerze so spielend niedrig hält, daß das Wachs auf die Atlasschleppe ihrer Schwägerin, der brummig devoten Angoulême, niederträufelt!« Diese Zeiten sind vorbei, die rosige Heiterkeit ist erblichen auf den Wangen der armen Karoline, sie ist fromm geworden wie die andern, und trägt die Kerze ganz so gläubig, wie die Priester es begehren, und sie entzündet damit den Bürgerkrieg im schönen Frankreich, wie die Priester es begehren.

Ich kann nicht umhin zu bemerken, daß der Einfluß der katholischen Geistlichen in dieser Provinz größer ist, als man es in Paris glaubt. Bei Leichenzügen sieht man sie hier in ihren Kirchentrachten, mit Kreuzen und Fahnen, und melancholisch singend, durch die Straßen wandeln, ein Anblick, der schier befremdlich, wenn man aus der Hauptstadt kommt, wo dergleichen von der Polizei oder vielmehr von dem Volke, streng untersagt ist. Solang ich in Paris war, habe ich nie einen Geistlichen in seiner Amtstracht auf der Straße gesehen; bei keinem einzigen von den vielen tausend Leichenbegängnissen, die in der Cholerazeit mir vorüberzogen, sah ich die Kirche weder durch ihre Diener noch durch ihre Symbole repräsentiert. Viele wollen jedoch behaupten, daß auch in Paris die Religion wieder still auflebe. Es ist wahr, wenigstens die französisch-katholische Gemeinde des Abbé Chatel nimmt täglich zu; der Saal desselben auf der Rue Clichy ist schon zu eng geworden für die Menge der Gläubigen, und seit einiger Zeit hält er den katholischen Gottesdienst in dem großen Gebäude auf dem Boulevard Bonne-Nouvelle, worin früherhin Herr Martin die Tiere seiner Menagerie sehen lassen, und worauf jetzt mit großen Buchstaben die Aufschrift steht: *Église catholique et apostolique.*

Diejenigen Nordfranzosen, die weder von der Republik noch von dem Mirakelknaben etwas wissen wollen, sondern nur den Wohlstand Frankreichs wünschen, sind just keine allzu eifrige Anhänger von Ludwig Philipp, rühmen ihn auch eben nicht wegen seiner Offenherzigkeit und Gradheit, aber sie sind durchdrungen von der Überzeugung, daß er der Mann der Notwendigkeit sei; daß man sein Ansehen unterstützen müsse, insofern die öffentliche Ruhe dadurch erhalten werde; daß die Unterdrückung aller Emeuten für den Handel heilsam sei, und daß man überhaupt, damit der Handel nicht ganz stocke, jede neue Revolution und gar den Krieg vermeiden müsse. Letzteren fürchten sie nur wegen des Handels, der schon jetzt in einem kläglichen Zustande. Sie fürchten den Krieg nicht des Krieges wegen; denn sie sind als Franzosen ruhmsüchtig und kampflustig von Geblüt, und obendrein sind sie von größerem und stärkerem Gliederbau als die Südfranzosen, und übertreffen diese vielleicht, wo Festigkeit und hartnäckige Ausdauer verlangt wird. Ist das eine Folge der Beimischung von germanischer Rasse? Sie gleichen ihren großen gewaltigen Pferden, die ebenso tüchtig zum mutigen Trab, wie zum Lasttragen und Überwinden aller Mühseligkeiten der Witterung und des Weges. Diese Menschen fürchten weder Österreicher noch Russen, weder Preußen noch Baschkiren. Sie sind weder Anhänger noch Gegner von Ludwig Philipp. Sobald es Krieg gibt, folgen sie der dreifarbigen Fahne, gleichviel, wer diese trägt.

Ich glaube wirklich, sobald Krieg erklärt würde, sind die innern Zwistigkeiten der Franzosen, auf eine oder die andere Art, durch Nachgiebigkeit oder Gewalt, schnell geschlichtet, und Frankreich ist eine gewaltige, einige Macht, die aller Welt die Spitze bieten kann. Die Stärke oder Schwäche von Ludwig Philipp ist alsdann kein Gegenstand der Kontroverse. Er ist alsdann entweder stark oder gar nichts mehr. Die Frage, ob er stark oder schwach, gilt nur für die Erhaltung des Friedenszustandes, und nur in dieser Hinsicht ist sie wichtig für auswärtige Mächte. Ich erhielt von mehreren Seiten die Antwort: »*Le parti du roi est très nombreux, mais il n'est pas fort*«. Ich glaube diese Worte geben viel Stoff zum Nachdenken. Zunächst liegt darin die schmerzliche Andeutung, daß die Regierung selbst nur einer Partei und allen Partei-Interessen unterworfen sei. Der König ist hier nicht mehr die erhabene Obergewalt, die von der Höhe des Thrones dem Kampfe der Parteien ruhig zuschaut und sie im heilsamen Gleichgewichte zu halten weiß; nein, er ist selbst herabgestiegen in die Arena. Odilon-Barrot, Mauguin, Carrel, Pagès, Cavaignac dünken sich vielleicht nur durch die Zufälligkeit der momentanen Gewalt von ihm unterschieden. Das ist die trübselige Folge davon, daß der König die Präsidentur des Konseils sich selbst zuteilte. Jetzt kann Ludwig Philipp nicht das vorhandene Regierungssystem ändern, ohne daß er alsdann in Widerspruch mit seiner Partei und sich selbst fiele. So kam es, daß ihn die Presse gleich dem ersten Chef einer Partei behandelt, in ihm selber alle Regierungsfehler rügt, jedes ministerielle Wort seiner eigenen Zunge zuschreibt und in dem Bürgerkönige nur den Königminister sieht. Wenn die Götterbilder von ihren erhabenen Postamenten herabsteigen, dann entweicht die heilige Ehrfurcht, die wir ihnen zollten, und wir richten sie nach ihren Taten und Worten, als wären sie unseresgleichen.

Was die Andeutung betrifft, daß die Partei des Königs zwar zahlreich, aber nicht stark sei, so ist damit freilich nichts Neues gesagt, es ist dieses eine längst bekannte Wahrheit; aber bemerkenswert ist es, daß auch das Volk diese Entdeckung gemacht, daß es nicht wie gewöhnlich die Köpfe zählt, sondern die Hände, und daß es genau unterscheidet, die, welche Beifall klatschen, und die, welche zum Schwerte greifen. Das Volk hat sich seine Leute genau betrachtet, und weiß sehr gut, daß die Partei des Königs aus folgenden drei Klassen besteht: nämlich aus Handels- und Besitzleuten, welche für ihre Buden und Güter besorgt sind, aus Kampfmüden, welche überhaupt Ruhe haben möchten, und aus Bangherzigen, welche die Herrschaft des Schreckens befürchten. Diese königliche Partei, mit Eigentum bepackt, verdrießlich ob jeder Störnis in ihrer Behaglichkeit, diese Majorität steht einer Minorität gegenüber, die wenig Bagage zu schleppen hat, und dabei unruhsüchtig über alle Maßen ist, ohne in ihrem wilden schrankenlosen Ideengange den Schrecken anders als wie einen Bundesgenossen zu betrachten.

Trotz der großen Kopfzahl, trotz des Triumphes vom 6. Junius, zweifelt das Volk an der Stärke des Justemilieu. Es ist aber immer bedenklich, wenn eine Regierung nicht stark scheint in den Augen des Volks. Es lockt dann jeden, seine Kraft daran zu versuchen; ein dämonisch dunkler Drang treibt die Menschen, daran zu rütteln. Das ist das Geheimnis der Revolution.

Dieppe, 20. August.

Man hat keinen Begriff davon, welchen Eindruck der Tod des jungen Napoleon bei den untern Klassen des französischen Volks hervorgebracht. Schon das sentimentale Bulletin, welches der »*Temps*« über sein allmähliches Dahinsterben vor etwa sechs Wochen geliefert und welches, besonders abgedruckt, in Paris für einen Sou herumverkauft wurde, hat dort in allen Carrefours die äußerste Betrübnis erregt. Sogar junge Republikaner sah ich weinen; die alten jedoch schienen nicht sehr gerührt, und von einem derselben hörte ich mit Befremdung die verdrießliche Äußerung: »*Ne pleurez pas, c'était le fils de l'homme qui a fait mitrailler le peuple le 13 Vendémiaire*«. Es ist sonderbar, wenn jemanden ein Mißgeschick trifft, so erinnern wir uns unwillkürlich irgendeiner alten Unbill, die uns von seiner Seite widerfahren, und woran wir vielleicht seit undenklicher Zeit nicht gedacht haben. – Ganz unbedingt verehrt man den Kaiser auf dem Lande; da hängt in jeder Hütte das Porträt »des Mannes«, und zwar, wie die »*Quotidienne*« bemerkt, an derselben Wand, wo das Porträt des Haussohnes hängen würde, wäre er nicht von jenem Manne auf einem seiner hundert Schlachtfelder hingeopfert worden. Der Ärger entlockt zuweilen der »*Quotidienne*« die ehrlichsten Bemerkungen, und darüber ärgert sich dann die jesuitisch feinere »*Gazette*«; das ist ihre hauptsächliche politische Verschiedenheit.

Ich bereise den größten Teil der nordfranzösischen Küstengegenden, während die Nachricht von dem Tode des jungen Napoleon sich dort verbreitete. Ich fand deshalb überall, wohin ich kam, eine wunderbare Trauer unter den Leuten. Sie fühlten einen reinen Schmerz, der nicht in dem Eigennutze des Tages wurzelte, sondern in den liebsten Erinnerungen einer glorreichen Vergangenheit. Besonders unter den schönen Normanninnen war großes Klagen um den frühen Tod des jungen Heldensohnes.

Ja, in allen Hütten hängt das Bild des Kaisers. Überall fand ich es mit Trauerblumen bekränzt, wie Heilandsbilder in der Karwoche. Viele Soldaten trugen Flor. Ein alter Stelzfuß reichte mir wehmütig die Hand mit den Worten: »*à présent tout est fini*«.

Freilich, für jene Bonapartisten, die an eine kaiserliche Auferstehung des Fleisches glaubten, ist alles zu Ende. Napoleon ist ihnen nur noch ein Name, wie etwa Alexander von Mazedonien, dessen Leibeserbe in gleicher Weise früh verblichen. Aber für die Bonapartisten, die an eine Auferstehung des Geistes geglaubt, erblüht jetzt die beste Hoffnung. Der Bonapartismus ist für diese nicht eine Überlieferung der Macht durch Zeugung und Erstgeburt; nein, ihr Bonapartismus ist jetzt gleichsam von aller tierischen Beimischung gereinigt, er ist ihnen die Idee einer Alleinherrschaft der höchsten Kraft, angewendet zum Besten des Volks, und wer diese Kraft hat und sie so anwendet, den nennen sie Napoleon II. Wie Cäsar der bloßen Herrschergewalt seinen Namen gab, so gibt Napoleon seinen Namen einem neuen Cäsarentume, wozu nur derjenige berechtigt ist, der die höchste Fähigkeit und den besten Willen besitzt.

In gewisser Hinsicht war Napoleon ein Saint-Simonistischer Kaiser; wie er selbst vermöge seiner geistigen Superiorität zur Obergewalt befugt war, so beförderte er nur die Herrschaft der Kapazitäten, und erzielte die physische und moralische Wohlfahrt der zahlreichern und ärmern Klassen. Er herrschte weniger zum Besten des dritten Standes, des Mittelstandes, des Justemilieu, als vielmehr zum Besten der Männer, deren Vermögen nur in Herz und Hand besteht; und gar seine Armee war eine Hierarchie, deren Ehrenstufen nur durch Eigenwert und Fähigkeit erstiegen wurden. Der geringste Bauernsohn konnte dort, ebensogut wie der Junker aus dem ältesten Hause, die höchsten Würden erlangen und Gold und Sterne erwerben. Darum hängt des Kaisers Bild in der Hütte jedes Landmannes, an derselben Wand, wo das Bild des eigenen Sohnes hängen würde, wenn dieser nicht auf irgendeinem Schlachtfelde gefallen wäre, ehe er zum General avanciert, oder gar zum Herzog oder zum König, wie so mancher arme Bursche, der durch Mut und Talent sich so hoch emporschwingen konnte – als der Kaiser noch regierte. In dem Bilde desselben verehrt vielleicht mancher nur die verblichene Hoffnung seiner eigenen Herrlichkeit.

Am öftersten fand ich in den Bauernhäusern das Bild des Kaisers, wie er zu Jaffa das Lazarett besucht, und wie er zu St. Helena auf dem Todbette liegt. Beide Darstellungen tragen auffallende Ähnlichkeit mit den Heiligenbildern jener christlichen Religion, die jetzt in Frankreich erloschen ist. Auf dem einen Bilde gleicht Napoleon einem Heilande, von dessen Berührung die Pestkranken zu genesen scheinen; auf dem andern Bilde stirbt er gleichsam den Tod der Sühne.

Wir, die wir von einer andern Symbolik befangen sind, wir sehen in Napoleons Martyrtod auf St. Helena keine Versöhnung in dem angedeuteten Sinne, der Kaiser büßte dort für den schlimmsten seiner Irrtümer, für die Treulosigkeit, die er gegen die Revolution, seine Mutter, begangen. Die Geschichte hatte längst gezeigt, wie die Vermählung zwischen dem Sohne der Revolution und der Tochter der Vergangenheit nimmermehr gedeihen konnte, – und jetzt sehen wir auch, wie die einzige Frucht solcher Ehe nicht lange zu leben vermochte und kläglich dahinstarb.

In betreff der Erbschaft des Verstorbenen sind die Meinungen sehr geteilt. Die Freunde von Ludwig Philipp glauben, daß jetzt die verwaisten Bonapartisten sich ihnen anschließen werden; doch zweifle ich, ob die Männer des Krieges und des Ruhmes so schnell ins friedliche Justemilieu übergehen können. Die Karlisten glauben, daß die Bonapartisten jetzt dem alleinigen Prätendenten, Heinrich V., huldigen werden; ich weiß wahrlich nicht, ob ich in den Hoffnungen dieser Menschen mehr ihre Torheit oder ihre Insolenz bewundern soll. Die Republikaner scheinen noch am meisten imstande zu sein, die Bonapartisten an sich zu ziehen; aber wenn es einst leicht war, aus den ungekämmtesten Sansculotten die brillantesten Imperialisten zu machen, so mag es jetzt schwer sein, die entgegengesetzte Umwandlung zu bewerkstelligen.

Man bedauert, daß die teuern Reliquien, wie das Schwert des Kaisers, der Mantel von Marengo, der welthistorische dreieckige Hut u. dergl. m., welche gemäß dem Testamente von St. Helena dem jungen Reichstadt überliefert werden, nicht Frankreich anheimfallen. Jede der französischen Parteien könnte ein Stück aus diesem Nachlasse sehr gut brauchen. Und wahrlich, wenn ich darüber zu verfügen hätte, so sollte die Verteilung folgendermaßen stattfinden: den Republikanern würde ich das Schwert des Kaisers überliefern, dieweil sie noch die einzigen sind, die es zu gebrauchen verständen. Den Herren von Justemilieu würde ich den Mantel von Marengo zukommen lassen; und, in der Tat, sie bedürfen eines solchen Mantels, um ihre ruhmlose Blöße damit zu bedecken. Den

Karlisten gebe ich des Kaisers Hut, der freilich für solche Köpfe nicht sehr passend ist, aber ihnen doch zugute kommen kann, wenn sie nächstens wieder aufs Haupt geschlagen werden; ja, ich gebe ihnen auch die kaiserlichen Stiefel, die sie ebenfalls brauchen können, wenn sie nächstens wieder davonlaufen müssen. Was aber den Stock betrifft, womit der Kaiser bei Jena spazieren gegangen, so zweifle ich, ob derselbe sich unter der herzoglich Reichstädtischen Verlassenschaft befindet, und ich glaube, die Franzosen haben ihn noch immer in Händen.

Nächst dem Tode des jungen Napoleon hörte ich die Fahrten der Herzogin von Berry in diesen Provinzen am meisten besprechen. Die Abenteuer dieser Frau werden hier so poetisch erzählt, daß man glaubt, die Enkel der Fabliauxdichter hätten sie in müßiger Laune ersonnen. Dann gab auch die Hochzeit von Compiègne sehr viel Stoff zur Unterhaltung; ich könnte eine Insektensammlung von schlechten Witzen mitteilen, die ich in einem karlistischen Schlosse darüber debitieren hörte. Z. B. einer der Festredner in Compiègne soll bemerkt haben: in Compiègne sei die Jungfrau von Orléans gefangen worden, und es füge sich jetzt, daß wieder in Compiègne einer Jungfrau von Orléans die Fesseln angelegt würden. – Obgleich in allen französischen Blättern aufs prunkhafteste erzählt wird, daß der Zusammenfluß von Fremden hier sehr groß und überhaupt das Badeleben in Dieppe dieses Jahr sehr brillant sei, so habe ich doch an Ort und Stelle das Gegenteil gefunden. Es sind hier vielleicht keine fünfzig eigentliche Badegäste, alles ist trist und betrübt, und das Bad, das durch die Herzogin von Berry, die alle Sommer hierher kam, einst so mächtig emporblühte, ist auf immer zugrunde gegangen. Da viele Menschen dieser Stadt hierdurch in bitterste Armut versinken, und den Sturz der Bourbone als die Quelle ihres Unglücks betrachten, so ist es begreiflich, daß man hier viele enragierte Karlisten findet. Dennoch würde man Dieppe verleumden, wenn man annähme, daß mehr als ein Viertel seiner Bewohner aus Anhängern der vorigen Dynastie bestände. Nirgends zeigen die Nationalgarden mehr Patriotismus als hier, alle sind hier gleich beim ersten Trommelschlage versammelt, wenn exerziert werden soll; alle sind hier uniformiert, welches letztere von besonderem Eifer zeigt. Das Napoleonsfest wurde dieser Tage mit auffallendem Enthusiasmus gefeiert.

Ludwig Philipp wird hier im allgemeinen weder geliebt noch gehaßt. Man betrachtet seine Erhaltung als notwendig für das Glück Frankreichs; für sein Regiment ist man nicht sonderlich begeistert. Die Franzosen sind allgemein durch die freie Presse so wohlunterrichtet über die wahre Lage der Dinge, sie sind so politisch aufgeklärt, daß sie kleine Übel mit Geduld ertragen, um größeren nicht anheimzufallen. Gegen den persönlichen Charakter des Königs hat man wenig einzuwenden; man hält ihn für einen ehrenwerten Mann.

Rouen, 17. Sept.

Ich schreibe diese Zeilen in der ehemaligen Residenz der Herzoge von der Normandie, in der altertümlichen Stadt, wo noch so viele steinerne Urkunden uns an die Geschichte jenes Volkes erinnern, das wegen seiner ehemaligen Heldenfahrten und Abenteuerlichkeit und wegen seiner jetzigen Prozeßsucht und Erwerblist so berühmt ist. In jener Burg dort hauste Robert der Teufel, den Meyerbeer in Musik gesetzt; auf jenem Marktplatze verbrannte man die Pucelle, das großmütige Mädchen, das Schiller und Voltaire besungen; in jenem Dome liegt das Herz des Richard, des tapfern Königs, den man selber Löwenherz, *Cœur de lion*, genannt hat; diesem Boden entsproßten die Sieger von Hastings, die Söhne Tankreds, und so viele andre Blumen normannischer Ritterschaft – aber diese gehen uns heute alle nichts an, wir beschäftigen uns hier vielmehr mit der Frage: Hat Ludwig Philipps friedsames System Wurzel geschlagen in dem kriegerischen Boden der Normandie? Ist das neue Bürgerkönigtum gut oder schlecht gebettet in der alten Heldenwiege der englischen und italienischen Aristokratie, in dem Lande der Normannen? Diese Frage glaube ich heute aufs kürzeste beantworten zu können: Die großen Gutsbesitzer, meistens Adel, sind karlistisch gesinnt, die wohlhabenden Gewerbsleute und Landbauer sind philippistisch, und die untere Volksmenge verachtet und haßt die Bourbonen, und liebt, geringernteils, die gigantischen Erinnerungen der Republik, größernteils, den glänzenden Heroismus der Kaiserzeit. Die Karlisten, wie jede unterdrückte Partei, sind tätiger als die Philippisten, die sich gesichert fühlen, und zu ihrem Lobe mag es gesagt sein, daß sie auch größere Opfer bringen, nämlich Geldopfer. Die Karlisten, die nie an ihrem einstigen Siege zweifeln und überzeugt sind, daß ihnen die Zukunft alle Opfer der Gegenwart tausendfach vergütet, geben ihren letzten Sou her, wenn ihr Parteiinteresse dadurch gefördert scheint; es liegt überhaupt im Charakter dieser Klasse, daß sie des eignen Gutes weniger achtet, als sie nach fremdem Eigentum lüstern ist *(sui profusus, alieni appetens)*. Habsucht und Verschwendung sind Geschwister. Der Roturier, der nicht durch Hofdienst, Maitressengunst, süße Rede und leichtes Spiel, sondern durch schwere saure Arbeit seine irdischen Güter zu erwerben pflegt, hält fester an dem Erworbenen.

Indessen, die guten Bürger der Normandie haben die Einsicht gewonnen, daß die Journale, womit die Karlisten auf die öffentliche Meinung zu wirken suchen, der Sicherheit des Staats und ihrer eignen Besitztümer sehr gefährlich seien, und sie sind der Meinung, daß man durch dasselbe Mittel, durch die Presse, jene Umtriebe vereiteln müsse. In diesem Sinne hat man unlängst die *»Estafette du Havre«* gestiftet, eine sanftmütige Justemilieu-Zeitung, die der ehrsamen Kaufmannschaft in Havre sehr viel Geld kostet, und woran auch mehrere Pariser arbeiten, namentlich Monsieur de Salvandy, ein kleiner, geschmeidiger, wäßrichter Geist in einem langen, steifen, trockenen Körper (Goethe hat ihn gelobt). Bis jetzt ist jenes Journal die einzige Gegenmine, die den Karlisten in der Normandie gegraben worden; letztere hingegen sind unermüdlich, und errichten überall ihre Zeitschriften, ihre Festungen der Lüge, woran der Freiheitsgeist seine Kräfte zersplittern soll, bis Entsatz kommt von Osten. Diese Zeitschriften sind mehr oder minder im Geiste der »*Gazette de France*« und der »*Quotidienne*«, abgefaßt; letztere werden außerdem aufs tätigste unter das Volk verbreitet. Beide Blätter sind schön und geistreich und anziehend geschrieben, dabei sind sie tief boshaft, perfid, voll nützlicher Belehrung, voll ergötzlicher Schadenfreude, und ihre adeligen Kolporteurs, die sie oft gratis austeilen, ja vielleicht den Lesern manchmal noch Geld dazu geben, finden natürlicherweise größern Absatz als sanftmütige Justemilieu-Zeitungen. Ich kann diese beiden Blätter nicht genug empfehlen, da ich, von einem höhern Standpunkte, sie durchaus nicht schädlich achte für die Sache der Wahrheit; sie fördern diese vielmehr dadurch, daß sie die Kämpfer, die im Kampfe zuweilen ermüden, zu neuer Tatkraft anstacheln. Jene zwei Journale sind die wahren Repräsentanten jener Leute, die, wenn ihre Sache unterliegt, sich an den Personen rächen; es ist ein uraltes Verhältnis, wir treten ihnen auf den Kopf und sie stechen uns in die Ferse. Nur muß man zum Lobe der »*Quotidienne*« erwähnen, daß sie zwar ebensowohl wie die »*Gazette*« eine Schlange ist, daß sie aber ihre Böswilligkeit minder verbirgt; daß ihr Erbgroll sich in jedem Worte verrät; daß sie eine Art Klapperschlange ist, die, wenn sie herankriecht, mit ihrer Klapper vor sich selber warnt. Die »*Gazette*« hat leider keine solche Klapper. Die »Gazette« spricht zuweilen gegen ihre eigenen Prinzipien, um den Sieg derselben indirekt zu bewirken; die »*Quotidienne*«, in ihrer Hitze, opfert lieber den Sieg, als daß sie sich solcher kalten Selbstverleugnung unterwürfe. Die »*Gazette*« hat die Ruhe des Jesuitismus, der sich nicht von Meinungswut verwirren läßt, welches um so leichter ist, da der Jesuitismus eigentlich keine Gesinnung, sondern nur ein Metier ist; in der

»*Quotidienne*« hingegen brüten und wüten hochfahrende Junker und grimmige Mönche, schlecht vermummt in ritterlicher Loyalität und christlicher Liebe. Diesen letztern Charakter trägt auch die karlistische Zeitschrift, die unter dem Titel: »*Gazette de la Normandie*« hier in Rouen erscheint. Es ist darin ein süßliches Geklage über die gute alte Zeit, die leider verschwunden mit ihren chevaleresken Gestalten, mit ihren Kreuzzügen, Turnieren, Wappenherolden, ehrsamen Bürgern, frommen Nonnen, minniglichen Damen, Troubadouren und sonstigen Gemütlichkeiten, so daß man sonderbar erinnert wird an die feudalistischen Romane eines berühmten deutschen Dichters, in dessen Kopf mehr Blumen als Gedanken blühten, dessen Herz aber voller Liebe war; – bei dem Redakteur der »*Gazette de la Normandie*« ist hingegen der Kopf voll von krassem Obskurantismus, und sein Herz ist voll Gift und Galle. Dieser Redakteur ist ein gewisser Vicomte Walsh, ein langer gräulicher Blondin von etwa 60 Jahren. Ich sah ihn in Dieppe, wo er zu einem Karlistenkonzilium eingeladen war, und von der ganzen noblen Sippschaft sehr fetiert wurde. Geschwätzig, wie sie sind, hat jedoch ein kleines Karlistchen mir zugeflüstert: »*C'est un fameux compère*«; er ist eigentlich nicht von gutem französischem Adel; sein Vater, ein Irländer von Geburt, war in französischem Kriegsdienste beim Ausbruche der Revolution, und als er emigrierte und die Konfiskation seiner Güter verhindern wollte, verkaufte er sie zum Scheine seinem Sohne; als aber der alte Mann später nach Frankreich zurückkehrte und von dem Sohne seine Güter zurückverlangte, leugnete dieser den Scheinkauf, behauptete, der Verkauf der Güter habe in vollgültigem Ernste stattgefunden, und behielt somit das Vermögen seines geprellten Vaters und seiner armen Schwester; diese wurde Hofdame bei Madame (der Herzogin von Berry), und ihres Bruders Begeisterung für Madame hat seinen Grund sowohl in der Eitelkeit als im Eigennutze; denn, – »Ich wußte genug.«

Man kann sich schwerlich einen Begriff davon machen, mit welcher perfiden Konsequenz die Regierung der jetzigen Gewalthaber von den Karlisten untergraben wird. Ob mit Erfolg, muß die Zeit lehren. Wie ihnen kein Mensch zu schlecht, wenn sie ihn zu ihren Zwecken gebrauchen können, so ist ihnen auch kein Mittel zu schlecht. Neben jenen kanonischen Journalen, die ich oben bezeichnet, wirken die Karlisten auch durch die mündliche Überlieferung aller möglichen Verleumdung, durch die Tradition. Diese schwarze Propaganda sucht den guten Leumund der jetzigen Gewalthaber, namentlich des Königs, aufs gründlichste zu verderben. Die Lügen, die in dieser Absicht geschmiedet werden, sind zuweilen ebenso abscheulich, wie absurd. »Immer verleumden, immer verleumden, es bleibt was kleben!« war schon der Wahlspruch der saubern Lehrer.

In einer karlistichen Gesellschaft zu Dieppe sagte mir ein junger Priester: »Wenn Sie Ihren Landsleuten Bericht abstatten, müssen Sie der Wahrheit noch etwas nachhelfen, damit, wenn der Krieg ausbricht und Ludwig Philipp vielleicht noch immer an der Spitze der französischen Regierung stehen geblieben, die Deutschen ihn desto stärker hassen und mit desto größerer Begeisterung gegen ihn fechten«. Auf meine Frage, ob uns der Sieg auch ganz gewiß sei, lächelte jener fast mitleidig und versicherte mir: die Deutschen seien das tapferste Volk, und man werde ihnen nur einen geringen Scheinwiderstand leisten; der Norden, sowie der Süden, sei der rechtmäßigen Dynastie ganz ergeben; Heinrich V. und Madame seien, gleich einem kleinen Heiland und einer Mutter Gottes, allgemein verehrt; das sei die Religion des Volks; über kurz oder lang komme dieser legitime Glaubenseifer besonders in der Normandie zum öffentlichen Ausbruche. – Während der Mann Gottes sich solchermaßen aussprach, erhob sich plötzlich vor dem Hause, worin wir uns befanden, ein ungeheurer Lärm; es wirbelten die Trommeln, Trompeten erklangen, die Marseiller Hymne erscholl, so laut, daß die Fensterscheiben zitterten, und aus vollen Kehlen drang der Jubelruf: »*Vive Louis Philippe! A bas les Carlistes! Les Carlistes à la lanterne!*« Das geschah um 1 Uhr in der Nacht, und die ganze Gesellschaft erschrak sehr. Auch ich war erschrocken, denn ich dachte an das Sprichwort: Mitgefangen, mitgehangen. Aber es war nur ein Spaß der Dieper Nationalgarden. Diese hatten erfahren, daß Ludwig Philipp im Schlosse Eu angekommen sei, und sie faßten auf der Stelle den Beschluß, dorthin zu marschieren, um den König zu begrüßen; vor ihrer Abreise wollten sie aber die armen Karlisten in Schrecken setzen, und sie machten den entsetzlichsten Lärm vor den Häusern derselben, und sangen dort wie wahnsinnig die Marseiller Hymne, jenes *dies irae, dies illa* der neuen Kirche, das zunächst den Karlisten ihren jüngsten Gerichtstag verkündet.

Da ich mich bald darauf ebenfalls nach Eu begab, so kann ich als Augenzeuge berichten, daß es keine angeordnete Begeisterung war, womit die Nationalgarden dort den König umjubelten. Er ließ sie die Revue passieren, war sehr vergnügt über die unverhohlene Freude, womit sie ihn anlachten, und ich kann nicht leugnen, daß in dieser Zeit des Zwiespalts und des Mißtrauens solches Bild der Eintracht sehr erbaulich war. Es waren freie, bewehrte Bürger, die ohne Scheu ihrem Könige ins Auge sahen, mit den Waffen in der Hand ihm ihre Ehrfurcht bezeugten, und zuweilen mit männlichem Handschlage ihm Treue und Gehorsam zusagten. Ludwig Philipp nämlich, wie sich von selbst versteht, gab jedem die Hand. – Über dieses Händedrücken mokieren sich die Karlisten noch am meisten, und ich gestehe gern, der Haß macht sie zuweilen witzig, wenn sie jene *»messéante popularité des poignées de main«* persiflieren. So sah ich in dem Schlosse, dessen ich schon früher erwähnt, *en petit comité* eine Posse aufführen, wo aufs ergötzlichste dargestellt war, wie Fip I, König der Philister *(épiciers)*, seinem Sohne Großkuken *(grand poulot)* Unterricht in der Staatswissenschaft gibt, und ihn väterlich belehrt: er solle sich nicht von den

Theoretikern verleiten lassen, das Bürgerkönigtum in der Volkssouveränität zu sehen, noch viel weniger in der Aufrechterhaltung der Charte; er solle sich weder an das Geschwätz der Rechten, noch der Linken kehren; es komme nicht darauf an, ob Frankreich im Innern frei und im Auslande geehrt sei, noch viel weniger, ob der Thron mit republikanischen Institutionen barrikadiert oder von erblichen Pairs gestützt werde; weder die oktroyierten Worte noch die heroischen Taten seien von großer Wichtigkeit; das Bürgerkönigtum und die ganze Regierungskunst bestehe darin, daß man jedem Lump die Hand drücke. Und nun zeigt er die verschiedenen Handgriffe, wie man den Leuten die Hand drückt, in allen Positionen, zu Fuß, zu Pferd, wenn man durch ihre Reihen galoppiert, wenn sie vorbeidefilieren usw. Großkuken ist gelehrig, macht diese Regierungskunststücke aufs beste nach; ja er sagt, er wolle die Erfindung des Bürgerkönigtums noch verbessern, und jedesmal, wenn er einem Bürger die Hand drücke, ihn auch fragen: »Wie geht's, *mon vieux cochon?*« oder, was synonym sei: »Wie geht's, *citoyen?* »Ja, das ist synonym«, sagte dann der König ganz trocken, und die Karlisten lachten. Hernach will sich Großkuken im Händedrücken üben, zuerst an einer Grisette, nachher am Baron Louis; er macht aber jetzt alles zu plump, zerdrückt den Leuten die Finger; dabei fehlt es nicht an Verhöhnung und Verleumdung jener wohlbekannten Leute, die wir einst, vor der Juliusrevolution, als Lichter des Liberalismus feierten, und die wir seitdem so gern als Servile herabwürdigen. Bin ich aber sonst dem Justemilieu nicht sehr gewogen, so regte sich doch in meinem Gemüte eine gewisse Pietät gegen die einst Hochverehrten; es regte sich wieder die alte Neigung, als ich sie geschmäht sah von jenen schlechtern Menschen. Ja, wie derjenige, der sich in der Tiefe eines dunkeln Brunnens befindet, am hellen lichten Tage die Sterne des Himmels schauen kann, so habe ich, als ich in eine obskure Karlistengesellschaft hinabgestiegen war, wieder klar und rein die Verdienste der

Justemilieu-Leute anerkennen können; ich fühle wieder die ehemalige Verehrung für den ehemaligen Herzog von Orléans, für die Doktrinäre, für einen Guizot, einen Thiers, einen Royer-Collard und für einen Dupin und andre Sterne, die durch das überflammende Tageslicht der Juliussonne ihren Glanz verloren haben.

Es ist dann und wann nützlich, die Dinge von solch einem tiefen, statt von einem hohen Standpunkte zu betrachten. Zunächst lernen wir die Personen unparteiischer beurteilen, wenn wir auch die Sache hassen, deren Repräsentanten sie sind; wir lernen die Menschen des Justemilieu von dem Systeme desselben unterscheiden. Dieses letztere ist schlecht, nach unserer Ansicht, aber die Personen verdienen noch immer unsere Achtung, namentlich der Mann, dessen Stellung die schwierigste in Europa ist, und der jetzt nur in dem Gedanken vom 13. März die Möglichkeit seiner Existenz sieht; dieser Erhaltungstrieb ist sehr menschlich. Sind wir gar unter Karlisten geraten, und hören wir diesen Mann beständig schmähen, so steigt er in unserer Achtung, indem wir bemerken, daß jene an Ludwig Philipp eben dasjenige tadeln, was wir noch am liebsten an ihm sehen, und daß sie eben dasjenige, was uns an ihm mißfällt, noch am liebsten goutieren. Wenn er in den Augen der Karlisten das Verdienst hat, ein Bourbon zu sein, so erscheint uns dieses Verdienst im Gegenteil als eine *levis nota*. Aber es wäre unrecht, wenn wir ihn und seine Familie nicht von der ältern Linie der Bourbonen aufs rühmendste unterschieden. Das Haus Orléans hat sich dem französischen Volke so bestimmt angeschlossen, daß es gemeinschaftlich mit demselben regeneriert wurde; daß es aus dem schrecklichen Reinigungsbade der Revolution, ebenso wie das französische Volk, gesäubert und gebessert, geheilt und verbürgerlicht hervorging; – während die ältern Bourbonen, die an jener Verjüngung nicht teilnahmen, noch ganz zu jener ältern, kranken Generation gehören, die Crebillon, Laclos und Louvet uns in ihrem heitersten Sündenglanze und in ihrer blühenden Verwesung so gut geschildert haben. Das wieder jung gewordene Frankreich konnte dieser Dynastie, diesen Revenants der Vergangenheit, nimmer angehören; das erheuchelte Leben wurde täglich unheimlicher; die Bekehrung nach dem Tode war ein widerwärtiger Anblick; die parfümierte Fäulnis beleidigte jede honette Nase; und eines schönen Juliusmorgens, als der gallische Hahn krähte, mußten diese Gespenster wieder entfliehen. Ludwig Philipp aber und die Seinigen sind gesund und lebendig, es sind blühende Kinder des jungen Frankreichs, keuschen Geistes, frischen Leibes, und von bürgerlich guten Sitten. Eben jene Bürgerlichkeit, die den Karlisten an Ludwig Philipp so sehr mißfällt, hebt ihn in unserer Achtung. Ich kann mich, trotz des besten Willens, nicht so ganz des Parteigeistes entäußern, um richtig zu beurteilen, wie weit es ihm mit dem Bürgerkönigtume Ernst ist. Die große Jury der Geschichte wird entscheiden, ob er es ehrlich gemeint hat. In diesem Falle sind die *Poignées de main* gar nicht lächerlich, und der männliche Handschlag wird vielleicht ein Symbol des neuen Bürgerkönigtums, wie das knechtische Knien ein Symbol der feudalistischen Souveränität geworden war. Ludwig Philipp, wenn er Thron und ehrliche Gesinnung bewahrt und seinen Kindern überliefert, kann in der Geschichte einen großen Namen hinterlassen, nicht bloß als Stifter einer neuen Dynastie, sondern sogar als Stifter eines neuen Herrschertums, das der Welt eine andere Gestalt gibt, – als der erste Bürgerkönig, Ludwig Philipp, wenn er Thron und ehrliche Gesinnung bewahrt, – aber das ist ja eben die große Frage.

Lutezia

Berichte

über

Politik, Kunst und Volksleben

Erster Teil

Zueignungsbrief

*An seine Durchlaucht
den Fürsten Pückler-Muskau.*

Die Reisenden, welche irgendeinen durch Kunst oder historische Erinnerung denkwürdigen Ort besuchen, pflegen hier an Mauern und Wänden ihre respektiven Namen zu inskribieren, mehr oder minder leserlich, je nachdem das Schreibmaterial war, das ihnen zu Gebote stand. Sentimentale Seelen sudeln hinzu auch einige pathetische Zeilen gereimter oder ungereimter Gefühle. In diesem Wust von Inschriften wird unsre Aufmerksamkeit plötzlich in Anspruch genommen von zwei Namen, die nebeneinander eingegraben sind; Jahrzahl und Monatstag steht darunter und um Namen und Datum schlängelt sich ein ovaler Kreis, der einen Kranz von Eichen- oder Lorbeerblättern vorstellen soll. Sind den spätern Besuchern des Ortes die Personen bekannt, denen jene zwei Namen angehören, so rufen sie ein heiteres: »Sieh da!« und sie machen dabei die tiefsinnige Bemerkung, daß jene beiden also einander nicht fremd gewesen, daß sie wenigstens einmal auf derselben Stelle einander nahe gestanden, daß sie sich im Raum wie in der Zeit zusammengefunden, sie, die so gut zusammenpaßten. – Und nun werden über beide Glossen gemacht, die wir leicht erraten, aber hier nicht mitteilen wollen.

Indem ich, mein hochgefeierter und wahlverwandter Zeitgenosse, durch die Widmung dieses Buches gleichsam auf die Fassade desselben unsre beiden Namen inskribiere, folge ich nur einer heiter gaukelnden Laune des Gemütes, und wenn meinem Sinne irgendein bestimmter Beweggrund vorschwebt, so ist es allenfalls der oberwähnte Brauch der Reisenden. – Ja, Reisende waren wir beide auf diesem Erdball, das war unsre irdische Spezialität, und diejenigen, welche nach uns kommen, und in diesem Buche den Kranz sehen, womit ich unsre beiden

Namen umschlungen, gewinnen wenigstens ein authentisches Datum unsres zeitlichen Zusammentreffens, und sie mögen nach Belieben darüber glossieren, inwieweit der Verfasser der »Briefe eines Verstorbenen« und der Berichterstatter der »Lutezia« zusammenpaßten. –

Der Meister, dem ich dieses Buch zueigne, versteht das Handwerk und kennt die ungünstigen Umstände, unter welchen der Autor schrieb. Er kennt das Bett, in welchem meine Geisteskinder das Licht erblicken, das Augsburgische Prokrustesbett, wo man ihnen manchmal die allzulangen Beine und nicht selten sogar den Kopf abschnitt. Um unbildlich zu sprechen, das vorliegende Buch besteht zum größten Teil aus Tagesberichten, welche ich vor geraumer Zeit in der »Augsburgischen Allgemeinen Zeitung« drucken ließ. Von vielen hatte ich Brouillons zurückbehalten, wonach ich jetzt, bei dem neuen Abdruck, die unterdrückten oder veränderten Stellen restaurierte. Leider erlaubt mir nicht der Zustand meiner Augen, mich mit vielen solcher Restaurationen zu befassen; ich konnte mich aus dem verwitterten Papierwust nicht mehr herausfinden. Hier nun, sowie auch bei Berichten, die ich ohne vorläufigen Entwurf abgeschickt hatte, ersetzte ich die Lacunen und verbesserte ich die Alterationen soviel als möglich aus dem Gedächtnisse, und bei Stellen, wo mir der Stil fremdartig und der Sinn noch fremdartiger vorkam, suchte ich wenigstens die artistische Ehre, die schöne Form, zu retten, indem ich jene verdächtigen Stellen gänzlich vertilgte. Aber dieses Ausmerzen an Orten, wo der wahnwitzige Rotstift allzusehr gerast zu haben schien, traf nur Unwesentliches, keineswegs die Urteile über Dinge und Menschen, die oft irrig sein mochten, aber immer treu wiedergegeben werden mußten, damit die ursprüngliche Zeitfarbe nicht verloren ging. Indem ich eine gute Anzahl von ungedruckt gebliebenen Berichten, die keine Zensur passiert hatten, ohne die geringste Veränderung hinzufügte, lieferte ich durch eine künstlerische Zusammenstellung aller dieser Monographien ein Ganzes, welches das getreue Gemälde einer Periode bildet, die ebenso wichtig wie interessant war.

Ich spreche von jener Periode, welche man zur Zeit der Regierung Ludwig Philipps die »parlamentarische« nannte, ein Name, der sehr bezeichnend war und dessen Bedeutsamkeit mir gleich im Beginn auffiel. Wie im ersten Teil dieses Buches zu lesen, schrieb ich am 9. April 1840 folgende Worte: »Es ist sehr charakteristisch, daß seit einiger Zeit die französische Staatsregierung nicht mehr ein konstitutionelles, sondern ein parlamentarisches Gouvernement genannt wird. Das Ministerium vom ersten März erhielt gleich in der Taufe diesen Namen.« – Das Parlament, nämlich die Kammer, hatte damals schon die bedeutendsten Prärogative der Krone an sich gerissen, und die ganze Staatsmacht fiel allmählich in seine Hände. Seinerseits war der König, es ist nicht zu leugnen, ebenfalls von usurpatorischen Begierden gestachelt, er wollte selbst regieren, unabhängig von Kammer- und Ministerlaune, und in diesem Streben nach unbeschränkter Souveränität suchte er immer die legale Form zu bewahren. Ludwig Philipp kann daher mit Fug behaupten, daß er nie die Legalität verletzt, und vor den Assisen der Geschichte wird man ihn gewiß von jedem Vorwurf, eine ungesetzliche Handlung begangen zu haben, ganz freisprechen und ihn allenfalls nur der allzu großen Schlauheit schuldig erklären können. Die Kammer, welche ihre Eingriffe in die königlichen Vorrechte wenigstens klug durch legale Form bemäntelte, träfe gewiß ein weit herberes Verdikt, wenn nicht etwa als Milderungsgrund angeführt werden dürfte, daß sie provoziert worden sei durch die absoluten Gewaltsgelüste des Königs; sie kann sagen, sie habe denselben befehdet, um ihn zu entwaffnen und selber die Diktatur zu übernehmen, die in seinen Händen staats- und freiheitsverderblich werden konnte. Der Zweikampf zwischen dem König und der Kammer bildet den Inhalt der parlamentarischen Periode und beide Parteien hatten sich zu Ende derselben so sehr abgemüdet und geschwächt, daß sie kraftlos zu Boden sanken, als ein neuer Prätendent auf dem Schauplatz erschien. Am 24. Februar 1848 fielen sie fast gleichzeitig zu Boden, das Königtum in den Tuilerien und einige Stunden später das Parlament in dem nachbarlichen Palais Bourbon. Die Sieger, das glorreiche Lumpengesindel jener Februartage, brauchten wahrhaftig keinen Aufwand von Heldenmut zu machen, und sie können sich kaum rühmen, ihrer Feinde ansichtig geworden zu sein. Sie haben das alte Regiment nicht getötet, sondern sie haben nur seinem Scheinleben ein Ende gemacht: König und Kammer starben, weil sie längst tot waren. Diese beiden Kämpen der parlamentarischen Periode mahnen mich an ein Bildwerk, das ich einst zu Münster in dem großen Saale des Rathauses sah, wo der Westfälische Frieden geschlossen worden. Dort stehen nämlich längs den Wänden, wie Chorstühle, eine Reihe hölzerner Sitze, auf deren Lehne allerlei humoristische Skulpturen zu schauen sind. Auf einem dieser Holzstühle sind zwei Figuren dargestellt, welche in einem Zweikampf begriffen; sie sind ritterlich geharnischt, und haben eben ihre ungeheuer großen Schwerter erhoben, um aufeinander einzuhauen – doch sonderbar! jedem von ihnen fehlt die Hauptsache, nämlich der Kopf, und es scheint, daß sie sich in der Hitze des Kampfes einander die Köpfe abgeschlagen haben und jetzt, ohne ihre beiderseitige Kopflosigkeit zu bemerken, weiter fechten. –

Die Blütezeit der parlamentarischen Periode waren das Ministerium vom 1. März 1840 und die ersten Jahre des Ministeriums vom 29. November 1840. Ersteres mag für den Deutschen noch ein besonderes Interesse bewahren, weil damals Thiers unser Vaterland in die große Bewegung hineintrommelte, welche das politische Leben Deutschlands weckte; Thiers brachte uns wieder als Volk auf die Beine, und dieses Verdienst wird ihm die deutsche Geschichte hoch anrechnen. Auch der Erisapfel der orientalischen Frage kommt unter jenem Ministerium bereits zum Vorschein, und wir sehen im grellsten Lichte den

Egoismus jener britischen Oligarchie, die uns damals gegen die Franzosen verhetzte. Daß das aufrichtige und großmütige, bis zur Fanfaronade großmütige Frankreich unser natürlicher und wahrhaft sicherster Alliierter ist, war die Überzeugung meines ganzen Lebens, und das patriotische Bedürfnis, meine verblendeten Landsleute über den treulosen Blödsinn der Franzosenfresser und Rheinliedbarden aufzuklären, hat vielleicht meinen Berichten über das Ministerium Thiers manchmal, namentlich in bezug auf die Engländer, ein allzu leidenschaftliches Kolorit erteilt; aber die Zeit war eine höchst gefährliche, und Schweigen war ein halber Verrat.

Bis zur Katastrophe vom 24. Februar gehen nicht meine Pariser Berichte, aber man sieht schon auf jeder Seite ihre Notwendigkeit, und sie wird beständig vorausgesagt mit jenem prophetischen Schmerz, den wir in dem alten Heldenliede finden, wo Trojas Brand nicht den Schluß bildet, aber in jedem Verse geheimnisvoll knistert. Ich habe nicht das Gewitter, sondern die Wetterwolken beschrieben, die es in ihrem Schoße trugen und schauerlich düster heranzogen. Ich berichtete oft und bestimmt über die Dämonen, welche in den untern Schichten der Gesellschaft lauerten, und aus ihrer Dunkelheit hervorbrechen würden, wenn der rechte Tag gekommen. Diese Ungetüme, denen die Zukunft gehört, betrachtete man damals nur durch ein Verkleinerungsglas, und da sahen sie wirklich aus wie wahnsinnige Flöhe – aber ich zeigte sie in ihrer wahren Lebensgröße, und da glichen sie vielmehr den furchtbarsten Krokodilen, welche jemals aus dem Schlamm gestiegen. –

Um die betrübsamen Berichterstattungen zu erheitern, verwob ich sie mit Schilderungen aus dem Gebiete der Kunst und der Wissenschaft, aus den Tanzsälen der guten und der schlechten Sozietät, und wenn ich unter solchen Arabesken manche allzu närrische Virtuosenfratze gezeichnet, so geschah es nicht, um irgendeinem längst verschollenen Biedermann des

Pianoforte oder der Maultrommel ein Herzeleid zuzufügen, sondern um das Bild der Zeit selbst in seinen kleinsten Nüancen zu liefern. Ein ehrliches Daguerreotyp muß eine Fliege ebensogut wie das stolzeste Pferd treu wiedergeben, und meine Berichte sind ein daguerreotypisches Geschichtsbuch, worin jeder Tag sich selber abkonterfeite, und durch die Zusammenstellung solcher Bilder hat der ordnende Geist des Künstlers ein Werk geliefert, worin das Dargestellte seine Treue authentisch durch sich selbst dokumentiert. Mein Buch ist daher zugleich ein Produkt der Natur und der Kunst, und während es jetzt vielleicht den populären Bedürfnissen der Leserwelt genügt, kann es auf jeden Fall dem späteren Historiographen als eine Geschichtsquelle dienen, die, wie gesagt, die Bürgschaft ihrer Tageswahrheit in sich trägt. Man hat in solcher Beziehung bereits meinen »Französischen Zuständen«, welche denselben Charakter tragen, die größte Anerkennung gezollt, und die französische Übersetzung wurde von historienschreibenden Franzosen vielfach benutzt. Ich erwähne dieses alles, damit ich für mein Werk ein solides Verdienst vindiziere, und der Leser um so nachsichtiger sein möge, wenn er darin wieder jenen frivolen Esprit bemerkt, den unsre kerndeutschen, ich möchte sagen eicheldeutschen Landsleute auch dem Verfasser der »Briefe eines Verstorbenen« vorgeworfen haben. Indem ich demselben mein Buch zueigne, kann ich wohl, in bezug auf den darin enthaltenen Esprit, heute von mir sagen, daß ich Eulen nach Athen bringe.

Aber wo befindet sich in diesem Augenblick der vielverehrte und vielteure Verstorbene? Wohin adressiere ich mein Buch? Wo ist er? Wo weilt er, oder vielmehr wo galoppiert er, wo trottiert er? Er, der romantische Anacharsis, der fashionabelste aller Sonderlinge, Diogenes zu Pferde, dem ein eleganter Groom die Laterne vorträgt, womit er einen Menschen sucht. – Sucht er ihn in Sandomir oder in Sandomich, wo ihm der große Wind, der durch das Brandenburger Tor weht, die Laterne ausbläst? Oder trabt er jetzt auf dem höckerichten Rücken eines Kamels durch die arabische Sandwüste, wo der langbeinige Hut-Hut, den die deutschen Dragomanen den Legationssekretär von Wiedehopf nennen, an ihm vorüberläuft, um seiner Gebieterin, der Königin von Saba, die Ankunft des hohen Gastes zu verkünden – denn die alte fabelhafte Person erwartet den weltberühmten Touristen auf einer schönen Oase in Äthiopien, wo sie mit ihm unter wehenden Fächerpalmen und plätschernden Springbrunnen frühstücken und kokettieren will, wie einst auch die verstorbene Lady Esther Stanhope getan, die ebenfalls viele kluge Rätselsprüche wußte – Apropos: aus den Memoiren, welche ein Engländer nach dem Tode dieser berühmten Sultanin der Wüste herausgegeben, habe ich nicht ohne Verwunderung gelesen, daß die hohe Dame, als Ew. Durchlaucht sie auf dem Libanon besuchten, auch von mir sprach, und der Meinung gewesen, ich sei der Stifter einer neuen Religion. Du lieber Himmel! da sehe ich, wie schlecht man in Asien über mich unterrichtet ist! –

Ja, wo ist jetzt der wandersüchtige Überall und Nirgends? Korrespondenten einer mongolischen Zeitung behaupten, er sei auf dem Wege nach China, um die Chinesen zu sehen, ehe es zu spät ist und dieses Volk von Porzellan in den plumpen Händen der rothaarigen Barbaren ganz zerbricht – ach! seinem armen wackelköpfigen Porzellan-Kaiser ist schon vor Gram das Herz gebrochen! – Der »*Calcutta Advertiser*« scheint der oben erwähnten mongolischen Zeitungsnachricht keinen Glauben zu schenken und behauptet vielmehr, daß Engländer, welche jüngst den Himalaja bestiegen, den Fürsten Pückler-Muskau auf den Flügeln eines Greifen durch die Lüfte fliegen sahen. Jenes Journal bemerkt, daß der erlauchte Reisende sich wahrscheinlich nach dem Berge Kaf begab, um dem Vogel Simurgh, der dort haust, seinen Besuch abzustatten, und mit ihm über antediluvianische Politik zu plaudern. – Aber der alte Simurgh, der Dekan der Diplomaten, der Ex-Wesir so vieler präadamitischen Sultane, die alle weiße Röcke und rote Hosen getragen, residiert er nicht während den Sommermonaten auf seinem Schloß Johannisberg am Rhein? Ich habe den Wein der dort wächst, immer für den besten gehalten, und für einen gar klugen Vogel hielt ich immer den Herrn des Johannisbergs; aber mein Respekt hat sich noch vermehrt, seitdem ich weiß, in welchem hohen Grade er meine Gedichte liebt, und daß er einst Ew. Durchlaucht erzählte, wie er bei der Lektüre derselben zuweilen Tränen vergossen habe. Ich wollte, er läse auch einmal zur Abwechslung die Gedichte meiner Parnaßgenossen, der heutigen Gesinnungspoeten; er wird freilich bei dieser Lektüre nicht weinen, aber desto herzlicher lachen. –

Jedoch noch immer weiß ich nicht ganz bestimmt den Aufenthaltsort des Verstorbenen, des lebendigsten aller Verstorbenen, der so viel Titularlebendige überlebt hat. – Wo ist er jetzt? Im Abendland oder im Morgenland? In China oder in England? In Hosen von Nanking oder von Manchester? In Vorderasien oder in Hinterpommern? Muß ich mein Buch nach Kyritz adressieren oder nach Tombuktu, poste-restante? – Gleichviel wo er auch sei, überall verfolgen ihn die heiter treuherzigsten und wehmütig tollsten Grüße seines ergebenen

Heinrich Heine.

Paris, den 23. August 1854.

ERSTER TEIL

I.

Paris, 25. Februar 1840.

Je näher man der Person des Königs steht und mit eigenen Augen das Treiben desselben beobachtet, desto leichter wird man getäuscht über die Motive seiner Handlungen, über seine geheimen Absichten, über sein Wollen und Streben. In der Schule der Revolutionsmänner hat er jene moderne Schlauheit erlernt, jenen politischen Jesuitismus, worin die Jakobiner manchmal die Jünger Loyolas übertrafen. Zu diesen Errungenschaften kommt noch ein Schatz angeerbter Verstellungskunst, die Tradition seiner Vorfahren, der französischen Könige, jener ältesten Söhne der Kirche, die immer weit mehr als andere Fürsten durch das heilige Öl von Rheims geschmeidigt worden, immer mehr Fuchs als Löwe waren, und einen mehr oder minder priesterlichen Charakter offenbarten. Zu der angelernten und überlieferten *simulatio* und *dissimulatio* gesellt sich noch eine natürliche Anlage bei Ludwig Philipp, so daß es fast unmöglich ist, durch die wohlwollende dicke Hülle, durch das lächelnde Fleisch, die geheimen Gedanken zu erspähen. Aber gelänge es auch, bis in die Tiefe des königlichen Herzens einen Blick zu werfen, so sind wir dadurch noch nicht weit gefördert, denn am Ende ist eine Antipathie oder Sympathie in bezug auf Personen nie der bestimmende Grund der Handlungen Ludwig Philipps, er gehorcht nur der Macht der Dinge *(la force des choses)*, der Notwendigkeit. Alle subjektive Anregung weist er fast grausam zurück, er ist hart gegen sich selbst, und ist er auch kein Selbstherrscher, so ist er doch ein Beherrscher seiner selbst; er ist ein sehr objektiver König. Es hat daher wenig politische Bedeutung, ob er etwa den Guizot mehr liebt oder weniger als den Thiers; er wird sich des einen oder des andern bedienen, je nachdem er den einen oder andern nötig hat, nicht früher, nicht später. Ich kann daher wirklich nicht mit Gewißheit sagen, wer von diesen zwei Männern dem König am angenehmsten oder am unangenehmsten sei. Ich glaube, ihm mißfallen sie alle beide, und zwar aus Metierneid, weil er ebenfalls Minister ist, in ihnen seine beständigen Nebenbuhler sieht, und am Ende fürchtet, man könnte ihnen eine größere politische Kapazität zutrauen als ihm selber. Man sagt, Guizot sage ihm mehr zu, als Thiers, weil jener eine gewisse Unpopularität genießt, die dem Könige gefällt. Aber der puritanische Zuschnitt, der lauernde Hochmut, der doktrinäre Belehrungston, das eckig-calvinistische Wesen Guizots kann nicht anziehend auf den König wirken. Bei Thiers stößt er auf die entgegengesetzten Eigenschaften, auf einen ungezügelten Leichtsinn, auf eine kecke Laune, auf eine Freimütigkeit, die mit seinem eigenen versteckten, krummlinigten, eingeschachtelten Charakter fast beleidigend kontrastiert und ihm also ebenfalls wenig behagen kann. Hierzu kommt, daß der König gern spricht, ja sogar sich gern in ein unendliches Schwatzen verliert, was sehr merkwürdig, da verstellungssüchtige Naturen gewöhnlich wortkarg sind. Gar bedeutend muß ihm deshalb ein Guizot mißfallen, der nie diskurriert, sondern immer doziert und endlich, wenn er seine Thesis bewiesen hat, die Gegenrede des Königs mit Strenge anhört, und wohl gar dem Könige Beifall nickt, als habe er einen Schulknaben vor sich, der seine Lektion gut hersagt. Bei Thiers geht's dem Könige noch schlimmer, der läßt ihn gar nicht zu Worten kommen, verloren in die Strömung seiner eigenen Rede. Das rieselt unaufhörlich, wie ein Faß, dessen Hahn ohne Zapfen, aber immer kostbarer Wein. Kein anderer kommt da zu Worte, und nur während er sich rasiert, ist man imstande, bei Herrn Thiers ruhiges Gehör zu finden. Nur solange ihm das Messer an der Kehle ist, schweigt er und schenkt fremder Rede Gehör.

Es ist keinem Zweifel unterworfen, daß der König sich endlich entschließt, den Begehrnissen der Kammer nachgebend, Herrn Thiers mit der Bildung eines neuen Ministeriums zu beauftragen und ihm als Präsidenten des Konseils auch das Portefeuille der äußern Angelegenheiten anzuvertrauen. Das ist leicht vorauszusehen. Man dürfte aber mit großer Gewißheit prophezeien, daß das neue Ministerium nicht von langer Dauer sein wird, und daß Herr Thiers selber eines frühen Morgens dem Könige eine gute Gelegenheit gibt, ihn wieder zu entfernen und Herrn Guizot an seine Stelle zu berufen. Herr Thiers, bei seiner Behendigkeit und Geschmeidigkeit, zeigt immer ein großes Talent, wenn es gilt den *mât de Cocagne* der Herrschaft zu erklettern, hinaufzurutschen, aber er bekundet ein noch größeres Talent des Wiederheruntergleitens, und wenn wir ihn ganz sicher auf dem Gipfel seiner Macht glauben, glitscht er unversehens wieder herab, so geschickt, so artig, so lächelnd, so genial, daß wir diesem neuen Kunststück schier applaudieren möchten. Herr Guizot ist nicht so geschickt im Erklimmen des glatten Mastes. Mit schwerfälliger Mühe zottelt er sich hinauf, aber wenn er oben einmal angelangt, klammert er sich fest mit der gewaltigen Tatze; er wird auf der Höhe der Gewalt immer länger verweilen, als sein gelenkiger Nebenbuhler, ja wir möchten sagen, daß er aus Unbeholfenheit nicht mehr herunterkommen kann und ein starkes Schütteln nötig sein wird, ihm das Herabpurzeln zu erleichtern. In diesem Augenblick sind vielleicht schon die Depeschen unterwegs, worin Ludwig Philipp den auswärtigen Kabinetten auseinandersetzt, wie er, durch die Gewalt der Dinge gezwungen, den ihm fatalen Thiers zum Minister nehmen muß, anstatt des Guizot, der ihm viel angenehmer gewesen wäre.

Der König wird jetzt seine große Not haben, die Antipathie, welche die fremden Mächte gegen Thiers hegen, zu beschwichtigen. Dieses Buhlen nach dem Beifall der letztern ist eine törichte Idiosynkrasie. Er meint, daß von dem äußern Frieden auch die Ruhe seines Inlands abhänge, und er schenkt diesem nur geringe Aufmerksamkeit. Er, vor dessen Augenzwinkern alle Trajane, Titusse, Mark-Aurele und Antonine dieser Erde, den Großmogul mit eingerechnet, zittern müßten, er demütigt sich vor ihnen wie ein Schulbub und jammert: »Schonet meiner! verzeiht mir, daß ich sozusagen den französischen Thron bestiegen, daß das tapferste und intelligenteste Volk, ich will sagen 36 Millionen Unruhestifter und Gottesleugner mich zu ihrem König gewählt haben. – Verzeiht mir, daß ich mich verleiten ließ, aus den verruchten Händen der Rebellen die Krone und die dazu gehörigen Kronjuwelen in Empfang zu nehmen – ich war ein unerfahrenes Gemüt, ich hatte eine schlechte Erziehung genossen von Kind an, wo Frau von Genlis mich die Menschenrechte buchstabieren ließ – bei den Jakobinern, die mir den Ehrenposten eines Türstehers anvertrauten, habe ich auch nicht viel Gutes lernen können – ich wurde durch schlechte Gesellschaft verführt, besonders durch den Marquis de Lafayette, der aus mir die beste Republik machen wollte – ich habe mich aber seitdem gebessert, ich bereue meine jugendlichen Verirrungen, und ich bitte Euch, verzeiht mir aus christlicher Barmherzigkeit – und schenket mir den Frieden!« Nein, so hat sich Ludwig Philipp nicht ausgedrückt, denn er ist stolz und edel und klug, aber das war doch immer der kurze Sinn seiner langen Reden und noch längern Briefe, deren Schriftzüge, als ich sie jüngst sah, mir höchst originell erschienen. Wie man gewisse Schriftzüge »Fliegenpfötchen« *(pattes de mouche)* nennt, so könnte man die Handschrift Ludwig Philipps »Spinnenbeine« benamsen; sie ähneln nämlich den hagerdünnen und schattenartig langen Beinen der sogenannten Schneiderspinnen, und die hochgestreckten und zugleich äußerst magern Buchstaben machen einen fabelhaft drolligen Eindruck.

Selbst in der nächsten Umgebung des Königs wird seine Nachgiebigkeit gegen das Ausland getadelt; aber niemand wagt, irgendeine Rüge laut werden zu lassen. Dieser milde, gutmütige und hausväterliche Ludwig Philipp fordert im Kreise der Seinen einen ebenso blinden Gehorsam, wie ihn der wütendste Tyrann jemals durch die größten Grausamkeiten erlangen mochte. Ehrfurcht und Liebe fesselt die Zunge seiner Familie und Freunde; das ist ein Mißgeschick, und es könnten wohl Fälle eintreten, wo dem königlichen Einzelwillen irgendein Einspruch und sogar offener Widerspruch heilsam sein dürfte. Selbst der Kronprinz, der verständige Herzog von Orleans, beugt schweigend das Haupt vor dem Vater, obgleich er seine Fehler einsieht und traurige Konflikte, ja eine entsetzliche Katastrophe zu ahnen scheint. Er soll einst zu einem Vertrauten gesagt haben, er sehne sich nach einem Kriege, weil er lieber in den Wogen des Rheines als in einer schmutzigen Gosse von Paris sein Leben verlieren wolle. Der edle ritterliche Held hat melancholische Augenblicke, und erzählt dann, wie seine Muhme, Madame d'Angoulème, die unguillotinierte Tochter Ludwigs des XVI., mit ihrer heiseren Rabenstimme ihm ein frühes Verderben prophezeite, als sie auf ihrer letzten Flucht während den Julitagen dem heimkehrenden Prinzen in der Nähe von Paris begegnete. Sonderbar ist es, daß der Prinz einige Stunden später in Gefahr geriet, von den Republikanern, die ihn gefangen nahmen, füsiliert zu werden und nur wie durch ein Wunder solchem Schicksal entging. Der Erbprinz ist allgemein geliebt, er hat alle Herzen gewonnen, und sein Verlust wäre der jetzigen Dynastie mehr als verderblich. Seine Popularität ist vielleicht ihre einzige Garantie. Aber er ist auch eine der edelsten und kostbarsten Blüten, die dem Boden Frankreichs, diesem »schönen Menschengarten«, entsprossen sind.

II.

Paris, den 1. März 1840.

Thiers steht heute im vollen Lichte seines Tages. Ich sage heute, ich verbürge mich nicht für morgen. – Daß Thiers jetzt Minister ist, alleiniger, wahrhaftiger Gewaltminister, unterliegt keinem Zweifel, obgleich viele Personen, mehr aus Schelmerei denn aus Überzeugung, daran nicht glauben wollen, ehe sie die

Ordonnanzen unterzeichnet sähen, schwarz auf weiß im »Moniteur«. Sie sagen, bei der zögernden Weise des Fabius Cunctator des Königtums sei alles möglich; vorigen Mai habe sich der Handel zerschlagen, als Thiers bereits zur Unterzeichnung die Feder in die Hand genommen. Aber diesmal, bin ich überzeugt, ist Thiers Minister – »schwören will ich darauf, aber nicht wetten«, sagte einst Fox bei einer ähnlichen Gelegenheit. Ich bin nun neugierig, in wieviel Zeit seine Popularität wieder demoliert wird. Die Republikaner sehen jetzt in ihm ein neues Bollwerk des Königtums, und sie werden ihn gewiß nicht schonen. Großmut ist nicht ihre Art, und die republikanische Tugend verschmäht nicht die Allianz mit der Lüge. Morgen schon werden die alten Verleumdungen aus den modrigsten Schlupfwinkeln ihre Schlangenköpfchen hervorrecken und freundlich züngeln. Die armen Kollegen werden ebenfalls stark herhalten. »Ein Karnevalsministerium«, rief man schon gestern abend, als der Name des Ministers des Unterrichts genannt wurde. Das Wort hat dennoch eine gewisse Wahrheit. Ohne die Besorgnis vor den drei Karnevalstagen hätte man sich mit der Bildung des Ministeriums vielleicht nicht so sehr geeilt. Aber heute ist schon Faschingsonntag, in diesem Augenblick wälzt sich bereits der Zug des *bœuf gras* durch die Straßen von Paris, und morgen und übermorgen sind die gefährlichsten Tage für die öffentliche Ruhe. Das Volk überläßt sich dann einer wahnsinnigen, fast verzweiflungsvollen Lust, alle Tollheit ist grauenhaft entzügelt, und der Freiheitsrausch trinkt dann leicht Brüderschaft mit der Trunkenheit des gewöhnlichen Weins. – Mummerei gegen Mummerei, und das neue Ministerium ist vielleicht eine Maske des Königs für den Karneval.

III.

Paris, den 9. April 1840.
Nachdem die Leidenschaften sich etwas abgekühlt und denkende Besonnenheit sich allmählich geltend macht, gesteht jeder, daß die Ruhe Frankreichs aufs gefährlichste bedroht war, wenn es den sogenannten Konservativen gelang, daß jetzige Ministerium zu stürzen. Die Glieder desselben sind gewiß in diesem Augenblick die geeignetsten Lenker des Staatswagens. Der König und Thiers, der eine im Innern des Wagens, der andere auf dem Bocke, sie müssen jetzt einig bleiben, denn trotz der verschiedenen Situation sind sie denselben Gefahren des Umsturzes ausgesetzt. Der König und Thiers hegen durchaus keinen geheimen Hader, wie man allgemein glaubt. Persönlich hatten sich beide schon vor geraumer Zeit ausgesöhnt. Die Differenz bleibt nur eine politische. Bei aller jetzigen Einigkeit, bei dem besten Willen des Königs für die Erhaltung des Ministeriums, kann doch in seinem Geiste jene politische Differenz nie ganz schwinden; denn der König ist ja der Repräsentant der Krone, deren Interessen und Rechte in beständigem Konflikt mit den usurpierten Gelüsten der Kammer. In der Tat, wir müssen der Wahrheit gemäß das ganze Streben der Kammer mit dem Ausdruck Usurpationslust bezeichnen; sie war auch immer der angreifende Teil, sie suchte bei jeder Veranlassung die Rechte der Krone zu schmälern, die Interessen derselben zu untergraben, und der König übte nur eine natürliche Notwehr. Z. B. die Charte verlieh dem König das Recht, seine Minister zu wählen, und jetzt ist dieses Prorogativ nur ein leerer Schein, eine ironische, das Königtum verhöhnende Formel, denn in der Wirklichkeit ist es die Kammer, welche die Minister wählt und verabschiedet. Auch ist es sehr charakteristisch, daß seit einiger Zeit die französische Staatsregierung nicht mehr ein konstitutionelles, sondern ein parlamentarisches Gouvernement genannt wird. Das Ministerium vom 1. April erhielt

gleich in der Taufe diesen Namen, und durch die Tat wie durch das Wort ward eine Rechtsberaubung der Krone zugunsten der Kammer öffentlich proklamiert und sanktioniert.

Thiers ist der Repräsentant der Kammer, er ist ihr gewählter Minister, und in dieser Beziehung kann er dem König nie ganz behagen. Die allerhöchste Mißhuld trifft also, wie gesagt, nicht die Person des Ministers, sondern das Prinzip, das sich durch seine Wahl geltend gemacht hat. – Wir glauben, daß die Kammer den Sieg jenes Prinzips nicht weiter verfolgen wird; denn es ist im Grunde dasselbe Elektionsprinzip, als dessen letzte Konsequenz die Republik sich darbietet. Wohin sie führen, diese gewonnenen Kammerschlachten, merken die dynastischen Oppositionshelden jetzt ebensogut wie jene Konservativen, die aus persönlicher Leidenschaft, bei Gelegenheit der Dotationsfrage, sich die lächerlichsten Mißgriffe zuschulden kommen ließen.

Das Verwerfen der Dotation, und gar der schweigende Hohn, womit man sie verwarf, war nicht bloß eine Beleidigung des Königtums, sondern auch eine ungerechte Torheit; – denn indem man der Krone alle wirkliche Macht allmählich abkämpfte, mußte man sie wenigstens entschädigen durch äußern Glanz und ihr moralisches Ansehen in den Augen des Volks vielmehr erhöhen als herabwürdigen. Welche Inkonsequenz! Ihr wollt einen Monarchen haben, und knickert bei den Kosten für Hermelin und Goldprunk! Ihr schreckt zurück vor der Republik und insultiert Euren König öffentlich, wie Ihr getan bei der Abstimmung der Dotationsfrage! Und sie wollen wahrlich keine Republik, diese edlen Geldritter, diese Barone der Industrie, diese Auserwählten des Eigentums, diese Enthusiasten des ruhigen Besitzes, welche die Majorität in der französischen Kammer bilden. Sie hegen vor der Republik ein noch weit entsetzlicheres Grauen als der König selbst, sie zittern davor noch weit mehr als Ludwig Philipp, welcher sich in seiner Jugend schon daran gewöhnt hat.

Wird sich das Ministerium Thiers lange halten? Das ist jetzt die Frage. Dieser Mann spielt eine schauerliche Rolle. Er verfügt nicht bloß über alle Streitkräfte des mächtigsten Reiches, sondern auch über alle Heeresmacht der Revolution, über alles Feuer und allen Wahnsinn der Zeit. Reizt ihn nicht aus seiner weisen Jovialität hinaus in die fatalistischen Irrgänge der Leidenschaft, legt ihm nichts in den Weg, weder goldene Äpfel noch rohe Klötze! ... Die ganze Partei der Krone sollte sich Glück wünschen, daß die Kammer eben den Thiers gewählt, den Staatsmann, der in den jüngsten Debatten seine ganze politische Größe offenbart hat. Ja, während die andern nur Redner sind, oder Administratoren, oder Gelehrte, oder Diplomaten, oder Tugendhelden, so ist Thiers alles dieses zusammen, sogar letzteres, nur, daß sich bei ihm diese Fähigkeiten nicht als schroffe Spezialitäten hervorstellen, sondern von seinem staatsmännischen Genie überragt und absorbiert werden. Thiers ist Staatsmann; er ist einer von jenen Geistern, denen das Talent des Regierens angeboren ist. Die Natur schafft Staatsmänner wie sie Dichter schafft, zwei sehr heterogene Arten von Geschöpfen, die aber von gleicher Unentbehrlichkeit; denn die Menschheit muß begeistert werden und regiert. Die Männer, denen die Poesie oder die Staatskunst angeboren ist, werden auch von der Natur getrieben, ihr Talent geltend zu machen, und wir dürfen diesen Trieb keineswegs mit jener kleinen Eitelkeit verwechseln, welche die Minderbegabten anstachelt, die Welt mit ihren elegischen Reimereien oder mit ihren prosaischen Deklamationen zu langweilen.

Ich habe angedeutet, daß Thiers eben durch seine letzte Rede seine staatsmännische Größe bekundete. Berryer hat vielleicht mit seinen sonoren Phrasen auf die Ohren der großen Menge eine pomphaftere Wirkung ausgeübt; aber dieser Orator verhält sich zu jenem Staatsmann wie Cicero zu Demosthenes. Wenn Cicero auf dem Forum plädierte, dann sagten die Zuhörer, daß niemand schöner zu reden verstehe als der Marcus Tullius; sprach aber Demosthenes, so riefen die Athener: »Krieg gegen Philipp!« Statt aller Lobsprüche, nachdem Thiers geredet hatte, öffneten die Deputierten ihren Säckel und gaben ihm das verlangte Geld.

Kulminierend in jener Rede des Thiers war das Wort »Transaktion« – ein Wort, das unsere Tagespolitiker sehr wenig begriffen, das aber nach meiner Ansicht die tiefsinnigste Bedeutung enthält. War denn von jeher die Aufgabe der großen Staatsmänner etwas anderes als eine Transaktion, eine Vermittlung zwischen Prinzipien und Parteien? Wenn man regieren soll, und sich zwischen zwei Fraktionen, die sich befehden, befindet, so muß man eine Transaktion versuchen. Wie könnte die Welt fortschreiten, wie könnte sie nur ruhig stehen bleiben, wenn nicht nach wilden Umwälzungen die gebietenden Männer kämen, die unter den ermüdeten und leidenden Kämpfern den Gottesfrieden wiederherstellten, im Reiche des Gedankens wie im Reiche der Erscheinung? Ja, auch im Reiche des Gedankens sind Transaktionen notwendig. Was war es anders als Transaktion zwischen der römisch-katholischen Überlieferung und der menschlich-göttlichen Vernunft, was vor drei Jahrhunderten in Deutschland als Reformation und protestantische Kirche ins Leben trat? Was war es anders als Transaktion, was Napoleon in Frankreich versuchte, als er die Menschen und die Interessen des alten Regimes mit den neuen Menschen und neuen Interessen der Revolution zu versöhnen suchte? Er gab dieser Transaktion den Namen »Fusion« – ebenfalls ein sehr bedeutungsvolles Wort, welches ein ganzes System offenbart. – Zwei Jahrtausende vor Napoleon hatte ein anderer großer Staatsmann, Alexander von Mazedonien, ein ähnliches Fusionssystem ersonnen, als er den Okzident mit dem Orient vermitteln wollte, durch Wechselheiraten zwischen Siegern und Besiegten, Sittentausch, Gedankenverschmelzung. – Nein, zu solcher Höhe des Fusionssystems konnte sich Napoleon nicht erheben, nur die Personen und die Interessen wußte er zu vermitteln, nicht die Ideen, und das war sein großer Fehler und auch der Grund seines Sturzes. Wird Herr Thiers denselben Mißgriff begehen? Wir fürchten es fast. Herr Thiers kann sprechen von Morgen bis Mitternacht, unermüdet, immer neue glänzende Gedanken, immer neue Geistesblitze hervorsprühend, den Zuhörer ergötzend, belehrend, blendend, man möchte sagen, ein gesprochenes Feuerwerk. Und dennoch begreift er mehr die materiellen als die idealen Bedürfnisse der Menschheit; er kennt den letzten Ring nicht, womit die irdischen Erscheinungen an den Himmel gekettet sind: er hat keinen Sinn für große soziale Institutionen.

IV.

Paris, den 30. April 1840.
»Erzähle mir, was du heute gesäet hast, und ich will dir voraussagen, was du morgen ernten wirst!« An dieses Sprichwort des kernichten Sancho dachte ich dieser Tage, als ich im Faubourgh Saint-Marceau einige Ateliers besuchte und dort entdeckte, welche Lektüre unter den Ouvriers, dem kräftigsten Teile der untern Klasse, verbreitet wird. Dort fand ich nämlich mehrere neue Ausgaben von den Reden des alten Robespierre, auch von Marats Pamphleten, in Lieferungen zu zwei Sous, die Revolutionsgeschichte des Cabet, Cormenins giftige Libelle, Baboeufs Lehre und Verschwörung von Buonarotti, Schriften, die wie nach Blut rochen; – und Lieder hörte ich singen, die in der Hölle gedichtet zu sein schienen, und deren Refrains von der wildesten Aufregung zeugten. Nein, von den dämonischen Tönen, die in jenen Liedern walten, kann man sich in unsrer zarten Sphäre gar keinen Begriff machen; man muß dergleichen mit eigenen Ohren angehört haben, z. B. in jenen ungeheuern Werkstätten, wo Metalle verarbeitet werden, und die halbnackten trotzigen Gestalten während des Singens mit dem

großen eisernen Hammer den Takt schlagen auf dem dröhnenden Amboß. Solches Akkompagnement ist vom größten Effekt, sowie auch die Beleuchtung, wenn die zornigen Funken aus der Esse hervorsprühen. Nichts als Leidenschaft und Flamme!

Eine Frucht dieser Saat droht aus Frankreichs Boden früh oder spät die Republik hervorzubrechen. Wir müssen, in der Tat, solcher Befürchtung Raum geben; aber wir sind zugleich überzeugt, daß jenes republikanische Regiment nimmermehr von langer Dauer sein kann in der Heimat der Koketterie und der Eitelkeit. Und gesetzt auch, der Nationalcharakter der Franzosen wäre mit dem Republikanismus ganz vereinbar, so könnte doch die Republik, wie unsere Radikalen sie träumen, sich nicht lange halten. In dem Lebensprinzip einer solchen Republik liegt schon der Keim ihres frühen Todes; in ihrer Blüte muß sie sterben. Gleichviel von welcher Verfassung ein Staat sei, er erhält sich nicht bloß und allein durch den Gemeinsinn und den Patriotismus der Volksmasse, wie man gewöhnlich glaubt, sondern er erhält sich durch die Geistesmacht der großen Individualitäten, die ihn lenken. Nun aber wissen wir, daß in einer Republik der angedeuteten Art ein eifersüchtiger Gleichheitssinn herrscht, der alle ausgezeichneten Individualitäten immer zurückstößt, ja unmöglich macht, und daß also in Zeiten der Not nur Gevatter Gerber und Wursthändler sich an die Spitze des Gemeinwesens stellen werden. Durch dieses Grundübel ihrer Natur müssen jene Republiken notwendigerweise zugrunde gehen, sobald sie mit energischen und von großen Individualitäten vertretenen Oligarchien und Autokratien in einen entscheidenden Kampf geraten. Daß dieses aber stattfinden muß, sobald in Frankreich die Republik proklamiert würde, unterliegt keinem Zweifel. [Das bedeutendste Organ der Republikaner ist die Revue du Progrès. Louis Blanc, der Redakteur *en chef*, ist unstreitig der ausgezeichnetste Kopf seiner Partei. Von Statur ist er sehr klein, sieht fast aus wie ein

Schuljunge, kleine rote Bäckchen, fast gar kein Bart; aber mit dem Geiste überragt er alle seine Parteigenossen, und sein Blick dringt tief in die Abgründe, wo die sozialen Fragen nisten und lauern. Er ist ein Mann, der eine große Zukunft hat, denn er begreift die Vergangenheit. Er ist, wie gesagt, der ausgezeichnetste Kopf seiner Partei, und ich habe mich nicht sehr verwundert, als ich diese Woche von der Dissidenz erfuhr, die zwischen ihm und seinen republikanischen Mitredakteuren ausgebrochen. Louis Blanc hatte nämlich, bei Gelegenheit des Vautrin von Balzac, unumwunden erklärt, daß die Theaterzensur notwendig sei. Empört durch solchen greuelhaften Ausspruch, solche antijakobinische Ketzerei, haben sich Felix Piat und August Luchet von der Redaktion der Revue du Progrès losgesagt. Beide sind nicht bloß Männer von ehrenvollem Charakter, sondern auch Schriftsteller von großem Talent; vor einigen Jahren schrieben sie gemeinsam ein Drama, welches von der Theaterzensur unterdrückt wurde.]

Während die Friedenszeit, die wir jetzt genießen, sehr günstig ist für die Verbreitung der republikanischen Lehren, löst sie unter den Republikanern selbst alle Bande der Einigkeit; der argwöhnische Geist dieser Leute muß durch die Tat beschäftigt werden, sonst gerät er in spitzfindige Diskussionen und Zwistreden, die in bittere Feindschaften ausarten. Sie haben wenig Liebe für ihre Freunde und sehr viel Haß für diejenigen, die durch Gewalt des fortschreitenden Nachdenkens sich einer entgegengesetzten Ansicht zuneigen. Mit einer Beschuldigung des Ehrgeizes, wo nicht gar der Bestechlichkeit sind sie alsdann sehr freigebig. In ihrer Beschränktheit pflegen sie nie zu begreifen, daß ihre früheren Bundesgenossen manchmal durch Meinungsverschiedenheit gezwungen werden, sich von ihnen zu entfernen. Unfähig, die rationellen Gründe solcher Entfernung zu ahnen, schreien sie gleich über pekuniäre Motive. Dieses Geschrei ist charakteristisch. Die Republikaner haben sich nun einmal mit dem Gelde aufs feindlichste überworfen, alles was ihnen Schlimmes begegnet, wird dem Einfluß des Geldes zugeschrieben; und in der Tat, das Geld dient ihren Gegnern als Barrikade, als Schutz und Wehr, ja das Geld ist vielleicht ihr eigentlicher Gegner, der heutige Pitt, der heutige Koburg, und sie schimpfen darauf in altsansculottischer Weise. Im Grunde leitet sie ein richtiger Instinkt. Von jener neuen Doktrin, die alle sozialen Fragen von einem höheren Gesichtspunkt betrachtet, und von dem banalen Republikanismus sich ebenso glänzend unterscheidet, wie ein kaiserliches Purpurgewand von einem grauen Gleichheitskittel, davon haben unsere Republikaner wenig zu fürchten; denn wie sie selber ist auch die große Menge noch entfernt von jener Doktrin. Die große Menge, der hohe und niedere Plebs, der edle Bürgerstand, der bürgerliche Adel, sämtliche Honoratioren der lieben Mittelmäßigkeit, begreifen ganz gut den Republikanismus – eine Lehre, wozu nicht viel Vorkenntnisse gehören, die zugleich allen ihren Kleingefühlen und Verflachungsgedanken zusagt, und die sie auch öffentlich bekennen würden, gerieten sie nicht dadurch in einen Konflikt – mit dem Gelde. Jeder Taler ist ein tapferer Bekämpfer des Republikanismus, und jeder Dukaten ein Achilles. Ein Republikaner haßt daher das Geld mit großem Recht, und wird er dieses Feindes habhaft, ach! so ist der Sieg noch schlimmer als eine Niederlage: der Republikaner, der sich des Geldes bemächtigte, hat aufgehört, ein Republikaner zu sein!

Wie die Sympathie, die der Republikanismus erregt, dennoch durch die Geldinteressen beständig niedergehalten wird, bemerkte ich dieser Tage im Gespräche mit einem sehr aufgeklärten Bankier, der im größten Eifer zu mir sagte: »Wer bestreitet denn die Vorzüge der republikanischen Verfassung? Ich selber bin manchmal ganz Republikaner. Sehen Sie, stecke ich die Hand in die rechte Hosentasche, worin mein Geld ist, so macht die Berührung mit dem kalten Metall mich zittern, ich fürchte für mein Eigentum, und ich fühle mich monarchisch gesinnt; stecke ich hingegen die Hand in die linke Hosentasche, welche leer ist, dann schwindet gleich alle Furcht, und ich pfeife lustig die Marseillaise und ich stimme für die Republik!« –

Wie die Republikaner sind auch die Legitimisten beschäftigt, die jetzige Friedenszeit zur Aussaat zu benutzen, und besonders in den stillen Boden der Provinz streuen sie den Samen, woraus ihr Heil erblühen soll. Das meiste erwarten sie von der Propaganda, die, durch Erziehungsanstalten und Bearbeitung des Landvolks, die Autorität der Kirche wiederherzustellen trachtet. Mit dem Glauben der Väter sollen auch die Rechte der Väter wieder zu Ansehen kommen. Man sieht daher Frauen von der adeligsten Geburt, die, gleichsam als *Ladies patronesses* der Religion, ihre devoten Gesinnungen zur Schau tragen, überall Seelen für den Himmel anwerben, und durch ihr elegantes Beispiel die ganze vornehme Welt in die Kirchen locken. Auch waren die Kirchen nie voller als letzte Ostern. Besonders nach Saint-Roch und Notre-Dame-de-Lorette drängte sich die geputzte Andacht; hier glänzten die schwärmerisch schönsten Toiletten, hier reichte der fromme Dandy das Weihwasser mit weißen Glacéhandschuhen, hier beteten die Grazien. Wird dies lange währen? Wird diese Religiosität, wenn sie die Vogue der Mode gewinnt, nicht auch dem schnellen Wechsel der Mode unterworfen sein? Ist diese Röte ein Zeichen der Gesundheit?
... »Der liebe Gott hat heute viel Besuche«, sagte ich vorigen Sonntag zu einem Freunde, als ich den Zudrang nach den Kirchen bemerkte. »Es sind Abschiedsvisiten« – erwiderte der Ungläubige.

Die Drachenzähne, welche von Republikanern und Legitimisten gesäet werden, kennen wir jetzt, und es wird uns nicht überraschen, wenn sie einst als geharnischte Kämpen aus dem Boden hervorstürmen und sich untereinander würgen, oder auch miteinander fraternisieren. Ja, letzteres ist möglich, gibt es doch hier einen entsetzlichen Priester, der, durch seine blutdürstigen Glaubensworte, die Männer des Scheiterhaufens mit den Männern der Guillotine zu verbinden hofft.

Unterdessen sind alle Augen auf das Schauspiel gerichtet, das auf Frankreichs Oberfläche, durch mehr oder minder oberflächliche Akteure, tragiert wird. Ich spreche von der Kammer und dem Ministerium. Die Stimmung der ersteren, sowie die Erhaltung des letzteren, ist gewiß von der größten Wichtigkeit, denn der Hader in der Kammer könnte eine Katastrophe beschleunigen, die bald näher, bald ferner zu treten scheint. Einem solchen Ausbruch solange als möglich vorzubeugen, ist die Aufgabe unserer jetzigen Staatslenker. Daß sie nichts anders wollen, nichts anders hoffen, daß sie die endliche »Götterdämmerung« voraussehen, verrät sich in allen ihren Handlungen, in allen ihren Worten. Mit fast naiver Ehrlichkeit gestand Thiers in einer seiner letzten Reden, wie wenig er der nächsten Zukunft traue und wie man von Tag zu Tag sich hinfristen müsse; er hat ein feines Ohr, und hört schon das Geheul des Wolfes Fenris, der das Reich der Hela verkündigt. Wird ihn die Verzweiflung über das Unabwendbare nicht mal plötzlich zu einer allzu heftigen Handlung hinreißen?

V.

Paris, den 30. April 1840.
Gestern abend, nach langem Erwarten von Tag zu Tag, nach einem fast zweimonatlichen Hinzögern, wodurch die Neugier, aber auch die Geduld des Publikums überreizt wurde – endlich gestern abend ward »Cosima«, das Drama von George Sand, im Théâtre français aufgeführt. Man hat keinen Begriff davon, wie seit einigen Wochen alle Notabilitäten der Hauptstadt, alles, was hier hervorragt durch Rang, Geburt, Talent, Laster, Reichtum, kurz durch Auszeichnung jeder Art, sich Mühe gab, dieser Vorstellung beiwohnen zu können. Der Ruhm des

Autors ist so groß, daß die Schaulust aufs höchste gespannt war; aber nicht bloß die Schaulust, sondern noch ganz andere Interessen und Leidenschaften kamen ins Spiel. Man kannte im voraus die Kabalen, die Intrigen, die Böswilligkeiten, die sich gegen das Stück verschworen und mit dem niedrigsten Metierneid gemeinschaftliche Sache machten. Der kühne Autor, der durch seine Romane bei der Aristokratie und bei dem Bürgerstand gleich großes Mißfallen erregte, sollte für seine »irreligiösen und immoralistischen Grundsätze« bei Gelegenheit eines dramatischen Debüts öffentlich büßen; denn, wie ich Ihnen dieser Tage schrieb, die französische Noblesse betrachtet die Religion als eine Abwehr gegen die herandrohenden Schrecknisse des Republikanismus und protegiert sie, um ihr Ansehen zu befördern und ihre Köpfe zu schützen, während die Bourgeoisie durch die antimatrimonialen Doktrinen eines George Sand ebenfalls ihre Köpfe bedroht sieht, nämlich bedroht durch einen gewissen Hornschmuck, den ein verheirateter Bürgergardist ebenso gern entbehrt, wie er gern mit dem Kreuze der Ehrenlegion geziert zu werden wünscht.

Der Autor hatte sehr gut seine mißliche Stellung begriffen und in seinem Stück alles vermieden, was die adeligen Ritter der Religion und die bürgerlichen Schildknappen der Moral, die Legitimisten der Politik und der Ehe, in Harnisch bringen konnte; und der Vorfechter der sozialen Revolution, der in seinen Schriften das Wildeste wagte, hatte sich auf der Bühne die zahmsten Schranken gesetzt, und sein nächster Zweck war, nicht auf dem Theater seine Prinzipien zu proklamieren, sondern vom Theater Besitz zu nehmen. Daß ihm dies gelingen könne, erregte aber eine große Furcht unter gewissen kleinen Leuten, denen die angedeuteten religiösen, politischen und moralischen Differenzen ganz fremd sind, und die nur den gemeinsten Handwerksinteressen huldigen. Das sind die sogenannten Bühnendichter, die in Frankreich ebenso wie bei uns in Deutschland eine ganz abgesonderte Klasse bilden, und wie mit der eigentlichen Literatur selbst, so auch mit den ausgezeichneten Schriftstellern, deren die Nation sich rühmt, nichts gemein haben. Letztere, mit wenigen Ausnahmen, stehen dem Theater ganz fern, nur daß bei uns die großen Schriftsteller mit vornehmer Geringschätzung sich eigenwillig von der Bretterwelt abwenden, während sie in Frankreich sich herzlich gern darauf produzieren möchten, aber durch die Machinationen der erwähnten Bühnendichter von diesem Terrain zurückgetrieben werden. Und im Grunde kann man es den kleinen Leuten nicht verdenken, daß sie sich gegen die Invasion der Großen soviel als möglich wehren. Was wollt ihr bei uns, rufen sie, bleibt in eurer Literatur und drängt euch nicht zu unsern Suppentöpfen! Für euch der Ruhm, für uns das Geld! Für euch die langen Artikel der Bewunderung, die Anerkenntnis der Geister, die höhere Kritik, die uns arme Schelme ganz ignoriert! Für euch der Lorbeer, für uns der Braten! Für euch der Rausch der Poesie, für uns der Schaum des Champagners, den wir vergnüglich schlürfen in Gesellschaft des Chefs der Claqueure und der anständigsten Damen. Wir essen, trinken, werden applaudiert, ausgepfiffen und vergessen, während ihr in den Revüen »beider Welten« gefeiert werdet und der erhabensten Unsterblichkeit entgegenhungert!

In der Tat, das Theater gewährt jenen Bühnendichtern den glänzendsten Wohlstand; die meisten von ihnen werden reich, leben in Hülle und Fülle, statt daß die größten Schriftsteller Frankreichs, ruiniert durch den belgischen Nachdruck und den bankerotten Zustand des Buchhandels, in trostloser Armut dahindarben. Was ist natürlicher, als daß sie manchmal nach den goldenen Früchten schmachten, die hinter den Lampen der Bretterwelt reifen, und die Hand danach ausstrecken, wie jüngst Balzac tat, dem solches Gelüst so schlecht bekam! Herrscht schon in Deutschland ein geheimes Schutz- und Trutzbündnis zwischen den Mittelmäßigkeiten, die das Theater ausbeuten, so ist das in weit schnöderer Weise der Fall zu

Paris, wo all diese Misere zentralisiert ist. Und dabei sind hier die kleinen Leute so aktiv, so geschickt, so unermüdlich in ihrem Kampf gegen die Großen und ganz besonders in ihrem Kampf gegen das Genie, das immer isoliert steht, auch etwas ungeschickt ist und, im Vertrauen gesagt, auch gar zu träumerisch träge ist.

Welche Aufnahme fand nun das Drama von George Sand, des größten Schriftstellers, den das neue Frankreich hervorgebracht, des unheimlich einsamen Genius, der auch bei uns in Deutschland gewürdigt worden? War die Aufnahme eine entschieden schlechte oder eine zweifelhaft gute? Ehrlich gestanden, ich kann diese Frage nicht beantworten. Die Achtung vor dem großen Namen lähmte vielleicht manches böse Vorhaben. Ich erwartete das Schlimmste. Alle Antagonisten des Autors hatten sich ein Rendezvous gegeben in dem ungeheuren Saale des Théâtre français, der über zweitausend Personen faßt. Etwa einhundertvierzig Billette hatte die Administration zur Verfügung des Autors gestellt, um sie an die Freunde zu verteilen; ich glaube aber, verzettelt durch weibliche Laune, sind davon nur wenige in die rechten, applaudierenden Hände geraten. Von einer organisierten Claque war gar nicht die Rede; der gewöhnliche Chef derselben hatte seine Dienste angeboten, fand aber kein Gehör bei dem stolzen Verfasser der »Lelia«. Die sogenannten Römer, die in der Mitte des Parterres unter dem großen Leuchter so tapfer zu applaudieren pflegen, wenn ein Stück von Scribe oder Ancelot aufgeführt wird, waren gestern im Théâtre français nicht sichtbar.

Über die Darstellung des bestrittenen Dramas kann ich leider nur das Schlimmste berichten. Außer der berühmten Dorval, die gestern nicht schlechter, aber auch nicht besser als gewöhnlich spielte, trugen alle Akteure ihre monotone Mittelmäßigkeit zur Schau. Der Hauptheld des Stücks, ein Monsieur Beauvallet, spielte, um biblisch zu reden, »wie ein Schwein mit einem goldenen Nasenring«. George Sand scheint vorausgesehen zu haben, wie wenig sein Drama, trotz aller Zugeständnisse, die er den Kaprizen der Schauspieler machte, von den mimischen Leistungen derselben zu erwarten hatte, und im Gespräch mit einem deutschen Freunde sagte er scherzhaft: »Sehen Sie, die Franzosen sind alle geborne Komödianten, und jeder spielt in der Welt mehr oder minder brillant seine Rolle; diejenigen aber unter meinen Landsleuten, die am wenigsten Talent für die edle Schauspielkunst besitzen, widmen sich dem Theater und werden Akteure.«

Ich habe selbst früher bemerkt, daß das öffentliche Leben in Frankreich, das Repräsentativsystem und das politische Treiben, die besten schauspielerischen Talente der Franzosen absorbiert, und deshalb auf dem eigentlichen Theater nur die Mediokritäten zu finden sind. Dieses gilt aber nur von den Männern, nicht von den Weibern; die französische Bühne ist reich an Schauspielerinnen vom höchsten Wert, und die jetzige Generation überflügelt vielleicht die frühere. Große, außerordentliche Talente bewundern wir, die sich hier um so zahlreicher entfalten konnten, da die Frauen durch eine ungerechte Gesetzgebung, durch die Usurpation der Männer, von allen politischen Ämtern und Würden ausgeschlossen sind und ihre Fähigkeiten nicht auf den Brettern des Palais Bourbon und des Luxembourg geltend machen können. Ihrem Drang nach Öffentlichkeit stehen nur die öffentlichen Häuser der Kunst und der Galanterie offen, und sie werden entweder Aktricen oder Loretten, oder auch beides zugleich, denn hier in Frankreich sind diese zwei Gewerbe nicht so streng geschieden, wie bei uns in Deutschland, wo die Komödianten oft zu den reputierlichsten Personen gehören und nicht selten sich durch bürgerlich gute Aufführung auszeichnen: sie sind bei uns nicht durch die öffentliche Meinung wie Parias ausgestoßen aus der Gesellschaft, und sie finden vielmehr in den Häusern des Adels, in den Soireen toleranter jüdischer Bankiers und sogar in einigen honetten bürgerlichen Familien eine zuvorkommende Aufnahme. Hier in Frankreich im Gegenteil, wo so viele Vorurteile ausgerottet sind, ist das Anathema der Kirche noch immer wirksam in bezug auf die Schauspieler; sie werden noch immer als Verworfene betrachtet, und da die Menschen immer schlecht werden, wenn man sie schlecht behandelt, so bleiben mit wenigen Ausnahmen die Schauspieler hier im verjährten Zustande des glänzend schmutzigen Zigeunertums. Thalia und die Tugend schlafen hier selten in demselben Bette, und sogar unsere berühmteste Melpomene steigt manchmal von ihrem Kothurn herunter, um ihn mit den liederlichen Pantöffelchen einer Philine zu vertauschen.

Alle schöne Schauspielerinnen haben hier ihren bestimmten Preis, und die, welche um keinen bestimmten Preis zu haben, sind gewiß die teuersten. Die meisten jungen Schauspielerinnen werden von Verschwendern oder reichen Parvenüs unterhalten. Die eigentlichen unterhaltenen Frauen, die sogenannten *femmes entretenues*, empfinden dagegen die gewaltigste Sucht, sich auf dem Theater zu zeigen, eine Sucht, worin Eitelkeit und Kalkül sich vereinigen, da sie dort am besten ihre Körperlichkeit zur Schau stellen, sich den vornehmen Lüstlingen bemerkbar machen und zugleich auch vom größern Publikum bewundern lassen können. Diese Personen, die man besonders auf den kleinen Theatern spielen sieht, erhalten gewöhnlich gar keine Gage, im Gegenteil, sie bezahlen noch monatlich den Direktoren eine bestimmte Summe für die Vergünstigung, daß sie auf ihrer Bühne sich produzieren können. Man weiß daher selten hier, wo die Aktrice und die Kurtisane ihre Rolle wechseln, wo die Komödie aufhört und die liebe Natur wieder anfängt, wo der fünffüßige Jambus in die vierfüßige Unzucht übergeht. Diese Amphibien von Kunst und Laster, diese Melusinen des Seinestrandes, bilden gewiß den gefährlichsten Teil des galanten Paris, worin so viele holdselige Monstra ihr Wesen treiben. Wehe dem Unerfahrenen, der in ihre Netze gerät! Wehe auch dem Erfahrenen, der wohl weiß, daß das holde Ungetüm in einen häßlichen Fischschwanz endet, und dennoch der Bezauberung nicht zu widerstehen vermag, und vielleicht eben durch die Wollust des innern Grauens, durch den fatalen Reiz des lieblichen Verderbens, des süßen Abgrunds, desto sicherer überwältigt wird!

Die Weiber, von welchen hier die Rede, sind nicht böse oder falsch, sie sind sogar gewöhnlich von außerordentlicher Herzensgüte, sie sind nicht so betrüglich und so habsüchtig wie man glaubt, sie sind mitunter vielmehr die treuherzigsten und großmütigsten Kreaturen; alle ihre unreinen Handlungen entstehen durch das momentane Bedürfnis, die Not und die Eitelkeit; sie sind überhaupt nicht schlechter als andere Töchter Evas, die von Kindheit auf durch Wohlhabenheit und überwachende Sippschaft oder durch die Gunst des Schicksals vor dem Fallen und dem noch tiefer Fallen geschützt werden. – Das Charakteristische bei ihnen ist eine gewisse Zerstörungssucht, von welcher sie besessen sind, nicht bloß zum Schaden eines Galans, sondern auch zum Schaden desjenigen Mannes, den sie wirklich lieben, und zumeist zum Schaden ihrer eigenen Person. Diese Zerstörungssucht ist tief verwebt mit einer Sucht, einer Wut, einem Wahnsinn nach Genuß, dem augenblicklichsten Genuß, der keinen Tag Frist gestattet, an keinen Morgen denkt, und aller Bedenklichkeiten überhaupt spottet. Sie erpressen dem Geliebten seinen letzten Sou, bringen ihn dahin, auch seine Zukunft zu verpfänden, um nur der Freude der Stunde zu genügen; sie treiben ihn dahin, selbst jene Ressourcen zu vergeuden, die ihnen selber zugute kommen dürfen, sie sind manchmal sogar schuld, daß er seine Ehre eskomptiert – kurz, sie ruinieren den Geliebten in der grauenhaftesten Eile und mit einer schauerlichen Gründlichkeit. Montesquieu hat irgendwo in seinem »*Esprit des lois*« das Wesen des Despotismus dadurch zu charakterisieren gesucht, daß er die Despoten mit jenen Wilden verglich, die, wenn sie die Früchte eines Baumes genießen wollen, sogleich zur Axt greifen und den Baum selbst niederfällen, und sich dann gemächlich neben dem Stamm niedersetzen und in genäschiger Hast die Früchte aufspeisen. Ich möchte diese Vergleichung auf die erwähnten Damen anwenden. Nach Shakespeare, der uns in der Kleopatra, die ich einst eine *reine entretenue* genannt habe, ein tiefsinniges Beispiel solcher Frauengestalten aufgezeichnet hat, ist gewiß unser Freund Honoré de Balzac derjenige, der sie mit der größten Treue geschildert. Er beschreibt sie, wie ein Naturforscher irgendeine Tierart oder ein Pathologe eine Krankheit beschreibt, ohne moralisierenden Zweck, ohne Vorliebe noch Abscheu. Es ist ihm gewiß nie eingefallen, solche Phänomena zu verschönern oder gar zu rehabilitieren, was die Kunst ebensosehr verböte als die Sittlichkeit.

Spätere Notiz.
(1854.)

Berichterstattungen über die erste Vorstellung eines Dramas, wo schon der gefeierte Name des Autors die Neugier reizt, müssen mit großer Eilfertigkeit abgefaßt und abgeschickt werden, damit nicht böswillige Mißurteile oder verunglimpfender Klatsch einen bedenklichen Vorsprung gewinnen. In den vorstehenden Blättern fehlt daher jede nähere Besprechung des Dichters oder vielmehr der Dichterin, die hier ihren ersten Bühnenversuch wagte; ein Versuch, der gänzlich mißglückte, so daß die Stirn, die an Lorbeerkränze gewöhnt, diesmal mit sehr fatalen Dornen gekrönt worden. Für die angedeutete Entbehrnis in obigem Berichte bieten wir heute einen notdürftigen Ersatz, indem wir aus einer vor etlichen Jahren geschriebenen Monographie etwelche Bemerkungen über die Person oder vielmehr die persönliche Erscheinung George Sands hier mitteilen. Sie lauten wie folgt:

»Wie männiglich bekannt, ist George Sand ein Pseudonym,

der *nom de guerre* einer schönen Amazone. Bei der Wahl dieses Namens leitete sie keineswegs die Erinnerung an den unglückseligen Sand, den Meuchelmörder Kotzebues, des einzigen Lustspieldichters der Deutschen. Unsere Heldin wählte jenen Namen, weil er die erste Silbe von Sandeau; so hieß nämlich ihr Liebhaber, der ein achtungswerter Schriftsteller, aber dennoch mit seinem ganzen Namen nicht so berühmt werden konnte, wie seine Geliebte mit der Hälfte desselben, die sie lachend mitnahm, als sie ihn verließ. Der wirkliche Name von George Sand ist Aurora Dudevant, wie ihr legitimer Gatte geheißen, der kein Mythos ist, wie man glauben sollte, sondern ein leiblicher Edelmann aus der Provinz Berry, und den ich selbst einmal das Vergnügen hatte, mit eigenen Augen zu sehen. Ich sah ihn sogar bei seiner, damals schon *de facto* geschiedenen Gattin, in ihrer kleinen Wohnung auf dem Quai Voltaire, und daß ich ihn eben dort sah, war an und für sich eine Merkwürdigkeit, ob welcher, wie Chamisso sagen würde, ich selbst mich für Geld sehen lassen könnte. Er trug ein nichtssagendes Philistergesicht und schien weder böse noch roh zu sein, doch begriff ich sehr leicht, daß diese feuchtkühle Tagtäglichkeit, dieser porzellanhafte Blick, diese monotonen, chinesischen Pagodenbewegungen für ein banales Weibzimmer sehr amüsant sein konnten, jedoch einem tieferen Frauengemüte auf die Länge sehr unheimlich werden und dasselbe endlich mit Schauder und Entsetzen, bis zum Davonlaufen, erfüllen mußten.

Der Familienname der Sand ist Dupin. Sie ist die Tochter eines Mannes von geringem Stande, dessen Mutter die berühmte, aber jetzt vergessene Tänzerin Dupin gewesen. Diese Dupin soll eine natürliche Tochter des Marschalls Moritz von Sachsen gewesen sein, welcher selber zu den vielen hundert Hurenkindern gehörte, die der Kurfürst August der Starke hinterließ. Die Mutter des Moritz von Sachsen war Aurora von Königsmark, und Aurora Dudevant, welche nach ihrer Ahnin genannt wurde, gab ihrem Sohne ebenfalls den Namen Moritz. Dieser und ihre Tochter, Solange geheißen und an den Bildhauer Clésinger vermählt, sind die zwei einzigen Kinder von George Sand. Sie war immer eine vortreffliche Mutter, und ich habe oft stundenlang dem französischen Sprachunterricht beigewohnt, den sie ihren Kindern erteilte, und es ist schade, daß die sämtliche *Académie française* diesen Lektionen nicht beiwohnte, da sie gewiß davon viel profitieren konnte.

George Sand, die größte Schriftstellerin, ist zugleich eine schöne Frau. Sie ist sogar eine ausgezeichnete Schönheit. Wie der Genius, der sich in ihren Werken ausspricht, ist ihr Gesicht eher schön als interessant zu nennen; das Interessante ist immer eine graziöse oder geistreiche Abweichung vom Typus des Schönen, und die Züge von George Sand tragen eben das Gepräge einer griechischen Regelmäßigkeit. Der Schnitt derselben ist jedoch nicht schroff und wird gemildert durch die Sentimentalität, die darüber wie ein schmerzlicher Schleier ausgegossen. Die Stirn ist nicht hoch und gescheitelt fällt bis zur Schulter das köstliche kastanienbraune Lockenhaar. Ihre Augen sind etwas matt, wenigstens sind sie nicht glänzend, und ihr Feuer mag wohl durch viele Tränen erloschen oder in ihre Werke übergegangen sein, die ihre Flammenbrände über die ganze Welt verbreitet, manchen trostlosen Kerker erleuchtet, vielleicht aber auch manchen stillen Unschuldstempel verderblich entzündet haben. Der Autor von ›Lelia‹ hat stille sanfte Augen, die weder an Sodom noch an Gomorra erinnern. Sie hat weder eine emanzipierte Adlernase, noch ein witziges Stumpfnäschen; es ist eben eine ordinäre gerade Nase. Ihren Mund umspielt gewöhnlich ein gutmütiges Lächeln, es ist aber nicht sehr anziehend; die etwas hängende Unterlippe verrät ermüdete Sinnlichkeit. Das Kinn ist vollfleischig, aber doch schön gemessen. Auch ihre Schultern sind schön, ja prächtig. Ebenfalls die Arme und die Hände, die sehr klein, wie ihre Füße. Die Reize des Busens mögen andere Zeitgenossen beschreiben; ich gestehe meine Inkompetenz. Ihr übriger Körperbau scheint etwas zu dick, wenigstens zu kurz zu sein. Nur der Kopf trägt den Stempel der Idealität, erinnert an die edelsten Überbleibsel der griechischen Kunst, und in dieser Beziehung konnte immerhin einer unserer Freunde die schöne Frau mit der Marmorstatue der Venus von Milo vergleichen, die in den unteren Sälen des Louvres aufgestellt. Ja, George Sand ist schön wie die Venus von Milo; sie übertrifft diese sogar durch manche Eigenschaften: sie ist z. B. sehr viel jünger. Die Physiognomen welche behaupten, daß die Stimme des Menschen seinen Charakter am untrüglichsten ausspreche, würden sehr verlegen sein, wenn sie die außerordentliche Innigkeit einer George Sand aus ihrer Stimme herauslauschen sollten. Letztere ist matt und welk, ohne Metall, jedoch sanft und angenehm. Die Natürlichkeit ihres Sprechens verleiht ihr einigen Reiz. Von Gesangsbegabnis ist bei ihr keine Spur; George Sand singt höchstens mit der Bravour einer schönen Grisette, die noch nicht gefrühstückt hat oder sonst nicht eben bei Stimme ist. Das Organ von George Sand ist ebensowenig glänzend wie das was sie sagt. Sie hat durchaus nichts von dem sprudelnden Esprit ihrer Landsmänninnen, aber auch nichts von ihrer Geschwätzigkeit. Dieser Schweigsamkeit liegt aber weder Bescheidenheit noch sympathetisches Versenken in die Rede eines andern zum Grunde. Sie ist einsilbig vielmehr aus Hochmut, weil sie dich nicht wert hält, ihren Geist an dir zu vergeuden, oder gar aus Selbstsucht, weil sie das Beste deiner Rede in sich aufzunehmen trachtet, um es später in ihren Büchern zu verarbeiten. Daß George Sand aus Geiz im Gespräche nichts zu geben und immer etwas zu nehmen versteht, ist ein Zug, worauf mich Alfred de Musset einst aufmerksam machte. ›Sie hat dadurch einen großen Vorteil vor uns andern‹, sagte Musset, der in seiner Stellung als langjähriger Cavaliere servente jener Dame die beste Gelegenheit hatte, sie gründlich kennen zu lernen.

Nie sagte George Sand etwas Witziges, wie sie überhaupt eine der unwitzigsten Französinnen ist, die ich kenne. Mit einem liebenswürdigen, oft sonderbaren Lächeln hört sie zu, wenn andere reden, und die fremden Gedanken, die sie in sich aufgenommen und verarbeitet hat, gehen aus dem Alambik ihres Geistes weit kostbarer hervor. Sie ist eine sehr feine Horcherin. Sie hört auch gerne auf den Rat ihrer Freunde. Bei ihrer unkanonischen Geistesrichtung hat sie, wie begreiflich, keinen Beichtvater, doch da die Weiber, selbst die emanzipationssüchtigsten, immer eines männlichen Lenkers, einer männlichen Autorität bedürfen, so hat George Sand gleichsam einen literarischen *directeur de conscience*, den philosophischen Kapuziner Pierre Leroux. Dieser wirkt leider sehr verderblich auf ihr Talent, denn er verleitet sie, sich in unklare Faseleien und halbausgebrütete Ideen einzulassen, statt sich der heitern Lust farbenreicher und bestimmter Gestaltungen hinzugeben, die Kunst der Kunst wegen übend. Mit weit weltlichern Funktionen hatte George Sand unsern vielgeliebten Frédéric Chopin betraut. Dieser große Musiker und Pianist war während langer Zeit ihr Cavaliere servente; vor seinem Tode entließ sie ihn; sein Amt war freilich in der letzten Zeit eine Sinekure geworden.

Ich weiß nicht, wie mein Freund Heinrich Laube einst in der ›Allgemeinen Zeitung‹ mir eine Äußerung in den Mund legen konnte, die dahin lautete, als sei der damalige Liebhaber von George Sand der geniale Franz Liszt gewesen. Laubes Irrtum entstand gewiß durch Ideen-Assoziationen, indem er die Namen zweier gleichberühmten Pianisten verwechselte. Ich benutze diese Gelegenheit, dem guten oder vielmehr dem ästhetischen Leumund der Dame einen wirklichen Dienst zu erweisen, indem ich meinen deutschen Landsleuten zu Wien und Prag die Versicherung erteile, daß es eine der miserabelsten Verleumdungen ist, wenn dort einer der miserabelsten Liederkompositeurs vom mundfaulsten Dialekte, ein namenloses, kriechendes Insekt, sich rühmt, mit George Sand in intimem

Umgange gestanden zu haben. Die Weiber haben allerlei Idiosynkrasien, und es gibt deren sogar, welche Spinnen verspeisen; aber ich bin noch keiner Frau begegnet, welche Wanzen verschluckt hätte. Nein, an dieser prahlerischen Wanze hat Lelia nie Geschmack gefunden, und sie tolerierte dieselbe nur manchmal in ihrer Nähe, weil sie gar zu zudringlich war.

Lange Zeit, wie ich oben bemerkt, war Alfred de Musset der Herzensfreund von George Sand. Sonderbarer Zufall, daß einst der größte Dichter in Prosa, den die Franzosen besitzen, und der größte ihrer jetzt lebenden Dichter in Versen (jedenfalls der größte nach Béranger), lange Zeit in leidenschaftlicher Liebe füreinander entbrannt, ein lorbeergekröntes Paar bildeten. George Sand in Prosa und Alfred de Musset in Versen überragen in der Tat den so gepriesenen Victor Hugo, der mit seiner grauenhaft hartnäckigen, fast blödsinnigen Beharrlichkeit den Franzosen und endlich sich selber weismachte, daß er der größte Dichter Frankreichs sei. Ist dieses wirklich seine eigene fixe Idee? Jedenfalls ist es nicht die unsrige. Sonderbar! die Eigenschaft, die ihm so viel fehlt, ist eben diejenige, die bei den Franzosen am meisten gilt, und zu ihren schönsten Eigentümlichkeiten gehört. Es ist dieses der Geschmack. Da sie den Geschmack bei allen französischen Schriftstellern antrafen, mochte der gänzliche Mangel desselben bei Victor Hugo ihnen vielleicht eben als eine Originalität erscheinen. Was wir bei ihm am unleidlichsten vermissen, ist das, was wir Deutsche Natur nennen: er ist gemacht, verlogen, und oft im selben Verse sucht die eine Hälfte die andere zu belügen; er ist durch und durch kalt, wie nach Aussagen der Hexen der Teufel ist, eiskalt sogar in seinen leidenschaftlichsten Ergüssen; seine Begeisterung ist nur eine Phantasmagorie, ein Kalkül ohne Liebe, oder vielmehr, er liebt nur sich; er ist ein Egoist, und damit ich noch Schlimmeres sage, er ist ein Hugoist. Wir sehen hier mehr Härte als Kraft, eine freche eiserne Stirn und bei allem Reichtum der Phantasie und des Witzes, dennoch die Unbeholfenheit eines

Parvenüs oder eines Wilden, der sich durch Überladung und unpassende Anwendung von Gold und Edelsteinen lächerlich macht: kurz, barocke Barbarei, gellende Dissonanz und die schauderhafteste Difformität! Es sagte jemand von dem Genius des Victor Hugo: ›*C'est un beau bossu*‹. Das Wort ist tiefsinniger, als diejenigen ahnen, welche Hugos Vortrefflichkeit rühmen.

Ich will hier nicht bloß darauf hindeuten, daß in seinen Romanen und Dramen die Haupthelden mit einem Höcker belastet sind, sondern daß er selbst im Geiste höckericht ist. Nach unserer modernen Identitätslehre ist es ein Naturgesetz, daß der inneren, der geistigen Signatur eines Menschen auch seine äußere, die körperliche Signatur entspricht – diese Idee trug ich noch im Kopfe, als ich nach Frankreich kam, und ich gestand einst meinem Buchhändler Eugéne Renduel, welcher auch der Verleger Hugos war, daß ich, nach der Vorstellung, die ich mir von letzterem gemacht hatte, nicht wenig verwundert gewesen sei, in Herrn Hugo einen Mann zu finden, der nicht mit einem Höcker behaftet sei. ›Ja, man kann ihm seine Difformität nicht ansehen‹, bemerkte Renduel zerstreut. ›Wie‹, rief ich, ›er ist also nicht ganz frei davon?‹ ›Nicht so ganz und gar‹, war die verlegene Antwort, und nach vielem Drängen gestand mir Freund Renduel, er habe eines Morgens Herrn Hugo in dem Momente überrascht, wo er das Hemd wechselte, und da habe er bemerkt, daß eine seiner Hüften, ich glaube die rechte, so mißwüchsig hervortretend sei, wie man es bei Leuten findet, von denen das Volk zu sagen pflegt, sie hätten einen Buckel, nur wisse man nicht, wo er sitze. Das Volk in seiner scharfsinnigen Naivität nennt solche Leute auch verfehlte Bucklichte, falsche Buckelmenschen, so wie es die Albinos weiße Mohren nennt. Es ist bedeutsam, daß es eben der Verleger des Dichters war, dem jene Difformität nicht verborgen blieb. ›Niemand ist ein Held vor seinem Kammerdiener‹, sagt das Sprichwort, und vor seinem Verleger, dem lauernden Kammerdiener seines Geistes, wird auch der größte Schriftsteller nicht immer als ein Heros erscheinen; sie sehen uns zu oft in unserm menschlichen Negligé. Jedenfalls ergötzte ich mich sehr an der Entdeckung Renduels, denn sie rettet die Idee meiner deutschen Philosophie, daß nämlich der Leib der sichtbare Geist ist und die geistigen Gebresten auch in der Körperlichkeit sich offenbaren. Ich muß mich ausdrücklich gegen die irrige Annahme verwahren, als ob auch das Umgekehrte der Fall sein müsse, als ob der Leib eines Menschen ebenfalls immer sein sichtbarer Geist wäre, und die äußerliche Mißgestalt auch auf eine innere schließen lasse. Nein, wir haben in verkrüppelten Hüllen sehr oft die geradgewachsen schönsten Seelen gefunden, was um so erklärlicher, da die körperlichen Difformitäten gewöhnlich durch irgendein physisches Ereignis entstanden sind, und nicht selten auch eine Folge von Vernachlässigung oder Krankheit nach der Geburt. Die Difformität der Seele hingegen wird mit zur Welt gebracht, und so hat der französische Poet, an welchem alles falsch ist, auch einen falschen Buckel.

Wir erleichtern uns die Beurteilung der Werke George Sands, indem wir sagen, daß sie den bestimmten Gegensatz zu denen des Victor Hugo bilden. Jener Autor hat alles, was diesem fehlt: George Sand hat Wahrheit, Natur, Geschmack, Schönheit und Begeisterung, und alle diese Eigenschaften verbindet die strengste Harmonie. George Sands Genius hat die wohlgeründet schönsten Hüften, und alles was sie fühlt und denkt, haucht Tiefsinn und Anmut. Ihr Stil ist eine Offenbarung von Wohllaut und Reinheit der Form. Was aber den Stoff ihrer Darstellungen betrifft, ihre Süjets, die nicht selten schlechte Süjets genannt werden dürften, so enthalte ich mich hier jeder Bemerkung, und ich überlasse dieses Thema ihren Feinden – –«

VI.

Paris, 7. Mai 1840.

Die heutigen Pariser Blätter bringen einen Bericht des k. k. österreichischen Konsuls zu Damaskus an den k. k. österreichischen Generalkonsul in Alexandria, in bezug der Damaszener Juden, deren Martyrtum an die dunkelsten Zeiten des Mittelalters erinnert. Während wir in Europa die Märchen desselben als poetischen Stoff bearbeiten und uns an jenen schauerlich naiven Sagen ergötzen, womit unsere Vorfahren sich nicht wenig ängstigten; während bei uns nur noch in Gedichten und Romanen von jenen Hexen, Werwölfen und Juden die Rede ist, die zu ihrem Satansdienst das Blut frommer Christenkinder nötig haben; während wir lachen und vergessen, fängt man an im Morgenlande sich sehr betrübsam des alten Aberglaubens zu erinnern und gar ernsthafte Gesichter zu schneiden, Gesichter des düstersten Grimms und der verzweifelnden Todesqual! Unterdessen foltert der Henker, und auf der Marterbank gesteht der Jude, daß er bei dem herannahenden Paschafeste etwas Christenblut brauchte zum Eintunken für seine trockenen Osterbröte, und daß er zu diesem Behufe einen alten Kapuziner abgeschlachtet habe! Der Türke ist dumm und schnöde, und stellt gern seine Bastonnaden- und Torturapparate zur Verfügung der Christen gegen die angeklagten Juden; denn beide Sekten sind ihm verhaßt, er betrachtet sie beide wie Hunde, er nennt sie auch mit diesem Ehrennamen, und er freut sich gewiß, wenn der christliche Giaur ihm Gelegenheit gibt, mit einigem Anschein von Recht den jüdischen Giaur zu mißhandeln. Wartet nur, wenn es mal des Paschas Vorteil sein wird und er nicht mehr den bewaffneten Einfluß der Europäer zu fürchten braucht, wird er auch dem beschnittenen Hunde Gehör schenken, und dieser wird unsere christlichen Brüder anklagen, Gott weiß wessen! Heute Amboß, morgen Hammer! –

Aber für den Freund der Menschheit wird dergleichen immer ein Herzeleid sein. Erscheinungen dieser Art sind ein Unglück, dessen Folgen unberechenbar. Der Fanatismus ist ein ansteckendes Übel, das sich unter den verschiedensten Formen verbreitet, und am Ende gegen uns alle wütet. Der französische Konsul in Damaskus, der Graf Ratti-Menton, hat sich Dinge zuschulden kommen lassen, die hier einen allgemeinen Schrei des Entsetzens erregten. Er ist es, welcher den okzidentalischen Aberglauben dem Orient einimpfte, und unter dem Pöbel von Damaskus eine Schrift austeilte, worin die Juden des Christenmords bezichtigt werden. Diese haßschnaufende Schrift, die der Graf Menton von seinen geistlichen Freunden zum Behufe der Verbreitung empfangen hatte, ist ursprünglich der »*Bibliotheca prompta a Lucio Ferrario*« entlehnt, und es wird darin ganz bestimmt behauptet, daß die Juden zur Feier ihres Paschafestes des Blutes der Christen bedürften. Der edle Graf hütete sich, die damit verbundene Sage des Mittelalters zu wiederholen, daß nämlich die Juden zu demselben Zwecke auch konsakrierte Hostien stehlen und mit Nadeln solange stechen, bis das Blut herausfließe – eine Untat, die im Mittelalter nicht bloß durch beeidigte Zeugenaussagen, sondern auch dadurch ans Tageslicht gekommen, daß über dem Judenhause, worin eine jener gestohlenen Hostien gekreuzigt worden, sich ein lichter Schein verbreitete. Nein, die Ungläubigen, die Muhammedaner, hätten dergleichen nimmermehr geglaubt, und der Graf Menton mußte, im Interesse seiner Sendung, zu weniger mirakulösen Historien seine Zuflucht nehmen. Ich sage im Interesse seiner Sendung, und überlasse diese Worte dem weitesten Nachdenken. Der Herr Graf ist erst seit kurzer Zeit in Damaskus; vor sechs Monaten sah man ihn hier in Paris, der Werkstätte aller progressiven, aber auch aller retrograden Verbrüderungen. – Der hiesige Minister der auswärtigen Angelegenheiten, Herr Thiers, der sich jüngst nicht bloß als Mann der Humanität, sondern sogar als Sohn der Revolution geltend dazu machen suchte, offenbart bei Gelegenheit der Damaszener Vorgänge eine befremdliche Lauheit. Nach dem heutigen »Moniteur« soll bereits ein Vizekonsul nach Damaskus abgegangen sein, um das Betragen des dortigen französischen Konsuls zu untersuchen. Ein Vizekonsul! Gewiß eine untergeordnete Person aus einer nachbarlichen Landschaft, ohne Namen und ohne Bürgschaft, parteiloser Unabhängigkeit!

VII.

Paris, 14. Mai 1840.

Die offizielle Ankündigung in betreff der sterblichen Reste Napoleons hat hier eine Wirkung hervorgebracht, die alle Erwartungen des Ministeriums übertraf. Das Nationalgefühl ist aufgeregt bis in seine abgründlichsten Tiefen, und der große Akt der Gerechtigkeit, die Genugtuung, die dem Riesen unseres Jahrhunderts widerfährt und alle edlen Herzen dieses Erdballs erfreuen muß, erscheint den Franzosen als der Anfang einer Rehabilitation ihrer gekränkten Volksehre. Napoleon ist ihr Point-d'honneur. [Ihr irrt euch: in der Person des auf St. Helena Geschiedenen wurde nicht Frankreich mißhandelt, sondern die Menschheit, wie auch die Leichenfeier, die jetzt stattfinden wird, keineswegs als eine Niederlage der auswärtigen Mächte zu betrachten ist, sondern als ein Sieg der Menschheit. Dem Lebenden galt der Kampf, nicht dem Toten, und daß man diesen den Franzosen nicht schon längst ausgeliefert hat, das ist nicht die Schuld der europäischen Potentaten, sondern einer kleinen Koterie großbritannischer Fuchsjäger und Stallknechte, die unterdessen den Hals gebrochen oder sich die Kehle abgeschnitten haben, wie z. B. der edle Londonderry, oder auch sonst zugrunde gingen durch die Macht der Zeit und des Portweins. Wir haben bereits vor vielen Jahren in Deutschland dem großen Kaiser den schuldigen Tribut der Verehrung gezollt, und jetzt haben wir wohl das Recht, die Exaltation der heutigen Huldigungen mit etwas Gemütsruhe zu betrachten. Aufrichtig gestanden, die Franzosen gebärden sich bei dieser Gelegenheit wie die Kinder, denen man ihr Spielzeug genommen hat und wieder zurückgibt: sobald sie es in Händen haben, werden sie es lachend zerschlagen und mit Füßen treten, und ich sehe schon voraus, wieviel schlechte Witze gerissen werden, wenn die große Prozession anlangt mit den Reliquien von St. Helena. Jetzt schwärmen sie, die gutmütig leichtsinnigen Franzosen. Sie sind mit den Lebenden so unzufrieden, daß sie Gott weiß was von dem Toten erwarten. Ihr irrt euch. Ihr werdet einen sehr stillen Mann an ihm finden.]

Während aber der kluge Präsident des Konseils die Nationaleitelkeit unserer lieben Kechenäer, der Maulaufsperrer an der Seine, mit Erfolg zu kitzeln und auszubeuten weiß, zeigt er sich sehr indifferent, ja mehr als indifferent in einer Sache, wo nicht die Interessen eines Landes oder eines Volks, sondern die Interessen der Menschheit selbst in Betracht kommen. Ist es Mangel an liberalem Gefühl oder an Scharfsinn, was ihn verleitete, für den französischen Konsul, dem in der Tragödie zu Damaskus die schändlichste Rolle zugeschrieben wird, offenbar Partei zu nehmen? Nein, Herr Thiers ist ein Mann von großer Einsicht und Humanität, aber er ist auch Staatsmann, er bedarf nicht bloß der revolutionären Sympathien, er hat Helfer nötig von jeder Sorte, er muß transigieren, er braucht eine Majorität in der Pairskammer, er kann den Klerus als ein gouvernementales Mittel benützen, nämlich jenen Teil des Klerus, der, von der ältern Bourbonischen Linie nichts mehr erwartend, sich der jetzigen Regierung angeschlossen hat. Zu diesem Teil des Klerus, welchen man den *clergé rallié* nennt, gehören sehr viele Ultramontanen, deren Organ ein Journal, namens »Univers«; letztere erwarten das Heil der Kirche von Herrn Thiers, und dieser sucht wieder in jenen seine Stütze. Graf Montalembert, das rührigste Mitglied der frommen Gesellschaft und seit dem ersten März auch Seïde des Herrn Thiers, ist der sichtbare Vermittler zwischen dem Sohn der Revolution und den Vätern des Glaubens, zwischen dem ehemaligen Redakteur des »National« und den jetzigen Redaktoren des »Univers«, die in ihren Kolonnen alles mögliche aufbieten, um der Welt glauben zu machen, die Juden fräßen alte Kapuziner, und der Graf Ratti-Menton sei ein ehrlicher Mann. Graf Ratti-Menton, ein Freund, vielleicht nur ein Werkzeug der Freunde des Grafen Montalembert, war früher französischer Konsul in Sizilien, wo er zweimal Bankerott machte und fortgeschafft ward. Später war er Konsul in Tiflis, wo er ebenfalls das Feld räumen mußte, und zwar wegen Dingen, die nicht sonderlich ehrender Art sind; nur so viel will ich bemerken, daß damals der russische Botschafter in Paris, Graf Pahlen, dem hiesigen Minister der auswärtigen Angelegenheiten, Grafen Molé, die bestimmte Anzeige machte: im Fall man den Herrn Ratti-Menton nicht von Tiflis abberufe, werde die kaiserlich russische Regierung denselben schimpflich zu entfernen wissen. Man hätte das Holz, wodurch man Flammen schüren will, nicht von so faulem Baume nehmen sollen!

VIII.

Paris, 20. Mai 1840.
Herr Thiers hat, durch die überzeugende Klarheit, womit er in der Kammer die trockensten und verworrensten Gegenstände abhandelte, wieder neue Lorbeern errungen. Die Bankverhältnisse wurden uns durch seine Rede ganz veranschaulicht, sowie auch die Algerischen Angelegenheiten und die Zuckerfrage. Der Mann versteht alles; es ist schade, daß er sich nicht auf deutsche Philosophie gelegt hat; er würde auch diese zu verdeutlichen wissen. Aber wer weiß! wenn die Ereignisse ihn antreiben und er sich auch mit Deutschland beschäftigen muß,

wird er über Hegel und Schelling ebenso belehrend sprechen, wie über Zuckerrohr und Runkelrübe.

Wichtiger aber für die Interessen Europas, als die kommerziellen, finanziellen und Kolonialgegenstände, die in der Kammer zur Sprache kamen, ist die feierliche Rückkehr der irdischen Reste Napoleons. Diese Angelegenheit beschäftigt hier noch immer alle Geister, die höchsten wie die niedrigsten. Während unten im Volke alles jubelt, jauchzt, glüht und aufflammt, grübelt man oben, in den kältern Regionen der Gesellschaft, über die Gefahren, die jetzt von Sankt Helena aus täglich näher ziehen und Paris mit einer sehr bedenklichen Totenfeier bedrohen. Ja, könnte man schon den nächsten Morgen die Asche des Kaisers unter der Kuppel des Invalidenpalastes beisetzen, so dürfte man dem jetzigen Ministerium Kraft genug zutrauen, bei diesem Leichenbegängnisse jeden ungefügen Ausbruch der Leidenschaften zu verhüten. Aber wird es diese Kraft noch nach sechs Monaten besitzen, zur Zeit, wenn der triumphierende Sarg in die Seine hereinschwimmt? In Frankreich, dem rauschenden Lande der Bewegung, können sich binnen sechs Monaten die sonderbarsten Dinge ereignen: Thiers ist unterdessen vielleicht wieder Privatmann geworden (was wir sehr wünschten), oder er ist unterdessen als Minister sehr depopularisiert (was wir sehr befürchten), oder Frankreich ward unterdessen in einen Krieg verwickelt – und alsdann könnten aus der Asche Napoleons einige Funken hervorsprühen, ganz in der Nähe des Stuhls, der mit rotem Zunder bedeckt ist!

Schuf Herr Thiers jene Gefahr, um sich unentbehrlich zu machen, da man ihm auch die Kunst zutraut, alle selbstgeschaffenen Gefahren glücklich zu überwinden, oder sucht er im Bonapartismus eine glänzende Zuflucht für den Fall, daß er einmal mit dem Orléanismus ganz brechen müßte? Herr Thiers weiß sehr gut, daß wenn er, in die Opposition zurücksinkend, den jetzigen Thron umstürzen hülfe, die Republikaner ans Ruder kämen und ihm für den besten Dienst den schlechtesten Dank widmen würden; im günstigsten Falle schöben sie ihn sacht beiseite. Stolpernd über jene rohen Tugendklötze könnte er leicht den Hals brechen und noch obendrein verhöhnt werden. Dergleichen hätte er aber nicht vom Bonapartismus zu befürchten, wenn er dessen Wiedereinsetzung förderte. Und leichter wäre es in Frankreich ein Bonapartisten-Regiment als eine Republik wieder zu begründen.

Die Franzosen, aller republikanischen Eigenschaften bar, sind ihrer Natur nach ganz bonapartistisch. Ihnen fehlt die Einfalt, die Selbstgenügsamkeit, die innere und die äußere Ruhe; sie lieben den Krieg des Krieges wegen; selbst im Frieden ist ihr Leben eitel Kampf und Lärm; die Alten wie die Jungen ergötzen sich gern am Trommelschlag und Pulverdampf, an Knalleffekten jeder Art.

Dadurch, daß Herr Thiers ihrem angebornen Bonapartismus schmeichelte, hat er unter den Franzosen die außerordentlichste Popularität gewonnen. Oder ward er populär, weil er selber ein kleiner Napoleon ist, wie ihn jüngst ein deutscher Korrespondent nannte? Ein kleiner Napoleon! Ein kleiner gotischer Dom! Ein gotischer Dom erregt eben dadurch unser Erstaunen, weil er so kolossal, so groß ist. Im verjüngten Maßstabe verlöre er alle Bedeutung. Herr Thiers ist gewiß mehr als so ein winziges Dömchen. Sein Geist überragt alle Intelligenzen rund um ihn her, obgleich manche darunter sind, die von bedeutender Statur. Keiner kann sich mit ihm messen, und in einem Kampfe mit ihm muß die Schlauheit selbst den kürzern ziehen. Er ist der klügste Kopf Frankreichs, obgleich er, wie man behauptet, es selbst gesteht. In seiner schnellzüngigen Weise soll er nämlich voriges Jahr, während der Ministerkrisis, zum König gesagt haben: »Ew. Majestät glauben, Sie seien der klügste Mann in diesem Lande, aber ich kenne hier jemand, der noch weit klüger ist, und das bin ich!« Der schlaue Philipp soll hierauf geantwortet haben: »Sie irren sich, Herr Thiers; wenn

Sie es wären, würden Sie es nicht sagen.« – Dem sei aber wie ihm wolle, Herr Thiers wandelt zu dieser Stunde durch die Gemächer der Tuilerien mit dem Selbstbewußtsein seiner Größe, als ein Maire du Palais der Orléanischen Dynastie.

Wird er lange diese Allmacht behaupten? Ist er nicht jetzt schon heimlich gebrochen, infolge ungeheurer Anstrengungen? Sein Haupt ist vor der Zeit gebleicht, man findet darauf gewiß kein einziges schwarzes Haar mehr; und je länger er herrscht, desto mehr schwindet die kecke Gesundheit seines Naturells. Die Leichtigkeit, womit er sich bewegt, hat jetzt sogar etwas Unheimliches. Aber außerordentlich und bewunderungswürdig ist sie noch immer, diese Leichtigkeit, und wie leicht und beweglich auch die andern Franzosen sind, in Vergleichung mit Thiers erscheinen sie wie lauter plumpe Deutsche.

IX.

Paris, 27. Mai 1840.

Über die Blutfrage von Damaskus haben norddeutsche Blätter mehre Mitteilungen geliefert, welche teils von Paris, teils von Leipzig datiert, aber wohl aus derselben Feder geflossen sind, und, im Interesse einer gewissen Clique, das Urteil des deutschen Publikums irre leiten sollen. Wir lassen die Persönlichkeit und die Motive jenes Berichterstatters unbeleuchtet, enthalten uns auch aller Untersuchung der Damaszener Vorgänge; nur über das, was in Beziehung derselben von den hiesigen Juden und der hiesigen Presse gesagt wurde, erlauben wir uns einige berichtigende Bemerkungen. Aber auch bei dieser Aufgabe leitet uns mehr das Interesse der Wahrheit als der Personen; und was gar die hiesigen Juden betrifft, so ist es möglich, daß unser Zeugnis eher gegen sie als für sie spräche. – Wahrlich, wir würden die Juden von Paris eher loben als tadeln, wenn sie, wie die erwähnten norddeutschen Blätter meldeten, für ihre unglücklichen Glaubensbrüder in Damaskus einen so großen Eifer an den Tag legten und zur Ehrenrettung ihrer verleumdeten Religion keine Geldopfer scheuten. Aber es ist nicht der Fall. Die Juden in Frankreich sind schon zu lange emanzipiert, als daß die Stammesbande nicht sehr gelockert wären, sie sind fast ganz untergegangen, oder, besser gesagt, aufgegangen in der französischen Nationalität; sie sind gerade ebensolche Franzosen wie die andern, und haben also auch Anwandlungen von Enthusiasmus, die vierundzwanzig Stunden, und, wenn die Sonne heiß ist, sogar drei Tage dauern! – und das gilt von den bessern. Viele unter ihnen üben noch den jüdischen Zeremonialdienst, den äußerlichen Kultus, mechanisch, ohne zu wissen warum, aus alter Gewohnheit; von innerm Glauben keine Spur, denn in der Synagoge ebenso wie in der christlichen Kirche hat die witzige Säure der Voltaireschen Kritik zerstörend gewirkt. Bei den französischen Juden, wie bei den übrigen Franzosen, ist das Gold der Gott des Tages und die Industrie ist die herrschende Religion. In dieser Beziehung dürfte man die hiesigen Juden in zwei Sekten einteilen: in die Sekte der *rive droite* und die Sekte der *rive gauche*; diese Namen haben nämlich Bezug auf die beiden Eisenbahnen, welche, die eine längs dem rechten Seine-Ufer, die andre dem linken Ufer entlang, nach Versailles führen, und von zwei berühmten Finanzrabbinen geleitet werden, die miteinander ebenso divergierend hadern, wie einst Rabbi Samai und Rabbi Hillel in der ältern Stadt Babylon.

Wir müssen dem Großrabbi der *rive droite*, dem Baron Rothschild, die Gerechtigkeit widerfahren lassen, daß er für das Haus Israel eine edlere Sympathie an den Tag legte, als sein schriftgelehrter Antagonist, der Großrabbi der *rive gauche*, Herr Benoît Fould, der, während in Syrien, auf Anreizung eines französischen Konsuls, seine Glaubensbrüder gefoltert und gewürgt wurden, mit der unerschütterlichen Seelenruhe eines

Hillel, in der französischen Deputiertenkammer einige schöne Reden hielt über die Konversion der Renten und den Diskonto der Bank.

Das Interesse, welches die hiesigen Juden an der Tragödie von Damaskus nahmen, reduziert sich auf sehr geringfügige Manifestationen. Das israelitische Konsistorium, in der lauen Weise aller Körperschaften, versammelte sich und deliberierte; das einzige Resultat dieser Deliberationen war die Meinung, daß man die Aktenstücke des Prozesses zur öffentlichen Kunde bringen müsse, Herr Crémieux, der berühmte Advokat, welcher nicht bloß den Juden, sondern den Unterdrückten aller Konfessionen und aller Doktrinen, zu jeder Zeit seine großmütige Beredsamkeit gewidmet, unterzog sich der oben erwähnten Publikation, und mit Ausnahme einer schönen Frau und einiger jungen Gelehrten, ist wohl Herr Crémieux der einzige in Paris, der sich der Sache Israels tätig annahm. Mit der größten Aufopferung seiner persönlichen Interessen, mit Verachtung jeder lauernden Hinterlist, trat er den gehässigsten Insinuationen rücksichtslos entgegen, und erbot sich sogar nach Ägypten zu reisen, wenn dort der Prozeß der Damaszener Juden vor das Tribunal des Pascha Mehemet Ali gezogen werden sollte. Der ungetreue Berichterstatter in den erwähnten norddeutschen Blättern insinuiert der »Leipziger Allg. Ztg.«, mit perfider Nebenbemerkung, daß Herr Crémieux die Entgegnung, womit er die falschen Missionsberichte in den hiesigen Zeitungen zu entkräften wußte, als Inserat druckte und die übliche Gebühr dafür entrichtete. Wir wissen aus sicherer Quelle, daß die Journaldirektionen sich bereitwillig erklärten, jene Entgegnung ganz gebührfrei einzurücken, wenn man einige Tage warten wolle, und nur auf Verlangen des schleunigsten Abdrucks berechneten einige Redaktionen die Kosten eines Supplementblattes, die wahrlich nicht von großem Belange, wenn man die Geldkräfte des israelitischen Konsistoriums bedenkt. Die Geldkräfte der Juden sind in der Tat groß, aber die Erfahrung lehrt, daß ihr Geiz noch weit größer ist. Eines der hochgeschätztesten Mitglieder des hiesigen Konsistoriums – man schätzt ihn nämlich auf einige dreißig Millionen Franken – Herr W. de Romilly, gäbe vielleicht keine hundert Franken, wenn man zu ihm käme mit einer Kollekte für die Rettung seines ganzen Stammes! Es ist eine alte, klägliche, aber noch immer nicht abgenutzte Erfindung, daß man demjenigen, der zur Verteidigung der Juden seine Stimme erhebt, die unlautersten Geldmotive zuschreibt; ich bin überzeugt, nie hat Israel Geld gegeben, wenn man ihm nicht gewaltsam die Zähne ausriß, wie zur Zeit der Valois. Als ich unlängst die *»Histoire des Juifs«* von Basnage durchblätterte, mußte ich herzlich lachen über die Naivität, womit der Autor, welchen seine Gegner anklagten, als habe er Geld von den Juden empfangen, sich gegen solche Beschuldigung verteidigte; ich glaube ihm aufs Wort, wenn er wehmütig hinzusetzt: *»Le peuple juif est le peuple le plus ingrat qu'il y ait au monde!«* Hie und da freilich gibt es Beispiele, daß die Eitelkeit die verstockten Taschen der Juden zu erschließen verstand, aber dann war ihre Liberalität noch widerwärtiger als ihre Knickerei. Ein ehemaliger preußischer Lieferant, welcher, anspielend auf seinen hebräischen Namen Moses (Moses heißt nämlich auf deutsch »aus dem Wasser gezogen«, auf italienisch *»del mare«*), den dem letztern entsprechenden klangvolleren Namen eines Baron Delmar angenommen hat, stiftete hier vor einiger Zeit eine Erziehungsanstalt für verarmte junge Adelige, wozu er über anderthalb Millionen Franken aussetzte, eine noble Tat, die ihm im Faubourg Saint-Germain so hoch angerechnet wurde, daß dort selbst die stolzältesten Douairièren und die schnippisch jüngsten Fräulein nicht mehr laut über ihn spötteln. Hat dieser Edelmann aus dem Stamme David auch nur einen Pfennig beigesteuert bei einer Kollekte für die Interessen der Juden? Ich möchte mich dafür verbürgen, daß ein anderer aus dem Wasser gezogener Baron, der im edlen Faubourg den *Gentilhomme catholique* und großen Schriftsteller spielt, weder mit seinem Gelde noch mit seiner Feder für die Stammesgenossen tätig war. Hier muß ich eine Bemerkung aussprechen, die vielleicht die bitterste. Unter den getauften Juden sind viele, die aus feiger Hypokrisie über Israel noch ärgere Mißreden führen, als dessen geborne Feinde. In derselben Weise pflegen gewisse Schriftsteller, um nicht an ihren Ursprung zu erinnern, sich über die Juden sehr schlecht oder gar nicht auszusprechen. Das ist eine bekannte, betrübsam lächerliche Erscheinung. Aber es mag nützlich sein, das Publikum jetzt besonders darauf aufmerksam zu machen, da nicht bloß in den erwähnten norddeutschen Blättern, sondern auch in einer weit bedeutenderen Zeitung die Insinuation zu lesen war, als flösse alles, was zugunsten der Damaszener Juden geschrieben worden, aus jüdischen Quellen, als sei der österreichische Konsul zu Damaskus ein Jude, als seien die übrigen Konsuln dort, mit Ausnahme des französischen, lauter Juden. Wir kennen diese Taktik, wir erlebten sie bereits bei Gelegenheit des Jungen Deutschlands. Nein, sämtliche Konsuln von Damaskus sind Christen, und daß der österreichische Konsul dort nicht einmal jüdischen Ursprungs ist, dafür bürgt uns eben die rücksichtslose, offene Weise, womit er die Juden gegen den französischen Konsul in Schutz nahm; – was der letztere ist, wird die Zeit lehren.

X.

Paris, 30. Mai 1840.

Toujours lui! Napoleon und wieder Napoleon! Er ist das unaufhörliche Tagesgespräch seit der Verkündigung seiner posthumanen Rückkehr, und gar besonders seit die Kammer, in betreff der notwendigen Kosten, einen so kläglichen Beschluß gefaßt. Letzteres war wieder eine Unbesonnenheit, die dem Verwerfen der Nemoursschen Dotation an die Seite gesetzt werden darf. Die Kammer ist durch jenen Beschluß mit den Sympathien des französischen Volks in eine bedenkliche Opposition geraten. Gott weiß, es geschah aus Kleinmut mehr denn aus Böswilligkeit. Die Majorität in der Kammer war im Anfang für die Translation der Napoleonischen Asche ebenso begeistert wie das übrige Volk; aber allmählich kam sie zu einer entgegengesetzten Besinnung, als sie die eventuellen Gefahren berechnete und als sie jenes bedrohliche Jauchzen der Bonapartisten vernahm, das in der Tat nicht sehr beruhigend klang. Jetzt lieh man auch den Feinden des Kaisers ein geneigteres Ohr, und sowohl die eigentlichen Legitimisten als auch die Royalisten von der laxen Observanz benutzten diese Mißstimmung, indem sie gegen Napoleon mit ihrer alten eingewurzelten Erbitterung mehr oder minder geschickt hervortraten. So gab uns namentlich die »*Gazette de France*« eine Blumenlese von Schmähungen gegen Napoleon, nämlich Auszüge aus den Werken Chateaubriands, der Frau von Staël, Benjamin Constants usw. Unsereiner, der in Deutschland an derbere Kost gewöhnt, mußte darüber lächeln. Es wäre ergötzlich, wenn man, das Feine durch das Rohe parodierend, neben jenen französischen Exzerpten ebenso viele Parallelstellen setzte von deutschen Autoren aus der grobtümlichen Periode. Der »Vater Jahn« führte eine Mistgabel, womit er auf den Korsen weit wütender zustach, als so ein Chateaubriand mit seinem leichten und funkelnden Galanteriedegen. Chateaubriand und Vater Jahn! Welche Kontraste und doch welche Ähnlichkeit!

War aber Chateaubriand sehr parteiisch in seiner Beurteilung des Kaisers, so war es letzterer noch viel mehr durch die wegwerfende Weise, womit er sich auf Sankt Helena über den Pilgrim von Jerusalem aussprach. Er sagte nämlich: »*C'est une âme rampante qui a la manie d'écrire des livres.*« Nein, Chateaubriand ist keine niedrige Seele, sondern er ist bloß ein Narr, und zwar ein trauriger Narr, während die andern heiter und kurzweilig sind. Er erinnert mich immer an den melancholischen Lustigmacher von Ludwig XIII. Ich glaube er hieß Angeli, trug eine Jacke von schwarzer Farbe, auch eine schwarze Kappe mit schwarzen Schellen und riß betrübte Späße. Der Pathos des Chateaubriand hat für mich immer etwas Komisches; dazwischen höre ich stets das Geklingel der schwarzen Glöckchen. Nur wird die erkünstelte Schwermut, die affektierten Todesgedanken, auf die Länge ebenso widerwärtig wie eintönig. Es heißt, er sei jetzt mit einer Schrift über die Leichenfeier Napoleons beschäftigt. Das wäre in der Tat für ihn eine vortreffliche Gelegenheit, seine oratorischen Flöre und Immortellen, den ganzen Pomp seiner Begräbnisphantasie auszukramen; sein Pamphlet wird ein geschriebener Katafalk werden, und an silbernen Tränen und Trauerkerzen wird er es nicht fehlen lassen; denn er verehrt den Kaiser, seit er tot ist.

Auch Frau von Staël würde jetzt den Napoleon feiern, wenn sie noch in den Salons der Lebenden wandelte. Schon bei der Rückkehr des Kaisers von der Insel Elba, während der Hundert Tage, war sie nicht übel geneigt, das Lob des Tyrannen zu singen, und stellte nur zur Bedingung, daß ihr vorher zwei Millionen, die man vorgeblich ihrem seligen Vater schuldete, ausgezahlt würden. Als ihr aber der Kaiser dieses Geld nicht gab, fehlte ihr die nötige Inspiration für die erbotenen Preisgesänge, und Corinna improvisierte jene Tiraden, die dieser Tage von der *»Gazette de France«* so wohlgefällig wiederholt wurden. *Point d'argent, point de Suisses!* – Daß diese Worte auch auf ihren Landsmann Benjamin Constant anwendbar, ist uns leider nur gar zu sehr bekannt. – Doch laßt uns nicht weiter die Personen beleuchten, die den Kaiser geschmäht haben. Genug, Madame de Staël ist tot, und B. Constant ist tot, und Chateaubriand ist sozusagen auch tot: wenigstens wie er uns seit Jahren versichert, beschäftigt er sich ausschließlich mit seiner Beerdigung, und seine *»Mémoires d'outre-tombe«*, die er stückweise herausgibt, sind nichts anderes als ein Leichenbegängnis, das er vor seinem definitiven Hinscheiden selber veranstaltet, wie einst der Kaiser Karl V. Genug, er ist als tot zu betrachten, und er hat in seiner Schrift das Recht, den Napoleon wie seinesgleichen zu behandeln.

Aber nicht bloß die erwähnten Exzerpte älterer Autoren, sondern auch die Rede, die Herr von Lamartine in der Deputiertenkammer über oder vielmehr gegen Napoleon hielt, hat mich widerwärtig berührt, obgleich diese Rede lauter Wahrheit enthält. Die Hintergedanken sind unehrlich, und der Redner sagte die Wahrheit im Interesse der Lüge. Es ist wahr, es ist tausendmal wahr, daß Napoleon ein Feind der Freiheit war, ein Despot, gekrönte Selbstsucht, und daß seine Verherrlichung ein böses, gefährliches Beispiel. Es ist wahr, ihm fehlten die Bürgertugenden eines Bailly, eines Lafayette, und er trat die Gesetze mit Füßen und sogar die Gesetzgeber, wovon noch jetzt einige lebende Zeugnisse im Hospital des Luxembourg. Aber es ist nicht dieser liberticide Napoleon, nicht der Held des 18. Brumaire, nicht der Donnergott des Ehrgeizes, dem ihr die glänzendsten Leichenspiele und Denkmale widmen sollt! Nein; es ist der Mann, der das junge Frankreich dem alten Europa gegenüber repräsentierte, dessen Verherrlichung in Frage steht: in seiner Person siegte das französische Volk, in seiner Person ward es gedemütigt, in seiner Person ehrt und feiert es sich selber – und das fühlt jeder Franzose, und deshalb vergißt man alle Schattenseiten des Verstorbenen und huldigt ihm *quand même*, und die Kammer beging einen großen Fehler durch ihre unzeitige Knickerei. – Die Rede des Herrn von Lamartine war ein Meisterstück, voll von perfiden Blumen, deren feines Gift manchen schwachen Kopf betäubte; doch der Mangel an Ehrlichkeit wird spärlich bedeckt von den schönen Worten, und das Ministerium darf sich eher freuen als betrüben, daß seine Feinde ihre antinationalen Gefühle so ungeschickt verraten haben.

XI.

Paris, 3. Juni 1840.

Die Pariser Tagesblätter werden, wie überhaupt in der ganzen Welt, auch jenseits des Rheines gelesen, und man pflegt dort der heimatlichen Presse, im Vergleich mit der französischen, den Wert derselben überschätzend, alles Verdienst abzusprechen. Es ist wahr, die hiesigen Journale wimmeln von Stellen, die bei uns in Deutschland selbst der nachsichtigste Zensor streichen würde; es ist wahr, die Artikel sind in den französischen Blättern besser geschrieben und logischer abgefaßt, als in den deutschen, wo der Verfasser seine politische Sprache erst schaffen und durch die Urwälder seiner Ideen sich mühsam durchkämpfen muß; es ist wahr, der Franzose weiß seine Gedanken besser zu redigieren, und er entkleidet dieselben, vor den Augen des Publikums, bis zur deutlichsten Nacktheit, während der deutsche Journalist, weit mehr aus innerer Blödigkeit als aus Furcht vor dem tödlichen Rotstift, seine Gedanken mit allen möglichen Schleiern der Unmaßgeblichkeit zu verhüllen sucht; und dennoch, wenn man die französische Presse nicht nach ihrer äußern Erscheinung beurteilt, sondern sie in ihrem Innern, in ihren Bureaus, belauscht, muß man eingestehen, daß sie an einer besonderen Art von Unfreiheit leidet, die der deutschen Presse ganz fremd und vielleicht verderblicher ist als unsere transrhenanische Zensur. Alsdann muß man auch eingestehen, daß die Klarheit und Leichtigkeit, womit der Franzose seine Gedanken ordnet und abhandelt, aus einer dürren Einseitigkeit und mechanischen Beschränkung hervorgeht, die weit mißlicher ist, als die blühende Konfusion und unbeholfene Überfülle des deutschen Journalisten! Hierüber eine kurze Andeutung:

Die französische Tagespresse ist gewissermaßen eine Oligarchie, keine Demokratie; denn die Begründung eines französischen Journals ist mit so vielen Kosten und Schwierigkeiten verbunden, daß nur Personen, die imstande sind, die größten Summen aufs Spiel zu setzen, ein Journal errichten können. Es sind daher gewöhnlich Kapitalisten oder sonstige Industrielle, die das Geld herschießen zur Stiftung eines Journals; sie spekulieren dabei auf den Absatz, den das Blatt finden werde, wenn es sich als Organ einer bestimmten Partei geltend zu machen verstanden, oder sie hegen gar den Hintergedanken, das Journal späterhin, sobald es eine hinlängliche Anzahl Abonnenten gewonnen, mit noch größerem Profit an die Regierung zu verkaufen. Auf diese Weise, angewiesen auf die Ausbeutung der vorhandenen Parteien oder des Ministeriums, geraten die Journale in eine beschränkende Abhängigkeit, und was noch schlimmer ist, in eine Exklusivität, eine Ausschließlichkeit bei allen Mitteilungen, wogegen die Hemmnisse der deutschen Zensur nur wie heitere Rosenketten erscheinen dürften. Der Redakteur *en chef* eines französischen Journals ist ein Condottiere, der durch seine Kolonnen die Interessen und Passionen der Partei, die ihn durch Absatz oder Subvention gedungen hat, verficht und verteidigt. Seine Unterredakteure, seine Leutnants und Soldaten, gehorchen mit militärischer Subordination, und sie geben ihren Artikeln die verlangte Richtung und Farbe, und das Journal erhält dadurch jene Einheit und Präzision, die wir in der Ferne nicht genug bewundern können. Hier herrscht die strengste Disziplin des Gedankens und sogar des Ausdrucks. Hat irgendein unachtsamer Mitarbeiter das Kommando überhört, hat er nicht ganz so geschrieben wie die Consigne lautete, so schneidet der Redakteur *en chef* ins Fleisch seines Aufsatzes mit einer militärischen Unbarmherzigkeit, wie sie bei keinem deutschen Zensor zu finden wäre. Ein deutscher Zensor ist ja auch ein Deutscher, und bei seiner gemütlichen Vielseitigkeit gibt er gern vernünftigen Gründen Gehör; aber der Redakteur *en chef* eines französischen Journals ist ein praktisch einseitiger Franzose, hat seine bestimmte Meinung, die er sich ein für allemal mit bestimmten Worten formuliert hat, oder die ihm wohlformuliert von seinen Kommittenten überliefert worden. Käme nun gar jemand zu ihm und brächte ihm einen Aufsatz, der zu den erwähnten Zwecken seines Journals in keiner fördernden Beziehung stände, der etwa ein Thema behandelte, das kein unmittelbares Interesse hätte für das Publikum, dem das Blatt als Organ dient, so wird der Aufsatz streng zurückgewiesen, mit den sakramentalen Worten: »*Cela n'entre pas dans l'idée de notre journal.*« Da nun solchermaßen von den hiesigen Journalen jedes seine besondre politische Farbe und seinen bestimmten Ideenkreis hat, so ist leicht begreiflich, daß jemand, der etwas zu sagen hätte, was diesen Ideenkreis überschritte und auch keine Parteifarbe trüge, durchaus kein Organ für seine Mitteilungen finden würde. Ja, sobald man sich entfernt von der Diskussion der Tagesinteressen, den sogenannten Aktualitäten, sobald man Ideen zu entwickeln hat, die den banalen Parteifragen fremd sind, sobald man etwa nur die Sache der Menschheit besprechen wollte, würden die Redakteure der hiesigen Journale einen solchen Artikel mit ironischer Höflichkeit zurückweisen; und da man hier nur durch die Journale oder durch ihre annoncierende Vermittlung mit dem Publikum reden kann, so ist die Charte, die jedem Franzosen die Veröffentlichung seiner Gedanken durch den Druck erlaubt, eine bittere Verhöhnung für geniale Denker und Weltbürger, und faktisch existiert für diese durchaus keine Preßfreiheit: – *cela n'entre pas dans l'idée de notre journal.*

Vorstehende Andeutungen befördern vielleicht das Verständnis mancher unbegreiflichen Erscheinungen, und ich überlasse es dem deutschen Leser, allerlei nützliche Belehrung daraus zu schöpfen. Zunächst aber mögen sie zur Aufklärung dienen, weshalb die französische Presse in betreff der Juden von Damaskus nicht so unbedingt sich zugunsten derselben aussprach, wie man gewiß in Deutschland erwartete. Ja, der Berichterstatter der »Leipziger Zeitung« und der kleineren norddeutschen Blätter hat sich keine direkte Unwahrheit zuschulden kommen lassen, wenn er frohlockend referierte, daß die französische Presse bei dieser Gelegenheit keine sonderliche Sympathie für Israel an den Tag legte. Aber die ehrliche Seele hütete sich wohlweislich, den Grund dieser Erscheinung aufzudecken, der ganz einfach darin besteht, daß der Präsident des Ministerkonseils, Herr Thiers, von Anfang an für den Grafen Ratti-Menton, den französischen Konsul von Damaskus, Partei genommen und den Redakteuren aller Blätter, die jetzt unter seiner Botmäßigkeit stehen, in dieser Angelegenheit seine Ansicht kundgegeben. Es sind gewiß viele honette und sehr honette Leute unter diesen Journalisten, aber sie gehorchen jetzt mit militärischer Disziplin dem Kommando jenes Generalissimus der öffentlichen Meinung, in dessen Vorkabinett sie sich jeden Morgen zum Empfang der *Ordre du jour* zusammen befinden und gewiß ohne Lachen sich einander nicht ansehen können; französische Haruspices können ihre Lachmuskeln nicht so gut beherrschen, wie die römischen, von denen Cicero spricht. In seinen Morgenaudienzen versichert Herr Thiers mit der Miene der höchsten Überzeugung, es sei eine ausgemachte Sache, daß die Juden Christenblut am Paschafeste söffen, *chacun à son goût*, alle Zeugenaussagen hätten bestätigt, daß der Rabbiner von Damaskus den Pater Thomas abgeschlachtet und sein Blut getrunken, – das Fleisch sei wahrscheinlich von geringern Synagogenbeamten verschmaust worden; – da sähen wir einen traurigen Aberglauben, einen religiösen Fanatismus, der noch im Oriente herrschend sei, während die Juden des Okzidentes viel humaner und aufgeklärter geworden und mancher unter ihnen sich durch Vorurteilslosigkeit und einen gebildeten Geschmack auszeichne, z. B. Herr von Rothschild, der zwar nicht zur christlichen Kirche aber desto eifriger zur christlichen Küche übergegangen und den größten Koch der Christenheit, den Liebling Talleyrands, ehemaligen Bischofs von Autun, in Dienst genommen. – So ungefähr konnte man den Sohn der Revolution reden hören, zum größten Ärger seiner Frau Mutter, die manchmal rot vor Zorn wird, wenn sie dergleichen von dem ungeratenen Sohne anhören muß, oder wenn sie gar sieht, wie derselbe mit ihren ärgsten Feinden verkehrt, z. B. mit dem Grafen Montalembert, einem Jung-Jesuiten, der als das tätigste Werkzeug der ultramontanen Rotte bekannt ist. Dieser Anführer der sogenannten Neokatholiken dirigiert die Zeloten-Zeitung »L'Univers«, ein Blatt, welches mit ebensoviel Geist wie Perfidie geschrieben wird; auch der Graf besitzt Geist und Talent, ist jedoch ein seltsames Zwitterwesen von adeligem Hochmut und romantischer Bigotterie, und diese Mischung offenbart sich am naivsten in seiner Legende von der heiligen Elisabeth, einer ungarischen Prinzessin, die er *en parenthèse* für seine Cousine erklärt, und die von so schrecklich christlicher Demut gewesen sein soll, daß sie mit ihrer frommen Zunge den räudigsten Bettlern die Schwären und den Grind leckte, ja daß sie vor lauter Frömmigkeit sogar ihren eignen Urin soff.

Nach diesen Andeutungen begreift man jetzt sehr leicht die illiberale Sprache jener Oppositionsblätter, die zu einer andern Zeit Mord und Zeter geschrien hätten über den im Orient neu angefachten Fanatismus, und über den Elenden, der als französischer Konsul dort den Namen Frankreichs schändet.

Vor einigen Tagen hat Herr Benoît Fould auch in der Deputiertenkammer das Betragen des französischen Konsuls von Damaskus zur Sprache gebracht. Ich muß also zunächst den Tadel zurücknehmen, der mir in einem meiner jüngsten Berichte gegen jenen Deputierten entschlüpfte. Ich zweifelte nie an dem Geist, an den Verstandeskräften des Herrn Fould; auch ich halte ihn für eine der größten Kapazitäten der französischen Kammer; aber ich zweifelte an seinem Gemüte. Wie gern lasse ich mich beschämen, wenn ich den Leuten unrecht getan habe und sie durch die Tat meinen Beschuldigungen widersprechen. Die Interpellation des Herrn Fould zeugte von großer

Klugheit und Würde. Nur sehr wenige Blätter haben von seiner Rede Auszüge gegeben; die ministeriellen Blätter haben auch diese unterdrückt und die Thiersschen Entgegnungen desto ausführlicher mitgeteilt. Im »Moniteur« habe ich sie ganz gelesen. Der Ausdruck: *»La religion à laquelle j'ai l'honneur d'appartenir«*, mußte einen Deutschen sehr frappieren. Die Antwort des Herrn Thiers war ein Meisterstück von Perfidie: durch Ausweichen, durch Verschweigen dessen, was er wisse, durch scheinbar ängstliche Zurückhaltung, wußte er seine Gegner aufs köstlichste zu verdächtigen. Hörte man ihn reden, so konnte man am Ende wirklich glauben, das Leibgericht der Juden sei Kapuzinerfleisch. – Aber nein, großer Geschichtschreiber und sehr kleiner Theolog, im Morgenland ebensowenig wie im Abendland erlaubt das Alte Testament seinen Bekennern solche schmutzige Atzung, der Abscheu der Juden vor jedem Blutgenuß ist ihnen ganz eigentümlich, er spricht sich aus in den ersten Dogmen ihrer Religion, in allen ihren Sanitätsgesetzen, in ihren Reinigungszeremonien, in ihrer Grundanschauung vom Reinen und Unreinen, in dieser tiefsinnig kosmogonischen Offenbarung über die materielle Reinheit in der Tierwelt, welche gleichsam eine physische Ethik bildet und von Paulus, der sie als eine Fabel verwarf, keineswegs begriffen worden. – Nein, die Nachkömmlinge Israels, des reinen auserlesenen Priestervolks, sie essen kein Schweinefleisch, auch keine alten Franziskaner, sie trinken kein Blut ebensowenig wie sie ihren eigenen Urin trinken, gleich der heiligen Elisabeth, Urmuhme des Grafen Montalembert.

Was sich bei jener Damaszener Blutfrage am betrübsamsten herausstellte, ist die Unkenntnis der morgenländischen Zustände, die wir bei dem jetzigen Präsidenten des Konseils bemerken, eine brillante Unwissenheit, die ihn einst zu den bedenklichsten Mißgriffen verleiten dürfte, wenn nicht mehr jene kleine syrische Blutfrage, sondern die weit größere Weltblutfrage, jene fatale, verhängnisvolle Frage, welche wir die orientalische nennen, eine Lösung oder Anstalten zur Lösung erfordern möchte. Das Urteil des Herrn Thiers ist gewöhnlich richtig, aber seine Prämissen sind oft ganz falsch, ganz aus der Luft gegriffen, Phantasmen, ausgeheckt im fanatischen Sonnenbrand der Klöster des Libanons und ähnlicher Spelunken des Aberglaubens. Die ultramontane Partei liefert ihm seine Emissäre, und diese berichten ihm Wunderdinge über die Macht der römisch-katholischen Christen im Oriente, während doch eine Schilderhebung jener miserablen Lateiner wahrhaftig keinen türkischen Hund aus seinem fatalistischen Ofenloch locken würde. Herr Thiers meint, daß Frankreich, der traditionelle Glaubensvogt jener Lateiner, einst durch sie die Oberhand im Orient gewinnen könne. Da sind die Engländer viel besser unterrichtet; sie wissen, daß diese armseligen Nachzügler des Mittelalters, die in der Zivilisation mehre Jahrhunderte zurückgeblieben, noch viel versunkener sind, als ihre Herren, die Türken, und daß vielmehr die Bekenner des griechischen Symbols beim Sturz des osmanischen Reiches, und noch vorher, den Ausschlag geben könnten. Das Oberhaupt dieser griechischen Christen ist nicht der arme Schelm, der den Titel Patriarch von Konstantinopel führt, und dessen Vorgänger dort schmachvoll zwischen zwei Hunden aufgehängt worden – nein, ihr Oberhaupt ist der allmächtige Zar von Rußland, der Kaiser und Papst aller Bekenner des allein heiligen, orthodoxen, griechischen Glaubens; – er ist ihr geharnischter Messias, der sie befreien soll vom Joch der Ungläubigen, der Kanonendonnergott, der einst sein Siegesbanner aufpflanzen werde auf die Türme der großen Moschee von Byzanz – ja, das ist ihr politischer, wie ihr religiöser Glaube, und sie träumen eine russisch-griechisch-orthodoxe Weltherrschaft, die von dem Bosporus aus über Europa, Asien und Afrika ihre Arme ausbreiten werde. – Und was das Schreckliche ist, dieser Traum ist keine Seifenblase, die ein Windzug vernichtet, es lauert darin eine Möglichkeit, die versteinernd uns angrinst, wie das Haupt der Medusa!

Die Worte Napoleons auf Sankt Helena, daß in baldiger Zukunft die Welt eine amerikanische Republik oder eine russische Universalmonarchie sein werde, sind eine sehr entmutigende Prophezeiung. Welche Aussicht! Günstigenfalls als Republikaner vor monotoner Langeweile sterben! Arme Enkel!

Ich habe oben erwähnt, wie die Engländer viel besser als die Franzosen über alle orientalischen Zustände unterrichtet sind. Mehr als je wimmelt es in der Levante von britischen Agenten, die über jeden Beduinen, ja über jedes Kamel, das durch die Wüste zieht, Erkundigungen einziehen. Wieviel Zechinen Mehemet Ali in der Tasche, wieviel Gedärme dieser Vizekönig von Ägypten im Bauche hat, man weiß es ganz genau in den Bureaus von Downingstreet. Hier glaubt man nicht den Mirakelhistörchen frommer Schwärmer; hier glaubt man nur an Tatsachen und Zahlen. Aber nicht bloß im Orient, auch im Okzident hat England seine zuverlässigsten Agenten, und hier begegnen wir nicht selten Leuten, die mit ihrer geheimen Mission auch die Korrespondenz für Londoner aristokratische oder ministerielle Blätter verbinden; letztere sind darum nicht minder gut unterrichtet. Bei der Schweigsamkeit der Briten erfährt das Publikum selten das Gewerbe jener geheimen Berichterstatter, die selbst den höchsten Staatsbeamten Englands unbekannt bleiben; nur der jedesmalige Minister der äußern Angelegenheiten kennt sie und überliefert diese Kenntnis seinem Nachfolger. Der Bankier im Ausland, der einem englischen Agenten irgendeine Auszahlung zu machen hat, erfährt nie seinen Namen, er erhält nur die Order, den Betrag einer angegebenen Summe derjenigen Person auszuzahlen, die sich durch Vorzeigen einer Karte, worauf nur eine Nummer steht, legitimieren werde.

Spätere Notiz.
(Mai 1854.)

Der vorstehende Bericht ist von der Redaktion der »Allgemeinen Zeitung« nicht aufgenommen worden, und wir drucken ihn hier nach alten Brouillons, die der Zufall erhalten. Indem aus diesem Berichte hervorgeht, wie unverdient die Rüge war, welche ein früherer Artikel über den Deputierten Benoît Fould aussprach, zeigen wir, wie wenig es uns zu jener Zeit einfiel, in jenem Artikel eine Ungerechtigkeit zu begehen. Es kam uns damals ebenfalls nicht in den Sinn, die persönliche Erscheinung des erwähnten Deputierten zu verunglimpfen, und zu diesem Behufe ein Spottwort des »Nationals« zu zitieren. Schwärmerische Freunde des Herrn Benoît Fould (und welcher reiche Mann besäße nicht einen Schwarm von Freunden, die für ihn schwärmen!) behaupteten zwar zu jener Zeit, am Schlusse eines Artikels in der »Allgemeinen Zeitung«, der meine Chiffre trage und also meiner Autorschaft zugeschrieben werden müsse, hätten sie eine boshafte Zitation aus dem »National« gelesen, welche den Generaladvokaten Hébert und Herrn Benoît Fould betreffe und dahin laute, »daß letzterer der einzige gewesen, der dem Generaladvokaten in der Kammer die Hand gereicht habe und daß er selber wie der Diskurs eines *accusateur public* aussähe«! Wahrlich, einen sehr schwächlichen Begriff von meinem Geiste und meiner Vernunft hegen jene guten Leute, welche glauben konnten, daß ich einen Angriff auf einen Mann wie B. Fould wagen würde, wenn ich meine Pfeile dem albernen Köcher des »Nationals« entlehnen müßte! Eine solche Annahme war wirklich beleidigend für den Verfasser der Reisebilder! Nein, jene Zitation, jene Misere, floß nicht aus meiner Feder, und gar in bezug auf Herrn Hébert hätte ich mir keine Ungezogenheit damals erlaubt, aus ganz begreiflichen Gründen. Ich wollte nie mit der schrecklichen Person eines Generaladvokaten, dessen diskretionäre Befugnisse selbst die des Ministers übertrafen, etwas zu schaffen haben; es gibt Personen, die man gar nicht erwähnen muß, wenn man nicht speziell das Metier eines Demagogen treibt und nach dem Ruhm des Eingesperrtwerdens schmachtet. Ich sage dieses jetzt, wo eine solche Erklärung von meinen mutigen und kampflustigen Kommilitonen nicht mißdeutet werden kann. Zur Zeit wo der Artikel mit der läppischen Zitation aus dem »National« erschien, enthielt ich mich jeder Erläuterung; ich durfte niemanden das Recht einräumen, mich über einen Artikel zur Rede zu stellen, der anonym erschienen und nur eine Chiffre an der Stirn trug, womit nicht ich, sondern die Redaktion meine Artikel zu bezeichnen pflegte, um administrativen Bedürfnissen zu begegnen, um z. B. die Komptabilität zu erleichtern, keineswegs aber um einem verehrungswürdigen Publiko, wie eine leicht erratbare Scharade, den Namen des Verfassers *sub rosa* zuzuflüstern. Da nur die Redaktion und nicht der eigentliche Verfasser für jeden anonymen Artikel verantwortlich bleibt; da die Redaktion gezwungen ist, das Journal sowohl der tausendköpfigen Leserwelt, als auch manchen ganz kopflosen Behörden gegenüber, zu vertreten; da sie mit unzähligen Hindernissen, materiellen und moralischen, täglich zu kämpfen hat: so muß ihr wohl die Erlaubnis anheimgestellt werden, jeden Artikel, den sie aufnimmt, ihren jedesmaligen Tagesbedürfnissen anzumodeln, nach Gutdünken durch Ausmerzen, Ausscheiden, Hinzufügen und Umänderungen jeder Art den Artikel druckbar zu machen, und gehe auch dabei die gute Gesinnung und der noch bessere Stil des Verfassers sehr bedenklich in die Krümpe. Ein in jeder Hinsicht politischer Schriftsteller muß der Sache wegen, die er verficht, der rohen Notwendigkeit manche bittere Zugeständnisse machen. Es gibt obskure Winkelblätter genug, worin wir unser ganzes Herz mit allen seinen Zornbränden ausschütten könnten – aber sie haben nur ein sehr dürftiges und einflußloses Publikum, und es wäre ebensogut, als wenn wir in der Bierstube oder im Kaffeehause vor den respektiven Stammgästen schwadronierten, gleich andern großen Patrioten. Wir handeln weit klüger, wenn wir unsre Glut mäßigen, und mit nüchternen Worten, wo nicht gar unter einer Maske, in einer Zeitung uns aussprechen, die mit Recht eine Allgemeine Weltzeitung genannt wird, und vielen hunderttausend Lesern in allen Landen belehrsam zu Händen kommt. Selbst in seiner trostlosen Verstümmlung kann hier das Wort gedeihlich wirken; die notdürftigste Andeutung wird zuweilen zu ersprießlicher Saat in unbekanntem Boden. Beseelte mich nicht dieser Gedanke, so hätte ich mir wahrlich nie die Selbsttortur angetan, für die »Allgemeine Zeitung« zu schreiben. Da ich von dem Treusinn und der Redlichkeit jenes innigst geliebten Jugendfreundes und Waffenbruders, der die Redaktion der Zeitung leitet, zu jeder Zeit unbedingt überzeugt war, so konnte ich mir auch wohl manche erschreckliche Nachqual der Umarbeitung und Verballhornung meiner Artikel gefallen lassen; – sah ich doch immer die ehrlichen Augen des Freundes, welcher dem Verwundeten zu sagen schien: liege ich denn etwa auf Rosen? Dieser wackere Kämpe der deutschen Presse, der schon als Jüngling für seine liberalen Überzeugungen Not und Kerker erduldet hat, er, der für die Verbreitung von gemeinnützlichem Wissen, dem besten Emanzipationsmittel, und überhaupt für das politische Heil seiner Mitbürger so viel getan, viel mehr getan, als Tausende von bramarbasierenden Maulhelden – er ward von diesen als servil verschrien, und die »Augsburger Hure« war der Schmähname, womit der Pöbel der Radikalen die »Allgemeine Zeitung« immer titulierte. –

Doch ich gerate hier in eine Strömung, die mich zu weit führen könnte. Ich begnüge mich damit, hier flüchtig angedeutet zu haben, von welcher Art die Unfreiheit war, die ich höherer vaterländischer Rücksichten wegen ertrug, wenn ich für die »Allgemeine Zeitung« schrieb. In dieser Beziehung begegnete ich mancher Mißdeutung, selbst in Sphären, wo Intelligenz zu herrschen pflegte. Eine solche war z. B. die oben bezeichnete

Zitation aus dem »National«, die man mir fälschlich zuschrieb. Da ich nicht gern unschuldig leide, so geriet ich am Ende auf den unseligen Gedanken, das Majestätsverbrechen, dessen man mich beschuldigte, einmal wirklich zu begehen, und bei Gelegenheit der Wahlen zu Tarbes mußte der Deputierte der Hautes-Pyrénées meinen Unmut entgelten. Da ich jedes Unrecht am Ende selbst eingestehe, so will ich zu meiner eigenen Beschämung hier erwähnen, daß der Mann, dem ich jede Kapazität absprach, sich bald darauf als ein Staatsmann von höchster Bedeutung auszeichnete. Ich freute mich darüber.

[Sowohl die Redaktion als das Eigentum des »Commerce« ist vor 14 Tagen in andere Hände übergegangen. Diese Nachricht ist an sich freilich nicht sehr wichtig, aber wir wollen daran allerlei Bemerkungen knüpfen. Zunächst bemerke ich, daß diese renovierten Blätter dieser Tage einen Ausfall gegen meine Korrespondenz in der »Allgemeinen Zeitung« enthielten, der ebenso ungeschickt wie albern war. Der Verdächtigung, worauf es abgesehen, bin ich mit aufgeschlagenem Visier im »Constitutionnel« entgegengetreten. Eine andere Bemerkung, die aber allgemeiner Art, drängt sich uns entgegen bei der Frage: welche Farbe wird der »Commerce« jetzt annehmen? Man hat mir nämlich geantwortet: »Dieses Blatt wird sich weder für das dermalige Königtum, noch für die republikanische Partei aussprechen, und vorderhand wird es wohl bonapartistisch werden.« In dieser scheinbar ausweichenden, unbestimmten Antwort ertappen wir ein Geständnis, das uns über das ganze politische Treiben der Franzosen viel Belehrung und Aufschluß gewährt. Nämlich: in dieser Zeit der Schwankungen, wo niemand weiß was ihm die nächste Zukunft entgegenführt; wo viele, mit der Gegenwart unzufrieden, dennoch nicht wagen mit den Tagesherrschern bestimmt zu brechen; wo die meisten eine Stellung in der Opposition einnehmen wollen, die nicht auf immer verpflichtend und ebensowenig kompromittierend ist, sondern ihnen erlaubt, ohne sonderlich herbe Retraktionen, je nachdem das Kriegsglück entscheidet, ins Lager der siegenden Republik oder des unüberwindlichen Königtums überzugehen – in dieser Zeit ist der Bonapartismus eine bequeme Übergangspartei. Aus diesem Grunde erkläre ich es mir, weshalb jeder, der nicht genau weiß was er will, oder was er darf, oder was er kann, sich um die imperialistische Standarte versammelt. Hier braucht man keiner Idee den Eid der Treue zu schwören, und der Meineid wird hier keine Sünde gegen den heiligen Geist. Das Gewissen, die bessere Ehre, erlaubt hier auch späterhin jeden Abfall und Fahnenwechsel. – Und in der Tat das napoleonische Kaisertum war selber nichts anderes, als neutraler Boden für Menschen von den heterogensten Gesinnungen, es war eine nützliche Brücke für Leute, die sich aus dem Strom der Revolution darauf retteten und 20 Jahre lang darauf hin und her liefen, unentschlossen ob sie sich auf das rechte oder auf das linke Ufer der Zeitmeinungen begeben sollten. Das napoleonische Kaisertum war kaum etwas anderes als ein abenteuerliches Interregnum, ohne geistige Notabilitäten, und all seine ideelle Blüte resümiert sich in einem einzigen Manne, der am Ende selber nichts ist als eine glänzende Tatsache, deren Bedeutung wenigstens bis jetzt noch halb ein Geheimnis ist. Dieses materielle Zwischenreich war ganz den damaligen Bedürfnissen angemessen. Wie leicht konnten die französischen Sansculotten in die gallonierten Prachthosen des Empire hineinspringen! Mit welcher Leichtigkeit hingen sie später die befiederten Hüte und goldnen Jacken des Ruhmes wieder an den Nagel und griffen wieder zur roten Mütze und zu den Rechten der Menschheit! Und die ausgehungerten Emigranten, die adelstolzen Royalisten, sie brauchten ihrem angeborenen Höflingssinn keineswegs zu entsagen, als sie dem Napoleon I. statt Ludwig XVI. dienten, und als sie dem erstern wieder den Rücken kehrend, dem legitimen Herrscher, Ludwig XVIII. huldigten!

Trotzdem, daß der Bonapartismus diese Sympathien im Volke findet und auch die große Zahl der Ehrgeizigen, die sich nicht für eine Idee entscheiden wollen, in sich aufnimmt, trotzdem glaube ich nicht, daß er so bald den Sieg davontragen möchte; käme er aber zur Herrschaft, so dürfte auch diese nicht von langer Dauer sein, und sie würde, ganz wie die frühere napoleonische Regierung, nur eine kurze Vermittlungsperiode bilden. – Unterdessen aber versammeln sich alle möglichen Raubvögel um den toten Adler, und die Einsichtigen unter den Franzosen werden nicht wenig dadurch geängstigt. Die Majorität in der Kammer hat vielleicht doch nicht so ganz unrecht gehabt, als sie die zweite Begräbnismillion verweigerte und hierdurch die auflodernde Eroberungssucht etwas dämpfte. Die Kammer besitzt den Instinkt der nationalen Selbsterhaltung, und sie hatte vielleicht eine dunkle Ahnung, daß dieser Bonapartismus ohne Bonaparte, diese Kriegslust ohne den größten Feldherrn, das französische Volk seinem Untergang entgegenführt.

»Und wer sagt Ihnen, daß wir dessen nicht ganz bewußt waren, als wir über die zwei Millionen der Leichenfeier votierten?« Diese Worte entschlüpften gestern einem meiner Freunde, einem Deputierten, mit welchem ich, die Galerien des Palais-Royal durchwandelnd, über jenes Votum sprach. Wichtiges und erfreuliches Geständnis! um so mehr, als es aus dem Mund eines Mannes kommt, der nicht zu den blöden Zitterseelen gehört: vielleicht sogar ist bei diesem Gegenstand sein Name von einiger Bedeutung wegen der glorreichen Erinnerungen, die sich daran knüpfen – es ist der Sohn jenes tugendhaften Kriegers, der im Heilausschuß saß und den Sieg organisierte – es ist Hippolyt Carnot. Heilausschuß! *comité du salut public!* Das Wort klingt noch weit erschütternder, als der Name Napoleon Bonaparte. Dieser ist doch nur ein zahmer Gott des Olymps im Vergleich mit jener wilden Titanenversammlung.]

XII.

Paris, 12. Juni 1840.

Der Ritter Spontini bombardiert in diesem Augenblick die armen Pariser mit Briefen, um zu jedem Preis das Publikum an seine verschollene Person zu erinnern. Es liegt in diesem Augenblick ein Zirkular vor mir, das er an alle Zeitungsredaktoren schickt, und das keiner drucken will aus Pietät für den gesunden Menschenverstand und Spontinis alten Namen. Das Lächerliche grenzt hier ans Sublime. Diese peinliche Schwäche, die sich im barockesten Stil ausspricht oder vielmehr ausärgert, ist ebenso merkwürdig für den Arzt wie für den Sprachforscher. Ersterer gewahrt hier das traurige Phänomen einer Eitelkeit, die im Gemüt immer wütender auflodert, je mehr die edlern Geisteskräfte darin erlöschen; der andere aber, der Sprachforscher, sieht, welch ein ergötzlicher Jargon entsteht, wenn ein starrer Italiener, der in Frankreich notdürftig etwas Französisch gelernt hat, dieses sogenannte Italiener-Französisch während eines fünfundzwanzigjährigen Aufenthalts in Berlin ausbildete, so daß das alte Kauderwelsch mit sarmatischen Barbarismen gar wunderlich gespickt ward. Das Zirkular ist vom Februar datiert, ward aber neuerdings wieder hergeschickt, weil Signor Spontini hört, daß man hier sein berühmtes Werk wieder aufführen wolle, welches nichts als eine Falle sei – eine Falle, die er benutzen will, um hierher berufen zu werden. Nachdem er nämlich gegen seine Feinde pathetisch deklamiert hat, setzt er hinzu: »*Et voilà justement le nouveau piége que je crois avoir deviné, et ce qui me fait un impérieux devoir de m'opposer, me trouvant absent, à la remise en scène de mes opéras sur le théâtre de l'académie royale de musique, à moins que je ne sois officiellement engagé moi-même par l'administration, sous la garantie du Ministère de l'Intérieur, à me rendre à Paris, pour aider de mes conseils créateurs les artistes (la tradition de mes opéras étant perdue) pour assister aux répétitions et contribuer au succès de la*

Vestale, puisque c'est d'elle qu'il s'agit.« Das ist noch die einzige Stelle in diesen Spontinischen Sümpfen, wo fester Boden; die Pfiffigkeit streckt hier ihre länglichten Ohren hervor. Der Mann will durchaus Berlin verlassen, wo er es nicht mehr aushalten kann, seitdem die Meyerbeerschen Opern dort gegeben werden, und vor einem Jahr kam er auf einige Wochen hierher und lief von Morgen bis Mitternacht zu allen Personen von Einfluß, um seine Berufung nach Paris zu betreiben. Da die meisten Leute hier ihn für längst verstorben hielten, so erschraken sie nicht wenig ob seiner plötzlichen geisterhaften Erscheinung. Die ränkevolle Behendigkeit dieser toten Gebeine hatte in der Tat etwas Unheimliches. Herr Duponchel, der Direktor der Großen Oper, ließ ihn gar nicht vor sich und rief mit Entsetzen: »Diese intrigante Mumie mag mir vom Leibe bleiben; ich habe bereits genug von den Intrigen der Lebenden zu erdulden!« Und doch hatte Herr Moritz Schlesinger, Verleger der Meyerbeerschen Opern – denn durch diese gute, ehrliche Seele ließ der Ritter seinen Besuch bei Herrn Duponchel voraus ankündigen – alle seine glaubwürdige Beredsamkeit aufgeboten, um seinen Empfohlenen im besten Lichte darzustellen. In der Wahl dieser empfehlenden Mittelsperson bekundete Herr Spontini seinen ganzen Scharfsinn. Er zeigte ihn auch bei andern Gelegenheiten; z. B. wenn er über jemand räsonierte, so geschah es gewöhnlich bei dessen intimsten Freunden. Den französischen Schriftstellern erzählte er, daß er in Berlin einen deutschen Schriftsteller festsetzen lassen, der gegen ihn geschrieben. Bei den französischen Sängerinnen beklagte er sich über deutsche Sängerinnen, die sich nicht bei der Berliner Oper engagieren wollten, wenn man ihnen nicht kontraktlich zugestand, daß sie in keiner Spontinischen Oper zu singen brauchten!

Aber er will durchaus hierher; er kann es nicht mehr aushalten in Berlin, wohin er, wie er behauptet, durch den Haß seiner Feinde verbannt worden, und wo man ihm dennoch keine

Ruhe lasse. Dieser Tage schrieb er an die Redaktion der *»France musicale«*: seine Feinde begnügten sich nicht, daß sie ihn über den Rhein getrieben, über die Weser, über die Elbe; sie möchten ihn noch weiter verjagen, über die Weichsel, über den Niemen! Er findet große Ähnlichkeit zwischen seinem Schicksal und dem Napoleonschen. Er dünkt sich ein Genie, wogegen sich alle musikalischen Mächte verschworen. Berlin ist sein Sankt Helena und Rellstab sein Hudson Lowe. Jetzt aber müsse man seine Gebeine nach Paris zurückkommen lassen und im Invalidenhause der Tonkunst, in der *Académie royale de Musique*, feierlich beisetzen. –

Das Alpha und Omega aller Spontinischen Beklagnisse ist Meyerbeer. Als mir hier in Paris der Ritter die Ehre seines Besuches schenkte, war er unerschöpflich an Geschichten, die geschwollen von Gift und Galle. Er kann die Tatsache nicht ableugnen, daß der König von Preußen unsern großen Giacomo mit Ehrenbezeugungen überhäuft, und darauf bedacht ist, denselben mit hohen Ämtern und Würden zu betrauen, aber er weiß dieser königlichen Huld die schnödesten Motive anzudichten. Am Ende glaubt er selbst seine eignen Erfindungen, und mit einer Miene der tiefsten Überzeugung versicherte er mir: als er einst bei Sr. Majestät dem König gespeist, habe Allerhöchstderselbe nach der Tafel mit heiterer Offenherzigkeit gestanden, daß er den Meyerbeer um jeden Preis an Berlin fesseln wolle, damit dieser Millionär sein Vermögen nicht im Ausland verzehre. Da die Musik, die Sucht, als Opernkomponist zu glänzen, eine bekannte Schwäche des reichen Mannes sei, suche er, der König, diese schwache Seite zu benutzen, um den Ehrgeizigen durch Auszeichnungen zu ködern. – »Es ist traurig«, soll der König hinzugesetzt haben, »daß ein vaterländisches Talent, das ein so großes, fast geniales Vermögen besitzt, in Italien und Paris seine guten preußischen harten Taler vergeuden mußte, um als Komponist gefeiert zu werden – was man für Geld haben kann, ist auch bei uns in Berlin zu haben, auch in unsern Treibhäusern wachsen Lorbeerbäume für den Narren, der sie bezahlen will, auch unsere Journalisten sind geistreich und lieben ein gutes Frühstück oder gar ein gutes Mittagessen, auch unsre Eckensteher und Saure-Gurkenhändler haben zum Beifallklatschen ebenso derbe Hände wie die Pariser Claque – ja wenn unsre Tagediebe, statt in der Tabagie, ihre Abende im Opernhause zubrächten, um die ›Hugenotten‹ zu applaudieren, würde auch ihre Ausbildung dadurch gewinnen – die niedern Klassen müssen sittlich und ästhetisch gehoben werden, und die Hauptsache ist, daß Geld unter die Leute komme, zumal in der Hauptstadt.« – Solcherweise, versicherte Spontini, habe sich Se. Majestät geäußert, um sich gleichsam zu entschuldigen, daß er ihn, den Verfasser der »Vestalin«, dem Meyerbeer sakrifiziere. Als ich bemerkte, daß es im Grunde sehr löblich sei, wenn ein Fürst ein solches Opfer bringe, um den Wohlstand seiner Hauptstadt zu fördern – da fiel mir Spontini in die Rede: »O, Sie irren sich, der König von Preußen protegiert die schlechte Musik nicht aus staatsökonomischen Gründen, sondern vielmehr weil er die Tonkunst haßt, und wohl weiß, daß sie zugrunde gehen muß durch Beispiel und Leitung eines Mannes, der ohne Sinn für Wahrheit und Adel nur der rohen Menge schmeicheln will.«

Ich konnte nicht umhin, dem hämischen Italiener offen zu gestehen, daß es nicht klug von ihm sei, dem Nebenbuhler alles Verdienst abzusprechen. – »Nebenbuhler!« rief der Wütende, und wechselte zehnmal die Farbe, bis endlich die gelbe wieder die Oberhand behielt – dann aber sich fassend, frug er mit höhnischem Zähnefletschen: »Wissen Sie ganz gewiß, daß Meyerbeer wirklich der Komponist der Musik ist, die unter seinem Namen aufgeführt wird?« Ich stutzte nicht wenig ob dieser Tollhausfrage, und mit Erstaunen hörte ich, Meyerbeer habe in Italien einigen armen Musikern ihre Kompositionen abgekauft und daraus Opern verfertigt, die aber durchgefallen seien, weil der Quark, den man ihm geliefert, gar zu miserabel war. Später habe er von einem talentvollen Abbate zu Venedig etwas Besseres erstanden, welches er dem »Crociato« einverleibte. Er besitze auch Webers hinterlassene Manuskripte, die er der Witwe abgeschwatzt, und woraus er gewiß später schöpfen werde. *Robert le Diable* und die »Hugenotten« seien größtenteils die Produktion eines Franzosen, welcher Gouin heiße und herzlich gern unter Meyerbeers Namen seine Opern zur Aufführung bringe, um nicht sein Amt eines *Chef de Bureau* an der Post einzubüßen, da seine Vorgesetzten gewiß seinem administrativen Eifer mißtrauen würden, wenn sie wüßten, daß er ein träumerischer Komponist; die Philister halten praktische Funktionen für unvereinbar mit artistischer Begabnis, und der Postbeamte Gouin ist klug genug, seine Autorschaft zu verschweigen und allen Weltruhm seinem ehrgeizigen Freund Meyerbeer zu überlassen. Daher die innige Verbindung beider Männer, deren Interessen sich ebenso innig ergänzen. Aber ein Vater bleibt immer Vater, und dem Freund Gouin liegt das Schicksal seiner Geisteskinder beständig am Herzen; die Details der Aufführung und des Erfolges von *»Robert le Diable«* und den »Hugenotten« nehmen seine ganze Tätigkeit in Anspruch, er wohnt jeder Probe bei, er unterhandelt beständig mit dem Operndirektor, mit den Sängern, den Tänzern, dem Chef de Claque, den Journalisten; er läuft mit seinen Transtiefeln ohne Lederstrippen von morgens bis abends nach allen Zeitungsredaktionen, um irgendein Reklam zugunsten der sogenannten Meyerbeerschen Opern anzubringen, und seine Unermüdlichkeit soll jeden in Erstaunen setzen.

Als mir Spontini diese Hypothese mitteilte, gestand ich, daß sie nicht aller Wahrscheinlichkeit ermangele, und daß, obgleich das vierschrötige Äußere, das ziegelrote Gesicht, die kurze Stirn, das schmierig schwarze Haar des erwähnten Herrn Gouin vielmehr an einen Ochsenzüchter oder Viehmäster, als an einen Tonkünstler erinnere, dennoch in seinem Benehmen manches vorkomme, das ihn in den Verdacht bringe, der Autor der Meyerbeerschen Opern zu sein. Es passiert ihm manchmal, daß er »*Robert le Diable*« oder die »Hugenotten« »unsere Oper« nennt. Es entschlüpfen ihm Redensarten wie: »Wir haben heute eine Repetition« – »wir müssen eine Arie abkürzen«. Auch ist es sonderbar, bei keiner Vorstellung jener Opern fehlt Herr Gouin, und wird eine Bravourarie applaudiert, vergißt er sich ganz, und verbeugt sich nach allen Seiten, als wolle er dem Publiko danken. Ich gestand dieses alles dem grimmigen Italiener, »aber dennoch«, fügte ich hinzu, »trotzdem daß ich mit eigenen Augen dergleichen bemerkt, halte ich Herrn Gouin nicht für den Autor der Meyerbeerschen Opern; ich kann nicht glauben, daß Herr Gouin die ›Hugenotten‹ und ›*Robert le Diable*‹ geschrieben habe; ist es aber doch der Fall, so muß gewiß die Künstlereitelkeit am Ende die Oberhand gewinnen, und Herr Gouin wird öffentlich die Autorschaft jener Opern für sich vindizieren«.

»Nein«, erwiderte der Italiener mit einem unheimlichen Blick, der stechend wie ein blankes Stilett, »dieser Gouin kennt zu gut seinen Meyerbeer, als daß er nicht wüßte, welche Mittel seinem schrecklichen Freunde zu Gebote stehen, um jemand zu beseitigen, der ihm gefährlich ist. Er wäre kapabel, unter dem Vorwande, sein armer Gouin sei verrückt geworden, denselben auf ewig in Charenton einsperren zu lassen, und der arme Schelm dürfte noch froh sein, mit dem Leben davonzukommen. Alle, die jenem Ehrgeizling hindernd im Wege stehen, müssen weichen. Wo ist Weber? wo Bellini? Hum! Hum!«

Dieses hum! hum! war trotz aller unverschämten Bosheit so drollig, daß ich nicht ohne Lachen die Bemerkung machte: »Aber Sie, Maestro, Sie sind noch nicht aus dem Wege geräumt, auch nicht Donizetti, oder Mendelssohn, oder Rossini, oder Halévy.« – »Hum! Hum!« war die Antwort, »Hum! Hum! Halévy geniert seinen Konfrater nicht, und dieser würde ihn sogar dafür bezahlen, daß er nur existiere, als ungefährlicher Scheinrival, und von Rossini weiß er, durch seine Späher, daß derselbe keine Note mehr komponiert – auch hat Rossinis Magen schon genug gelitten, und er berührt kein Piano, um nicht Meyerbeers Argwohn zu erregen. Hum! Hum! Aber gottlob! nur unsere Leiber können getötet werden, nicht unsere Geisteswerke; diese werden in ewiger Frische fortblühen, während mit dem Tode jenes Cartouche der Musik auch seine Unsterblichkeit ein Ende nimmt, und seine Opern ihm folgen ins stumme Reich der Vergessenheit!«

Nur mit Mühe zügelte ich meinen Unwillen, als ich hörte, mit welcher frechen Geringschätzung der welsche Neidhardt von dem großen hochgefeierten Meister sprach, welcher der Stolz Deutschlands und die Wonne des Morgenlandes ist, und gewiß als der wahre Schöpfer von »*Robert le Diable*« und den »Hugenotten« betrachtet und bewundert werden muß! Nein, so etwas Herrliches hat kein Gouin komponiert! Bei aller Verehrung für den hohen Genius, wollen freilich zuweilen bedenkliche Zweifel in mir aufsteigen in betreff der Unsterblichkeit dieser Meisterwerke nach dem Ableben des Meisters, aber in meiner Unterredung mit Spontini gab ich mir doch die Miene, als sei ich überzeugt von ihrer Fortdauer nach dem Tode, und um den boshaften Italiener zu ärgern, machte ich ihm im Vertrauen eine Mitteilung, woraus er ersehen konnte, wie weitsichtig Meyerbeer für das Gedeihen seiner Geisteskinder bis über das Grab hinaus gesorgt hat. »Diese Fürsorge«, sagte ich, »ist ein psychologischer Beweis, daß nicht Herr Gouin, sondern der große Giacomo der wirkliche Vater sei. Derselbe hat nämlich in seinem Testament zugunsten seiner musikalischen Geisteskinder gleichsam ein Fideikommiß gestiftet, indem er jedem ein Kapital vermachte, dessen Zinsen dazu bestimmt sind, die Zukunft der armen Waisen zu sichern, so daß auch nach dem Hinscheiden des Herrn Vaters die gehörigen Popularitätsausgaben, der eventuelle Aufwand von Flitterstaat, Claque, Zeitungslob usw., bestritten werden können. Selbst für das noch ungeborne Prophetchen soll der zärtliche Erzeuger die Summe von 150 0000 Taler preuß. Cour. ausgesetzt haben. Wahrlich, noch nie ist ein Prophet mit einem so großen Vermögen zur Welt gekommen; der Zimmermannssohn von Bethlehem und der Kameltreiber von Mekka waren nicht so begütert. ›*Robert le Diable*‹ und die ›Hugenotten‹ sollen minder reichlich dotiert sein; sie können vielleicht auch einige Zeit vom eigenen Fette zehren, solange für Dekorationspracht und üppige Ballettbeine gesorgt ist; später werden sie Zulage bedürfen. Für den ›Crociato‹ dürfte die Dotation nicht so glänzend ausfallen; mit Recht zeigt sich hier der Vater ein bißchen knickerig, und er klagt, der lockere Fant habe ihm einst in Italien zu viel gekostet; er sei ein Verschwender. Desto großmütiger bedenkt Meyerbeer seine unglückliche, durchgefallene Tochter ›Emma de Rosburgo‹; sie soll jährlich in der Presse wieder aufgeboten werden, sie soll eine neue Ausstattung bekommen und erscheint in einer Prachtausgabe von Satin-Velin; für verkrüppelte Wechselbälge schlägt immer am treuesten das liebende Herz der Eltern. Solcherweise sind alle Meyerbeerschen Geisteskinder gut versorgt, ihre Zukunft ist verassekuriert für alle Zeiten.« –

Der Haß verblendet selbst die Klügsten, und es ist kein Wunder, daß ein leidenschaftlicher Narr wie Spontini meine Worte nicht ganz bezweifelte. – Er rief aus: »O! er ist alles fähig! Unglückliche Zeit! Unglückliche Welt!«

Ich schließe hier, da ich ohnehin heute sehr tragisch gestimmt bin und trübe Todesgedanken über meinen Geist ihre Schatten werfen. Heute hat man meinen armen Sakoski begraben, den berühmten Lebenskünstler – denn die Benennung Schuster ist zu gering für einen Sakoski. Alle *marchands bottiers* und *fabricants de chaussures* von Paris folgten seiner Leiche. Er ward achtundachtzig Jahre alt und starb an einer Indigestion. Er lebte weise und glücklich. Wenig bekümmerte er sich um die Köpfe, aber desto mehr um die Füße seiner Zeitgenossen.

Möge die Erde dich ebensowenig drücken, wie mich deine Stiefel!

XIII.

Paris, 3. Juli 1840.

Für einige Zeit haben wir Ruhe, wenigstens vor den Deputierten und Fortepianospielern, den zwei schrecklichen Landplagen, wovon wir den ganzen Winter bis tief ins Frühjahr so viel erdulden müssen. Das Palais Bourbon und die Salons der H. H. Erard und Herz sind mit dreifachen Schlössern verriegelt. Gottlob, die politischen und musikalischen Virtuosen schweigen! Die paar Greise, die im Luxembourg sitzen, murmeln immer leiser, oder nicken schlaftrunken ihre Einwilligung zu den Beschlüssen der jüngern Kammer. Ein paarmal vor einigen Wochen machten die alten Herren eine verneinende Kopfbewegung, die man als bedrohlich für das Ministerium auslegte; aber die meinten es nicht so ernsthaft. Herr Thiers hat nichts weniger als einen bedeutenden Widerspruch von seiten der Pairskammer zu erwarten. Auf diese kann er noch sicherer zählen, als auf seine Schildhalter in der Deputiertenkammer, obgleich er auch letztere mit gar starken Banden und Bändchen, mit rhetorischen Blumenketten und vollwichtigen Goldketten, an seine Person gefesselt hat!

Der große Kampf dürfte jedoch nächsten Winter hervorbrechen, nämlich wenn Herr Guizot, der seinen Gesandtschaftsposten aufgeben wird, von London zurückgekehrt und seine Opposition gegen Herrn Thiers aufs neue eröffnet. Diese beiden Nebenbuhler haben schon frühe begriffen, daß sie zwar einen kurzen Waffenstillstand schließen, aber nimmermehr ihren Zweikampf ganz aufgeben können. Mit dem Ende desselben findet vielleicht auch das ganze parlamentarische Gouvernement in Frankreich seinen Abschluß.

Herr Guizot beging einen großen Fehler, als er an der Koalition teilnahm. Er hat später selber eingestanden, daß es ein Fehler gewesen, und gewissermaßen um sich zu rehabilitieren, ging er nach London: er wollte das Vertrauen der auswärtigen Mächte, das er in seiner Stellung als Oppositionsmann eingebüßt hatte, in seiner diplomatischen Laufbahn wiedergewinnen; denn er rechnet darauf, daß am Ende, bei der Wahl eines Konseilpräsidenten in Frankreich, wieder der fremdländische Einfluß obsiegen werde. Vielleicht rechnet er zugleich auf einige einheimische Sympathien, deren Herr Thiers allmählich verlustig gehen würde, und die ihm, dem geliebten Guizot, zuflössen. Böse Zungen versichern mir, die Doktrinäre bildeten sich ein, man liebe sie schon jetzt. So weit geht die Selbstverblendung selbst bei den gescheitesten Leuten! Nein, Herr Guizot, wir sind noch nicht dahin gekommen, Sie zu lieben; aber wir haben auch noch nicht aufgehört, Sie zu verehren. Trotz all unserer Liebhaberei für den beweglich brillanten Nebenbuhler haben wir dem schweren, trüben Guizot nie unsre Anerkenntnis versagt; es ist etwas Sicheres, Haltbares, Gründliches in diesem Manne, und ich glaube, die Interessen der Menschheit liegen ihm am Herzen.

Von Napoleon ist in diesem Augenblick keine Rede mehr; hier denkt niemand mehr an seine Asche, und das ist eben sehr bedenklich. Denn diese Begeisterung, die durch das beständige Geträtsche am Ende in eine sehr bescheidene Wärme übergegangen war, wird nach fünf Monden, wenn der kaiserliche Leichenzug anlangt, mit erneuten Bränden aufflammen. Werden alsdann die emporsprühenden Funken großen Schaden anstiften? Es hängt alles von der Witterung ab. Vielleicht, wenn die Winterkälte frühe eintritt und viel Schnee fällt, wird der Tote sehr kühl begraben.

XIV.

Paris, den 25. Juli 1840.
Auf den hiesigen Boulevards-Theatern wird jetzt die Geschichte Bürgers, des deutschen Poeten, tragiert; da sehen wir, wie er, die »Leonore« dichtend, im Mondschein sitzt und singt: »*Hurrah! les morts vont vite – mon amour, crains-tu les morts?*« Das ist wahrhaftig ein guter Refrain, und wir wollen ihn unserm heutigen Berichte voranstellen, und zwar in nächster Beziehung auf das französische Ministerium. – Aus der Ferne schreitet die Leiche des Riesen von Stankt Helena immer bedrohlich näher, und in einigen Tagen öffnen sich auch die Gräber hier in Paris und die unzufriedenen Gebeine der Juliushelden steigen hervor und wandern nach dem Bastillenplatz, der furchtbaren Stätte, wo die Gespenster von Anno 89 noch immer spuken ... *Les morts vont vite – mon amour, crains-tu les morts?*

In der Tat, wir sind sehr beängstigt wegen der bevorstehenden Juliustage, die dieses Jahr ganz besonders pomphaft, aber, wie man glaubt, zum letztenmal gefeiert werden; nicht alle Jahr kann sich die Regierung solche Schreckenslast aufbürden. Die Aufregung wird dieser Tage größer sein, je wahlverwandter die Töne sind, die aus Spanien herüberklingen, und je greller die Details des Barceloner Aufstandes, wo sogenannte Elende bis zur gröbsten Beleidigung der Majestät sich vergaßen.

Während im Westen der Sukzessionskrieg beendigt und der eigentliche Revolutionskrieg beginnt, verwickeln sich die Angelegenheiten des Orients in einen unauflöslichen Knäuel. Die Revolte in Syrien setzt das französische Ministerium in die größte Verlegenheit. Auf der einen Seite will es mit all seinem Einfluß die Macht des Pascha von Ägypten unterstützen, auf der andern Seite darf es die Maroniten, die Christen auf dem Berg Libanon, welche die Fahne der Empörung aufpflanzten, nicht ganz desavouieren; – denn diese Fahne ist ja die französische Trikolore; die Rebellen wollen sich durch letztere als Angehörige Frankreichs bekunden, und sie glauben, daß dieses nur scheinbar den Mehemet Ali unterstütze, im geheimen aber die syrischen Christen gegen die ägyptische Herrschaft aufwiegle. Inwieweit sind sie zu solcher Annahme berechtigt? Haben wirklich, wie man behauptet, einige Lenker der katholischen Partei, ohne Vorwissen der französischen Regierung, eine Schilderhebung der Maroniten gegen den Pascha angezettelt, in der Hoffnung, bei der Schwäche der Türken ließe sich jetzt nach Vertreibung der Ägypter in Syrien ein christliches Reich begründen? Dieser ebenso unzeitige, wie fromme Versuch wird dort viel Unglück stiften. Mehemet Ali war über den Ausbruch der syrischen Revolte so entrüstet, daß er wie ein wildes Tier raste und nichts Geringeres im Sinne hatte, als die Ausrottung aller Christen auf dem Berg Libanon. Nur die Vorstellungen des österreichischen Generalkonsuls konnten ihn von diesem unmenschlichen Vorhaben abbringen, und diesem hochherzigen Manne verdanken viele Tausende von Christen ihr Leben, während ihm der Pascha noch mehr zu verdanken hat: er rettete nämlich seinen Namen vor ewiger Schande. Mehemet Ali ist nicht unempfindlich für das Ansehen, das er bei der zivilisierten Welt genießt, und Herr von Laurin entwaffnete seinen Zorn ganz besonders durch eine Schilderung der Antipathien, die er, durch die Ermordung der Maroniten, in ganz Europa auf sich lüde, zum höchsten Schaden seiner Macht und seines Ruhmes.

Das alte System der Völkervertilgung wird solchermaßen, durch europäischen Einfluß, im Orient allmählich verdrängt. Auch die Existenzrechte des Individuums gelangen dort zu höherer Anerkennung, und namentlich werden die Grausamkeiten der Tortur einem mildern Kriminalverfahren weichen. Es ist die Blutgeschichte von Damaskus, welche dieses letztere Resultat hervorbringen wird, und in dieser Beziehung dürfte die Reise des Herrn Crémieux nach Alexandria als eine wichtige Begebenheit eingezeichnet werden in die Annalen der Humanität. Dieser berühmte Rechtsgelehrte, der zu den gefeiertsten Männern Frankreichs gehört und den ich in diesen Blättern bereits besprach, hat schon seine wahrhaft fromme Wallfahrt angetreten, begleitet von seiner Gattin, die alle Gefahren, womit man ihren Mann bedrohte, teilen wollte. Mögen diese Gefahren, die ihn vielleicht nur abschrecken sollten von seinem edlen Beginnen, ebenso klein sein wie die Leute, die sie bereiten! In der Tat, dieser Advokat der Juden plädiert zugleich die Sache der ganzen Menschheit. Um nichts Geringeres handelt es sich, als auch im Orient das europäische Verfahren beim Kriminalprozeß einzuführen. Der Prozeß gegen die Damaszener Juden begann mit der Folter; er kam nicht zu Ende, weil ein österreichischer Untertan inkulpiert war und der österreichische Konsul gegen das Torquieren desselben einschritt. Jetzt soll nun der Prozeß aufs neue instruiert werden, und zwar ohne obligate Folter, ohne jene Torturinstrumente, die den Beklagten die unsinnigsten Aussagen abmarterten und die Zeugen einschüchterten. Der französische Oberkonsul in Alexandria setzt Himmel und Erde in Bewegung, um diese erneute Instruktion des Prozesses zu hintertreiben; denn das Betragen des französischen Konsuls von Damaskus könnte bei dieser Gelegenheit sehr stark beleuchtet werden, und die Schande seines Repräsentanten dürfte das Ansehen Frankreichs in Syrien erschüttern. Und Frankreich hat mit diesem Lande weit ausgreifende Pläne, die noch von den Kreuzzügen datieren, die nicht einmal von der Revolution aufgegeben worden, die später Napoleon ins Auge faßte, und woran selbst Herr Thiers denkt. Die syrischen Christen erwarten ihre Befreiung von den Franzosen, und diese, so freigeistig sie auch zu Hause sein mögen, gelten dennoch gern als fromme Schützer des katholischen Glaubens im Orient und schmeicheln dort der Zelosis der Mönche. So erklären wir es uns, weshalb nicht bloß Herr Cochelet in Alexandria, sondern sogar unser Konseilpräsident, der Sohn der Revolution in Paris, den Konsul von Damaskus in Schutz nehmen. – Es handelt sich jetzt wahrlich nicht um die hohe Tugend eines Ratti-Menton oder um die Schlechtigkeit der Damaszener Juden – es gibt vielleicht zwischen beiden keinen großen Unterschied, und wie jener für unsern Haß, so dürften letztere für unsere Vorliebe zu gering sein – aber es handelt sich darum: die Abschaffung der Tortur durch ein eklatantes Beispiel im Orient zu sanktionieren. – Die Konsuln der europäischen Großmächte, namentlich Österreichs und Englands, haben daher auf eine erneuerte Instruktion des Prozesses der Damaszener Juden ohne Zulassung der Tortur beim Pascha von Ägypten angetragen, und es mag ihnen vielleicht nebenher einige Schadenfreude gewähren, daß eben Herr Cochelet, der französische Konsul, der Repräsentant der Revolution und ihres Sohnes, sich jener erneuten Instruktion widersetzt und für die Tortur Partei nimmt.

XV.

Paris, 27. Juli 1840.

Hier überstürzen sich die Hiobsposten; aber die letzte, die schlimmste, die Konvention zwischen England, Rußland, Österreich und Preußen gegen den Pascha von Ägypten, erregte weit mehr jauchzende Kampflust als Bestürzung, sowohl bei der Regierung als bei dem Volke. Der gestrige »Constitutionnel«, welcher ohne Umschweife gestand, daß Frankreich ganz schnöde getäuscht und beleidigt sei, beleidigt bis zur Voraussetzung einer feigen Unterwürfigkeit – diese ministerielle Anzeige des in London ausgebrüteten Verrats wirkte hier wie ein Trompetenstoß, man glaubte den großen Zornschrei des Achilles zu vernehmen, und die verletzten Nationalgefühle und Nationalinteressen bewirken jetzt einen Waffenstillstand der hadernden Parteien. Mit Ausnahme der Legitimisten, die ihr Heil nur vom

Ausland erwarten, versammeln sich alle Franzosen um die dreifarbige Fahne, und Krieg mit dem »perfiden Albion« ist ihre gemeinsame Parole.

Wenn ich oben sagte, daß die Kampflust auch bei der Regierung entloderte, so meine ich damit das hiesige Ministerium und zumal unsern kecken Konseilpräsidenten, der das Leben Napoleons bereits bis zum Ende des Konsulats beschrieben hat, und mit südlich glühender Einbildungskraft seinen Helden auf so vielen Siegesfahrten und Schlachtfeldern folgte. Es ist vielleicht ein Unglück, daß er nicht auch den russischen Feldzug und die große Retirade im Geiste mitmachte. Wäre Herr Thiers in seinem Buche bis zu Waterloo gelangt, so hätte sich vielleicht sein Kriegsmut etwas abgekühlt. Was aber weit wichtiger und weit beachtenswerter als die kriegerischen Gelüste des Premierministers, das ist das unbegrenzte Vertrauen, das er in seine eignen militärischen Talente setzt. Ja, es ist eine Tatsache, die ich aus vieljähriger Beobachtung verbürgen kann: Herr Thiers glaubt steif und fest, daß nicht das parlamentarische Scharmützeln, sondern der eigentliche Krieg, das klirrende Waffenspiel, seine angeborne Vokation sei. Wir haben es hier nicht mit der Untersuchung zu tun, ob diese innere Stimme Wahrheit spricht oder bloß der eiteln Selbsttäuschung schmeichelt. Nur darauf wollen wir aufmerksam machen, wie dieser eingebildete Feldherrnberuf wenigstens zur Folge hat, daß Herr Thiers vor den Kanonen des neuen Fürstenkonvents nicht sonderlich erschrecken wird, daß es ihn heimlich freut, durch die äußerste Notwendigkeit gezwungen zu sein, seine militärischen Talente der überraschten Welt zu offenbaren, und daß gewiß schon in diesem Augenblick die französischen Admirale die bestimmteste Order erhalten haben, die ägyptische Flotte gegen jeden Überfall zu schützen.

Ich zweifle nicht an dem Resultat dieses Schutzes, wie furchtbar auch die Seemacht der Engländer. Ich habe Toulon unlängst gesehen, und hege einen großen Respekt vor der französischen Marine. Letztere ist bedeutender als man im übrigen Europa weiß; denn außer den Kriegsschiffen, die auf dem bekannten Etat stehen, und die Frankreich gleichsam offiziell besitzt, wurde seit 1814 eine fast doppelt so große Anzahl im Arsenal von Toulon allmählich fertig gebaut, die in einer Frist von sechs Wochen ganz bemannbar ausgerüstet werden kann. – Wird aber durch ein bombardierendes Zusammentreffen der französischen und englischen Flotten im Mittelländischen Meere der Frieden von Europa gestört werden, und der allgemeine Krieg zum Ausbruche kommen? Keineswegs. Ich glaub' es nicht. Die Mächte des Kontinents werden sich noch lange besinnen, ehe sie sich wieder mit Frankreich in ein Todesspiel einlassen. Und was John Bull betrifft, so weiß dieser dicke Mann sehr gut, was ein Krieg mit Frankreich, selbst wenn letzteres ganz isoliert zu stehen käme, seinem Säckel kosten würde; mit einem Wort: das englische Unterhaus wird auf keinen Fall die Kriegskosten bewilligen; und das ist die Hauptsache. Entstünde aber dennoch ein Krieg zwischen den beiden Völkern, so wäre das, mythologisch zu reden, eine Malice der alten Götter, die, um ihren jetzigen Kollegen, den Napoleon, zu rächen, vielleicht die Absicht haben, den Wellington wieder ins Feld zu schicken und durch den Generalfeldmarschall Thiers besiegen zu lassen!

XVI.

Paris, 29. Juli 1840.

Herr Guizot hat bewiesen, daß er ein ehrlicher Mann ist; er hat die geheime Verräterei der Engländer weder zu durchschauen, noch durch Gegenlist zu vereiteln gewußt. Er kehrt als ehrlicher Mann zurück, und den diesjährigen Tugendpreis, den *Prix Monthyon*, wird ihm niemand streitig machen. Beruhige dich, puritanischer Stutzkopf, die treulosen »Kavaliere« haben dich hinters Licht geführt und zum Narren gehabt – aber dir bleiben deine stolzesten Selbstgefühle: das Bewußtsein, daß du noch immer du selbst bist. Als Christ und Doktrinär wirst du dein Mißgeschick geduldig ertragen, und seit wir herzlich über dich lachen können, öffnet sich dir auch unser Herz. Du bist wieder unser alter lieber Schulmeister, und wir freuen uns, daß der weltliche Glanz dir deine fromme, magisterliche Naivität nicht geraubt hat, daß du gefoppt und gedrillt worden, aber ein ehrlicher Mann geblieben bist! Wir fangen an, dich zu lieben. Nur den Gesandtschaftsposten zu London möchten wir dir nicht mehr anvertrauen; dazu gehört ein Geierblick, der die Ränke des perfiden Albions zeitig genug auszuspionieren weiß, oder ein ganz unwissenschaftlicher, derber Bursche, der keine gelehrte Sympathie hegt für die großbritannische Regierungsform, keine höflichen *Speeches* in englischer Sprache zu machen versteht, aber auf französisch antwortet, wenn man ihn mit zweideutigen Reden hinhalten will. Ich rate den Franzosen, den ersten besten Grenadier der alten Garde als Gesandten nach London zu schicken und ihm allenfalls Vidocq als Wirklichen Geheimen Legationssekretär mitzugeben.

Sind aber die Engländer in der Politik wirklich so ausgezeichnete Köpfe? Worin besteht ihre Superiorität in diesem Felde? Ich glaube, sie besteht darin, daß sie erzprosaische Geschöpfe sind, daß keine poetischen Illusionen sie irre leiten, daß keine glühende Schwärmerei sie blendet, daß sie die Dinge immer in ihrem nüchternsten Lichte sehen, den nackten Tatbestand fest ins Auge fassen, die Bedingnisse der Zeit und des Ortes genau berechnen und in diesem Kalkül weder durch das Pochen ihres Herzens, noch durch den Flügelschlag großmütiger Gedanken gestört werden. Ja, ihre Superiorität besteht darin, daß sie keine Einbildungskraft besitzen. Dieser Mangel ist die ganze Force der Engländer und der letzte Grund ihres Gelingens in der Politik, wie in allen realistischen Unternehmungen, in der Industrie, im Maschinenbau usw. Sie haben keine Phantasie; das ist das ganze Geheimnis. Ihre Dichter sind nur glänzende Ausnahmen; deshalb geraten sie auch in Opposition mit ihrem Volke, dem kurznasigen, halbstirnigen und hinterkopflosen Volke, dem auserwählten Volke der Prosa, das in Indien und Italien ebenso prosaisch, kühl und berechnend bleibt, wie in Threadneedlestreet. Der Duft der Lotusblume berauscht sie ebensowenig, wie die Flamme des Vesuvs sie erwärmt. Bis an den Rand des letztern schleppen sie ihre Teekessel, und trinken dort Tee, gewürzt mit *cant*!

Wie ich höre, hat voriges Jahr die Taglioni in London keinen Beifall gefunden; das ist wahrhaftig ihr größter Ruhm. Hätte sie dort gefallen, so würde ich anfangen, an der Poesie ihrer Füße zu zweifeln. Sie selber, die Söhne Albions, sind die schrecklichsten aller Tänzer, und Strauß versichert, es gebe keinen einzigen unter ihnen, welcher Takt halten könne. Auch ist er in der Grafschaft Middlesex zu Tode erkrankt, als er Alt-England tanzen sah. Diese Menschen haben kein Ohr, weder für Takt noch für Musik überhaupt, und ihre unnatürliche Passion für Klavierspielen und Singen ist um so widerwärtiger. Es gibt wahrlich auf Erden nichts so Schreckliches wie die englische Tonkunst, es sei denn die englische Malerei. Sie haben weder Gehör noch Farbensinn, und manchmal steigt in mir der Argwohn auf, ob nicht ihr Geruchsinn ebenfalls stumpf und verschnupft sei; es ist sehr leicht möglich, daß sie Roßäpfel und Apfelsinen nicht durch den bloßen Geruch voneinander unterscheiden können.

Aber haben sie Mut? Dies ist jetzt das wichtigste. Sind die Engländer so mutig, wie man sie auf dem Kontinent beständig schilderte? Die vielgerühmte Großmut der Mylords existiert nur noch auf unserem Theater, und es ist leicht möglich, daß der Aberglaube von der kaltblütigen Courage der Engländer ebenfalls mit der Zeit verschwindet. Ein sonderbarer Zweifel ergreift uns, wenn wir sehen, wie ein paar Husaren hinreichend sind, ein tobendes Meeting von 100 000 Engländern auseinander zu jagen. Und haben auch die Engländer viel Mut als Individuen, so sind doch die Massen erschlafft durch die Gewöhnungen und Komforts eines mehr als hundertjährigen Friedens; seit so langer Zeit blieben sie im Inlande vom Krieg verschont, und was den Krieg betrifft, den sie im Auslande zu bestehen hatten, so führten sie ihn nicht eigenhändig, sondern durch angeworbene Söldner, gedungene Raubritter und Mietvölker. Auf sich schießen zu lassen, um Nationalinteressen zu verteidigen, wird nimmermehr einem Bürger der City, nicht einmal dem Lord-Mayor einfallen; dafür hat man ja bezahlte Leute. Durch diesen allzulangen Friedenszustand, durch zu großen Reichtum und zu großes Elend, durch die politische Verderbnis, die eine Folge der Repräsentativverfassung, durch das entnervende Fabrikwesen, durch den ausgebildeten Handelsgeist, durch die religiöse Heuchelei, durch den Pietismus, dieses schlimmste Opium, sind die Engländer als Nation so unkriegerisch geworden wie die Chinesen, und ehe sie diese letztern überwinden, sind vielleicht die Franzosen imstande, wenn ihnen eine Landung gelänge, mit weniger als hunderttausend Mann ganz England zu erobern. Zur Zeit Napoleons schwebten die Engländer beständig in einer solchen Gefahr, und das Land ward nicht geschützt durch seine Bewohner, sondern durch das Meer. Hätte Frankreich damals eine Marine besessen, wie es sie jetzt besitzt, oder hätte man die Erfindung der Dampfschiffe schon so furchtbar auszubeuten gewußt, wie heutzutage, so wäre Napoleon sicher an der englischen Küste gelandet, wie einst Wilhelm der Eroberer – und er würde keinen großen Widerstand gefunden haben: denn er hätte eben die Eroberungsrechte des normannischen Adels vernichtet, das bürgerliche Eigentum geschützt und die englische Freiheit mit der französischen Gleichheit vermählt!

Weit greller, als ich sie ausgesprochen, stiegen die vorstehenden Gedanken gestern in mir auf beim Anblick des Zuges, der dem Leichenwagen der Juliushelden folgte. Es war eine ungeheure Volksmasse, die ernst und stolz dieser Totenfeier beiwohnte. Ein imposantes Schauspiel, und in diesem Augenblick sehr bedeutungsvoll. Fürchten sich die Franzosen vor den neuen Alliierten? Wenigstens in den drei Juliustagen spüren sie nie eine Anwandlung von Furcht, und ich kann sogar versichern, daß etwa hundertundfünfzig Deputierte, die noch in Paris sind, sich aufs bestimmteste für den Krieg ausgesprochen haben, im Fall die beleidigte Nationalehre dieses Opfer verlange. Was aber das Wichtigste: Ludwig Philipp scheint dem ruhigen Erdulden jeder Unbill Valet gesagt und für den Fall der Not den durchgreifendsten Entschluß gefaßt zu haben. – Wenigstens sagt er es, und Herr Thiers versichert, daß er den aufbrausenden Unwillen des Königs manchmal nur mit Mühe besänftige. Oder ist solche Kriegslust nur eine Kriegslist des göttlichen Dulders Odysseus?

XVII.

Paris, 30. Juli 1840.

Es gab gestern keine Börse, ebensowenig wie vorgestern, und die Kurse hatten Muße, sich von der großen Gemütsbewegung etwas zu erholen. Paris, wie Sparta, hat seinen Tempel der Furcht, und das ist die Börse, in deren Hallen man immer um so ängstlicher zittert, je stürmischer der Mut ist, der draußen tobt.

Ich habe mich gestern sehr bitter über die Engländer ausgesprochen. Bei näherer Erkundigung erscheint ihre Schuld nicht so groß, wie ich anfangs glaubte. Wenigstens das englische Volk desavouiert seinen Mandatarius. Ein dicker Brite, der alle Jahr am 29. Julius hieher kommt, um seinen Töchtern das Feuerwerk auf dem Pont de la Concorde zu zeigen, versichert mir, es herrsche in England der größte Unwillen gegen den Coxcomb Palmerston, der voraussehen konnte, daß die Konvention wegen Ägypten die Franzosen aufs äußerste beleidigen müsse. Es sei in der Tat, gestehen die Engländer, eine Beleidigung von seiten Englands, aber es sei keine Verräterei: denn Frankreich habe seit langer Zeit darum gewußt, daß man Mehemet Ali aus Syrien mit Gewalt verjagen wolle; das französische Ministerium sei hiermit ganz einverstanden gewesen; es habe selber in betreff jener Provinz eine sehr zweideutige Rolle gespielt; die geheimen Lenker der syrischen Revolte seien Franzosen, deren katholischer Fanatismus nicht in Downing-Street, sondern auf dem Boulevard des Capucins allerlei aufmunternde Sympathien finde; bereits in der Geschichte von den gefolterten Juden zu Damaskus habe sich das französische Ministerium zugunsten der katholischen Partei sehr kompromittiert; schon bei dieser Gelegenheit habe Lord Palmerston seine Mißachtung des französischen Premierministers hinlänglich beurkundet, indem er den Behauptungen desselben öffentlich widersprach usw. – Wie dem auch sei, Lord Palmerston hätte voraussehen können, daß die Konvention nicht ausführbar ist, und daß also die Franzosen unnützerweise in Harnisch gesetzt würden, was immerhin seine gefährlichen Folgen haben kann. Je länger wir darüber nachdenken, desto mehr wundern wir uns über das ganze Ereignis. Es gibt hier Motive, die uns bis jetzt noch verborgen sind, vielleicht sehr feine, staatskluge Motive – vielleicht auch sehr einfältige.

Ich haben oben der Geschichte von Damaskus erwähnt. Diese findet hier noch immer viel Besprechung, namentlich bildet sie einen stehenden Artikel im »*Univers*«, dem Organ der ultramontanen Priesterpartei. Eine geraume Zeit hindurch hat dieses Journal alle acht Tage einen Brief aus dem Orient mitgeteilt. Da nur alle acht Tage das Dampfboot aus der Levante anlangt, so sind wir hier um so mehr an ein Wunder zu glauben geneigt, als wir ohnehin durch die Damaszener Vorgänge in die Mirakelzeit des Mittelalters zurückversetzt sind. Ist es doch schon ein Wunder, daß die aus der Luft gegriffenen Nachrichten des »*Univers*«, in Frankreich einigen Anklang finden! Ja, es ist nicht zu leugnen, ein großer Teil der Franzosen ist nicht abgeneigt, dem blutigen Unglimpf Glauben zu schenken und die obskursten Erfindungen der Pfaffenlist stoßen hier auf sehr lauen Widerspruch. Verwundert fragen wir uns: ist das Frankreich, die Heimat der Aufklärung, das Land, wo Voltaire gelacht und Rousseau geweint hat? Sind das die Franzosen, die einst der Göttin der Vernunft in Notredame huldigten, allen Priestertrug abgeschworen und sich als die Nationalfeinde des Fanatismus in der ganzen Welt proklamierten? Wir wollen ihnen nicht unrecht tun: eben weil ein blinder Zorn gegen allen Aberglauben sie noch beseelt, eben weil sie, alte Kinder des 18. Jahrhunderts, allen Religionen die infamsten Untaten zutrauen, hielten sie auch die Bekenner des Judentums fähig dergleichen begangen zu haben und ihre leichtsinnigen Ansichten über die Damaszener Vorgänge sind nicht aus Fanatismus gegen die Juden, sondern aus Haß gegen den Fanatismus selbst hervorgegangen. – Daß über jene Vorgänge keine so bornierten Meinungen in Deutschland aufkommen konnten, zeugt nur von unsrer größeren Gelahrtheit; geschichtliche Kenntnisse sind so sehr im deutschen Volke verbreitet, daß selbst der grimmigste Groll nicht mehr zu den alten Blutmärchen greifen darf.

Wie sonderbar die Leichtgläubigkeit bei dem gemeinen Volk in Frankreich mit der größten Skepsis verbunden ist, bemerkte ich vor einigen Abenden auf der Place de la Bourse, wo ein Kerl mit einem großen Fernrohr sich postiert hatte und für zwei Sous den Mond zeigte. Er erzählte dabei den umstehenden Gaffern, wie groß dieser Mond sei, so viele tausend Quadratmeilen, wie es Berge darauf gebe und Flüsse, wie er so viele tausend Meilen von der Erde entfernt sei, und dergleichen merkwürdige Dinge mehr, die einen alten Portier, der mit seiner Gattin vorbeiging, unwiderstehlich anreizten, zwei Sous auszugeben, um den Mond zu betrachten. Seine teure Ehehälfte jedoch widersetzte sich mit rationalistischem Eifer, und riet ihm, seine zwei Sous lieber für Tabak auszugeben: das sei alles Aberglaube, was man von dem Mond erzähle, von seinen Bergen und Flüssen und seiner unmenschlichen Größe, das habe man erfunden, um den Leuten das Geld aus der Tasche zu locken.

XVIII.

Granville (Departement de la Manche),
25. August 1840.

Seit drei Wochen durchstreife ich die Normandie die Kreuz und die Quer, und über die Stimmung, die sich hier bei Gelegenheit der letzten Ereignisse kundgab, kann ich Ihnen aus eigener Beobachtung berichten. Die Gemüter waren durch die kriegerischen Trompetenstöße der französischen Presse schon ziemlich aufgeregt, als die Landung des Prinzen Ludwig allen möglichen Befürchtungen Spielraum gab. Man ängstigte sich durch die verzweiflungsvollsten Hypothesen. Bis auf diese Stunde glauben die Leute hierzulande, daß der Prinz auf eine ausgebreitete Verschwörung rechnete, und sein langes Verharren bei der Säule von Boulogne von einem Rendezvous zeugte, das durch Verrat oder Zufall vereitelt ward. Zwei Drittel der zahlreichen englischen Familien, die in Boulogne wohnen, nahmen Reißaus, ergriffen von panischer Furcht, als sie in dem geruhsamen Städtchen einige gefährliche Flintenschüsse vernahmen, und den Krieg vor ihrer eigenen Tür sahen. Diese Flüchtlinge, um ihre Angst zu rechtfertigen, brachten die entsetzlichsten Gerüchte nach der englischen Küste, und Englands Kalkfelsen wurden noch blässer vor Schrecken. Durch Wechselwirkung werden jetzt die Engländer, die in der Normandie hausen, von ihren heimischen Angehörigen zurückberufen in das glückliche Eiland, das von den Verheerungen des Krieges noch lange geschützt sein wird – nämlich so lange bis einmal die Franzosen eine hinlängliche Anzahl Dampfschiffe ausgerüstet haben werden, womit man eine Landung in England bewerkstelligen kann.

In Boulogne wäre ein solche Dampfflotte bis zum Tage der Ausfahrt von unzähligen kleinen Forts beschützt. Letztere, welche die ganze Küste der Departements du Nord und de la Manche umgeben, sind auf Felsen gepflanzt, die, aus dem Meere hervorragend, wie vor Anker liegende steinerne Kriegsschiffe aussehen. Sie sind während der langen Friedenszeit etwas baufällig geworden, jetzt aber werden sie mit großem Eifer ausgerüstet. Von allen Seiten sah ich zu diesem Behufe eine Menge blanke Kanonen heranschleppen, die mich sehr freundlich anlachten; denn diese klugen Geschöpfe teilen meine Antipathie gegen die Engländer, und werden solche gewiß weit donnernder und treffender aussprechen. Beiläufig bemerke ich, daß die Kanonen der französischen Küstenforts über ein Drittel weiter schießen, als die englischen Schiffskanonen, welche zwar von so großem Kaliber, aber nicht von derselben Länge sein können.

Hier in der Normandie haben die Kriegsgerüchte alle Nationalgefühle und Nationalerinnerungen aufgeregt, und als ich im Wirtshaus zu St.-Valery, während des Tischgesprächs, den Plan einer Landung in England diskutieren hörte, fand ich die Sache durchaus nicht lächerlich: denn auf derselben Stelle hatte sich einst Wilhelm der Eroberer eingeschifft, und seine damaligen Kameraden waren ebensolche Normannen, wie die guten Leute, die ich jetzt eine ähnliche Unternehmung besprechen hörte. Möge der stolze englische Adel nie vergessen, daß es Bürger und Bauern in der Normandie gibt, die ihre Blutsverwandtschaft mit den vornehmsten Häusern Englands urkundlich beweisen können, und gar nicht übel Lust hätten, ihren lieben Vettern und Basen einen Besuch abzustatten.

Der englische Adel ist im Grunde der jüngste in Europa, trotz der hochklingenden Namen, die selten ein Zeichen der

Abstammung, sondern gewöhnlich nur ein übertragener Titel sind. Der übertriebene Hochmut dieser Lordships und Ladyships ist vielleicht eine Nücke ihrer parvenierten Jugendlichkeit, wie denn immer, je jünger der Stammbaum, desto grünlich bitterer die Früchtchen. Jener Hochmut trieb einst die englische Ritterschaft in den verderblichen Kampf mit den demokratischen Richtungen und Ansprüchen Frankreichs, und es ist leicht möglich, daß ihre jüngsten Übermüte aus ähnlichen Gründen entsprungen: denn zu unserer größten Verwunderung fanden wir, daß bei jener Gelegenheit die Tories mit den Whigs übereinstimmten.

Woher aber kommt es, daß solche Emeute aller aristokratischen Interessen immer im englischen Volke so vielen Anklang fand? Der Grund liegt darin, daß erstens das ganze englische Volk, die Gentry ebensogut wie die *High nobility* und der Mob ebensogut wie jene, von sehr aristokratischer Gesinnung sind, und zweitens weil immer im Herzen der Engländer eine geheime Eifersucht, wie ein böses Geschwür, juckt und eitert, sobald in Frankreich ein behaglicher Wohlstand emporblüht, sobald die französische Industrie durch den Frieden gedeiht, und die französische Marine sich bedeutend ausbildet.

Namentlich in Beziehung auf die Marine wird den Engländern die gehässigste Mißgunst zugeschrieben, und in den französischen Häfen zeigt sich wirklich eine Entwicklung von Kräften, die leicht den Glauben erregt, die englische Seemacht in einiger Zeit von der französischen überflügelt zu sehen. Erstere ist seit zwanzig Jahren stationär geblieben, statt daß letztere im tätigsten Fortschritt begriffen ist. Ich habe in einem früheren Briefe bereits bemerkt, wie im Arsenal zu Toulon der Bau der Kriegsschiffe so eifrig betrieben worden, daß im Falle eines Krieges binnen kurzer Frist fast doppelt so viele Schiffe, wie Frankreich 1814 besitzen durfte, in See stechen können. Ein Leipziger Tagesblatt widersprach dieser Behauptung in einer ziemlich herben Weise; ich kann nur die Achsel darüber zucken, denn dergleichen Angaben schöpfe ich nicht aus bloßem Hörensagen, sondern aus der unmittelbarsten Anschauung. In Cherbourg, wo ich mich vor acht Tagen befand (ein gut Stück französischer Marine plätschert dort im Hafen), versicherte man mir, daß zu Brest ebenfalls doppelt so viele Kriegsschiffe befindlich wie früher, nämlich über fünfzehn Linienschiffe, Fregatten und Briggs, von der anständigsten Kanonenzahl, teils ganz, teils bis auf einige 1/20 fertig gebaut und ausgerüstet. In vier Wochen werde ich Gelegenheit haben, sie persönlich kennen zu lernen. Bis dahin begnüge ich mich zu berichten, daß ebenso wie hier, in der Basse-Normandie, auch an der bretonischen Küste unter dem Seevolke die kriegsmutigste Aufregung herrscht, und die ernsthaftesten Vorbereitungen zum Kriege gemacht werden. –

[Was mich betrifft, ich glaube nicht an Krieg, und wie Sie wissen, zweifelte ich nie am Fortbestand des Friedens. Aber es ist immer wichtig zu erfahren, mit welchen Gesinnungen das Volk einen Ausbruch der Feindseligkeiten begrüßen würde. Und in dieser Beziehung bemerke ich bei der großen Masse einen bewunderungswürdigen Scharfsinn. Die Franzosen täuschen sich nicht über die Gefahren, die ihnen sowohl von innen als von außen entgegendrohen. Da sie aber genau ihren Zustand kennen und genau wissen, was sie wollen, werden sie mit der größten Schnelligkeit verfahren. Ich bin überzeugt, sie entledigen sich zuerst jener vergangenheitlichen Partei, die, eine unversöhnliche Feindin des neuen Frankreichs, weder durch Großmut, noch durch Vernunft entwaffnet werden konnte, und bei der geringsten Hoffnung einer fremden Invasion die alten Ränke spielen läßt, und, wie man behauptet, wieder die Chouans in der Vendée zum Bürgerkriege aufreizt. Reisende versichern mir, daß dort schon einige Scharmützel vorgefallen, aber diese unreifen Versuche bald unterdrückt wurden. Wichtig war es mir zu ermitteln, wie man hierzulande über den König denkt, und mit Freude bemerkte ich, daß man ihm das treueste Mitgefühl für sein Volk zutraut, und auch nicht der leiseste Verdacht antinationaler Sympathien auf ihm lastet. Man weiß zwar, daß er den Frieden liebt – (und welcher ehrliche Mann liebte ihn nicht?) – aber man weiß auch, daß er den Krieg nicht bis zur Feigheit fürchtet.

In der Tat, Ludwig Philipp ist ein Held, aber in der Weise jenes Odysseus, der sich nicht gern schlug, wenn er mit der Diplomatie der Rede sich durchhelfen konnte, der aber ebenso tapfer focht, wie irgendein Ajax oder Achilles, wenn er mit Worten nicht mehr auslangte und notgezwungen zum Schwert oder Bogen greifen mußte. Die Meinung geht sogar dahin, daß er im schlimmsten Falle zu einer sehr terroristischen Gegenwehr seine Zuflucht nehmen werde. -]

Ach Gott! nur kein Krieg! Ich fürchte, daß das ganze französische Volk, wenn man es hart bedränge, jene rote Mütze wieder hervorholt, die ihm noch weit mehr als das dreieckige bonapartistische Wünschelhütchen das Haupt erhitzen dürfte! Ich möchte hier gern die Frage aufwerfen, inwieweit die dämonischen Zerstörungskräfte, die jenem alten Talisman in Frankreich gehorchen, auch im Auslande sich geltend machen könnten? Es wäre wichtig zu untersuchen, von welcher Bedeutung die Gewalten sind, die einem Zaubermittel zugeschrieben werden, wovon die französische Presse in der jüngsten Zeit unter dem Namen »Propaganda« so geheimnisvoll und bedrohsam flüsterte und zischelte? Ich muß mich aus leicht begreiflichen Gründen aller solchen Untersuchungen enthalten, und in betreff der vielbesprochenen Propaganda erlaube ich mir nur eine parabolische Andeutung. Es ist Ihnen bekannt, daß in Lappland noch viel Heidentum herrscht, und daß die Lappen, welche zur See gehen wollen, sich vorher, um den notwendigen Fahrwind einzukaufen, zu einem Hexenmeister begeben. Dieser überliefert ihnen ein Tuch, worin drei Knoten sind. Sobald man auf dem Meere ist und den ersten Knoten öffnet, bewegt sich die Luft und es bläst ein guter Fahrwind. Öffnet man den zweiten Knoten, so entsteht schon eine weit stärkere Lufterschütterung und es heult ein wütendes Wetter. Öffnet man aber gar den dritten Knoten, so erhebt sich der wildeste Sturm und peitscht das rasende Meer, und das Schiff kracht und geht unter mit Mann und Maus. Wenn der arme Lappe zu seinem Hexenmeister kommt, beteuert er freilich, er habe genug an einem einzigen Knoten, an gutem Fahrwind, er brauche keinen stärkeren Wind und am allerwenigsten einen gefährlichen Sturm; aber es hilft ihm nichts, man verkauft ihm den Wind nur *en gros*, er muß für alle drei Sorten zahlen, und wehe ihm, wenn er etwa späterhin auf dem hohen Meere zuviel Branntwein trinkt und im Rausche die bedenklicheren Knoten aufknüpft! – Die Franzosen sind nicht so läppisch wie die Lappen, obgleich sie leichtsinnig genug wären, die Stürme zu entzügeln, wodurch sie selber zugrunde gehen müßten. Bis jetzt sind sie noch weit genug davon entfernt. Wie man mir mit Betrübnis versichert, hat sich das französische Ministerium nicht sehr kauflustig gezeigt, als ihm einige preußische und polnische Windmacher (die aber keine Hexenmeister sind!) ihren Wind anboten.

XIX.

Paris, 21. September 1840.
Ohne sonderliche Ausbeute bin ich dieser Tage von einem Streifzuge durch die Bretagne zurückgekehrt. Ein armselig ödes Land, und die Menschen dumm und schmutzig. Von den schönen Volksliedern, die ich dort zu sammeln gedachte, vernahm ich keinen Laut. Dergleichen existiert nur noch in alten Sangbüchern, deren ich einige aufkaufte; da sie jedoch in bretonischen Dialekten geschrieben sind, muß ich sie mir erst ins Französische übersetzen lassen, ehe ich etwas davon mitteilen kann. Das einzige Lied, was ich auf meiner Reise singen hörte, war ein deutsches; während ich mich in Rennes barbieren ließ,

meckerte jemand auf der Straße den Jungfernkranz aus dem »Freischütz« in deutscher Sprache. Den Sänger selbst hab' ich nicht gesehen, aber seine veilchenblaue Seide klang mir tagelang noch im Gedächtnis. Es wimmelt jetzt in Frankreich von deutschen Bettlern, die sich mit Singen ernähren und den Ruhm der deutschen Tonkunst nicht sehr fördern.

Über die politische Stimmung der Bretagne kann ich nicht viel berichten, die Leute sprechen sich hier nicht so leicht aus wie in der Normandie; die Leidenschaften sind hier ebenso schweigsam wie tief, und der Freund wie der Feind der Tagesregierung brütet hier mit stummem Grimm. Wie im Beginn der Revolution gibt es auch jetzt noch in der Bretagne die glühendsten Enthusiasten der Revolution, und ihr Eifer wird durch die Schrecknisse, womit die Gegenpartei sie bedroht, bis zur blutdürstigsten Wut gesteigert. Es ist ein Irrtum, wenn man glaubt, daß die Bauern in der Bretagne aus Liebe für die ehemalige Adelsherrschaft bei jedem legitimistischen Aufruf zu den Waffen griffen. Im Gegenteil, die Greuel des alten Regimes sind noch im farbigsten Andenken, und die edlen Herren haben in der Bretagne entsetzlich genug gewirtschaftet. Sie erinnern sich vielleicht der Stelle in den Briefen der Frau von Sévigné, wo sie erzählt, wie die unzufriedenen Vilains und Rotüriers dem Generalgouverneur die Fenster eingeschmissen und die Schuldigen aufs grausamste hingerichtet wurden. Die Zahl derjenigen, die durchs Rad starben, muß sehr groß gewesen sein, denn da man später mit dem Strange verfuhr, bemerkte Frau von Sévigné ganz naiv: nach dem vielen Rädern sei das Hängen für sie eine wahre Erfrischung. Die mangelnde Liebe wird durch Versprechungen ersetzt, und ein armer Bretone, der bei jedem legitimistischen Schilderheben sich tätig gezeigt, und nichts als Wunden und Elend dabei gewann, gestand mir, daß er diesmal seines Lohnes gewiß sei, da Heinrich V. bei seiner Rückkehr jedem, der für seine Sache gefochten, eine lebenslängliche Pension von fünfhundert Franken bezahlen werde.

Hegt aber das Volk in der Bretagne nur sehr laue und eigennützige Sympathien für die alte Noblesse, so folgt es desto unbedingter allen Inspirationen der Geistlichkeit, in deren geistiger und leiblicher Botmäßigkeit es geboren wird, lebt und stirbt. Wie dem Druiden in der alten Keltenzeit, gehorcht der Bretone jetzt seinem Pfarrer, und nur durch dessen Vermittelung dient er dem Edelmann. Georg Cadoudal war wahrlich kein serviler Lakai des Adels, ebensowenig wie Charette, der sich über den letztern mit der bittersten Geringschätzung aussprach und an Ludwig XVIII. unumwunden schrieb: *»La lâcheté de vos gentilshommes a perdu votre cause«*; aber vor ihren tonsurten Oberhäuptern beugten diese Leute demütig das Knie. Selbst die bretonischen Jakobiner konnten sich nie ganz von ihren kirchlichen Velleitäten lossagen, und es blieb immer ein Zwiespalt in ihrem Gemüte, wenn die Freiheit in Konflikt geriet mit ihrem Glauben. – –

Wird es aber zum Krieg kommen? Jetzt nicht: doch der böse Dämon ist wieder entfesselt und spukt in den Gemütern. Das französische Ministerium handelte sehr unbesonnen, als es gleich mit vollen Backen in die Kriegstrompete stieß und ganz Europa auftrommelte. Wie der Fischer in dem arabischen Märchen hat Thiers die Flasche geöffnet, woraus der schreckliche Dämon emporstieg ... er erschrak nicht wenig über dessen kolossale Gestalt und möchte ihn jetzt zurückbannen mit schlauen Worten. »Bist du wirklich aus einer so kleinen Bouteille hervorgestiegen?« sprach der Fischer zu dem Riesen, und zum Beweise verlangte er, daß er wieder in dieselbe Flasche hineinkrieche; und als der große Narr es tat, verschloß der Fischer die Flasche mit einem guten Stöpsel ... Die Post geht ab, und wie die Sultanin Scheherezade unterbrechen wir unsre Erzählung, vertröstend auf morgen, wo wir aber ebenfalls, wegen der vielen eingeschobenen Episoden, keinen Schluß liefern.

XX.

Paris, den 1. Oktober 1840.

»Haben Sie das Buch Baruch gelesen?« Mit dieser Frage lief einst Lafontaine durch alle Straßen von Paris, jeden seiner Bekannten anhaltend, um ihm die große Neuigkeit mitzuteilen, daß das Buch Baruch wunderschön sei, eine der besten Sachen die je geschrieben worden. Die Leute sahen ihn verwundert an, und lächelten vielleicht in derselben Weise, wie ich Sie lächeln sehe, wenn ich Ihnen mit der heutigen Post die wichtige Nachricht mitteile, daß »Tausendundeine Nacht« eines der besten Bücher ist, und gar besonders nützlich und belehrsam in jetziger Zeit... Denn aus jenem Buche lernt man den Orient besser kennen, als aus den Berichten Lamartines, Poujoulats und Konsorten; und wenn auch diese Kenntnis nicht hinreicht, die orientalische Frage zu lösen, so wird sie uns wenigstens ein bißchen aufheitern in unserm okzidentalischen Elend! Man fühlt sich so glücklich, während man dies Buch liest! Schon der Rahmen ist kostbarer als die besten Gemälde des Abendlandes. Welch ein prächtiger Kerl ist jener Sultan Schariar, der seine Gattinnen des andern Morgens, nach der Brautnacht, unverzüglich töten läßt! Welche Tiefe des Gemüts, welche schauerliche Seelenkeuschheit, welche Zartheit des ehelichen Bewußtseins, offenbart sich in jener naiven Liebestat, die man bisher als grausam, barbarisch, despotisch verunglimpfte! Der Mann hatte einen Abscheu gegen jede Verunreinigung seiner Gefühle, und er glaubte sie schon verunreinigt durch den bloßen Gedanken, daß die Gattin, die heut an seinem hohen Herzen lag, vielleicht morgen in die Arme eines andern, eines schmutzigen Lumps, hinabsinken könne – und er tötete sie lieber gleich nach der Brautnacht! Da man so viele verkannte Edle, die das blödsinnige Publikum lange Zeit verlästerte und schmähte, jetzt wieder zu Ehren bringt, so sollte man auch den wackern Sultan Schariar in der öffentlichen Meinung zu rehabilitieren suchen. Ich selbst kann mich in diesem Augenblick einem solchen verdienstlichen Werke nicht unterziehen, da ich schon mit der Rehabilitation des seligen Königs Prokrustus beschäftigt bin; ich werde nämlich beweisen, daß dieser Prokrustus bisher so falsch beurteilt worden, weil er seiner Zeit vorausgeschritten, und in einer heroisch aristokratischen Periode die heutigsten Plebejerideen zu verwirklichen suchte. Keiner hat ihn verstanden, als er die Großen verkleinerte und die Kleinen so lange ausreckte, bis sie in sein eisernes Gleichheitsbett paßten.

Der Republikanismus macht in Frankreich täglich bedeutendere Fortschritte, und Robespierre und Marat sind vollständig rehabilitiert. O, edler Schariar und echt demokratischer Prokrustus! auch ihr werdet nicht lange mehr verkannt bleiben. Erst jetzt versteht man euch. Die Wahrheit siegt am Ende.

Madame Lafarge wird seit ihrer Verurteilung noch leidenschaftlicher als früher besprochen. Die öffentliche Meinung ist ganz zu ihren Gunsten, seitdem Herr Raspail sein Gutachten in die Wagschale geworfen. Bedenkt man einerseits, daß hier ein strenger Republikaner gegen seine eigenen Parteiinteressen auftritt und durch seine Behauptungen eins der volkstümlichsten Institute des neuen Frankreichs, die Jury, unmittelbar kompromittiert; und bedenkt man andrerseits, daß der Mann, auf dessen Ausspruch die Jury das Verdammungsurteil basierte, ein berüchtigter Intrigant und Scharlatan ist, eine Klette am Kleide der Großen, ein Dorn im Fleische der Unterdrückten, schmeichelnd nach oben, schmähsüchtig nach unten, falsch im Reden wie im Singen: o Himmel! dann zweifelt man nicht länger, daß Marie Capelle unschuldig ist, und an ihrer Statt der berühmte Toxologe, welcher Dekan der medizinischen Fakultät von Paris, nämlich Herr Orfila, auf dem Marktplatz von Tulle an den Pranger gestellt werden sollte! Wer aus näherer Beobachtung die Umtriebe jenes eiteln Selbstsüchtlings nur einigermaßen kennt, ist in tiefster Seele überzeugt, daß ihm kein Mittel zu schlecht ist, wo er eine Gelegenheit findet, sich in seiner wissenschaftlichen Spezialität wichtig zu machen, und überhaupt den Glanz seiner Berühmtheit zu fördern! In der Tat, dieser schlechte Sänger, der, wenn er in den Soireen von Paris seine schlechten Romanzen meckert, kein menschliches Ohr schont und jeden töten möchte, der ihn auslacht: er würde auch kein Bedenken tragen, ein Menschenleben zu opfern, wo es gälte, das versammelte Publikum glauben zu machen, niemand sei so geschickt wie er, jedes verborgene Gift an den Tag zu bringen! Die öffentliche Meinung geht dahin, daß im Leichnam des Lafarge gar kein Gift, desto mehr hingegen im Herzen des Herrn Orfila vorhanden war. Diejenigen, welche dem Urteil der Jury von Tulle beistimmen, bilden eine sehr kleine Minorität und gebärden sich nicht mehr mit der frühern Sicherheit. Unter ihnen gibt es Leute, welche zwar an Vergiftung glauben, dieses Verbrechen aber als eine Art Notwehr betrachten und gewissermaßen justifizieren. Lafarge, sagen sie, sei einer größern Untat anklagbar: er habe, um sich durch ein Heiratsgut vom Bankerotte zu retten, mit betrügerischen Vorspiegelungen das edle Weib gleichsam gestohlen und sie nach seiner öden Diebeshöhle geschleppt, wo, umgeben von der rohen Sippschaft, unter moralischen Martern und tödlichen Entbehrungen, die arme verzärtelte, an tausend geistige Bedürfnisse gewöhnte Pariserin, wie ein Fisch außer dem Wasser, wie ein Vogel unter Fledermäusen, wie eine Blume unter limosinischen Bestien, elendiglich dahinsterben und vermodern mußte! Ist das nicht ein Meuchelmord, und war hier nicht Notwehr zu entschuldigen? – so sagen die Verteidiger, und sie setzen hinzu: Als das unglückliche Weib sah, daß sie gefangen war, eingekerkert in der wüsten Kartause, welche Glandier heißt, bewacht von der alten Diebesmutter, ohne gesetzliche Rettungshilfe, ja gefesselt durch die Gesetze selbst – da verlor sie den Kopf, und zu den tollen Befreiungsmitteln, die sie zuerst versuchte, gehört jener famöse Brief, worin sie dem rohen Gatten vorlog, sie liebe einen andern, sie könne ihn nicht lieben, er möge sie also loslassen, sie wolle nach Asien fliehen und er möge ihr Heiratsgut behalten. Die holde Närrin! In ihrem Wahnsinn glaubte sie, ein Mann könne mit einem Weibe nicht leben, welches ihn nicht liebe, daran stürbe er, das sei der Tod ... Da sie aber sah, daß der Mann auch ohne Liebe leben konnte, daß ihn Lieblosigkeit nicht tötete, da griff sie zu purem Arsenik ... Rattengift für eine Ratte! – Die Männer der Jury von Tulle scheinen Ähnliches gefühlt zu haben, denn sonst wäre es nicht zu begreifen, weshalb sie in ihrem Verdikt von Milderungsgründen sprachen. So viel ist aber gewiß, daß der Prozeß der Dame von Glandier ein wichtiges Aktenstück ist, wenn man sich mit der großen Frauenfrage beschäftigt, von deren Lösung das ganze gesellschaftliche Leben Frankreichs abhängt. Die außerordentliche Teilnahme, die jener Prozeß erregt, entspringt aus dem Bewußtsein eignen Leids. Ihr armen Frauen, ihr seid wahrhaftig übel dran. Die Juden in ihren Gebeten danken täglich dem lieben Gott, daß er sie nicht als Frauenzimmer zur Welt kommen ließ. Naives Gebet von Menschen, die eben durch Geburt nicht glücklich sind, aber ein weibliches Geschöpf zu sein für das schrecklichste Unglück halten! Sie haben recht, selbst in Frankreich, wo das weibliche Elend mit so vielen Rosen bedeckt wird. –

XXI.

Paris, 3. Oktober 1840.
Seit gestern abend herrscht hier eine Aufregung, die alle Begriffe übersteigt. Der Kanonendonner von Beirut findet sein Echo in der Brust aller Franzosen. Ich selber bin wie betäubt: schreckliche Befürchtungen dringen in mein Gemüt. Der Krieg ist noch das geringste der Übel, die ich fürchte. In Paris können Auftritte stattfinden, wogegen alle Szenen der vorigen Revolu-

tion wie heitere Sommernachtsträume erscheinen möchten! Der *vorigen* Revolution? Nein, die Revolution ist noch eine und dieselbe, wir haben erst den Anfang gesehen, und viele von uns werden die Mitte nicht überleben! Die Franzosen sind in einer schlechten Lage, wenn hier die Bajonettenmehrzahl entscheidet. Aber das Eisen tötet nicht, sondern die Hand, und diese gehorcht der Seele. Es kommt nur darauf an, wieviel Seele auf jeder Wagschale sein wird. Von den *Bureaux de recrutements* macht man heute Queue, wie vor den Theatern, wenn ein gutes Stück gegeben wird: eine unzählige Menge junger Leute läßt sich als Freiwillige zum Militärdienst einschreiben. Im Palais-Royal wimmelt's von Ouvriers, die sich die Zeitungen vorlesen und sehr ernsthaft dabei aussehen. Der Ernst, der sich in diesem Augenblick fast wortkarg äußert, ist unendlich beängstigender als der geschwätzige Zorn vor zwei Monaten. Es heißt, daß die Kammern berufen werden, was vielleicht ein neues Unglück. Deliberierende Korporationen lähmen jede handelnde Tatkraft der Regierung, wenn sie nicht selbst alle Regierungsgewalt in Händen haben, wie z. B. der Konvent von 1792. In jenem Jahre waren die Franzosen in einer weit schlimmern Lage als jetzt.

XXII.

Paris, 7. Oktober 1840.
Stündlich steigt die Aufregung der Gemüter. Bei der hitzigen Ungeduld der Franzosen ist es kaum zu begreifen, wie sie es aushalten können in diesem Zustand der Ungewißheit. Entscheidung, Entscheidung um jeden Preis! ruft das ganze Volk, das seine Ehre gekränkt glaubt. Ob diese Kränkung eine wirkliche oder nur eine eingebildete ist, vermag ich nicht zu entscheiden; die Erklärung der Engländer und Russen, daß es ihnen nur um die Sicherung des Friedens zu tun sei, klingt jeden-

falls sehr ironisch, wenn zu gleicher Zeit zu Beirut Kanonendonner das Gegenteil behauptet. Daß man auf den dreifarbigen Pavillon des französischen Konsuls zu Beirut mit besonderer Vorliebe gefeuert hat, erregt die meiste Entrüstung. Vorgestern abend verlangte das Parterre in der Großen Oper, daß das Orchester die Marseillaise anstimmte; da ein Polizeikommissär diesem Verlangen widersprach, sang man ohne Begleitung, aber mit so schnaubendem Zorn, daß die Worte in den Kehlen stockten und ganz unverständlich hervorgebrüllt wurden. Oder haben die Franzosen die Worte jenes schrecklichen Lieds vergessen und erinnern sich nur noch der alten Melodie? Der Polizeikommissär, welcher auf die Szene stieg, um dem Publikum eine Gegenvorstellung zu machen, stotterte unter vielen Verbeugungen: das Orchester könne die Marseillaise nicht aufspielen, denn dieses Musikstück stünde nicht auf dem Anschlagzettel. Eine Stimme im Parterre erwiderte: »Mein Herr, das ist kein Grund, denn Sie selbst stehen ja auch nicht auf dem Anschlagzettel.« Für heute hat der Polizeipräfekt allen Theatern die Erlaubnis erteilt, die Marseiller Hymne zu spielen, und ich halte diesen Umstand nicht für unwichtig. Ich sehe darin ein Symptom, dem ich mehr Glauben schenke, als allen kriegerischen Deklamationen der Ministerialblätter. Letztere stoßen in der Tat seit einigen Tagen so bedeutend in die Trompete Bellonas, daß man den Krieg als etwas Unvermeidliches zu betrachten schien. Die Friedfertigsten waren der Kriegsminister und der Marineminister; der Kampflustigste war der Minister des Unterrichts – ein wackerer Mann, der seit seiner Amtsführung selbst die Achtung seiner Feinde erworben und jetzt ebensoviel Tatkraft wie Begeisterung entfaltet, aber die Kriegskräfte Frankreichs gewiß nicht so gut zu beurteilen weiß, wie der Marineminister und der Kriegsminister. Thiers hält allen die Wage und ist wirklich der Mann der Nationalität. Letztere ist ein großer Hebel in seinen Händen und er hat von Napoleon gelernt, daß man die Franzosen damit noch weit gewaltiger bewegen kann, als mit Ideen. Trotz seinem Nationalismus, bleibt aber Frankreich der Repräsentant der Revolution, und die Franzosen kämpfen nur für diese, wenn sie sich selbst aus Eitelkeit, Eigennutz und Torheit schlagen. Thiers hat imperialistische Gelüste, und wie ich Ihnen schon Ende Julius schrieb, der Krieg ist die Freude seines Herzens. Jetzt ist der Fußboden seines Arbeitszimmers ganz mit Landkarten bedeckt, und da liegt er auf dem Bauche und steckt schwarze und grüne Nadeln ins Papier, ganz wie Napoleon. Daß er an der Börse spekuliert habe, ist eine schnöde Verleumdung; ein Mensch kann nur einer einzigen Leidenschaft gehorchen, und der Ehrgeizige denkt selten an Geld. Durch seine Familiarität mit gesinnungslosen Glücksrittern hat sich Thiers all die boshaften Gerüchte, die an seinem Leumund nagen, selber zugezogen. Diese Leute, wenn er ihnen jetzt den Rücken kehrt, schmähen ihn noch mehr als seine politischen Feinde. Aber warum pflegte er Umgang mit solchem Gesindel? Wer sich mit Hunden niederlegt, steht mit Flöhen auf.

Ich bewundere den Mut des Königs; jede Stunde, wo er zögert dem verletzten Nationalgefühl Genugtuung zu schaffen, wächst die Gefahr, die den Thron noch entsetzlicher bedroht, als alle Kanonen der Alliierten. Morgen, heißt es, sollen die Ordonnanzen publiziert werden, welche die Kammern berufen und Frankreich in Kriegszustand *(état de guerre)* erklären. Gestern abend, auf der Nachtbörse von Tortoni, hieß es, Lalande habe Befehl erhalten, nach der Straße von Gibraltar zu eilen, und der russischen Flotte, wenn sie sich mit der englischen vereinigen wolle, den Durchgang ins Mittelländische Meer zu wehren. Die Rente, welche am Tage schon zwei Prozent gefallen war, purzelte noch zwei Prozent tiefer. Herr von Rothschild, wird behauptet, hatte gestern Zahnschmerz; andre sagen Kolik. Was wird daraus werden? Das Gewitter zieht immer näher. In den Lüften vernimmt man schon den Flügelschlag der Walküren.

XXIII.

Paris, 29. Oktober 1840.

Thiers geht ab und Guizot tritt wieder auf. Es ist aber dasselbe Stück und nur die Akteure wechseln. Dieser Rollenwechsel geschah auf Verlangen sehr vieler hohen und allerhöchsten Personen, nicht des gewöhnlichen Publikums, das mit dem Spiel seines ersten Helden sehr zufrieden war. Dieser buhlte vielleicht etwas zu sehr um den Beifall des Parterres; sein Nachfolger hat mehr die höhern Regionen im Auge, die Gesandtenlogen.

In diesem Augenblick versagen wir nicht unser Mitleid dem Manne, der unter den jetzigen Umständen in das Hotel des Capucins seinen Einzug hält; er ist viel mehr zu bedauern, als derjenige, der dieses Marterhaus oder Drillhaus verläßt. Er ist fast ebenso zu bedauern, wie der König selber; auf diesen schießt man, den Minister verleumdet man. Mit wieviel Kot bewarf man Thiers während seines Ministeriums! Heute bezieht er wieder sein kleines Haus auf der Place Saint-George, und ich rate ihm, gleich ein Bad zu nehmen. Hier wird er sich wieder seinen Freunden in fleckenloser Größe zeigen, und wie vor vier Jahren, als er in derselben plötzlichen Weise das Ministerium verließ, wird jeder einsehen, daß seine Hände rein geblieben sind, und sein Herz nicht eingeschrumpft. Er ist nur etwas ernsthafter geworden, obgleich der wahre Ernst ihm nie fehlte und sich, wie bei Cäsar, unter leichten Lebensformen verbarg. Die Beschuldigung der Forfanterie, die man in der letzten Zeit am öftesten gegen ihn vorbrachte, widerlegt er eben durch seinen Abgang vom Ministerium: eben weil er kein bloßer Maulheld war, weil er wirklich die größten Kriegsrüstungen vornahm, eben deshalb mußte er zurücktreten. Jetzt sieht jeder ein, daß der Aufruf zu den Waffen keine prahlerische Spiegelfechterei war. Über vierhundert Millionen beläuft sich schon die Summe, welche für die Armee, die Marine und die Befestigungswerke verwendet worden, und in einigen Monaten stehen sechsmalhunderttausend Soldaten auf den Beinen. Noch stärkere Vorbereitungen zum Kriege standen in Vorschlag, und das ist der Grund, weshalb der König, noch vor dem Beginn der Kammersitzungen, sich um jeden Preis des großen Rüstmeisters entledigen mußte. Einige beschränkte Deputiertenköpfe werden jetzt freilich über nutzlose Ausgaben schreien und nicht bedenken, daß es eben jene Kriegsrüstungen sind, die uns vielleicht den Frieden erhielten. Ein Schwert hält das andere in der Scheide. Die große Frage: ob Frankreich durch die Londoner Traktatsvorgänge beleidigt war oder nicht? wird jetzt in der Kammer debattiert werden. Es ist eine verwickelte Frage, bei deren Beantwortung man auf die Verschiedenheit der Nationalität Rücksicht nehmen muß. Vorderhand aber haben wir Frieden, und dem König Ludwig Philipp gebührt das Lob, daß er zur Erhaltung des Friedens ebensoviel Mut aufgewendet, als Napoleon dessen im Kriege bekundete. Ja, lacht nicht, er ist der Napoleon des Friedens!

XXIV.

Paris, 4. November 1840.
Marschall Soult, der Mann des Schwertes, sorgt für die innere Ruhe Frankreichs, und dieses ist seine ausschließliche Aufgabe. Für die äußere Ruhe bürgt unterdessen Ludwig Philipp, der König der Klugheit, der mit geduldigen Händen, nicht mit dem Schwerte, die Wirrnisse der Diplomatie, den gordischen Knäuel, zu lösen sucht. Wird's ihm gelingen? Wir wünschen es, und zwar im Interesse der Fürsten wie Völker Europas. Letztere können durch einen Krieg nur Tod und Elend gewinnen. Erstere, die Fürsten, würden, selbst im günstigsten Falle, durch einen Sieg über Frankreich die Gefahren verwirklichen, die vielleicht jetzt nur in der Imagination einiger Staatsleute als besorgliche Gedanken existieren. Die große Umwälzung, welche

seit fünfzig Jahren in Frankreich stattfand, ist, wo nicht beendigt, doch gewiß gehemmt, wenn nicht von außen das entsetzliche Rad wieder in Bewegung gesetzt wird. Durch die Bedrohnisse eines Krieges mit der neuen Koalition wird nicht bloß der Thron des Königs, sondern auch die Herrschaft jener Bourgeoisie gefährdet, die Ludwig Philipp rechtmäßig, jedenfalls tatsächlich, repräsentiert. Die Bourgeoise, nicht das Volk, hat die Revolution von 1789 begonnen und 1830 vollendet, sie ist es, welche jetzt regiert, obgleich viele ihrer Mandatarien von vornehmem Geblüte sind, und sie ist es, welche das andringende Volk, das nicht bloß Gleichheit der Gesetze, sondern auch Gleichheit der Genüsse verlangt, bis jetzt im Zaum hielt. Die Bourgeoisie, welche ihr mühsames Werk, die neue Staatsbegründung, gegen den Andrang des Volkes, das eine radikale Umgestaltung der Gesellschaft begehrt, zu verteidigen hat, ist gewiß zu schwach, wenn auch das Ausland sie mit vierfach stärkeren Kräften anfiele, und noch ehe es zur Invasion käme, würde die Bourgeoisie abdanken, die unteren Klassen würden wieder an ihre Stelle treten, wie in den schrecklichen neunziger Jahren, aber besser organisiert, mit klarerem Bewußtsein, mit neuen Doktrinen, mit neuen Göttern, mit neuen Erd- und Himmelskräften; statt mit einer politischen, müßte das Ausland mit einer sozialen Revolution in den Kampf treten. Die Klugheit dürfte daher den alliierten Mächten raten, das jetzige Regiment in Frankreich zu unterstützen, damit nicht weit gefährlichere und kontagiösere Elemente entzügelt werden und sich geltend machen. Die Gottheit selbst gibt ja ihren Stellvertretern ein so belehrendes Beispiel: der jüngste Mordversuch zeigt, wie die Vorsehung dem Haupte Ludwig Philipps einen ganz besondern Schutz angedeihen läßt ... sie schützt den großen Spritzenmeister, der die Flamme dämpft und einen allgemeinen Weltbrand verhütet.

Ich zweifle nicht, daß es dem Marschall Soult gelingen wird, die innere Ruhe zu sichern. Durch seine Kriegsrüstungen hat ihm Thiers genug Soldaten hinterlassen, die freilich ob der veränderten Bestimmung sehr mißmutig sind. Wird er auf letztere zählen können, wenn das Volk mit bewaffnetem Ungestüm den Krieg begehrt? Werden die Soldaten dem Kriegsgelüste des eigenen Herzens widerstehen können und sich lieber mit ihren Brüdern als mit den Fremden schlagen? Werden sie den Vorwurf der Feigheit ruhig anhören können? Werden sie nicht ganz den Kopf verlieren, wenn plötzlich der tote Feldherr von St. Helena anlangt? Ich wollte, der Mann läge schon ruhig unter der Kuppel des Invalidendoms, und wir hätten die Leichenfeier glücklich überstanden! –

Das Verhältnis Guizots zu den beiden obengenannten Trägern des Staates werde ich späterhin besprechen. Auch läßt sich noch nicht bestimmen, inwieweit er beide durch die Ägide seines Wortes zu schirmen denkt. Sein Rednertalent dürfte in einigen Wochen stark genug in Anspruch genommen werden, und wenn die Kammer, wie es heißt, über den *Casus belli* ein Prinzip aufstellen wird, kann der gelehrte Mann seine Kenntnisse aufs glänzendste entwickeln. Die Kammer wird nämlich die Erklärung der koalisierten Mächte, daß sie bei der Pazifikation des Orients keine Territorialvergrößerungen und sonstige Privatvorteile beabsichtigen, in besondere Erwägung ziehen und jeden faktischen Widerspruch mit jener Erklärung als einen *Casus belli* feststellen. Über die Rolle, die Thiers bei dieser Gelegenheit spielen wird, und ob er dem alten Nebenbuhler Guizot wieder mit all seiner Sprachgewalt entgegenzutreten gedenkt, kann ich Ihnen ebenfalls erst später berichten.

Guizot hat einen schweren Stand, und ich habe Ihnen schon oft gesagt, daß ich großes Mitleid für ihn empfinde. Er ist ein wackerer, festgesinnter Mann, und Calamatta hat in einem vortrefflichen Porträt sein edles Äußere sehr getreu abkonterfeit. Ein starrer puritanischer Kopf, angelehnt an eine steinerne Wand – bei einer hastigen Bewegung des Kopfes nach hinten könnte er sich sehr beschädigen. Das Porträt ist an den Fenstern von Goupil und Rittner ausgestellt. Es wird viel betrachtet und Guizot muß schon *in effigie* viel ausstehen von den malitiösen Zungen.

XXV.

Paris, 6. November 1840.

Über die Juliusrevolution und den Anteil, den Ludwig Philipp daran genommen, ist jetzt ein Buch erschienen, welches die allgemeine Aufmerksamkeit erregt und überall besprochen wird. Es ist dies der erste Teil von Louis Blancs *»Histoire de dix ans«*. Ich habe das Werk noch nicht zu Gesicht bekommen; sobald ich es gelesen, will ich versuchen, ein selbständiges Urteil darüber zu fällen. Heute berichte ich Ihnen bloß, was ich von vornherein über den Verfasser und seine Stellung sagen kann, damit Sie den rechten Standpunkt gewinnen, von wo aus Sie genau ermessen mögen, wieviel Anteil der Parteigeist an dem Buche hat, und wieviel Glauben Sie seinem Inhalt schenken oder verweigern können.

Der Verfasser, Herr Louis Blanc, ist noch ein junger Mann, höchstens einige dreißig Jahre alt, obgleich er seinem Äußern nach wie ein kleiner Junge von dreizehn Jahren aussieht. In der Tat, seine überaus winzige Gestalt, sein rotbäckiges, bartloses Gesichtchen und auch seine weichlich zarte, noch nicht zum Durchbruch gekommene Stimme geben ihm das Ansehen eines allerliebsten Bübchens, das eben der dritten Schulklasse entsprungen und seinen ersten schwarzen Frack trägt, und doch ist er eine Notabilität der republikanischen Partei und in seinem Räsonnement herrscht eine Mäßigung, wie man sie nur bei Greisen findet. – Seine Physiognomie, namentlich die muntern Äuglein, deuten auf südfranzösischen Ursprung. Louis Blanc ist geboren zu Madrid, von französischen Eltern. Seine Mutter ist Korsikanerin und zwar eine Pozzo di Borgo. Er ward erzogen in Rodez. Ich weiß nicht, wie lange er schon in Paris verweilt, aber bereits vor sechs Jahren traf ich ihn hier als Redakteur eines republikanischen Journals, »*Le Monde*« geheißen, und seitdem stiftete er auch die »*Revue du Progrès*«, das bedeutendste Organ des Republikanismus. Sein Vetter Pozzo di Borgo, der ehemalige russische Gesandte, soll mit der Richtung des jungen Mannes nicht sehr zufrieden gewesen sein, und darüber nicht selten Klage geführt haben. (Von jenem berühmten Diplomaten sind, nebenbei gesagt, sehr betrübende Nachrichten hier angelangt, und seine Geisteskrankheit scheint unheilbar zu sein; er verfällt manchmal in Raserei, und glaubt alsdann, der Kaiser Napoleon wolle ihn erschießen lassen.) Louis Blancs Mutter und seine ganze mütterliche Familie lebt noch in Korsika. Doch das ist die leibliche Sippschaft, die des Blutes. Dem Geiste nach ist Louis Blanc zunächst verwandt mit Jean Jacques Rousseau, dessen Schriften der Ausgangspunkt seiner ganzen Denk- und Schreibweise. Seine warme, nette, wahrheitliche Prosa erinnert an jenen ersten Kirchenvater der Revolution. »*L'organisation du travail*« ist eine Schrift von Louis Blanc, die bereits vor einiger Zeit die Aufmerksamkeit auf ihn lenkte. Wenn auch nicht gründliches Wissen, doch eine glühende Sympathie für die Leiden des Volks, zeigt sich in jeder Zeile dieses kleinen Opus, und es bekundet sich darin zu gleicher Zeit jene Vorliebe für unbeschränkte Herrscherei, jene gründliche Abneigung gegen genialen Personalismus, wodurch sich Louis Blanc vor einigen seiner republikanischen Genossen, z. B. von dem geistreichen Pyat, auffallend unterscheidet. Diese Abweichung hat vor einiger Zeit fast ein Zerwürfnis hervorgebracht, als Louis Blanc nicht die absolute Preßfreiheit anerkennen wollte, die von jenen Republikanern in Anspruch genommen wird. Hier zeigte es sich ganz klar, daß diese letztern die Freiheit nur der Freiheit wegen lieben, Louis Blanc aber dieselbe vielmehr als ein Mittel zur Beförderung philanthropischer Zwecke betrachtet, so daß ihm auf diesem Standpunkte die gouvernementale Autorität, ohne welche keine Regierung das Heil des Volks fördern könne, weit mehr gilt, als alle Befugnisse und Berechtigungen der individuellen Kraft und Größe. Ja vielleicht schon wegen seiner Taille ist ihm jede große Persönlichkeit zuwider, und er schielt an sie hinauf mit jenem Mißtrauen, das er mit einem andern Schüler Rousseaus, dem seligen Maximilian Robespierre, gemein hat. Ich glaube, der Knirps möchte jeden Kopf abschlagen lassen, der das vorgeschriebene Rekrutenmaß überragt, versteht sich im Interesse des öffentlichen Heils, der allgemeinen Gleichheit, des sozialen Volksglücks. Er selbst ist mäßig, scheint dem eignen kleinen Körper keine Genüsse zu gönnen, und er will daher im Staate allgemeine Küchengleichheit einführen, wo für uns alle dieselbe spartanische schwarze Suppe gekocht werden soll, und was noch schrecklicher, wo der Riese auch dieselbe Portion bekäme, deren sich Bruder Zwerg zu erfreuen hätte. Nein, dafür dank' ich, neuer Likurg! Es ist wahr, wir sind alle Brüder, aber ich bin der große Bruder und ihr seid die kleinen Brüder, und mir gebührt eine bedeutendere Portion. Louis Blanc ist ein spaßhaftes Kompositum von Liliputaner und Spartaner. Jedenfalls traue ich ihm eine große Zukunft zu, und er wird eine Rolle spielen, wenn auch eine kurze. Er ist ganz dazu gemacht, der große Mann der Kleinen zu sein, die einen solchen mit Leichtigkeit auf ihren Schultern zu tragen vermögen, während Menschen von kolossalem Zuschnitt, ich möchte fast sagen Geister von starker Korpulenz, ihnen eine zu schwere Last sein möchten.

Das neue Buch von Louis Blanc soll vortrefflich geschrieben sein, und da es eine Menge unbekannter und boshafter Anekdoten enthält, hat es schon ein stoffartiges Interesse für die schadenfrohe große Menge. Die Republikaner schwelgen darin mit Wonne; die Misere, die Kleinheit jener regierenden Bourgeoisie, die sie stürzen wollen, ist hier sehr ergötzlich aufgedeckt. Für die Legitimisten aber ist das Buch wahrer Kaviar, denn der Verfasser, der sie selbst verschont, verhöhnt ihre bürgerlichen Besieger und wirft vergifteten Kot auf den Königsmantel von Ludwig Philipp. Sind die Geschichten, die Louis Blanc von ihm erzählt, falsch oder wahr? Ist letzteres der Fall, so hätte die große Nation der Franzosen, die so viel von ihrem Point-d'honneur spricht, sich seit zehn Jahren von einem gewöhnlichen Gaukler, von einem gekrönten Bosco regieren und repräsentieren lassen. Es wird nämlich in jenem Buche folgendes erzählt: Den 1. August, als Karl X. den Herzog von Orléans zum Leutnant-General ernannt, habe sich Dupin zu letzterm nach Neuilly begeben und ihm vorgestellt, daß er, um dem gefährlichen Verdacht der Zweideutigkeit zu entgehen auf eine entschiedene Weise mit Karl X. brechen und ihm einen bestimmten Absagebrief schreiben müsse. Ludwig Philipp habe dem Rate Dupins seinen ganzen Beifall geschenkt und ihn selbst gebeten, einen solchen Brief für ihn zu redigieren; dieses sei geschehen und zwar in den derbsten Ausdrücken, und Ludwig Philipp, im Begriff, den schon mit einem Adreßkuverte versehenen Brief zu versiegeln und das Siegellack bereits an die Wachskerze haltend, habe sich plötzlich zu Dupin gewandt mit den Worten: »In wichtigen Fällen konsultiere ich immer meine Frau, ich will ihr erst den Brief vorlesen, und findet er Beifall, so schicken wir ihn gleich ab«. Hierauf habe er das Zimmer verlassen, und nach einer Weile mit dem Briefe zurückkehrend habe er denselben schnell versiegelt und unverzüglich an Karl X. abgeschickt. Aber nur das Adreßkuvert sei dasselbe gewesen, dem plumpen Dupinschen Briefe jedoch habe der fingerfertige Künstler ein ganz demütiges Schreiben substituiert, worin er, seine Untertanentreue beteuernd, die Ernennung als Leutnant-General annahm und den König beschwor, zugunsten seines Enkels zu abdizieren. Die nächste Frage ist nun: Wie ward dieser Betrug entdeckt? Hierauf hat Herr Louis Blanc einem Bekannten von mir mündlich die Antwort erteilt: Herr Berryer, als er nach Prag zu Karl X. reiste, habe demselben ehrfurchtsvoll vorgestellt, daß Seine Majestät sich einst mit der Abdikation etwas zu sehr übereilt, worauf ihm Seine Majestät, um sich zu justifizieren, den Brief zeigte, den ihm zu jener Zeit der Herzog von Orléans geschrieben; den Rat desselben habe er um so eifriger befolgt, da er in ihm den Leutnant-General des Königreichs anerkannt hatte. Es ist also Herr Berryer, welcher jenen Brief gesehen hat und auf dessen Autorität die ganze Anekdote beruht. Für die Legitimisten ist diese Autorität gewiß hinreichend, und sie ist es auch für die Republikaner, die alles glauben, was der legitime Haß gegen Ludwig Philipp erfindet. Wir sahen dieses noch jüngst, als eine verrufene Vettel die bekannten falschen Briefe schmiedete, bei welcher Gelegenheit Herr Berryer sich bereits als Advokat der Fälschung in vollem Glanze zeigte. Wir, die wir weder Legitimist noch Republikaner sind, wir glauben nur an das Talent des Herrn Berryer, an sein wohltönendes Organ, an seinen Sinn für Spiel und Musik, und ganz besonders glauben wir an die ungeheuern Summen, womit die legitimistische Partei ihren großen Sachwalter honoriert.

Was Ludwig Philipp betrifft, so haben wir in diesen Blättern oft genug unsre Meinung über ihn ausgesprochen. Er ist ein großer König, obgleich ähnlicher dem Odysseus als dem Ajax, dem wütenden Autokraten, der im Zwist mit dem erfindungsreichen Dulder gar kläglich unterliegen mußte. Er hat aber die Krone Frankreichs nicht wie ein Schelm eskamotiert, sondern die bitterste Notwendigkeit, ich möchte sagen die Ungnade Gottes drückte ihm die Krone aufs Haupt, in einer verhängnisvollen Schreckensstunde. Freilich, er hat bei dieser Gelegenheit ein bißchen Komödie gespielt, er meinte es nicht ganz ehrlich mit seinen Kommittenten, mit den Juliushelden, die ihn aufs Schild erhoben – aber meinten es diese so ganz ehrlich mit ihm, dem Orléans? Sie hielten ihn für einen bloßen Hampelmann, sie setzten ihn lustig auf den roten Sessel, im festen Glauben, ihn mit leichter Mühe wieder herabwerfen zu können, wenn er sich nicht gelenkig genug an den Drähten regieren ließe, oder wenn es ihnen gar einfiele, die Republik, das alte Stück, wieder aufzuführen. Aber diesmal, wie ich bereits mal gesagt habe, war es das Königtum selbst, welches die Rolle des Junius Brutus spielte, um die Republikaner zu täuschen, und Ludwig Philipp war klug genug, die Maske der schafmütigsten Einfalt vorzunehmen, mit dem großen sentimentalen Parapluie unterm Arm wie Staberle durch die Gassen von Paris zu schlendern, Bürger Krethi und Bürger Plethi die ungewaschenen Hände zu schütteln, und zu lächeln und sehr gerührt zu sein. Er spielte wirklich damals eine kuriose Rolle, und als ich kurz nach der Juliusrevolution hierherkam, hatte ich noch oft Gelegenheit, darüber zu lachen. Ich erinnere mich noch sehr gut, daß ich bei meiner Ankunft gleich nach dem Palais Royal eilte, um Ludwig Philipp zu sehen. Der Freund, der mich führte, erzählte mir, daß der König jetzt nur zu bestimmten Stunden auf der Terrasse erscheine; früher aber, noch vor wenigen Wochen, habe man ihn zu jeder Zeit sehen können, und zwar für fünf Franken. »Für fünf Franken!« – rief ich mit Verwunderung, »zeigt er sich denn für Geld?« – »Nein, aber er wird für Geld gezeigt, und es hat damit folgende Bewandtnis: Es gibt eine Sozietät von Claqueurs, Marchands de Contremarques und sonstigem Lumpengesindel, die jedem Fremden anbieten, ihm für fünf Franken den König zu zeigen; gäbe man ihnen zehn Franken, so werde man ihn sehen, wie er die Augen gen Himmel richtet und die Hand beteuernd aufs Herz legt; gäbe man aber zwanzig Franken, so solle er auch die Marseillaise singen.« Gab man nun jenen Kerls ein Fünffrankenstück, so erhoben sie ein jubelndes Vivatrufen unter den Fenstern des Königs, und höchstderselbe erschien auf der Terrasse, verbeugte sich und trat wieder ab. Hatte man jenen Kerls zehn Franken gegeben, so schrien sie noch viel lauter und gebärdeten sich wie besessen während der König erschien, welcher alsdann zum Zeichen seiner stummen Rührung die Augen gen Himmel richtete, und die Hand beteuernd aufs Herz legte. Die Engländer aber ließen es sich manchmal zwanzig Franken kosten, und dann ward der Enthusiasmus aufs höchste gesteigert, und sobald der König auf der Terrasse erschien, ward die Marseillaise angestimmt und so fürchterlich gegrölt, bis Ludwig Philipp, vielleicht nur um dem Gesang ein Ende zu machen, sich verbeugte, die Augen gen Himmel richtete, die Hand aufs Herz legte und die Marseillaise mitsang. Ob er auch mit dem Fuße den Takt schlug, wie behauptet wird, weiß ich nicht. Ich kann überhaupt die Wahrheit dieser Anekdote nicht verbürgen. Der Freund, der sie mir erzählte, ist seit sieben Jahren tot; seit sieben Jahren hat er nicht gelogen. Es ist also nicht Herr Berryer, auf dessen Autorität ich mich berufe.

XXVI.

Paris, 7. November 1840.
Der König hat geweint. Er weinte öffentlich, auf dem Throne, umgeben von allen Würdenträgern des Reichs, angesichts seines ganzen Volks, dessen erwählte Vertreter ihm gegenüberstanden, und Zeugen dieses kummervollen Anblicks waren alle Fürsten des Auslands, repräsentiert in der Person ihrer Gesandten und Abgeordneten. Der König weinte! Dieses ist ein betrübendes Ereignis. Viele verdächtigen diese Tränen des Königs und vergleichen sie mit denen des Reineke. Aber ist es nicht schon hinlänglich tragisch, wenn ein König so sehr bedrängt und geängstet worden, daß er zu dem feuchten Hilfsmittel des Weinens seine Zuflucht genommen? Nein, Ludwig Philipp, der königliche Dulder, braucht nicht eben seinen Tränendrüsen Gewalt anzutun, wenn er an die Schrecknisse denkt, wovon er, sein Volk und die ganze Welt bedroht ist. –

Über die Stimmung der Kammer läßt sich noch nichts Bestimmtes vermelden. Und doch hängt alles davon ab, die innere wie die äußere Ruhe Frankreichs und der ganzen Welt. Entsteht ein bedeutender Zwiespalt zwischen den Bourgeois-Notabilitäten der Kammer und der Krone, so zögern die Häuptlinge des Radikalismus nicht länger mit einem Aufstand, der schon im geheimen organisiert wird, und der nur auf die Stunde harrt, wo der König nicht mehr auf den Beistand der Deputiertenkammer rechnen kann. Solange beide Teile nur schmollen, aber doch ihren Ehekontrakt nicht verletzen, kann kein Umsturz der Regierung gelingen, und das wissen die Rädelsführer der Bewegung sehr gut, deshalb verschlucken sie für den Augenblick all ihren Grimm und hüten sich vor jedem unzeitigen Schilderheben. Die Geschichte Frankreichs zeigt, daß jede bedeutende Phase der Revolution immer parlamentarische Anfänge hatte, und die Männer des gesetzlichen Widerstandes immer mehr oder minder deutlich dem Volk das furchtbare Signal gaben. Durch diese Teilnahme, wir möchten fast sagen Komplizität eines Parlaments, ist das Interregnum der rohen Fäuste nie von langer Dauer, und die Franzosen sind von der Anarchie viel mehr geschützt als andere Völker, die im revolutionären Zustand sind, z. B. die Spanier. Das sahen wir in den Tagen des Julius, wo das Parlament, die legislative Versammlung, sich in einen exekutierenden Konvent verwandelte. Es ist wieder eine solche Umwandlung, die man im schlimmsten Fall erwartet.

XXVII.

Paris, 12. November 1840.

Die Geburt des Herzogs von Chartres ist ein Nachtrag zur Kronrede. »Mitleid, das nackte Kindlein« – sagt Shakespeare. Und das Kindlein ist obendrein ein Prinz von Geblüt, und also bestimmt, die traurigsten Prüfungen zu erdulden, wo nicht gar die königliche Dornenkrone von Frankreich auf dem Haupte zu tragen! Gebt ihm eine deutsche Hebamme, damit er die

Milch der Geduld sauge. Er befindet sich frisch und gesund. Das kluge Kind hat gleich seine Situation begriffen und gleich zu weinen angefangen. Übrigens soll es dem Großvater sehr ähnlich sehen. Letzterer jauchzt vor Freude. Wir gönnen ihm von Herzen diesen Trost, diesen Balsam; hat er doch in der letzten Zeit so viel gelitten! Ludwig Philipp ist der vortrefflichste Hausvater, und eben die übertriebene Sorgfalt für das Glück seiner Familie brachte ihn in so viele Kollisionen mit den Nationalinteressen der Franzosen. Eben weil er Kinder hat und sie liebt, hegt er auch die entschiedenste Zärtlichkeit für den Frieden. Kriegslustige Fürsten sind gewöhnlich kinderlos. Dieser Sinn für Häuslichkeit und häusliches Glück, wie dergleichen bei Ludwig Philipp vorherrschend, ist gewiß ehrenwert und jedenfalls ist das allerhöchste Muster von dem heilsamsten Einfluß auf die Sitten. Der König ist tugendhaft im bürgerlichsten Geschmack, sein Haus ist das honetteste von ganz Frankreich, und die Bourgeoisie, die ihn zu ihrem Statthalter gewählt, hat noch immer hinlängliche Gründe, mit ihm zufrieden zu sein.

Solange die Bourgeoisie am Ruder steht, droht der jetzigen Dynastie keine Gefahr. Wie soll es aber gehen, wenn Stürme aufsteigen, wo stärkere Fäuste zum Ruder greifen, und die Hände der Bourgeoisie, die mehr geeignet zum Geldzählen und Buchführen, sich ängstlich zurückziehen? Die Bourgeoisie wird noch weit weniger Widerstand leisten, als die ehemalige Aristokratie; denn selbst in ihrer kläglichsten Schwäche, in ihrer Erschlaffung durch Sittenlosigkeit, in ihrer Entartung durch Kurtisanerie, war die alte Noblesse doch noch beseelt von einem gewissen Point d'honneur, das unsrer Bourgeoisie fehlt, die durch den Geist der Industrie emporblüht, aber auch untergehen wird. Man prophezeit ihr einen 10. August, aber ich zweifle, ob die bürgerlichen Ritter des Juliusthrons sich so heldenmütig zeigen werden, wie die gepuderten Marquis des alten Regimes, die, in seidenen Röcken und mit dünnen Galanteriedegen sich dem eindringenden Volke in den Tuilerien entgegensetzten.

Die Nachrichten, die uns aus dem Osten zukommen, sind für die Franzosen sehr betrübend. Die Autorität Frankreichs ist im Orient unwiederbringlich verloren und wird die Beute von England und Rußland. Die Engländer haben erlangt was sie wollten, die tatsächliche Ohnmacht in Syrien, die Sicherung ihrer Handelsstraße nach Indien: der Euphrat, einer der vier Paradiesflüsse, wird ein englisches Gewässer, worauf man mit dem Dampfschiffe fährt, wie nach Ramsgate und Margate usw. – auf Towerstreet ist das Steamboat-office, wo man sich einschreibt – zu Bagdad, dem alten Babylon, steigt man aus und trinkt Porter oder Tee. – Die Engländer schwören täglich in ihren Blättern, daß sie keinen Krieg wollten, und daß der famose Pazifikationstraktat nicht im mindesten die Interessen Frankreichs verletzen und die Fackel des Krieges in die Welt schleudern sollte – und dennoch war es der Fall: die Engländer haben die Franzosen aufs bitterste beleidigt und die ganze Welt einem allgemeinen Brande ausgesetzt, um für sich einige Schachvorteile zu erzielen! Aber die Selbstsucht sorgte nur für den Moment, und die Zukunft bereitet ihr die Strafe. Die Vorteile, die Rußland durch den erwähnten Traktat erntete, sind zwar nicht von so barer Münze, man kann sie nicht so schnell berechnen und einkassieren, aber sie sind von unschätzbarstem Werte für seine Zukunft. Zunächst ward dadurch die Allianz zwischen Frankreich und England ausgelöst, was ein wichtiger Gewinn für Rußland, das früh oder spät mit einer jener Mächte in die Schranken treten muß. Dann ward die Macht jenes Ägyptiers vernichtet, der, wenn er sich an die Spitze der Moslemin stellte, imstande war, das türkische Reich zu schützen vor den Russen, die es schon als ihr Eigentum betrachten. Und noch viele Vorteile der Art haben die Russen erbeutet, und zwar ohne großen Aufwand von Gefahr, da, im Fall eines Kriegs, die Franzosen nicht bis zu ihnen hinüberreichen könnten, ebensowenig wie sie den Engländern beizukommen vermöchten. Zwischen England und dem Zorn der Franzosen liegt das Meer, zwischen den letztern und den Russen liegt Deutschland; – und wir armen Deutschen, durch den Zufall der Örtlichkeit, wir hätten uns schlagen müssen für Dinge, die uns gar nichts angehen, für nichts und wieder nichts, gleichsam für des Kaisers Bart. – Ach, wäre es noch für den Bart eines Kaisers!

XXVIII.

Paris, 6. Januar 1841.

Das junge Jahr begann wie das alte mit Musik und Tanz. In der Großen Oper erklingen die Melodien Donizettis, womit man die Zeit notdürftig ausfüllt, bis der Prophet kommt, nämlich das Meyerbeersche Opus dieses Namens. Vorgestern abend debütierte Mademoiselle Heinefetter mit großem, glänzenden Erfolg. Im Odéon, dem italienischen Nachtigallennest, flöten schmelzender als je der alternde Rubini und die ewig junge Grisi, die singende Blume der Schönheit. Auch die Konzerte haben schon begonnen in den rivalisierenden Sälen von Herz und Erard, den beiden Holzkünstlern. Wer in diesen öffentlichen Anstalten Polyhymnias nicht genug Gelegenheit findet, sich zu langweilen, der kann schon in den Privatsoireen sich nach Herzenslust ausgähnen: eine Schar junger Dilettanten, die zu den fürchterlichsten Hoffnungen berechtigen, läßt sich hier hören in allen Tonarten und auf allen möglichen Instrumenten; Herr Orfila meckert wieder seine unbarmherzigsten Romanzen, gesungenes Rattengift. Nach der schlechten Musik wird lauwarmes Zuckerwasser oder gesalzenes Eis herumgereicht, und getanzt. Auch die Maskenbälle erheben sich schon unter Pauken- und Trompetenschall, und wie mit Verzweiflung stürzen sich die Pariser in den tosenden Strudel des Vergnügens. Der Deutsche trinkt, um sich von drückender Sorgenlast zu befreien; der Franzose tanzt, den berauschenden, betäubenden Galoppwalzer. Die Göttin des Leichtsinns möchte gern ihrem Lieblingsvolke allen trüben Ernst aus der Seele hinausgaukeln, aber es gelingt ihr nicht; in den Zwischenpausen der Quadrille flüstert Harlekin seinem Nachbar Pierrot ins Ohr: »Glauben Sie, daß wir uns dieses Frühjahr schlagen müssen?« Selbst der Champagner ist unmächtig, und kann nur die Sinne benebeln, die Herzen bleiben nüchtern, und manchmal, beim lustigsten Bankett, erbleichen die Gäste, der Witz stirbt auf ihren Lippen, sie werfen sich erschrockene Blicke zu – an der Wand sehen sie die Worte: »Mene, Tekel, Peres!«

Die Franzosen verhehlen sich nicht das Gefahrvolle ihrer Lage, aber der Mut ist ihre Nationaltugend. Und am Ende wissen sie sehr gut, daß die politischen Besitztümer, die ihre Väter mit kampflustigster Tapferkeit erworben haben, nicht durch duldende Nachgiebigkeit und müßige Demut bewahrt werden können. Selbst Guizot, der so unwürdig geschmähte Guizot, ist keineswegs gesonnen, den Frieden um jeden Preis zu erhalten. Dieser Mann behauptet zwar einen unerschrockenen Widerstand gegen den anstürmenden Radikalismus, aber ich bin überzeugt, daß er sich mit derselben Entschlossenheit dem Andrang absolutistischer und hierarchischer Bestrebungen entgegenstemmen würde. Ich weiß nicht, wie groß die Zahl der Nationalgardisten war, die beim kaiserlichen Leichenbegängnisse *à bas Guizot*! riefen; aber ich weiß, daß die Nationalgarde, verstünde sie ihre eigenen Interessen, ebenso verständig wie dankbar handeln würde, wenn sie gegen jene schnöden Rufe öffentlich protestierte. Denn die Nationalgarde ist am Ende doch nichts anderes, als die bewaffnete Bourgeoisie, und eben diese, gefährdet zu gleicher Zeit durch die intrigierende Partei des alten Regimes und die Prädikanten einer Baboeuffschen Republik, hat in Guizot ihren natürlichen Schutzvogt gefunden, der sie schützt nach oben wie nach unten. Guizot hat nie etwas anderes gewollt, als die Herrschaft der Mittelklassen, die er durch

Bildung und Besitz dazu geeignet glaubte, die Staatsgeschäfte zu lenken und zu vertreten. Ich bin überzeugt, hätte er in der französischen Aristokratie noch ein Lebenselement gefunden, wodurch sie fähig gewesen wäre, zum Heil des Volkes und der Menschheit Frankreich zu regieren, Guizot wäre ihr Kämpe geworden, mit ebenso großem Eifer und gewiß mit größerer Uneigennützigkeit als Berryer und ähnliche Paladine der Vergangenheit; ich bin in gleicher Weise überzeugt, daß er für die Proletarierherrschaft kämpfen würde, und zwar mit strengerer Ehrlichkeit als Lamennais und seine Kreuzbrüder, wenn er die untern Klassen durch Bildung und Einsicht reif glaubte, das Staatsruder zu führen, und wenn er nicht einsähe, daß der unzeitige Triumph der Proletarier nur von kurzer Dauer und ein Unglück für die Menschheit wäre, indem sie, in ihrem blödsinnigen Gleichheitstaumel, alles was schön und erhaben auf dieser Erde ist, zerstören, und namentlich gegen Kunst und Wissenschaft ihre bilderstürmende Wut auslassen würden.

Guizot ist jedoch kein Mann des starren Stillstandes, sondern des geregelten und gezeitigten Fortschritts, und die Zukunft wird diesem Manne die glorreichste Gerechtigkeit widerfahren lassen. Vielleicht wird dergleichen ihm schon in der nächsten Gegenwart zuteil: er braucht nur das Hotel des Capucins zu verlassen. Würde er in diesem Fall wieder seinen Gesandtschaftsposten in London antreten? Würde er, trotz seiner Sympathie für England, jenes neue Ministerium unterstützen, das eine Allianz mit Rußland träumt? – Es ist möglich, denn im Fall man Frankreich zum Kriege zwänge, würde Guizot, alle revolutionären Mittel verschmähend, nur politischen Allianzen nachstreben. »Können wir, trotz aller Opfer und Mäßigung, den Frieden nicht aufrecht erhalten, so werden wir den Krieg als eine Macht führen *(puissance)*, und nicht als ein lärmender Haufen *(cohue)*« – so äußerte sich Guizot im vertrauten Salon. Hierin liegt aber der Hauptgrund, weshalb ihm all jene Leute gram sind, die nur von einer Propaganda den Sieg erwarten, und sich dabei als notwendige Werkzeuge wichtig machen wollen. Das sind namentlich die Journalisten, die ihrer Feder alle mögliche Hilfswirkung zutrauen. »Das Beste in der Welt ist eine baumwollene Nachtmütze« – sagte der Bonnetier, und die Journalisten sagen: »das Beste ist ein Zeitungsartikel!« Wie sehr sie sich irren, erfuhren wir in jüngster Zeit, wo die propagandistischen Phrasen des *»National«*, des *»Currier français«* und des *»Constitutionnel«* so viel Mißgunst in Deutschland erregten. Da waren die Väter weit praktischer: als sie die kosmopolitischen Ideen der Revolution in Gefahr sahen, suchten sie Hülfe im Nationalgefühl. Die Söhne, welche ihre Nationalität bedroht sehen, nehmen ihre Zuflucht zu den kosmopolitischen Ideen; – diese aber treiben nicht so mächtig zur Tat, wie jene begeisternden Erddünste, die wir Vaterlandsliebe nennen.

Ob im Falle eines Krieges die russische Allianz für die Franzosen heilsamer sei als die Propaganda, daran zweifle ich. Durch letztere wird nur ihre zeitliche Gesellschaftsform bedroht, erstere aber gefährdet das Wesen der Gesellschaft selbst, ihr innerstes Lebensprinzip, die Seele des französischen Volks.

XXIX.

Paris, 11. Januar 1841

Immer mehr verbreitet sich unter den Franzosen die Meinung, daß Bellonas Drommeten dieses Frühjahr den Gesang der Nachtigallen überschmettern, und die armen Veilchen, zertreten vom Pferdehuf, ihren Duft im Pulverdampf verhauchen müssen. Ich kann dieser Ansicht keineswegs beistimmen, und die süßeste Friedenshoffnung nistet beharrlich in meiner Brust. Es ist jedoch immer möglich, daß die Unglückspropheten recht haben, und der kecke Lenz mit unvorsichtiger Lunte den geladenen Kanonen nahe. Ist aber diese Gefahr überstanden, und ist gar der heiße Sommer gewitterlos vorübergezogen, dann glaube ich, ist Europa für lange Zeit vor den Schrecknissen eines Kriegs geschützt, und wir dürfen uns eines langen, dauernden Friedens versichert halten. Die Wirrnisse, die von oben kamen, werden alsdann auch dort oben ruhig gelöst worden sein, und das niedrige Gezücht des Nationalhasses, das sich in den untern Schichten der Gesellschaft entwickelt hat, wird von der bessern Einsicht der Völker wieder in seinen Schlamm zurückgetreten werden. Das wissen aber auch die Dämonen des Umsturzes diesseits und jenseits des Rheins, und wie hier in Frankreich die radikale Partei, aus Angst vor der definitiven Befestigung der Orléanschen Dynastie und ihrer auf lange Zeit gesicherten Dauer, die Wechselfälle des Kriegs herbeiwünscht, um nur die Chance eines Regierungswechsels zu gewinnen: so predigt jenseits des Rheins die radikale Partei einen Kreuzzug gegen die Franzosen, in der Hoffnung, daß die entzügelten Leidenschaften einen wilden Zustand herbeiführen, wo viel leichter als in einer zahmen und gezähmten Periode die Ideen der Bewegung verwirklicht werden können. Ja, die Furcht vor der einschläfernden und fesselnden Macht des Friedens brachte diese Leute zu dem verzweiflungsvollen Entschluß, das französische Volk (wie sie in ihrer Unschuld sich ausdrücken) aufzuopfern. Wir sagen es offen, weil uns dieser Heroismus ebenso töricht wie undankbar erscheint, und weil wir unsägliches Mitleid empfinden mit der bärenhaften Unbeholfenheit, die sich einbildet klüger zu sein, als alle Füchse der List! O ihr Toren, ich rate euch, legt euch nicht auf das gefährliche Fach der politischen Pfiffigkeit, seid deutsch ehrlich und menschlich dankbar, und bildet euch nicht ein, ihr werdet auf eigenen Beinen stehen, wenn Frankreich fällt, die einzige Stütze, die ihr habt auf dieser Erde!

Werden aber nicht auch von oben die Funken der Zwietracht geschürt? Ich glaube es nicht, und es will mich bedünken, die diplomatischen Wirrnisse seien mehr ein Resultat der Ungeschicklichkeit als des bösen Willens. Wer will aber den

Krieg? England und Rußland könnten sich schon jetzt zufrieden geben; – sie haben bereits genug Vorteile im trüben erfischt. Für Deutschland und Frankreich jedoch ist der Krieg ebenso unnötig wie gefährlich: – die Franzosen besäßen zwar gern die Rheingrenze, aber nur weil sie sonst gegen etwaige Invasionen zu wenig geschützt sind, und die Deutschen brauchten nicht zu fürchten, die Rheingrenze zu verlieren, solange sie nicht selber den Frieden brechen. Weder das deutsche Volk noch das französische Volk begehrt nach Krieg. Ich brauche wohl nicht erst zu beweisen, daß die Rodomontaden unsrer Deutschtümler, die nach dem Besitz von Elsaß und Lothringen schreien, nicht der Ausdruck des deutschen Bauers und des deutschen Bürgers sind. Aber auch der französische Bürger und der französische Bauer, der Kern und die Masse des großen Volks, wünschen keinen Krieg, da die Bourgeoisie nur nach industriellen Ausbeutungen, nach Eroberungen des Friedens trachtet, und der Landmann noch aus Kaiserperiode sehr gut weiß, wie teuer, wie blutteuer er die Triumphe der Nationaleitelkeit bezahlen muß.

Die kriegerischen Gelüste, die bei den Franzosen seit den Zeiten der Gallier so stürmisch loderten und brodelten, sind nachgerade ziemlich erloschen, und wie wenig die militärische *Furor francese* jetzt bei ihnen vorherrschend, zeigte sich bei der Leichenfeier des Kaisers Napoleon Bonaparte. Ich kann nicht mit den Berichterstattern übereinstimmen, die in dem Schauspiel jenes wunderbaren Begräbnisses nur Pomp und Gepränge sahen. Sie hatten kein Auge für die Gefühle, die das französische Volk bis in seine Tiefen erschütterten. Diese Gefühle waren aber nicht die des soldatischen Ehrgeizes und Stolzes, den siegreichen Imperator begleitete nicht jener Prätorianerjubel, jene lärmige Ruhm- und Raubsucht, deren man sich in Deutschland noch erinnert aus den Tagen der Empire. Die alten Eroberer haben seitdem das Zeitliche gesegnet, und es war eine ganz neue Generation, die dem Leichenbegängnisse zuschaute, und wenn nicht mit brennendem Zorn, doch gewiß mit der Wehmut der Pietät sah sie auf diesen goldenen Katafalk, worin gleichsam alle Freuden, Leiden, glorreiche Irrtümer und gebrochene Hoffnungen ihrer Väter, die eigentliche Seele ihrer Väter, eingesargt lag! Da gab's mehr stumme Tränen als lautes Geschrei. Und dann war die ganze Erscheinung so fabelhaft, so märchenartig, daß man kaum seinen Augen traute, daß man zu träumen glaubte. Denn dieser Napoleon Bonaparte, den man begraben sah, war für das heutige Geschlecht schon längst dahingeschwunden in das Reich der Sage, zu den Schatten Alexanders von Makedonien und Karls des Großen, und jetzt, siehe! eines kalten Wintertags erscheint er mitten unter uns Lebenden, auf einem goldenen Siegeswagen, der geisterhaft dahinrollt in den weißen Morgennebeln.

Diese Nebel aber zerrannen wunderbar, sobald der Leichenzug in den Champs-Elysées anlangte. Hier brach die Sonne plötzlich aus dem trüben Gewölk und küßte zum letztenmal ihren Liebling, und streute rosige Lichter auf die imperialen Adler, die ihm vorangetragen wurden, und wie mit sanftem Mitleid bestrahlte sie die armen, spärlichen Überreste jener Legionen, die einst im Sturmschritt die Welt erobert, und jetzt, mit verschollenen Uniformen, matten Gliedern und veralteten Manieren, hinter dem Leichenwagen als Leidtragende einherschwankten. Unter uns gesagt, diese Invaliden der großen Armee sahen aus wie Karikaturen, wie eine Satire auf den Ruhm, wie ein römisches Spottlied auf den toten Triumphator!

Die Muse der Geschichte hat diesen Leichenzug eingezeichnet in ihre Annalen als besondere Merkwürdigkeit; aber für die Gegenwart ist jenes Ereignis minder wichtig, und liefert nur den Beweis, daß der Geist der Soldateska bei den Franzosen nicht so blühend vorwaltet, wie mancher Bramarbas diesseits des Rheins prahlt und mancher Schöps jenseits ihm nachschwatzt. Der Kaiser ist tot. Mit ihm starb der letzte Held nach altem Geschmack, und die neue Philisterwelt atmet auf, wie erlöst von einem glänzenden Alp. Über seinem Grabe erhebt sich eine industrielle Bürgerzeit, die ganz andre Heroen bewundert, etwa den tugendhaften Lafayette, oder James Watt, den Baumwollespinner.

XXX.

Paris, 31. Januar 1841.

Zwischen Völkern, die eine freie Presse, unabhängige Parlamente und überhaupt die Institutionen des öffentlichen Verfahrens besitzen, können die Mißverständnisse, die durch die Intrigen und Hofjunkern und durch die Unholde der Parteisucht angezettelt werden, nicht auf die Länge fortdauern. Nur im Dunkeln kann die dunkle Saat zu einem unheilbaren Zerwürfnis emporwuchern. Wie diesseits, so haben auch jenseits des Kanals sich die edelsten Stimmen darüber ausgesprochen, daß nur frevelhafter Unverstand, wo nicht liberticide Böswilligkeit, den Frieden der Welt gestört; und während noch von seiten der englischen Regierung, durch die Schweigsamkeit der Thronrede, das schlechte Verfahren gegen Frankreich gleichsam offiziell fortgesetzt wird, protestiert dagegen das englische Volk durch seine würdigsten Repräsentanten, und gewährt den Franzosen die unumwundenste Genugtuung. Lord Broughams Rede im eben eröffneten Parlamente hat hier eine versöhnende Wirkung hervorgebracht, und er darf sich mit Recht rühmen, daß er ganz Europa einen großen Dienst erzeigt. Auch andre Lords, sogar Wellington, haben lobenswerte Worte gesprochen, und letzterer war diesmal das Organ der wahren Wünsche und Gesinnungen seiner Nation. Die angedrohte Allianz der Franzosen mit Rußland hat Sr. Herrlichkeit die Augen geöffnet, und der edle Lord ist nicht der einzige, dem solche Erleuchtung widerfuhr. Auch in unsern deutschen Gauen erschwingen sich die gemäßigten Tories zu einer bessern Erkenntnis der eigenen politischen Interessen, und ihre Bullenbeißer, die altdeutschen Rüden, die schon das freudigste Jagdgeheul erhoben, werden wieder ruhig angekoppelt; unsre christlich germanischen Nationalen erhalten die allerhöchste Weisung, nicht mehr gegen Frankreich zu bellen. Was aber die schreckliche Allianz betrifft, so steht sie gewiß noch in weitem Feld, und der Unmut gegen die Engländer, selbst gesteigert bis zum höchsten Hasse, dürfte in Frankreich noch immer keine Liebe für die Russen hervorrufen.

An eine baldige Lösung der orientalischen Wirren glaube ich ebensowenig wie an die moskowitische Allianz. Vielmehr verwickeln sich die Verhältnisse in Syrien, und Mehemet Ali spielt dort seinen Feinden manchen gefährlichen Schabernack. Es zirkulieren wunderliche, meistens aber widersprechende Gerüchte von den Listen, womit der Alte sein verlorenes Ansehen wiederzuerobern sucht. Sein Unglück ist die Überschlauheit, die ihn verhinderte, die Dinge in ihrem natürlichsten Lichte zu sehen. Er verfängt sich in den Fäden der eignen Ränke. Z. B., indem er die Presse zu ködern wußte und über seine Macht allerlei trügerische Berichte in Europa ausposaunen ließ, gewann er zwar die Sympathie der Franzosen, die den Wert seiner Allianz überschätzten, aber er war zugleich selbst daran schuld, daß die Franzosen ihm hinlängliche Kräfte zutrauten, ohne ihre Beihilfe bis zum Frühjahr Widerstand zu leisten. Hierdurch ging er zugrunde, nicht durch seine Tyrannei, wovon die »Allgemeine Zeitung« gewiß allzu grelle Gemälde lieferte. Dem kranken Löwen gibt jetzt jeder die kleinlichsten Eselstritte. Das Ungeheuer ist vielleicht nicht so schlecht, wie es die Leute, die er nicht bestochen hat, oder nicht bestechen wollte, ärgerlich behaupten. Augenzeugen seiner großmütigen Handlungen versichern, Mehemet Ali sei persönlich huldreich und gütig, er liebe die Zivilisation, und nur die äußerste Notwendigkeit, der Kriegszustand seiner Lande, zwänge ihn zu jenem Erpressungssystem, womit er seine Fellahs heimsuche. Diese unglücklichen Nilbauern seien in der Tat eine Herde von Jammergestalten, die, unter Stockschlägen zur Arbeit getrieben, bis aufs Blut ausgesaugt werden. Aber das sei, heißt es, altägyptische Methode, die unter allen Pharaonen dieselbe war, und die man nicht nach modern europäischem Maßstabe beurteilen dürfe. Die Anklage der Philanthropen könnte der arme Pascha mit denselben Worten zurückweisen, womit unsre Köchin sich entschuldigte, als sie die Krebse in allmählich siedendem Wasser lebendig kochte. Sie wunderte sich, daß wir dieses Verfahren eine unmenschliche Grausamkeit nannten, und versicherte uns, die armen Tierchen seien von jeher daran gewöhnt. – Als Herr Crémieux mit Mehemet Ali von den Justizgreueln sprach, die in Damaskus verübt worden, fand er ihn zu den heilsamsten Reformen geneigt, und wären nicht die politischen Ereignisse allzu stürmisch dazwischengetreten, so hätte es der berühmte Advokat gewiß erreicht, den Pascha zur Einführung des europäischen Kriminalverfahrens in seinen Staaten zu bewegen.

Mit dem Sturze Mehemet Alis gehen auch die stolzen Hoffnungen zu Grabe, worin mohammedanische Phantasie, zumal unter den Zelten der Wüste, sich so schwärmerisch wiegte. Hier galt Ali für den Helden, der bestimmt sei, dem schwachen Türkenregimente zu Stambul ein barsches Ende zu machen, und dort selber das Kalifat übernehmend, die Fahne des Propheten zu schützen. Und wahrhaftig in seiner starken Faust wäre sie besser aufgehoben, als in den schwachen Händen des jetzigen Gonfaloniere des mohammedanischen Glaubens, der früh oder spät den Legionen und den noch gefährlichern Machinationen des Zars aller Reußen erliegen muß. Dem politischen und religiösen Fanatismus, worüber der russische Kaiser, der zugleich das Oberhaupt der griechischen Kirche ist, verfügen kann, hätte ein regeneriertes Reich der Moslim unter Mehemet Ali oder einem sonstig neuen Dynasten mit ähnlicher Gewalt widerstanden, da ein ebenso ungestüm fanatisches

Element zu seiner Erhaltung in die Schranken getreten wäre. Ich rede hier vom Genius der Araber, der nie ganz erstorben, sondern nur im stillen Beduinenleben eingeschlafen, und oft wie träumend nach dem Schwerte griff, wenn irgendein ausgezeichneter Löwe draußen sein kriegerisches Gebrüll vernehmen ließ. – Diese Araber harren vielleicht nur des rechten Rufs, um schlafgestärkt wieder aus ihren schwülen Einöden hervorzustürmen, wie ehemals. – Wir haben sie aber nicht mehr zu fürchten, wie ehemals, wo wir vor den Halbmondstandarten zitterten, und es wäre vielmehr ein Glück für uns, wenn Konstantinopel jetzt der Tummelplatz ihres Glaubenseifers würde. Dieser wäre das beste Bollwerk gegen jenes moskowitische Gelüste, das nichts Geringeres im Schilde führt, als an den Ufern des Bosporus die Schlüssel der Weltherrschaft zu erkämpfen oder zu erschleichen. Welch eine Macht besitzt bereits der Kaiser von Rußland, den man wahrlich bescheiden nennen muß, wenn man bedenkt, wie stolz andere an seiner Stelle sich gebärden würden. Aber weit gefährlicher als der Stolz des Herrn ist der Knechtschaftshochmut seines Volks, das nur in seinem Willen lebt, und mit blindem Gehorsam in der heiligen Machtvollkommenheit des Gebieters sich selber zu verherrlichen glaubt. Die Begeisterung für das römisch-katholische Dogma ist abgenutzt, die Ideen der Revolution finden nur noch laue Enthusiasten, und wir müssen uns wohl nach neuen frischen Fanatismen umsehen, die wir dem slawisch-griechisch-orthodoxen, absoluten Kaiserglauben entgegensetzen könnten!

Ach! wie schrecklich ist diese orientalische Frage, die bei jeder Wirrnis uns so höhnisch angrinst! Wollen wir der Gefahr, die uns von dorther bedroht, schon jetzt vorbeugen, so haben wir den Krieg. Wollen wir hingegen geduldig dem Fortschritt des Übels zusehen, so haben wir die sichere Knechtschaft. Da ist ein schlimmes Dilemma. Wie sie sich auch betrage, die arme Jungfrau Europa – sie mag mit Klugheit bei ihrer Lampe wachend bleiben, oder als ein sehr unkluges Fräulein bei der erlöschenden Lampe einschlafen – ihrer harret kein Freudentag.

XXXI.

Paris, 13. Februar 1841.

Sie gehen jeder Frage direkt auf den Leib und zerren daran so lange herum, bis sie entweder gelöst, oder als unauflösbar beseitigt wird. Das ist der Charakter der Franzosen, und ihre Geschichte entwickelt sich daher wie ein gerichtlicher Prozeß. Welche logische, systematische Aufeinanderfolge bieten alle Vorgänge der französischen Revolution! In diesem Wahnsinn war wirklich Methode, und die Historiographen, die, nach dem Vorbild von Mignet, dem Zufall und den menschlichen Leidenschaften wenig Spielraum gestattend, die tollsten Erscheinungen seit 1789 als ein Resultat der strengsten Notwendigkeit darstellen – diese sogenannte fatalistische Schule ist in Frankreich ganz an ihrem Platz, und ihre Bücher sind ebenso wahrhaft wie leichtfaßlich. Die Anschauungs- und Darstellungsweise dieser Schriftsteller, angewendet auf Deutschland, würde jedoch sehr irrtumreiche und unbrauchbare Geschichtswerke hervorbringen. Denn der Deutsche, aus Scheu vor aller Neuerung, deren Folgen nicht klar zu ermitteln sind, geht jeder bedeutenden politischen Frage solange wie möglich aus dem Wege, oder sucht ihr durch Umwege eine notdürftige Vermittlung abzugewinnen, und die Fragen häufen und verwickeln sich unterdessen bis zu jenem Knäuel, welcher am Ende vielleicht, wie jener gordische, nur durch das Schwert gelöst werden kann. Der Himmel behüte mich, dem großen Volk der Deutschen hiermit einen Vorwurf machen zu wollen! Weiß ich doch, daß jener Mißstand aus einer Tugend hervorgeht, die den Franzosen fehlt. Je unwissender ein Volk, desto leichter stürzt es sich in die Strömung der Tat; je wissenschaftsreicher und nachdenklicher ein Volk, desto länger sondiert es die Flut, die es mit klugen Schritten durchwatet, wenn es nicht gar zögernd davor stehen bleibt, aus Furcht vor verborgenen Untiefen oder vor der erkältenden Nässe, die einen gefährlichen Nationalschnupfen verursachen könnte. Am Ende ist auch wenig daran gelegen, daß wir solchermaßen nur langsam fortschreiten oder durch Stillstand einige hundert Jährchen verlieren, denn dem deutschen Volk gehört die Zukunft, und zwar eine sehr lange, bedeutende Zukunft. Die Franzosen handeln so schnell und handhaben die Gegenwart mit solcher Eile, weil sie vielleicht ahnen, daß für sie die Dämmerung heranbricht: hastig verrichten sie ihr Tagwerk. Aber ihre Rolle ist noch immer ziemlich schön, und die übrigen Völker sind doch nur das verehrungswürdige Publikum, das der französischen Staats- und Volkskomödie zuschaut. Dieses Publikum freilich wandelt zuweilen das Gelüste an, ein bißchen laut seinen Beifall oder Tadel auszusprechen, wo nicht gar auf die Szene zu steigen und mitzuspielen; aber die Franzosen bleiben doch immer die Hauptakteurs im großen Weltdrama, man mag ihnen Lorbeerkränze oder faule Äpfel an den Kopf werfen. »Mit Frankreich ist es aus« – mit diesen Worten läuft hier mancher deutsche Korrespondent herum und prophezeit den Untergang des heutigen Jerusalems; aber er selber fristet doch sein kümmerliches Leben durch Berichterstattung dessen, was diese so gesunkenen Franzosen täglich schaffen und tun, und seine respektiven Kommittenten, die deutschen Zeitungsredaktionen, würden ohne Berichte aus Paris keine drei Wochen lang ihre Journalspalten füllen können. Nein, Frankreich hat noch nicht geendet, aber – wie alle Völker, wie das Menschengeschlecht selbst – es ist nicht ewig, es hat vielleicht schon seine Glanzperiode überlebt, und es geht jetzt mit ihm eine Umwandlung vor, die sich nicht ableugnen läßt: auf seiner glatten Stirn lagern sich diverse Runzeln, das leichtsinnige Haupt bekommt graue Haare, senkt sich sorgenvoll und beschäftigt sich nicht mehr ausschließlich mit dem heutigen Tage – es denkt auch an morgen.

Der Kammerbeschluß über die Fortifikation von Paris beurkundet eine solche Übergangsperiode des französischen Volksgeistes. Die Franzosen haben in der letzten Zeit sehr viel gelernt, sie verloren dadurch alle Lust des blinden Hinausstürmens in die gefährliche Fremde. Sie wollen jetzt sich selber zu Hause verschanzen gegen die eventuellen Angriffe der Nachbarn. Auf dem Grabe des kaiserlichen Adlers ist ihnen der Gedanke gekommen, daß der bürgerlichkönigliche Hahn nicht unsterblich sei. Frankreich lebt nicht mehr in dem kecken Rausche seiner unüberwindlichen Obmacht: es ward ernüchtert durch das aschermittwochliche Bewußtsein seiner Besiegbarkeit, und ach, wer an den Tod denkt, ist schon halb gestorben! Die Befestigungswerke von Paris sind vielleicht der Riesensarg, den der Riese sich selber dekretierte, in trüber Ahnung. Es mag jedoch noch eine gute Weile dauern, ehe seine Sterbestunde schlägt, und manchem Nichtriesen dürfte er zuvor die tödlichsten Hiebe versetzen. Jedenfalls wird er einst durch die klirrende Wucht seines Hinsinkens den Erdboden schüttern machen und, noch furchtbarer als im Leben, wird er durch seine posthumen Werke, als nachtwandelndes Gespenst, seine Feinde ängstigen. Ich bin überzeugt, im Fall man Paris zerstörte, würden seine Bewohner, wie einst die Juden, sich in die ganze Welt zerstreuen und dadurch noch erfolgreicher die Saat der gesellschaftlichen Umwandlung verbreiten.

Die Befestigung von Paris ist das wichtigste Ereignis unserer Zeit, und die Männer, die in der Deputiertenkammer dafür oder dagegen stimmten, haben auf die Zukunft den größten Einfluß geübt. An diese *enceinte continue*, an diese *forts détachés* knüpft sich jetzt das Schicksal des französischen Volks. Werden diese Bauten vor dem Gewitter schützen, oder werden sie die Blitze noch verderblicher anziehen? Werden sie der Freiheit oder der Knechtschaft Vorschub leisten? Werden sie Paris vor Überfall retten, oder dem Zerstörungsrechte des Kriegs unbarmherzig bloßstellen? Ich weiß es nicht, denn ich habe weder

Sitz noch Stimme im Rate der Götter. Aber so viel weiß ich, daß die Franzosen sich sehr gut schlagen würden, wenn sie einst Paris verteidigen müßten gegen eine dritte Invasion. Die zwei frühern Invasionen würden nur dazu gedient haben, den Grimm der Gegenwehr zu steigern. Ob Paris, wenn es befestigt gewesen wäre, jene zwei ersten Male widerstanden hätte, wie in der Kammer behauptet ward, möchte ich aus guten Gründen bezweifeln. Napoleon, geschwächt durch alle möglichen Siege und Niederlagen, war nicht imstande, dem andrängenden Europa die Zaubermittel jener Idee, »welche Heere aus dem Boden stampft«, entgegenzusetzen; er hatte nicht mehr Kraft genug, die Fesseln zu brechen, womit er selber jene Idee angekettet; die Alliierten waren es, die bei der Einnahme von Paris jene gebundene Idee in Freiheit setzten. Die französischen Liberalen und Ideologen handelten gar nicht so dumm, gar nicht so närrisch, als sie dem bedrängten Imperator zu seiner Verteidigung keinen Beistand leisteten, denn dieser war ihnen weit gefährlicher, als alle jene fremden Helden, die doch am Ende mit Geld und guten Worten abziehen mußten, und nur einen matten Statthalter hinterließen, dessen man sich auch mit der Zeit entledigen konnte, wie im Julius 1830 wirklich geschah, seit welcher Zeit die Ideen der Revolution wieder in Paris installiert wurden. Die Macht jener Ideen ist es, die einer dritten Invasion die Stirne bieten würde, und die jetzt, gewitzigt durch bittere Erfahrungen, auch die materiellen Bollwerke der Verteidigung nicht verschmäht.

Hier stoßen wir auf die Spaltung, welche in diesem Augenblick unter den Männern der radikalen Partei, in betreff der Befestigung von Paris, herrscht und die leidenschaftlichsten Debatten hervorruft. Bekanntlich hat die Fraktion der Republikaner, die durch den *»National«* repräsentiert wird, den Gesetzvorschlag der Befestigung am wirksamsten verfochten. Eine andere Fraktion, die ich die Linke der Republikaner nennen möchte, erhebt sich dagegen mit dem wildesten Zorn, und da sie in der Presse nur wenige Organe besitzt, so ist bis jetzt die *»Revue du Progrès«* das einzige Journal, wo sie sich aussprechen konnte. Die darauf bezüglichen Artikel flossen aus der Feder Louis Blancs und sind der höchsten Beachtung wert. Wie ich höre, beschäftigt sich auch Arago mit einer Schrift über denselben Gegenstand. Diese Republikaner sträuben sich gegen den Gedanken, daß die Revolution zu materiellen Bollwerken ihre Zuflucht nehmen müsse, sie sehen darin eine Schwächung der moralischen Wehrmittel, eine Erschlaffung der frühern dämonischen Energie, und sie möchten lieber, wie einst der gewaltige Konvent, den Sieg dekretieren, als Sicherheitsanstalten treffen gegen die Niederlage. Es sind in der Tat die Traditionen des Wohlfahrtsausschusses, welche diesen Leuten vorschweben, statt daß die Messieurs des *»National«* vielmehr die Traditionen der Kaiserzeit im Sinne tragen. Ich sagte eben »Messieurs«, denn dies ist der Spottname, womit jene, die sich Citoyens nennen, ihre Antagonisten titulieren. Terroristisch sind im Grunde beide Fraktionen, nur daß die Messieurs des *»National«* lieber durch Kanonen, die Citoyens hingegen lieber durch die Guillotine agieren möchten. Es ist leicht begreiflich, daß erstere eine große Sympathie für einen Gesetzvorschlag empfinden mußten, wodurch die Revolution, zur Zeit der Not, in einem rein militärischen Gewande erscheinen könnte, und die Kanonen imstande wären, die Guillotine im Zaume zu halten! So, und nicht anders, erkläre ich mir den Eifer, womit sich der *»National«* für die Befestigung von Paris aussprach.

Sonderbar! diesmal begegneten sich der *»National«*, der König und Thiers in dem heißesten Wunsche für dieselbe Sache. Und doch ist dieses Begegnis sehr natürlich. Laßt uns durch Zumutung arglistiger Hintergedanken keinen von diesen dreien verleumden. Wie sehr auch persönliche Neigungen im Spiele sind, so handelten doch alle drei zunächst im Interesse Frankreichs; Ludwig Philipp ebensogut wie Thiers und die Herren des *»National«*. Jedoch wie gesagt, persönliche Neigungen kamen ins Spiel. Ludwig Philipp, dieser abgesagte Feind des Krieges, des Zerstörens, ist ein ebenso leidenschaftlicher Freund des Bauens, er liebt alles, wobei Hammer und Kelle in Bewegung gesetzt wird, und der Plan der Befestigung von Paris schmeichelte dieser angebornen Passion. Aber Ludwig Philipp ist auch der Repräsentant der Revolution, er mag es wollen oder nicht, und wo diese bedroht wird, steht seine eigene Existenz in Frage. Er muß sich in Paris halten, um jeden Preis. Denn bemächtigten sich die fremden Potentaten seiner Hauptstadt, so würde seine Legitimität ihn nicht so inviolabel schützen, wie jene Könige von Gottes Gnaden, die überall, wo sie sind, den Mittelpunkt ihres Reiches bilden. Fiele Paris gar in die Hände der Republikaner, infolge einer Revolte, so würden die fremden Mächte vielleicht mit Heeresmacht heranziehen, aber schwerlich um eine Restauration zu versuchen zugunsten Ludwig Philipps, welcher im Julius 1830 König der Franzosen ward, nicht *parce que Bourbon* sondern *quoique Bourbon*! Dies fühlt der kluge Herrscher, und er verschanzt sich in seinem Malapartus. Daß die Befestigung von Paris, wie für ihn selber, so auch für Frankreich heilsam und notwendig, ist sein fester Glaube, und neben der Privatlaune und dem Selbsterhaltungstrieb leitete ihn hier eine echte und wahrhafte Vaterlandsliebe. Jeder König ist ja ein natürlicher Patriot und liebt sein Land, in dessen Geschichte sein Leben wurzelt und mit dessen Schicksalen es verwachsen ist. Ludwig Philipp ist ein Patriot, und zwar im bürgerlichen, familienväterlichen, neufränkischen Sinne, wie denn überhaupt in den Orléans eine ganz andere Art des Patriotismus sich entwickelte, als in den Bourbonen der ältern Linie, die mehr vom historischen Stammesstolze, vom mittelalterlichen Adeltum, beseelt waren, als von eigentlicher Liebe für Frankreich.

Da diese Vaterlandsliebe von den Franzosen als die höchste Tugend angesehen wird, so war es eine sehr wirksame Büberei, daß die Feinde des Königs seine patriotischen Gesinnungen durch verfälschte Briefe verdächtigten. Ja, diese famosen Briefe sind zum Teil verfälscht, zum Teil ganz falsch, und ich begreife nicht, wie manche ehrliche Leute unter den Republikanern nur einen Augenblick an die Echtheit glauben konnten. Aber diese Leute sind immer die Düpes der Legitimisten, welche die Waffen schmieden, womit jene das Leben oder den Leumund des Königs zu meucheln suchen. Der Republikaner ist immer bereit, sein Leben bei jeder gefährlichen Untat aufs Spiel zu setzen; aber er ist doch nur ein täppisches Werkzeug fremder Erfindsamkeit, die für ihn denkt und rechnet: man kann im wahren Sinne des Wortes von den Republikanern behaupten, daß sie das Pulver nicht erfunden haben, womit sie auf den König schießen.

Ja, wer in Frankreich das Nationalgefühl besitzt und begreift, übt den unwiderstehlichsten Zauber auf die Masse, und kann sie nach Belieben lenken und treiben, ihnen das Geld oder das Blut abzapfen, und sie in alle möglichen Uniformen stecken, in die Rittertracht des Ruhmes oder in die Livree der Knechtschaft. Das war das Geheimnis Napoleons, und sein Geschichtschreiber Thiers hat es ihm abgelauscht, abgelauscht mit dem Herzen, nicht mit dem bloßen Verstande; denn nur das Gefühl versteht das Gefühl. Thiers ist wahrhaft durchglüht vom französischen Nationalgefühl, und wer dieses gemerkt hat, versteht seine Macht und Unmacht, seine Irrtümer und Vorzüge, seine Größe und Kleinheit und sein Anrecht auf die Zukunft. Dieses Nationalgefühl erklärt alle Akte seines Ministeriums: hier sehen wir die Translation der kaiserlichen Asche, die glorreichste Feier des Heldentums, neben der kläglichen Vertretung jenes kläglichen Konsuls von Damaskus, welcher mittelalterliche Justizgreuel unterstützte, aber ein Repräsentant von Frankreich war; hier sehen wir das leichtsinnigste Aufbrausen und Alarmschlagen, als der Londoner Traktat divulgiert und Frankreich beleidigt ward, und daneben die besonnene Aktivität der Bewaffnung und jenen kolossalen Entschluß der Fortifikation von Paris. Ja, Thiers war es, welcher letztere begann, und für dieses Beginnen auch nachträglich das Gesetz in der Kammer eroberte. Nie sprach er mit größerer Beredsamkeit, nie hat er mit feinerer Taktik einen parlamentarischen Sieg erfochten. Es war eine Schlacht, und im letzten Augenblick war die Entscheidung sehr zweifelhaft; aber das Feldherrnauge des Thiers entdeckte schnell die Gefahr, die dem Gesetz drohte, und ein improvisiertes Amendement gab den Ausschlag. Ihm gebührt die Ehre des Tages.

Es fehlte nicht an Leuten, die den Eifer, den Thiers für den Gesetzentwurf an den Tag legte, nur egoistischen Motiven zuschrieben. Aber hier war wirklich nur der Patriotismus vorwaltend, und ich wiederhole es, Herr Thiers ist durchdrungen von diesem Gefühle. Er ist ganz der Mann der Nationalität, nicht der Revolution, als deren Sohn er sich gern darstellt. Mit dieser Kindschaft hat es freilich seine Richtigkeit, die Revolution ist seine Mutter, aber man darf nicht überschwengliche Sympathien daraus herleiten. Thiers liebt zunächst das Vaterland, und ich glaube, er würde diesem Gefühle alle mütterlichen Interessen aufopfern. Sein Enthusiasmus ist gewiß sehr abgekühlt für den ganzen Freiheitsspektakel, der nur noch als ein verhallendes Echo in seiner Seele nachklingt. Er hat ja als Geschichtschreiber alle Phasen desselben im Geiste mitgelebt, als Staatsmann mußte er mit der fortgesetzten Bewegung tagtäglich kämpfen und ringen, und nicht selten mag diesem Sohn der Revolution die Mutter sehr lästig, sehr fatal geworden sein: denn er weiß recht gut, daß die alte Frau kapabel wäre, ihm selber den Kopf abschlagen zu lassen. – Sie ist nämlich nicht von sanftem Naturell; ein Berliner würde sagen: sie hat kein Gemüt. Wenn die Herren Söhne sie zuweilen schlecht behandeln, so muß man nicht vergessen, daß sie selber, die alte Frau, für ihre Kinder niemals dauernde Zärtlichkeit bewiesen und die besten immer ermordet hat.

XXXII.

Paris, 31. März 1841.

Die Debatten in der Deputiertenkammer über das literarische Eigentum sind sehr unersprießlich. Es ist aber jedenfalls ein bedeutendes Zeichen der Zeit, daß die heutige Gesellschaft, die auf dem Eigentumsrechte basiert ist, auch den Geistern eine gewisse Teilnahme an solchem Besitzprivilegium gestatten möchte, aus Billigkeitsgefühl, oder vielleicht auch als Bestechung! Kann der Gedanke Eigentum werden? Ist das Licht das Eigentum der Flamme, wo nicht gar des Kerzendochts? Ich enthalte mich jedes Urteils über solche Frage, und freue mich nur darüber, daß ihr dem armen Dochte, der sich brennend verzehrt, eine kleine Vergütung verwilligen wollt für sein großes, gemeinnütziges Beleuchtungsverdienst!

Das Schicksal des Mehemet Ali wird hier weniger besprochen, als man glauben sollte; doch will es mich bedünken, als herrsche in den Gemütern ein um so tieferes Mitleid für den Mann, der dem Sterne Frankreichs zu viel vertraut hat. Das Ansehen der Franzosen im Orient geht verloren, und dieser Verlust wirkt auch mißlich auf ihre okzidentalischen Verhältnisse; Sterne, an die man nicht mehr glauben kann, erbleichen. – Als die amerikanischen Händel sich so bedenklich gestalteten, ward von englischer Seite die Ausgleichung der ägyptischen Erblichkeitsfrage aufs emsigste betrieben. Frankreich hatte da leichtes Spiel, zum Besten des Paschas zu agieren; das Ministerium scheint aber nichts getan zu haben, um den getreusten Alliierten zu retten.

Die amerikanischen Händel sind es aber nicht allein, was die Engländer antreibt, die ägyptische Erblichkeitsfrage sobald als möglich abzufertigen und somit die französische Diplomatie wieder in den Stand zu setzen, an den Beratungen und Beschlüssen der europäischen Großmächte teilzunehmen. Die *Dardanellenfrage* steht drohend vor der Tür, verlangt schnelle

Entscheidung, und hier rechnen die Engländer auf die konferenzielle Stütze des französischen Kabinetts, dessen Interessen bei dieser Gelegenheit mit ihren eigenen übereinstimmen, Rußland gegenüber.

Ja, die sogenannte Dardanellenfrage ist von der höchsten Wichtigkeit, und nicht bloß für die erwähnten Großmächte, sondern für uns alle, für den Kleinsten wie für den Größten, für Reuß-Schleiz-Greiz und Hinterpommern ebensogut wie für das allmächtige Österreich, für den geringsten Schuhflicker wie für den reichsten Lederfabrikanten; denn das Schicksal der Welt selbst steht hier in Frage, und diese Frage muß an den Dardanellen gelöst werden, gleichviel in welcher Weise. Solange dieses nicht geschehen, kränkelt Europa an einem heimlichen Übel, das ihm keine Ruhe läßt, und das, je später, desto entsetzlicher, am Ende zum Ausbruch kommt. Die Dardanellenfrage ist nur ein Symptom der orientalischen Frage selbst, der türkischen Erbschaftsfrage, des Grundübels woran wir siechen, des Krankheitsstoffs der im europäischen Staatskörper gärt und der leider nur gewaltsam ausgeschieden, vielleicht nur mit dem Schwerte ausgeschnitten werden kann. Wenn sie auch von ganz andern Dingen sprechen, so schielen doch alle Machthaber nach den Dardanellen, nach der hohen Pforte, nach dem alten Byzanz, nach Stambul, nach Konstantinopel – das Gebreste hat viele Namen. Wäre im europäischen Staatsrechte das Prinzip der Volkssouveränität sanktioniert, so könnte das Zusammenbrechen des osmanischen Kaisertums nicht für die übrige Welt so gefährlich sein, da alsdann in dem aufgelösten Reiche die einzelnen Völker sich bald ihre besondern Regenten selbst erwählen und sich so gut als möglich fortregieren lassen würden. Aber im allergrößten Teil Europas herrscht noch das Dogma des Absolutismus, wonach Land und Leute das Eigentum des Fürsten sind, und dieses Eigentum durch das Recht des Stärkern, durch die *ultima ratio regis*, das Kanonenrecht, erwerbbar ist. – Was Wunder, daß keiner der hohen Potentaten den Russen die große Erbschaft gönnen wird, und jeder ein Stück von dem morgenländischen Kuchen haben will; jeder wird Appetit bekommen, wenn er sieht, wie die Barbaren des Nordens sich gütlich tun und der kleinste deutsche Duodez-Fürst wird wenigstens auf ein Biergeld Anspruch machen. Das sind die menschlichen Antriebe, weshalb der Untergang der Türkei für die Welt verderblich werden muß. Die politischen Beweggründe, warum hauptsächlich England, Frankreich und Österreich nicht erlauben können, daß Rußland sich in Konstantinopel festsetze, sind jedem Schulknaben einleuchtend.

Der Ausbruch eines Krieges, der in der Natur der Dinge liegt, ist aber vorderhand vertagt. Kurzsichtige Politiker, die nur zu Palliativen ihre Zuflucht nehmen, sind beruhigt und hoffen ungetrübte Friedenstage. Besonders unsre Financiers sehen wieder alles im lieblichsten Hoffnungslichte. Auch der größte derselben scheint sich solcher Täuschung hinzugeben, aber nicht zu jeder Stunde. Herr von Rothschild, welcher seit einiger Zeit etwas unpäßlich schien, ist jetzt wieder ganz hergestellt, und sieht gesund und wohl aus. Die Zeichendeuter der Börse, welche sich auf die Physiognomie des großen Barons so gut verstehen, versichern uns, daß die Schwalben des Friedens in seinem Lächeln nisten, daß jede Kriegsbesorgnis aus seinem Gesichte verschwunden, daß in seinen Augen keine elektrischen Gewitterfünkchen sichtbar seien, und daß also das entsetzliche Kanonendonnerwetter, das die ganze Welt bedrohte, sich gänzlich verzogen habe. Er niese sogar den Frieden. Es ist wahr, als ich das letzte Mal die Ehre hatte, Herrn von Rothschild meine Aufwartung zu machen, strahlte er vom erfreulichsten Wohlbehagen, und seine rosige Laune ging fast über in Poesie; denn, wie ich schon einmal erzählt, in solchen heitern Momenten pflegt der Herr Baron den Redefluß seines Humors in Reimen ausströmen zu lassen. Ich fand, daß ihm das Reimen diesmal ganz besonders gelang; nur auf »Konstantinopel«

wußte er keinen Reim zu finden, und er kratzte sich an dem Kopf, wie alle Dichter tun, wenn ihnen der Reim fehlt. Da ich selbst auch ein Stück Poet bin, so erlaubte ich mir, dem Herrn Baron zu bemerken, ob sich nicht auf »Konstantinopel« ein russischer »Zobel« reimen ließe? Aber dieser Reim schien ihm sehr zu mißfallen, er behauptete, England würde ihn nie zugeben, und es könnte dadurch ein europäischer Krieg entstehen, welcher der Welt viel Blut und Tränen und ihm selber eine Menge Geld kosten würde.

Herr von Rothschild ist in der Tat der beste politische Thermometer; ich will nicht sagen Wetterfrosch, weil das Wort nicht hinlänglich respektvoll klänge. Und man muß doch Respekt vor diesem Manne haben, sei es auch nur wegen des Respektes, den er den meisten Leuten einflößt. Ich besuche ihn am liebsten in den Bureaus seines Kontors, wo ich als Philosoph beobachten kann, wie sich das Volk und nicht bloß das Volk Gottes, sondern auch alle andern Völker vor ihm beugen und bücken. Das ist ein Krümmen und Winden des Rückgrats, wie es selbst dem besten Akrobaten schwer fiele. Ich sah Leute, die, wenn sie dem großen Baron nahten, zusammenzuckten, als berührten sie eine voltaische Säule. Schon vor der Tür seines Kabinetts ergreift viele ein Schauer der Ehrfurcht, wie ihn einst Moses auf dem Horeb empfunden, als er merkte, daß er auf dem heiligen Boden stand. Ganz so wie Moses alsbald seine Schuhe auszog, so würde gewiß mancher Mäkler oder Agent de Change, der das Privatkabinett des Herrn von Rothschild zu betreten wagt, vorher seine Stiefel ausziehen, wenn er nicht fürchtete, daß alsdann seine Füße noch übler riechen und den Herrn Baron dieser Mistduft inkommodieren dürfte. Jenes Privatkabinett ist in der Tat ein merkwürdiger Ort, welcher erhabene Gedanken und Gefühle erregt, wie der Anblick des Weltmeeres oder des gestirnten Himmels: wir sehen hier, wie klein der Mensch und wie groß Gott ist! Denn das Geld ist der Gott unserer Zeit und Rothschild ist sein Prophet.

Vor mehreren Jahren, als ich mich einmal zu Herrn von Rothschild begeben wollte, trug eben ein galonierter Bedienter das Nachtgeschirr desselben über den Korridor, und ein Börsenspekulant, der in demselben Augenblick vorbeiging, zog ehrfurchtsvoll seinen Hut ab vor dem mächtigen Topfe. So weit geht, mit Respekt zu sagen, der Respekt gewisser Leute. Ich merkte mir den Namen jenes devoten Mannes, und ich bin überzeugt, daß er mit der Zeit ein Millionär sein wird. Als ich einst dem Herrn erzählte, daß ich mit dem Baron Rothschild in den Gemächern seines Kontors *en famille* zu Mittag gespeist, schlug jener mit Erstaunen die Hände zusammen, und sagte mir, ich hätte hier eine Ehre genossen, die bisher nur den Rothschilds von Geblüt oder allenfalls einigen regierenden Fürsten zuteil geworden, und die er selbst mit der Hälfte seiner Nase einkaufen würde. Ich will hier bemerken, daß die Nase des Herrn, selbst wenn er die Hälfte einbüßte, dennoch eine hinlängliche Länge behalten würde.

Das Kontor des Herrn von Rothschild ist sehr weitläufig, ein Labyrinth von Sälen, eine Kaserne des Reichtums; das Zimmer, wo der Baron von Morgen bis Abend arbeitet – er hat ja nichts andres zu tun als zu arbeiten – ist jüngst sehr verschönert worden. Auf dem Kamin steht jetzt die Marmorbüste des Kaisers Franz von Österreich, mit welchem das Haus Rothschild die meisten Geschäfte gemacht hat. Der Herr Baron will überhaupt aus Pietät die Büsten von allen europäischen Fürsten anfertigen lassen, die durch sein Haus ihre Anleihen gemacht, und diese Sammlung von Marmorbüsten wird eine Walhalla bilden, die weit großartiger sein dürfte, als die Regensburger. Ob Herr Rothschild seine Walhallagenossen in Reimen oder im ungereimten königlich bayrischen Lapidarstil feiern wird, ist mir unbekannt.

XXXIII.

Paris, 20. April 1841.

Der diesjährige Salon offenbarte nur eine buntgefärbte Ohnmacht. Fast sollte man meinen, mit dem Wiederaufblühen der bildenden Künste habe es bei uns ein Ende; es war kein neuer Frühling, sondern ein leidiger Altweibersommer. Einen freudigen Aufschwung nahm die Malerei und die Skulptur, sogar die Architektur, bald nach der Juliusrevolution; aber die Schwingen waren nur äußerlich angeheftet, und auf den forcierten Flug folgte der kläglichste Sturz. Nur die junge Schwesterkunst, die Musik, hatte sich mit ursprünglicher, eigentümlicher Kraft erhoben. Hat sie schon ihren Lichtgipfel erreicht? Wird sie sich lange darauf behaupten? Oder wird sie schnell wieder herabsinken? Das sind Fragen, die nur ein späteres Geschlecht beantworten kann. Jedenfalls hat es aber den Anschein, als ob in den Annalen der Kunst unsre heutige Gegenwart vorzugsweise als das Zeitalter der Musik eingezeichnet werden dürfte. Mit der allmählichen Vergeistigung des Menschengeschlechts halten auch die Künste ebenmäßig Schritt. In der frühesten Periode mußte notwendigerweise die Architektur alleinig hervortreten, die unbewußte rohe Größe massenhaft verherrlichend, wie wir's z. B. sehen bei den Ägyptiern. Späterhin erblicken wir bei den Griechen die Blütezeit der Bildhauerkunst, und diese bekundet schon eine äußere Bewältigung der Materie: der Geist meißelte eine ahnende Sinnigkeit in den Stein. Aber der Geist fand dennoch den Stein viel zu hart für seine steigenden Offenbarungsbedürfnisse, und er wählte die Farbe, den bunten Schatten, um eine verklärte und dämmernde Welt des Liebens und Leidens darzustellen. Da entstand die große Periode der Malerei, die am Ende des Mittelalters sich glänzend entfaltete. Mit der Ausbildung des Bewußtseinlebens schwindet bei den Menschen alle plastische Begabnis, am Ende erlischt sogar der Farbensinn, der doch immer an bestimmte Zeichnung gebunden ist, und die gesteigerte Spiritualität, das abstrakte Gedankentum, greift nach Klängen und Tönen, um eine lallende Überschwenglichkeit auszudrücken, die vielleicht nichts anderes ist, als die Auflösung der ganzen materiellen Welt: die Musik ist vielleicht das letzte Wort der Kunst, wie der Tod das letzte Wort des Lebens.

Ich habe diese kurze Bemerkung hier vorangestellt, um anzudeuten, weshalb die musikalische Saison mich mehr ängstigt als erfreut. Daß man hier fast in lauter Musik ersäuft, daß es in Paris fast kein einziges Haus gibt, wohin man sich wie in eine Arche retten kann vor dieser klingenden Sündflut, daß die edle Tonkunst unser ganzes Leben überschwemmt – dies ist für mich ein bedenkliches Zeichen, und es ergreift mich darob manchmal ein Mißmut, der bis zur murrsinnigsten Ungerechtigkeit gegen unsre großen Maestri und Virtuosen ausartet. Unter diesen Umständen darf man keinen allzu heitern Lobgesang von mir erwarten für den Mann, den hier die schöne Welt, besonders die hysterische Damenwelt, in diesem Augenblick mit einem wahnsinnigen Enthusiasmus umjubelt, und der in der Tat einer der merkwürdigsten Repräsentanten der musikalischen Bewegung ist. Ich spreche von Franz Liszt, dem genialen Pianisten. Ja der Geniale ist jetzt wieder hier und gibt Konzerte, die einen Zauber üben, der ans Fabelhafte grenzt. Neben ihm schwinden alle Klavierspieler – mit Ausnahme eines einzigen, des Chopin, des Rafaels des Fortepiano. In der Tat, mit Ausnahme dieses Einzigen sind alle andern Klavierspieler, die wir dieses Jahr in unzähligen Konzerten hörten, eben nur Klavierspieler, sie glänzen durch die Fertigkeit, womit sie das besaitete Holz handhaben, bei Liszt hingegen denkt man nicht mehr an überwundene Schwierigkeit, das Klavier verschwindet und es offenbart sich die Musik. In dieser Beziehung hat Liszt, seit wir ihn zum letztenmal hörten, den wunderbarsten Fortschritt gemacht. Mit diesem Vorzug verbindet er eine Ruhe, die wir früher an ihm vermißten. Wenn er z. B. damals auf dem Pianoforte ein Gewitter spielte, sahen wir die Blitze über sein eigenes Gesicht dahinzucken, wie von Sturmwind schlotterten seine Glieder, und seine langen Haarzöpfe träuften gleichsam vom dargestellten Platzregen. Wenn er jetzt auch das stärkste Donnerwetter spielt, so ragt er doch selber darüber empor, wie der Reisende, der auf der Spitze einer Alpe steht, während es im Tal gewittert: die Wolken lagern tief unter ihm, die Blitze ringeln wie Schlangen zu seinen Füßen, das Haupt erhebt er lächelnd in den reinen Äther.

Trotz seiner Genialität begegnet Liszt einer Opposition hier in Paris, die meistens aus ernstlichen Musikern besteht und seinem Nebenbuhler, dem kaiserlichen Thalberg, den Lorbeer reicht. – Liszt hat bereits zwei Konzerte gegeben, worin er, gegen allen Gebrauch, ohne Mitwirkung anderer Künstler, ganz allein spielte. Er bereitet jetzt ein drittes Konzert zum Besten des Monuments von Beethoven. Dieser Komponist muß in der Tat dem Geschmack eines Liszt am meisten zusagen. Namentlich Beethoven treibt die spiritualistische Kunst bis zu jener tönenden Agonie der Erscheinungswelt, bis zu jener Vernichtung der Natur, die mich mit einem Grauen erfüllt, das ich nicht verhehlen mag, obgleich meine Freunde darüber den Kopf schütteln. Für mich ist es ein sehr bedeutungsvoller Umstand, daß Beethoven am Ende seiner Tage taub ward, und sogar die unsichtbare Tonwelt keine klingende Realität mehr für ihn hatte. Seine Töne waren nur noch Erinnerungen eines Tones, Gespenster verschollener Klänge, und seine letzten Produktionen tragen an der Stirne ein unheimliches Totenmal.

Minder schauerlich als die Beethovensche Musik war für mich der Freund Beethovens, *l'Ami de Beethoven*, wie er sich hier überall produzierte, ich glaube sogar auf Visitenkarten. Eine schwarze Hopfenstange mit einer entsetzlich weißen Krawatte und einer Leichenbittermiene. War dieser Freund Beethovens wirklich dessen Pylades? Oder gehörte er zu jenen gleichgültigen Bekannten, mit denen ein genialer Mensch zuweilen um so lieber Umgang pflegt, je unbedeutender sie sind, und je prosaischer ihr Geplapper ist, das ihm eine Erholung gewährt nach ermüdend poetischen Geistesflügen? Jedenfalls sahen wir hier eine neue Art der Ausbeutung des Genius, und die kleinen Blätter spöttelten nicht wenig über den *Ami de Beethoven*. »Wie konnte der große Künstler einen so unerquicklichen, geistesarmen Freund ertragen!« riefen die Franzosen, die über das monotone Geschwätz jenes langweiligen Gastes alle Geduld verloren. Sie dachten nicht daran, daß Beethoven taub war.

Die Zahl der Konzertgeber während der diesjährigen Saison war Legion, und an mittelmäßigen Pianisten fehlte es nicht, die in öffentlichen Blättern als Mirakel gepriesen wurden. Die meisten sind junge Leute, die in bescheiden eigner Person jene Lobeserhebungen in die Presse fördern. Die Selbstvergötterungen dieser Art, die sogenannten Reklamen, bilden eine sehr ergötzliche Lektüre. Eine Reklame, die jüngst in der *»Gazette musicale«* enthalten war, meldete aus Marseille: daß der berühmte Döhler auch dort alle Herzen entzückt habe, und besonders durch seine interessante Blässe, die, eine Folge überstandener Krankheit, die Aufmerksamkeit der schönen Welt in Anspruch genommen. Der berühmte Döhler ist seitdem nach Paris zurückgekehrt und hat mehre Konzerte gegeben; er spielt in der Tat hübsch, nett und niedlich. Sein Vortrag ist allerliebst, beurkundet eine erstaunliche Fingerfertigkeit, zeugt aber weder von Kraft noch von Geist. Zierliche Schwäche, elegante Ohnmacht, interessante Blässe.

Zu den diesjährigen Konzerten, die im Andenken der Kunstliebhaber forttönen, gehören die Matineen, welche von den Herausgebern der beiden musikalischen Zeitungen ihren Abonnenten geboten wurden. Die *»France musicale«*, redigiert von den Brüdern Escudier, glänzte in ihrem Konzert durch die Mitwirkung der italienischen Sänger und des Violinspielers Vieuxtemps, der als einer der Löwen der musikalischen Saison betrachtet wurde. Ob sich unter dem zottigen Fell dieses Löwen ein wirklicher König der Bestien oder nur ein armes Grauchen verbirgt, vermag ich nicht zu entscheiden. Ehrlich gesagt, ich kann den übertriebenen Lobsprüchen, die ihm gezollt wurden, keinen Glauben schenken. Es will mich bedünken, als ob er auf der Leiter der Kunst noch nicht eine sonderliche Höhe erklommen. Vieuxtemps steht etwa auf der Mitte jener Leiter, auf deren Spitze wir einst Paganini erblickten, und auf deren letzter, untersten Sprosse unser vortrefflicher Sina steht, der berühmte Badegast von Boulogne und Eigentümer eines Autographs von Beethoven. Vielleicht steht Herr Vieuxtemps dem Herrn Sina noch viel näher als dem Nicolo Paganini.

Vieuxtemps ist ein Sohn Belgiens, wie denn überhaupt aus den Niederlanden die bedeutendsten Violinisten hervorgingen. Die Geige ist ja das dortige Nationalinstrument, das von groß und klein, von Mann und Weib kultiviert wird, von jeher, wie wir auf den holländischen Bildern sehen. Der ausgezeichnetste Violinist dieser Landsmannschaft ist unstreitig Bériot, der Gemahl der Malibran; ich kann mich manchmal der Vorstellung nicht erwehren, als säße in seiner Geige die Seele der verstorbenen Gattin und sänge. Nur Ernst, der poesiereiche Böhme, weiß seinem Instrument so schmelzende, so verblutend süße Klagetöne zu entlocken. – Ein Landsmann Bériots ist Artôt, ebenfalls ein ausgezeichneter Violinist, bei dessen Spiel man aber nie an eine Seele erinnert wird: ein geschniegelter, wohlgedrechselter Gesell, dessen Vortrag glatt und glänzend, wie Wachsleinen. Haumann, der Sohn des Brüsseler Nachdruckers, treibt auf der Violine das Metier des Vaters: was er geigt, sind reinliche Nachdrücke der vorzüglichsten Geiger, die Texte hie und da verbrämt mit überflüssigen Originalnoten und vermehrt mit brillanten Druckfehlern. – Die Gebrüder Franco-Mendez, welche auch dieses Jahr Konzerte gaben, wo sie ihr Talent als Violinspieler bewährten, stammen ganz eigentlich aus dem Lande der Treckschuiten und Quispeldorchen. Dasselbe gilt von Batta, dem Violoncellisten; er ist ein geborner Holländer, kam aber früh hierher nach Paris, wo er durch seine knabenhafte Jugendlichkeit ganz besonders die Damen ergötzte. Er war ein liebes Kind und weinte auf seiner Bratsche wie ein Kind. Obgleich er mittlerweile ein großer Junge geworden, so kann er doch die süße Gewohnheit des Greinens nimmermehr lassen, und als er jüngst wegen Unpäßlichkeit nicht öffentlich auftreten konnte, hieß es allgemein: durch das kindische Weinen auf dem Violoncello habe er sich endlich eine wirkliche Kinderkrankheit, ich glaube die Masern, an den Hals gespielt. Er scheint jedoch wieder ganz hergestellt zu sein, und die Zeitungen melden, daß der berühmte Batta nächsten Donnerstag eine musikalische Matinee bereite, welche das Publikum für die lange Entbehrnis seines Lieblings entschädigen werde.

Das letzte Konzert, welches Herr Maurice Schlesinger den Abonnenten seiner »*Gazette musicale*« gab, und das, wie ich bereits angedeutet habe, zu den glänzendsten Erscheinungen der Saison gehörte, war für uns Deutsche von ganz besonderm Interesse. Auch war hier die ganze Landsmannschaft vereinigt, begierig, die Mademoiselle Löwe zu hören, die gefeierte Sängerin, die das schöne Lied von Beethoven, »Adelaide«, in deutscher Zunge sang. Die Italiener und Herr Vieuxtemps, welche ihre Mitwirkung versprochen, ließen während des Konzerts absagen, zur größten Bestürzung des Konzertgebers, welcher mit der ihm eigentümlichen Würde vors Publikum trat und erklärte: Herr Vieuxtemps wollte nicht spielen, weil er das Lokal und das Publikum als seiner nicht angemessen betrachte! Die Insolenz jenes Geigers verdient die strengste Rüge. Das Lokal des Konzertes war der Musardsche Saal der Rue Vivienne, wo man nur während des Karnevals ein bißchen Cancan tanzt, jedoch das übrige Jahr hindurch die anständigste Musik von Mozart, Giacomo Meyerbeer und Beethoven exekutiert. Den italienischen Sängern, einem Signor Rubini und Signor Lablache, verzeiht man allenfalls ihre Laune; von Nachtigallen kann man sich wohl die Prätension gefallen lassen, daß sie nur vor einem Publikum von Goldfasanen und Adlern singen wollen. Aber Mynheer, der flämische Storch, dürfte nicht so wählig sein und eine Gesellschaft verschmähen, worunter sich das honetteste Geflügel, Pfauen und Perlhühner die Menge, und mitunter auch die ausgezeichnetsten deutschen Schnapphähne und Mistfinken befanden. – Welcher Art war der Erfolg des Debüts der Mademoiselle Löwe? Ich will die ganze Wahrheit kurz aussprechen: sie sang vortrefflich, gefiel allen Deutschen und machte Fiasko bei den Franzosen.

Was dieses letztere Mißgeschick betrifft, so möchte ich der verehrten Sängerin zu ihrem Troste versichern, daß es eben ihre Vorzüge waren, die einem französischen Sukzeß im Wege standen. In der Stimme der Mlle. Löwe ist deutsche Seele, ein stilles Ding, das sich bis jetzt nur wenigen Franzosen offenbart hat und in Frankreich nur allmählich Eingang findet. Wäre Mlle. Löwe einige Dezennien später gekommen, sie hätte vielleicht größere Anerkennung gefunden. Bis jetzt aber ist die Masse des Volks noch immer dieselbe. Die Franzosen haben Geist und Passion, und beides genießen sie am liebsten in einer unruhigen, stürmischen, gehackten, aufreizenden Form. Dergleichen vermißten sie aber ganz und gar bei der deutschen Sängerin, die ihnen noch obendrein die Beethovensche »Adelaide« vorsang. Dieses ruhige Ausseufzen des Gemütes, diese blauäugigen, schmachtenden Waldeinsamkeitstöne, diese gesungenen Lindenblüten mit obligatem Mondschein, dieses Hinsterben in überirdischer Sehnsucht, dieses erzdeutsche Lied, fand kein Echo in französischer Brust, und ward sogar als transrhenanische Sensiblerie verspöttelt.

Obgleich Mlle. Löwe hier keinen Beifall fand, geschah doch alles mögliche, um ihr ein Engagement für die *Académie royale de musique* auszuwirken. Der Name Meyerbeer wurde bei dieser Gelegenheit aufdringlicher in Anschlag gebracht, als es dem verehrten Meister wohl lieb sein möchte. Ist es wahr, wollte Meyerbeer seine neue Oper nicht zur Aufführung geben, im Falle man die Löwe nicht engagierte? Hat Meyerbeer wirklich die Erfüllung der Wünsche des Publikums an eine so kleinliche Bedingung geknüpft? Ist er wirklich so überbescheiden, daß er sich einbildet, der Erfolg seines neuen Werks sei abhängig von der mehr oder minder geschmeidigen Kehle einer Primadonna?

Die zahlreichen Verehrer und Bewunderer des bewunderungswürdigen Meisters sehen mit Betrübnis, wie der Hochgefeierte bei jeder neuen Produktion seines Genius sich mit der Sicherstellung des Erfolgs so unsäglich abmüht, und an das winzigste Detail desselben seine besten Kräfte vergeudet. Sein zarter, schwächlicher Körperbau muß darunter leiden. Seine Nerven werden krankhaft überreizt, und bei seinem chronischen Unterleibsleiden wird er oft von der herrschenden Cholerine heimgesucht. Der Geisteshonig, der aus seinen musikalischen Meisterwerken träufelt und uns erquickt, kostet dem Meister selbst die furchtbarsten Leibesschmerzen. Als ich das letzte Mal die Ehre hatte, ihn zu sehen, erschrak ich über sein miserables Aussehen. Bei seinem Anblick dachte ich an den Diarrhöen-Gott der tartarischen Volkssage, worin schauderhaft drollig erzählt wird, wie dieser bauchgrimmige Kakodämon auf dem Jahrmarkte von Kasan einmal zu seinem eigenen Gebrauche sechstausend Töpfe kaufte, so daß der Töpfer dadurch ein reicher Mann wurde. Möge der Himmel unserm hochverehrten Meister eine bessere Gesundheit schenken, und möge er selber nie vergessen, daß sein Lebensfaden sehr schlapp und die Schere der Parze desto schärfer ist. Möge er nie vergessen, welche hohe Interessen sich an seine Selbsterhaltung knüpfen. Was soll aus seinem Ruhme werden, wenn er selbst, der hochgefeierte Meister, was der Himmel noch lange verhüte, plötzlich dem Schauplatz seiner Triumphe durch den Tod entrissen würde? Wird ihn die Familie fortsetzen, diesen

Ruhm, worauf ganz Deutschland stolz ist? An materiellen Mitteln würde es der Familie gewiß nicht fehlen, wohl aber an intellektuellen Mitteln. Nur der große Giacomo selbst, der nicht bloß Generalmusikdirektor aller Königl. Preuß. Musikanstalten, sondern auch der Kapellenmeister des Meyerbeerschen Ruhmes ist, nur Er kann das ungeheure Orchester dieses Ruhmes dirigieren – Er nickt mit dem Haupte, und alle Posaunen der großen Journale ertönen unisono; er zwinkert mit den Augen, und alle Violinen des Lobes fiedeln um die Wette; er bewegt nur leise den linken Nasenflügel, und alle Feuilleton-Flageolette flöten ihre süßesten Schmeichellaute. – Da gibt es auch unerhörte, antediluvianische Blasinstrumente, Jerichotrompeten und noch unentdeckte Windharfen, Saiteninstrumente der Zukunft, deren Anwendung die außerordentlichste Begabnis für Instrumentation bekundet. – Ja, in so hohem Grade wie unser Meyerbeer verstand sich noch kein Komponist auf die Instrumentation, nämlich auf die Kunst, alle möglichen Menschen als Instrumente zu gebrauchen, die kleinsten wie die größten, und durch ihr Zusammenwirken eine Übereinstimmung in der öffentlichen Anerkennung, die ans Fabelhafte grenzt, hervorzuzaubern. Das hat kein andrer jemals verstanden. Während die besten Opern von Mozart und Rossini bei der ersten Vorstellung durchfielen, und erst Jahre vergingen, ehe sie wahrhaft gewürdigt wurden, finden die Meisterwerke unsres edlen Meyerbeer bereits bei der ersten Aufführung den ungeteiltesten Beifall, und schon den andern Tag liefern sämtliche Journale die verdienten Lob- und Preisartikel. Das geschieht durch das harmonische Zusammenwirken der Instrumente; in der Melodie muß Meyerbeer den beiden genannten Meistern nachstehen, aber er überflügelt sie durch Instrumentation. Der Himmel weiß, daß er sich oft der niederträchtigsten Instrumente bedient; aber vielleicht eben durch diese bringt er die großen Effekte hervor auf die große Menge, die ihn bewundert, anbetet, verehrt und sogar achtet. – Wer kann das Gegenteil beweisen? Von allen Seiten fliegen ihm die Lorbeerkränze zu, er trägt auf dem Haupte einen ganzen Wald von Lorbeeren, er weiß sie kaum mehr zu lassen und keucht unter dieser grünen Last. Er sollte sich einen kleinen Esel anschaffen, der hinter ihm her trottierend ihm die schweren Kränze nachtrüge. Aber Gouin ist eifersüchtig, und leidet nicht, daß ihn ein anderer begleite.

Ich kann nicht umhin hier ein geistreiches Wort zu erwähnen, das man dem Musiker Ferdinand Hiller zuschreibt. Als nämlich jemand denselben darüber befragte, was er von Meyerbeers Opern halte, soll Hiller ausweichend verdrießlich geantwortet haben: »Ach, laßt uns nicht von Politik reden!«

XXXIV.

Paris, 29. April 1841.
Ein ebenso bedeutungsvolles wie trauriges Ereignis ist das Verdikt der Jury, wodurch der Redakteur des Journals »*La France*« von der Anklage absichtlicher Beleidigung des Königs freigesprochen wurde. Ich weiß wahrlich nicht, wen ich hier am meisten beklagen soll! Ist es jener König, dessen Ehre durch verfälschte Briefe befleckt wird, und der dennoch nicht wie jeder andere sich in der öffentlichen Meinung rehabilitieren kann? Was jedem andern in solcher Bedrängnis gestattet ist, bleibt ihm grausam versagt. Jeder andere, der sich in gleicher Weise, durch falsche Briefe von landesverräterischem Inhalt, dem Publikum gegenüber bloßgestellt sähe, könnte es dahin bringen, sich förmlich in Anklagestand setzen zu lassen, und infolge seines Prozesses die Unechtheit jener Briefe aufs bündigste zu erweisen. Eine solche Ehrenrettung gibt es aber nicht für den König, den die Verfassung für unverletzlich erklärt und nicht persönlich vor Gericht zu stellen erlaubt. Noch weniger ist ihm das Duell gestattet, das Gottesurteil, das in Ehrensachen noch

immer eine gewisse justifizierende Geltung bewahrt: Ludwig Philipp muß ruhig auf sich schießen lassen, darf aber nimmermehr selbst zur Pistole greifen, um von seinen Beleidigern Genugtuung zu fordern. Ebensowenig kann er im üblich patzigen Stile eine abgedrungene Erklärung gegen seine Verleumder in den respektiven Landeszeitungen inserieren lassen: denn ach! Könige, wie große Dichter, dürfen sich nicht auf solchem Wege verteidigen und müssen alle Lügen, die man über ihre Person verbreitet, mit schweigender Langmut ertragen. In der Tat, ich hege das schmerzlichste Mitgefühl für den königlichen Dulder, dessen Krone nur eine Zielscheibe der Verleumdung, und dessen Zepter, wo es eigene Verteidigung gilt, minder brauchbar wie ein gewöhnlicher Stock. – Oder soll ich noch weit mehr euch bedauern, ihr Legitimisten, die ihr euch als die auserwählten Paladine des Royalismus gebärdet und dennoch in der Person Ludwig Philipps das Wesen des Königtums, das königliche Ansehen, herabgewürdigt habt? Jedenfalls habe ich Mitleid mit euch, wenn ich an die schrecklichen Folgen denke, die ihr durch solchen Frevel zunächst auf eure eignen törichten Häupter herabruft! Mit dem Umsturz der Monarchie harret eurer wieder daheim das Beil und in der Fremde der Bettelstab. Ja, euer Schicksal wäre jetzt noch weit schmählicher als in früheren Tagen: euch, die gefoppten Compères eurer Henker, würde man nicht mehr mit wildem Zorn töten, sondern mit höhnischem Gelächter, und in der Fremde würde man euch nicht mehr mit jener Ehrfurcht, die einem unverschuldeten Unglück gebührt, sondern mit Geringschätzung das Almosen hinreichen.

Was soll ich aber von den guten Leuten der Jury sagen, die in wetteifernder Verblendung das Brecheisen legten an das Fundament des eignen Hauses? Der Grundstein, worauf ihre ganze bürgerliche Staatsboutique ruht, die königliche Autorität, ward durch jenes beleidigende und schmachvolle Verdikt heillos gelockert. Die ganze verderbliche Bedeutung dieses Verdikts wird jetzt allmählich erkannt, es ist das unaufhörliche Tagesgespräch, und mit Entsetzen sieht man, wie der fatale Ausgang des Prozesses ganz systematisch ausgebeutet wird. Die verfälschten Briefe haben jetzt eine legale Stütze, und mit der Unverantwortlichkeit steigt die Frechheit bei den Feinden der bestehenden Ordnung. In diesem Augenblick werden lithographierte Kopien der vorgeblichen Autographen in unzähligen Exemplaren über ganz Frankreich verbreitet, und die Arglist reibt sich vergnügt die Hände ob des gelungenen Meisterstücks. Die Legitimisten rufen Viktoria, als hätten sie eine Schlacht gewonnen. Glorreiche Schlacht, wo die Contemporaine, die verrufene Mme. de St. Elme, das Banner trug! Der edle Baron Larochejaquelin beschirmte mit seinem Wappenschild diese neue Jeanne d'Arc. Er verbürgt ihre Glaubwürdigkeit – warum nicht auch ihre jungfräuliche Reinheit? Vor allen aber verdankt man diesen Triumph dem großen Berryer, dem bürgerlichen Dienstmann der legitimistischen Ritterschaft, der immer geistreich spricht, gleichviel für welche schlechte Sache.

Indessen, hier in Frankreich, dem Lande der Parteien, wo den Ereignissen alle ihre Konsequenzen unmittelbar abgepreßt werden, geht die böse Wirkung immer Hand in Hand mit einer mehr oder minder heilsamen Gegenwirkung. Und dieses zeigt sich auch bei Gelegenheit jenes unglückseligen Verdikts. Die argen Folgen desselben werden für den Moment einigermaßen neutralisiert durch den Jubel und das Siegesgeschrei, das die Legitimisten erheben: das Volk haßt sie so sehr, daß es all seinen Unmut gegen Ludwig Philipp vergißt, wenn jene Erbfeinde des neuen Frankreichs allzu jauchzend über ihn triumphieren. Der schlimmste Vorwurf, der gegen den König in jüngster Zeit aufgebracht wurde, war ja eben, daß man ihn beschuldigte, er betreibe allzu eifrig seine Aussöhnung mit den Legitimisten und opfere ihnen die demokratischen Interessen. Deshalb erregte die Beleidigung, die dem König gerade durch die frondierenden Edelleute widerfuhr, zunächst eine gewisse Schadenfreude bei der Bourgeoisie, die, angehetzt durch die Journale des unzufriedenen Mittelstandes, von den reaktionären Vorsätzen des jetzigen Ministeriums die verdrießlichsten Dinge fabelt.

Welche Bewandtnis hat es aber mit jenen reaktionären Vorsätzen, die man absonderlich Herrn Guizot zuschreibt? Ich kann ihnen keinen Glauben schenken. Guizot ist der Mann des Widerstandes, aber nicht der Reaktion. Und seid überzeugt, daß man ihn ob seines Widerstandes nach oben schon längst verabschiedet hätte, wenn man nicht seines Widerstandes nach unten bedürfte. Sein eigentliches Geschäft ist die tatsächliche Erhaltung jenes Regiments der Bourgeoisie, das von den marodierenden Nachzüglern der Vergangenheit ebenso grimmig bedroht wird, wie von der plünderungssüchtigen Avantgarde der Zukunft. Herr Guizot hat sich eine schwierige Aufgabe gestellt, und niemand weiß ihm Dank dafür. Am undankbarsten wahrlich zeigen sich gegen ihn eben jene guten Bürger, die seine starke Hand schirmt und schützt, denen er aber nie vertraulich die Hand gibt, und mit deren kleinlichen Leidenschaften er nie gemeinschaftliche Sache macht. Sie lieben ihn nicht, diese Spießbürger, denn er lacht nicht mit ihnen über Voltairesche Witze, er ist nicht industriell und tanzt nicht mit ihnen um den Maibaum der *Gloire*! Er trägt das Haupt sehr hoch, und ein melancholischer Stolz spricht aus allen seinen Zügen: »Ich könnte vielleicht etwas Besseres tun, als für dieses Lumpenpack in mühsamen Tageskämpfen mein Leben vergeuden!« Das ist in der Tat der Mann, der nicht sehr zärtlich um Popularität buhlt, und sogar den Grundsatz aufgestellt hat, daß ein guter Minister unpopulär sein müsse. Er hat nie der Menge gefallen wollen, sogar nicht in jenen Tagen der Restauration, wo er als gelehrter Volkstribun am herrlichsten gefeiert wurde. Als er in der Sorbonne seine denkwürdigen Vorlesungen hielt und der Beifall der Jugend sich ein bißchen allzu stürmisch äußerte, dämpfte er selber diesen huldigenden Lärm, mit den strengen

Worten: »Meine Herren, auch im Enthusiasmus muß die Ordnung vorwalten!« Ordnungsliebe ist überhaupt ein vorstechender Zug des Guizotschen Charakters, und schon aus diesem Grunde wirkte sein Ministerium sehr wohltätig in die Konfusion der Gegenwart. Man hat ihn wegen dieser Ordnungsliebe nicht selten der Pedanterie beschuldigt, und ich gestehe, der schroffe Ernst seiner Erscheinung wird gemildert durch eine gewisse anklebende gelehrte Magisterhaftigkeit, die an unsre deutsche Heimat, besonders an Göttingen erinnert. Er ist ebensowenig reaktionär wie Hofrat Heeren, Tychsen oder Eichhorn solches gewesen – aber er wird nie erlauben, daß man die Pedelle prügle oder sich sonstig auf der Weenderstraße herumbalge und die Laternen zerschlage.

XXXV.

Paris, 19. Mai 1841.

Vorigen Sonnabend hielt diejenige Sektion des *Institut royal*, welche sich *Académie des sciences morales et politiques* nennt, eine ihrer merkwürdigsten Sitzungen. Der Schauplatz war, wie gewöhnlich, jene Halle des Palais Mazarin, die durch ihre hohe Wölbung, sowie durch das Personal, das manchmal dort seinen Sitz nimmt, so oft an die Kuppel des Invalidendoms erinnerte. In der Tat, die andern Sektionen des Instituts, die dort ihre Vorträge halten, zeugen nur von greisenhafter Ohnmacht, aber die oben erwähnte *Académie des sciences morales et politiques* macht eine Ausnahme und trägt den Charakter der Frische und Kraft. Es herrscht in dieser letzten Sektion ein großartiger Sinn, während die Einrichtung und der Gesamtgeist des *Institut royal* sehr kleinlich ist. Ein Witzling bemerkte sehr richtig: »Diesmal ist der Teil größer als das Ganze.« In der Versammlung vom vorigen Sonnabend atmete eine ganz besonders jugendliche Regung: Cousin, welcher präsidierte, sprach mit jenem mutigen Feuer, das manchmal nicht sehr wärmt, aber immer leuchtet; und gar Mignet, welcher das Gedächtnis des verstorbenen Merlin de Douai, des berühmten Juristen und Konventglieds, zu feiern hatte, sprach so blühend schön wie er selbst aussieht. Die Damen, die den Sitzungen der *Section des sciences morales et politiques* immer in großer Anzahl beiwohnen, wenn ein Vortrag des schönen *Secrétaire perpétuel* angekündigt ist, kommen dorthin vielleicht mehr um zu sehen als um zu hören, und da viele darunter sehr hübsch sind, so wirkt ihr Anblick manchmal störend auf die Zuhörer. Was mich betrifft, so fesselte mich diesmal der Gegenstand der Mignetschen Rede ganz ausschließlich, denn der berühmte Geschichtschreiber der Revolution sprach wieder über einen der wichtigsten Führer der großen Bewegung, welche das bürgerliche Leben der Franzosen umgestaltet, und jedes Wort war hier ein Resultat interessanter Forschung. Ja, das war die Stimme des Geschichtschreibers, des wirklichen Chefs von Klios Archiven, und es schien, als hielt er in den Händen jene ewigen Tabletten, worin die strenge Göttin bereits ihre Urteilssprüche eingezeichnet. Nur in der Wahl der Ausdrücke und in der mildernden Betonung bekundete sich manchmal die traditionelle Lobpflicht des Akademikers. Und dann ist Mignet auch Staatsmann, und mit kluger Scheu mußten die Tagesverhältnisse berücksichtigt werden bei der Besprechung der jüngsten Vergangenheit. Es ist eine bedenkliche Aufgabe, den überstandenen Sturm zu beschreiben, während wir noch nicht in den Hafen gelangt sind. Das französische Staatsschiff ist vielleicht noch nicht so wohl geborgen, wie der gute Mignet meint. Unfern vom Redner, auf einer der Bänke mir gegenüber, sah ich Herrn Thiers, und sein Lächeln war für mich sehr bedeutungsvoll bei denjenigen Stellen, wo Mignet mit allzu großer Behagnis von der definitiven Begründung der modernen Zustände sprach: so lächelt Äolus, wenn Daphnis am windstillen Ufer des Meeres die friedliche Flöte bläst!

Die ganze Rede von Mignet dürfte Ihnen in kurzem gedruckt zu Gesicht kommen, und die Fülle des Inhalts wird Sie alsdann gewiß erfreuen; aber nimmermehr kann die bloße Lektüre den lebendigen Vortrag ersetzen, der, wie eine tiefsinnige Musik, im Zuhörer eine Reihenfolge von Ideen anregt. So klingt mir noch beständig im Gedächtnis eine Bemerkung, die der Redner in wenigen Worten hinwarf, und die dennoch fruchtbar an wichtigen Gedanken ist. Er bemerkte nämlich, wie ersprießlich es sei, daß das neue Gesetzbuch der Franzosen von Männern abgefaßt worden, die aus den wilden Drangsalen der größten Staatsumwälzung soeben hervorgegangen, und folglich die menschlichen Passionen und zeitlichen Bedürfnisse gründlichst kennen gelernt hatten. Ja, beachten wir diesen Umstand, so will es uns bedünken, als begünstigte derselbe ganz besonders die jetzige französische Legislation, als verliehe er einen ganz außerordentlichen Wert jenem *Code Napoléon* und dessen Kommentarien, welche nicht wie andere Rechtsbücher von müßigen und kühlen Kasuisten angefertigt sind, sondern von glühenden Menschheitsrettern, die alle Leidenschaften in ihrer Nacktheit gesehen und in die Schmerzen aller neuern Lebensfragen durch die Tat eingeweiht worden. Von dem Beruf unserer Zeit zur Gesetzgebung hat die philosophische Schule in Deutschland ebenso unrichtige Begriffe, wie die historische; erstere ist tot und letztere hat noch nicht gelebt.

Die Rede, womit Victor Cousin vorigen Sonnabend die Sitzung der Akademie eröffnete, atmete einen Freiheitssinn, den wir immer mit Freude bei ihm anerkennen werden. Er ist übrigens in diesen Blättern von einem unsrer Kollegen so reichlich gelobhudelt worden, daß er vorderhand dessen genug haben dürfte. Nur soviel wollen wir erwähnen, daß der Mann, den wir früherhin nicht sonderlich liebten, uns in der letzten Zeit zwar keine währliche Zuneigung, aber eine bessere Anerkennung einflößte. Armer Cousin, wir haben dich früherhin sehr malträtiert, dich, der du immer für uns Deutsche so liebreich und freundlich warest. Sonderbar, eben während der treue Zögling der deutschen Schule, der Freund Hegels, unser Victor Cousin, in Frankreich Minister war, brach in Deutschland gegen die Franzosen jener blinde Groll los, der jetzt allmählich schwindet und vielleicht einst unbegreiflich sein wird. Ich erinnere mich, zu jener Zeit, vorigen Herbst, begegnete ich Herrn Cousin auf dem Boulevard des Italiens, wo er vor einem Kupferstichladen stand und die dort ausgestellten Bilder von Overbeck bewunderte. Die Welt war aus ihren Angeln gerissen, der Kanonendonner von Beirut, wie eine Sturmglocke, weckte alle Kampflust des Orients und des Okzidents, die Pyramiden Ägyptens zitterten, diesseits und jenseits des Rheins wetzte man die Säbel – und Victor Cousin, damaliger Minister von Frankreich, stand ruhig vor dem Bilderladen des Boulevard des Italiens, und bewunderte die stillen, frommen Heiligenköpfe von Overbeck, und sprach mit Entzücken von der Vortrefflichkeit deutscher Kunst und Wissenschaft, von unserem Gemüt und Tiefsinn, von unserer Gerechtigkeitsliebe und Humanität. »Aber um des Himmels willen,« unterbrach er sich plötzlich, wie aus einem Traum erwachend, »was bedeutet die Raserei, womit ihr in Deutschland jetzt plötzlich gegen uns schreit und lärmt?« Er konnte diese Berserkerwut nicht begreifen, und auch ich begriff nichts davon, und Arm in Arm über den Boulevard hinwandelnd, erschöpften wir uns in lauter Konjekturen über die letzten Gründe jener Feindseligkeit, bis wir an das *Passage des Panoramas* gelangten, wo Cousin mich verließ, um sich bei Marquis ein Pfund Schokolade zu kaufen.

Ich konstatiere mit besonderer Vorliebe die kleinsten Umstände, welche von der Sympathie zeugen, die ich in betreff Deutschlands bei den französischen Staatsmännern finde. Daß wir dergleichen bei Guizot antreffen, ist leicht erklärlich, da seine Anschauungsweise der unsrigen verwandt ist, und er die Bedürfnisse und das gute Recht des deutschen Volks sehr gründlich begreift. Dieses Verständnis versöhnt ihn vielleicht auch mit unsern beiläufigen Verkehrtheiten: die Worte *»tout comprendre, c'est tout pardonner«* las ich dieser Tage auf dem Petschaft einer schönen Dame. Guizot mag immerhin, wie man behauptet, von puritanischem Charakter sein, aber er begreift auch Andersfühlende und Andersdenkende. Sein Geist ist auch nicht poesiefeindlich eng und dumpf: dieser Puritaner war es, welcher den Franzosen eine Übersetzung des Shakespeare gab, und als ich vor mehreren Jahren über den britischen Dichterkönig schrieb, wußte ich den Zauber seiner phantastischen Komödien nicht besser zu erörtern, als indem ich den Kommentar jenes Puritaners, des Stutzkopfs Guizot, wörtlich mitteilte.

Sonderbar! das kriegerische Ministerium vom 1. März, das jenseits des Rheines so verschrien ward, bestand zum größten Teil aus Männern, welche Deutschland mit dem treuesten Eifer verehrten und liebten. Neben jenem Victor Cousin, welcher begriffen, daß bei Immanuel Kant die beste Kritik der reinen Vernunft und bei Marquis die beste Schokolade zu finden, saß damals im Ministerrate Herr von Rémusat, der ebenfalls dem deutschen Genius huldigte und ihm ein besonderes Studium widmete. Schon in seiner Jugend übersetzte er mehrere deutsche dramatische Dichtungen, die er im *»Théâtre étranger«* abdrucken ließ. Dieser Mann ist ebenso geistreich wie ehrlich, er kennt die Gipfel und die Tiefen des deutschen Volkes, und ich bin überzeugt, er hat von dessen Herrlichkeit einen höhern Begriff als sämtliche Komponisten des Beckerschen Lieds, wo nicht gar als der große Niklas Becker selbst! – Was uns in der jüngsten Zeit besonders gut an Rémusat gefiel, war die unumwundene Weise, womit er den guten Leumund eines edlen Waffenbruders gegen verleumderische Insinuationen verteidigte.

XXXVI.

Paris, 22. Mai 1841.
Die Engländer hier schneiden sehr besorgliche Gesichter. »Es geht schlecht, es geht schlecht,« das sind die ängstlichen Zischlaute, die sie einander zuflüstern, wenn sie sich bei Galignani begegnen. Es hat in der Tat den Anschein, als wackle der ganze großbritannische Staat und sei dem Umsturz nahe, aber es hat nur den Anschein. Dieser Staat gleicht dem Glockenturm von Pisa; seine schiefe Stellung ängstigt uns, wenn wir hinaufblicken, und der Reisende eilt mit rascheren Schritten über den Domhof, fürchtend, der große Turm möchte ihm unversehens auf den Kopf fallen. Als ich zur Zeit Cannings in London war und den wilden Meetings des Radikalismus beiwohnte, glaubte ich, der ganze Staatsbau stürze jetzt zusammen. Meine Freunde, welche England während der Aufregung der Reformbill besuchten, wurden dort von demselben Angstgefühl ergriffen. Andere, die dem Schauspiel der O'Connellschen Umtriebe und des katholischen Emanzipationslärms beiwohnten, empfanden ähnliche Beängstigung. Jetzt sind es die Korngesetze, welche einen so bedrohlichen Staatsuntergangssturm veranlassen – aber fürchte dich nicht, Sohn Albions:

»Kracht's auch, bricht's doch nicht,
Bricht's auch, bricht's nicht mit dir!«

Hier zu Paris herrscht in diesem Augenblick große Stille. Man wird es nachgerade müde, beständig von den falschen Briefen des Königs zu sprechen, und eine erfrischende Diversion gewährte uns die Entführung der spanischen Infantin durch Ignaz Gurowski, einen Bruder jenes famosen Adam Gurowski, dessen Sie sich vielleicht noch erinnern. Vorigen Sommer war Freund Ignaz in Mademoiselle Rachel verliebt, da ihm aber der Vater derselben, der von sehr guter jüdischer Familie ist, seine Tochter verweigerte, so machte er sich an die Prinzessin Isabella Fernanda von Spanien. Alle Hofdamen beider Kastilien, ja des ganzen Universums, werden die Hände vor Entsetzen über den Kopf zusammenschlagen: jetzt begreifen sie endlich, daß die alte Welt des traditionellen Respektes ein Ende hat! [Wer dieses längst begriffen hat, ist Ludwig Philipp, und deshalb begründete er seine Macht nicht auf die idealen Gefühle der Ehrfurcht, sondern auf reelle Bedürfnisse und nackte Notwendigkeit. Die Franzosen können ihn nicht entbehren und an seine Erhaltung ist die ihrige geknüpft. Derselbe Spießbürger, der es nicht der Mühe wert hält, die Ehre des Königs gegen Verleumdungen zu verteidigen, ja, der selber bei Braten und Wein auf den König losschmäht, er würde dennoch, beim ersten Trommelruf, mit Säbel und Flinte herbeieilen, um Ludwig Philipp zu schützen, ihn, den Bürgen seiner eigenen politischen Wohlfahrt und seiner gefährdeten Eigentumsinteressen. Wir können nicht umhin bei dieser Gelegenheit zu erwähnen, daß ein legitimistisches Journal, »*La France*«, uns sehr bitterblütig angegriffen, weil wir uns in der Allgem. Zeitung eine Verteidigung des Königs zuschulden kommen ließen. Auf jenen Angriff wollen wir nur flüchtig entgegnen, daß wir von aller Teilnahme an den innern Parteikämpfen Frankreichs sehr entfernt sind. Bei unseren Mitteilungen in diesen Blättern bezwecken wir zunächst das eigentliche Verständnis der Dinge und Menschen, der Begebenheiten und Verhältnisse, und wir dürfen uns dabei der größten Unparteilichkeit rühmen – solange keine vaterländischen Interessen ins Spiel kommen und auf unsere Stimmung ihren Einfluß üben. Wer könnte sich von Einwirkungen solcher Art ganz frei halten? So mag freilich unsere Sympathie für französische Staatsmänner, und auch für Ludwig Philipp, manchmal dadurch gesteigert werden, daß wir ihnen heilsame Gesinnungen für Frankreich zutrauen. Ich fürchte, ich werde noch oft verleitet werden, günstig von einem Fürsten zu sprechen, der uns vor den Schrecknissen des Kriegs bewahrt hat, und dem wir es verdanken, in friedlicher Muße das Bündnis zwischen Frankreich und Deutschland begründen zu können. Diese Allianz ist jedenfalls natürlicher als die englische oder gar die russische, von welchen beiden Extremen man hier allmählich zurücklenkt. Ein geheimes Grauen hat doch die Franzosen jedesmal angewandelt, wenn es galt sich Rußland zu nähern; sie hegen eine gewaltige Scheu vor den Umarmungen jener Bären des Nordens, die sie auf den moskowitischen Eisfeldern in Person kennen gelernt. Mit England wollen sie sich jetzt ebensowenig einlassen, nachdem sie jüngst wieder ein Pröbchen albionischer Perfidie genossen. Und dann mißtrauen sie der Dauer des dortigen Regiments und sie glauben dasselbe seinem Untergang viel näher als wirklich der Fall. Die sinkende Richtung des britischen Staates täuscht sie. Aber fallen wird er dennoch, dieser schiefe Turm! Die einheimischen Maulwürfe lockern unablässig sein Fundament und am Ende kommen die Bären des Nordens und schütteln daran mit ungestümen Tatzen. Ein Franzose könnte im stillen wünschen: möge der schiefe Turm endlich niederstürzen und die siegenden Bären unter seinen Trümmern begraben!]

XXXVII.

Paris, 11. Dezember 1841.
Jetzt, wo das Neujahr herannaht, der Tag der Geschenke, überbieten sich hier die Kaufmannsläden in den mannigfaltigsten Ausstellungen. Der Anblick derselben kann dem müßigen Flaneur den angenehmsten Zeitvertreib gewähren; ist sein Hirn nicht ganz leer, so steigen ihm auch manchmal Gedanken auf, wenn er hinter den blanken Spiegelfenstern die bunte Fülle der ausgestellten Luxus- und Kunstsachen betrachtet und vielleicht auch einen Blick wirft auf das Publikum, das dort neben ihm steht. Die Gesichter dieses Publikums sind so häßlich ernsthaft und leidend, so ungeduldig und drohend, daß sie einen unheimlichen Kontrast bilden mit den Gegenständen, die sie be-

gaffen, und uns die Angst anwandelt, diese Menschen möchten einmal mit ihren geballten Fäusten plötzlich dreinschlagen, und all das bunte, klirrende Spielzeug der vornehmen Welt mitsamt dieser vornehmen Welt selbst gar jämmerlich zertrümmern! Wer kein großer Politiker ist, sondern ein gewöhnlicher Flaneur, der sich wenig kümmert um die Nuance Dufaure und Passy, sondern um die Miene des Volks auf den Gassen, dem wird es zur festen Überzeugung, daß früh oder spät die ganze Bürgerkomödie in Frankreich mitsamt ihren parlamentarischen Heldenspielern und Komparsen ein ausgezischt schreckliches Ende nimmt und ein Nachspiel aufgeführt wird, welches das Kommunistenregiment heißt! Von langer Dauer freilich kann dieses Nachspiel nicht sein; aber es wird um so gewaltiger die Gemüter erschüttern und reinigen: es wird eine echte Tragödie sein.

Die letzten politischen Prozesse dürften manchem die Augen öffnen, aber die Blindheit ist gar zu angenehm. Auch will keiner an die Gefahren erinnert werden, die ihm die süße Gegenwart verleiden können. Deshalb grollen sie alle jenem Manne, dessen strenges Auge am tiefsten hinabblickt in die Schreckensnächte der Zukunft und dessen hartes Wort vielleicht manchmal zur Unzeit, wenn wir eben beim fröhlichsten Mahle sitzen, an die allgemeine Bedrohnis erinnert. Sie grollen alle jenem armen Schulmeister Guizot. Sogar die sogenannten Konservativen sind ihm abhold, zum größten Teil, und in ihrer Verblendung glauben sie ihn durch einen Mann ersetzen zu können, dessen heiteres Gesicht und gefällige Rede sie minder schreckt und ängstigt. Ihr konservativen Toren, die ihr nichts imstande seid zu konservieren als eben eure Torheit, ihr solltet diesen Guizot wie euren Augapfel schonen; ihr solltet ihm die Mücken abwedeln, die radikalen sowohl wie die legitimen, um ihn bei guter Laune zu erhalten; ihr solltet ihm auch manchmal Blumen schicken ins Hôtel des Capucins, aufheiternde Blumen, Rosen und Veilchen, statt ihm durch tägliches Nörgeln dieses Logis zu verleiden oder gar ihn hinaus zu intrigieren. An eurer Stelle hätte ich immer Angst, er möchte den glänzenden Quälnissen seines Ministerplatzes plötzlich entspringen und sich wieder hinaufretten in sein stilles Gelehrtenstübchen der Rue Levêque, wo er einst so idyllisch glücklich lebte unter seinen schaflederten und kalbledernen Büchern.

Ist aber Guizot wirklich der Mann, der imstande wäre, das hereinbrechende Verderben abzuwenden? Es vereinigen sich in der Tat bei ihm die sonst getrennten Eigenschaften der tiefsten Einsicht und des festen Willens: er würde mit einer antiken Unerschütterlichkeit allen Stürmen Trotz bieten und mit modernster Klugheit die schlimmen Klippen vermeiden – aber der stille Zahn der Mäuse hat den Boden des französischen Staatsschiffes allzusehr durchlöchert, und gegen diese innere Not, die weit bedenklicher als die äußere, wie Guizot sehr gut begriffen, ist er unmächtig. Hier ist die Gefahr. Die zerstörenden Doktrinen haben in Frankreich zu sehr die unteren Klassen ergriffen – es handelt sich nicht mehr um Gleichheit der Rechte, sondern um Gleichheit des Genusses auf dieser Erde, und es gibt in Paris etwa 400 000 rohe Fäuste, welche nur des Losungsworts harren, um die Idee der absoluten Gleichheit zu verwirklichen, die in ihren rohen Köpfen brütet. Von mehren Seiten hört man, der Krieg sei ein gutes Ableitungsmittel gegen solchen Zerstörungsstoff. Aber hieße das nicht Satan durch Beelzebub beschwören? Der Krieg würde nur die Katastrophe beschleunigen und über den ganzen Erdboden das Übel verbreiten, das jetzt nur an Frankreich nagt; – die Propaganda des Kommunismus besitzt eine Sprache, die jedes Volk versteht: die Elemente dieser Universalsprache sind so einfach, wie der Hunger, wie der Neid, wie der Tod. Das lernt sich so leicht!

Doch laßt uns dieses trübe Thema verlassen und wieder zu den heitern Gegenständen übergehen, die hinter den Spiegelfenstern auf der Rue Vivienne oder den Boulevards ausgestellt sind. Das funkelt, das lacht und lockt! Keckes Leben, ausgesprochen in Gold, Silber, Bronze, Edelstein, in allen möglichen Formen, namentlich in den Formen aus der Zeit der Renaissance, deren Nachbildung in diesem Augenblick eine herrschende Mode. Woher die Vorliebe für diese Zeit der Renaissance, der Wiedergeburt oder vielmehr der Auferstehung, wo die antike Welt gleichsam aus dem Grabe stieg, um dem sterbenden Mittelalter seine letzten Stunden zu verschönen? Empfindet unsre Jetztzeit eine Wahlverwandtschaft mit jener Periode, die, ebenso wie wir, in der Vergangenheit eine verjüngende Quelle suchte, lechzend nach frischem Lebenstrank? Ich weiß nicht, aber jene Zeit Franz' I. und seiner Geschmacksgenossen übt auf unser Gemüt einen fast schauerlichen Zauber, wie Erinnerung von Zuständen, die wir im Traum durchlebt; und dann liegt ein ungemein origineller Reiz in der Art und Weise, wie jene Zeit das wiedergefundene Altertum in sich zu verarbeiten wußte. Hier sehen wir nicht, wie in der Davidschen Schule, eine akademisch trockene Nachahmung der griechischen Plastik, sondern eine flüssige Verschmelzung derselben mit dem christlichen Spiritualismus. In den Kunst- und Lebensgestaltungen, die der Vermählung jener heterogensten Elemente ihr abenteuerliches Dasein verdankten, liegt ein so süßer melancholischer Witz, ein so ironischer Versöhnungskuß, ein blühender Übermut, ein elegantes Grauen, das uns unheimlich bezwingt, wir wissen nicht wie.

Doch wie wir heute die Politik den Kannegießern von Profession überlassen, so überlassen wir den patentierten Historikern die genauere Nachforschung, in welchem Grad unsere Zeit mit der Zeit der Renaissance verwandt ist; und als echte Flaneurs wollen wir auf dem Boulevard Montmartre vor einem Bilde stehen bleiben, das dort die Herren Goupil und Rittner ausgestellt haben, und das gleichsam als der Kupferstichlöwe der Saison alle Blicke auf sich zieht. Es verdient in der Tat diese allgemeine Aufmerksamkeit: es sind die Fischer von Leopold Robert, die dieser Kupferstich darstellt. Seit Jahr und Tag erwartete man denselben, und er ist gewiß eine köstliche Weihnachtsgabe für das große Publikum, dem das Originalbild unbekannt geblieben. Ich enthalte mich aller detaillierten Beschreibung dieses Werks, da es in kurzem ebenso bekannt sein wird wie die Schnitter desselben Malers, wozu es ein sinnreiches und anmutiges Seitenstück bildet. Wie dieses berühmte Bild eine sommerliche Kampagne darstellt, wo römische Landleute gleichsam auf einem Siegeswagen mit ihrem Erntesegen heimziehen, so sehen wir hier, auf dem letzten Bild von Robert, als schneidendsten Gegensatz, den kleinen winterlichen Hafen von Chioggia und arme Fischerleute, die, um ihr kärgliches Tagesbrot zu gewinnen, trotz Wind und Wetter sich eben anschicken zu einer Ausfahrt ins Adriatische Meer. Weib und Kind und die alte Großmutter schauen ihnen nach mit schmerzlicher Resignation – gar rührende Gestalten, bei deren Anblick allerlei polizeiwidrige Gedanken in unserm Herzen laut werden. Diese unseligen Menschen, die Leibeigenen der Armut, sind zu lebenslänglicher Mühsal verdammt und verkümmern in harter Not und Betrübnis. Ein melancholischer Fluch ist hier gemalt, und der Maler, sobald er das Gemälde vollendet hatte, schnitt er sich die Kehle ab. Armes Volk! Armer Robert! – Ja, wie die Schnitter dieses Meisters ein Werk der Freude sind, das er im römischen Sonnenlicht der Liebe empfangen und ausgeführt hat, so spiegeln sich in seinen Fischern alle die Selbstmordgedanken und Herbstnebel, die sich, während er in der zerstörten Venezia hauste, über seine Seele lagerten. Wie uns jenes erstere Bild befriedigt und entzückt, so erfüllt uns dieses letztere mit empörungssüchtigem Unmut: dort malte Robert das Glück der Menschheit, hier malte er das Elend des Volks.

Ich werde nie den Tag vergessen, wo ich das Originalgemälde, die Fischer von Robert, zum ersten Male sah. Wie ein Blitzstrahl aus unumwölktem Himmel hatte uns plötzlich die Nachricht seines Todes getroffen, und da jenes Bild, welches gleichzeitig anlangte, nicht mehr im bereits eröffneten Salon ausgestellt werden konnte, faßte der Eigentümer, Herr Paturle, den löblichen Gedanken, eine besondere Ausstellung desselben zum Besten der Armen zu veranstalten. Der Maire des zweiten Arrondissements gab dazu sein Lokal, und die Einnahme, wenn ich nicht irre, betrug über sechzehntausend Franken. (Mögen die Werke aller Volksfreunde so praktisch nach ihrem Tode fortwirken!) Ich erinnere mich, als ich die Treppe der Mairie hinaufstieg, um zu dem Expositionszimmer zu gelangen, las ich auf einer Nebentüre die Aufschrift: *Bureau des décès*. Dort im Saale standen sehr viele Menschen vor dem Bilde versammelt, keiner sprach, es herrschte eine ängstliche, dumpfe Stille, als läge hinter der Leinwand der blutige Leichnam des toten Malers. Was war der Grund, weshalb er sich eigenhändig den Tod gab, eine Tat, die im Widerspruch war mit den Gesetzen der Religion, der Moral und der Natur, heiligen Gesetzen, denen Robert sein ganzes Leben hindurch so kindlich Gehorsam leistete? Ja, er war erzogen im schweizerisch strengen Protestantismus, er hielt fest an diesem väterlichen Glauben mit unerschütterlicher Treue, und von religiösem Skeptizismus oder gar Indifferentismus war bei ihm keine Spur. Auch ist er immer gewissenhaft gewesen in der Erfüllung seiner bürgerlichen Pflichten, ein guter Sohn, ein guter Wirt, der seine Schulden bezahlte, der allen Vorschriften des Anstandes genügte, Rock und Hut sorgsam bürstete, und von Immoralität kann ebenfalls bei ihm nicht die Rede sein. An der Natur hing er mit ganzer Seele, wie ein Kind an der Brust der Mutter; sie tränkte sein Talent und offenbarte ihm alle ihre Herrlichkeiten, und nebenbei gesagt, sie war ihm lieber als die Tradition der Meister: ein überschwengliches Versinken in den süßen Wahnwitz der Kunst, ein unheimliches Gelüste nach Traumweltgenüssen, ein Abfall von der Natur, hat also ebenfalls den vortrefflichen Mann nicht in den Tod gelockt. Auch waren seine Finanzen wohlbestellt, er war geehrt, bewundert und sogar gesund. Was war es aber? Hier in Paris ging einige Zeit die Sage, eine unglückliche Leidenschaft für eine vornehme Dame in Rom habe jenen Selbstmord veranlaßt. Ich kann nicht daran glauben. Robert war damals achtunddreißig Jahre alt, und in diesem Alter sind die Ausbrüche der großen Passion zwar sehr furchtbar, aber man bringt sich nicht um, wie in der frühen Jugend, in der unmännlichen Werther-Periode.

Was Robert aus dem Leben trieb, war vielleicht jenes entsetzlichste aller Gefühle, wo ein Künstler das Mißverhältnis entdeckt, das zwischen seiner Schöpfungslust und seinem Darstellungsvermögen stattfindet: dieses Bewußtsein der Unkraft ist schon der halbe Tod, und die Hand hilft nur nach, um die Agonie zu verkürzen. Wie brav und herrlich auch die Leistungen Roberts, so waren sie doch gewiß nur blasse Schatten jener blühenden Naturschönheiten, die seiner Seele vorschwebten, und ein geübtes Auge entdeckte leicht ein mühsames Ringen mit dem Stoff, den er nur durch die verzweiflungsvollste Anstrengung bewältigte. Schön und fest sind alle diese Robertschen Bilder, aber die meisten sind nicht frei, es weht darin nicht der unmittelbare Geist: sie sind komponiert. Robert hatte eine gewisse Ahnung von genialer Größe, und doch war sein Geist gebannt in kleinen Rahmen. Nach dem Charakter seiner Erzeugnisse zu urteilen, sollte man glauben, er sei Enthusiast gewesen für Raffael Sanzio von Urbino, den idealen Schönheitsengel – nein, wie seine Vertrauten versichern, war es vielmehr Michelangelo Buonarotti, der stürmische Titane, der wilde Donnergott des Jüngsten Gerichts, für den er schwärmte, den er anbetete. Der wahre Grund seines Todes war der bittere Unmut des Genremalers, der nach großartigster Historienmalerei lechzte – er starb an einer Lakune seines Darstellungsvermögens.

Der Kupferstich von den Fischern, den die Herren Goupil und Rittner jetzt ausgestellt haben, ist vortrefflich in bezug auf das Technische: ein wahres Meisterstück, weit vorzüglicher als der Stich der Schnitter, der vielleicht mit zu großer Hast verfertigt worden. Aber es fehlt ihm der Charakter der Ursprünglichkeit, der uns bei den Schnittern so vollselig entzückt, und der vielleicht dadurch entstand, daß dieses Gemälde aus einer einzigen Anschauung, sei es eine äußere oder innere, gleichviel, hervorgegangen und derselben mit großer Treue nachgebildet ist. Die Fischer hingegen sind zu sehr komponiert, die Figuren sind mühsam zusammengesucht, nebeneinander gestellt, inkommodieren sich wechselseitig mehr als sie sich ergänzen, und nur durch die Farbe ist das Verschiedenartige im Originalgemälde ausgeglichen und erhielt das Bild den Schein der Einheit. Im Kupferstich, wo die Farbe, die bunte Vermittlung, fehlt, fallen natürlicherweise die äußerlich verbundenen Teile wieder auseinander, es zeigt sich Verlegenheit und Stückwerk, und das Ganze ist kein Ganzes mehr. Es ist ein Zeichen von Raffaels Größe, sagte mir jüngst ein Kollege, daß seine Gemälde im Kupferstich nichts von ihrer Harmonie verlieren. Ja, selbst in den dürftigsten Nachbildungen, allen Kolorits, wo nicht gar aller Schattierung entkleidet, in ihren nackten Konturen, bewahren die Raffaelschen Werke jene harmonische Macht, die unser Gemüt bewegt. Das kommt daher, weil sie echte Offenbarungen sind, Offenbarungen des Genius, der eben wie die Natur, schon in den bloßen Umrissen das Vollendete gibt.

Ich will mein Urteil über die Robertschen Fischer resumieren: es fehlt ihnen die Einheit, und nur die Einzelheiten, namentlich das junge Weib mit dem kranken Kinde, verdienen das höchste Lob. Zur Unterstützung meines Urteils berufe ich mich auf die Skizze, worin Robert gleichsam seinen ersten Gedanken ausgesprochen: hier, in der ursprünglichen Konzeption, herrscht jene Harmonie, die dem ausgeführten Bilde fehlt, und wenn man sie mit diesem vergleicht, merkt man gewiß, wie der Maler seinen Geist lange Zeit gezerrt und abgemüdet haben muß, ehe er das Gemälde in seiner jetzigen Gestalt zustande brachte.

XXXVIII.

Paris, den 19. Dezember 1841.

Wird sich Guizot halten? Heiliger Gott, hierzuland hält sich niemand auf die Länge, alles wackelt, sogar der Obelisk von Luxor! Das ist keine Hyperbel, sondern buchstäbliche Wahrheit; schon seit mehreren Monaten geht hier die Rede, der Obelisk stehe nicht fest auf seinem Postament, er schwanke zuweilen hin und her, und eines frühen Morgens werde er den Leuten, die eben vorüberwandeln, auf die Köpfe purzeln. Die Ängstlichen suchen schon jetzt, wenn ihr Weg sie über die Place Louis-Quinze führt, sich etwas entfernt zu halten von der fallenden Größe. Die Mutigern lassen sich freilich nicht in ihrem gewöhnlichen Gange stören, weichen keinen Finger breit, können aber doch nicht umhin, im Vorübergehen ein bißchen hinaufzuschielen, ob der große Stein wirklich nicht wackelmütig geworden. Wie dem auch sei, es ist immer schlimm, wenn das Publikum Zweifel hegt über die Festigkeit der Dinge; mit dem Glauben an ihrer Dauer schwindet schon ihre beste Stütze. Wird er sich halten? Jedenfalls glaub' ich, daß er sich die nächste Sitzung hindurch halten wird, sowohl der Obelisk als Guizot, der mit jenem eine gewisse Ähnlichkeit hat, z. B. die, daß er ebenfalls nicht auf seinem rechten Platze steht. Ja, sie stehen beide nicht auf ihrem rechten Platz, sie sind herausgerissen aus ihrem Zusammenhang, ungestüm verpflanzt in eine unpassende Nachbarschaft. Jener, der Obelisk, stand einst vor den lotosknäufigen Riesensäulen am Eingang des Tempels von Luxor, welcher wie ein kolossaler Sarg aussieht, und die ausgestorbene Weisheit der Vorwelt, getrocknete Königsleichen, einbalsamierten Tod enthält. Neben ihm stand ein Zwillingsbruder, von demselben roten Granit und derselben pyramidalischen Gestalt, und ehe man zu diesen beiden gelangte, schritt man durch zwei Reihen Sphinxe, stumme Rätseltiere, Bestien mit Menschenköpfen, ägyptische Doktrinäre. In der Tat, solche Umgebung war für den Obelisken weit geeigneter als die, welche ihm auf der Place Louis-Quinze zuteil ward, dem modernsten Platz der Welt, dem Platz, wo eigentlich die moderne Zeit angefangen und von der Vergangenheit gewaltsam abgeschnitten wurde mit frevelhaftem Beil. – Zittert und wackelt vielleicht wirklich der große Obelisk, weil es ihm graut, sich auf solchem gottlosen Boden zu befinden, er, der gleichsam ein steinerner Schweizer in Hieroglyphenlivree jahrtausendelang Wache hielt vor den heiligen Pforten der Pharaonengräber und des absoluten Mumientums? Jedenfalls steht er dort sehr isoliert, fast komisch isoliert, unter lauter theatralischen Architekturen der Neuzeit, Bildwerken im Rokokogeschmack, Springbrunnen mit vergoldeten Najaden, allegorischen Statuen der französischen Flüsse, deren Piedestal eine Portierloge enthält, in der Mitte zwischen dem Arc de Triomphe, den Tuilerien und der Chambre des Députés – ungefähr wie der sazerdotal tiefsinnige, ägyptisch steife und schweigsame Guizot zwischen dem imperialistisch rohen Soult, dem merkantilisch flachköpfigen Human, und dem hohlen Schwätzer Villemain, der halb voltairisch und halb katholisch angestrichen ist und in jedem Fall einen Strich zu viel hat.

Doch laßt uns Guizot beiseite setzen und nur von dem Obelisken reden: es ist ganz wahr, daß man von seinem baldigen Sturze spricht. Es heißt: im stillen Sonnenbrand am Nil, in seiner heimatlichen Ruhe und Einsamkeit, hätte er noch Jahrtausende aufrecht stehen bleiben können, aber hier in Paris agitierte ihn der beständige Wetterwechsel, die fieberhaft aufreibende anarchische Atmosphäre, der unaufhörlich wehende feuchtkalte Kleinwind, welcher die Gesundheit weit mehr angreift, als der glühende Samum der Wüste; kurz die Pariser Luft bekomme ihm schlecht. Der eigentliche Rival des Obelisken von Luxor ist noch immer die Colonne Vendôme. Steht sie sicher? Ich weiß nicht, aber sie steht auf ihrem rechten Platze, in Harmonie mit ihrer Umgebung. Sie wurzelt treu im nationalen Boden, und wer sich daran hält, hat eine feste Stütze. Eine ganz feste? Nein, hier in Frankreich steht nichts ganz fest. Schon einmal hat der Sturm das Kapital, den eisernen Kapitalmann, von der Spitze der Vendômesäule herabgerissen, und im Fall die Kommunisten ans Regiment kämen, dürfte wohl zum zweiten Male dasselbe sich ereignen, wenn nicht gar die radikale Gleichheitsraserei die Säule selbst zu Boden reißt, damit auch dieses Denkmal und Sinnbild der Ruhmsucht von der Erde schwinde: kein Mensch und kein Menschenwerk soll über ein bestimmtes Kommunalmaß hervorragen, und der Baukunst ebensogut wie der epischen Poesie droht der Untergang. »Wozu noch ein Monument für ehrgeizige Völkermörder,« hörte ich jüngst ausrufen bei Gelegenheit des Modellkonkurses für das Mausoleum des Kaisers, »das kostet das Geld des darbenden Volkes, und wir werden es ja doch zerschlagen, wenn der Tag kommt!« Ja, der tote Held hätte in St. Helena bleiben sollen, und ich will ihm nicht dafür stehen, daß nicht einst sein Grabmal zertrümmert und seine Leiche in den schönen Fluß geschmissen wird, an dessen Ufern er so sentimental ruhen sollte, nämlich in die Seine! Thiers hat ihm als Minister vielleicht keinen großen Dienst geleistet.

Wahrlich, er leistet dem Kaiser einen größern Dienst als Historiker, und ein solideres Monument als die Vendômesäule und das projektierte Grabmal errichtet ihm Thiers durch das große Geschichtsbuch, woran er beständig arbeitet, wie sehr ihn auch die politischen Tageswehen in Anspruch nehmen. Nur Thiers hat das Zeug dazu, die große Historie des Napoleon Bonaparte zu schreiben, und er wird sie besser schreiben als diejenigen, die sich dazu besonders berufen glauben, weil sie treue Gefährten des Kaisers waren und sogar beständig mit seiner Person in Berührung standen. Die persönlichen Bekannten eines großen Helden, seine Mitkämpfer, seine Leibdiener, seine Kämmerer, Sekretäre, Adjutanten, vielleicht seine Zeitgenossen überhaupt, sind am wenigsten geeignet seine Geschichte zu schreiben; sie kommen mir manchmal vor, wie das kleine Insekt, das auf dem Kopf eines Menschen herumkriecht, ganz eigentlich in der unmittelbarsten Nähe seiner Gedanken verweilt, ihn überall begleitet und doch nie von seinem wahren Leben und der Bedeutung seiner Handlungen das mindeste ahnte.

Ich kann nicht umhin, bei dieser Gelegenheit auf einen Kupferstich aufmerksam zu machen, der in diesem Augenblick bei allen Kunsthändlern ausgehängt ist und den Kaiser darstellt nach einem Gemälde von Delaroche, welches derselbe für Lady Sandwich gemalt hat. Der Maler verfuhr bei diesem Bilde (wie in allen seinen Werken) als Eklektiker, und zur Anfertigung desselben benutzte er zunächst mehre unbekannte Porträte, die sich im Besitz der Bonapartischen Familie befinden, sodann die Maske des Toten, ferner die Details, die ihm über die Eigentümlichkeiten des kaiserlichen Gesichts von einigen Damen mitgeteilt worden, und endlich seine eignen Erinnerungen, da er in seiner Jugend mehrmals den Kaiser gesehen. Mein Urteil über dieses Bild kann ich hier nicht mitteilen, da ich zugleich über die Art und Weise des Delaroche ausführlich reden müßte. Die Hauptsache habe ich bereits angedeutet: das eklektische Verfahren, welches eine gewisse äußere Wahrheit befördert, aber keinen tiefern Grundgedanken aufkommen läßt. – Dieses neue Porträt des Kaisers ist bei Goupil und Rittner erschienen, die fast alle bekannten Werke des Delaroche in Kupferstich herausgegeben. Sie gaben uns jüngst seinen Karl I., welcher im Kerker von den Soldaten und Schergen verhöhnt wird, und als Seitenstück erhielten wir im selben Format den Grafen Stafford, welcher zur Richtstätte geführt, dem Gefängnisse vorbeikommt, wo der Bischof Law gefangen sitzt und dem vorüberziehenden Grafen seinen Segen erteilt, wir sehen nur seine, aus einem Gitterfenster hervorgestreckten zwei Hände, die wie hölzerne Wegweiser aussehen, recht prosaisch abgeschmackt. In derselben Kunsthandlung erschien auch des Delaroche großes Kabinettstück: der sterbende Richelieu, welcher mit seinen beiden Schlachtopfern, den zum Tode verurteilten Rittern Saint-Mars und de Thou, in einem Boote die Rhone hinabfährt. Die beiden Königskinder, die Richard III. im Tower ermorden läßt, sind das Anmutigste, was Delaroche gemalt und als Kupferstich in bemeldeter Kunsthandlung herausgegeben. In diesem Augenblick läßt dieselbe ein Bild von Delaroche stechen, welches Maria Antoinette im Tempelgefängnisse vorstellt; die unglückliche Fürstin ist hier äußerst ärmlich fast wie eine Frau aus dem Volke gekleidet, was gewiß dem edlen Faubourg die legitimsten Tränen entlocken wird. Eins der Hauptrührungswerke von Delaroche, welches die Königin Jeanne Grey vorstellt, wie sie im Begriff ist, ihr blondes Köpfchen auf den Block zu legen, ist noch nicht gestochen und soll nächstens ebenfalls erscheinen. Seine Maria Stuart ist auch noch nicht gestochen. Wo nicht das Beste, doch gewiß das Effektvollste, was Delaroche geliefert, ist sein Cromwell, welcher den Sargdeckel aufhebt von der Leiche des enthaupteten Karl I., ein berühmtes Bild, worüber ich vor geraumer Zeit ausführlich berichtete. Auch der Kupferstich ist ein Meisterstück technischer Vollendung. Eine sonderbare Vorliebe, ja Idiosynkrasie bekundet Delaroche in der Wahl seiner Stoffe. Immer sind es hohe Personen, die entweder hingerichtet werden, oder wenigstens dem Henker verfallen. Herr Delaroche ist der Hofmaler aller geköpften Majestäten. Er kann sich dem Dienst solcher erlauchten Delinquenten niemals ganz entziehen, und sein Geist beschäftigt sich mit ihnen selbst bei Porträtierung von Potentaten, die auch ohne scharfrichterliche Beihilfe das Zeitliche segneten. So z. B. auf dem Gemälde seiner sterbenden Elisabeth von England sehen wir, wie die greise Königin sich verzweiflungsvoll auf dem Estrich wälzt, in dieser Todesstunde gequält von der Erinnerung an den Grafen Essex und Maria Stuart, deren blutige Schatten ihr stieres Auge zu erblicken scheint. Das Gemälde ist eine Zierde der Luxembourg-Galerie, und ist nicht so schauderhaft banal oder banal schauderhaft, wie die andern erwähnten historischen Genrebilder, Lieblingsstücke der Bourgeoisie, der wackern, ehrsamen Bürgersleute, welche die Überwindung der Schwierigkeiten für die höchste Aufgabe der Kunst halten, das Grausige mit dem Tragischen verwechseln und sich gern erbauen an dem Anblick gefallener Größe, im süßen Bewußtsein, daß sie vor dergleichen Katastrophen gesichert sind in der bescheidenen Dunkelheit einer Arrière-Boutique der Rue St.-Denis.

XXXIX.

Paris, 28. Dezember 1841.
Von der eben eröffneten Deputiertenkammer erwarte ich nicht viel Erquickliches. Da werden wir nichts sehen als lauter Kleingezänke, Personenhader, Unmacht, wo nicht gar endliche Stockung. In der Tat, eine Kammer muß kompakte Parteimassen enthalten, sonst kann die genaue parlamentarische Maschine nicht fungieren. Wenn jeder Deputierte eine besondere, abweichende, isolierte Meinung zu Markte bringt, wird nie ein Votum gefällt werden, das man nur einigermaßen als Ausdruck eines Gesamtwillens betrachten könnte, und doch ist es die wesentlichste Bedingung des Repräsentativsystems, daß ein solcher Gesamtwille sich beurkunde. Wie die ganze französische Gesellschaft, so ist auch die Kammer in so viele Spaltungen und Splitter zerfallen, daß hier keine zwei Menschen mehr in ihren Ansichten ganz übereinstimmen. Betrachte ich in dieser politischen Beziehung die jetzigen Franzosen, so erinnere ich mich immer der Worte unseres wohlbekannten Adam Gurowski,

der den deutschen Patrioten jede Möglichkeit des Handelns absprach, weil unter zwölf Deutschen sich immer vierundzwanzig Parteien befänden: denn bei unserer Vielseitigkeit und Gewissenhaftigkeit im Denken habe jeder von uns auch die entgegengesetzte Ansicht mit allen Überzeugungsgründen in sich aufgenommen, und es befänden sich daher zwei Parteien in einer Person. Dasselbe ist jetzt bei den Franzosen der Fall. Wohin aber führt diese Zersplitterung, diese Auflösung aller Gedankenbande, dieser Partikularismus, dieses Erlöschen alles Gemeingeistes, welcher der moralische Tod eines Volks ist? – Der Kultus der materiellen Interessen, des Eigennutzes, des Geldes, hat diesen Zustand bereitet. Wird dieser lange währen, oder wird wohl plötzlich eine gewaltige Erscheinung, eine Tat des Zufalls oder ein Unglück, die Geister in Frankreich wieder verbinden? Gott verläßt keinen Deutschen, aber auch keinen Franzosen, er verläßt überhaupt kein Volk, und wenn ein Volk aus Ermüdung oder Faulheit einschläft, so bestellt er ihm seine künftigen Wecker, die, verborgen in irgendeiner dunkeln Abgeschiedenheit, ihre Stunde erwarten, ihre aufrüttelnde Stunde. Wo wachen die Wecker? Ich habe manchmal danach geforscht und geheimnisvoll deutete man alsdann – auf die Armee! Hier in der Armee, heißt es, gebe es noch ein gewaltiges Nationalbewußtsein; hier, unter der dreifarbigen Fahne, hätten sich jene Hochgefühle hingeflüchtet, die der regierende Industrialismus vertreibe und verhöhne; hier blühe noch die genügsame Bürgertugend, die unerschrockene Liebe für Großtat und Ehre, die Flammenfähigkeit der Begeisterung; während überall Zwietracht und Fäulnis, lebe hier noch das gesündeste Leben, zugleich ein angewohnter Gehorsam für die Autorität, jedenfalls bewaffnete Einheit – es sei gar nicht unmöglich, daß eines frühen Morgens die Armee das jetzige Bourgeoisieregiment, dieses zweite Direktorium, über den Haufen werfe und ihren achtzehnten Brumaire mache! – Also Soldatenwirtschaft wäre das Ende des Liedes, und die menschliche Gesellschaft bekäme wieder Einquartierung?

Die Verurteilung des Herrn Dupoty durch die Pairskammer entsprang nicht bloß aus greisenhafter Furcht, sondern aus jenem Erbgroll gegen die Revolution, der im Herzen vieler edlen Pairs heimlich nistet. Denn das Personal der erlauchten Versammlung besteht nicht aus lauter frischgebackenen Leuten der Neuzeit; man werfe nur einen Blick auf die Liste der Männer, die das Urteil gefällt, und man sieht mit Verwunderung, daß neben dem Namen eines imperialistischen oder Philippistischen Emporkömmlings immer zwei bis drei Namen des alten Regimes sich geltend machen. Die Träger dieser Namen bilden also natürlicherweise die Majorität; und da sitzen sie auf den Sammetbänken des Luxembourg, alte guillotinierte Menschen mit wieder angenähten Köpfen, wonach sie jedesmal ängstlich tasten, wenn draußen das Volk murmelt – Gespenster, die jeden Hahn hassen, und den gallischen am meisten, weil sie aus Erfahrung wissen, wie schnell sein Morgengeschrei ihrem ganzen Spuk ein Ende machen könnte – und es ist ein entsetzliches Schauspiel, wenn diese unglücklichen Toten Gericht halten über Lebendige, über die jüngsten und verzweiflungsvollsten Kinder der Revolution, über jene verwahrlosten und enterbten Kinder, deren Elend ebenso groß ist wie ihr Wahnsinn, über die Kommunisten!

XL.

Paris, 12. Januar 1842.

Wir lächeln über die armen Lappländer, die, wenn sie an Brustkrankheit leiden, ihre Heimat verlassen und nach St. Petersburg reisen, um dort die milde Luft eines südlichen Klimas zu genießen. Die algier'schen Beduinen, die sich hier befinden, dürften mit demselben Recht über manche unsrer Landsleute lächeln, die ihrer Gesundheit wegen den Winter lieber in Paris zubringen als in Deutschland, und sich einbilden, daß Frankreich ein warmes Land sei. Ich versichere Sie, es kann bei uns auf der Lüneburger Heide nicht kälter sein als hier in diesem Augenblick, wo ich Ihnen mit froststeifen Fingern schreibe. Auch in der Provinz muß eine bittere Kälte herrschen. Die Deputierten, welche jetzt rudelweise anlangen, erzählen nur von Schnee, Glatteis und umgestürzten Diligencen. Ihre Gesichter sind noch rot und verschnupft, ihr Gehirn eingefroren, ihre Gedanken neun Grad unter Null. Bei Gelegenheit der Adresse werden sie auftauen. Alles hat jetzt hier ein frostiges und ödes Ansehen. Nirgends Übereinstimmung bei den wichtigsten Fragen und beständiger Windwechsel. Was man gestern wollte, heute will man's nicht mehr, und Gott weiß, was man morgen begehren wird. Nichts als Hader und Mißtrauen, Schwanken und Zersplitterung. König Philipp hat die Maxime seines macedonischen Namensgenossen, das »Trenne und Herrsche« bis zum schädlichsten Übermaß ausgeübt. Die zu große Zerteilung erschwert wieder die Herrschaft, zumal die konstitutionelle, und Guizot wird mit den Spaltungen und Zerfaserungen der Kammer seine liebe Not haben. Guizot ist noch immer der Schutz und Hort des Bestehenden. Aber die sogenannten Freunde des Bestehenden, die Konservativen, sind dessen wenig eingedenk und sie haben bereits vergessen, daß noch vorigen Freitag in derselben Stunde *à bas* Guizot und *vive* Lamennais gerufen worden! Für den Mann der Ordnung, für den großen Ruhestifter war es in der Tat ein indirekter Triumph, daß man ihn herabwürdigte, um jenen schauderhaften Priester zu feiern, der den politischen Fanatismus mit dem religiösen vermählt und der Weltverwirrung die letzte Weihe erteilt. Armer Guizot, armer Schulmeister, armer Rektor Magnificus von Frankreich! dir bringen sie ein Pereat, diese Studenten, die weit besser täten, wenn sie deine Bücher studierten, worin so viel Belehrung enthalten, so viel Tiefsinn, so viel Winke für das

Glück der Menschheit! »Nimm dich in acht,« sagte einst ein Demagoge zu einem großen Patrioten, »wenn das Volk in Wahnsinn gerät, wird es dich zerreißen.« Und dieser antwortete: »Nimm dich in acht, denn dich wird das Volk zerreißen, wenn es wieder zur Vernunft kommt.« Dasselbe hätten wohl vorigen Freitag Lamennais und Guizot zueinander sagen können. Jener tumultuarische Auftritt sah bedenklicher aus als die Zeitungen meldeten. Diese hatten ein Interesse den Vorfall einigermaßen zu vertuschen, die ministeriellen sowohl als die Oppositionsblätter; letztere, weil jene Manifestation keinen sonderlichen Anklang im Volke fand. Das Volk sah ruhig zu und fror. Bei neun Grad Kälte ist kein Umsturz der Regierung in Paris zu befürchten. Im Winter gab es hier nie Emeuten. Seit der Bestürmung der Bastille bis auf die Revolte des Barbès hat das Volk immer seinen Unmut bis zu den wärmeren Sommermonden vertagt, wo das Wetter schön war und man sich mit Vergnügen schlagen konnte.

XLI.

Paris, 24. Januar 1842.

In der parlamentarischen Arena sah man dieser Tage wieder einen glänzenden Zweikampf von Guizot und Thiers, jener zwei Männer, deren Namen in jedem Munde und deren unaufhörliche Besprechung nachgerade langweilig werden dürfte. Ich wundere mich, daß die Franzosen noch nicht darüber die Geduld verlieren, daß man seit Jahr und Tag, von Morgen bis Abend, beständig von diesen beiden Personen schwatzt. Aber im Grunde sind es ja nicht Personen, sondern Systeme, von denen hier die Rede ist, Systeme die überall zur Sprache kommen müssen, wo eine Staatsexistenz von außen bedroht ist, überall, in China so gut wie in Frankreich. Nur daß hier Thiers und Guizot genannt wird, was dort, in China, Lin und Keschen heißt. Ersterer ist der chinesische Thiers und repräsentiert das kriegerische System, welches die herandrohende Gefahr durch die Gewalt der Waffen, vielleicht auch nur durch schreckendes Waffengeräusch, abwehren wollte. Keschen hingegen ist der chinesische Guizot, er repräsentiert das Friedenssystem, und es wäre ihm vielleicht gelungen die rothaarigen Barbaren durch kluge Nachgiebigkeit wieder aus dem Lande hinauszukomplimentieren, wenn die Thiersche Partei in Peking nicht die Oberhand gewonnen hätte. Armer Keschen! eben weil wir so fern vom Schauplatze, konnten wir ganz klar einsehen, wie sehr du recht hattest, den Streitkräften des Mittelreichs zu mißtrauen, und wie ehrlich du es mit deinem Kaiser meintest, der nicht so vernünftig wie Ludwig Philipp! Ich habe mich recht gefreut, als dieser Tage die »Allgemeine Zeitung« berichtete, daß der vortreffliche Keschen nicht entzweigesägt worden, wie es früher hieß, sondern nur sein ungeheures Vermögen eingebüßt habe. Letzteres kann dem hiesigen Repräsentanten des Friedenssystems nimmermehr passieren; wenn er fällt, können nicht seine Reichtümer konfisziert werden – Guizot ist arm wie eine Kirchmaus. Und auch unser Lin ist arm, wie ich bereits öfter erwähnt habe; ich bin überzeugt, er schreibt seine Kaisergeschichte hauptsächlich des Geldes wegen. Welch ein Ruhm für Frankreich, daß die beiden Männer, die alle seine Macht verwalteten, zwei arme Mandarinen sind, die nur in ihrem Kopfe ihre Schätze tragen!

Die letzten Reden dieser beiden haben Sie gelesen und fanden vielleicht darin manche Belehrung über die Wirrnisse, welche eine unmittelbare Folge der orientalischen Frage. – Was in diesem Augenblick besonders merkwürdig, ist die Milde der Russen, wo von Erhaltung des türkischen Reichs die Rede. Der eigentliche Grund aber ist, daß sie faktisch schon den größten Teil desselben besitzen. Die Türkei wird allmählich russisch ohne gewaltsame Okkupation. Die Russen befolgen hier eine Methode, die ich nächstens einmal beleuchten werde.

Es ist ihnen um die reelle Macht zu tun, nicht um den bloßen Schein derselben, nicht um die byzantinische Titulatur. Konstantinopel kann ihnen nicht entgehen, sie verschlingen es, sobald es ihnen paßt. In diesem Augenblick aber paßt es ihnen noch nicht, und sie sprechen von der Türkei mit einer süßlichen, fast herrenhutischen Friedfertigkeit. Sie mahnen mich an die Fabel von dem Wolf, welcher, als er Hunger hatte, sich eines Schafes bemächtigte. Er fraß mit gieriger Hast dessen beide Vorderbeine, jedoch die Hinterbeine des Tierleins verschonte er und sprach: »Ich bin jetzt gesättigt, und diesem guten Schafe, das mich mit seinen Vorderbeinen gespeiset hat, lasse ich aus Pietät alle seine übrigen Beine und den ganzen Rest seines Leibes.«

XLII.

Paris, den 7. Februar 1842.

»Wir tanzen hier auf einem Vulkan« – aber wir tanzen. Was in dem Vulkan gärt, kocht und brauset, wollen wir heute nicht untersuchen, und nur wie man darauf tanzt, sei der Gegenstand unserer Betrachtung. Da müssen wir nun zunächst von der *Académie royale de musique* reden, wo noch immer jenes ehrwürdige *Corps de ballet* existiert, das die choreographischen Überlieferungen treulich bewahrt und als die Pairie des Tanzes zu betrachten ist. Wie jene andere, die im Luxembourg residiert, zählt auch diese Pairie unter ihrem Personal gar viele Perücken und Mumien, über die ich mich nicht aussprechen will aus leicht begreiflicher Furcht. Das Mißgeschick des Herrn Perré, des Geranten des *»Siècle«*, der jüngst zu sechs Monaten Karzer und 10 000 Franken verurteilt worden, hat mich gewitzigt. Nur von Carlotta Grisi will ich reden, die in der respektablen Versammlung der Rue Lepelletier gar wunderlieblich hervorstrahlt, wie eine Apfelsine unter Kartoffeln. Nächst dem glücklichen Stoff, der den Schriften eines deutschen Autors entlehnt, war es zumeist die Carlotta Grisi, die dem Ballet »Die Willi« eine unerhörte Vogue verschaffte. Aber wie köstlich tanzt sie! Wenn man sie sieht, vergißt man, daß Taglioni in Rußland und Elßler in Amerika ist, man vergißt Amerika und Rußland selbst, ja die ganze Erde, und man schwebt mit ihr empor in die hängenden Zaubergärten jenes Geisterreichs, worin sie als Königin waltet. Ja, sie hat ganz den Charakter jener Elementargeister, die wir uns immer tanzend denken, und von deren gewaltigen Tanzweisen das Volk so viel Wunderliches fabelt. In der Sage von den Willis ward jene geheimnisvolle, rasende, mitunter menschenverderbliche Tanzlust, die den Elementargeistern eigen ist, auch auf die toten Bräute übertragen; zu dem altheidnisch übermütigen Lustreiz des Nixen- und Elfentums gesellten sich noch die melancholisch wollüstigen Schauer, das dunkelsüße Grausen des mittelalterlichen Gespensterglaubens.

Entspricht die Musik dem abenteuerlichen Stoffe jenes Balletts? War Herr Adam, der die Musik geliefert, fähig Tanzweisen zu dichten, die, wie es in der Volkssage heißt, die Bäume des Waldes zum Hüpfen und den Wasserstrahl zum Stillstehen zwingen? Herr Adam war, soviel ich weiß, in Norwegen, aber ich zweifle, ob ihm dort irgendein runenkundiger Zauberer jene Strömkarlmelodie gelehrt, wovon man nur zehn Variationen aufzuspielen wagt; es gibt nämlich noch eine elfte Variation, die großes Unglück anrichten könnte: spielt man diese, so gerät die ganze Natur in Aufruhr, die Berge und Felsen fangen an zu tanzen, und die Häuser tanzen und drinnen tanzen Tisch und Stühle, der Großvater ergreift die Großmutter, der Hund ergreift die Katze zum Tanzen, selbst das Kind springt aus der Wiege und tanzt. Nein, solche gewalttätige Melodien hat Herr Adam nicht von seiner nordischen Reise heimgebracht; aber was er geliefert, ist immer ehrenwert, und er behauptet eine ausgezeichnete Stellung unter den Tondichtern der französischen Schule.

Ich kann nicht umhin hier zu erwähnen, daß die christliche Kirche, die alle Künste in ihren Schoß aufgenommen und benutzt hat, dennoch mit der Tanzkunst nichts anzufangen wußte und sie verwarf und verdammte. Die Tanzkunst erinnerte vielleicht allzusehr an den alten Tempeldienst der Heiden, sowohl der römischen Heiden als der germanischen und keltischen, deren Götter eben in jene elfenhaften Wesen übergingen, denen der Volksglaube, wie ich oben andeutete, eine wundersame Tanzsucht zuschrieb. Überhaupt ward der böse Feind am Ende als der eigentliche Schutzpatron des Tanzes betrachtet, und in seiner frevelhaften Gemeinschaft tanzten die Hexen und Hexenmeister ihre nächtlichen Reigen. Der Tanz ist verflucht, sagt ein fromm bretonisches Volkslied, seit die Tochter des Herodias vor dem argen Könige tanzte, der ihr zu Gefallen Johannem töten ließ. »Wenn du tanzen siehst,« fügt der Sänger hinzu, »so denke an das blutige Haupt des Täufers auf der Schüssel, und das höllische Gelüste wird deiner Seele nichts anhaben können!« Wenn man über den Tanz in der *Académie royale de musique* etwas tiefer nachdenkt, so erscheint er als ein Versuch, diese erzheidnische Kunst gewissermaßen zu christianisieren, und das französische Ballett riecht fast nach gallikanischer Kirche, wo nicht gar nach Jansenismus, wie alle Kunsterscheinungen des großen Zeitalters Ludwigs XIV. Das französische Ballett ist in dieser Beziehung ein wahlverwandtes Seitenstück zu der Racineschen Tragödie und den Gärten von Le Nôtre. Es herrscht darin derselbe geregelte Zuschnitt, dasselbe Etikettenmaß, dieselbe höfische Kühle, dasselbe gezierte Sprödetun, dieselbe Keuschheit. In der Tat, die Form und das Wesen des französischen Balletts ist keusch, aber die Augen der Tänzerinnen machen zu den sittsamsten Pas einen sehr lasterhaften Kommentar, und ihr liederliches Lächeln ist in beständigem Widerspruch mit ihren Füßen. Wir sehen das Entgegengesetzte bei den sogenannten Nationaltänzen, die mir deshalb tausendmal lieber sind als die Ballette der Großen Oper. Die Nationaltänze sind oft allzu sinnlich, fast schlüpfrig in ihren Formen, z. B. die indischen, aber der heilige Ernst auf den Gesichtern der Tanzenden moralisiert diesen Tanz und erhebt ihn sogar zum Kultus. Der große Vestris hat einst ein Wort gesagt, worüber bereits viel gelacht worden. In seiner pathetischen Weise sagte er nämlich zu einem seiner Jünger: »Ein großer Tänzer muß tugendhaft sein.« Sonderbar! der große Vestris liegt schon seit vierzig Jahren im Grab (er hat das Unglück des Hauses Bourbon, womit die Familie Vestris immer sehr befreundet war, nicht überleben können), und erst vorigen Dezember, als ich der Eröffnungssitzung der Kammern beiwohnte und träumerisch mich meinen Gedanken überließ, kam mir der selige Vestris in den Sinn, und wie durch Inspiration begriff ich plötzlich die Bedeutung seines tiefsinnigen Wortes: »Ein großer Tänzer muß tugendhaft sein!«

Von den diesjährigen Gesellschaftsbällen kann ich wenig berichten, da ich bis jetzt nur wenig Soireen mit meiner Gegenwart beehrt habe. Dieses ewige Einerlei fängt nachgerade an mich zu ennuyieren, und ich begreife nicht, wie ein Mann es auf die Länge aushalten kann. Von Frauen begreife ich es sehr gut. Für diese ist der Putz, den sie auskramen können, das Wesentlichste. Die Vorbereitungen zum Ball, die Wahl der Robe, das Ankleiden, das Frisiertwerden, das Probelächeln vor dem Spiegel, kurz Flitterstaat und Gefallsucht sind ihnen die Hauptsache und gewähren ihnen die genußreichste Unterhaltung. Aber für uns Männer, die wir nur demokratisch schwarze Fräcke und Schuhe anziehen, (die entsetzlichen Schuhe!) – für uns ist eine Soiree nur eine unerschöpfliche Quelle der Langeweile, vermischt mit einigen Gläsern Mandelmilch und Himbeersaft. Von der holden Musik will ich gar nicht reden. Was die Bälle der vornehmen Welt noch langweiliger macht als sie von Gott und Rechts wegen sein dürften, ist die dort herrschende Mode, daß man nur zum Scheine tanzt, daß man die vorgeschriebenen Figuren nur gehend exekutiert, daß man ganz gleichgültig, fast verdrießlich die Füße bewegt. Keiner will mehr den andern amüsieren, und dieser Egoismus beurkundet sich auch im Tanze der heutigen Gesellschaft.

Die untern Klassen, wie gerne sie auch die vornehme Welt nachäffen, haben sich dennoch nicht zu solchem selbstsüchtigen Scheintanz verstehen können; ihr Tanzen hat noch Realität, aber leider eine sehr bedauernswürdige. Ich weiß kaum, wie ich die eigentümliche Betrübnis ausdrücken soll, die mich jedesmal ergreift, wenn ich an öffentlichen Belustigungsorten, namentlich zur Karnevalszeit, das tanzende Volk betrachte. Eine kreischende, schrillende, übertriebene Musik begleitet hier einen Tanz, der mehr oder weniger an den Cancan streift. Hier höre ich die Frage: was ist der Cancan? Heiliger Himmel, ich soll für die »Allgemeine Zeitung« eine Definition des Cancan geben! Wohlan: der Cancan ist ein Tanz, der nie in ordentlicher Gesellschaft getanzt wird, sondern nur auf gemeinen Tanzböden, wo derjenige, der ihn tanzt, oder diejenige, die ihn tanzt, unverzüglich von einem Polizeiagenten ergriffen und zur Tür hinausgeschleppt wird. Ich weiß nicht, ob diese Definition hinlänglich belehrsam, aber es ist auch gar nicht nötig, daß man in Deutschland ganz genau erfahre, was der französische Cancan ist. So viel wird schon aus jener Definition zu merken sein, daß die vom seligen Vestris angepriesene Tugend hier kein notwendiges Requisit ist, und daß das französische Volk sogar beim Tanzen von der Polizei inkommodiert wird. Ja, dieses letztere ist ein sehr sonderbarer Übelstand, und jeder denkende Fremde muß sich darüber wundern, daß in den öffentlichen Tanzsälen bei jeder Quadrille mehrere Polizeiagenten oder Kommunalgardisten stehen, die mit finster catonischer Miene die tanzende Moralität bewachen. Es ist kaum begreiflich, wie das Volk unter solcher schmählichen Kontrolle seine lachende Heiterkeit und Tanzlust behält. Dieser gallische Leichtsinn aber macht eben seine vergnügtesten Sprünge, wenn er in der Zwangsjacke steckt, und obgleich das strenge Polizeiauge es verhütet, daß der Cancan in seiner zynischen Bestimmtheit getanzt wird, so wissen doch die Tänzer durch allerlei ironische Entrechats und übertreibende Anstandsgesten ihre verpönten Gedanken zu offenbaren, und die Verschleierung erscheint alsdann noch unzüchtiger als die Nacktheit selbst. Meiner Ansicht nach ist es für die Sittlichkeit von keinem großen Nutzen, daß die Regierung mit so vielem Waffengepränge bei dem Tanze des Volks interveniert; das Verbotene reizt eben am süßesten, und die raffinierte, nicht selten geistreiche Umgehung der Zensur wirkt hier noch verderblicher als erlaubte Brutalität. Diese Bewachung der Volkslust charakterisiert übrigens den hiesigen Zustand der Dinge und zeigt, wie weit es die Franzosen in der Freiheit gebracht haben.

Es sind aber nicht bloß die geschlechtlichen Beziehungen, die auf den Pariser Bastringuen der Gegenstand ruchloser Tänze sind. Es will mich manchmal bedünken, als tanze man dort eine Verhöhnung alles dessen, was als das Edelste und Heiligste im Leben gilt, aber durch Schlauköpfe so oft ausgebeutet und durch Einfaltspinsel so oft lächerlich gemacht worden, daß das Volk nicht mehr wie sonst daran glauben kann. Ja, es verlor den Glauben an jenen Hochgedanken, wovon unsre politischen und literarischen Tartüffe so viel singen und sagen; und gar die Großsprechereien der Ohnmacht verleideten ihm so sehr alle idealen Dinge, daß es nicht mehr darin sieht, als die hohle Phrase, als die sogenannte Blague, und wie diese trostlose Anschauungsweise durch Robert Macaire repräsentiert wird, so gibt sie sich doch auch kund in dem Tanz des Volks, der als eine eigentliche Pantomime des Robert-Macairetums zu betrachten ist. Wer von letzterm einen ungefähren Begriff hat, begreift jetzt jene unaussprechlichen Tänze, welche, eine getanzte Persiflage, nicht bloß die geschlechtlichen Beziehungen verspotten, sondern auch die bürgerlichen, sondern auch alles was gut und schön ist, sondern auch jede Art von Begeisterung, die Vaterlandsliebe, die Treue, den Glauben, die Familiengefühle, den Heroismus, die Gottheit. Ich wiederhole es, mit einer unsäglichen Trauer erfüllt mich immer der Anblick des tanzenden Volks an den öffentlichen Vergnügungsorten von Paris; und gar besonders ist dies der Fall in den Karnevalstagen, wo der tolle Mummenschanz die dämonische Lust bis zum Ungeheuerlichen steigert. Fast ein Grauen wandelte mich an, als ich einem jener bunten Nachtfeste beiwohnte, die jetzt in der Opéra comique gegeben werden, und wo, nebenbei gesagt, weit prächtiger als auf den Bällen der Großen Oper der taumelnde Spuk sich gebärdet. Hier musiziert Beelzebub mit vollem Orchester, und das freche Höllenfeuer der Gasbeleuchtung zerreißt einem die Augen. Hier ist das verlorne Tal, wovon die Amme erzählt; hier tanzen die Unholden wie bei uns in der Walpurgisnacht, und manche ist darunter, die sehr hübsch, und bei aller Verworfenheit jene Grazie, die den verteufelten Französinnen angeboren ist, nicht ganz verleugnen kann. Wenn aber gar die Galopp-Ronde erschmettert, dann erreicht der satanische Spektakel seine unsinnigste Höhe, und es ist dann, als müsse die Saaldecke platzen und die ganze Sippschaft sich plötzlich emporschwingen auf Besenstielen, Ofengabeln, Kochlöffeln – »oben hinaus, nirgends an!« – ein gefährlicher Moment für viele unserer Landsleute, die leider keine Hexenmeister sind und nicht das Sprüchlein kennen, das man herbeten muß, um nicht von dem wütenden Heer fortgerissen zu werden.

Zweiter Teil

XLIII.

Paris, Mitte April 1842.
Als ich vorigen Sommer an einem schönen Nachmittag in Cette anlangte, sah ich, wie eben längs dem Kai, vor welchem sich das Mittelländische Meer ausbreitet, die Prozession vorüberzog, und ich werde nie diesen Augenblick vergessen. Voran schritten die Brüderschaften in ihren roten, weißen oder schwarzen Gewanden, die Büßer mit übers Haupt gezogenen Kapuzen, worin zwei Löcher, woraus die Augen gespenstisch hervorlugten; in den Händen brennende Wachskerzen oder Kreuzfahnen. Dann kamen die verschiedenen Mönchsorden. Auch eine Menge Laien, Frauen und Männer, blasse gebrochene Gestalten, die gläubig einherschwankten, mit rührend kummervollem Singsang. Ich war dergleichen oft in meiner Kindheit am Rhein begegnet, und ich kann nicht leugnen, daß jene Töne eine gewisse Wehmut, eine Art Heimweh in mir weckten. Was ich aber früher noch nie gesehen und was nachbarlich spanische Sitte zu sein schien, war die Truppe von Kindern, welche die Passion darstellten. Ein kleines Bübchen, kostümiert wie man den Heiland abzubilden pflegt, die Dornenkrone auf dem Haupt, dessen schönes Goldhaar traurig lang herabwallte, keuchte gebückt einher unter der Last eines ungeuer großen Holzkreuzes; auf der Stirn grell gemalte Blutstropfen, und Wundenmale an den Händen und nackten Füßen. Zur Seite ging ihm ein ganz schwarz gekleidetes kleines Mädchen, welches, als schmerzenreiche Mutter, mehre Schwerter mit vergoldeten Heften an der Brust trug und fast in Tränen zerfloß – ein Bild tiefster Betrübnis. Andre kleine Knaben, die hintendrein gingen, stellten die Apostel vor, darunter auch Judas, mit rotem Haar und einem Beutel in der Hand. Ein paar Bübchen waren auch als römische Landsknechte behelmt und bewehrt und schwangen ihre Säbel. Mehre Kinder trugen Ordenshabit und Kirchenornat: kleine Kapuziner, kleine Jesuitchen, kleine Bi-

schöfe mit Inful und Krummstab, allerliebste Nönnchen, gewiß keines über sechs Jahre alt. Und sonderbar, es waren darunter auch einige Kinder als Amoretten gekleidet, mit seidenen Flügeln und goldenen Köchern, und in der unmittelbarsten Nähe des kleinen Heilands wackelten zwei noch viel kleinere, höchstens vierjährige Geschöpfchen in altfränkischer Schäfertracht, mit bebänderten Hütchen und Stäben, zum Küssen niedlich, wie Marzipanpüppchen: sie repräsentierten wahrscheinlich die Hirten, die an der Krippe des Christkindes gestanden. Sollte man es aber glauben, dieser Anblick erregte in der Seele des Zuschauers die ernstvoll andächtigsten Gefühle, und daß es kleine unschuldige Kinder waren, die das größte kolossalste Martyrtum tragierten, wirkte um so rührender! Das war keine Nachäffung im historischen Großstil, keine schiefmäulige Frommtuerei, keine Berliner Glaubenslüge: das war der naivste Ausdruck des tiefsinnigsten Gedankens, und die herablassend kindliche Form verhinderte eben, daß der Inhalt vernichtend auf unser Gemüt wirkte, oder sich selbst vernichtete. Dieser Inhalt ist ja von so ungeheuerlicher Schmerzensgewalt und Erhabenheit, daß er die heroisch-grandioseste und pathetisch-ausgerecktteste Darstellungsart überragt und sprengt. Deshalb haben die größten Künstler sowohl in der Malerei als in der Musik die überschwenglichsten Schrecknisse der Passion mit so viel Blumen als möglich verlieblicht und den blutigen Ernst durch spielende Zärtlichkeit gemildert – und so tat auch Rossini, als er sein »*Stabat mater*« komponierte.

Letzteres, das »*Stabat*« von Rossini, war die hervorragende Merkwürdigkeit der hingeschiedenen Saison, die Besprechung desselben ist noch immer an der Tagesordnung, und eben die Rügen, die von norddeutschem Standpunkt aus gegen den großen Meister laut werden, beurkunden recht schlagend die Ursprünglichkeit und Tiefe seines Genius. Die Behandlung sei zu weltlich, zu sinnlich, zu spielend für den geistlichen Stoff, sie sei zu leicht, zu angenehm, zu unterhaltend – so stöhnen die

Klagen einiger schweren, langweiligen Kritikaster, die wenn auch nicht absichtlich eine übertriebene Spiritualität erheucheln, doch jedenfalls von der heiligen Musik sehr beschränkte, sehr irrige Begriffe sich angequält. Wie bei den Malern, so herrscht auch bei den Musikern eine ganz falsche Ansicht über die Behandlung christlicher Stoffe. Jene glauben, das wahrhaft Christliche müsse in subtilen magern Konturen und so abgehärmt und farblos als möglich dargestellt werden; die Zeichnungen von Overbeck sind in dieser Beziehung ihr Ideal. Um dieser Verblendung durch eine Tatsache zu widersprechen, mache ich nur auf die Heiligenbilder der spanischen Schule aufmerksam; hier ist das Volle der Konturen und der Farbe vorherrschend, und es wird doch niemand leugnen, daß diese spanischen Gemälde das ungeschwächteste Christentum atmen und ihre Schöpfer gewiß nicht minder glaubenstrunken waren, als die berühmten Meister, die in Rom zum Katholizismus übergegangen sind, um mit unmittelbarer Inbrunst malen zu können. Nicht die äußere Dürre und Blässe ist ein Kennzeichen des wahrhaft Christlichen in der Kunst, sondern eine gewisse innere Überschwenglichkeit, die weder angetauft noch anstudiert werden kann in der Musik wie in der Malerei, und so finde ich auch das »*Stabat*« von Rossini wahrhaft christlicher als den »Paulus«, das Oratorium von Felix Mendelssohn-Bartholdy, das von den Gegnern Rossinis als ein Muster der Christentümlichkeit gerühmt wird.

Der Himmel bewahre mich, gegen einen so verdienstvollen Meister wie der Verfasser des »Paulus« hierdurch einen Tadel aussprechen zu wollen, und am allerwenigsten wird es dem Schreiber dieser Blätter in den Sinn kommen, an der Christlichkeit des erwähnten Oratoriums zu mäkeln, weil Felix Mendelssohn-Bartholdy von Geburt ein Jude ist. Aber ich kann doch nicht unterlassen, darauf hinzudeuten, daß in dem Alter, wo Herr Mendelssohn in Berlin das Christentum anfing (er wurde nämlich erst in seinem dreizehnten Jahre getauft), Rossini es bereits verlassen und sich ganz in die Weltlichkeit der Opernmusik gestürzt hatte. Jetzt, wo er diese wieder verließ und sich zurückträumte in seine katholischen Jugenderinnerungen, in die Zeiten, wo er im Dom zu Pesaro als Chorschüler mitsang, oder als Akoluth bei der Messe fungierte – jetzt, wo die alten Orgeltöne wieder in seinem Gedächtnis aufrauschten und er die Feder ergriff, um ein »Stabat« zu schreiben: da brauchte er wahrlich den Geist des Christentums nicht erst wissenschaftlich zu konstruieren, noch viel weniger Händel oder Sebastian Bach sklavisch zu kopieren; er brauchte nur die frühesten Kindheitsklänge wieder aus seinem Gemüt hervorzurufen und, wunderbar! so ernsthaft, so schmerzentief auch diese Klänge ertönen, so gewaltig sie auch das Gewaltigste ausseufzen und ausbluten, so behielten sie doch etwas Kindheitliches und mahnten mich an die Darstellung der Passion durch Kinder, die ich in Cette gesehen. Ja, an diese kleine fromme Mummerei mußte ich unwillkürlich denken, als ich der Aufführung des »Stabat« von Rossini zum erstenmal beiwohnte: das ungeheure erhabene Martyrium ward hier dargestellt, aber in den naivsten Jugendlauten, die furchtbaren Klagen der *Mater dolorosa* ertönten, aber wie aus unschuldig kleiner Mädchenkehle, neben den Flören der schwärzesten Trauer rauschten die Flügel aller Amoretten der Anmut, die Schrecknisse des Kreuztodes waren gemildert wie von tändelndem Schäferspiel, und das Gefühl der Unendlichkeit umwogte und umschloß das Ganze wie der blaue Himmel, der auf die Prozession von Cette herableuchtete, wie das blaue Meer, an dessen Ufer sie singend und klingend dahinzog! Das ist die ewige Holdseligkeit des Rossini, seine unverwüstliche Milde, die kein Impressario und kein *Marchand de musique* zugrunde ärgern konnte oder auch nur zu trüben vermochte! Wie schnöde, wie abgefeimt tückisch ihm auch oftmals mitgespielt wurde im Leben, so finden wir doch in seinen musikalischen Produkten nicht eine Spur von Galle. Gleich jener Quelle Arethusa, die ihre ursprüngliche Süßigkeit bewahrte, obgleich sie die bittern Gewässer des Meeres durchzogen, so behielt auch das Herz Rossinis seine melodische Lieblichkeit und Süße, obgleich es aus allen Wermutskelchen dieser Welt hinlänglich gekostet.

Wie gesagt, das »*Stabat*« des großen Maestro war dieses Jahr die vorherrschende musikalische Begebenheit. Über die erste tonangebende Exekution brauche ich nichts zu melden; genug, die Italiener sangen. Der Saal der Italienischen Oper schien der Vorhof des Himmels; dort schluchzten heilige Nachtigallen und flossen die fashionabelsten Tränen. Auch die »*France musicale*« gab in ihren Konzerten den größten Teil des »*Stabat*«, und wie sich von selbst versteht mit ungeheurem Beifall. In diesen Konzerten hörten wir auch den »*Paulus*« des Herrn Felix Mendelssohn-Bartholdy, der durch diese Nachbarschaft eben unsere Aufmerksamkeit in Anspruch nahm und die Vergleichung mit Rossini von selber hervorrief. Bei dem großen Publikum gereichte diese Vergleichung keineswegs zum Vorteil unseres jungen Landsmanns: es ist auch als vergliche man die Apenninen Italiens mit dem Templower Berg bei Berlin. Aber der Templower Berg hat darum nicht weniger Verdienste, und den Respekt der großen Menge erwirbt er sich schon dadurch, daß er ein Kreuz auf seinem Gipfel trägt. »Unter diesem Zeichen wirst du siegen.« Freilich nicht in Frankreich, dem Lande der Ungläubigkeit, wo Herr Mendelssohn immer Fiasko gemacht hat. Er war das geopferte Lamm der Saison, während Rossini der musikalische Löwe war, dessen süßes Gebrüll noch immer forttönt. Es heißt hier, Herr Felix Mendelssohn werde dieser Tage persönlich nach Paris kommen. So viel ist gewiß, durch hohe Verwendung und diplomatische Bemühungen ist Herr Léon Pillet dahin gebracht worden, ein Libretto von Herrn Scribe anfertigen zu lassen, das Herr Mendelssohn für die große Oper komponieren soll. Wird unser junger Landsmann sich diesem Geschäft mit Glück unterziehen? Ich weiß nicht. Seine künstlerische Begabnis ist groß; doch hat sie sehr bedenkliche Grenzen und Lücken. Ich finde in talentlicher Beziehung eine große Ähnlichkeit zwischen Herrn Felix Mendelssohn und der Mademoiselle Rachel Félix, der tragischen Künstlerin. Eigentümlich ist beiden ein großer, strenger, sehr ernsthafter Ernst, ein entschiedenes, beinahe zudringliches Anlehnen an klassische Muster, die feinste, geistreichste Berechnung, Verstandesschärfe und endlich der gänzliche Mangel an Naivität. Gibt es aber in der Kunst eine geniale Ursprünglichkeit ohne Naivität? Bis jetzt ist dieser Fall noch nicht vorgekommen.

XLIV.

Paris, 2. Juni 1842.

Die *Académie des scienes morales et politiques* hat sich nicht blamieren wollen, und in ihrer Sitzung vom 28. Mai prorogierte sie bis 1844 die Krönung des besten *Examen critique de la philosophie allemande*. Unter diesem Titel hatte sie nämlich eine Preisaufgabe angekündigt, deren Lösung nichts Geringeres beabsichtigte als eine beurteilende Darstellung der deutschen Philosophie von Kant bis auf die heutige Stunde, mit besonderer Berücksichtigung des ersteren, des großen Immanuel Kant, von dem die Franzosen so viel reden gehört, daß sie schier neugierig geworden. Einst wollte sogar Napoleon sich über die Kantsche Philosophie unterrichten, und er beauftragte irgendeinen französischen Gelehrten, ihm ein Resümee derselben zu liefern, welches aber auf einige Quartseiten zusammengedrängt sein müsse. Fürsten brauchen nur zu befehlen. Das Resümee ward unverzüglich und in vorgeschriebener Form angefertigt. Wie es ausfiel, weiß der liebe Himmel, und nur so viel ist mir bekannt, daß der Kaiser, nachdem er die wenigen Quartseiten aufmerksam durchgelesen, die Worte aussprach: »Alles dieses hat keinen praktischen Wert, und die Welt wird wenig gefördert durch Menschen wie Kant, Cagliostro, Swedenborg und Philadelphia.« – Die große Menge in Frankreich hält Kant noch immer für einen neblichten, wo nicht gar benebelten Schwärmer, und noch jüngst las ich in einem französischen Romane die Phrase: *le vague mystique de Kant*. Einer der größten Philosophen der Franzosen ist unstreitig Pierre Leroux, und dieser gestand mir vor sechs Jahren: erst aus der *»Allemagne«* von Henri Heine habe er die Einsicht gewonnen, daß die deutsche Philosophie nicht so mystisch und religiös sei wie man das französische Publikum bisher glauben machte, sondern im Gegenteil sehr kalt, fast frostig abstrakt und ungläubig bis zur Negation des Allerhöchsten.

In der erwähnten Sitzung der Akademie gab uns Mignet, der *Secrétaire perpétuel*, eine Notice historique über das Leben und Wirken des verstorbenen Destutt de Tracy. Wie in allen seinen Erzeugnissen, beurkundete Mignet auch hier sein schönes, großes Darstellungstalent, seine bewunderungswürdige Kunst des Auffassens aller charakteristischen Zeitmomente und Lebensverhältnisse, seine heitere klare Verständlichkeit. Seine Rede über Destutt de Tracy ist bereits im Druck erschienen und es bedarf also hier keines ausführlichen Referats. Nur beiläufig will ich einige Bemerkungen hinwerfen, die sich mir besonders aufdrängten, während Mignet das schöne Leben jenes Edelmanns erzählte, der dem stolzesten Feudaladel entsprossen und während seiner Jugend ein wackerer Soldat war, aber dennoch mit großmütigster Selbstverleugnung und Selbstaufopferung die Partei des Fortschrittes ergriff und ihr bis zum letzten Atemzug treu blieb. Derselbe Mann, der mit Lafayette in den achtziger Jahren für die Sache der Freiheit Gut und Blut einsetzte, fand sich mit dem alten Freunde wieder zusammen am 29. Juli 1830 bei den Barrikaden von Paris, unverändert in seinen Gesinnungen; nur seine Augen waren erloschen, sein Herz war licht und jung geblieben. Der französische Adel hat sehr viele, erstaunlich viele solcher Erscheinungen hervorgebracht, und das Volk weiß es auch, und diese Edelleute, die seinen Interessen solche Ergebenheit bewiesen, nennt es *les bons nobles*. Mißtrauen gegen den Adel im allgemeinen mag sich in revolutionären Zeiten zwar als nützlich herausstellen, wird aber immer eine Ungerechtigkeit bleiben. In dieser Beziehung gewährt uns eine große Lehre das Leben eines Tracy, eines Rochefoucauld, eines d'Argenson, eines Lafayette und ähnlicher Ritter der Volksrechte.

Gerade, unbeugsam und schneidend, wie einst sein Schwert, war der Geist des Destutt de Tracy, als er sich später in jene materialistische Philosophie warf, die in Frankreich durch Condillac zur Herrschaft gelangte. Letzter wagte nicht die letzten Konsequenzen dieser Philosophie auszusprechen, und wie die meisten seiner Schule ließ er dem Geiste immer noch ein abgeschiedenes Winkelchen im Universalreiche der Materie. Destutt de Tracy aber hat dem Geiste auch dieses letzte Refugium aufgekündigt, und seltsam! zu derselben Zeit, wo bei uns in Deutschland der Idealismus auf die Spitze getrieben und die Materie geleugnet wurde, erklomm in Frankreich das materialistische Prinzip seinen höchsten Gipfel, und man leugnete hier den Geist. Destutt de Tracy war sozusagen der Fichte des Materialismus.

Es ist ein merkwürdiger Umstand, daß Napoleon gegen die philosophische Koterie, wozu Tracy, Cabanis und Konsorten gehörten, eine so besorgliche Abneigung hegte und sie mitunter sehr streng behandelte. Er nannte sie Ideologen und er empfand eine vage, schier abergläubische Furcht vor jener Ideologie, die doch nichts anderes war als der schäumende Aufguß der materialistischen Philosophie; diese hatte freilich die größte Umwälzung gefördert und die schauerlichsten Zerstörungskräfte offenbart, aber ihre Mission war vollbracht und also auch ihr Einfluß beendigt. Bedrohlicher und gefährlicher war jene entgegengesetzte Doktrin, die unbeachtet in Deutschland emportauchte und späterhin so viel beitrug zum Sturz der französischen Gewaltherrschaft. Es ist merkwürdig, daß Napoleon auch in diesem Fall nur die Vergangenheit begriff und für die Zukunft weder Ohr noch Auge hatte. Er ahnte einen verderblichen Feind im Reich des Gedankens, aber er suchte diesen Feind unter allen Perücken, die noch vom Puder des achtzehnten Jahrhunderts stäubten; er suchte ihn unter französischen Greisen, statt unter der blonden Jugend der deutschen Hochschulen. Da war unser Bierfürst Herodes viel gescheiter als er die gefährliche Brut in der Wiege verfolgte und den Kindermord befahl. Doch auch ihm fruchtete nicht viel die größere Pfiffigkeit, die an dem Willen der Vorsehung zuschanden wurde – seine Schergen kamen zu spät, das furchtbare Kind war nicht mehr in Bethlehem, ein treues Eselein trug es rettend nach Ägypten. Ja, Napoleon besaß Scharfblick nur für Auffassung der Gegenwart oder Würdigung der Vergangenheit, und er war stockblind für jede Erscheinung, worin sich die Zukunft ankündigte. Er stand auf dem Balkon seines Schlosses zu Saint-Cloud, als das erste Dampfschiff dort auf der Seine vorüberfuhr, und er merkte nicht im mindesten die weltumgestaltende Bedeutung dieses Phänomens!

XLV.

Paris, 20. Juni 1842.

In einem Lande, wo die Eitelkeit so viele eifrige Jünger zählt, wird die Zeit der Deputiertenwahl immer eine sehr bewegte sein. Da die Deputation aber nicht bloß die Eigenliebe kitzelt, sondern auch zu den fettesten Ämtern und zu den einträglichsten Einflüssen führt; da hier also nicht bloß der Ehrgeiz, sondern auch die Habsucht ins Spiel kommt; da es sich hier auch um jene materiellen Interessen handelt, denen unser Zeitalter so inbrünstig huldigt: so ist die Deputiertenwahl ein wahrer Wettlauf, ein Pferderennen, dessen Anblick für den fremden

Zuschauer eher kurios als erfreulich sein mag. Es sind nämlich nicht eben die schönsten und besten Pferde, die bei solchen Rennen zum Vorschein kommen, nicht die inwohnenden Tugenden der Stärke, des Vollbluts, der Ausdauer kommen hier in Anschlag, sondern nur die leichtfüßige Behendigkeit. Manches edle Roß, dem der feurigste Schlachtmut aus den Nüstern schnaubt und Vernunft aus den Augen blitzt, muß hier einem magern Klepper nachstehen, der aber zu Triumphen auf dieser Bahn ganz besonders abgerichtet worden. Überstolze, störrige Gäule geraten hier schon beim ersten Anlauf in unzeitiges Bäumen oder sie vergaloppieren sich. Nur die dressierte Mittelmäßigkeit erreicht das Ziel. Daß ein Pegasus beim parlamentarischen Rennen kaum zugelassen wird und tausenderlei Ungunst zu erfahren hat, versteht sich von selbst; denn der Unglückselige hat Flügel und könnte sich einst höher emporschwingen als der Plafond des Palais Bourbon gestattet. Eine merkwürdige Erscheinung, daß unter den Wettrennern fast ein Dutzend von arabischer, oder um noch deutlicher zu sprechen, von semitischer Rasse. Doch was geht das uns an! Uns interessiert nicht dieser mäkelnde Lärm, dieses Stampfen und Wiehern der Selbstsucht, dieses Getümmel der schäbigen Zwecke, die sich mit den brillantesten Farben geschmückt, das Geschrei der Stallknechte und der stäubende Mist – uns kümmert bloß zu erfahren: werden die Wahlen zugunsten oder zum Nachteil des Ministeriums ausfallen? Man kann hierüber noch nichts Bestimmtes melden. Und doch ist das Schicksal Frankreichs und vielleicht der ganzen Welt von der Frage abhängig, ob Guizot in der neuen Kammer die Majorität behalten wird oder nicht. Hiermit will ich keineswegs der Vermutung Raum geben, als könnten unter den neuen Deputierten sich ganz gewaltige Eisenfresser auftun und die Bewegung aufs höchste treiben. Nein, diese Ankömmlinge werden nur klingende Worte zu Markte bringen und sich vor der Tat ebenso bescheidentlich fürchten wie ihre Vorgänger; der entschiedenste Neuerer in der

Kammer will nicht das Bestehende gewaltsam umstürzen, sondern nur die Befürchtungen der obern Mächte und die Hoffnungen der untern für sich selber ausbeuten. Aber die Verwirrungen, Verwicklungen und momentanen Nöte, worin die Regierung infolge dieses Treibens geraten kann, geben den dunklen Gewalten, die im verborgenen lauern, das Signal zum Losbruch, und, wie immer, erwartet die Revolution eine parlamentarische Initiative. Das entsetzliche Rad käme dann wieder in Bewegung, und wir sähen diesmal einen Antagonisten auftreten, welcher der schrecklichste sein dürfte von allen die bisher mit dem Bestehenden in die Schranken getreten. Dieser Antagonist bewahrt noch sein schreckliches Inkognito und residiert wie ein dürftiger Prätendent in jenem Erdgeschoß der offiziellen Gesellschaft, in jenen Katakomben, wo unter Tod und Verwesung das neue Leben keimt und knospet. Kommunismus ist der geheime Name des furchtbaren Antagonisten, der die Proletarierherrschaft in allen ihren Konsequenzen dem heutigen Bourgeoisieregimente entgegensetzt. Es wird ein furchtbarer Zweikampf sein. Wie möchte er enden? Das wissen die Götter und Göttinnen, denen die Zukunft bekannt ist. Nur so viel wissen wir: der Kommunismus, obgleich er jetzt wenig besprochen wird und in verborgenen Dachstuben auf seinem elenden Strohlager hinlungert, so ist er doch der düstere Held, dem eine große wenn auch nur vorübergehende Rolle beschieden in der modernen Tragödie, und der nur des Stichworts harrt, um auf die Bühne zu treten. Wir dürfen daher diesen Akteur nie aus den Augen verlieren und wir wollen zuweilen von den geheimen Proben berichten, worin er sich zu seinem Debüt vorbereitet. Solche Hindeutungen sind vielleicht wichtiger als alle Mitteilungen über Wahlumtriebe, Parteihader und Kabinettsintrigen.

XLVI.

Paris, 12. Juli 1842.

Das Resultat der Wahlen werden Sie aus den Zeitungen ersehen. Hier in Paris braucht man nicht erst die Blätter darüber zu konsultieren, es ist auf allen Gesichtern zu lesen. Gestern sah es hier sehr schwül aus und die Gemüter verrieten eine Aufregung, wie ich sie nur in großen Krisen bemerkt habe. Die alten wohlbekannten Sturmvögel rauschten wieder unsichtbar durch die Luft und die schläfrigsten Köpfe wurden plötzlich aufgeweckt aus der zweijährigen Ruhe. Ich gestehe, daß ich selbst, angeweht von dem furchtbaren Flügelschlag, ein gewaltiges Herzbeben empfand. Ich fürchte mich immer im ersten Anfang, wenn ich die Dämonen der Umwälzung entzügelt sehe; späterhin bin ich sehr gefaßt und die tollsten Erscheinungen können mich weder beunruhigen noch überraschen, eben weil ich sie vorausgesehen. Was wäre das Ende dieser Bewegung, wozu Paris wieder wie immer das Signal gegeben? Es wäre der Krieg, der gräßlichste Zerstörungskrieg, der leider die beiden edelsten Völker der Zivilisation in die Arena riefe zu beider Verderben; ich meine Deutschland und Frankreich. England, die große Wasserschlange, die immer in ihr ungeheures Wassernest zurückkriechen kann, und Rußland, das in seinen ungeheuren Föhren, Steppen und Eisgefilden ebenfalls die sichersten Verstecke hat, diese beiden können in einem gewöhnlichen politischen Kriege, selbst durch die entschiedensten Niederlagen, nicht ganz zugrunde gerichtet werden: – aber Deutschland ist in solchen Fällen weit schlimmer bedroht, und gar Frankreich könnte in der kläglichsten Weise seine politische Existenz einbüßen. Doch das wäre nur der erste Akt des großen Spektakelstücks, gleichsam das Vorspiel. Der zweite Akt ist die europäische, die Weltrevolution, der große Zweikampf der Besitzlosen mit der Aristokratie des Besitzes, und da wird weder von Nationalität noch von Religion die Rede sein:

nur Ein Vaterland wird es geben, nämlich die Erde, und nur Einen Glauben, nämlich das Glück auf Erden. Werden die religiösen Doktrinen der Vergangenheit in allen Landen sich zu einem verzweiflungsvollen Widerstand erheben, und wird etwa dieser Versuch den dritten Akt bilden? Wird gar die alte absolute Tradition nochmals auf die Bühne treten, aber in einem neuen Kostüm und mit neuen Stich- und Schlagwörtern? Wie würde dieses Schauspiel schließen? Ich weiß nicht, aber ich denke, daß man der großen Wasserschlange am Ende das Haupt zertreten und dem Bären des Nordens das Fell über die Ohren ziehen wird. Es wird vielleicht alsdann nur Einen Hirten und Eine Herde geben, ein freier Hirt mit einem eisernen Hirtenstabe, und eine gleichgeschorene, gleichblökende Menschenherde! Wilde, düstere Zeiten dröhnen heran, und der Prophet, der eine neue Apokalypse schreiben wollte, müßte ganz neue Bestien erfinden, und zwar so erschreckliche, daß die älteren Johanneischen Tiersymbole dagegen nur sanfte Täubchen und Amoretten wären. Die Götter verhüllen ihr Antlitz aus Mitleid mit den Menschenkindern, ihren langjährigen Pfleglingen, und vielleicht zugleich auch aus Besorgnis über das eigene Schicksal. Die Zukunft riecht nach Juchten, nach Blut, nach Gottlosigkeit, und nach sehr vielen Prügeln. Ich rate unsern Enkeln, mit einer sehr dicken Rückenhaut zur Welt zu kommen.

XLVII.

Paris, 15. Juli 1842.

Meine dunkle Ahnung hat sich leider nicht getäuscht; die trübe Stimmung, die mich seit einigen Tagen fast beugte und mein Auge umflorte, war das Vorgefühl eines Unglücks. Nach dem jauchzenden Übermut von vorgestern ist gestern ein Schrecken, eine Bestürzung eingetreten, die unbeschreiblich, und die Pariser gelangen durch einen unvorhergesehenen Todesfall zur Erkenntnis, wie wenig die hiesigen Zustände gesichert und wie gefährlich jedes Rütteln. Und sie wollten doch nur ein bißchen rütteln, keineswegs durch allzustarke Stöße das Staatsgebäude erschüttern. Wäre der Herzog von Orléans einige Tage früher gestorben, so hätte Paris keine zwölf Oppositionsdeputierten im Gegensatz zu zwei Konservativen gewählt, und nicht durch diesen ungeheuren Akt die Bewegung wieder in Bewegung gesetzt. Dieser Todesfall stellt alles Bestehende in Frage, und es wird ein Glück sein, wenn die Anordnung der Regentschaft, für den Fall des Ablebens des jetzigen Königs, sobald als möglich und ohne Störnis von den Kammern beraten und beschlossen wird. Ich sage von den Kammern, denn das königliche Hausgesetz ist hier nicht ausreichend wie in andern Ländern. Die Diskussionen über die Regentschaft werden daher die Kammern zunächst beschäftigen und den Leidenschaften Worte leihen. Und geht auch alles ruhig vonstatten, so steht uns doch ein provisorisches Interregnum bevor, das immer ein Mißgeschick und ein ganz besonders schlimmes Mißgeschick ist für ein Land, wo die Verhältnisse noch so wackelig sind und eben der Stabilität am meisten bedürfen. Der König soll in seinem Unglück die höchste Charakterstärke und Besonnenheit beweisen, obgleich er schon seit einigen Wochen sehr niedergeschlagen war. Sein Geist ward in der letzten Zeit durch sonderbare Ahnungen getrübt. Er soll unlängst an Thiers, vor dessen Abreise, einen Brief geschrieben haben, worin er sehr viel vom Sterben sprach, aber er dachte gewiß nur an den eigenen Tod. Der verstorbene Herzog von Orléans war allgemein geliebt, ja angebetet. Die Nachricht seines Todes traf wie ein Blitz aus heiterm Himmel und Betrübnis herrscht unter allen Volksklassen. Um zwei Uhr gestern nachmittag verbreitete sich auf der Börse, wo die Fonds gleich um drei Franks fielen, ein dumpfes Unglücksgerücht. Aber niemand wollte recht daran glauben. Auch starb der Prinz erst um vier Uhr, und der Todesnachricht ward bis um diese Zeit von vielen Seiten widersprochen. Noch um fünf Uhr bezweifelte man sie. Als aber um sechs Uhr vor den Theatern ein weißer Papierstreif über die Komödienzettel geklebt und Relâche angekündigt wurde, da merkte jeder die schreckliche Wahrheit. Wie sie angetänzelt kamen, die geputzten Französinnen, und statt des gehofften Schauspiels nur die verschlossenen Türen sahen und von dem Unglück hörten, das bei Neuilly, auf dem Weg, der *le chemin de la révolte* heißt, passiert war, da stürzten die Tränen aus manchen schönen Augen, da war nichts als ein Schluchzen und Jammern um den schönen Prinzen, der so hübsch und so jung dahinsank, eine teure ritterliche Gestalt, Franzose im liebenswürdigsten Sinne, in jeder Beziehung der nationalen Beklagnis würdig. Ja, er fiel in der Blüte seines Lebens, ein heiterer heldenmütiger Jüngling, und er verblutete so rein, so unbefleckt, so beglückt, gleichsam unter Blumen, wie einst Adonis! Wenn er nur nicht gleich nach seinem Tod in schlechten Versen und in noch schlechterer Lakaienprosa gefeiert wird! Doch das ist das Los des Schönen hier auf Erden. Vielleicht während der wahrhafteste und stolzeste Schmerz das französische Volk erfüllt und nicht bloß schöne Frauentränen dem Hingeschiedenen fließen, sondern auch freie Männertränen sein Andenken ehren, hält sich die offizielle Trauer schon etwelche Zwiebeln vor die Nase, um betrüglich zu flennen, und gar die Narrheit windet schwarze Flöre um die Glöckchen ihrer Kappe, und wir hören bald das tragikomische Geklingel. Besonders die larmoyante Faselhanselei, lauwarmes Spülicht der Sentimentalität, wird sich bei dieser Gelegenheit geltend machen. Vielleicht zu dieser Stunde schon keucht Laffitte nach Neuilly und umarmt den König mit deutschester Rührung, und die ganze Opposition wischt sich das Wasser aus den Augen. Vielleicht schon in dieser Stunde besteigt Chateaubriand sein melancholisches Flügelroß, seine gefiederte Rosinante, und schreibt eine hohltönende Kondolation an die Königin.

Widerwärtige Weichlichkeit und Fratze! und der Zwischenraum ist sehr klein, der hier das Erhabene vom Lächerlichen trennt. Wie gesagt, vor den Theatern auf den Boulevards erfuhr man gestern die Gewißheit des betrübsamen Ereignisses, und hier bildeten sich überall Gruppen um die Redner, welche die nähern Umstände mit mehr oder weniger Zutat und Ausschmückung erzählten. Mancher alte Schwätzer, der sonst nie Zuhörer findet, benutzte diese Gelegenheit, um ein aufmerksames Publikum um sich zu versammeln und die öffentliche Neugier im Interesse seiner Rhetorik auszubeuten. Da stand ein Kerl vor den *Varietés*, der ganz besonders pathetisch deklamierte, wie Theramen in der »Phädra«: *il était sur son char* usw. Es hieß allgemein, indem der Prinz vom Wagen stürzte, sei sein Degen gebrochen und der obere Stumpf ihm in die Brust gedrungen. Ein Augenzeuge wollte wissen, daß er noch einige Worte gesprochen, aber in deutscher Sprache. Übrigens herrschte gestern überall eine leidende Stille, und auch heute zeigt sich in Paris keine Spur von Unruhe.

XLVIII.

Paris, 19. Juli 1842.

Der verstorbene Herzog von Orléans bleibt fortwährend das Tagesgespräch. Noch nie hat das Ableben eines Menschen so allgemeine Trauer erregt. Es ist merkwürdig, daß in Frankreich, wo die Revolution noch nicht ausgegärt, die Liebe für einen Fürsten so tief wurzeln und sich so großartig manifestieren konnte. Nicht bloß die Bourgeoisie, die alle ihre Hoffnungen in den jungen Prinzen setzte, sondern auch die untern Volksklassen beklagen seinen Verlust. Als man das Juliusfest vertagte und auf der Place de la Concorde die großen Gerüste abbrach, die zur Illumination dienen sollten, war es ein herzzerreißender Anblick, wie das Volk sich auf die niedergerissenen Balken und

Bretter setzte und über den Tod des teuren Prinzen jammerte. Eine düstere Betrübnis lag auf allen Gesichtern, und der Schmerz derjenigen, die kein Wort sprachen, war am beredsamsten. Da flossen die redlichsten Tränen und unter den Weinenden war gewiß mancher, der in der Tabagie mit seinem Republikanismus prahlt.

Aber für Frankreich ist der Tod des jungen Prinzen ein wirkliches Unglück, und er dürfte weniger Tugenden besessen haben als ihm nachgerühmt werden, so hätten doch die Franzosen hinlängliche Ursache zum Weinen, wenn sie an die Zukunft denken. Die Regentschaftsfrage beschäftigt schon alle Köpfe und leider nicht bloß die gescheiten. Viel Unsinn wird bereits zu Markt gebracht. Auch die Arglist weiß hier eine Ideenverwirrung anzuzetteln, die sie zu ihren Parteizwecken auszubeuten hofft, und die in jedem Fall sehr bedenkliche Folgen haben kann. Genießt der Herzog von Nemours wirklich die allerhöchste Ungnade des souveränen Volks, wie mit übertriebenem Eifer behauptet wird? Ich will nicht darüber urteilen. Noch weniger will ich die Gründe seiner Ungnade untersuchen. Das Vornehme, Feine, Ablehnende, Patrizierhafte in der Erscheinung des Prinzen ist wohl der eigentliche Anklagepunkt. Das Aussehen des Orléans war edel, das Aussehen des Nemours ist adelig. Und selbst wenn das Äußere dem Innern entspräche, wäre der Prinz deshalb nicht minder geeignet, einige Zeit als Gonfaloniere der Demokratie derselben die besten Dienste zu leisten, da dieses Amt, durch die Macht der Verhältnisse, ihm die größte Verleugnung der Privatgefühle geböte: denn sein verhaßtes Haupt stünde hier auf dem Spiele. Ich bin sogar überzeugt, die Interessen der Demokratie sind weit weniger gefährdet durch einen Regenten, dem man wenig traut und den man beständig kontrolliert, als durch einen jener Günstlinge des Volks, denen man sich mit blinder Vorliebe hingibt, und die am Ende doch nur Menschen sind, wandelbare Geschöpfe, unterworfen den Veränderungsgesetzen der Zeit und der eigenen Natur. Wie viele populäre Kronprinzen haben wir unbeliebt enden sehen! Wie grauenhaft wetterwendisch zeigte sich das Volk in bezug auf die ehemaligen Lieblinge! Die französische Geschichte ist besonders reich an betrübenden Beispielen. Mit welchem Freudejauchzen umjubelte das Volk den jungen Ludwig XIV. – mit tränenlosem Kaltsinn sah es den Greis begraben. Ludwig XV. hießt mit Recht *le bien-aimé*, und mit wahrer Affenliebe huldigten ihm die Franzosen im Anfang; als er starb, lachte man und pfiff man Schelmenlieder: man freute sich über seinen Tod. Seinem Nachfolger Ludwig XVI. ging es noch schlimmer, und er, der als Kronprinz fast angebetet wurde und der im Beginn seiner Regierung für das Muster aller Vollkommenheit galt, er ward von seinem Volke persönlich mißhandelt und sein Leben ward sogar verkürzt, in der bekannten majestätsverbrecherischen Weise, auf der Place de la Concorde. Der letzte dieser Linie, Karl X., war nichts weniger als unpopulär, als er auf den Thron stieg, und das Volk begrüßte ihn damals mit unbeschreiblicher Begeisterung; einige Jahre später ward er zum Lande hinaus eskortiert, und er starb den harten Tod des Exils. Der solonische Spruch, daß man niemand vor seinem Ende glücklich preisen möge, gilt ganz besonders von den Königen von Frankreich. Laßt uns daher den Tod des Herzogs von Orléans nicht deshalb beweinen, weil er vom Volke so sehr geliebt ward und demselben eine so schöne Zukunft versprach, sondern weil er als Mensch unsere Tränen verdiente. Laßt uns auch nicht so sehr jammern über die sogenannte ruhmlose Art, über das banal Zufällige seines Endes. Es ist besser, daß sein Haupt gegen einen harmlosen Stein zerschellte, als daß die Kugel eines Franzosen oder eines Deutschen ihm den Tod gab. Der Prinz hatte eine Vorahnung seines frühen Sterbens, meinte aber, daß er im Kriege oder in einer Emeute fallen würde. Bei seinem ritterlichen Mute, der jeder Gefahr trotzte, war dergleichen sehr wahrscheinlich. – Der königliche Dulder, Ludwig Philipp, benimmt sich mit einer Fassung, die jeden mit Ehrfurcht erfüllt. Im Unglück zeigt er die wahre Größe. Sein Herz verblutet in namenlosem Kummer, aber sein Geist bleibt ungebeugt und er arbeitet Tag und Nacht. Nie hat man den Wert seiner Erhaltung tiefer gefühlt, als eben jetzt, wo die Ruhe der Welt von seinem Leben abhängt. Kämpfe tapfer, verwundeter Friedensheld!

XLIX.

Paris, 26. Juli 1842.
Die Thronrede ist kurz und einfach. Sie sagt das Wichtigste in der würdigsten Weise. Der König hat sie selbst verfaßt. Sein Schmerz zeigt sich in einer puritanischen, ich möchte sagen republikanischen Prunklosigkeit. Er, der sonst so redselig, ist seitdem sehr wortkarg geworden. Das schweigende Empfangen in den Tuilerien vor einigen Tagen hatte etwas ungemein Trübsinniges, beinahe Geisterhaftes; ohne eine Silbe zu sprechen, gingen über tausend Menschen bei dem König vorüber, der stumm und leidend sie ansah. Es heißt, daß in Notre Dame das angekündigte Requiem nicht stattfinde; der König will bei dem Begräbnis seines Sohnes keine Musik; Musik erinnere allzusehr an Spiel und Fest. – Sein Wunsch, die Regentschaft auf seinen Sohn übertragen zu sehen und nicht auf seine Schwiegertochter, ist in der Adresse hinlänglich angedeutet. Dieser Wunsch wird wenig Widerrede finden, und Nemours wird Regent, obgleich dieses Amt der schönen und geistreichen Herzogin gebührt, die, ein Muster von weiblicher Vollkommenheit, ihres verstorbenen Gemahles so würdig war. Gestern sagte man, der König werde seinen Enkel, den Grafen von Paris, in die Deputiertenkammer mitbringen. Viele wünschten es, und die Szene wäre gewiß sehr rührend gewesen. Aber der König vermeidet jetzt, wie gesagt, alles was an das Pathos der Feudalmonarchie erinnert. – Über Ludwig Philipps Abneigung ge-

gen Weiberregentschaften sind viele Äußerungen ins Publikum gedrungen. Der dümmste Mann, soll er gesagt haben, werde immer ein besserer Regent sein als die klügste Frau. Hat er deshalb dem Nemours den Vorzug gegeben vor der klugen Helene?

L.

Paris, 29. Juli 1842.

Der Gemeinderat von Paris hat beschlossen, das Elefantenmodell, das auf dem Bastillenplatz steht, nicht zu zerstören, wie man anfangs beabsichtigte, sondern zu einem Gusse in Erz zu benützen und das hervorgehende Monument am Eingange der Barrière du Trône aufzustellen. Über diesen Munizipalbeschluß spricht das Volk der Faubourgs Saint-Antoine und Saint-Marceau fast ebensoviel wie die höhern Klassen über die Regentschaftsfrage. Jener kolossale Elefant von Gips, welcher schon zur Kaiserzeit aufgestellt ward, sollte später als Modell des Denkmals dienen, das man der Juliusrevolution auf dem Bastillenplatze zu widmen gedachte. Seitdem ward man andern Sinnes, und man errichtete zur Verherrlichung jenes glorreichen Ereignisses die große Juliussäule. Aber die Forträumung des Elefanten erregte große Besorgnisse. Es ging nämlich unter dem Volk das unheimliche Gerücht von einer ungeheuren Anzahl Ratten, die sich im Innern des Elefanten eingenistet hätten, und es sei zu befürchten, daß, wenn man die große Gipsbestie niederreiße, eine Legion von kleinen aber sehr gefährlichen Scheusalen zum Vorschein käme, die sich über die Faubourgs Saint-Antoine und Saint-Marceau verbreiten würden. Alle Unterröcke zitterten bei dem Gedanken an solche Gefahr, und sogar die Männer ergriff eine unheimliche Furcht vor der Invasion jener langgeschwänzten Gäste. Es wurden dem Magistrate die untertänigsten Vorstellungen gemacht, und infolge derselben vertagte man das Niederreißen des großen Gipselefanten, der seitdem jahrelang auf dem Bastillenplatze ruhig stehen blieb. Sonderbares Land! wo trotz der allgemeinen Zerstörungssucht sich dennoch manche Dinge erhalten, da man allgemein die schlimmeren Dinge fürchtet, die an ihre Stelle treten könnten! Wie gern würden sie den Ludwig Philipp niederreißen, diesen großen klugen Elefanten, aber sie fürchten Se. Majestät den souveränen Rattenkönig, das tausendköpfige Ungetüm, das alsdann zur Regierung käme, und selbst die adeligen und geistlichen Feinde der Bourgeoisie, die nicht eben mit Blindheit geschlagen sind, suchen aus diesem Grunde den Juliusthron zu erhalten: nur die ganz beschränkten, die Spieler und Falschspieler unter den Aristokraten und Klerikalen, sind Pessimisten und spekulieren auf die Republik oder vielmehr auf das Chaos, das unmittelbar nach der Republik eintreten dürfte.

Die Bourgeoisie selbst ist ebenfalls vom Dämon des Zerstörens besessen, und wenn sie auch die Republik nicht eben fürchtet, so hat sie doch eine instinktmäßige Angst vor dem Kommunismus, vor jenen düstern Gesellen, die wie Ratten aus den Trümmern des jetzigen Regiments hervorstürzen würden. Ja, vor einer Republik von der frühern Sorte, selbst vor ein bißchen Robespierrismus, hätte die französische Bourgeoisie keine Furcht, und sie würde sich leicht mit dieser Regierungsform aussöhnen und ruhig auf die Wache ziehen und die Tuilerien beschützen, gleichviel ob hier ein Ludwig Philipp oder ein *Comité du salut public* residiert; denn die Bourgeoisie will vor allem Ordnung und Schutz der bestehenden Eigentumsrechte – Begehrnisse, die eine Republik ebensogut wie das Königtum gewähren kann. Aber diese Boutiquiers ahnen, wie gesagt, instinktmäßig, daß die Republik heutzutage nicht mehr die Prinzipien der neunziger Jahre vertreten möchte, sondern nur die Form wäre, worin sich eine neue, unerhörte Proletarierherrschaft mit allen Glaubenssätzen der Gütergemeinschaft geltend machen würde. Sie sind Konservative durch äußere Notwendigkeit, nicht durch innern Trieb, und die Furcht ist hier die Stütze aller Dinge.

Wird diese Furcht noch auf lange Zeit vorhalten? Wird nicht eines frühen Morgens der nationale Leichtsinn die Köpfe ergreifen und selbst die Ängstlichen in den Strudel der Revolution fortreißen? Ich weiß es nicht, aber es ist möglich, und die Wahlresultate zu Paris sind sogar ein Merkmal, daß es wahrscheinlich ist. Die Franzosen haben ein kurzes Gedächtnis und vergessen sogar ihre gerechtesten Befürchtungen. Deshalb treten sie so oft auf als Akteure, ja als Hauptakteure, in der ungeheuern Tragödie, die der liebe Gott auf der Erde aufführen läßt. Andere Völker erleben ihre große Bewegungsperiode, ihre Geschichte, nur in der Jugend, wenn sie nämlich ohne Erfahrung sich in die Tat stürzen; denn später, im reifern Alter, hält das Nachdenken und das Abwägen der Folgen die Völker wie die Individuen vom raschen Handeln zurück, und nur die äußere Not, nicht die eigene Willensfreude, treibt diese Völker in die Arena der Weltgeschichte. Aber die Franzosen behalten immer den Leichtsinn der Jugend, und soviel sie auch gestern getan und gelitten, sie denken heute nicht mehr daran, die Vergangenheit erlöscht in ihrem Gedächtnis, und der neue Morgen treibt sie zu neuem Tun und neuen Leiden. Sie wollen nicht alt werden und sie glauben sich vielleicht die Jugend selbst zu erhalten, wenn sie nicht ablassen von jugendlicher Betörung, jugendlicher Sorglosigkeit und jugendlicher Großmut! Ja Großmut, eine fast kindische Güte im Verzeihen, bildet einen Grundzug des Charakters der Franzosen; aber ich kann nicht umhin zu bemerken, daß diese Tugend mit ihren Gebrechen aus demselben Born, der Vergeßlichkeit, hervorquillt. Der Begriff »Verzeihen« entspricht bei diesem Volke wirklich dem Worte »Vergessen«, dem Vergessen der Beleidigung. Wäre dies nicht der Fall, es gäbe täglich Mord und Totschlag in Paris, wo bei jedem Schritte sich Menschen begegnen, zwischen denen eine Blutschuld existiert.

Diese charakteristische Gutmütigkeit der Franzosen äußert sich in diesem Anblick ganz besonders in bezug auf Ludwig Philipp, und seine ärgsten Feinde im Volk, mit Ausnahme der Karlisten, offenbaren eine rührende Teilnahme an seinem häuslichen Unglück. Ich möchte behaupten, der König ist jetzt wieder populär. Als ich gestern vor Notre Dame die Vorbereitungen zur Leichenfeier betrachtete und dem Gespräch der Kurzjacken zuhörte, die dort versammelt standen, vernahm ich unter andern die naive Äußerung: der König könne jetzt ruhig in Paris spazieren gehen und es werde niemand auf ihn schießen. (Welche Popularität!) Der Tod des Herzogs von Orléans, der allgemein geliebt war, hat seinem Vater die störrigsten Herzen wiedergewonnen, und die Ehe zwischen König und Volk ist durch das gemeinschaftliche Unglück gleichsam aufs neue eingesegnet worden. Aber wie lange werden die schwarzen Flitterwochen dauern?

LI.

Paris, 17. September 1842.

Nach einer vierwöchentlichen Reise bin ich seit gestern wieder hier, und ich gestehe, das Herz jauchzte mir in der Brust, als der Postwagen über das geliebte Pflaster der Boulevards dahinrollte, als ich dem ersten Putzladen mit lächelnden Grisettengesichtern vorüberfuhr, als ich das Glockengeläute der Cocoverkäufer vernahm, als die holdselige zivilisierte Luft von Paris mich wieder anwehte. Es wurde mir fast glücklich zumut, und den ersten Nationalgardisten, der mir begegnete, hätte ich umarmen können; sein zahmes gutmütiges Gesicht grüßte so witzig hervor unter der wilden rauhen Bärenmütze, und sein Bajonett hatte wirklich etwas Intelligentes, wodurch es sich von den Bajonetten anderer Korporationen so beruhigend unterscheidet. Warum aber war die Freude bei meiner Rückkehr nach Paris diesmal so überschwenglich, daß es mich fast bedünkte als beträte ich den süßen Boden der Heimat, als hörte ich wieder die Laute des Vaterlandes? Warum übt Paris einen solchen Zauber auf Fremde, die in seinem Weichbild einige Jahre verlebt? Viele wackere Landsleute, die hier seßhaft, behaupten, an keinem Ort der Welt könne der Deutsche sich heimischer fühlen als eben in Paris, und Frankreich selbst sei am Ende unserm Herzen nichts anderes als ein französisches Deutschland.

Aber diesmal ist meine Freude bei der Rückkehr doppelt groß: ich komme aus England. Ja, aus England, obgleich ich nicht den Kanal durchschiffte. Ich verweilte nämlich während vier Wochen in Boulogne sur Mer, und das ist bereits eine englische Stadt. Man sieht dort nichts als Engländer und hört dort nichts als Englisch von morgens bis abends, ach, sogar des Nachts, wenn man das Unglück hat, Wandnachbarn zu besitzen, die bis tief in die Nacht bei Tee und Grog politisieren! Während vier Wochen hörte ich nichts als jene Zischlaute des Egoismus, der sich in jeder Silbe, in jeder Betonung ausspricht. Es ist gewiß eine schreckliche Ungerechtigkeit, über ein ganzes Volk das Verdammungsurteil auszusprechen. Doch in betreff der Engländer könnte mich der augenblickliche Unmut zu dergleichen verleiten, und beim Anblick der Masse vergesse ich leicht die vielen wackern und edlen Männer, die sich durch Geist und Freiheitsliebe ausgezeichnet. Aber diese, namentlich die britischen Dichter, stachen immer desto greller ab von dem übrigen Volk, sie waren isolierte Martyrer ihrer nationalen Verhältnisse, und dann gehören große Genies nicht ihrem partikulären Geburtslande, kaum gehören sie dieser Erde, der Schädelstätte ihres Leidens. Die Masse, die Stockengländer – Gott verzeih' mir die Sünde! – sind mir in tiefster Seele zuwider, und manchmal betrachte ich sie gar nicht als meine Mitmenschen, sondern ich halte sie für leidige Automaten, für Maschinen, deren inwendige Triebfeder der Egoismus. Es will mich dann bedünken, als hörte ich das schnurrende Räderwerk, womit sie denken, fühlen, rechnen, verdauen und beten – ihr Beten, ihr mechanisches anglikanisches Kirchengehen mit dem vergoldeten Gebetbuch unterm Arm, ihre blöde langweilige Sonntagsfeier, ihr linkisches Frömmeln ist mir am widerwärtigsten; ich bin fest überzeugt, ein fluchender Franzose ist ein angenehmeres Schauspiel für die Gottheit, als ein betender Engländer! Zu andern Zeiten kommen diese Stockengländer mir vor wie ein öder Spuk, und weit unheimlicher als die bleichen Schatten der mitternächtlichen Geisterstunde sind mir jene vierschrötigen, rotbäckigen Gespenster, die schwitzend im grellen Sonnenlicht umherwandeln. Dabei der totale Mangel an Höflichkeit. Mit ihren eckigen Gliedmaßen, mit ihren steifen Ellenbogen stoßen sie überall an, und ohne sich zu entschuldigen durch ein artiges Wort. Wie müssen diese rothaarigen Barbaren, die blutiges Fleisch fressen, erst jenen Chinesen verhaßt sein, denen die Höflichkeit angeboren, und die, wie bekannt ist, zwei Drittel ihrer Tageszeit mit der Ausübung dieser Nationaltugend verknicksen und verbücklingen!

Ich gestehe es, ich bin nicht ganz unparteiisch, wenn ich von den Engländern rede, und mein Mißurteil, meine Abneigung, wurzelt vielleicht in den Besorgnissen ob der eigenen Wohlfahrt, ob der glücklichen Friedensruhe des deutschen Vaterlandes. Seitdem ich nämlich tief begriffen habe, welcher schnöde Egoismus auch in ihrer Politik waltet, erfüllen mich diese Engländer mit einer grenzenlosen, grauenhaften Furcht. Ich hege den besten Respekt vor ihrer materiellen Obmacht; sie haben sehr viel von jener brutalen Energie, womit die Römer die Welt unterdrückt, aber sie vereinigen mit der römischen Wolfsgier auch die Schlangenlist Karthagos. Gegen erstere haben wir gute und sogar erprobte Waffen, aber gegen die meuchlerischen Ränke jener Punier der Nordsee sind wir wehrlos. Und jetzt ist

England gefährlicher als je, jetzt wo seine merkantilischen Interessen unterliegen: es gibt in der ganzen Schöpfung kein so hartherziges Geschöpf wie ein Krämer, dessen Handel ins Stocken geraten, dem seine Kunden abtrünnig werden und dessen Warenlager keinen Absatz mehr findet.

Wie wird England sich aus solcher Geschäftskrisis retten? Ich weiß nicht, wie die Frage der Fabrikarbeiter gelöst werden kann; aber ich weiß, daß die Politik des modernen Karthagos nicht sehr wählig in ihren Mitteln ist. Ein europäischer Krieg wird dieser Selbstsucht vielleicht zuletzt als das geeignetste Mittel erscheinen, um dem innern Gebreste einige Ableitung nach außen zu bereiten. Die englische Oligarchie spekuliert alsdann zunächst auf den Säckel des Mittelstandes, dessen Reichtum in der Tat kolossal ist und zur Besoldung und Beschwichtigung der unteren Klassen hinlänglich ausgebeutet werden dürfte. Wie groß auch ihre Ausgaben für indische und chinesische Expeditionen, wie groß auch ihre finanzielle Not, wird doch die englische Regierung jetzt den pekuniären Aufwand steigern, wenn es ihre Zwecke fördert. Je größer das heimliche Defizit, desto reichlicher wird im Ausland das englische Gold ausgestreut werden. England ist ein Kaufmann, der sich in bankerottem Zustand befindet, und aus Verzweiflung ein Verschwender wird, oder vielmehr kein Geldopfer scheut, um sich momentan zu halten. Und man kann mit Geld schon etwas ausrichten auf dieser Erde, besonders seit jeder die Seligkeit hier unten sucht. Man hat keinen Begriff davon, wie England jährlich die ungeheuersten Summen ausgibt bloß zur Besoldung seiner ausländischen Agenten, deren Instruktionen alle für den Fall eines europäischen Krieges berechnet sind, und wie wieder diese englischen Agenten die heterogensten Talente, Tugenden und Laster im Ausland für ihre Zwecke zu gewinnen wissen.

Wenn wir dergleichen bedenken, wenn wir zur Einsicht gelangen, daß nicht an der Seine, aus Begeisterung für eine Idee und auf öffentlichem Marktplatz, die Ruhe Europas am furchtbarsten gestört werden dürfte, sondern an der Themse, in den verschwiegenen Gemächern der Foreign Office, infolge des rohen Hungerschreies englischer Fabrikarbeiter; wenn wir dieses bedenken, so müssen wir dorthin manchmal unser Auge richten und nächst der Persönlichkeit der Regierenden auch die andrängende Not der untern Klassen beobachten. [Dies aber ist keine Kleinigkeit, und es gehört dazu eine Anschauung, die man nur jenseits des Kanals, auf dem Schauplatz selbst, gewinnen kann. Was ich heute beiläufig mitteile, ist nichts als flüchtige Andeutung, notdürftiges Auffassen von Tischreden und Teegesprächen, die ich zu Boulogne unwillkürlich anhören mußte, die aber vielleicht nicht gänzlich ohne Wert waren, da jeder Engländer mit der Politik seines Landes vertraut ist und in einem Wust von langweiligen Details immer einige mehr oder minder bedeutsame Dinge zu Markt bringt. Ich bediente mich eben des Ausdrucks »die Politik seines Landes«; diese ist bei Engländern nichts anderes als eine Masse von Ansichten über die materiellen Interessen Englands und ein richtiges Abwägen der ausländischen Zustände inwieweit sie für Englands Wohl und Handel schädlich oder heilsam sein können. Es ist merkwürdig wie sie alle, vom Premierminister bis zum geringsten Flickschneider, hierüber die genauesten Notizen im Kopf tragen und bei jedem Tagesereignis gleich herausfinden was England dabei zu gewinnen oder zu verlieren hat, welcher Nutzen oder welcher Schaden für das liebe England daraus entstehen kann. Hier ist der Instinkt ihres Egoismus wahrhaft bewunderungswürdig. Sie unterscheiden sich hierdurch sehr auffallend von den Franzosen, die selten übereinstimmen in ihren Ansichten über die materiellen Interessen ihres Landes, im Reiche der Tatsachen eine brillante Unwissenheit verraten und immer nur mit Ideen beschäftigt sind und nur über Ideen diskutieren. Französische Politiker, die eine englische Positivität mit französischem Idealismus vereinigen, sind sehr selten. Guizot ragt in dieser Beziehung am glorreichsten hervor. Die Engländer, die ich über Guizot reden hörte, verrieten keineswegs eine so große Sympathie für ihn, wie man gewöhnlich glaubt, im Gegenteil, sie waren sehr unmutig gestimmt, sie führten bittere Klagen; sie behaupteten jeder andere Minister würde ihnen weniger Respekt, aber weit mehr materielle Vorteile angedeihen lassen, und nur über seine Größe als Staatsmann sprachen sie mit unparteiischer Verehrung. Sie rühmten seine *consistency* und verglichen ihn gewöhnlich mit Sir Robert Peel, den aber Guizot nach meiner Ansicht himmelhoch überflügelt, eben weil ihm nicht bloß alles tatsächliche Wissen zu Gebot steht, sondern weil er auch Ideen im Haupt trägt – Ideen, wovon der Engländer keine Ahnung hat. Ja, er hat von dergleichen keine Ahnung, und das ist das Unglück Englands; denn nur Ideen können hier retten, wie in allen verzweiflungsschweren Fällen. Wie jämmerlich mußte Peel in einer merkwürdigen Rede beim Schluß des Parlaments seine Unmacht eingestehen!] – Diese gesteigerte Not ist ein Gebreste, das die unwissenden Feldscherer durch Aderlässe zu heben glauben, aber ein solches Blutvergießen wird eine Verschlimmerung hervorbringen. Nicht von außen, durch die Lanzette, nein, nur von innen heraus, durch geistige Medikamente kann der sieche Staatskörper geheilt werden. Nur soziale Ideen könnten hier eine Rettung aus der verhängnisvollsten Not herbeiführen, aber, um mit Saint-Simon zu reden, auf allen Werften Englands gibt es keine einzige große Idee; nichts als Dampfmaschinen und Hunger. Jetzt ist freilich der Aufruhr unterdrückt, aber durch öftere Ausbrüche kann es wohl dahin kommen, daß die englischen Fabrikarbeiter, die nur Baum- und Schafwolle zu verarbeiten wissen, sich auch ein bißchen in Menschenfleisch versuchen und sich die nötigen Handgriffe aneignen, und endlich dieses blutige Gewerbe ebenso mutvoll ausüben wie ihre Kollegen die Ouvriers zu Lyon und Paris, und dann dürfte es sich endlich ereignen, daß der Besieger Napoleons, der Feldmarschall Mylord Wellington, der jetzt wieder sein Oberschergenamt angetreten hat, mitten in London sein Waterloo fände. In gleicher Weise möchte leicht der Fall eintreten, daß seine Myrmidonen ihrem Meister den Gehorsam aufkündigten. Es zeigen sich schon jetzt sehr bedenkliche Symptome solcher Gesinnung bei dem englischen Militär, und in diesem Augenblick sitzen fünfzig Soldaten im Towergefängnis zu London, welche sich geweigert hatten, auf das Volk zu schießen. Es ist kaum glaublich, und es ist dennoch wahr, daß englische Rotröcke nicht dem Befehl ihrer Offiziere sondern der Stimme der Menschlichkeit gehorchten und jener Peitsche vergaßen, welche die Katze mit neun Schwänzen *(the cat of nine tails)* heißt und mitten in der stolzen Hauptstadt der englischen Freiheit ihren Heldenrücken beständig bedroht – die Knute Großbritanniens! Es ist herzzerreißend, wenn man liest, wie die Weiber weinend den Soldaten entgegentraten und ihnen zuriefen: »Wir brauchen keine Kugeln, wir brauchen Brot.« Die Männer kreuzten ergebungsvoll die Arme und sprachen: »Den Hunger müßt ihr totschießen, nicht uns und unsere Kinder.« Der gewöhnliche Schrei war: »Schieß nicht, wir sind ja alle Brüder.«

Solche Berufung auf die Fraternität mahnt mich an die französischen Kommunisten, bei denen ich ähnliche Redeweisen zuweilen vernahm. Diese Redeweisen, wie ich besonders in Lyon bemerkte, waren durchaus nicht auffallend oder stark gefärbt, weder pikant noch original; im Gegenteil, es waren die abgedroschensten, plattesten Gemeinsprüche, welche der Troß der Kommunisten im Munde führte. Aber die Macht ihrer Propaganda besteht nicht sowohl in einem gut formulierten Prospektus von bestimmten Beklagnissen und bestimmten Forderungen, sondern in einem tiefwehmütigen und fast sympathetisch wirkenden Ton, womit sie die banalsten Dinge äußern, z. B. »Wir sind alle Brüder« usw. Der Ton und allenfalls ein geheimer Händedruck bilden alsdann den Kommentar zu diesen Worten und verleihen ihnen ihre welterschütternde Bedeutung. Die französischen Kommunisten stehen überhaupt auf demselben Standpunkt mit den englischen Fabrikarbeitern, nur daß der Franzose mehr von einer Idee, der Engländer hingegen ganz und gar vom Hunger getrieben wird.

Der Aufruhr in England ist für den Augenblick gestillt, aber nur für den Augenblick; er ist bloß vertagt, er wird mit jedesmal gesteigerter Macht aufs neue ausbrechen und um so gefährlicher, da er immer die rechte Stunde abwarten kann. Wie aus vielen Anzeichen einleuchtet, ist der Widerstand der Fabrikarbeiter jetzt ebenso praktisch organisiert wie einst der Widerstand der irischen Katholiken. Die Chartisten haben diese drohende Macht in ihr Interesse zu ziehen und einigermaßen zu disziplinieren gewußt, und ihre Verbindung mit den unzufriedenen Fabrikarbeitern ist vielleicht die wichtigste Erscheinung der Gegenwart. Diese Verbindung entstand auf sehr einfachem Wege, sie war eine natürliche, obgleich die Chartisten sich gern mit einem bestimmten Programm als eine rein politische Partei präsentieren, und die Fabrikarbeiter, wie ich schon oben erwähnt, nur arme Taglöhner sind, die vor Hunger kaum sprechen können und, gleichgültig gegen alle Regierungsform, nur das liebe Brot verlangen. Aber das Wort meldet selten den innern Herzensgedanken einer Partei, es ist nur ein äußerliches Erkennungszeichen, gleichsam die gesprochene Kokarde; der Chartist, der sich auf die politische Frage zu beschränken vorgibt, hegt Wünsche im Gemüte, die mit den vagsten Gefühlen jener hungrigen Handwerker tief übereinstimmen, und diese können ihrerseits immerhin das Programm der Chartisten zu ihrem Feldgeschrei wählen, ohne ihre Zwecke zu verabsäumen. Die Chartisten nämlich verlangen: erstens, daß das Parlament nur aus einer Kammer bestehe und durch alljährliche Wahlen erneuert werde; zweitens, daß durch geheimes Votieren die Unabhängigkeit der Wähler sichergestellt werde; endlich, daß jeder geborene Engländer, der ins Mannesalter getreten, Wähler und wählbar sei. »Davon können wir noch immer nicht essen,« sagten die notleidenden Arbeiter, »von Gesetzbüchern ebensowenig wie von Kochbüchern wird der Mensch satt, uns hungert.« – »Wartet nur,« entgegnen die Chartisten, »bis jetzt saßen im Parlament nur die Reichen, und diese sorgten nur für die Interessen ihrer eignen Besitztümer; durch das neue Wahlgesetz, durch die Charte, werden aber auch die Handwerker oder ihre Vertreter ins Parlament kommen, und da wird es sich wohl ausweisen, daß die Arbeit ebensogut wie jeder andere Besitz ein Eigentumsrecht in Anspruch nehmen kann, und es einem Fabrikherrn ebensowenig erlaubt sein dürfte, den Taglohn des Arbeiters nach Willkür herabzusetzen, wie es ihm nicht erlaubt ist, das Mobiliar- oder Immobiliarvermögen seines Nachbarn zu beeinträchtigen. Die Arbeit ist das Eigentum des Volks, und die daraus entspringenden Eigentumsrechte sollen durch das regenerierte Parlament sanktioniert und geschützt werden.« Ein Schritt weiter, und diese Leuten sagen, die Arbeit sei das Recht des Volks; und da dieses Recht auch die Berechtigung zu einem unbedinglichen Arbeitslohne zur Folge hätte, so führt der Chartismus, wo nicht zur Gütergemeinschaft, doch gewiß zur Erschütterung der bisherigen Eigentumsidee, des Grundpfeilers der heutigen Gesellschaft, und in jenen chartistischen Anfängen läge, in ihre Konsequenzen verfolgt, eine soziale Umwälzung, wogegen die französische Revolution als sehr zahm und bescheiden erscheinen dürfte.

Hier offenbart sich wieder die Hypokrisie und der praktische Sinn der Engländer, im Gegensatz zu den Franzosen: die Chartisten verbergen unter legalen Formen ihren Terrorismus, während die Kommunisten ihn freimütig und unumwunden aussprechen. Letztere tragen freilich noch einige Scheu, die letzten Konsequenzen ihres Prinzips beim rechten Namen zu nennen, und diskutiert man mit ihren Häuptlingen, so verteidigen sich diese gegen den Vorwurf, als wollten sie das Eigentum abschaffen, und sie behaupten dann, sie wollten im Gegenteil das Eigentum auf eine breitere Basis etablieren, sie wollten ihm eine umfassendere Organisation verleihen. Du lieber Himmel, ich fürchte, das Eigentum würde durch den Eifer solcher Organisatoren sehr in die Krümpe gehen, und es würde am Ende nichts als die breite Basis übrigbleiben. »Ich will dir die Wahrheit gestehen«, sagte mir jüngst ein kommunistischer Freund, »das Eigentum wird keineswegs abgeschafft werden, aber es bekömmt eine neue Definition.«

Es ist nun diese neue Definition, die hier in Frankreich dem herrschenden Bürgerstande eine große Angst einflößt, und dieser Angst verdankt Ludwig Philipp seine ergebensten Anhänger, die eifrigsten Stützen seines Thrones. Je heftiger die Stützen zittern, desto weniger schwankt der Thron, und der König braucht nichts zu fürchten, eben weil die Furcht ihm Sicherheit gibt. Auch Guizot erhält sich durch die Angst vor der neuen Definition, die er mit seiner scharfen Dialektik so meisterhaft bekämpft, und ich glaube nicht, daß er sobald unterliegt, obgleich die herrschende Partei der Bourgeoisie, für die er soviel getan und soviel tut, kein Herz für ihn hat. Warum lieben sie ihn nicht? Ich glaube, erstens, weil sie ihn nicht verstehen, und zweitens, weil man denjenigen, der unsere eignen Güter schützt, immer weit weniger liebt, als denjenigen, der uns fremde Güter verspricht. So war es einst in Athen, so ist es jetzt in Frankreich, so wird es in jeder Demokratie sein, wo das Wort frei ist und die Menschen leichtgläubig.

LII.

Paris, 4. Dezember 1842.
Wird sich Guizot halten? Es hat mit einem französischen Ministerium ganz dieselbe Bewandtnis wie mit der Liebe: man kann nie ein sicheres Urteil fällen über seine Stärke und Dauer. Man glaubt zuweilen, das Ministerium wurzle unerschütterlich fest,

und siehe! es stürzt den nächsten Tag durch einen geringen Windzug. Noch öfter glaubt man, das Ministerium wackle seinem Untergang entgegen, es könne sich nur noch wenige Wochen auf den Beinen halten, aber zu unsrer Verwunderung zeigt es sich alsbald noch kräftiger als früher und überlebt alle diejenigen, die ihm schon die Leichenrede hielten. Vor vier Wochen, den 29. Oktober, feierte das Guizotsche Ministerium seinen dritten Geburtstag, es ist jetzt über zwei Jahre alt, und ich sehe nicht ein, warum es nicht länger leben sollte auf dieser schönen Erde, auf dem Boulevard des Capucins, wo grüne Bäume und gute Luft. Freilich, gar viele Ministerien sind dort schnell hingerafft worden, aber diese haben ihr frühes Ende immer selbst verschuldet: sie haben sich zu viel Bewegung gemacht. Ja, was bei uns andern die Gesundheit fördert, die Bewegung, das macht ein Ministerium todkrank, und namentlich der 1. März ist daran gestorben. Sie können nicht stillsitzen, diese Leutchen. Der öftere Regierungswechsel in Frankreich ist nicht bloß eine Nachwirkung der Revolution, sondern auch ein Ergebnis des Nationalcharakters der Franzosen, denen das Handeln, die Tätigkeit, die Bewegung, ein ebenso großes Bedürfnis ist, wie uns Deutschen das Tabaksrauchen, das stille Denken und die Gemütsruhe; gerade dadurch, daß die französischen Staatslenker so rührig sind und sich beständig etwas Neues zu schaffen machen, geraten sie in halsbrechende Verwicklungen. Dies gilt nicht bloß von den Ministerien, sondern auch von den Dynastien, die immer durch eigene Aktivität ihre Katastrophe beschleunigt haben. Ja, durch dieselbe fatale Ursache, durch die unermüdliche Aktivität, ist nicht bloß Thiers gefallen, sondern auch der stärkere Napoleon, der bis an sein seliges Ende auf dem Throne geblieben wäre, wenn er nur die Kunst des Stillsitzens, die bei uns den kleinen Kindern zuerst gelehrt wird, besessen hätte! Diese Kunst besitzt aber Herr Guizot in einem hohen Grade, er hält sich marmorn still, wie der Obelisk des Luxor, und wird deshalb sich länger erhalten als man glaubt. Er tut nichts, und das ist das Geheimnis seiner Erhaltung. Warum aber tut er nichts? Ich glaube zunächst, weil er wirklich eine gewisse germanische Gemütsruhe besitzt und von der Sucht der Geschäftigkeit weniger geplagt wird als seine Landsleute. Oder tut er nichts, weil er soviel versteht? Je mehr wir wissen, je tiefer und umfassender unsre Einsichten sind, desto schwerer wird uns das Handeln, und wer alle Folgen jedes Schrittes immer voraussähe, der würde gewiß bald aller Bewegung entsagen und seine Hände nur dazu gebrauchen, um seine eigenen Füße zu binden. Das weiteste Wissen verdammt uns zur engsten Passivität.

Indessen – was auch das Schicksal des Ministeriums sein möge – laßt uns die letzten Tage des Jahres, das gottlob seinem Ende naht, so resigniert als möglich ertragen! Wenn uns nur der Himmel nicht zum Schluß mit einem neuen Unglück heimsucht! Es war ein schlechtes Jahr, und wäre ich ein Tendenzpoet, ich würde mit meinen mißtönend poltrigsten Versen dem scheidenden Jahre ein Charivari bringen. In diesem schlechten schändlichen Jahre hat die Menschheit viel erduldet, und sogar die Bankiers haben einige Verluste erlitten. Welch ein schreckliches Unglück war z. B. der Brand auf der Versailler Eisenbahn! Ich spreche nicht von dem verunglückten Sonntagspublikum, das bei dieser Gelegenheit gebraten oder gesotten wurde: ich spreche vielmehr von der überlebenden Sabbatkompagnie, deren Aktien um so viele Prozente gefallen sind, und die jetzt dem Ausgang der Prozesse, die jene Katastrophe hervorgerufen, mit zitternder Besorgnis entgegensieht. Werden die Stifter der Kompagnie den verwaisten oder verstümmelten Opfern ihrer Gewinnsucht einigen Schadenersatz gewähren müssen? Es wäre entsetzlich! Diese beklagenswerten Millionäre haben schon soviel eingebüßt, und der Profit von andern Unternehmungen mag in diesem Jahre das Defizit kaum decken. Dazu kommen noch andere Fatalitäten, über die man leicht den Verstand verlieren kann, und an der Börse versicherte man gestern, der Halbbankier Läusedorf wolle zum Christentum übergehn. Andern geht es besser, und wenn auch die *Rive gauche* gänzlich ins Stocken geriete, könnten wir uns damit trösten, daß die *Rive droite* desto erfreulicher gedeiht. Auch die südfranzösischen Eisenbahnen, sowie die jüngst konzessionierten, machen gute Geschäfte, und wer gestern noch ein armes Lümpchen war, ist heute schon ein reicher Lump. Namentlich der dünne und langnasige Herr * versichert: er habe »Grind«, mit der Vorsehung zufrieden zu sein. Ja, während ihr andern in philosophischen Spekulationen eure Zeit vertrödelt, spekulierte und trödelte dieser dünne Geist mit Eisenbahnaktien, und einer seiner Gönner von der hohen Bank sagte mir jüngst: »Sehen Sie, das Kerlchen war gar nichts und jetzt hat es Geld und es wird noch mehr Geld verdienen, und es hat sich all sein Lebtag nicht mit Philosophie abgegeben.« Wie doch diese Pilze in allen Ländern und Zeiten dieselben gewesen! Mit besonderer Verachtung haben sie immer auf Schriftsteller herabgesehen, die sich mit jenen uneigennützigen Studien beschäftigen, die wir Philosophie nennen. Schon vor achtzehnhundert Jahren, wie Petron erzählt, ließ ein römischer Parvenü sich folgende Grabschrift setzen: »Hier ruht Straberius – er war anfangs gar nichts, er hinterließ jedoch dreihundert Millionen Sestertien, er hat sich sein Lebtag nicht mit Philosophie abgegeben, folge seinem Beispiel, und du wirst dich wohl befinden.«

Hier in Frankreich herrscht gegenwärtig die größte Ruhe. Ein abgematteter, schläfriger, gähnender Friede. Es ist alles still, wie in einer verschneiten Winternacht. Nur ein leiser, monotoner Tropfenfall. Das sind die Zinsen, die fortlaufend hinabträufeln in die Kapitalien, welche beständig anschwellen; man hört ordentlich wie sie wachsen, die Reichtümer der Reichen. Dazwischen das leise Schluchzen der Armut. Manchmal auch klirrt etwas, wie ein Messer, das gewetzt wird. Nachbarliche Tumulte kümmern uns sehr wenig, und nicht einmal das rasselnde Schilderheben in Barcelona hat uns hier aufgestört. Der Mordspektakel, der im Studierzimmer der Mademoiselle Heinefetter zu Brüssel vorfiel, hat uns schon weit mehr interessiert, und ganz besonders sind die Damen ungehalten über dieses deutsche Gemüt, das trotz eines mehrjährigen Aufenthalts in Frankreich doch noch nicht gelernt hatte, wie man es anfängt, daß zwei gleichzeitige Anbeter sich nicht auf der Walstätte ihres Glücks begegnen. Die Nachrichten aus dem Osten erregten gleichfalls ein unzufriedenes Gemurmel im Volke, und der Kaiser von China hat sich ebenso stark blamiert wie Mademoiselle Heinefetter. Nutzloses Blutvergießen, und die Blume der Mitte ist verloren. Die Engländer sind überrascht, so leichten Kaufs mit dem Bruder der Sonne fertig geworden zu sein, und sie berechnen schon, ob sie die jetzt überflüssigen Kriegsrüstungen im Indischen Meere nicht gegen Japan richten sollen, um auch dieses Land zu brandschatzen. An einem loyalen Vorwande zum Angriff wird es gewiß auch hier nicht fehlen. Sind es nicht Opiumfässer, so sind es die Schriften der englischen Missionsgesellschaft, die von der japanischen Sanitätskommission konfisziert worden. Vielleicht bespreche ich in einem spätern Briefe, wie England seine Kriegszüge bemäntelt. Die Drohung, daß britische Großmut uns nicht zu Hilfe kommen werde, wenn Deutschland einst wie Polen geteilt werden dürfte, erschreckt mich nimmermehr. Erstens kann Deutschland nicht geteilt werden. Teile mal einer das Fürstentum Liechtenstein oder Greiz-Schleiz! Und zweitens – –

LIII.

Paris, 31. Dezember 1842.
Noch ein kleiner Fußtritt, und das alte böse Jahr rollt hinunter in den Abgrund der Zeit. Dieses Jahr war eine Satire auf Ludwig Philipp, auf Guizot, auf alle, die sich so viele Mühe gege-

ben haben, den Frieden in Europa zu erhalten. Dieses Jahr ist eine Satire auf den Frieden selbst, denn im geruhsamen Schoße desselben wurden wir mit Schrecknissen heimgesucht, wie sie der gefürchtete Krieg gewiß nicht schrecklicher hervorbringen konnte. Entsetzlicher Wonnemond, wo fast gleichzeitig in Frankreich, in Deutschland und Haïti die fürchterlichsten Trauerspiele aufgeführt wurden! Welches Zusammentreffen der unerhörtesten Unglücksfälle! Welcher boshafte Witz des Zufalls! Welche höllischen Überraschungen! Ich kann mir die Verwunderung denken, womit die Bewohner des Schattenreichs die neuen Ankömmlinge vom 6. Mai betrachteten, die geputzten Sonntagsgesichter, Studenten, Grisetten, junge Ehepaare, vergnügungssüchtige Drogisten, Philister von allen Farben, die zu Versailles die Kunstwasser springen sahen und statt in Paris, wo schon die Mittagstafel für sie gedeckt war, plötzlich in der Unterwelt anlangten! Und zwar verstümmelt, gesotten und geschmort! »Ist es der Krieg, der euch so schnöde zugerichtet?« – »Ach nein, wir haben Frieden, und wir kommen eben von einer Spazierfahrt.« Auch die gebratenen Spritzenleute und Litzenbrüder, die einige Tage später aus Hamburg ankamen, mußten nicht geringeres Erstaunen im Lande Plutos erregen. »Seid ihr die Opfer des Kriegsgottes?« war gewiß die Frage, womit sie empfangen wurden. »Nein, unsre Republik hat Frieden mit der ganzen Welt, der Tempel des Janus war geschlossen, nur die Bacchushalle stand offen, und wir lebten im ruhigen Genusse unsrer spartanischen Mockturtlesuppen, als plötzlich das große Feuer entstand, worin wir umkamen.« – »Und eure berühmten Löschanstalten?« – »Die sind gerettet, nur ihr Ruhm ist verloren.« – »Und die alten Perücken?« – »Die werden wie gepuderte Phönixe aus der Asche hervorsteigen.« Den folgenden Tag, während Hamburg noch loderte, entstand das Erdbeben zu Haïti, und die armen, schwarzen Menschen wurden zu Tausenden ins Schattenreich hinabgeschleudert. Als sie bluttriefend anlangten, glaubte man gewiß dort unten, sie kämen aus einer Schlacht mit den Weißen, und sie seien von diesen gemetzelt oder gar als revoltierte Sklaven zu Tode gepeitscht worden. Nein, auch diesmal irrten sich die guten Leute am Styx. Nicht der Mensch, sondern die Natur hatte das große Blutbad angerichtet auf jener Insel, wo die Sklaverei längst abgeschafft, wo die Verfassung eine republikanische ist, ohne verjüngende Keime, aber wurzelnd in ewigen Vernunftgesetzen; es herrscht dort Freiheit und Gleichheit, sogar schwarze Preßfreiheit. – Greiz-Schleiz ist keine solche Republik, kein so hitziger Boden wie Haïti, wo das Zuckerrohr, die Kaffeestaude und die schwarze Preßfreiheit wächst, und also ein Erdbeben sehr leicht entstehen konnte; aber trotz des zahmen Kartoffelklimas, trotz der Zensur, trotz der geduldigen Verse, die eben deklamiert oder gesungen wurden, ist den Greiz-Schleizern, während sie vergnügt und schaulustig im Theater saßen, plötzlich das Dach auf den Kopf gefallen, und ein Teil des verehrungswürdigen Publikums sah sich unerwartet in den Orkus geschleudert!

Ja, im sanftseligsten Stilleben, im Zustande des Friedens, häufte sich mehr Unheil und Elend, als jemals der Zorn Bellonas zusammentrompeten konnte. Und nicht bloß zu Lande, sondern auch zu Wasser haben wir in diesem Jahre das Außerordentliche erduldet. Die zwei großen Schiffbrüche an den Küsten von Südafrika und der Manche gehören zu den schauderhaftesten Kapiteln in der Martyrgeschichte der Menschheit. Wir haben keinen Krieg, aber der Frieden richtet uns hin, und gehen wir nicht plötzlich zugrunde durch einen brutalen Zufall, so sterben wir doch allmählich an einem gewissen schleichenden Gift, an einer Aqua Tofana, welche uns in den Kelch des Lebens geträufelt worden, der Himmel weiß von welcher Hand!

Ich schreibe diese Zeilen in den letzten Stunden des scheidenden bösen Jahres. Das neue steht vor der Türe. Möge es minder grausam sein als sein Vorgänger! Ich sende meinen

wehmütigsten Glückwunsch zum Neujahr über den Rhein. Ich wünsche den Dummen ein bißchen Verstand und den Verständigen ein bißchen Poesie. Den Frauen wünsche ich die schönsten Kleider und den Männern sehr viel Geduld. Den Reichen wünsche ich ein Herz und den Armen ein Stückchen Brot. Vor allem aber wünsche ich, daß wir in diesem Jahre einander sowenig als möglich verleumden mögen.
(...)

Editorisches Nachwort

Editorische Hinweise zur vorliegenden Heine-Auswahlausgabe in fünf Bänden findet der interessierte Leser am Ende des 1. Bandes.

Über diesen Band

Heines Integration in die gesellschaftliche und kulturelle Szenerie von Paris vollzog sich mit erstaunlicher Leichtigkeit. Durch zahlreiche Kontakte zu deutschen Emigranten und bedeutenden Repräsentanten des französischen Geisteslebens und der Politik war er über die aktuellen Ereignisse gut informiert. Die politische Lage hatte sich nach der Julirevolution (des Jahres 1830), mit der Vertreibung des Bourbonen Karl X. und der Einsetzung des »Bürgerkönigs« Louis Philippe, nur an der Oberfläche beruhigt. Sie bot reichlich Stoff für jemanden, der etwas anderes als Hofberichterstattung im Sinne hatte.

Die politischen Berichte, die Heine von Dezember 1831 bis September 1832 »zu leicht erratbaren Zwecken« für die Augsburger »Allgemeine Zeitung« schrieb, enthielten deutliche Appelle an die politische Mündigkeit seiner obrigkeitshörigen deutschen Landsleute. Doch Heine mußte Vorsicht walten lassen in Anbetracht der strengen Zensur. An Cotta, den Verleger der Augsburger »Allgemeinen Zeitung«, schrieb er: »Ich bitte, Herr Baron, sorgen Sie, daß mir an meinen Artikeln wenig verändert wird, sie kommen ja schon censirt aus meinem Kopfe.« Trotz dieser auferlegten Selbstzensur erregten seine Artikel den Unmut der deutschen Obrigkeit. Eine Fortsetzung der Berichterstattung mußte nicht zuletzt wegen einer Intervention von Metternichs Mitarbeiter Friedrich von Gentz beim Verleger Cotta unterbleiben. Heine wollte nun seine »Französischen Zustände« in Buchform herausgeben. Er überarbeitete die acht bereits erschienenen Berichte und fügte einen neunten Artikel hinzu. Die Vorrede sollte sein politisches Glaubensbekenntnis enthalten. Was er darin über Preußen und seinen »wortbrüchigen« König sagt, gehört zum Deutlichsten, was in den bitteren Kämpfen um die deutsche Einheit und Freiheit gesagt worden ist. Eine durch den Zensor verstümmelte Version erschien im Dezember 1832. Heine protestierte mit einer öffentlichen Erklärung. Über den Verlag Heideloff und Campe in Paris gelang ihm endlich die Veröffentlichung der unzensierten deutschen Version seiner Vorrede – unter der vorgegebenen Herausgeberschaft eines Mitarbeiters des Pariser Verlagshauses.

Die von Schikanen begleitete Publikationsgeschichte der »Französischen Zustände« illustriert beispielhaft die Nöte, denen ein engagierter kritischer Schriftsteller im geistfeindlichen Untertanenstaat Deutschland zu Heines Zeiten ausgesetzt war.

Die unter dem Titel »Lutezia« 1854 in Buchform veröffentlichten »Berichte über Politik, Kunst und Volksleben« enthalten die Stücke I (vom 25. Febr. 1840) bis LXI (vom 21. Juni 1843) sowie einen Anhang. Der vorliegende Band enthält eine Auswahl, jedoch einen großen Teil des Ganzen: die Stücke I bis LIII (vom 31. Dez. 1842). Über die Entstehung der »Lutezia« gibt Heine selbst in seinem einleitenden »Zueignungsbrief« an den Fürsten Pückler-Muskau Auskunft.

Inhalt dieser Ausgabe

Band 1:
- Buch der Lieder
- Neue Gedichte (Auswahl)
- Atta Troll
- Deutschland. Ein Wintermärchen

Band 2:
- Der Rabbi von Bacherach
- Die Harzreise
- Ideen. Das Buch Le Grand
- Reise von München nach Genua
- Die Bäder von Lucca
- Die Stadt Lucca

Band 3:
- Die Romantische Schule
- Zur Geschichte der Religion und Philosophie in Deutschland
- Ludwig Börne

Band 4:
- Französische Zustände
- Lutezia (Auswahl)

Band 5:
- Romanzero
- Geständnisse
- Memoiren

interests and egoisms. The converse of this approach is that as civil society is undermined, as the intermediate voluntary associations that regulate and integrate social life are weakened, so society's ability to withstand crises is diminished and the potential for collective violence and mass authoritarian social movements increases (Wieviorka, 1995: 68–74).

There is some validity in these approaches, but they occlude the extent to which everyday social practices and identities may themselves be embedded in violence (Hearn, 1999). Durkheim understood that social solidarity was grounded in irrational sacred representations of the social order (of which more below), but he nonetheless hoped that organic solidarity would emerge through individuated modes of the sacred (embodied in human rights) and collective occupational associations. But social representations were also *mis*representations (*méconnaissances*) that concealed from social actors the real source of their veneration. So Durkheim, might have anticipated (as Weber did) that secularisation and disenchantment would bring an unhappy rationalisation, against which a desire for affective spontaneity would periodically return.[7] For Sorel (1961), violence, like the myth of the general strike, served a purpose: to unify individuals in a struggle for common ideals and against common enemies. Social movements in battle gain a sense of 'joyous spontaneity', which simplifies dilemmas and judgements about the consequences of actions. Gouldner (1976: 143) points out that, however detestable, violence does clarify and mark the limits of issues, and as such is not always inimical to rationality. The idea of violence as a form of social binding is present in other social theories too, that are discussed below.

While attempting to place war and violence at the centre of social theory, Giddens (1996) discusses violence only in terms of military power and the 'monopoly of violence' in the nation-state. As with Elias, the emphasis of his study is on the civic 'pacification' of the social spaces bounded by nation-states. In these terms, non-state sanctioned violence (paramilitary irregular, civil conflict, domestic and other criminal violence) is mentioned only in passing (Giddens, 1996: 120–1). This is done partly on the grounds that secessionist civil wars still have the creation of a nation-state as their objective, and are therefore part of the historical trend towards the national monopoly of violence. Not only does this ignore the extent of violent interactions within 'pacified' civil societies, but also avoids the question: what if the very processes of national remembrance and identity invoke and sustain potentially violent sociality?

An alternative approach that has arisen particularly in relation to domestic violence is to see violence as *expressive* of power and the means of exercising domination, especially by men over women (e.g. Stanko, 1985). This research has been crucial in shifting attention away from the idea that the victim – of domestic violence or abuse – is in some sense culpable ('victim precipitation'), towards looking firmly at the perpetrators themselves. When doing this, it is clear that violence does not arise in a vacuum; it generally occurs in a repeated and patterned way, and in the case of domestic and racial violence, points to a need to understand entrenched social relations. But the relation of violence to power is complex and nuanced, as is the concept of 'power' itself. There are clearly instances of violence as the exercise of power. In domestic violence, rape, racist violence and state violence, the perpetrators have privileged positions within systems of patriarchal, ethnic or political power. However, it is not true that all manifestations of violence can be attributed simply to instantiating power. What about the violence of children against parents, women against men, black against white, clients against professionals, and the revolutionary violence of the colonised and oppressed? These will in some instances be self-defensive violence, such as women killing abusive and violent partners, or black 'racially motivated' attacks. But the latter may slide into more generalised, communal and retaliatory violence, which eludes simple attributions of perpetrator and victim and where it is unclear that instigators are unambiguously in socially powerful positions. A further example, which should not be overlooked, is that of apparently passive acquiescence to overwhelming power. This, however, does not mean that violence is absent. The resigned acquiescence of the powerless may have 'pathological' manifestations of self-harm and self-abuse, such as alcoholism. This was often claimed to be the case in eastern European state-socialist societies (e.g. Hankiss, 1990; Timofeev, 1985).

Power and violence, then, are related and combined in complex ways, perhaps along some of the patterns depicted in Figure 9.1, which is a preliminary attempt to map their relationship. Two crucial questions are how behaviour moves from one dimension to another, and how actors draw on culturally available languages of justification when adopting violent courses of action. The latter will receive most attention here.

In addressing the first question one should note that although violence is related to social relations, the intensity and object of this relation will vary. In relation to racist violence, Wieviorka (1995: 74–6) distinguishes two types. First, where violence is instrumentally linked to preserving an entrenched system of social domination, it will tend to be limited to maintaining the inferior position of the radicalised group, as was the case with antisemitic violence for several centuries (Wistrich, 1992) or apartheid at least until its closing years. Second, where the inclination is to communally exclude the group and set it apart, violence may assume the form of unbounded mass terror and sadism, performed

	POWER	
VIOLENCE	Yes	No
Yes	Male violence against women	Revolutionary violence
No	Legitimate authority	Passive acquiescence. Pathologies and self-harm

Figure 9.1: Power and violence

for the enjoyment of domination and cruelty. Examples of this include the Holocaust and apartheid shortly before its end (see too Ray, 1993: 151–71 on the latter). This is especially important because detached from any particular end or provocation, violence may be extreme and unlimited. This may manifest not only in cases of genocide, but in many instances of domestic violence too (Dobash and Dobash, 1992).

Even in cases where violence appears to be the expression of power relations, there may be more complex dynamics at work. According to Wilhelm Heitmeyer (1994) for example, racist violence may be expressive of a social situation of perceived powerlessness and estrangement. Anxiety from lack of jobs and housing combines with a sense of loss of traditions and abandonment, which combined with fear of foreigners justifies 'struggle'. This is manifest in a search for compensatory belonging in racial/national identity, rituals and value systems that promise 'strength' and integration into 'natural' hierarchies. Perpetrators of racist violence may not be powerful as such, but compensate through brutality for perceived powerlessness. This draws on a wider sociological literature, which regards criminal behaviour as expressive of alienation, anomie and frustration (Bowling, 1998). A sense of trauma, loss and nostalgia for communities are powerful stimulants to oppositional identity formation, which manifest in sectarian withdrawal and violent exteriorisation. These authorise individuals to constitute themselves as actors in collective struggle to expel impurity from the community (Wieviorka, 1995: 102ff.).

The availability of languages of justifiable violence, as revolutionary or self-defensive, offers perpetrators in general a view of themselves as powerless victims.[8] This is a theme developed in relation to psychoanalytic studies of sadomasochistic violence, which suggests perpetrators may view violence as a source of self-affirmation (Glasser, 1998). In a study of youth violence Elliott (1994) concludes that for many youths, violence is either the only or the most effective way to achieve status, respect, and other basic social and personal needs, since it is an available resource with low perceived costs and high potential rewards. But along with learning how to do violence, perpetrators learn languages of justification that often involve claiming victim status and legitimacy with reference to 'retaliation'. Such claims may be hollow and hypocritical but may nonetheless offer insight into the dynamics of sociality and violence. From the most basic neutralisations (e.g. 'they were asking for it') to elaborate politically articulated systems of legitimation, violent behaviour is embedded in wider structures of tolerance and justification. Violence in such contexts is likely to become detached from any expected gain and enmeshed with mimetic desire for identity that excludes the other. According to Bowling (1998):

> racist utterances – 'go back to your own country', for example – are not the result of the individual pathology of the offender but reflect and reinforce accepted discourses of race and territorial ownership that are shared by a large proportion, perhaps even a majority, of the white English population ... violent racism is ... an aggressive distillation of wider discourse and practices.

This is a point that will be elaborated in the remainder of this chapter. Theorising violence requires examination of the discourses and practices that authorise violent actors by providing complex arrays of exculpatory resentments and nostalgically loaded 'memories'.

Memory and comMemoration

I have suggested that violence does not break into 'pacified' spaces from outside, but like other forms of behaviour is embedded in durable forms of sociality. I shall develop this with reference to the reproduction of discourses through public rituals of commemoration and mourning, and the association between collective violence and ways of remembering. The idea of a 'collective memory' can be traced back to Halbwachs (1992) and Vygotsky (1986) both of whom questioned the assumption that memory of one's own life resides in the individual, since ways in which people remember their past are dependent on their relationship to their community. For Halbwachs' memory is social in that its content is intersubjective (we remember interactions with others), it is structured around social reference points (such as rituals and ceremonies), and it is shared (rehearsal of memories is associated with high levels of affect) (Paez, et al., 1997: 153). These writers did not, however, address collective processes of communication (Connerton, 1989: 10). Recent work (e.g. Lury, 1998) has further shown how self-identity and memory are redefined through the manipulation of personal and public photographic images. But (as Lury also notes, 1998: 12) it is not the remembered so much as the forgotten that provides the key to 'rewriting the soul'. Again, 'remembering and forgetting are ... locked together in a complicated web as one group's enfranchisement requires another's disenfranchisement' (Watson, 1994: 18). In particular the notion of trauma provided the point of entry into the 'psychology of the soul' through which the forgotten could be therapeutically remembered (Hacking, 1994). I will suggest that this principle is applicable to collective as well as individual memory and their framing of violent discourses.

Commenting on Freud's theory of aggression, Alford (1998: 71ff.) argues that:

> hatred is ego-structuring. It can define a self, connecting it to others, anchoring it in the world ... at the same time acting as a fortress ... Hatred creates history, a history that defines the self and provides it with structure and meaning ... loving recitation of harms suffered and revenge inflicted, constitutes the single most important, most comprehensible and most stable sense of identity.

If this argument is valid, then civilisation is not about people becoming more mannered (as with Elias), but about their shifting powerful and disturbing emotions and experiences from the centre of life to the periphery. In this process, public rituals and symbols of commemoration inscribe a collective narrative memory into individual life-histories. Narrative emphasis on continuity and development leads to a unity of the self as a project with access to personal and collective memories. The connection is made clearly in Russian between *pamiat'* (memory) and *pamiatnik* (monument), a linkage of individual and collective levels of commemoration. After Anderson (1993) we appreciate that national identities are imagined and constructed. Billig (1997) has shown that nationalism does not exist only at exotic and peripheral locations, leaving liberal stable societies untouched. Rather, there is a 'banal nationalism' that is routinely inscribed into the public practice and consciousness of all nation-states. These routine dispositions can relatively easily be mobilised into 'hot', that is, affectively charged movements. Being a member of a national community often involves taking ownership of a public, historical narrative that typically defines a degree of difference and a sense of a nation beleaguered. In her account of travels in pre-war Yugoslavia, Rebecca West quotes her Serbian guide in 'Old Serbia' (Kosovo) in the 1930s:

> We will stop at Grachanitsa, the church I told you of on the edge of Kosovo Plain, but I do not think you will understand it, because it is very personal to us Serbs, and that is something you foreigners can never grasp. It is too difficult for you, we are too rough and too deep for your smoothness and your shallowness.
> (West, 1982: 835)

National identity is public (shared and reinforced through public affirmation and commemoration), yet private to the putative community of those who share the particular imagined historical memory. 'Roughness' (Serbian *surovost*, which includes connotations of rudeness and brutality) is contrasted with the cosmopolitan superficiality of those who can never participate in the ethnic-cultural community. In this case, where the traditional blessing for the newborn is 'Hail, little avenger of Kosovo' (Kaplan, 1993: 38) one is born with the weight of unexpiated vengeance.

An important contrast here lies in the way memories are communicated and the dispositions to which coming to terms with the past give rise. One theme within the emergence of modern, post-traditional worldviews has been what Habermas (1989: 335–7) calls the 'linguistification of the sacred', in which the 'spell-binding power of the sacred' is eroded by the collapse of binding worldviews and the argumentative functions of language. On a more practical level, it is possible that open and reflexive discourse enables participants to confront the complexities and ambiguities of their identities and pasts in ways that diffuse violent emotions and effect reconciliation between antagonists. This at any rate is the idea behind practices of mediation and reparation, and institutional processes such as the South African Truth and Reconciliation Commission. By contrast, many public commemorative ceremonies close off any open or reflexive reconciliation of past grievances. Durkheim pointed out the extent to which sacred public rituals reaffirmed collective solidarity through commemorative rites that relive the mythical history of ancestors and sustain the vitality of beliefs by rendering them present (Durkheim, 1976: 371ff.). One might imagine that modern values deny credence to the idea of life as a structure of celebrated recurrence, but actually commemorative rituals are dependent on calendrical time that enables the juxtaposition of profane time with the sacred return marked by anniversaries (Connerton, 1989: 64). Further, the sacredness of public commemoration (such as Remembrance parades) is dependent on a highly ritualised language in which stylised and stereotyped sequences of speech acts contrast with the linguistification of the sacred. Commemorative speech does not admit any interrogation of its discursive properties because its meanings are already coded in canonical monosemic forms (e.g. oaths, blessings, prayers and liturgy) that bring into existence attitudes and emotions. For example, the words 'they shall not grow old as we who are left grow old' have the mnemonic effect of summoning 'the presence of absents' as Frijda (1997) puts it, and inviting participants to join with an imagined community including the living and the dead. The particular speech variant of commemorative and other public rituals is important because they close off possibilities for the reflexive examination and juxtaposition of identities.

A special but crucial case of public commemoration is what Durkheim (1976: 404ff.) called 'sad celebrations', that is, piacular (expiatory, atoning) rites which fuse mourning and melancholy with sacrifice and violence, justifying Alford's loving recitation of harms suffered and revenge inflicted.[9] Their effect is to generate anger and the need to avenge the dead and discharge collective pain, manifesting in real or ritual violence. Victims are sought outside the group, especially among resident minorities 'not protected by sentiments of sympathy', and women serve more frequently than men as objects of cruellest rites of mourning and as scapegoats. The context for piacular rites is often a social crisis and the pressure to bear witness to sorrow, perplexity or anger. Participants imagine that outside are evil beings whose hostility can be appeased only by suffering. Thus piacular rites involve mourning, fasting, weeping, with obligations to slash or tear clothing and flesh, thereby renewing the group to a state of unity preceding misfortune. The more collective sentiments are wounded, as Durkheim suggested, the greater is the violence of the response.

A classically piacular ritual signalled the escalation of national mobilisations prior to the Yugoslavian civil war. This was the Serbian commemoration of battle of *Kosovo Polje* (Field of Black Birds) in 1389, where the last Serbian prince, Lazar, was defeated by the Turkish Sultan Murat. That this defeat is celebrated in Serbian national narrative as a 'holy and honourable sacrifice' illustrates an important point about national mythologies – defeats, because of their affective and sacrificial power, may be more central than 'faked up glories and imagined pasts' of standard national rhetoric (Anderson, 1993). In Serbian legend the sacrifice of Lazar who, (according to a Serbian poem) 'chose a heavenly kingdom', was also a sacrifice for Christian Europe, allowing Italy and Germany to survive. 'Those who say that Kosovo stopped the wheel of our history and held us back are mistaken', says the Serbian Network (a website maintained by the Serbian government). So are those who claim that 'had it not been for Kosovo we would have been a great nation today'. 'It was that [i.e. defeat at Kosovo] made us a great nation. It is our Golgotha; but it is at the same time our moral resurrection' (Serbian Network, 1998). Slobodan Milosevic made the 600th anniversary of the Battle of Kosovo in June 1989 the focal point of his 'anti-bureaucratic revolution' to displace political opponents within the Serbian ruling party. Demonstrations were organised throughout Serbia, Kosovo and Vojvodina, and were among the opening moves in the war. The 'coffin' (with the alleged remains of Lazar) toured every village in Serbia, followed by huge black-clad crowds of wailing mourners. Serbian nationalists regard the autonomous province of Kosovo, with an Albanian-Islamic majority population, as lying in the 'heartland of our nation'. In the meadow of Gazimestan, the monument to Lazar expresses vengeful sadness and defeat:

> *Whosoever is a Serb and of Serbian birth*
> *And who does not come to Kosovo Polje to do battle against the Turks*
> *Let him have neither a male nor a female offspring*
> *Let him have no crop.*

In contemporary nationalist symbolism, 'Albanians' in Kosovo and other Islamic minorities elsewhere in former Yugoslavia, especially Bosnia, have been substituted for 'Turks'. In both the Serbian and Croatian national imaginations, the civil war was a replaying of ancient conflicts of west and east, European and Asiatic, 'civilisation' and 'barbarism'.

The anniversary commemorations began the revolt against the Yugoslav federation as mimetic national violence triangulated throughout the country. The affect encoded in the Lazar memory informs contemporary discourses of violent conflict. During the fighting in Kosovo early in 1999, the Serbian Democratic Movement (nationalist and close to the Orthodox Church) claimed:

> *We Serbs are a proud people who have endured throughout history – and still our homeland suffers the agonies of war. We respond with pride and courage. Never have we needed it more ... It is a courageous sacrifice. Before the Battle of Kosovo Prince Lazar told his gallant knights that it was better to die heroically than to live under the enemy yoke. More than ever, we must hold Kosovo dear for all the world to see, for it is a testament to the courage of our people.*
> (Serbia Information News, March 1999)

This and similar statements drew their meaning from the particular politics of memory in the Yugoslav Federation in which the Second World War had been 'memorised' through education and public discourse as a people's liberation war – a struggle of class rather than of ethnic or national aspiration (Hoepken, 1999). The language of socialism had not permitted an open discourse or subjected Yugoslav history to unrestricted discussion. With the collapse of the Federation the Party lost control of memory and secret histories of trauma and ethnic hatred were opened up. This coincided with a process of 'recounting the dead' on all sides of the conflict prior to the civil war. The history of German occupation and conflicts between the Croatian *Ustashe* (fascists) with *Chetniks* (Serbian partisans) had left – largely suppressed – historical memories of mass slaughter. The collapse of Federal and Communist rule was accompanied by the uncovering of (semi-) hidden massacres followed by new commemorative funerals, which provided a 'supreme moment for transforming ritual into political theatre' (Hayden, 1994: 172). Each subsequent antagonist in the civil war could mobilise the unexpiated trauma of suppressed memories: the Communists were mass murderers (of *Ustashe* and *Chetniks*); the Croatian (fascist) State of 1941–5 murdered Serbs; the Muslims were collaborators with Nazi genocide; and then the new Croatian state under Tudjman diminished the extent of *Ustashe* genocide, provoking further trauma-rage. Each collective participant imagined themselves victims of unavenged historical wrongs that could be expiated only through the elimination of the enemy.

The ensuing conflict took on proportions of what René Girard (1977) calls 'violent contagion', which was exterminatory and potentially unlimited. This arises, in his view, from an unresolved primal conflict. Mimetic desire to acquire the wholeness of the other (experienced as lack or incompleteness of self) leads to feud between incompatible rivals. By simultaneously taking the other as a model and obstacle, they form 'violent doubles' locked in mutual destruction. Violent doubles are characterised by incommensurable identities – to be X is to fear Y; to be Y is to fear X – locked in a feud in which one's own enfranchisement requires another's disenfranchisement. This is resolved, temporarily, by sacrifice, in which potentially violent doubles discharge mimetically generated violence onto an arbitrary and innocent victim whom they scapegoat. The scapegoat mechanism establishes in-group/out-group differentiations that maintain the communities' structure and cohesion. This sacrificial expulsion is the basis of all social order and ritual through which communities gain control over their violence. Myths bind communities and symbolically discharge rage while disguising the original sacrifice-murder. But a crisis in the social order, a sacrificial crisis, can release the violent desires once renounced.

This is not the place for a detailed examination of this theory, which is dependent on a kind of Durkheimian rewriting of Hegel's master–slave dialectic and makes too ubiquitous a claim to explain specific social conflicts. But it may illuminate the dynamics of bitter and intractable national conflicts in which both sides claim exclusive rights over identical social and territorial space. One excludes the other, yet both share the same space and are destined to be enemies, until the spiral of violent contagion can be broken. In the Yugoslav case, a patchwork of competing national identities entered fields of struggle over incommensurable desires for national homelands. In a triadic pattern, minorities struggled with titular states for a national homeland that was the goal of each. The Krajina Serbs, looking to incorporation in a Serbian homeland, resisted Croatia's nationalising desire, while Milosovic insisted that Croatia could be independent only without Krajina. In Kosovo the Serbian minority, backed by the Serbian army, resisted independence and the desire for unity with an Albanian homeland, as we have seen. The conflict in Bosnia was particularly exterminatory because it was a field of multiple doubles – Serb/Croat, Islamic/Serb, Islamic/Croat (Brubaker, 1995) – each struggling for incommensurable spaces.

My claim here is that in order to understand this and similar ethnic conflicts we need to understand the processes of construction and mobilisation of collective memory. The Kosovar conflict took place on a landscape of sacred territory, which was an object of mutually exclusive desires for rectification of historical wrongs. Both sides legitimated exterminatory desires with reference to historical memories. Kosovo was alternately: the spiritual home of Serb Orthodoxy, marked by holy sites, monasteries and forced evacuations both following Prince Lazar's defeat and again led by Patriarch Arsenije III Carnojevic in 1690; or populated for centuries predominantly by Albanians periodically subjected to Serbian genocide. 'Ethnic cleansing' is not new to these landscapes. In accounts from both sides commemorations and rituals demonstrate 'the loving recitation of harms suffered and revenge inflicted'.

Mourning and grief, then, are of particular importance because they constitute the basis for the desire for vengeful justice. Grief and loss may prove to be significant in discourses authorising violent actions. Unresolved grief does not allow accommodation or reconciliation but perpetuates stereotyped repetitions of thought and behaviour. Thus conflicts become intractable, and an exterminatory violence results from friend/foe enmity in which the very presence of the other sustains yet threatens each identity.

Nonetheless, we should note that for both Durkheim and Girard (in different ways) piacular rites and mimetic scapegoats should operate to *contain* violence. But they do not necessarily do so; on the contrary they may act as catalysts and authorisations for further violence. In the examples cited above, expiatory-sacrificial rituals were the prelude to violence that spilled out into communal destructiveness. Further, whilst the symbolic discharge of violence may serve to dissipate actual violence, the border between the symbolic and real is unstable and under conditions of crisis the former may spill over into the latter.[10] But whether violence is symbolically discharged (thereby being contained) or is real, is of critical importance, and we need to know how this line gets crossed. Rather than containing violence, the kinds of ritual memory discussed here generate an unstable process of national identity formation, which requires continual affirmation. National identity is not fixed or stable but an unstable hybrid of conflicting passions, as 'scraps, patches and rage of daily life must be repeatedly turned into the signs of a national culture' (Bhabha, 1990: 297). Maintaining a personal narrative that instantiates and affirms a collective memory continually suppresses the irredeemably plural nature of modern identities. The more the maintenance of a unisonant self is threatened by the presence of competing identities, the more likely it is that inner conflicts will take the form of paranoid projections.

Conclusion

I have tried to show that violence does not erupt into otherwise pacified social life as some atavistic antisocial force, but is embedded in routine social relationships. Many sociological accounts of violence assume this is a dysfunctional result of abnormal circumstances, which in some cases it may be. The view of modern societies as 'pacified' may obscure the routine sources of violence within 'stable' social relations and how the collective hatred and demonisation of others may, in ritualised collective memories, become a powerful source of identity. Further, the collective memory of trauma, of counting the dead, and the construction of a narrative community with the dead, can invest collective memories with a pathos that legitimates expiatory violence. A crucial factor in authorising violence, then, is the availability of languages of rationalisation and legitimation, which draw on the affectively charged pathos of collective loss. These may be inscribed into cultural memories in ritualised ways and therefore not open to discursive examination. In response to social stress, such as state failure, piacular rituals expiate memories of collective injustice. These have the potential to spill over into unlimited violence, which spirals into irreconcilable conflicts – likely to be most severe where they involve unmediated mimetic conflicts between similar actors competing for an identical object, such as incompatible national homelands. These are extreme cases of routinised processes of commemoration and identity formation.

Finally, perhaps we should look forward to the hypothetical point at which mimetic violence might be rationally renounced. Developing Yitzhak Rabin's 'You make peace with your enemies, not your friends', Bland (1998) suggests that conflict resolution requires two conditions among others. First, the appearance of 'transcenders' who are able to re-establish the human bonds through gestures, metaphors and emotions that establish a common 'we-ness', an example of which was Anwar Sadat's address to the Israeli Knesset in 1977. Such gestures may open ways for a more nuanced and less ritualised appreciation of difference. By definition, intractable conflicts cannot be resolved, but they can be transformed into tractable conflicts that are, in principle, capable of resolution. Only constructing a context that includes those formerly expelled can do this, and it is here that public peace processes play a crucial role. Second, transforming intractable conflicts through a public process of dialogue and apology is significant because it ratifies our future membership of a community that includes both ourselves as victimiser and those we have victimised. In the process of public dialogue, the kinds of ritualised speech associated with foreclosed identities might be replaced by illocutionary speech, which opens rather than closes options for the critical examination of identity. The contrast here is between ways of remembering. Historical grievances are reproduced through public, piacular rituals and other forms of public remembrance, which engender a combination of pathos and collective hurt. A greater understanding of these processes and the ways they are linked to collective violence may open ways for more nuanced appreciation of the constitution of the social.

Notes

1   I am grateful to Jeff Hearn, Barbara Misztal, Jan Pahl and Anne Witz for helpful comments on earlier drafts of this chapter.

2   I assume the KKK is known internationally as one of the most extensive racist hate organisations in the USA; the BNP is a small but active racist UK party often associated with racial violence and harassment; Combat 18 is a very small but openly violent and virulently racist UK organisation.

3   Tom Nairn (1975) described nationalism as standing over the passage to modernity 'looking desperately back to the past'. Giddens (1996: 218) understands the metaphor differently, in terms of nationalism's alternately aggressive and democratic faces. But aggressiveness is never far from the surface of the pathos and longing of national nostalgia.

4   'Identity' should not be regarded, as Michael Billig (1997: 60) puts it, as something carried around like a mobile phone. Rather it is to be viewed as a set of unstable dispositions and cultural symbols that offer vocabularies and justifications for action that can be mobilised under certain conditions.

5   This could involve the (in my view trivial) claim that as speech acts, threats require the same shared communicative presuppositions as any other speech. Or it could mean that a 'power claim' (a 'non-normatively authorised command') will at some level claim legitimacy in a normative discursive system (Habermas, 1991: 239). Threats of violence may be normatively legitimated in various ways. But neither point gets us much closer to understanding threats or violence as such.

6   Critical Theory on the other hand has offered an account of the civilising process as one of barbarism and violence (especially Adorno and Horkheimer, 1973). Elias did subsequently include analysis of a 'decivilisation' process, which takes account of willingness to engage in socially sanctioned barbarism such as Nazism (Elias, 1996). The crucial question is then what contingencies switch the historical process between 'civilising' and 'decivilising' modes?

7   In Weber this return of affective desire and enthusiasm occurs in charismatic social movements which are the 'specifically creative revolutionary force of history' (Weber, 1978: II, 1117). Weber did not add that it is therefore also likely to be accompanied by violence.

8   This can operate on both interpersonal and societal levels – the Nazis constructed the Jews as leagued in an international conspiracy against plain German folk that linked the Bolsheviks with finance capital (Wistrich, 1992: 29ff.). This image of Jews having disproportionate and international influence has medieval origins and is still widespread among people who would not consider themselves 'antisemitic'. It is present, for example, in the myth of 'the American Jewish lobby'.

9   In 'Mourning and melancholia' (1915) Freud too connected a pathological state of grief with narcissistic aggression.

10 A further example of this is the way that in medieval Europe, Easter rituals often spilled over into antisemitic violence. Although the Easter passion is a representation of a sacrifice, the pathos invoked incited actual killing in 'revenge'. See for example Wistrich (1992).

References

Adorno, T. and Horkheimer, M. (1973) *Dialectic of Enlightenment*. London: New Left Books

Alford, F. (1998) 'Freud and violence', in A. Elliott (ed.) *Freud 2000*. Cambridge: Polity Press, pp.61–87

Anderson, B. (1993) *Imagined Communities*. London: Verso

Arendt, H. (1970) *On Violence*. London: Allen Lane

Bhabha, H. (1990) 'DissemiNation: time, narrative, and the margins of the modern nation', in H. Bhabha (ed.), *Nation and Narration*. London: Routledge, pp. 291–322

Billig, M. (1997) *Banal Nationalism*. London: Sage

Björgo, T. and Witte, R. (eds) (1994) *Racist Violence in Europe*. London: St Martin's Press

Bland, B. (1998) 'Marching and rising: the rituals of small differences and great violence in Northern Ireland', Colloquium on Violence and Religion, University of Stanford, California. Available: http://www.stanford.edu/group/sccn/general/marching.html

Bowling, B. (1998) *Violent Racism: Victimisation, Policing and Social Context*. Oxford: Oxford University Press

Brubacker, R. (1995) 'National minorities, nationalising states and external national homelands in the new Europe', *Daedalus* Spring, pp. 107–32

Connerton, P. (1989) *How Societies Remember*. Cambridge: Cambridge University Press

Dobash, R.E. and Dobash, R. (1992) *Women, Violence and Social Change*. London: Routledge

Durkheim, E. (1976) *Elementary Forms of the Religious Life*. London: Allen and Unwin

Elias, N. (1994) *The Civilising Process*. Oxford: Blackwell

Elias, N. (1996) *The Germans*. Cambridge: Polity Press

Elliott, D. (1994) 'Youth violence: an overview'. Paper to Aspen Institute's Children's Policy Forum 'Children and Violence Conference', Queenstown, Maryland, 18–21 February. Center for the Study and Prevention of Violence Paper 008. Available: http://www.colorado.edu/cspv/infohouse/youth-vio.html

Freud, S. (1915) 'Mourning and melancholia', in *Complete Psychological Works, Volume XIV*, trans. J. Strachey. London: Hogarth, 1953–64

Frijda, N. (1997) 'Commemoration', in J. Pennebaker, D. Paez and B. Rimé (eds), *Collective Memory of Political Events*. Mahwah, New Jersey: Lawrence Erlbaum, pp. 103–127

Giddens, A. (1996) *The Nation State and Violence*. Cambridge: Polity Press

Girard, R. (1977) *Violence and the Sacred*. Baltimore: John Hopkins University Press

Glasser, M. (1998) 'On violence: a preliminary communication', *International Journal of Psycho-Analysis*, Vol. 79, No. 5, pp. 887–902

Gouldner, A. (1976) *The Dialectic of Ideology and Technology*. London: Macmillan

Habermas, J. (1989) *The Theory of Communicative Action, Volume 2*. Cambridge: Polity Press

Habermas, J. (1991) 'A reply' in A. Honneth, and H. Joas, (eds) *Communicative Action – Essays on Jürgen Habermas' 'The Theory of Communicative Action'*. Cambridge: Polity Press, pp. 214–64

Hacking, I. (1994) 'Memoro-politics and the soul', *History of the Human Sciences*. Vol. 7, No. 2, pp. 29–53

Halbwachs, M. (1992) *On Collective Memory*. Chicago: University of Chicago Press

Hankiss, E. (1990) *East European Alternatives – Are There Any?* Oxford: Clarendon

Hayden, P.M. (1994) 'Recounting the dead', in R. Watson (ed.) *Memory, History and Opposition under State Socialism*. Santa Fe: Schools of American Research Press, pp. 167–84

Hearn, J (1999) 'Organisations/violence: an emerging problem for sociology'. Electronic presentation to the 1999 BSA Conference, Glasgow, April

Heitmeyer, W. (1994) 'Hostility and violence towards foreigners in Germany', in T. Björgo and R. Witte (eds) *Racist Violence in Europe*. London: St Martin's Press, pp. 17–28

Hoepkin, W. (1999) 'War, memory and education in a fragmented society: the case of Yugoslavia'. *East European Politics and Society*, Vol. 13, No. 1, pp. 190–227

Kaplan, R. (1993) *Balkan Ghosts*. London: Macmillan

Lury, C. (1998) *Prosthetic Culture. Photography, Memory and Identity*. London: Routledge

Nairn, T. (1975) 'The Modern Janus', *New Left Review*, 94, November–December, pp. 3–30

Paez, D., Basabe N. and Gonzalez J.L. (1997) 'Social process and collective memory', in J. Pennebaker, D. Paez and B. Rimé (eds) *Collective Memory of Political Events*. Mahwah, New Jersey: Lawrence Erlbaum, pp. 147–74

Pennebaker, J., Paez, D. and Rimé, B. (eds) (1997) *Collective Memory of Political Events*. Mahwah, New Jersey: Lawrence Erlbaum

Ray, L.J. (1993) *Rethinking Critical Theory*. London: Sage

Serbia Information News (1999) http://www.serbia-info.com/news/kosovo/index.html, 1 March

Serbian Network (1998) http://www.srpska-mreza.com

Sorel, G. (1961) *Reflections on Violence*. New York: Collier

Stanko, E.A. (1985) *Intimate Intrusions: Women's Experience of Male Violence*. London: Routledge

Timofeev, L. (1985) *Soviet Peasants (Or the Peasants' Art of Starving)*. Washington DC: Telos Press

Vygotsky, L.S. (1986) *Culture, Communication and Cognition: Vygotskian Perspectives*, ed. J.V. Wertsch. Cambridge: Cambridge University Press

Watson, R. (1994) 'Memory, history and opposition under state socialism', in R. Watson (ed.) *Memory, History and Opposition under State Socialism*. Santa Fe: Schools of American Research Press, pp. 1–20

Weber, M. (1978) *Economy and Society* (2 volumes). Cambridge: Cambridge University Press

West, R. (1982) *Black Lamb and Grey Falcon*. London: Macmillan

Wieviorka, M. (1995) *The Arena of Racism*. London: Sage

Wistrich, R.S. (1992) *Anti-Semitism. The Longest Hatred*. London: Thames Mandarin

Chapter 10
Science, technology and the relevance of sociology
Stephen Crook

Introduction

The salience and vitality of any field of study are determined by its proximity to major sites of decision and uncertainty. Would-be sciences of the social have long been aware of this fact. The foundational efforts of Marx and Durkheim attempted to position historical materialism and sociology as diagnoses of, and solutions to, the 'social question' that preoccupied the capitalist industrial societies of their times. Similar points could be made about many contemporary sociologies of 'reflexive modernity' (see Giddens, 1994), 'risk society' (see Beck, 1992) or 'globalisation' (see Featherstone *et al.*, 1995). In each case, the parameters of the discipline are adjusted to sharpen its capacity to address pressing questions of the day, as perceived by publics and policy elites.

These adjustments are entirely appropriate, as far as they go. Sociology has no inherent right to demand a hearing on terms it sets entirely from its own priorities and resources. On the other hand, sociology (or any other field of study) also loses its distinctiveness and salience if it simply dissolves itself into members' accounts of problems and their solutions. We have no agreed formula to balance these two propositions and the issue has been hotly debated ever since Weber proposed that sociological analyses must be both 'value relevant' and 'value neutral' (see his essays in Weber, 1949). The issue has been at the heart of more recent disputes over the standing of ethnomethodology and conversation analysis. For one side, orthodox sociology cannot be distinguished from what ordinary social members do. For the other side, ethnomethodology preserves a methodological purity at the cost of a loss of salience, of any connection to 'social issues' as normally conceived. In contemporary debates, the issues of salience haunts assessments and critiques of 'postmodernist' analysis (for example, see O'Neill, 1995).

This paper addresses a cluster of questions about sociology's engagement with science and technology (ST for short). The tension between salience and autonomy arises here, too: if sociology is to maintain its salience, it must engage with a range of informational, technical and natural processes that are foci of significant uncertainties. But how can it do this while remaining identifiably 'sociological'? Or should it even attempt to do so? Perhaps sociology should simply recognise that its time is up and fade peacefully away. These issues are addressed in four sections below. The first reviews the challenges posed by ST developments to the salience of sociology. The three subsequent sections discuss in turn each of three propositions central to the defence of that salience: first, that the trajectories of ST are those that shape social relations; second, that STs are forms of practice, or work; third, that knowledges, technologies and social relations never occur independently of each other. The final section also concludes and summarises the overall argument.

Science, technology and the relevance of sociology

It has been widely recognised that the ascendancy of 'neoliberal' modes of governance has brought with it a shift away from 'society' as a terrain for policy intervention and towards individuals, market mechanisms and new forms of actuarial calculation (see Barry *et al.*, 1996; Touraine, 1998). There has been even broader acceptance that economic and cultural globalisation have radically eroded the salience of national societies as fundamental units of analysis and practice (see Lash and Urry, 1994; Featherstone *et al.*, 1995; Waters, 1996). While there has been vigorous debate about these issues, many sociologists have viewed the necessity of a shift away from their traditional preoccupation with nation-sized and nation-shaped societies with some equanimity. After all, we still have social relations to analyse at various levels – the social without society. The challenge to sociology posed by developments in ST is more radical to the extent that it undermines such consolations: not only do we not have society, we don't have the (purely) social either. Electronic networks and databases displace social relations, social behaviours are explained genetically or neurophysiologically, while social problems are reinterpreted as natural or technical problems. Anything left over can be thrown to cultural studies for playful and ironic deconstruction.

Human biotechnologies based on near-complete knowledge of the human genome furnish the most obvious examples of the contemporary displacement of the social. To be sure, the syndrome of 'a gene for everything' has its risible side – the alcoholism gene, the gay gene, the IQ gene and the rest can be parodied as scientifically naive publicity stunts driven by competition for research funding. However, as Beck-Gernsheim (1996) has pointed out, there is an elegant fit between the development of genetically based interventions in a variety of allegedly pathological conditions and neoliberal policy settings. They converge on interventions in which individuals can be made responsible for the identification and management of their pathologies: neither pathologised individuals, nor policy-makers, nor therapeutic agencies need to engage with any 'social' dimension. Of course, for sociologists and other critics such developments must have profoundly social consequences, such as intensified surveillance of populations and the permanent marginalisation of the genetically 'impaired' (see Gesche, 1998 and Rowland, 1998 for two different views).

In a rather different way the rise in popular concerns about relations between humans, technologies and (other parts of) nature over recent decades has eroded interest in purely social problems. On one hand, environmental movements, animal rights campaigns, anxieties about the purity of food and other nature-oriented phenomena are of great interest to sociologists. But on the other hand, the contribution sociology can make to outcomes in these fields is probably rather limited. Compare our position in relation to animal rights with that of a Marx or a Durkheim to the defining – and definitely 'social' – problems of their times. The eclipse of the disciplinary imperialism in which sociology, or some other science of the social, is Queen of the Sciences – the synthesising theory of everything and template for all practice – is to be welcomed. Indeed, as sociologists of knowledge we can understand its inevitability: the secular transformation in 'modes of production of knowledge' (see Gibbons *et al.*, 1994) from disciplinarity to transdisciplinarity affects the social sciences as much as any other fields. The difficulty, however, is to specify what productive role sociology might play in a division of labour directed to the study of human–natural–technical complexes, or what sociological resources might be passed down to some prospective transdisciplinary field. The problem acquires its edge from the real possibility that it has no solution, that the social disappears as its former terrain is colonised by non-sociological knowledges of technical and discursive relations.

Trajectories of science and technology

The problem of the continuing salience of sociology in the face of other, and arguably more effective, knowledges arises in the context of long-term and accelerating ST change. While the challenge to sociology arises out of those processes, they also give sociology one of the most important opportunities to demonstrate a continuing salience. Historical sociologies of ST have long urged that scientific and technical change cannot be understood purely 'internally'. Merton's prewar studies of science in seventeenth-century England, with their adaptation of the Weber Thesis, are usually accorded a foundational role (see examples collected in Merton, 1973). For Merton, both the religious orientations of the 'natural philosophers' and the military–commercial interests of the English state were significant influences on the promotion of science and technology. Price's brief (1963) account of the emergence of 'organised science', with its emphasis on the link between progress and growth in science, prefigured later studies of the changing institutional contexts of scientific work (see Ben-David, 1974) and (in a more Parsonsian vein) the structured social relations of science (see Storer, 1966).

In the 1970s these themes were given a Marxian twist in the development of a political economy of ST (see, for example, Sklair, 1973). While that project had a short life in its purer forms, its foci on the links between ST and wider social structures and the commodification of ST influenced rather more nuanced work in the next decade (see, for example, Boyle *et al.*, 1984; Gibbons and Wittrock, 1985). The lasting importance of these traditions of inquiry is to have established that the practice of ST is contingent on the historical mutable institutional frameworks within which it takes place. Of course, just what it is meant by 'institutional framework' varies widely: Merton, Storer, Sklair, Gibbons and others would all give different accounts. Equally, the degree of contingency can be debated. To take two papers from the same collection, Gibbons' (1985) account of the development and mutation of the 'Academic Research System' implies that without specific funding arrangements, scientific institutions and communications networks that we understand as ST could simply not emerge. Rothblatt (1985) implies a rather stronger sense of contingency in her argument that the involvement of state and commercial–industrial interests in the funding of science in late nineteenth-century Britain shifted the ST agenda away from the ethereal preoccupations of Cambridge natural philosophers and their ilk.

These differences cannot be pursued in detail here and are not central to the main point. Even in weaker versions of the argument, the contingency of ST on its institutional forms requires that the trajectory of ST is at least consistent with the broader trajectory of social institutions. So, Crook *et al.* (1992: Chapter 7) argue that ST, like other institutionalised practices, has been shaped by the modernising processes of differentiation, rationalisation, commodification and organisation. According to this view, what has variously been termed 'organised science', 'big science', 'the academic research system' or the local 'social system of science' reached a high point in the long boom-cum-cold-war period of the 1950s and 60s. Since then, it has been increasingly constrained (most obviously by funding cuts) and challenged by other institutional arrangements.

Up to this point a case has been made that a sociological perspective is necessary to grasp the history of ST. Such a case has two significant limitations as an argument for the continuing salience of sociology. First, it is precisely a *historical* argument with little to say about contemporary sources of uncertainty. Second, and more fundamentally, it begs the question of just what 'sociological' means in this context. If it means no more than the asserted priority of precisely the conception of the social that is under challenge, then a second anachronism has been added to the first. Two further steps are required to overcome these limitations. First it has to be shown that contemporary, as well as historical, developments in ST need to be grasped sociologically. Second, the scope of the 'sociological' must be defined in ways that are not dependent on Durkheimian claims to ontological privilege, so that the social is not a kind of stuff. These two steps are linked, but the second will be discussed mainly in 'Knowledges, technologies and social relations' below.

There are at least two ways of understanding the 'end of the social' thesis. The first is to regard it as an epistemological move, a dawning realisation that the idea of the social has always been a myth. Perhaps Baudrillard could be enrolled for this view on the basis of his notorious (1983: 68) claim that 'ultimately, things have never functioned socially but symbolically, magically, irrationally, etc.'. The second way is to argue that 'things' may once have functioned socially but no longer do so. Such a move might be thought of as an extension of Touraine's (1998) argument about the rise and demise of 'society'. The superiority of this second over the first understanding of the 'end of the social' can only be asserted here. Its most obvious – and useful – implication is that the demise of the social stands in need of explanation. In the encounter between sociology and postmodernism, a number of mainstream sociologies have become quite comfortable with the 'end of society' thesis, at least. In many cases, narratives of transition from 'organised' to 'disorganised' capitalism/society become the basis for an understanding of the rise of postsocietal sociality.

That move can be extended to the present case. The developments in contemporary ST – from biotechnology to virtual realities – which displace 'social' interpretations and projects, must be linked to an institutional as well as an internal ST trajectory. The argument sets out from the observation that the new STs are markedly interdisciplinary, highly commodified and indifferent to the classical form of the science–technology divide. In these and other ways they approximate what Gibbons *et al.* (1994: Chapter 1) characterise as 'mode 2 knowledge production' and are distinguishable from the disciplinary, autonomous and purely scientific 'mode 1'. In a similar, if more extravagant, vein Crook *et al.* (1992: Chapter 7) project the emergence of a 'postscience' in which the production of expert ST knowledges ceases to be the monopoly of autonomous scientific institutions and moves into more dispersed economies of knowledge-and-artefact production. Just as the emergence of modern ST institutions was shaped by the generic modernising processes of differentiation, rationalisation, commodification and organisation, so too contemporary transformations of knowledge production are shaped by the postmodernising extension-cum-reversal of those processes. With an eye to changes of circularity and anachronism, note that in this process of postmodernising change, the meaning of 'social' is transformed no less than the meaning of 'ST'. The economies of practices that are the bearers of 'postscience' are in significant respects 'postsocial'. This conundrum is teased out further in 'Knowledges, technologies and social relations' below.

ST as practice

Echoes of the 'science wars' that may have rumbled in the background of the previous section when 'externalist' accounts of the trajectories of ST challenged the exclusive claims of 'internalist' accounts become a deafening roar here. For the self-appointed defenders of science, the most careful and modest sociological studies of the practice of science are to be run together with 'postmodernism' and 'zany, half-baked ideas' (Dunbar, 1995: 6) from the New-Age fringe as examples of irrationalist hostility to Science. As perhaps the best known polemic in this genre puts it, contructivist studies of science 'spin perverse theories' that 'escape mere inaccuracy and run hell for leather towards unalloyed twaddle' (Gross and Levitt, 1994: 43). As Collins and Pinch (1998: 151) remark, reflecting on the reception of *The Golem*, 'for ... "science warriors" the only acceptable way to talk about science is the scientist's way'. The vitriolic mix of anger, contempt and misinterpretation that characterises the polemics of some of the science warriors is genuinely puzzling. If the diagnosis offered here is correct, the science wars stand-off is also important and troubling. ST practices lie at the heart of the major sites of uncertainty for publics and policy-makers. Indeed, they are transforming the terrain over which public opinion and policy have to range. For example, the stabilisation of regimes for the identification, assessment and management of ST-implicated risks becomes a critical policy issue (see Crook, 1999). Questions about the typical pattern of ST controversies (see Nelkin, 1995), about public attitudes and understandings of ST (see Wynne, 1995) and about the boundaries between 'lay' and 'expert' knowledges (see Wynne, 1996) are central to the prospects for democratic deliberation and policy-making.

Against this background, some of the more egregious misunderstandings of the science warriors stand as significant obstacles to the necessary emergence of new ways of talking about ST issues. Three of these can be reviewed briefly:

1. the image of a Unitary Science under attack from an equally unitary 'anti-Science';

2. misunderstandings of 'relativism' in social science;
3. inappropriate models of public understandings, anxieties and debates about science.

Science under attack

As Martin (1996: 161–2) has observed, the construction of an image of a unitary 'Science' under attack from an ideologically driven 'anti-Science' is central to *Higher Superstition* and similar texts. Gross and Levitt (1994: 2) see it as their mission to warn colleagues in 'science' about the hostility they face from the 'academic Left' and its 'open hostility to the *actual content* of scientific knowledge and towards the assumption ... that scientific knowledge is reasonably reliable and rests on a sound methodology'. Statements of this kind are problematic on at least three levels:

1. It may be that some writers do advance the views that Gross and Levitt ascribe to the 'academic Left'. After all, antiscience has a history as long as that of science (see Ravetz, 1977), and is to be found on the Right (see Appleyard, 1993) as well as the Left (see the review in Webster, 1991: Chapter 6), and Holton's (1993: 153-4) typology). A sensible response from the self-appointed defenders of ST would be to address the concerns about ST that animate antiscience – that it is dehumanising, incipiently totalitarian, patriarchal, environmentally destructive, and the rest. While defenders of ST may achieve some compensatory gratification by denouncing the 'irrationalism' of their 'enemies', *ex hypothesi* that response will not make those enemies go away or change their minds.

2. The lack of discrimination that bundles together as 'enemies' mild-mannered sociologists of science, wild-eyed mystics and sneering postmodernists must seriously delegitimate the defence of science. Collins and Pinch (1998: 153) throw useful light on the puzzling crudity of many defences of ST, citing a (scientific) correspondent who observed that 'most physicists don't read ... when we see a book or paper we dip in here and there and make a decision ... I urge you to recognise that you are writing for text-surfers'. Distinctions between approaches to ST that appear blindingly obvious from within a social science culture may simply not appear that way from within a natural science culture premised on different reading practices.

3. The undoubtedly genuine sense of being under attack by enemies that runs through defences of ST has two interesting features. It almost exactly mirrors the fear of attack *from* ST that animates antiscience and, more significantly, it displaces the real source of threats to ST. The kind of science that is be defended looks pretty much like the science of the modern 'academic research system' – expensive, publicly funded and autonomous. The threat to this kind of science comes not from sociologists, postmodernists and New-Agers but from secular shifts in the settings of ST policy and the emergence of 'mode 2' knowledge production discussed above. In Latour's (1999b: 19) formula, we are now faced with 'strange imbroglios of politics, science, technology, markets, values, ethics, facts, which cannot easily be captured by the word "Science" with a capital "S"'.

Relativism

A second obstacle to the search for new ways of talking about ST is a misunderstanding – as it would seem to most sociologists, at least – of the significance of a sociology of knowledge perspective and methodological relativism. For the defenders of ST, any ascription of an 'external' basis to scientific knowledge claims must be a destructive debunking. So, for Gross and Levitt (1994: 45) the consequence of attempts to link 'scientific discourse' to 'interpretive communities' must be an inability to distinguish 'reliable knowledge from superstition'. For Dunbar, independence from existential determination is the very mark of science, so that 'in suggesting that science is socially constructed, the relativists have in fact identified the very thing that makes productive science impossible' (Dunbar, 1995: 154). There is no space to explore these complex questions fully, but a thorough rejoinder would build on three points:

1. Even if it is allowed that of assertions of the existential determination of (scientific) knowledge fall into paradox and contradiction, so too do their denials. For example, the relationship between the propositions of science, and 'nature', cannot explain the occurrence of the former, as many science warriors assert, since the latter is historically invariant while the former are historically variable. Again, it is difficult to maintain that false propositions are determined existentially while true propositions are not: scientific judgements about the truth value of propositions vary over time. Yet again, if all events can be explained by empirical science, empirical science itself considered as a multitude of interconnected events must be explained empirically. In fine, antirelativist accounts of science run into as many 'logical' problems as do their relativist equivalents.

2. Science warriors typically fail to discriminate between forms of relativism. For Collins and Pinch (1998: 174), the social study of science requires a methodological relativism that (following Bloor, 1976 and Fuller, 1988) treats true and false knowledge claims symmetrically. The principle of symmetry, and particularly Bloor's deployment of it in his 'strong programme', is anathema to defenders of ST who take it to imply what Fuller terms a 'dogmatic relativism', a levelling of science to the same status as superstition or poetry (see, for example, Gross and Levitt, 1994: 46). There may be dogmatic relativists in this sense among commentators on science, but the position is not entailed by methodological relativism. As Collins (1995: 307) writes, his version of the sociology of scientific knowledge 'wants only to change science's self-image and its relationship to other cultural endeavours', it doesn't want to change the practice or methodology of science. In the same set of exchanges, Lynch (1995: 327) insists that the point of a study of science influenced by ethnomethodology is 'not to create a scandal, but to come to terms with the difference between formal accounts and what is evident in practice'. Even the great Satan Latour (1999: 2) is puzzled: 'How could we be pitched against the scientists? ... Are biologists anti-life, astronomers anti-stars, immunologists anti-antibodies?'

3. Misunderstandings about the significance of a methodological relativism are linked to a version of what, in another context, Smith (1988) has termed the 'egalitarian fallacy'. The fallacy is that 'unless one judgement can be said or shown to be more "valid" than another, then all judgements must be "equal" or "equally valid"' (Smith, 1988: 6). In the science wars, the fallacy is at work in countless claims that if the mode of validity of science is not protected and

set utterly apart from other modes, then scientific knowledge has no standing whatever. The whole burden of research in social studies of science has been that science works *between* the terms of this exaggerated disjunction. It does so by mobilising a wide range of material, human and epistemic resources within the contingencies of intersubjective human practice. It has no a priori guarantees of 'validity' but at the same time is plainly not 'equal' to common sense or superstition.

To give one brief example of what is at issue, Dunbar borrows the form of the egalitarian fallacy in his dismissive comment about the implications of sociological studies of the contingencies of replication: 'If scientists cannot agree on what is a "fair test", then they cannot do science' (Dunbar, 1995: 159). Dunbar's claim is correct in a way other than he intends. Collins and Pinch (1998: Chapter 5) show how attempts to measure gravity waves in the 1970s became mired in the 'experimenter's regress'. In 'difficult science' the 'correct outcome' of an experimental test is not known: whether the detection or non-detection of gravity waves is the correct outcome depends on whether gravity waves are there to be detected, but this is just the point at issue. As Collins and Pinch put it (1998: 98), 'to find this out we must build a good gravity wave detector and have a look. But we won't know if we have built a good gravity detector until we have tried it and obtained a correct outcome. But we won't know what the correct outcome is until ...' (see also Collins, 1985). The implication of this is that in such fields, the agreement on the test is not something prior to doing the science: 'defining what counts as a good gravity wave detector, and determining whether gravity waves exist, are the same process' (Collins and Pinch, 1998: 101). Kuhn's (1982) account of 'normal measurement' and Charlesworth *et al.*'s (1989) reflections on the distinction between 'facts' and 'artefacts' in autoradiographs point to a similar conclusion.

Public understandings of science

The third obstacle to the search for new ways to talk about ST lies in the restrictive and anachronistic tropes through which self-appointed defenders of ST constrain legitimate discussion of the social context of ST. These generally emerge in the course of pious assurances that 'serious' questions about the ST-society nexus must, of course, be properly debated once the relativistic enemies of science have been dealt with. Gross and Levitt (1994: 7) 'recognise that it is necessary for science patiently to abide social scrutiny, since science and its uses affect the prospects of the entire society'. The rest of their book makes it clear that there are very clear and narrow limits to their patience, at least. Dunbar (1995: 9) mobilises a familiar formula to similar effect: 'to be sure, there are serious moral questions to be answered about the exploitation of scientific knowledge'. There are two main limitations to statements of this kind.

1. They are usually linked to a conventional view of the 'public understanding of science' (PUS) in which low levels of PUS are associated with high levels of antiscience, and raised levels of PUS are the key to sensible public debate about the social responsibilities of science. To put it crudely, mismatches between public and scientific conceptions of science are to be addressed by making the former more like the latter. Collins has spent a good part of the last decade

polemicising about the folly of a belief that knowing 'more science' will enable publics to make better decisions about science: it 'ranks among the great fallacies of our age' (Collins and Pinch, 1998: 142; see also Collins, 1987). Thomas (1997) offers a useful review of research findings that support just the opposite view: that the more people know about science, the more suspicious of science they are likely to be. What publics (and policy-makers) will need is a better understanding of how science works in practice. This will enable them to operate in the real world of divided expertise on ST matters. For Fuller (1997: 2), public demands for accountability in relation to ST developments that will affect their lives are 'fundamentally sound'. Wynne too has argued (in, for example, Wynne 1995, 1996) against models of PUS in which the 'public understanding' but not the 'science ' are problematised. He advocates an approach in which scientific claims to expertise, as well as public understandings, are regarded as the contingent outcomes of social and cultural work. In Fuller's (1997: 35) view, exaggerated claims to exclusive expertise are associated not so much with the rise of 'science' as with that of the professional-cum-priestly 'scientist'. It is precisely the approaches advocated by Collins, Fuller or Wynne that are placed beyond the pale by science warriors such as Dunbar or Gross and Levitt. Professing themselves to be in favour of 'social' scrutiny of science, they rule out as illegitimate the tools needed for any scrutiny on terms other than their own in what Latour (1999b: 17) has termed 'one of the strangest of all gags on free speech since Socrates'.

2. Such views are limited by their anachronism. The separation favoured by Dunbar of questions about 'science' from questions about the 'exploitation of science' may have made sense when the prevalent mode for the production of knowledge approximated classical distinctions between, and trajectories through, pure science, applied science and technology (but that may never have been the case according to recent studies of technological innovation – see for example Bijker, 1987, 1992). It makes much less sense when 'mode 2' knowledge production is at issue. In fields such as biotechnology, superconductivity or information science, the gap between the 'science' and its potential 'exploitation' is vanishingly small. For example, the science of the so-called terminator gene (a projected genetic modification that would preprogramme the sterility of any seeds grown from modified plants) is inseparable in practice from its potential applications for transnational biotechnology corporations. More generally, the science of biotechnology is inextricably linked to the controversial practices of 'bio-prospecting' or ' biopiracy' (see Christie, 1998) through which research on the genetic properties of a species warrants a claim to patent rights over those aspects of the species 'discovered' by the research. Developments of this kind cannot be discussed sensibly if the 'science' is to be black-boxed and only the allegedly separate 'exploitations' examined. On the contrary, biotechnology and similar 'mode 2' fields offer excellent case studies in Fuller's (1992) argument for a materialism which treats 'knowledge as part of the world that it attempts to represent' (Fuller, 1992: 160), so that 'economists and lawyers have more to say about the production, exchange and consumption of knowledge than do philosophers'.

To rejoin the themes of this section to the overall argument of the chapter, sociology has a claim to continuing relevance because it provides us with models for the analysis of processes in ST as practices that will display complex and contingent patterns of similarity and difference to other practices. Those models can help to promote ways of talking about ST, on other terms than its own, that are essential given the significance of ST practices as sites of uncertainty. ST is fully part of the world, but to make this claim is not to debunk or level ST.

The salience of broadly sociological approaches to ST practices can be vigorously defended against critiques from science warriors.

Knowledge, technologies and social relations

If the argument of the previous section that ST is a (social, cultural, material) practice arouses the ire of at least some ST practitioners, the argument that the social is radically heterogenous is not universally popular with sociologists. However, the case that sociology retains its salience in the face of the shift in sites of uncertainty from the traditionally social to the scientific and technical requires both arguments. To reject either is, in effect, to concede that sociology has no warrant to study critical aspects of ST processes. The theme of the hybridity, or monstrosity, of the social is most strongly associated with the work of Latour, Law and other 'actor network' theorists. In fairness it should be acknowledged that some of those who launched ANT and now work 'after' it shake their heads at the (over-) simplifications involved in the type of appropriation that follows (see Law, 1999). Other founders are slightly more relaxed, or resigned (see Latour, 1999a). That point made, the singularity of ANT conceptions of the social and their relevance to the present argument can be summarised in relation to three themes (the discussion that follows draws on Crook, 1998).

1. Social relations or the social 'order' should not be understood as an accomplished and fully present system of determinations. As Law (1994: 1) puts it: 'perhaps there is ordering, but there is certainly no order'. There are links between claims such as this and the Foucauldian theme of 'failure' in analyses of governmentality. Malpas and Wickham (1995: 39), for example, emphasise the 'necessary incompleteness of projects of governance'. That is, social life is constituted in and by a multitude of micro- and macro-projects for its ordering, a circumstance that requires 'a sociology of verbs, not nouns' (Law, 1994: 15).

2. Most famously, ordering is not a single and homogeneous process but multiple and heterogeneous. Thus, for Law (1991: 16), 'the social order is neither social nor an order. The "problem of the social order" cannot be solved by social means alone'. That 'problem' becomes what Law and Bijker (1992: 294) term the 'problem of obduracy', that of 'ensuring that things stay in one place once those who initiated them have gone away'. As Latour (1992) illustrates with reference to car seat belts, automatic doors and other familiar technologies, the task of securing obduracy can be 'delegated' from humans to non-humans (and vice versa). What we sometimes and superficially conceive as 'social order' is an effect of the continuous interplay of diverse materials: natural processes (human genetics, disease phenomena, weather patterns), texts and communications technologies, production technologies, legal and organisational forms, material and immaterial cultural objects.

3. These elements are linked together in, and only in, chains of association (or 'translation') and substitution that form sociotechnical 'networks'. Actants (which may be any element in a network) attach to 'programs' through chains that adjust to, and are readjusted by, the 'antiprograms' of other actants. Latour (1991: 106) conceives of these chains as moving in two dimensions: a syntagmatic 'association' and a paradigmatic 'substitution'.

Taken together, these themes project a model of the social as a network of always ongoing, never finalised, relations between human and non-human actants forming themselves into programmatic and antiprogrammatic chains of association. Clearly, this is a conception of the social that can survive a secular shift in dominant sites of uncertainty to a terrain visibly shaped by ST products and processes. It differs from most 'cultural studies' approaches to ST (see, for example, Robertson *et al.*, 1996) in the symmetry with which it treats the different classes of actants: it respects the hardness, or 'obduracy' of technologies. To that degree, the 'relational materialism' of ANT converges with Fuller's (1992) materialist theory of knowledge, in which knowledge claims enter an economy of exchange and consumption in the same way as material commodities. It also converges with Bohme's model (1992: 41) of a 'technostructure' in which technology is understood as 'the material self-appropriation of society'. Perhaps more controversially, ANT provides a vocabulary through which to appraise some of the themes associated with evolutionary biology, genetics and neuroscience. Evolutionary processes, genetic determinations and neural networks might be understood as having 'social' effects through and only through their enrolment in chains of association and substitution. In this context, despite his self-positioning as a science warrior, Dunbar's conception of scientific knowledge as an extension of the natural attributes of human and non-human organisms might be reconciled with sociological conceptions of knowledge.

That last point loops back to the basic arguments of the chapter: that the preservation of the salience of sociology requires a defining engagement with ST processes and products, and that this, in turn, requires a rethinking of what 'scientific–technical' and 'social' are to mean. A rearguard action against the colonisation of the social by the scientific and technical might by fought by asserting that the scientific and technical are always and everywhere 'socially' constructed. But such claims have few competitive advantages in the broader knowledge market. They risk not so much refutation and defeat (most assaults from science warriors are easily parried) as neglect and outflanking. The price of a continuing salience to changing sites of uncertainty, of a continuing market value, is a reworking of the idea of the 'social' into the 'sociotechnical'. If that reworking were to be carried through, it would require some reordering of sociology's disciplinary priorities, but not their abandonment. Established concerns about change, power and inequality, or about interactional processes and institutional forms, survive translation onto the terrain of the sociotechnical, but in ways that require sociology to rethink its boundaries and to recognise that it, too, is affected by the secular shift away from autonomous and discipline-based knowledge production to the complexities of 'mode 2'. In this process, the boundaries between sociology and ST knowledges are particularly significant. More sociologists will need more familiarity with the fine-grained texture of ST practices and their cultures. If sociology can rework itself in this way, it has a bright future as a significant strand within an emergent study of sociotechnical practices. If it doesn't, there is shelf space in the museum of nineteenth-century curiosities ready and waiting, just after phrenology and the rational dress movement.

References

Appleyard, B. (1993) *Understanding the Present: Science and the Soul of Modern Man.* London: Pan

Barry, A., Osborne, T. and Rose, N. (eds) (1996) *Foucault and Political Reason.* London: UCL Press

Baudrillard, J. (1983) '... Or the end of the social', in *In the Shadow of the Silent Majorities.* New York: Semiotexte

Beck, U. (1992) *Risk Society.* London: Sage

Beck-Gernsheim, E. (1996) 'Life as a planning project', in S. Lash, B. Szerszynski and B. Wynne (eds) *Risk, Environment and Modernity.* London: Sage

Ben-David, J. (1974) 'The universities and the growth of science in Germany and the United States', in S. Restivo and C. Vanderpool (eds) *Comparative Studies in Science and Society.* New York: Merrill

Bijker, W. (1987) 'The social construction of Bakelite: towards a theory of invention', in W. Bijker, T. Hughes and T. Pinch (eds) *The Social Construction of Technological Systems.* Cambridge, Massachusetts: MIT Press

Bijker, W (1992) 'The social construction of fluorescent lighting, or how an artifact was invented in its diffusion stage', in W. Bijker and J. Law (eds) *Shaping Technology / Building Society.* Cambridge, Massachusetts: MIT Press

Bloor, D. (1976) *Knowledge and Social Imagery.* London: Routledge and Kegan Paul

Bohme, G. (1992) 'The techno-structures of society', in N. Stehr and R. Ericson (eds) *The Culture and Power of Knowledge.* Berlin: de Gruyter

Boyle, C., Wheale, P. and Sturgess, B. (1984) *People, Science and Technology.* Brighton: Harvester Wheatsheaf

Charlesworth, M., Farrall, L., Stokes, T. and Turnbull, D. (1989) *Life Among the Scientists.* Melbourne: Oxford University Press

Christie, J. (1998) 'Enclosing the biodiversity commons: bioprospecting or biopiracy?', in R. Hindmarsh, G. Lawrence and J. Norton (eds) *Altered Genes: Reconstructing Nature.* Sydney: Allen and Unwin

Collins, H. (1985) *Changing Order.* London: Sage

Collins, H. (1987) 'Certainty and the public understanding of science on television', *Social Studies of Science*, 17, pp. 689–713

Collins, H. (1995) 'Cooperation and the two cultures: response to Labinger', *Social Studies of Science*, 25, pp. 306–9

Collins, H. and Pinch, T. (1998) *The Golem: What You Should Know About Science*, 2nd edn. Cambridge: Cambridge University Press

Crook, S. (1998) 'The new problem and politics of order in advanced societies'. Unpublished paper delivered at RCl6, 14th World Congress of Sociology, Montreal, Canada

Crook, S. (1999) 'Ordering risks', in D. Lupton (ed.) *Risk and Socio-Cultural Theory: New Directions and Perspectives.* Cambridge: Cambridge University Press

Crook, S., Pakulski, J. and Waters, M. (1992) *Postmodernization Change in Advanced Society.* London: Sage

Dunbar, R. (1995) *The Trouble with Science.* London: Faber and Faber

Featherstone, M., Lash, S. and Robertson, R. (eds) (1995) *Global Modernities.* London: Sage

Fuller, S. (1988) *Social Epistemology.* Bloomington: Indiana University Press

Fuller, S. (1992) 'Knowledge as product and property', in N. Stehr and R. Ericson (eds) *The Culture and Power of Knowledge*. Berlin: de Gruyter

Fuller, S. (1997) *Science*. Buckingham: Open University Press

Gesche, A. (1998) 'Genetic testing: a threat to privacy', in R. Hindmarsh, G. Lawrence and J. Norton (eds) *Altered Genes: Reconstructing Nature*. Sydney: Allen and Unwin

Gibbons, M. (1985) 'The changing role of academic research systems', in M. Gibbons and B. Wittrock (eds) *Science as a Commodity*. London: Longman

Gibbons, M. and Wittrock, B. (eds) (1985) *Science as a Commodity*. London: Longman

Gibbons, M., Limoges, M., Nowotny, C., Schwartzman H. and Trow, M. (eds) (1994) *The New Production of Knowledge*. London: Sage

Giddens, A. (1994) 'Living in a post traditional society', in U. Beck, A. Giddens and S. Lash (eds) *Reflexive Modernization*. Cambridge: Polity Press

Gross, P. and Levitt, N. (1994) *Higher Superstition: The Academic Left and its Quarrels with Science*. Baltimore: Johns Hopkins University Press

Holton, G. (1993) *Science and Anti-Science*. Cambridge, Massachusetts: Harvard University Press

Kuhn, T. (1982) 'Normal measurement and reasonable agreement', in B. Barnes and D. Edge (eds) *Science in Context*. Milton Keynes: Open University Press

Lash, S. and Urry, J. (1994) *Economies of Signs and Space*. London: Sage

Latour, B. (1991) 'Technology is society made durable', in J. Law (ed.) *A Sociology of Monsters*. London: Routledge/Sociological Review

Latour, B. (1992) 'Where are the missing masses? The sociology of a few mundane artifacts', in W. Bijker and J. Law (eds) *Shaping Technology/Building Society*. Cambridge, Massachusetts: MIT Press

Latour, B. (1999a) 'On recalling ANT', in J. Law and J. Hassard (eds) *Actor Network Theory and After*. Oxford: Blackwell/Sociological Review

Latour, B. (1999b) *Pandora's Hope: Essays on the Reality of Science Studies*. Cambridge Massachusetts: Harvard University Press

Law, J. (1991) 'Introduction: monsters, machines and sociotechnical relations', in J. Law (ed.) *A Sociology of Monsters*. London: Routledge/Sociological Review

Law, J. (1994) *Organizing Modernity*. Oxford: Blackwell

Law, J. (1999) 'After ANT: complexity, naming and topology', in J. Law and J. Hassard (eds) *Actor Network Theory and After*. Oxford: Blackwell/Sociological Review

Law, J. and Bijker, W. (1992) 'Postscript: technology, stability and social theory', in W. Bijker and J. Law (eds) *Shaping Technology / Building Society*. Cambridge, Massachusetts: MIT Press

Lynch, M. (1995) 'Collaboration and scandal: a comment on Labinger', *Social Studies of Science*, 25, pp. 324–9

Malpas, J. and Wickham, G. (1995) 'Governance and failure: the limits of sociology', *Australian and New Zealand Journal of Sociology*, 31, pp. 37–50

Martin, B. (1996) 'The social construction of an "attack on science"', *Social Studies of Science*, 26, pp. 161–73

Merton, R. (1973) *The Sociology of Science: Theoretical and Empirical Investigations*. Chicago: University of Chicago Press

Nelkin, D. (1995) 'Science controversies: the dynamics of public disputes in the United States', in S. Jasanoff, G. Markle, J. Petersen and T. Pinch (eds) *Handbook of Science and Technology Studies*. Thousand Oaks, California: Sage

O'Neill, J. (1995) *The Poverty of Postmodernism*. London: Routledge

Price, D. (1963) *Little Science, Big Science*. New York: Columbia University Press

Ravetz, J. (1977) 'Critics of science', in D. de Solla Price and I. Speigel-Rösing (eds) *Science, Technology and Society*. London: Sage

Robertson, G., Marsh, M., Tickner, L., Bird, J., Curtis, I. and Putnam, T. (eds) (1996) *FutureNatural: Nature, Science, Culture*. London: Routledge

Rothblatt, S. (1985) 'The norm of an open scientific community in historical perspective', in M. Gibbons and B. Wittrock, (eds) *Science as a Commodity*. London: Longman

Rowland, R. (1998) 'Bioethics, eugenics and risk', in R. Hindmarsh, G. Lawrence and J. Norton (eds) *Altered Genes: Reconstructing Nature*. Sydney: Allen and Unwin

Sklair, L. (1973) *Organized Knowledge: A Sociological View of Science and Technology*. London: Hart-Davis

Smith, B. (1988) 'Value without truth value', in J. Fekete (ed.) *Life After Postmodernism: Essays on Value and Culture*. London: Macmillan

Storer, N. (1966) *The Social System of Science*. New York: Rinehart and Winston

Thomas, J. (1997) 'Informed ambivalence: changing attitudes to the public understanding of science', in R. Levinson and J. Thomas (eds) *Science Today: Problem or Crisis?* London: Routledge

Touraine, A. (1998) 'Sociology without society', *Current Sociology*, 46, pp. 119–43

Waters, M. (1996) *Globalisation*. London: Routledge

Weber, M. (1949) *The Methodology of the Social Sciences*. New York: Free Press

Webster, A. (1991) *Science, Technology and Society*. London: Macmillan

Wynne, B. (1995) 'Public understanding of science', in S. Jasanoff, G. Markle, J. Petersen and T. Pinch (eds) *Handbook of Science and Technology Studies*. Thousand Oaks, California: Sage

Wynne, B. (1996) 'May the sheep safely graze: a reflexive view of the expert–lay knowledge divide', in S. Lash, B. Szerszynski and B. Wynne (eds) *Risk, Environment and Modernity*. London: Sage

Chapter 11
The coming biological challenge to social theory and practice
Steve Fuller[1]

Introduction

Biology very much remains 'the other' of sociology. While this position is historically explicable, it is quickly becoming untenable. However, this does not mean that sociologists should turn into biologists. A sociology of biological knowledge readily shows that the two disciplines share more features than practitioners of either of them probably realise. Nevertheless, some recent attempts to bring biology and sociology closer together leave much to be desired, as they shortchange sociology's contribution. My own strategy for interdisciplinary rapprochement is twofold. First, insight can be gained by treating sociology and biology as fields that historically have come to be mutually alienated, despite a significant overlap in cognitive interests. Second, perhaps the most fruitful focus for future interaction between sociology and biology is over matters in which innovative conceptions of the human condition have forced a reconceptualisation of politics. As it turns out, these challenges arise in a neoliberal ideological environment, which raises its own set of concerns, as epitomised by the phenomenon of 'bioprospecting'. I end by urging social theorists to resist the recent call to a 'Darwinian Left' and look instead toward a 'critical sense of sympathy' as the new basis for the social bond.

Biology: a return of sociology's repressed past?

No matter where you begin, the histories of sociology and biology have been intertwined. If Aristotle's view of the human species as *zoon politikon* is to be believed, the two fields were born joined at the hip. The terms 'sociology' and 'biology' were coined in the early nineteenth century by two French thinkers – Comte and Lamarck – who from today's standpoint mixed findings and metaphors on both sides of the disciplinary divide. Throughout the nineteenth and early twentieth centuries, both disciplines attached significant explanatory roles to evolution, instincts, inheritance and adaptation. In these contexts, a biologically inflected sociology was thought to have substantial policy import, ranging from the control of individual behaviour to the governance of entire nations. Sometimes it licensed substantial intervention into the management of the most intimate relations; at other times it provided arguments for the futility of any such intervention. Generally speaking, the most extreme social policy initiatives of the past hundred years have had strong biological backing by appealing to either the fundamental plasticity or the immutability of some or all *Homo sapiens*.

Nevertheless, over the course of the twentieth century, sociology and biology have steadily grown apart. One benchmark is that the otherwise encyclopaedic Anthony Giddens is conspicuously silent on the biological character of social life in his popular introductory textbook, and downright hostile to evolutionary explanations in his more strictly theoretical works (Runciman, 1998). This may reflect an enduring Durkheimian legacy, namely that our field's key concepts refer to people's relational properties rather than to properties they have as individuals. Thus, while some sociologists now argue that there are 'working class bodies' (e.g. Skeggs, 1997), nevertheless 'working class' normally refers to the place that some people occupy in relation to others in a system of capitalist production. Originally it was assumed that people with all sorts of bodies could occupy this place because the logic of capitalism as a social system transcended whatever biological differences might exist amongst those individuals formally designated as 'working class'.

The notable exception to this general tendency is feminist sociology. Yet, despite the increasing number of feminist sociologists studying social life through 'the politics of reproduction' and related topics, it remains marginal to so-called malestream sociology. In the malestream, the body emerged from two sources. The first was in the context of Marxist analyses of industrial labour, which cast the body as an abstract 'force of production'. The second was in a neo-Durkheimian focus on the traces of deviance left by the disciplinary practices to which Michel Foucault notoriously drew attention. However, even here it is worth recalling that Foucault, trained in psychiatry and philosophy, contributed much more to sociology than he drew from it. His concept of 'bio-power' was based on highly individualised and physicalistic models of governance that owed more to Thomas Hobbes and Ignatius Loyola than to Emile Durkheim. Given this pedigree, it starts to become clear why the specialist journal *Body and Society*, named after the major work by the anglophone pioneer of the field (Turner, 1984), has only recently entered its *fifth* year of publication.

Ultimately, the awkwardness of the body's fit in contemporary sociology may signal a 'return of the repressed': specifically, an attempt to redress Durkheim's original demarcation of sociology's domain, which excluded competing sciences of the normal and the pathological that admitted a strong biological basis, such as criminology, the speciality of his main rival, the jurist Gabriel Tarde (Gane, 1988). However, since Durkheim's day, anthropology – not sociology – has been more explicitly dedicated to narrowing the traditional Western philosophical gap between physical reality and the meanings attached to it. Thus, it should come as no surprise that Pierre Bourdieu's concept of 'habitus', which is meant to capture socially significant, learned bodily dispositions, originated in the Algerian field work of his youth.

As a discipline, anthropology has tended to see meanings as *inscribed*, rather than *projected*, on the body. This subtle difference in emphasis carries important – though not entirely explored – implications for the ascription of personal responsibility. In particular, if meanings are granted the obdurate sense of reality implied by inscription, then individuals can be held responsible for things they do based on qualities they possess but did not consciously participate in creating. Of course, biologists happily accept this implication, and (as I observe below) lawyers have already begun to pursue its applications. However, social scientists primarily concerned with humans as 'meaning-makers' are generally much less comfortable with this disjunction of accountability and consciousness, which in turn wreaks havoc on concepts like agency and identity.

In short, then, sociology's recent turn to the body has not necessarily reopened the doors to biology. Instead, sociologists have developed their own theories. Is this move justified, or simply a reinvention of the wheel? At the same time, it may mean that sociologists have ignored biological matters for much too long and have consequently, at least in the public domain, ceded ground to biologists that should have been already seen as their own. After all, whenever the mass media attempt to present 'both sides' of an issue relating to the peculiarities of human behaviour, a biologist and a theologian (or psychiatrist) are usually invited, with no particular standing granted to the sociologist. Is it not time for sociologists to reclaim their rightful public space?

Dispelling a non-problem: biology's 'scientific' status

There are many reasons why sociologists should pay closer attention to biology. However, one of them is *not* that biology is our scientific superior. Let us pose the question bluntly: has biology come to approximate the ideal of a unified science promoted by physics-envying philosophers in the twentieth century? Or rather, is it more like sociology, a set of overlapping fields that in some cases even contradict each other in their fundamental orientation to research and the world more generally? The answer is that the social structure of biology is much closer to that of sociology than that of physics. Moreover, this has long been an open secret among those keepers of the physics-based model of inquiry, positivist philosophers of science (Rosenberg, 1994). Much of the fear and loathing that sociologists have of biology is undoubtedly due to our image of the kind of science biology is – specifically, an aspiring physics of life. Whenever our darkest thoughts turn in this direction, we are probably relying too much on the popularisations of trained biologists like E.O. Wilson and Richard Dawkins, as well as the policy implications drawn from biological research by such social scientific works as Herrnstein and Murray (1994). We are not sufficiently sensitive to the misleading simplifications of the biological literature on which such works rely.

A recent case in point is Blackmore (1998), in which a psychologist shortchanges both the sociological and biological literatures by advancing an 'imitationist' account of idea propagation (nowadays dubbed 'epidemiological') that does not advance much beyond run-of-the-mill nineteenth-century accounts of social solidarity. All too often popularisers represent Darwinism as implying that well adapted organisms 'reproduce' – in the sense of mechanically copy – their genetic information in their offspring. Some attention by social scientists to the biological controversies surrounding the exact features of one's genetic inheritance that are 'selectively retained' is in order here (cf. Brandon and Burian, 1984; Fuller, 1993: Chapter 3). Indeed, that sociologists are still more likely to base their opinions of biology on science popularisations than on any understanding of biology's institutionalisation as a form of knowledge speaks volumes about the need to integrate the sociology of knowledge into the ordinary sociology curriculum.

One important respect in which the social structure of biological knowledge resembles that of sociological knowledge is that sociologists have made methodologically robust claims about virtually every aspect of social life, yet these claims have failed to amount to a coherent disciplinary presence. This is largely because the theories and methods presupposed by those claims have varied so widely. Similarly, the so-called neo-Darwinian synthesis that enabled experimental geneticists and natural historians to rally around a common theory of evolution dates only from the 1930s. Moreover, the methods used to establish biological findings continue to be as diverse as in sociology, including research that is field-based, fossil-based, laboratory-based and, increasingly, computer-based (Horgan, 1996).

In the interim, biologists have not come up with any universally accepted means of integrating these various ways of gathering, arranging, and interpreting data. Instead, the neo-Darwinian synthesis marked the point at which the different biological camps agreed to trust each other as being on the same epistemic team, which meant they took accredited members of each camp as competent witnesses to the phenomena they reported. The only area of disagreement that then remained was whether specific proposals for integrating these phenomena enabled the different camps to pursue interesting research as defined by their respective methodological orientations. The validity of the different methodologies was simply taken as given, even though no one had justified all of them to anyone's satisfaction (Fuller, 1997: Chapter 2).

Here it is worth recalling that Thomas Kuhn did not include the so-called 'Darwinian Revolution' amongst his exemplars of scientific revolutions. Although he never said why, one can only guess it was because biologists had acted much more expediently than the strictures of a paradigm would permit. Researchers under the spell of a Kuhnian paradigm do not simply aim at a common picture of reality but also agree to certain ways of gaining access to that picture. Sociologically speaking, this may involve a totalitarian attitude towards knowledge production ('you are not an X-ologist unless you work according to this method'). At the very least, it implies that the discipline has a clear division of labour ('you are an X-ologist only if you believe that the kind of research you do contributes to the paradigm in this specific way').

Biologists have circumvented these Kuhnian options by not requiring a discipline-wide standard of methodological validity. The peaceful coexistence of multiple methods has been accepted in exchange for allegiance to the neo-Darwinian worldview that the propagation of life results from differences in reproductive advantage that the environment accords to genetically variable individuals. This has been accomplished by sticking to Darwin's original unification of historical and contemporary biological change under the methodological assumption of *uniformitarianism*: the view that the kinds of changes that have made the most difference in the past (i.e. based on fieldwork) are ones that we can still see in operation today (i.e. based on lab work). Readers can judge for themselves whether sociology's failure to reach such a diplomatic solution to its own internal conflicts constitutes a mark for or against our discipline's epistemic standing. In any case, the point is relevant to whether sociologists should take biological knowledge claims at face value.

In search of terms for interdisciplinary engagement: some negative lessons

Given what I have just argued, should we be surprised that biologists hailing from diverse fields have discouraged social scientists from engaging with their discipline? The population geneticist Richard Lewontin, the neuroscientist Steven Rose, and the palaeontologist Stephen Jay Gould come to mind. A common thread running through their arguments is that evolutionary change occurs over timeframes that transcend virtually all the interesting contexts that call for sociological explanation. Specifically, genetic change occurs either over too large a temporal expanse to interest professional sociologists or at a level too far below the humanly perceptible to interest the social agents that sociologists usually study. However, as we shall see in the next section, this point can cut two ways, as it can also provide comfort to biologistic social thinkers who believe that sociologists have got their entire domain of inquiry wrong.

Moreover, when biologists like Lewontin, Rose and Gould attempt to discourage sociologists from appropriating the fruits of their fields, they are not acting exclusively – or perhaps even primarily – out of a sense of disciplinary modesty. Indeed, the uncharitable observer may detect a sense of paternalism, or worse condescension, at work. There is certainly a curious asymmetry in how biologists and sociologists tend to use each other's work – when they do. For example, sociobiologists quite confidently strip social scientific research of its theoretical overlay in order to reveal phenomena that can then be slotted into evolutionary explanatory frameworks. To be sure, boldness of this sort is typically accompanied by a certain methodological crudeness, since it is not clear that the phenomena can survive such a radical translation of theoretical contexts (e.g. Wilson, 1998). This is the sort of problem that immediately strikes the trained sociologist but frequently eludes lay commentators impressed with the pronouncements of sociobiologists.

Nevertheless, this problem is quite different from the methodological timidity with which social scientists themselves often approach biological research: they tend either to accept or reject it *as a whole*.[2] If those are the only options, then Lewontin, Rose and Gould are probably right to advise that we reject such research. But presumably, they – and certainly I – would prefer that social scientists exercise some critical judgement in distinguishing the hype from the substance in what biologists say. While this requires going beyond science popularisation and the pale reproductions that increasingly find their way into the pages of sociology journals, it does not mean that sociologists need to obtain degrees in biology. An elementary understanding of the sociology of knowledge should suffice to instil the requisite critical awareness.

An example of the problem I have in mind Watson's (1998) attempt to provide a 'neurobiological' basis for the views of Gilles Deleuze, the recently deceased French philosopher who is now coming into vogue in the anglophone world. I draw attention to this piece because Watson is so strident in his claims about sociology's current irrelevance to issues concerning our corporeal nature. The result is an intellectually lethal cocktail that valorises biology at the expense of sociology, without actually showing how any particular biological findings undermine, or somehow compel a reorientation of, sociological research. Instead of a constructive engagement, we are presented with yet another, albeit now postmodern, instance of sociology's prostration to biology.

Watson argues that if sociologists are to properly understand affective phenomena, they must incorporate recent research in neuroscience and some areas of cognitive science. This research relies on a model of the mind as the pattern of neural connections distributed across the entire body – not just the brain – of an individual, which carry the traces of the person's unique experiential history. This model is to be regarded as the material infrastructure of various affective phenomena, especially one's sense of the 'idiosyncratic' and the 'uncanny', which Henri Bergson and Theodor Adorno used to ground personal identity formation in their insightful but impressionistic way. Deleuze and his long-time collaborator, Felix Guattari, are important to this proposal because the network of metaphors and conceptual associations in which they theorised came close to articulating the infrastructural account that Watson prefers, and precisely with respect to the phenomena that most concern Watson.

If, in my telling, Watson's argument sounds like a straightforward plea for physicalistic reduction, then that is because it almost is. The main difference is that the content and perhaps some elements of the underlying ontology of the theories has changed, but otherwise the pecking order of the explanatory hierarchy remains unchallenged from the heyday of positivism: natural science theory provides the *explanans*, social science phenomena the *explananda*. Of course, Watson does not present his case in quite these slavish terms. However, his occasional challenges to the reductionist picture are not as persuasive as they might be.

For example, Watson complains about what cognitive scientists call the 'functionalist' theory of the mind, which basically says that the same thought process can be materially instantiated in a variety of ways. This variety, in turn, depends on the environment in which an agent operates and the media through which it conveys thought (e.g. our central nervous system versus a computer's central processing unit). Functionalism informs the efforts of artificial intelligence researchers who design computer programs to think human-like thoughts. It licenses their belief that questions concerning *how* a thought is embodied are to be kept separate from *which* thought is embodied. While there is some justice in thinking that functionalism is the scientifically respectable face of contemporary Cartesianism, it also provides the clearest argument for an autonomous science of psychology (Fodor, 1981).

This last point should interest sociologists, since an analogous argument – again travelling under the name of 'functionalism' – has been made for the autonomy of our own field by followers of Durkheim and Parsons (Fuller, 1993: Chapter 3). Thus, the same social function can be performed by a variety of institutions and practices, the exact one of which is determined by the history of the society in question. In this disciplinary context, functionalism enables cross-societal comparisons and generalisations that underwrite sociology as an empirical science. The renunciation of functionalism in psychology and sociology has also had analogous consequences – namely, a deflation of, respectively, mental and social ontologies. This deflation, in turn, eases the absorption of mind and society into the neo-Darwinian sciences of life and the physical environment, especially sociobiology. So, while functionalism may be ultimately a flawed position, it should be rejected only in full awareness of the intellectual consequences.

Watson's principal objection to functionalism in psychology is that one cannot think like a human unless one has the body of a human (Watson, 1998: 37–8). But what does it mean to have the body of a human, especially if each of our bodies is literally, i.e. at the level of neurobiological composition, unique? Here Watson tries to avoid the lure of sociobiology by resorting to an uncritical acceptance of human beings as biologically and sociologically closed under the concept of *species*, even though the integrity of this concept has been severely challenged by *both* biology and sociology. That a 'species' might refer to a natural kind or something essentially shared by a class of individuals is undermined by the fact that humans share more than 95 per cent of their genes with other mammals. Moreover, an increasingly popular movement within the social sciences called 'cyborg anthropology' (after Haraway, 1990) has argued for the technologically mediated nature of the distinction between human and non-human bodies. In short, just when the reader might expect some critical insight, Watson lets 'common sense' carry his argument to an anodyne conclusion.

Watson provides a much better, albeit riskier, brief for the relevance of sociology to the emerging neurosciences by positioning sociologists as defenders of our biological integrity against would-be eugenicists and brainwashers (Watson, 1998: 24–5). Here he suggests that sociologists should become shareholders in the intellectual stock of neurobiology in order to participate authoritatively in its development and application. The details of this proposal are left open, but hopefully it involves going beyond Watson's own practice of importing metaphors from neurobiology.

Because science popularisation is conveyed largely through an anthropomorphic rhetoric that then influences the conduct of science, the scope for sociological intervention in neurobiology may be more than sociologists might first think (Howe and Lyne, 1992). Consider the circulation of 'gene talk' in scientific and popular settings. Here it is worth recalling the succession of dominant images of humanity's biological core over the last quarter century. At the height of the Cold War, Konrad Lorenz's 'aggression instinct' was all the rage. However, the neoliberal aftermath of the Cold War favoured that microentrepreneur, the 'selfish gene', which in turn seems to be yielding to a more communitarian and kinship-based conception of what the anthropologist Paul Rabinow has called 'biosocial' primates.

However, Watson himself displays little awareness of the role that the sociology of knowledge might play in sharpening his intervention. For example, his fixation on Deleuze itself is problematic, until we know how Deleuze arrived at the insights that Watson presents as according so well with current neurobiological research. After all, Deleuze is not like, say, Bourdieu, a social theorist whose conclusions are presented as distillations of independent empirical research. Rather, Deleuze's philosophical insights are the product of imaginative interpretations of much of the same scientific material (or their French equivalents) that Watson himself has read. If so, then, to recall one of Wittgenstein's fragments, invoking Deleuze's authority in this context would carry no more evidential weight than buying two copies of the same newspaper to check whether a story is true.

Finally, given Watson's avowed interest in establishing Deleuze as a 'neo-Bergsonian', he could have made more of the relationship between the intellectual development of Henri Bergson and that of his classmate at the *École Normale Supérieure*, Emile Durkheim. To be sure, Bergson and Durkheim stood in quite different relationships to the emerging discipline of biology. Bergson wrote as a philosopher who tried to control the interpretive spin given to aspects of human experience closely associated with biological evolution, whereas Durkheim wrote as a sociologist eager to avoid his fledgling field's absorption into a variety of biological and psychological explanatory frameworks. Nevertheless, both drew on similar vitalist metaphysical resources, including an array of metaphors and arguments that, as Watson himself demonstrates, continue to be invoked in contemporary neurobiology. Indeed, were we to go back, say, the 100 years that separate Bergson and Durkheim from us – to a time when the disciplines of biology and sociology had yet to be sharply differentiated – it would be possible to find models for expressing the biosocial character of humanity that do not presume a trade-off between biological and sociological perspectives.

In short, history may prove a valuable resource for constructing 'hybrid' discourses of the kind Watson seeks. Before a knowledge domain is divided into disciplines, the scientific imagination exhibits many of the desirable features associated with postdisciplinary forms of inquiry that aim to remove or blur the boundaries separating fields of knowledge (Fuller, 1999). Nowadays it is common to epitomise the conflicts between biology and sociology as 'nature' versus 'nurture', but in the period from 1750 to 1900 there was no generally accepted account of genetics to underwrite a strictly biological concept of human nature. Consequently, more often than not, 'nature' referred to the full range of possible psychosocial realisations of the human condition. 'Human nature' referred to a *virtual* entity in the ontology of the social world that did not necessarily correspond to a specific physical substratum. Thus, to illustrate so-called 'human nature', purveyors of Enlightenment in eighteenth-century France and Scotland such as Voltaire and Hume would be just as likely to turn to anthropomorphic accounts of animal life – latter-day versions of Aesop's fables – as to the actual history of *Homo sapiens*. Were sociobiology not so singularly beholden to genetics, it would be considered a natural heir to this tradition.

Sociology's own shadow biologism: the enemy within?

But beyond any substantive connections between the histories of biology and sociology, a 'shadow biologism' has also run through the history of social thought. What used to be called 'methodological holism' in the philosophy of the social sciences captures much of this tendency, reflecting its roots in nineteenth-century 'organicist' philosophies that regarded societies as subject to the same developmental patterns as individual organisms (Mandelbaum, 1987). A key text was *Gemeinschaft und Gesellschaft* (1887), written by the founder of the German Sociological Association, Ferdinand Toennies. This linked Hobbes' original discussions of the 'body politic' to the social organicism of post-Hegelian thought. Common to this tradition is the idea that the individual acquires its identity as a part of a larger social whole, especially through citizenship in a nation-state. Depending on the depth of one's ontological commitment, this whole came to be divided by twentieth-century social theorists into 'functions' or 'roles', each of which was to be filled by one or more individuals.

More generally, behind any belief in naturally occurring human kinds, there usually lurks a commitment to some branch of biology as the metatheory of social inquiry. That branch may be *genetics*, which explains social life as emergent on the interaction of individuals possessing fixed properties; or *ecology*, in which case individual identities are specified by the set of roles they play in a self-sustaining social system. Thus, in the differences between genetics and ecology, we find the basis for the choice in theoretical frameworks that sociologists have felt they had to make: in a previous generation between behaviourism and functionalism, and nowadays between rational choice theory and structuralism. All of these options presuppose that purposeful action requires a clearly bounded unit operating in an environment which offers varying degrees of resistance.

However, modern biological research poses a special challenge to sociologists who would assimilate its findings: no ordinary social meaning is associated with the sorts of collectives that count as bounded units in both genetics and ecology. To their credit, both sociobiologists and environmentalists have realised this problem and offered one logical response, namely a radical revision of the terms in which social life is conducted and interpreted.

For example, according to what Richard Dawkins has called the 'gene's eye-view of the world', contemporaneous individuals interrelate so as to enhance the likelihood that their genes will be propagated. Thus, relationships that sociologists regard as constitutive of society appear, from the gene's point of view, as merely instrumental to genetic reproduction since, biologically speaking, an individual's sights are ultimately set not on his or her contemporaries, but rather on future generations that carry his or her genes.

At the other end of the biological spectrum, 'ecosystems' typically refer to units that array humans and non-humans in ways that cut across existing social formations. A typical result is that creatures with a wide capacity for action, such as humans, are urged to exercise self-restraint, so as to ensure the survival of creatures whose capacities range much less widely. In practice, this may mean discouraging people from activities that consume considerable natural resources, even if those activities would be rated highly in a purely anthropocentric value system, such as consumer capitalism.

In sum, the general biological challenge to sociology amounts to a query about the scope of the 'we' that is presupposed by an assertion of 'I'. Is my primary reference group the humans to whom I am legally and culturally bound, or is it restricted to my descendants, or is it, rather, bounded by some combination of humans and non-humans who inhabit a common stretch of space-time? Interestingly, these three options have been shadowed by the cosmologies of the world religions. The Western world religions, especially Judaism, anticipated the sociological sense of 'we'. The Hindu doctrine of the transmigration of souls constitutes a spiritualised version of the gene's eye-view of the world, while the ecological standpoint retreads the Buddhist path of enlightenment from a luxurious upbringing to an ascetic lifestyle.

The specific challenge posed here is that sociology's spatiotemporal perspective may turn out to be ephemeral. While the directions taken by social policy may make a recognisably big difference over one or two generations, humanly significant changes in the gene pool or the ecology are unlikely to be felt for several generations, by which time the then-current crop of humans may have reoriented their value system to mitigate the significance of the changes that have occurred in the interim. Of course, one possible conclusion is that biology's frame of reference is irrelevant to sociological inquiry. But equally it could mean that a society's self-understanding is inevitably an ideology designed to foster a sense of control over an uncontrollable situation. The doctrine of unintended consequences, periodically invoked as an explanation for enduring tendencies in social life since the eighteenth-century, only begins to scratch the surface of this potentially troubling interface between biology and sociology.

But if a thoroughgoing biological approach to social reality undermines modernist policy pretensions, it equally challenges the nostrums associated with postmodernist conceptions of identity. This is not because contemporary biology retains modernist metaphysical assumptions; on the contrary, it rejects them at least to the same extent as postmodernism does. The ascendancy of Darwinism has meant that each species is not a well-bounded set of organisms whose collective history is clearly set off from the histories of other species. Instead, species turns out to be a rather conventionally defined group whose members consist of genetic material that may also be present in the constitution of other species existing at other times and places.

Postmodernists should have no problem with this 'de-essentialising' of species identity. However, Darwinism also treats spontaneous genetic diversity and mutation as problematic, or at least involving the production of more offspring than are ecologically sustainable. The result was immortalised by Herbert Spencer as 'the struggle for survival', which has served to fuel an ongoing debate over who is 'fit to live'. This is the question that postmodernists have so far refused to address, as they presume that the proliferation of individuals with open-ended identities occurs in an environment that exhibits a similar degree of open-endedness. To be sure, in our new biological age, the environment is restricted neither by brute nature nor an authoritarian eugenics policy. Rather, as we shall see below, the restrictions appear in the characteristically diffuse neoliberal project of 'offspring design'. But first we need to consider a more fundamental way in which capitalism mediates the social relations of biological knowledge.

Social engineering with a liberal face: bioprospecting

Eugenicists have traditionally argued that only a restricted subset of humanity's naturally occurring traits deserve to be transmitted to future generations. Not surprisingly, the accompanying exclusionist rhetoric has cast a dark shadow over the motives of even the most Fabian of genetic engineers. However, in our own time, a more inclusionist rhetoric has come to the fore, one associated with the 'Human Genetic Diversity Project' (HGDP). Its goal would be to sample and register the full range of human genetic differences. To be sure, these differences cover only a minute fraction of the overall human genome, yet they may provide the key to understanding what makes one susceptible or immune to certain widespread human ailments. On that basis, new biochemical medical treatments may be developed.

However, at the time of writing, no government has endowed HGDP with the level of financial support enjoyed by the more famous Human Genome Project (HGP), which aims to map the genetic features shared by all humans. But this has not stopped biotechnology companies from making lucrative offers to cultures with relatively self-contained gene pools – in Papua New Guinea, Maori New Zealand, and Iceland – to allow the conversion of their genetic information to intellectual property. This conversion, called *bioprospecting* (Croskery, 1989), has been highlighted in the 1999 United Nations Human Development Report as meriting the highest priority from social scientists as a topic of investigation and critique. In bioprospecting, knowledge that an eugenicist can use to control the means by which others reproduce themselves coincides with the knowledge a capitalist can use to control the means by which others increase their wealth. Thus, we have reached the lowest common denominator between the most extreme forms of planned and unplanned social regimes. (For an early and still pertinent critique of this tendency, see Glover, 1984.)

The crucial role played by a sector of the social science community – medical anthropologists – in advancing the fortunes of bioprospecting reveals a clear trajectory that leads from the treatment of people as objects of scientific inquiry, through the treatment of the fruits of that inquiry as intellectual property, to the treatment of intellectual property as a source of power in society at large (Fuller, 1998). However, the arguments against social scientists participating in this process are not as clear as they might first seem. To be sure, there are general utilitarian considerations of distributing something held by a few so that many can benefit – especially if the few are not demonstrably harmed in the process. Indeed, even the few may benefit by negotiating royalties from the profits reaped from commercial exploitation of their genetic resources. A moral space for this possibility is opened once one believes that in arenas where nation-states fail to act, the market provides the most efficient means of distributing goods and services.

As for Marxist-inspired concerns that bioprospecting compromises a culture's biological integrity by subjecting it to exchange relations, these often presuppose a genetic essentialism that both evolutionists and postmodernists would oppose, albeit on rather independent intellectual grounds. The difficulties inherent in appeals to biological integrity periodically surface in the rhetoric of the target cultures, which veers between talk of racial identity and market monopoly. This is especially true of cultures that enjoy significant economic autonomy: objections that begin by decrying the commodification of life *per se* may end by claiming injustice in the way the fruits of commodification are distributed. Indigenous peoples alive to their unique genetic makeup sometimes seem to resent that they were not the first to exploit it (Griffiths, 1997).

There are two interesting features of the value confusion bred by bioprospecting. First, bioprospecting appears to be shifting the burden of proof in disputes over the value placed on indigenousness. Given the success of biochemical treatments based on rare genetic material, barriers to the sharing of this information are increasingly seen as akin to property owners who do not want their grounds despoiled by ramblers and developers – unless trespassers are willing to pay a price. Needless to say, this analogy does not project an especially sympathetic image of indigenous peoples.

One way around this emerging public relations problem would be for indigenous people to play the political economy game and argue that the value contained in their genetic material should be interpreted as labour, not property. In other words, the genetic uniqueness of people should be seen as akin not to inherited wealth to which the current generation contributed nothing, but rather to the ongoing work it takes to keep the population relatively inbred. In the current geopolitical scene, this requires upholding the value of cultural purity and continuity, in the face of capitalism's global tendency to hybridise or homogenise the differences between people. This shift in value orientation highlights the active and risky character of cultivating a distinctive genetic profile. After all, inbreeding is just as likely to result in harm to the inbred individuals as good to members of other populations who receive treatments synthesised from its products.

The second interesting feature of bioprospecting is that it reverses the economic orthodoxy when it comes to locating the source of value in new knowledge. Economists tend to see the value of new knowledge as a product of the scarcity associated with its origins, typically in self-selected communities or the minds of exceptional individuals, neither of which are transparent to publicly accessible forums. Consequently, tacit knowledge is valued more highly than explicit knowledge, often figuring as the 'something extra' that explains the difference between innovative and routinised economic systems once the usual factors of production are taken into account. But once tacit knowledge is codified, according to this view, it no longer offers a competitive advantage. In short, economists tend to analyse new knowledge as if it were a somewhat magical ingredient in the manufacture of goods (e.g. Dasgupta and David, 1994).

One consequence of this perspective is a general scepticism about the possibilities for managing, cultivating or expediting the growth of new knowledge. In this respect, economists treat new knowledge as occurring just as 'naturally' or 'spontaneously' as climatological changes, which also affect a society's productive capacity in significant yet largely unforeseeable ways. In contrast, bioprospecting dismisses the crudeness of this brute conception of nature, be it human or physical. Instead, new knowledge is treated as akin to the primary sector of the economy: a natural resource that can be farmed, fished or mined – in any case, 'captured', to use a favourite metaphor. Of course, like natural resources, the full extent of their exploitability may not be known. But by the same token, considerable effort may be devoted to developing replacements for resources that may run out in the long term; hence, the emergence of computerised expert systems and biomedical syntheses of genetic materials as growth areas in knowledge-based industries.

A helpful way of thinking about the challenge posed by the application of biological knowledge in a capitalist world to social conceptions of value is to regard bioprospecting as undermining the privileged status of human beings, an assumption that unites Marxist, Austrian and neoclassical forms of economics. To be sure, major differences separate Marxists from the orthodoxy. Marxists regard humans as unique contributors to the means of production ('labour'), whereas orthodox economists subsume human activity under the general category of property: i.e. if each person owns his/her body, then each person can dispose of it as s/he sees fit (if at all). But bioprospecting opens up the third possibility that human bodies are just obstacles to expediting the rate of wealth production, which must be mastered so as to be superseded by less costly means. In such a regime, claims to the uniqueness or inviolability of human beings no longer carry weight.

Recovering a critical sense of sympathy in a Darwinised world

So, when all is said and done, does the biological turn in social thought potentially threaten our humanity? I would have to tread a fine line between the naive and the disingenuous to deny this possibility. Our sense of humanity is underwritten by the *sympathy* we can establish with the life circumstances of others. At the very least, this means that we can relate to them at a level they would recognise as relevant to their existence, typically because we share many of the same problems and concerns. However, there are tried and tested ways of severing that moral bond. For example, as Hannah Arendt observed with respect to the Holocaust, one can capitalise on the division of labour in bureaucratic societies to render evil a banality. Thus, the atrocity associated with populating concentration camps can be reduced to a set of tasks, each of which appears routine and neutral to the person performing it because he or she lacks the opportunity to acquire a concrete sense of the consequences of the task's execution.

Similarly, in our own time, biotechnology permits a highly mediated sense of genocide in which potential parents are individually persuaded to take decisions which have the cumulative effect of propagating and eliminating certain traits from the human gene pool. No doubt many will deem this reference to genocide an exaggeration, if only because they envisage the process to be much less deliberate and centralised than, say, Nazi efforts to promote Aryanism. But once we include the role that marketing campaigns and public service announcements are likely to play in influencing people's orientation to 'offspring design', then even if specific responsibility for the overall social outcome of genetic choice remains diffuse, the outcome itself will probably be strongly correlated with the messages that are widely broadcast.

Of course, this need not be for the worse: the elimination of heritable diseases is generally regarded as a worthy goal. Nevertheless, licensing even this form of genetic adjustment entails accepting the appropriateness of such traditionally eugenicist metaphors as 'cultivating' and 'pruning' the harvest of humanity. And, lest we forget, those metaphors acquired widespread currency through Darwin's image of nature 'selecting' offspring much as farmers do, when selectively breeding livestock. This perspective has recently been repackaged as a new leftist political agenda, the *Darwinian Left*.

Among champions of the Darwinian Left are former Marxists, notably Peter Singer (1999), who is best known as the Australian philosopher of animal rights. Singer holds that Marx blundered in believing that all the problems of the human condition could be solved by rearranging social relations. This gave Marxists an over-optimistic sense of how much people could be changed by education and coercion. In contrast, the Darwinian Left largely accepts people as they are but then tries to get them to do good by reinforcing (or 'selecting for') things they naturally do that also happen to benefit their fellows.

This general proposal, including its appeal to Darwin, was originally made 30 years ago by the behaviourist B.F. Skinner in his controversial bestseller, *Beyond Freedom and Dignity* (1970). Skinner stressed the availability of the relevant covert technologies of 'operant conditioning', which laid him open to charges of totalitarianism. Singer has replaced Skinner's 'operants' with 'incentives' and hence fits comfortably in a liberalised political environment that is eager, in the memorable eighteenth-century phrase, to convert private vices into public virtue. Despite the proven efficacy of incentives, to make them the linchpins of social policy is to accept a baseline of 'natural' behaviour, to which the legislator then adapts in more or less clever ways. And the Darwinian Left has a clear sense of where the baseline is, namely patterns of behaviour that contribute, either positively or negatively, to reproductive fitness.

As a scientific theory of life on earth, Darwinism addresses how species manage to survive as long as they do. However, as a political theory, Darwinism makes species survival the ultimate good, even if this means sacrificing or manipulating individual members of said species. For example, Singer notoriously advocates that healthy non-humans should be protected from experimental intervention, while costly medical treatment is withheld from unhealthy humans, especially babies. The fallacy behind this easy slide from science to politics is to suppose that the future must always be a version of the past – that is, Darwin's 'uniformitarianism' elevated from a methodological to a moral principle. Thus, not only is God prevented from miraculously making an impression on the planet, but humans are also discouraged from absorbing the costs of deliberately altering their environments.

The impact of the fallacy is best seen by imagining how the Darwinian Left would have regarded the birth of the blind and deaf before the invention of Braille, hearing aids and other techniques that have enabled these people to contribute creatively to modern society. Over the last 150 years, the recurrence of such births has been a spur to medical research, technological innovation and a more inclusive policy imagination. But at a more immediate political level, the Darwinian Left suffers from an insensitivity to the social divisions that continue to haunt us today. While Singer has no difficulty blurring the political significance of human versus non-human, he keeps the door open to gender discrimination in *Homo sapiens*:

> While Darwinian thought has no impact on the priority we give to equality as a moral or political ideal, it gives us grounds for believing that since men and women play different roles in reproduction, they may also differ in their inclinations and temperaments, in ways that best promote the reproductive prospects of each sex.
> (Singer, 1999: 17–18).

The examples that follow would make feminists, any traditional leftist and others besides, cringe. But more fundamentally, the Darwinian Left agenda poses a deep challenge to the legitimacy of sympathy as the primordial social glue.

Sympathy requires an important intellectual and emotional bond between people far apart in space and time. Our biological age has reopened questions about the nature of this bond. For example, had the relevant biotechnologies been available just a generation ago, there would probably have been a strong bias toward preventing the birth of blind and deaf people. The lack of a spontaneous sense of bonding between 'us' and 'them' would have been largely to blame, albeit papered over by utilitarian policy considerations. Yet, people born with these 'disabilities' have developed a strong sense of identity politics, distinctive literatures and other forms of expression, not to mention concessions by the rest of society to admit their 'normal' status in, say, the design of new buildings. More subtly, blindness and deafness have sparked much philosophical insight into the nature of mind and language (Ree, 1999).

Can we imagine, then, that in the future someone may allow a potentially blind or deaf offspring to come into existence, not merely because it is human but because its altered sensory capacity is likely to *enhance* the society into which it is born? I believe that the answer is yes, but its justification requires that we develop a *critical sense of sympathy* with future generations that escapes the prejudices of current beliefs, desires and practices that the Darwinian Left would reinforce simply because they provide the policy path of least resistance to those who already exist.

A critical sense of sympathy implies loosening our sense of what it takes to be sufficiently 'similar' to others for them to engage our sympathy. If the last 150 years of social thought has taught us anything, it is that our understanding of normality is more a product of historical provincialism than any universal intuitions. Indeed, a critical sense of sympathy may require our scepticism about calls to eliminate certain heritable traits because the offspring themselves would supposedly not want to be brought into existence. A current shortfall in the sociotechnical imagination should never be passed off as a permanent failure in the gene pool. On the contrary, any principled refusal to permit a certain kind of birth reflects the limitations we envisage in *our own* capacity to adapt to a changing environment, one populated with a significantly different sort of person. This is not to deny the legitimacy of such judgements; rather they should be made in full awareness of what they say about the *judges*, as well as the judged. Indeed, a recognition that in these matters we are always engaging in discretionary moral and political judgement – and not simply rationally compelling calculation – may be essential for us to retain our own sense of humanity in a time when it can all too easily be lost.

Summary and conclusions

Sociologists are rediscovering their long-lost links with biology, but attitudes toward this rediscovery have been sharply polarised. Some sociologists slavishly embrace the latest biological trends. Others continue to operate as if biology does not exist, fearing a loss of disciplinary autonomy and pernicious political consequences. Both extreme responses are unhelpful. To be sure, the spatiotemporal horizon of contemporary biological thought differs substantially from that of most sociological research. Thus, biologists often find sociological explanations superficial, while sociologists find biological explanations irrelevant. Nevertheless, this tension raises interesting questions about the ontological commitments one needs to make to study something called 'social life'.

However, ultimately, biology and sociology are not simply two disciplines rekindling an age-old turf war. Rather, their relationship is strongly mediated by global relations of capitalist production, as epitomised by the emerging practice of bioprospecting. Bioprospecting has the potential for subverting taken-for-granted notions of who is 'rich' and who 'poor' (e.g. genetically rich peoples may be economically poor), and who 'owns' one's genetic identity (e.g. oneself, one's tribe, all of humanity, the holder of the biotechnology patent?). At stake here is no less than what it takes to constitute a normative social order and who counts as a member of such an order. Behind these issues is a very general concern about the future of the social bond itself, especially when Darwin-inspired criteria are used to select desirable traits in offspring. In reaction to that tendency, I proposed the cultivation of a critical sense of sympathy as a form of social theory and practice.

Notes

1 Many thanks to Anne Witz for her sensitive reading of the chapter, which greatly improved the final version. I am indebted to Stephanie Lawler for alerting me to Watson (1998), which helped galvanise my critique of contemporary sociological appropriations of biology. My main source for the Human Genetic Diversity Project and information concerning controversies surrounding South Pacific involvement is Paul Griffiths, an expatriate British philosopher, currently at the University of Pittsburgh. Also, thanks go to the Icelandic historian of science, Skuli Sigurdsson, for information about the highly publicised version of HGDP recently carried out in his country, which made the front page of the major American broadsheet newspapers (e.g. Schwartz, 1999).

2 A good example is the exchange between Tom Shakespeare and Peter Dickens in the British Sociological Association newsletter *Network* in late 1997–early 1998.

References

Blackmore, S. (1998) *The Meme Machine*. Oxford: Oxford University Press

Brandon, R. and Burian, R. (eds) (1984) *Genes, Organisms and Populations*. Cambridge, Massachusetts: MIT Press

Croskery, P. (1989) 'The intellectual property literature: a structured approach', in V. Weil and J. Snapper (eds) *Owning Scientific and Technical Information*. New Brunswick, New Jersey: Rutgers University Press, pp. 268–81

Dasgupta, P. and David, P. (1994) 'Toward a new economics of science', *Research Policy*, 23, pp. 487–521

Foder, J. (1981) *Representations*. Cambridge, Massachusetts: MIT Press

Fuller, S. (1993) *Philosophy of Science and Its Discontents*, 2nd edn. New York: Guilford Press

Fuller, S. (1997) *Science*. Milton Keynes: Open University Press

Fuller, S. (1998) 'Society's shifting human–computer interface: a sociology of knowledge for the information age', *Information, Communication and Society*, 1, pp. 182–98

Fuller, S. (1999) 'Making the university fit for critical intellectuals: recovering from the ravages of the postmodern condition', *British Educational Research Journal*, 25, pp. 583–95

Gane, M. (1988) *On Durkheim's Rules of the Sociological Method*. London: Routledge

Glover, J. (1984) *What Sort of People Should there Be? Genetic Engineering, Brain Control and their Impact on our Future World.* Harmondsworth: Penguin

Griffiths, P. (1997) 'The Human Genetic Diversity Project and Indigenous Peoples', *Newsletter of the Otago Branch of the Royal Society of New Zealand,* May, pp. 1–2

Haraway, D. (1990) *Simians, Cyborgs, and Women.* London: Free Association Books

Herrnstein, R. and Murray, C. (1994) *The Bell Curve: Intelligence and Class Structure in American Life.* New York: Free Press

Horgan, J. (1996) *The End of Science.* Lexington, Massachusetts: Addison-Wesley

Howe, H. and Lyne, J. (1992) 'Gene Talk', *Social Epistemology,* 6, pp. 109–63

Mandelbaum, M. (1987) *Purpose and Necessity in Social Theory.* Baltimore: Johns Hopkins University Press

Ree, J. (1999) *I See a Voice: A Philosophical History of Language, Deafness and the Senses.* London: HarperCollins

Rosenberg, A. (1994) *Instrumental Biology.* Chicago: University of Chicago Press

Runciman, W.G. (1998) *The Social Animal.* London: HarperCollins

Schwartz, J. (1999) 'For sale in Iceland: a nation's genetic code. Deal with research firm highlights conflicting views of progress, privacy and ethics', *The Washington Post,* 12 January, p. A01

Singer, P. (1999) *A Darwinian Left: Politics, Evolution and Cooperation.* London: Weidenfeld and Nicolson

Skeggs, B. (1997) *Formations of Class and Gender.* London: Sage

Skinner, B.F. (1970) *Beyond Freedom and Dignity.* New York: Alfred Knopf

Turner. B.S. (1984) *The Body and Society.* London: Sage

Watson, S. (1998) 'The neurobiology of sorcery: Deleuze and Guattari's brain', *Body and Society.* Vol. 4, No. 4, pp. 23–45

Wilson, E.O. (1998) *Consilience: The Unity of Knowledge.* New York: Alfred Knopf

Chapter 12
Putting sociology on the bioethics map
Pat Spallone, Tom Wilkie, Elizabeth Ettorre,
Erica Haimes, Tom Shakespeare and Meg Stacey

Introduction

This chapter argues that the time is ripe for a reinvigoration of bioethics, including making full use of the social sciences. It is built on the work of six people,[1] and so does not try to present a single view about the state of sociology and where it might go in terms of research into the ethical, legal and social consequences of biomedical science. However, there is agreement that ethics and science need to be socially informed, and that sociologists have an important role to play. This does not mean that sociology should simply be 'added on' to reinvigorate bioethics, but that full account needs to be taken of the long established relationship between sociology and ethics in order to understand the social context in which 'bioethics' operates. A common theme is the importance of theoretically informed empirical work to illuminate everyday experiences, both new and old. Thus, the purpose of the chapter is to stimulate discussion about the relationship of sociology to 'ethics and science'. It will adduce several historical instances of work in the sociology of health and illness, in an attempt to demonstrate (but not define) what a socially informed ethics might look like. The avoidance of a definition is deliberate, for part of the motivation of this paper is a conviction by some of us that 'bioethics' has been too narrowly construed in the recent past. It would seem pointless, as one argues that it is time to break out of this straightjacket, to risk creating another one by attempting a definition at this stage.

Ethics and medical science

Topics such as fertility treatment, surrogacy, fetal reduction and abortion, organ donation, euthanasia, genetic screening, cloning, and so on have been prominent in the mass media of Europe and North America in the late twentieth century. It would be easy to assume they represent an increase in concern with, and awareness of, ethical issues and, consequently, that there is a new literacy of ethics emerging on these issues. If that is the case, however, it is a literacy informed by philosophers, theologians, ethicists, even economists and lawyers. Rarely, in the public domain (let alone the policy-making domain) is the voice of sociology heard.

Contemporary work on the ethical, legal and social implications of developments in genetics, for example, tends to be dominated by a view of bioethics drawing mainly on the Anglo-American traditions of analytic philosophy and law. A new profession of 'bioethicist' has developed particularly in the USA, and the professional practice of 'bioethics' in this way sometimes functions to maintain the apparent autonomy of medical scientists, while at the same time allows them to claim the moral high ground. But for some observers, biomedicine is not necessarily the only problem. Rather bioethics itself, when narrowly construed, derived from abstract principles and lacking an understanding of social life, presents difficulties. In this view, the rise of bioethics is another example of the way that professionals claim a more inclusive competence than ordinary people, and apparently assign a greater significance to abstract values at the expense of lived experience. For these observers, bioethics is not neutral or above society, but reflects social knowledge and prejudices. Its weakness has been a focus on individuals and independence to such an extent that it ignores interdependence.

In a recent review of the cultural limitations of bioethics, Solomon Benatar (1997), professor of medicine at the University of Capetown, identified more than 25 published critics of contemporary bioethics. Their concerns included an overemphasis on conceptual analysis and ethical theory, the difficulties of translating ethical theory into clinical practice, and the undue prominence given to individual autonomy and self-determination. This latter risks promoting selfishness and an erosion of the virtues associated with the profession of medicine in the past: care for others and a sense of duty rather than contractual obligation. Some criticisms cited by Benatar, such as the shift from sanctity of life to quality of life calculation, might be regarded as a reflection of the growing secular nature of society, or dependence on economic modes of thought. Other criticisms are intrinsic to the methods and moral frameworks of bioethics, and include calls for greater attention to patient narratives of illness and ethnographic considerations, and to developing caring and empathetic approaches. Significantly also, Benatar found demands for a less ahistorical and universal approach to the subject and for a more sociological approach.

Nevertheless there are signs of new developments both in the field of bioethics and in the regulation of medicine: the programme the Wellcome Trust is funding around biomedicine, ethics and society, (which is where this chapter originated); the ESRC's (Economic and Social Research Council) initiative on Innovative Health Technologies; the greater inclusion of sociology on the medical curriculum; the General Medical Council's reforms to make themselves fit for the challenges of the twenty-first century. In short there is movement in many areas where sociologists of health and medical science have long worked for new understandings. There is hope and money where previously there were only voices crying here and there in the wilderness. Whether these new opportunities come to fruition will depend, *inter alia*, on the response of social scientists and, particularly, sociologists.

While ethics is not a new concern for sociology, there is a question mark over whether the various theoretical and empirical strands in existing work make full use of each other's contributions. Innovative work which builds on what has gone before is needed to address new directions in sociology and social research on biomedicine and bioscience.

Practical sociology

Weber's work offers two possible ways of shaping a sociology of ethics. The first is as a field of sociological study, part of an explanation for the emergence of posttraditional societies. The second is as a reflection on how one's own values can affect how one acts as a sociologist.

Meg Stacey's early work provides an example of the influence of moral values on the research career of a sociologist. Having started out simply wishing to understand what *was*, sociologically speaking, (see the Banbury studies, Stacey, 1960; Stacey *et al.*, 1973), Stacey quickly came to the conclusion that in the social sciences, at least, value neutrality was not possible, nor was an attempt to achieve it useful. Later it became clear that value neutrality was not possible in the 'hard' sciences either. In essence, Stacey moved to what tends to be called 'applied sociology', or more recently, 'critical sociology'.

When Stacey turned to the sociology of health, illness and medicine, it was to address the *unintended consequences* of the treatment of children in hospital. Her research motivations were frankly moral, even if they were not seen in those terms. Later, she became interested in the unintended consequences of the introduction of new medical technologies, particularly those surrounding human reproduction. The common thread was that unintended and unnecessary suffering was, would be, or might be inflicted on people as a result of admitting children to hospital or applying clinical procedures and technologies without due thought.

Stacey's work demonstrates that social relations are crucial to the problems that have arisen or may arise; social relations which, furthermore, occur in structured patterns, in an established set of power relations. That is to say the ethical issues cannot be seen simply in individualistic terms. When something goes grossly wrong it may be possible to establish that certain individuals were the immediate agents of the disaster. But how the disaster came about has referents in the complex set of interrelationships in which those individuals were working. In the case of assisted conception and genetics (as already in artificial insemination by donor), unthought-through consequences would not only affect individuals but would effect major societal changes.

Theory and practice

Sociology encounters such ethical issues on a theoretical as well as an empirical level. A concern with ethics has been taken up in recent debates in cultural theory. Lash, for example, acknowledges that 'ethical debates have become so central in recent years to social and cultural theory that they can no longer be ignored' (1996: 75). Much of the work, however, lacks an empirical engagement with the practices of ethics or, more precisely, with practices of what becomes designated as ethics, since what 'counts' as ethics is historically and socially shaped. How far is it possible to integrate these largely theoretical concerns with a growing body of empirical work which, though it may not be an explicit investigation of ethics *per se*, nonetheless touches on and reveals how ethics is 'done' in the processes of everyday life, across a range of substantive examples? Several social commentators (Bauman, 1993; Lash, 1996; Osborne, 1994;

Helmes-Hayes, 1992) recognise this gap between social theory and everyday practices.

One can start the task of filling the gap by grounding initial work in a developed field of sociological research – e.g. the specialist field of reproduction, which examines the relationships between states, medicine and reproduction – but then moving out from that to 'medical ethics' more generally. On reproduction, Giddens remarks: 'the more we reflexively "make ourselves" as persons, the more the very category of what "a person" or "human being" is comes to the fore' (Giddens, 1991: 217). Just *how* such issues come to the fore can be seen through empirical studies of persons conceived by the different forms of assisted conception, as well as studies of those advising on policy formulation (Haimes, 1990, 1992; Daniels and Haimes, 1998). Giddens also notes how reproduction 'is now a field where plurality of choice prevails' (1991: 219), a theme further analysed by Strathern who writes:

> *Choice is a significant value to which Euro-Americans give weight in setting up families ... developments in new reproductive technology have made newly explicit the possibility of choosing whom and what one desires to call family. In opening up ways of thinking, they offer a cultural enablement of a kind.*
> (Strathern, 1996: 47)

Although Strathern nicely integrates the empirical with the theoretical, there is still room to pursue threads of her analysis through further empirical research. For example, to what extent do different groups (e.g. patients, practitioners) share a view of the importance of choice in specific circumstances? And how are certain views of choice curtailed by other 'ethical' considerations, such as the welfare of the child (Burbidge and Haimes, 1996)?

Such empirical studies can complement broader theoretical sweeps by revealing further ways of thinking and by showing what cultural enablement might look like in specific contexts. Such an empirical grounding should also shed more light on how the politics of life science might be both contextually enabled but also contextually constrained, e.g. through the exercise of professional power and authority (Freidson, 1975; Pippin, 1996).

An early example of empirical study that can inform and complement such theoretical developments is the case of the treatment of children as patients in hospital. In 1959, the Platt report (HMSO, 1959) – inspired by John Bowlby's work on the psychological damage caused to children by long stays in institutional care, and drawing on the work of James Robertson (1958) – recommended that mothers should be given free access to their children in hospital. At that time, visits were strictly limited, or even forbidden in infectious diseases hospitals. The evidence used had been entirely psychological and psychiatric in origin. A struggle ensued between, on the one hand, those who wanted mothers in with their children, including the mothers (and fathers) themselves and on the other, the hospital staff, particularly nurses but also doctors.

No account had been taken of the social or sociological implications of the recommendations. Given the resistances being experienced and the pressure group activity, the Ministry of Health agreed to fund a research project. The

Ministry was interested in hard evidence about whether short stays in acute hospitals caused serious psychological damage to small children, as Bowlby had found was the case during long stays (Bowlby, 1952). Stacey was granted money to do the sociological research, on the condition that her team also did the psychological research. She and her colleagues particularly noticed the long hours children in hospital spent unoccupied and alone, not relaxed but withdrawn. They found that most children recovered from the hospital trauma after six months, but that there was a minority of 'vulnerable' children who did not. In terms of broader sociological issues, they concluded at the end of the first series of studies that:

> so far from being a small matter of opening the wards to the mothers, the implementation of the Platt Report (HMSO, 1959) involved radical changes in the social system of the ward ... It challenged beliefs and practices not only in the hospital but in the home.
> (Stacey et al., 1970: 159)

By the end of the second set of studies, the researchers concluded that their findings took them well beyond separation as a cause of the unnecessary and unintended suffering which child patients found themselves enduring. The causes had to do with the whole organisation of the hospital. To avoid damage, and to be able to understand the impact on children, this organisation had to be understood. Later work showed how medical and nursing staff could be trapped as much as patients. Furthermore, the researchers found themselves taken beyond the social organisation to the entire system of knowledge. As they saw it, psychosocial findings had until that time 'looked as if they were mere technique, resulting in the addition of a few new practices, instead of being considered for their implications for the social organisation of medicine and the nature of medical knowledge' (Hall and Stacey, 1979: 188–9). The immense difficulty, in the short-term the impossibility, of achieving a common interdisciplinary psychosocial framework also became clear.

The researchers wrote that they had not wanted to discuss whether it is the business of doctors to treat unhappiness (which they had found plenty of in short- and long-stay wards), but 'that doctors, nurses and other health-care professionals should come to understand that suffering which is not caused by known disease entities may nevertheless be systematically studied; that a good deal of suffering is caused to children by the very nature of the social arrangements for treatment' (Hall and Stacey, 1979: 187–8).

Now, 20 years on, a great deal of this understanding has been assimilated, and care in hospital for many adults as well as children is a good deal more humane than it used to be. The Save the Children Fund and Mother Care for Children in Hospital (later NAWCH, the National Association for the Welfare of Children in Hospital) must take a good deal of the credit for this, along with research done by others, notably Isabelle Menzies (1960). However, those parts of the problem which arise from high specialisation in science and in medicine still remain.

During the 1990s, some sociologists turned their attention to researching the motivations of professionals, and wider unintended consequences of the new genetics. One sociologically important observation to arise from this work was that the site for medical intervention was changing from the hospitals that had been the focus of Stacey's earlier work. Elizabeth Ettorre (1996) found a diversity of concerns in the new genetics amongst a group of geneticists, policy-makers, public health workers, and ethicists. Most of the geneticists, not surprisingly, had been trained to look for illnesses in the context of hospital medicine. Yet the increase in the availability of genetic testing is occurring at a time when the traditionally established space for dealing with illness (i.e. in hospitals) is changing. Healthy populations are increasingly understood as 'at risk' and potentially in need of lifestyle or other new medical interventions. Thus traditional boundaries between health and illness are breaking down. Armstrong (1995) argues that a new paradigm, surveillance medicine, is developing. The site of intervention is the healthy individual in the community or society. It is within the community that healthy or unhealthy lifestyles, as well as the combination of genes, patient carrier status and risk factors, can be identified.

Nowhere is this shift from hospital to surveillance medicine more evident than in the development of predictive or presymptomatic genetic tests. The emphasis in medical diagnosis moves away from looking at subjective signs and symptoms that people experience when they feel sick, to performing predictive medical tests on the wider population of potential patients. This raises deep questions about their medical, social and ethical implications. People can be designated as being 'sick without being sick', as can their present or future relatives (Hubbard, 1995). Depending on the seriousness of the disease and the community's knowledge of genetic variations, stigmatisation can be a real concern.

This sociological attention to a new set of developments – the new genetics and assisted conception – has not come easily. Stacey and others voiced fears about unintended consequences at a societal level. During the 1980s, in the course of a Department of Health Research Advisory Committee discussion of funding medical genetic research on a considerable scale, Stacey argued that social science research should be started at the same time – without conspicuous success. In 1988 Stacey presented a paper to the World Health Organisation (WHO) Advisory Committee on Health Research spelling out the social implications of current developments and advocating that member states undertake social science research along with biological research in the fields of assisted reproduction and genetics (see Stacey, 1992b). It had taken three years to get the topic onto the agenda, and the Committee remained sceptical until the report was presented. The importance of the subject was recognised, but Stacey's recommendation was not pursued vigorously by WHO. However, neither was there a constituency of ready and willing sociologists behind that recommendation. Historical efforts to attract funding show the importance of a collective sociological will to get these issues addressed.

Social understandings of how bioethics operates

In parallel with the development of the sociology of health and illness, bioethics has grown into an area of academic expertise and has become a mini-industry. Bioethics appears to function as a check on technology. It is difficult to credit now the anger of biomedical scientists who were called on to justify their work in public. At the US Congressional Hearings organised in 1968 by Walter Mondale, the heart-transplant surgeon Christian Barnard and the Nobel Prize-winning molecular biologist Arthur Kornberg were openly hostile and contemptuous of the very idea that there should be explicit ethical appraisal of biomedical science. But ethics can also be employed strategically as an intellectual bulldozer pressing the frontiers of science (Ettorre, 1999). Albert Jonsen worries that 'the critical edge ... warning about the moral dangers of unreflective acceptance of medical advance [has become] moral enthusiasm about medical progress' (Jonsen, 1993: 4).

Or, as Arthur Caplan puts it, more graphically, bioethics has slipped from its rather heroic early days into 'sway-bellied middle age, looking pretty institutional, with its people talking *ex cathedra*' (Jonsen, 1993: 4).

In this role, bioethics has become the facilitator of science rather than a genuine critic (Wolf, 1996: 19). In the US, Barbara Katz Rothman (1998: 36) suggests 'bioethics becomes a translator, sometimes an apologist, sometimes an enabler of scientific "progress"'. She is equally critical of the ELSI (ethical, legal and social implications of genetics) programme, which is supported with funds from the human genome mapping project. Social and ethics researchers, she argues, end up in the middle between the more powerful and heavily funded science, and the public. Rothman is a sociologist of biomedical technology. Her earlier work on women's experience of antenatal testing led her to the conclusion that, while the technique was welcomed by many women, its social consequence was to change the experience of pregnancy for the women undergoing the tests (Rothman, 1993). Pregnancy became a tentative state, at least until the results of antenatal tests were known. This has been an unanticipated social consequence of techniques of biological prevention or genetic intervention. It took some time for such considerations to become issues in bioethics. In the UK, the Nuffield Council on Bioethics report, *Genetic Screening Ethical Issues* (1993), was welcomed for making social issues *central* to its discussion, pointing a way for them to be taken seriously in the public policy debate.

For many genetic conditions, there is at present no effective treatment. All that can be offered to affected families is information on which reproductive choices might be based. Such choices are not made in isolation from the rest of society. Genetic testing, therefore, immediately prompts questions about the value society places on the lives of disabled people, the way in which society views disabled people and supports them. There are unintended consequences here too, of stigmatisation and discrimination. For Tom Shakespeare (1995, 1998, 1999), there is a danger that the way in which bioethicists have responded to the issues may have exacerbated rather than ameliorated the problems. Thus it is not simply the science of genetics, but the bioethical response to it which is problematic. In the Anglo-American analytical tradition of a philosophical approach to bioethics, this touches on two very deep issues in moral philosophy: how to give an account of the person; and the moral status of a human person. There is a distinctively British twist to this problem, arising out of the longstanding and powerful influence of utilitarianism in British moral philosophy (and on public policy), in contrast to the more rights-based approach employed in some other European countries and sometimes in the USA.

Writers such as Tooley (1983) and Harris (1989) give a particular account of the person which leads them to suggest that nothing that is not capable of valuing its life can be harmed by having that life taken away. But this confuses value of life to self with absolute value (Maclean, 1993). There is a strand of thinking in this position that suggests that birth is more or less an arbitrary developmental milestone; and that if abortion is allowed, then passive euthanasia – for example, through withholding treatment – could be carried out during a period before the child is accepted into the community (Kuhse and Singer, 1985). It is an account which places particular emphasis on intellectual capacity and self-consciousness as essential characteristics of personhood. Coupled with a utilitarian approach to ethics, this leads some authors to the conclusion – as articulated by Singer, (1993) – that the life of an adult chimpanzee may be more morally significant than that of a newborn human infant, especially one with an impairment such as Down's syndrome or spina bifida. Vehmas concludes:

> *It seems that in bioutilitarianism intelligence is an intrinsic value that is supposed to make the life of a human being somehow more satisfactory and which gives a special value to human life. As a result the life of an intellectually 'higher' human being is seen as more valuable than the life of a 'lower' one.*
> (Vehmas, 1999: 43)

Such judgements about the value of a life rely on a highly contestable moral assumption about intelligence which may have as much to do with ideas about 'quality of life' as it does with human value.

These views and judgements are presented by philosophers such as Peter Singer (1993) as being more rational and philosophically sustainable than the objections which are presented, for example, by members of the public, or representatives of religious organisations. But they do not have to go unchallenged. They are particular to a utilitarian perspective which pervades bioethics, or at least the public face of it in the UK. The value placed on maximisation of pleasure and avoidance of suffering may both arise from, and result in, the projection of non-disabled people's negative attitudes about impairment onto disabled people. Advocates of disability equality argue that the value of a person does not lie in their longevity, their intelligence or their physical prowess, but in their essential humanness. People are valuable because they are people. When bioethicists argue that the lives of fetuses and infants lack value, they are not simply describing the position of fetuses and infants on a scale of absolute value which philosophical reflections bring to light; they are expressing their moral attitudes and their own opinions about, for example, abortion and infanticide (Maclean, 1993: 34). Furthermore, these arguments seem to neglect the empirical observation that illness or accident may at any time disable any one of us.

Tom Shakespeare has found that when, as a disabled activist taking part in a public debate, he puts forward a critique of the latest developments in human genetics, it is likely to be undermined by reassurances from the participating bioethicist that fears of discrimination, stigmatisation and eugenics are probably unfounded (for a published example, see Wood-Harper and Harris, 1996). For this reason many disabled people are anxious about the role and perspective of bioethicists. Sociologists can play a valuable role in challenging spurious claims to professional authority through research which aims to illuminate how ethical judgements are made by professionals, including philosophers, and by other people, including disabled people and women. Claims about 'quality of life' can be informed by empirical research into the lives and experience of disabled people and their families.

In challenging the universalising tendency of utilitarian bioethics, Ettorre (1997) argues for a social bioethics rooted in social relations. Social ethics implies that as human subjects, we are seen to be grounded in intersubjectivity and through intersubjectivity, that is, relationships with others, that we 'are capable of hearing and responding to the call of the other' (Martin, 1992: 305). Or, as Bauman suggests: 'I am responsible for the Other's condition; but being responsible in a responsible way, being responsible for my responsibility demands that I know what that condition is' (Bauman, 1993: 90). Thus, the goal of a social ethics in this field might be to consider how, with a sense of responsibility, I can know better what the other's condition is, particularly if the condition comes under the scrutiny of genetic explanations (Ettorre, 1997). Sociologists working in this and similar fields can help challenge what might be called genetic foundationalism, while generating an understanding of responsible bioethics (Ettorre, 1999). Such a grounded ethics, as Zygmunt Bauman has emphasised, does not depend on universalism, and can be adequate to the postmodern world. Rather than one abstract and neutral rationality, we need to see the different investments that groups have in particular moral dilemmas, and recognise their continually changing nature.

Working between disciplinary divides

Both clinical and bioethics researchers are now beginning to acknowledge the value of empirical research in informing their own disciplines, and of incorporating social research methods in their own methodologies. Medical researchers particularly are becoming aware of the need for social scientific work, viewed as complementary to their own research endeavours. Indeed, social scientific techniques are being used increasingly by these medical and healthcare researchers. In the course of doing collaborative research with doctors, Ettorre is often asked by natural scientist colleagues for mini-tutorials on how to collect qualitative data. She uses this opportunity to argue for better sociological understandings of key methodological and theoretical issues.

To illustrate different ways of understanding the social dimensions of medical technologies, Ettorre uses the example of technology assessment. Her premise is that genetic technologies are a complex combination of techniques, knowledge, and work organisation (Morgall, 1993a). Genetic technologies must therefore be seen as more than techniques; they are the extension of human competence and skill into the science of genetics. Yet the assessment of technique alone is the most popular way of evaluating technologies (Morgall, 1993b). Ettorre calls this a one-dimensional view of medical technologies. Technical questions of effectiveness and safety are important and necessary, but they are not sufficient for assessing acceptability. Questions of social value and social worth cannot be answered so simply. For example, physicians will want pregnant women to deliver healthy babies. To this end, they might focus solely on medical interventions such as maternal serum screening, chorionic villus screening or amniocentesis as viable techniques, without giving due consideration to their social dimensions. Some pregnant women may experience these techniques as having devastating consequences (Tymstra, 1991; Rothman, 1993), and there may be wider consequences than on the individual alone. An ethics which is socially informed may provide a way of allowing a sense of social responsibility, rooted in an understanding of the multiple nature of the effects of new technologies, to replace the one-dimensional requirement for quality control and technical expertise.

Moral questions and issues are not only abstract or intellectual; and it follows that habits of thought cultivated in ivory towers are not necessarily the ones most appropriate to the discussion of them (Maclean, 1993: 203). Some prominent bioethicists have taken an individualist approach to society. Others, and this includes disabled activists, argue for a social and structural approach to ethics; for making private problems into public issues. Empirical research on the experiences and attitudes of people affected by these technologies and dilemmas is particularly needed to address questions such as: what it is like to be a person with a particular impairment? How does it feel to be the parent of a disabled person, or to go through a termination on the grounds of impairment? This is a place where sociologists can make a contribution by providing evidence which challenges the false universals in bioethics, and expands our moral understanding. Outstanding examples are the work of Priscilla Alderson (1990) and colleagues in the UK on consent, and also that of anthropologist Rayna Rapp (1988) in the USA on genetic counselling, which never loses sight of the larger social and cultural dimensions. Psychosocial research into attitudes to genetic testing within the medical context continues to be developed (see Marteau and Richards, 1996). This work has shown that there is a gulf of understanding between doctors and their patients, particularly in the field of genetics. The failure of communication comes not solely from basic misunderstanding of technical terms, but from the two sides bringing different assumptions and values to the matter. Only empirical research can elucidate such important differences. Research has also highlighted the difficulty, if not impossibility, of providing truly non-directional counselling in genetics.

What next for sociology? What next for ethics?

Aspects of the new reproductive and genetic technologies have been culturally, professionally and politically packaged as 'ethical issues'. Are other readings possible? Erica Haimes has raised the possibility that reactions to practices such as donor insemination or the use of ovarian tissue from fetuses or cadavers (reactions often expressed as 'the yuck factor') are as much stimulated by a sense of 'social impropriety' as by any particular ethical stance (Haimes and Williams, 1998). Drawing on existing work such as this might be useful as a means of integrating and extending sociological concerns.

Additional fruitful themes for further inquiry might include questions about:

- the labelling of certain issues as ethical, and others as economic or political (e.g. funding issues);
- the relationship between medical ethics and state policies;
- the history of medicine and ethics, with reference to the ways in which certain cases have provided a forum for particular formulations of ethical positions;
- the role of principles in guiding medical actions and their tendency to produce normative frameworks (Chadwick and Levitt, 1996);
- the distinctiveness of medical ethics from any other sort of ethics (Freidson, 1975; Schenck, 1986);
- what impact singling out ethical domains in this way might have on the practices within those domains;
- how the boundaries between domains might be established, challenged, penetrated, or changed – Stacey's (1992a) work on the General Medical Council is particularly pertinent here.

Whilst some work in these and other areas is being conducted, clearer theoretical frameworks are needed if the work is to address broader understandings of social life.

In medical and scientific conferences since the 1980s, Meg Stacey has consistently called for support for social science research, only to be told by scientists and medics that its absence is no one's fault but the sociologists'. Although opportunities are now opening up to do more, some traditional obstacles will have to be overcome. There was, after all, some truth in the gibes of the scientists: interested social researchers get on and do some work, funded or not. In addition to a deep conservative tendency inherent in the discipline and the economic imperative to hold down a job, sociologists have historically been wary of dealing with the biological. In the classic debate about nature versus nurture, sociologists came down on the side of nurture. But that debate and our conceptions of what it is about have been irrevocably changed as Marilyn Strathern has spelled out so well (Strathern, 1992a). Fear of the biological also derived from the taint of eugenicism and the associated resistance to sociobiology. And what about the thesis that 'it is all socially constructed'? This is a matter for debate, and needs to take account of the biological. Managed birth, assisted conception and genetic manipulation are social activities, but they do not take shape in the mind alone. Biology does not speak for itself. Sociology has important grounds for being in there.

The 'technological imperative', fashionable in the 1960s, was a misleading mode of thought. Technology is, after all, not deterministic. It does not move on its own, but is developed and applied by social beings. In medicine at least there is an awareness of this, and of the need for ethical issues to be addressed by researchers other than doctors. At the very least this recognition comes from an acknowledgement that public support is needed for continued developments and applications. It stems, too, from genuine ethical concerns about the implications of what is being done. The breadth and depth of those ethical implications still need to be explored and a dialogue set up with the medical scientists and healthcare practitioners involved. Furthermore, affirming benefits where they have been felt must be part of a critical perspective.

There has been a tendency on the part of sociologists (in whatever branch of sociology) to wait until events have happened and then critically analyse them, maybe apportioning blame directly or by inference, but not clarifying any action implications. The risk of this way of working is that one could wake up to a society well on its way to becoming something quite different. The object of both bioethics and sociology, arguably, is not only to understand but to *change* the world, to be able to *deal with,* as well as to have insight into, the consequences of developments in modern medical science. An appeal to public policy or politics may be more effective in bringing action, but it needs to be informed by a range of disciplines, including sociology.

Despite the little institutional support and even less funding, social scientists have not been inactive. From an anthropological viewpoint, there are Marilyn Strathern's *After Nature: English Kinship in the late Twentieth Century* (1992a) and *Reproducing the Future: Anthropology, Kinship and the new Reproductive Technologies* (1992b). The empirical work which Strathern inspired has been drawn together in *Technologies of Procreation: Kinship in the Age of Assisted Conception* (Edwards *et al.*, 1993, 1999). Researchers in social and cultural studies (and overlapping with sociology and anthropology) have also made important contributions: Patricia Spallone and Deborah Lynn Steinberg's *Made to Order: The Myth of Reproductive and Genetic Progress* (1987); Michelle Stanworth's *Reproductive Technologies: Gender, Motherhood and Medicine* (1987); Maureen McNeil *et al.*'s *The New Reproductive Technologies* (1990); Meg Stacey's collection, *Changing Human Reproduction: Social Science Perspectives* (1992b); Sarah Franklin's many publications, most notably perhaps *Embodied Progress: A Cultural Account of Assisted Conception* (1997); Deborah Lynne Steinberg's large amount of work – see particularly *Bodies in Glass : genetics, eugenics, embryo ethics* (1997); and the collection edited by social work researchers Eric Blyth *et al.*, *Truth and the Child, 10 Years On* (1998).

If progress is to continue to be made, it will have to be genuinely interdisciplinary. It is much easier working within your own disciplinary boundaries, easier to get dialogue, easier to meet Research Assessment Exercise requirements. It is simply easier all round. Working with other disciplines is hard intellectually, and complicated in practice. The lack of respect for the social sciences, still too often exhibited, constitutes a barrier which has to be overcome. A 'softly softly' approach as advocated by Margot Jefferys in an analogous situation (Gabe *et al.*, 1991: 230) and reflected in Ettorre's work, may be called for – if only to provide a base from which to work towards greater equality. [2] The mutual respect can be symbolised and supported by the retention of clear links with parent departments for all concerned. This needs matching with a strong commitment to the joint enterprise.

As a group of sociologists, perhaps one of the distinctive features of Stacey, Shakespeare, Haimes and Ettorre is their extensive record of working across disciplines and professions. This kind of approach necessitates understanding and, where appropriate, collaborating with colleagues in medicine and the health professions, but without losing an independent perspective. As representatives of funders, Wilkie and Spallone come from a different direction but are equally involved in liaising with researchers, practitioners and other users of research across a range of disciplines and perspectives (including patient groups), with a view to bridging gulfs of communication and understanding.

The examples and perspectives given in this chapter are a partial sociological response to the kind of ethical and social questions which people have been asking in the late twentieth century. One of the difficulties in the past decades was the lack of a critical mass of sociologists prepared to make the effort to engage with, for example, the substantive fields of new reproductive technologies and the new genetics. Now a generation of sociologists is to hand well able to tackle these matters, and others are being educated and trained. Let us embrace the chances being offered.

Notes

1   The impetus came from Pat Spallone and Tom Wilkie, who work in The Wellcome Trust Programme in Biomedical Ethics, a new initiative which supports research into the social, ethical and public policy implications of advances in the biomedical sciences. The programme emphasises work relating to the implications of scientific research in the neurosciences (taken to include mental health) and in genetics, along with practical investigations designed to further public policy considerations. However, the term 'biomedical ethics' in its name has been interpreted narrowly by many social science researchers, who have not seen their work as relevant to 'bioethics'.

2   Margot Jefferys worked with doctors successfully while standing up for her own independence and that of her discipline. One result is the strong presence of medical sociology throughout the London medical schools.

References

Alderson, P. (1990) *Choosing for Children: Parents' Consent to Surgery*. Oxford: Oxford University Press

Armstrong, D. (1995) 'The rise of Surveillance Medicine', *Sociology of Health and Illness*, 7, pp. 393–404

Bauman, Z. (1993) *Postmodern Ethics*. Oxford: Blackwell

Benatar, S.R. (1997) 'Just healthcare beyond individualism: challenges for North American bioethics', *Cambridge Quarterly of Healthcare Ethics*, 6, pp. 397–415

Blyth, E., Crawshaw, M. and Speirs, J. (eds) (1998) *Truth and the Child 10 Years On: Information Exchange in Donor-Assisted Conception*. Birmingham: British Association of Social Workers

Bowlby, J. (1952) *Maternal Care and Mental Health*. Geneva: WHO

Burbidge, R. and Haimes, E. (1996) 'Infertility treatment and the welfare of the child', Paper presented to the British Sociological Association Medical Sociology Group Annual Conference, Edinburgh

Chadwick, R. and Levitt, M. (1996) *Cultural and Social Objections to Biotechnology: Analysis of the Arguments, with Special Reference to the Views of Young People*. Report of a one-year project funded under the biotech programme, University of Central Lancashire

Daniels, K. and Haimes, E. (1998). *International Social Science Perspectives on Donor Insemination*. Cambridge: Cambridge University Press

Edwards, J., Hirsch, E., Franklin, S., Price, F. and Strathern, M. (1993) *Technologies of Procreation: Kinship in the Age of Assisted Conception*. Manchester: Manchester University Press

Edwards, J., Hirsch, E., Franklin, S., Price, F. and Strathern, M. (1999) *Technologies of Procreation: Kinship in the Age of Assisted Conception*, 2nd enlarged edn. London: Routledge

Ettorre, E. (1996) *The New Genetics Discourse in Finland: Exploring Experts Views Within Surveillance Medicine*. Helsinki: Suomen Kuntaliitto (Association of Finnish Metropolitan Authorities)

Ettorre, E. (1997) 'The complexities of genetic technologies: unintended consequences and responsible ethics', *Journal of Finnish Social Medicine*, 34, pp. 257–67

Ettorre, E. (1999) 'Experts as genetic "storytellers" in reproductive genetics: exploring key issues', *Sociology of Health and Illness*, Vol. 21, No. 5, pp. 539–59

Franklin, S. (1997) *Embodied Progress: A Cultural Account of Assisted Conception*. London: Routledge

Freidson, E. (1975) *Profession of Medicine*. New York: Dodd, Mead and Co.

Gabe, J., Calman, M. and Bury, M. (eds) (1991) *The Sociology of the NHS*. London: Routledge

Giddens, A. (1991) *Modernity and Self-Identity*. Cambridge: Polity Press

Haimes, E. (1990) *Family Connections: the Management of Biological Origins in the New Reproductive Technologies*. Unpublished PhD thesis, University of Newcastle

Haimes, E. (1992) 'Gamete donation and the social management of genetic origins', in M. Stacey (ed.) *Changing Human Reproduction*. London: Sage

Haimes, E. and Williams, R. (1998) 'Social constructionism and the new technologies of reproduction', in I. Velody and R. Williams (eds) *The Politics of Social Constructionism*. London: Sage

Hall, D. and Stacey, M. (eds) (1979) *Beyond Separation: Further Studies of Children in Hospital*. London: Routledge and Kegan Paul

Harris, J. (1989) *The Value of Life*. London: Routledge and Kegan Paul

Helmes-Hayes, R.C. (1992) 'From universal history to historical sociology: a critical comment'. *British Journal of Sociology*, Vol. 43, No. 3, pp. 333–44

HMSO (1959) *Welfare of Children in Hospital* (Platt Report). London: HMSO

Hubbard, R. (1995) 'Genomania and health', *American Scientist*, 83, pp. 8–10

Jonsen, A. (1993) *The Birth of Bioethics*. Hastings Centre Report Special Supplement November–December: pp. S1–S4

Kuhse, H. and Singer, P. (1985) *Should the Baby Live? The Problem of Handicapped Infants*. Oxford: Oxford University Press

Lash, S. (1996) 'Introduction to the ethics and difference debate', *Theory, Culture and Society*, Vol. 13, No. 2, pp. 75–8

Maclean, A. (1993) *The Elimination of Morality: Reflections on Utilitarianism and Bioethics*. London: Routledge

McNeil, M., Varcoe, I. and Yearley, S. (eds) (1990) *The New Reproductive Technologies*. Basingstoke: Macmillan

Marteau, T. and Richards, M. (eds) (1996) *The Troubled Helix: Social and Psychological Implications of the New Human Genetics*. Cambridge: Cambridge University Press

Martin, B. (1992) 'Elements of a Derridean social theory', in A. Dallery, C.E. Scott and H. Roberts, (eds) *Ethics and Danger: Essays on Heidegger and Continental Thought*. Albany: State University of New York Press

Menzies, I.E.P. (1960) 'A case study in the functioning of social systems as a defense against anxiety', *Human Relations*, 13, pp. 95–121

Morgall, J.M. (1993a) 'Medical technology assessment: a useful occupation or a useless diversion?', *Women's Studies International Forum*, 16, p. 9

Morgall, J.M. (1993b) *Technology Assessment: A Feminist Perspective*. Philadelphia: Temple University Press

Morris, J. (1991) *Pride Against Prejudice: Transforming Attitudes to Disability*. London: The Women's Press

Nuffield Council on Bioethics (1993) *Genetic Screening Ethical Issues*. London: Nuffield Council on Bioethics

Osborne, T. (1994) 'Sociology, liberalism and the historicity of conduct', *Economy and Society*, Vol. 23, No. 4, pp. 484–501

Paul, D.B. (1992) 'Eugenic anxieties, social realities and political choices', *Social Research*, Vol. 59, No. 3, pp. 663–83

Pippin, R.B. (1996) 'Medical practice and social authority', *Journal of Medicine and Philosophy*, Vol. 21, No. 4, pp. 417–37

Rapp, R. (1988) 'Chromosomes and communication: the discourse of genetic counselling', *Medical Anthropology Quarterly*, New Series, Vol. 2, No. 2, June, pp. 143–57

Robertson, J. (1958) *Young Children in Hospital*. London: Tavistock

Rothman, B.K. (1993) *The Tentative Pregnancy: How Amniocentesis Changes the Experience of Motherhood*. New York: Norton

Rothman, B.K. (1998) *Genetic Maps and Human Imaginations*. New York: Norton

Schenck, D. (1986) 'The texture of embodiment: foundation for medical ethics', *Human Studies*, 9, pp. 43–54

Shakespeare, T. (1995) 'Back to the future: new genetics & disabled people', *Critical Social Policy*, 44/45, pp. 22–35

Shakespeare, T. (1998) 'Choices and rights: eugenics, genetics and disability equality', *Disability and Society*, Vol. 13, No. 5, pp. 665–82

Shakespeare, T. (1999) 'Losing the plot? Medical and activist discourses of contemporary genetics and disability', *Sociology of Health and Illness*, Vol. 11, No. 5, pp. 669–88

Singer, P. (1993) *Practical Ethics*. Cambridge: Cambridge University Press

Spallone, P. and Steinberg, D.L. (eds) (1987) *Made to Order: The Myth of Reproductive and Genetic Progress*. Oxford: Pergamon

Stacey, M. (1960) *Tradition and Change: a Study of Banbury*. London: Oxford University Press

Stacey, M. (1992a) *Regulating British Medicine: the General Medical Council*. Chichester: Wiley

Stacey, M. (ed.) (1992b) *Changing Human Reproduction: Social Science Perspectives*. London: Sage

Stacey, M. (ed.), Deardon, R., Pill, R. and Robinson, D. (1970) *Hospitals, Children and their Families: The Report of a Pilot Study*. London: Routledge and Kegan Paul

Stacey, M., Batstone, E., Bell, C. and Murcott, A. (1973) *Power, Persistence and Change: A Second Study of Banbury*. London: Routledge and Kegan Paul

Stanworth, M. (ed.) (1987) *Reproductive Technologies: Gender, Motherhood and Medicine*. Cambridge: Polity Press

Steinberg, D.L. (1997) *Bodies in Glass: Genetics, Eugenics, Embryo Ethics*. Manchester: Manchester University Press

Strathern, M. (1992a) *After Nature: English Kinship in the Late Twentieth Century*. Cambridge: Cambridge University Press

Strathern, M. (1992b) *Reproducing the Future: Anthropology, Kinship and the New Reproductive Technologies*. Manchester: Manchester University Press

Strathern, M. (1996) 'Enabling identity? Biology, choice and the new reproduction technologies', in S. Hall and P. du Gay (eds) *Questions of Cultural Identity*. London: Sage

Tooley, M. (1983) *Abortion and Infanticide*. Oxford: Clarendon Press

Tymstra, T. (1991) 'Prenatal diagnosis, prenatal screening and the rise of the tentative pregnancy', *International Journal of Technology Assessment*, Vol. 7, No. 4, pp. 509–16

Vehmas, S. (1999) 'Discriminative assumptions of utilitarian bioethics regarding individuals with intellectual disabilities', *Disability and Society*, Vol. 14, No. 1, pp. 37–52

Wolf, S.M. (1996) 'Introduction: gender and feminism in bioethics', in S.M. Wolf (ed.) *Feminism and Bioethics: Beyond Reproduction*. Oxford: Oxford University Press

Wood-Harper, J. and Harris, J., (1996) 'Ethics of human genome analysis: some virtues and vices', in T. Marteau and M. Richards (eds) *The Troubled Helix*. Cambridge: Cambridge University Press

Notes on contributors

Stephen Crook is Foundation Professor of Sociology at James Cook University, Queensland, Australia. He has a BA and DPhil from the University of York and has been a member of the BSA for over twenty years. At present he is President of The Australian Sociological Association. He has written books and papers on a wide range of topics in social theory and empirical sociology. His interests currently centre on the links between scientific-technical change, cultural change and the ordering of social relations.

John Eldridge is Professor of Sociology at the University of Glasgow. He has published extensively in the fields of industrial sociology and the sociology of the mass media. He is a founder member of the Glasgow Media Group. He has served as President of the BSA and was the first Chairperson of the Association for Learned Societies in the Social Sciences. He is currently a member of the Research Grants Board of the ESRC.

Elizabeth Ettorre is Professor of Sociology at the University of Plymouth. She graduated in Sociology from Fordham University, and received her PhD from the London School of Economics and Political Science. She has lived and worked in the USA, UK and Finland. She is the author of *Lesbians, Women and Society* (Routledge, 1980), *Women and Substance Use* (Macmillan, 1992), *Gendered Moods* (with Elianne Riska, Routledge, 1995), *Women and Alcohol: A Private Pleasure to a Public Problem?* (Women's Press, 1997) and *Reproductive Genetics, Gender and the Body* (Routledge, forthcoming). Her current research interests include: youth and risky consumption, genetic screening in occupational and non-occupational settings, ethics, reproduction and prenatal screening in Europe.

Steve Fuller is Professor of Sociology at the University of Warwick. Originally trained in the history and philosophy of science, he is best known for his research programme of 'social epistemology', which is the name of a journal he founded and the subject of six books, the most recent of which are *The Governance of Science: Ideology and the Future of the Open Society* (Open University Press, 2000) and *Thomas Kuhn: A Philosophical History for Our Times* (University of Chicago Press, 2000).

Erica Haimes is Professor of Sociology at the University of Newcastle. Her main research interests are in three overlapping areas: the links between the family, the state and medicine, with particular reference to assisted conception and the new human genetics; the sociology of identity; the sociology of ethics. She is Deputy-Chair of the newly established Policy and Ethics Research Institute, a joint venture between the universities of Newcastle and Durham and the International Centre for Life.

John Holmwood is Professor of Sociology in the School of Social Sciences and Director of the Graduate School in Social Sciences at the University of Sussex. He was previously Professor of Sociological Theory and Director of the Graduate School of Social and Political Studies at the University of Edinburgh.

David Inglis is Lecturer in Sociology at the University of Aberdeen. He works in the areas of social and cultural theory, and is the author of *Human Wastes: A Sociological History* (Mellen, 2000) and co-author of *Confronting Culture* (Polity, forthcoming).

Stevi Jackson is Professor of Women's Studies and Director of the Centre for Women's Studies at the University of York. She is the author of *Childhood and Sexuality* (Blackwell, 1982), *Christine Delphy* (Sage, 1996) and *Heterosexuality in Question* (Sage, 1999), and co-editor of *Women's Studies: A Reader* (Harvester Wheatsheaf, 1993), *The Politics of Domestic Consumption* (Harvester Wheatsheaf, 1995), *Feminism and Sexuality* (Edinburgh University Press, 1996) and *Contemporary Feminist Theories* (Edinburgh University Press, 1998).

John MacInnes is Reader in Sociology at the University of Edinburgh, and was previously at the University of Glasgow. *The End of Masculinity* was published in 1998 and *Thatcherism at Work* in 1987 (both Open University Press). His interests range from the sociology of gender, work and employment to the mass media, national identity and the comparative analysis of Scotland and Catalonia.

Gregor McLennan is Professor of Sociology at the University of Bristol. Born in Glasgow, schooled there and in south London, he studied Philosophy at Bristol and postgraduate Cultural Studies at Birmingham. In the 1980s he held posts at the Open University, and for several subsequent years was Chair of Sociology at Massey University, New Zealand. His sole-authored books are *Marxism and the Methodologies of History* (Verso, 1981), *Marxism, Pluralism and Beyond* (Polity, 1989) and *Pluralism* (Open University Press, 1995), with *Sociological Discourse at the End of Culture Wars* (Sage) nearing completion. He recently co-authored *Exploring Society* (Longman, 2000), a successful textbook for New Zealand students. At Bristol he teaches first-year sociology as well as graduate social theory. Specialist interests include the fate of Marxism, social explanation, and Scotland's ideas.

Larry Ray is Professor of Sociology at the University of Kent, and was previously in the Sociology Department at Lancaster University. He has published widely in social theory and postcommunism and is currently engaged in an ESRC project on racial violence as co-researcher with David Smith (Lancaster). Recent books include *Social Theory and the Crisis of State Socialism* (Edward Elgar, 1996), *Theorizing Classical Sociology* (Open University Press, 1999) and, co-edited with Andrew Sayer, *Culture and Economy after the Cultural Turn* (Sage, 1999). He edits a series for Open University Press on *Social Theorizing* and is currently writing a book on social theory after communism, with William Outhwaite.

Andrew Sayer is Professor of Social Theory and Political Economy, and Head of the Department of Sociology at Lancaster University. He is the author of *Method in Social Science: A Realist Approach* (Routledge, 1992), *Microcircuits of Capital: The Electronics Industry and 'Sunrise' Industry* (with K. Morgan, Polity Press, 1988), *The New Social Economy: Reworking the Division of Labor* (with R.A. Walker, Blackwell, 1992), *Radical Political Economy: A Critique* (Blackwell, 1995), *Realism and Social Science* (Sage, 2000), and co-editor of *Culture and Economy after the Cultural Turn* (with L. Ray, Sage, 1999). He is currently working on contemporary issues of moral economy.

Sue Scott is Professor of Sociology at the University of Durham, having previously worked at the universities of Stirling and Manchester. She was one of the organisers of the 1999 BSA Annual Conference, on which this collection is based. She also co-edited the books that came out of the 1991 BSA Conference: *Private Risks and Public Danger* (Avebury, 1992) and *Locating Health* (Avebury, 1993). Her research interests are in the sociology of gender, sexuality and risk. Her publications include *Feminism and Sexuality* (co-edited with Stevi Jackson, Edinburgh University Press, 1996), and 'Swings and roundabouts: risk, parental risk anxiety and the everyday worlds of children' (*Sociology*, November 1998).

Richard Sennett is Professor of Sociology at the London School of Economics. He took his PhD at Harvard, then taught briefly at Yale and Brandeis universities before going to New York University as Director of The Humanities Institute. His books include *The Fall of Public Man*, *Flesh and Stone* and *The Corrosion of Character*. At the LSE, he chairs The Cities Programme.

Tom Shakespeare is Research Development Officer for the Policy, Ethics and Life Sciences Research Institute in Newcastle. He has written and broadcast extensively on disability and on genetics. His books include *The Sexual Politics of Disability* (Cassell, 1996), *The Disability Reader* (Cassell, 1998) and *Exploring Disability* (Polity, 1999), and he is co-author of *Genetic Politics: from Eugenics to Genome* (New Clarion Press, forthcoming). He has a G to A transposition at point 380 of his FGFR3 gene.

Pat Spallone is currently Acting Head of the Biomedical Ethics Programme of the Wellcome Trust. Previously, she was based at the Centre for Women's Studies at the University of York, working on social and ethical aspects of reproductive and genetic technologies. She has taught postgraduate and undergraduate courses in the social studies of science and technology, and health. Her most recent book is *Generation Games: Genetic Engineering and the Future for Our Lives* (Women's Press, 1992).

Meg Stacey, Emerita Professor of Sociology of the University of Warwick, has worked in the sociology of health and healthcare for about thirty years, publishing books and articles. She has served on local and national bodies, including the General Medical Council. Alert to moral and social issues in medical practice, she is active in the independent Human Values in Health Care Forum.

Liz Stanley is Professor of Sociology and Director of Women's Studies at the University of Manchester, and has recently held the Hugh Le May Fellowship at Rhodes University, South Africa. She has also recently held a fellowship at the University of Auckland, and is currently holder of an ESRC Fellowship to work on the letters and other archive papers of the feminist writer and theorist Olive Schreiner. She has published widely on feminist methodology and theory, autobiography, radical sociology and mass observation. Her books include *The Auto/Biographical I: Theory and Practice in Feminist Auto/Biography* (Manchester University Press, 1992), *Breaking Out Again: Feminist Ontology and Epistemology* (with Sue Wise, Routledge, 1993), *Sex Surveyed, 1949–1994* (Taylor and Francis, 1997), *Knowing Feminisms: On Academic Borders, Territories and Tribes* (Sage, 1997) and *Debates in Sociology* (co-edited with David Morgan, Manchester University Press, 1993) and *Imperialism, Labour and the New Woman* (Sage, 2001). She is the founding editor and current co-editor of Sociological Research Online (http://www.socresonline.org.uk).

Norman Stockman is Senior Lecturer in Sociology at the University of Aberdeen. He is interested in the sociological study of China, and is the author of *Understanding Chinese Society* (Polity, 2000).

Paula Surridge is Lecturer in Sociology at the University of Salford. She has published work in the methodology of the social sciences and the sociology of political processes, and is co-author of *The Scottish Electorate* (Palgrave, 1999).

Chris Warhurst is Senior Lecturer in Human Resource Management at the University of Strathclyde, Glasgow. His main teaching, research and publication interests focus on labour, management and work organisation issues. Current work concerns economic policy development in Scotland, knowledge work, and aesthetic labour in service sector industries. He has authored a number of articles for European, Middle-Eastern and American academic, practitioner and popular journals. Alone and with colleagues, he has also authored and edited a number of books, including *The New Scottish Politics* (The Stationery Office, 2000), *Between Market, State and Kibbutz* (Mansell, 1999) and *Workplaces of the Future* (Macmillan, 1998). In addition, he has provided consultancy for organisations in the voluntary, trade union and higher education sectors.

Tom Wilkie is adviser in Bioethics for the Wellcome Trust and, until the beginning of 2000, headed the Trust's funding programme for the support of research into the social, ethical, and public policy implications of advances in biomedical science. His publications include *British Science and Politics since 1945* (Blackwell, 1991), *Perilous Knowledge: The Human Genome Project and its Implications* (Faber and Faber, 1993), and (with Lawrence Low and Suzanne King) 'Genetic discrimination in life insurance: empirical evidence from a cross-sectional survey of genetic support groups in the United Kingdom' (*British Medical Journal*, 1998).

Anne Witz is Senior Lecturer in Sociology at the University of Strathclyde. She is the author of *Professions and Patriarchy* (Routledge, 1992), co-editor of *Gender and Bureaucracy* (Blackwell, 1992) and co-author of *Gender, Careers and Organisations* (Macmillan, 1997). She was co-organiser of the 1999 BSA Annual Conference in Glasgow.